Elisabeth Rettenwender

PSYCHOlogie

VERITAS
Lernen verbindet uns

Vorwort

In diesem Psychologie-Buch erfahren Sie u. a.,
- ob Sport glücklich macht.
- aus welchem Grund JapanerInnen zu Mittag schlafen.
- nach welchen Kriterien wir unsere FreundInnen aussuchen.
- warum SchülerInnen bessere Leistungen erbringen, wenn die Lehrperson ihnen gegenüber positiv eingestellt ist.
- worauf wir bei einer Person, die wir neu kennen lernen, als erstes achten.
- warum wir Menschen mit einem Immunsystem, das sich von unserem eigenen unterscheidet, anziehend finden.
- wie Sie Ihr persönliches Glücksgefühl steigern können.

Ziele dieses Buches

Dieses Buch soll Sie dabei unterstützen, mögliche Motive und Hintergründe für verschiedene menschliche Reaktionen und Verhaltensmuster, die Sie an sich selbst oder an anderen beobachtet haben, zu erkennen und zu verstehen. Die zentrale Aufgabe der Psychologie ist es ja, das Verständnis für sich selbst, aber auch für andere Menschen zu vertiefen sowie die gegenseitige Wertschätzung zu erhöhen. Wenn dies gelingt, können Konflikte eher vermieden, verstanden oder gelöst werden. Auf der Grundlage neuester wissenschaftlicher Erkenntnisse soll in diesem Buch das Fachgebiet der Psychologie verständlich und abwechslungsreich dargestellt werden. Außerdem will das Buch „PSYCHOlogie" dazu beitragen, brennende individuelle psychologische Fragen zu klären. Vielleicht werden Sie von Diskussions- und Denkanstößen zum Nachdenken und zum kritischen Reflektieren unterschiedlicher – und auch eigener – Standpunkte und Werthaltungen angeregt.

In diesem Sinne wünsche ich Ihnen anregende und erkenntnisreiche Stunden mit diesem Buch!

Elisabeth Rettenwender

Aufbau des Buches

- Die 14 Kapitel stellen **Teilbereiche** der Psychologie dar. Jedes Kapitel beginnt mit einer **Einstiegsseite**, die einen Überblick über die folgenden Inhalte und einen Eröffnungsimpuls bietet.

- Die Kapitel enden jeweils mit einer **Abschlussseite**, auf der Sie die wichtigsten Themen anhand eines Kompetenzchecks **wiederholen** können. Eine Textanalyse fördert das **Verstehen** und Projektvorschläge bieten schließlich die Möglichkeit, das erworbene Wissen **anzuwenden**.

- **Zahlreiche Film- und Literaturtipps** regen zur vertiefenden Auseinandersetzung mit bestimmten Themen in der Freizeit an. Sie sind nicht als Bestandteil des Unterrichts gedacht, sondern um außerhalb des schulischen Unterrichts Querverbindungen zu entdecken.

- Viele **Arbeitsaufträge** und **Diskussionsanregungen** dienen der eigenständigen Erarbeitung, Verarbeitung und Vertiefung von Inhalten. Lösungsvorschläge zu (fast) allen Arbeitsaufträgen sowie zu den kompetenzorientierten Beispielaufgaben für die neue Reife- und Diplomprüfung (S. 250–255) finden Sie ab Seite 256.

- Die durchgehenden **Querverweise** (► Kap. 1.1) ermöglichen kapitelübergreifendes Lesen und rufen Inhalte wieder in Erinnerung. Sie fördern das vernetzte Denken und weisen auf Zusammenhänge in der Psychologie hin.

- In der **Randspalte** befinden sich jeweils
  - ► Definitionen zu verwendeten Begriffen,
  - ► Film- und Literaturtipps,
  - ► Querverweise,
  - ► Gliederungselemente,
  - ► Bildmaterial,
  - ► Zitate,
  - ► Anwendungsaspekte und
  - ► Verweise zu Themen der Philosophie.

- Die „Stempel" in der Randspalte nennen den **Anwendungsaspekt** des Arbeitsauftrages:

  (RP) **Reproduktion** (Wiedergeben oder Zusammenfassen) von Fachwissen

  (T) **Transfer** (d. h. selbständiges Anwenden) des Wissens, z. B. durch Herstellen von Zusammenhängen, Verallgemeinern etc.

  (RF) **Reflexion** (selbstständige Überlegungen) anhand des Fachwissens, etwa in Form von persönlichen Schlussfolgerungen etc.

  Arbeitsaufträge ohne derartige Kennzeichnung sind z. B. Wahrnehmungsübungen.

- **Quellenangaben** befinden sich als Kurzzitat (Frankl 2010, S. 14) im Fließtext. Die entsprechenden Werke können Sie im Literaturverzeichnis im Anhang nachschlagen.

- Sechs **Exkurse** dienen der praktischen Vertiefung ausgewählter psychologischer Themen:
  - ► Gedächtnistrainingsaufgaben (► Kap. 4)
  - ► Problemlöseaufgaben (► Kap. 7)
  - ► Sexualität im Wandel der Zeit (► Kap. 10)
  - ► Cyber-Mobbing (► Kap. 11)
  - ► Interview: Motivation im Sport (► Kap. 12)
  - ► Fragen und Antworten zum Thema Sucht (► Kap. 14)

- Im Informationsteil **„Kompetent zur Reife- und Diplomprüfung"** finden Sie wichtige Hinweise zum Ablauf der mündlichen Reifeprüfung. Sechs konkrete Beispiele zeigen, wie die kompetenzorientierten Aufgabenstellungen der Reifeprüfung (AHS) bzw. der Reife- und Diplomprüfung (BHS) aussehen könnten.

- Das **Personen- und Sachregister** ab Seite 272 erleichtert das schnelle Auffinden zahlreicher Themen.

- Verweise auf den Zusatzband ► **AH** Seite 7–10 (Schulbuch-Nr. 175.210) finden Sie jeweils am Beginn der Kapitel und bei passenden Teilkapiteln.

Inhalt

HLW 7. Semester

HLW 8. Semester

Inhalt

> *Die Psychologie berührt wirklich alles.*
> *Sie ist universell, überall gibt es psychologische Tatsachen.*
> PIERRE JANET (franz. Wegbereiter der Psychotherapie, 1859–1947)

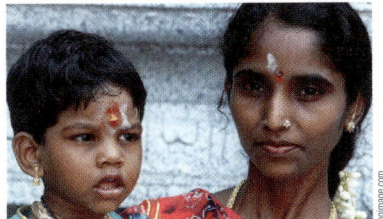

Seit Beginn der Menschheit gibt es große Fragen: Warum träumen wir? In welchem Ausmaß sind unsere Einstellungen und Gewohnheiten veränderbar? Haben wir einen freien Willen?

Das Anliegen, den menschlichen Geist zu verstehen, kann weit in die Menschheitsgeschichte zurückverfolgt werden (▶ Kap. 1.1): Vor mehr als 2 000 Jahren dachten BUDDHA und KONFUZIUS über die Macht des Geistes und die Entstehung von Ideen nach. SOKRATES, PLATON und ARISTOTELES gingen der Frage nach, ob Leib und Seele eigenständige Einheiten darstellen oder ob sie miteinander verbunden sind. Sie fragten sich, ob menschliches Wissen angeboren oder durch Erfahrung erworben wäre. Im 17. Jahrhundert nahmen die Philosophen René DESCARTES und John LOCKE einige dieser Fragen wieder auf. (vgl. Myers 2005, S. 9) Und bis heute sind diese Streitfragen ungelöst, weil auch die Psychologie keine eindeutigen Antworten darauf geben kann.

1 **Plenum:** Was fällt Ihnen zur Psychologie ein? Sammeln Sie Begriffe, die Sie mit „Psychologie" verbinden, und notieren Sie diese an der Tafel.

Die Psychologie ist eine Wissenschaft, die Antworten auf alle möglichen Fragen sucht, die uns Menschen betreffen: Wie fühlen wir? Wie denken wir? Wie handeln wir? Sie möchte die Natur psychischer (geistig-seelischer) Phänomene verstehen und fragt, wie unser Fühlen, Denken und Handeln, unser Wahrnehmen, Lernen und Erinnern funktionieren. Sie erforscht beispielsweise, was uns zu Sprache und Fantasie befähigt und wie wir unsere soziale Identität erlangen.

Im Mittelpunkt des psychologischen Interesses steht immer das Erleben und Verhalten eines **Individuums** (▶ Kap. 1.2): das Kind, das mit unersättlichem Forschungsdrang die Welt erkundet, die Zwillinge, die neue Erkenntnisse in der ungelösten Anlage-Umwelt-Debatte bringen sollen, oder der Affe, der menschliche Kulturtechniken erlernt.

Die Psychologie hat in vielen Bereichen etwas beizusteuern: Die Farbe der Kleidung spiegelt unseren Gemütszustand wider, das Auto, das wir fahren, verrät unser Temperament, und ein kräftiger Händedruck steht für Selbstbewusstsein. Wir alle betreiben Alltagspsychologie (▶ Kap. 1.2), wenn wir in der Pause im Schulhof unser Klassenklima analysieren, aus Beobachtungen auf der Straße Hypothesen ableiten oder FreundInnen in schwierigen Lebenssituationen helfen. Das Angebot an psychologischem Input ist unüberschaubar: Ob in Radiosendungen zu psychologischen Themen, in Talkshows, in Internetforen und Ratgeber-Rubriken, Selbsthilfebüchern, Forschungsberichten, Psycho-Tests, in Traumdeutungsliteratur, bei der Psychoanalytikerin oder in Büchern, die uns erklären, wie wir unser Glück steigern können – wo wird bei all dem Angebot Psychologie sinnvoll und seriös eingesetzt? Wie können simple Meinungen und alltagspsychologische, unseriöse Urteile von stichhaltigen, korrekten Schlussfolgerungen unterschieden werden (▶ Kap. 1.2)?

2 **Partnerarbeit:** Wählen Sie eine psychologische Fragestellung wie etwa *Welche Faktoren hängen mit Glück zusammen?* oder *Warum verlieben wir uns?*
• Nehmen Sie dazu aus alltagspsychologischer Sicht Stellung und machen Sie Notizen.
• Recherchieren Sie zu Ihrer Fragestellung im Internet! Welche wissenschaftlichen Erkenntnisse gibt es? Welche Informationen erscheinen Ihnen unseriös? Schlagen Sie wissenschaftliche Methoden (▶ Kap. 1.2) nach!

Die Psychologie als Wissenschaft gibt es erst seit rund 150 Jahren. Bis 1879 war die Psychologie Teilgebiet der Philosophie und bestand aus Anschauungen und Erfahrungserkenntnissen, bis es schließlich gelang, sie als Wissenschaft zu etablieren (▶ Kap. 1.4). Zahlreiche Pioniere und Pionierinnen (▶ Kap. 1.5) gestalteten die Psychologie als neu anerkannte Wissenschaft mit und entwarfen verschiedene Modelle (▶ Kap. 1.3), die menschliches Verhalten und Erleben mit unterschiedlichen Methoden zu erklären versuchen.

3 **Plenum:** Gestalten Sie mit Zeitschriften (*Psychologie Heute, Gehirn & Geist* etc.) zum Thema Psychologie einen Zeitschriftentisch. Wählen Sie nun aus einer Zeitschrift einen Artikel zu einem beliebigen psychologischen Thema aus und fassen Sie die wesentlichsten Erkenntnisse zusammen. Kopieren Sie alle Zusammenfassungen für die gesamte Klasse und sammeln Sie die Unterlagen in Ihrer Mappe.

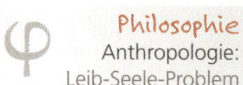
1.1 Was ist Psychologie?

Der Begriff **Psychologie** (griech. *psyché*: Hauch, Atem, Seele; *lógos*: Lehre) bedeutet so viel wie „die Lehre von der Seele". Was aber ist die Seele?

Die Vorstellung einer die Zeit überdauernden, **unsterblichen Seele** existiert seit undenklich langer Zeit. Das Bedürfnis, eine Erklärung für die Seele zu finden, rührt auch von der Unerklärlichkeit und Unvermeidbarkeit des Todes her. Die Furcht vor dem Tod kann durch den Glauben an eine unsterbliche Seele gemindert werden. Viele Naturreligionen beschreiben die Seele als **Lebenskraft**, die zum Zeitpunkt des Todes den Körper verlässt und in einer anderen Welt weiterlebt. Im alten Ägypten wurde die Seele als Vogel mit einem menschlichen Kopf gesehen, der im Schlaf wegfliegt, nach dem Erwachen aber wieder zurückkehrt. Nach dem Tod kehrt der Vogel nicht mehr zurück.

Der Philosoph Aristoteles versucht in seinem Werk *Über die Seele* die erste Definition der Seele. Er unterscheidet drei einander ergänzende Teile, die sowohl eine universelle Lebenskraft darstellen als auch Gefühle sowie Denken und Motivation einschließen. René Descartes verstand Seele im 17. Jahrhundert als **Denkkraft und Bewusstsein**. David Hume spricht im 18. Jahrhundert von der Seele als **Bündel von Bewusstseinsinhalten**. Heute wird die Seele als jener Teil des Menschen, der nicht körperlich ist und „sich im Ich-Empfinden ausdrückt" (Brockhaus 2001, S. 536), definiert.

Der **Sitz der Seele** wurde zunächst im Bauch und in den Eingeweiden vermutet, die Pythagoräer lokalisierten sie im Herz, in den Drüsen und später erstmals im Gehirn. Heute sieht man das Nervensystem und die damit verbundenen physiologischen Vorgänge als organische Grundlage für unsere psychischen Prozesse. Inwieweit Körper und Geist bzw. Leib und Seele zusammenhängen, ist noch nicht geklärt. Die Leib-Seele-Problematik (▶ Kap. 14.1) ist Forschungsgebiet der Neurowissenschaften (Neurobiologie, Neuropsychologie, Neurologie), der Psychiatrie und Psychosomatik (Lehre von der Wechselbeziehung zwischen psychischen und körperlichen Leiden).

„Der Begriff Psyche wird als Bezeichnung für Seele, das Bewusstsein oder den Geist im weitesten Sinn im Gegensatz zum materiellen Körper (Soma) gebraucht." (Brockhaus 2001, S. 457)
Während die **Psyche** „die Gesamtheit aller bewussten und unbewussten Erlebens- und Verhaltensweisen" (a. a. O., S. 457) ist, wird der **Geist** des Individuums als „das persönliche Bewusstsein von sich und der Welt" (a. a. O., S. 198) verstanden.
Die Psychologie ist somit die wissenschaftliche Erforschung vom *Verhalten und Erleben* des Menschen und den damit verbundenen Prozessen, „bezogen auf Individuen, Personengruppen und Tiere". (a. a. O., S. 466)

- **Verhalten** ist alles, was wir tun: lesen, lachen, schreien, reden etc. Tätigkeiten bzw. Handlungen lassen sich beobachten und beschreiben.
- Das **Erleben** umfasst alle psychischen Prozesse: Träume, Empfindungen, Gefühle, Wahrnehmungen, Gedanken oder Einstellungen.

1. Theoretische Psychologie

Die Theoretische Psychologie umfasst mehrere Fächer, in denen die **Grundlagen** psychischer Prozesse erforscht werden. Sie werden eingeteilt nach den *kognitiven und biologischen* Grundlagen des Verhaltens und Erlebens sowie nach den Grundlagen *intra- und interpersoneller* Prozesse.

- **Kognitive und biologische Grundlagen** des Verhaltens und Erlebens dominieren in der Biologischen Psychologie und der Allgemeinen Psychologie:
  - ▶ Die *Biologische Psychologie* (▶ Kap. 2) untersucht das **zentrale Nervensystem** und dessen Auswirkung auf unsere psychischen Prozesse.
  - ▶ Die *Allgemeine Psychologie* gliedert sich in mehrere Teilbereiche:
    - **Wahrnehmung:** Der Zusammenhang zwischen Reiz und Empfindung wird erforscht sowie unsere Aufmerksamkeitsprozesse und unser Bewusstsein. (▶ Kap. 3)
    - **Gedächtnis und Lernen:** Es wird untersucht, wie Informationen verarbeitet werden (kognitive Lernprozesse), aber auch, wie wir uns Verhaltensweisen aneignen. (▶ Kap. 4/5)
    - **Denken und Sprache:** Kognitive Prozesse werden untersucht und inwiefern diese mit Sprache in Zusammenhang stehen. (▶ Kap. 6)
    - **Problemlösen:** Menschliche Problemsituationen sowie Problembewältigung werden mithilfe verschiedenster Strategien analysiert. (▶ Kap. 7)

Ägyptische Grabmalerei: Anubis mit dem Körper eines Toten

φ **Philosophie**
Anthropologie:
Leib-Seele-Problem

Literaturtipp
Roth, Gerhard / Strüber, Nicole: *Wie das Gehirn die Seele macht.* Stuttgart 2017. Die deutschen HirnforscherInnen gehen in ihrem Werk der Frage nach, was die Seele eigentlich ist und wie sie mit dem Gehirn zusammenhängt. Sie erklären auf der Basis aktueller Forschungserkenntnisse, wo und wie das Psychische im Gehirn entsteht und wie sich dabei unsere Gefühlswelt, unsere Persönlichkeit sowie unser Ich formen.

Definition
PSYCHISCHE PROZESSE sind im Bewusstsein repräsentierte, subjektive innere Erfahrungen.

kognitive und biologische Grundlagen

- **Intelligenz:** Versuch, unsere intellektuellen Fähigkeiten zu definieren. (▸ Kap. 8)
- **Motivation:** Es wird hinterfragt, welche Ursachen hinter dem Verhalten stecken und wodurch Handlungen ausgelöst werden. (▸ Kap. 12)
- **Emotionen:** Unsere Gefühle und ihre kognitiven, physiologischen und motorischen Begleiterscheinungen (Mimik, Gestik) werden erforscht. (▸ Kap. 13)

Psychische Prozesse, die im Individuum selbst stattfinden, nennt man *intrapersonelle* Prozesse (lat. *intra:* innerhalb). *Interpersonelle* Prozesse (lat. *inter:* zwischen) sind dagegen jene, die sich zwischen Individuen in der sozialen Interaktion abspielen.

intra- und interpersonelle Grundlagen

- Für die **Grundlagen intra- und interpersoneller Prozesse** interessieren sich folgende Fächer:
  - ▸ Die *Entwicklungspsychologie* untersucht, wie wir uns über unsere Lebensspanne hinweg verändern. (▸ Kap. 9)
  - ▸ Die *Persönlichkeitspsychologie* untersucht das Individuum und seine Eigenschaften. (▸ Kap. 10)
  - ▸ Die *Sozialpsychologie* untersucht kollektives und individuelles Erleben und Verhalten. (▸ Kap. 11)

 **Einzelarbeit 4**

Nennen Sie das Grundlagenfach, das sich mit dem jeweiligen Inhalt beschäftigt:
a) Verhalten in Gruppen
b) Hochbegabung
c) Jugendalter

2. Angewandte Psychologie

Die Psychologie ist aus mehreren Disziplinen (unter anderem Philosophie und Biologie) entstanden und besteht daher aus vielen Tätigkeitsfeldern. Ob in Freizeit, Politik, Musik, Wirtschaft oder Ökologie, ob im Labor, in der Klinik oder der Fabrik – Psychologie ist überall einsetzbar. Alle psychologischen Tätigkeitsfelder versuchen, Lösungen für Probleme in den einzelnen Lebensbereichen zu finden.

Häufige Tätigkeitsfelder der Psychologie und ihre Aufgabenbereiche:

Gesundheitswesen
- **Klinische Psychologie** (Krankenhaus, Praxis, psychiatrische Kliniken): Erstellung von Diagnosen und Therapieformen, Einzel- und Gruppentherapie, Rehabilitation, Gesundheitsförderung.

Wissenschaft
- **Forschung und Lehre** (Forschungseinrichtungen, Universitäten): Weiterentwicklung der universitären Lehre, Wissenschaftsmanagement, interdisziplinäres Arbeiten.

Arbeitswelt
- **Arbeits- und Betriebspsychologie** (Wirtschaftsunternehmen): Unternehmensberatung, Personalauswahl, Schulung von Führungskräften, Analyse und Verbesserung von Arbeitsabläufen.

Konsumwelt
- **Markt- und Werbepsychologie** (Werbeagenturen, Markt-, Meinungsforschungsinstitute): Motivforschung und Meinungsumfragen, Erforschung der Konsumbedürfnisse und der Gewohnheiten von VerbraucherInnen (Kaufverhalten), Entwicklung von Werbekonzepten.

Gerichtswesen
- **Forensische Psychologie** (Gericht, Justizvollzugsanstalten, sozialtherapeutische Kliniken): Ursachenforschung kriminellen Verhaltens, Behandlung von StraftäterInnen, Gutachtenerstellung, Kriminalprävention.

Erziehung
- **Pädagogische Psychologie** (Kinder- und Jugendheime, schulpsychologischer Dienst, Familien-, Erziehungs- und Gesundheitsberatungsstellen): Beratung und Therapie von Kindern und Jugendlichen bei Lern- und Leistungsschwierigkeiten sowie Verhaltensauffälligkeiten; Schulentwicklung, Erziehungsberatung.

Verkehrswesen
- **Verkehrspsychologie** (Straßenwesen, Automobil-, Luft- und Raumfahrtindustrie): Verkehrserziehung, Sicherheits- und Unfallforschung, Gestaltung von Verkehrsabläufen, Gutachten zur Fahrtüchtigkeit.

Weitere Tätigkeitsfelder sind Friedens- und Konfliktforschung, Politische Psychologie, Tourismus-, Umwelt-, Gesundheits- oder Sportpsychologie.

 **Einzelarbeit 5**

Ordnen Sie die Fragestellungen einem Tätigkeitsfeld der Psychologie zu.
a) Wie hoch ist die Jugendkriminalität im Vergleich zum vergangenen Jahr?
b) Wie sollen die Plakate für den Wahlkampf gestaltet sein?
c) Gibt es einen Zusammenhang zwischen Fahrgeschwindigkeit und Unfallhäufigkeit?
d) Welche Faktoren begünstigen die Entwicklung einer Depression?
e) Hat regelmäßiges Computerspielen Auswirkungen auf die Konzentrationsfähigkeit der Kinder?

Begriffsdifferenzierung

Die Psychologie muss grundsätzlich von Psychiatrie, Psychotherapie und Psychoanalyse unterschieden werden:

Psychologie als Universitätsstudium dauert etwa 10 Semester und stellt in Österreich die Ausbildung zum Psychologen/zur Psychologin dar.
Darüber hinaus gibt es zahlreiche Lehrgänge und Kurse zu allen Bereichen der Psychologie (z.B. Kommunikation und Rhetorik, Mediation, Persönlichkeitstraining). Ein Psychologe/Eine Psychologin behandelt Menschen mit Drogenproblemen, berät Kinder mit Leistungsschwierigkeiten, kann aber auch dafür zuständig sein, unsere Risikobereitschaft in Verkehrssituationen zu erheben. Alle PsychologInnen haben ein gemeinsames Interesse: das Verhalten von Individuen und die psychischen Prozesse, die diesem Verhalten zugrunde liegen, zu beschreiben und zu erklären.

Die **Psychiatrie** ist eine Teildisziplin der Medizin. PsychiaterInnen haben ein Medizinstudium mit anschließender Facharztausbildung im Bereich Psychiatrie absolviert. Sie dürfen psychische Störungen therapieren und auch mit Psychopharmaka behandeln. Psychopharmaka können phasenweise unterstützend bei psychischen Störungen wie Schizophrenie oder Depression eingesetzt werden. Sie werden nach dem Schweregrad der Störung gewählt.

Definition
Als Psychopharmaka bezeichnet man Medikamente, die zur Behandlung psychischer Störungen eingesetzt werden. Sie bestehen aus Substanzen, die bestimmte Stoffwechselvorgänge im Gehirn beeinflussen und so die psychische Verfassung verändern.

Die **Psychotherapie** (▶ Kap. 14.5) ist die Interaktion zwischen einem ausgebildeten Therapeuten/einer Therapeutin und einem Menschen mit psychischen Problemen. Es gibt mehrere Therapieformen, die sich in Konzept und Behandlungsmethode unterscheiden. Die Ausbildung zum Psychotherapeuten ist durch das Psychotherapiegesetz geregelt und dauert zwei bis fünf Jahre.

Freuds **Psychoanalyse** (▶ Kap. 10.3) ist eine psychologische Theorie, die unseren Gedanken und Handlungen unbewusste Motive und Konflikte zuschreibt. Sie ist außerdem eine Methode der Psychotherapie, die psychische Störungen behandelt (▶ Kap. 14.5) und verstärkt mit der Vergangenheitsbewältigung arbeitet. Der Psychoanalytiker/Die Psychoanalytikerin hilft dem Klienten/der Klientin, eigene Gedanken und Gefühle zu verstehen.

RP **Partnerarbeit** 6 Was ist Psychologie? Fassen Sie die wesentlichsten Informationen aus 1. und 1.1 zusammen und erstellen Sie mithilfe Ihres Textes eine Wortwolke (Word-Cloud) mit einem entsprechenden Online-Tool. Welche Begriffe scheinen in Ihrer Visualisierung die größte Bedeutung zu haben? Vergleichen Sie Ihre Ergebnisse in der Klasse.

▶ AH Seite 9, 10

1.2 Alltagspsychologie und wissenschaftliche Psychologie

T **Einzelarbeit** 7 „Sagt einem das wirklich der gesunde Menschenverstand?" (Maderthaner 2008, S. 11) Kreisen Sie ein, was Sie als richtig erachten. Vergleichen Sie anschließend Ihre Einschätzungen mittels Abstimmung in der Klasse.
a) Erstgeborene neigen *mehr/weniger* dazu, die Gesellschaft anderer zu suchen, als nachgeborene Geschwister.
b) EuropäerInnen kommunizieren Emotionen mit *ähnlichen/anderen* Gesichtsausdrücken *wie/als* Eingeborene Neuguineas.
c) Das Aussehen des Menschen hat *einen/keinen* Einfluss darauf, ob man ihn eines Verbrechens für schuldig befindet.
d) Wenn einem sehr kompetenten Menschen ein Fehler unterläuft, nimmt seine Attraktivität in den Augen anderer *zu/ab*.
e) Wenn ein Versuchsleiter/eine Versuchsleiterin von Versuchspersonen verlangen würde, gefährliche Elektroschocks zu verabreichen, würde sich die Mehrheit *weigern/nicht weigern*.

Alltagspsychologie

Im Laufe unseres Lebens sammeln wir Erfahrungen und erwerben dadurch ein subjektives psychologisches Allgemeinwissen: Wir verfügen über Menschenkenntnis und sind in der Lage, mit gesundem Menschenverstand zu urteilen. Da sich keine andere Wissenschaft so sehr auf Alltagserfahrungen bezieht wie die Psychologie, wird daraus häufig der Fehlschluss gezogen, wir alle seien PsychologInnen. Doch mit wissenschaftlichen Erkenntnissen haben Alltagserfahrungen nichts zu tun.

Alltagspsychologie wird auch Naive Psychologie, Laienpsychologie oder Volkspsychologie genannt. Sie ist dadurch gekennzeichnet, dass Einzelergebnisse undifferenziert verallgemeinert werden, etwa wenn aus einer persönlichen Erfahrung oder aus einer Beobachtung vorschnell Theorien entwickelt werden, die ungeprüft bleiben. Selbst wenn manche dieser Theorien oder Erkenntnisse an sich nicht falsch sind, sind sie wissenschaftlich unbrauchbar, bis sie überprüft wurden.

Wir brauchen die wissenschaftliche Psychologie, weil wir uns nicht immer auf unsere Intuition und unseren gesunden Menschenverstand verlassen können. Dafür gibt es zwei Gründe:

- Wir **überschätzen** die Aussagekraft unserer Urteile.
- Unsere Erinnerung wird durch nachträgliche Einsicht **verzerrt**. Wenn wir ein bestimmtes Ereignis analysieren, das bereits geschehen ist, gehen wir davon aus, dass wir es vorhersehen hätten können. In Wirklichkeit konnten wir jedoch nur spekulieren, ob Spanien tatsächlich Fußball-Europameister wird oder der Dow-Jones-Kurs steigt. Ein Ereignis erscheint immer plausibel und lässt sich leicht erklären, wenn es schon geschehen ist. Diesen Rückschaufehler bezeichnet man als **Hindsight-Bias**.

Hindsight-Bias

Urteilsfehler zeigen, dass unserer Intuition und unserem gesunden Menschenverstand Grenzen gesetzt sind, wir uns also nicht allein auf unseren Verstand verlassen können. Subjektive, d. h. personenbezogene Aussagen und Theorien, Erkenntnisse und Schlussfolgerungen, die auf der eigenen Erfahrung beruhen, sind zufällig, wurden nicht überprüft und nicht begründet. Ein wissenschaftlicher Zugang zur Psychologie ist daher notwendig.

Wissenschaftliche Psychologie

Um das Wesen sowie das Denken, Fühlen und Handeln des Menschen verstehen zu können, erforscht die Psychologie Prozesse innerhalb des Individuums, aber auch Sachverhalte in dessen sozialer Umwelt. Zur Erforschung dieser Prozesse und Sachverhalte benötigt die wissenschaftliche Psychologie einen *Gegenstand*, ein *Ziel* und *Methoden*.

Gegenstand der Psychologie

Forschungsgegenstand der Psychologie ist das Erleben und das Verhalten eines Individuums:

- Das **Erleben** einer Person kann von anderen nicht direkt beobachtet werden. Wir selbst können aber über Introspektion (Selbstbeobachtung) unser eigenes Erleben, unsere Gedanken und Gefühle erforschen.

- **Verhalten** aber lässt sich beobachten: Anhand von Handlungen wie sprachlichen Äußerungen, Mimik und Gestik können wir direkt beobachten, wie sich ein Individuum in bestimmten Situationen verhält. Folgende Faktoren beeinflussen menschliches Verhalten:
  - Eigenschaften, Fähigkeiten, Einstellungen, Erfahrungen (durch Anlage und Umwelt).
  - Bedürfnisse, Motive (Hunger, Durst, Geltungsbedürfnis).
  - Psychisches und physisches Empfinden (Gesundheit, Krankheit).
  - Gefühle (Trauer, Freude, Nervosität).
  - Faktoren der aktuellen Umwelt (Herkunft, Alter, Geschlecht anderer Personen in der aktuellen Situation).

Die Psychologie erforscht und entdeckt Gesetzmäßigkeiten des Erlebens und Verhaltens, wie beispielsweise den Einfluss von Geschwistern auf die Ausbildung sozialer Kompetenz oder Umstände, unter denen Kinder aggressiv werden.

Ziel der Psychologie

Die psychologische Forschung zielt darauf ab, ihren Gegenstand zu beobachten, zu beschreiben, zu erklären, zu bewerten und durch Vorhersage und Beeinflussung zu verändern.

- **Beobachtung und Beschreibung:** Das beobachtete Verhalten wird objektiv festgestellt und beschrieben, ohne interpretiert oder bewertet zu werden und ohne dass Schlussfolgerungen gemacht werden.
  Beispiel: Anstelle von „Der Schüler/die Schülerin ist fleißig" beschreibt man die Beobachtung: „Der Schüler/die Schülerin meldet sich oft zu Wort."
- **Erklärung und Bewertung:** Ein beobachteter Sachverhalt wird mit allgemeinen Gesetzmäßigkeiten erklärt.
  Beispiel: Vom Sachverhalt, dass Kinder sich aggressiv verhalten, wenn sie eine erwachsene Person beobachten, die Gewalt anwendet, wird die allgemeine Gesetzmäßigkeit abgeleitet: „Kinder lernen von einem Modell" (Theorie des Modelllernens).
- **Vorhersage und Veränderung:** Weiß man, warum und wann bestimmte Verhaltensweisen auftreten, ist es möglich, Verhalten vorauszusagen, zu beeinflussen und zu verändern.
  Beispiel: Man weiß, dass Glücklichsein mit Berufserfolg korreliert (zusammenhängt). Daher können Eignungstests bei der Berufswahl helfen und somit die persönliche Zufriedenheit erhöhen.

Wissenschaftliche Methoden der Psychologie

Bei einer wissenschaftlichen (empirischen) Untersuchung wird zunächst eine Forschungsfrage formuliert, z. B.: *Gibt es einen Zusammenhang zwischen der Jahreszeit und der Erkrankung an einer Depression?* Anschließend werden Hypothesen aufgestellt (z. B.: *Im Herbst erkranken mehr Menschen an einer Depression als im Sommer*), die durch die Untersuchung bestätigt (verifiziert) oder widerlegt (falsifiziert) werden sollen. Die Ergebnisse gelten nur dann als wissenschaftlich gültig, wenn sie gemäß **wissenschaftlicher Methoden** *gesammelt, überprüft* und *begründet* wurden.
Für die Untersuchung menschlicher Denkprozesse und Verhaltensweisen gibt es verschiedene Methoden:

- **Beobachtung:** Von Beobachtung spricht man, wenn Vorgänge, Geschehnisse oder Sachverhalte durch unsere Sinnesorgane planmäßig und zielgerichtet wahrgenommen werden.
  Beispiel: Mithilfe eines Beobachtungsplans können aggressive Verhaltensweisen in einem bestimmten Zeitraum von Kindern in einer Spielgruppe erfasst werden. Wird das Verhalten oder Erleben von Versuchspersonen (Körperhaltung, Mimik) beobachtet, spricht man von Fremdbeobachtung. Die Beobachtung des subjektiven (eigenen) Erlebens (Gefühle, Denkprozesse, Erinnerungen) nennt man Selbstbeobachtung (Introspektion).
- **Experiment:** Das Experiment zielt darauf ab, Zusammenhänge zwischen Ursache und Wirkung aufzudecken und psychologisch relevante Gesetzmäßigkeiten herauszufinden. Es untersucht, wie sich unabhängige Variablen (z. B. Jahreszeiten) auf eine abhängige Variable (z. B. Depression) auswirken, dabei muss die abhängige Variable messbar sein. Meist besteht das Experiment aus einer Versuchs- und einer Kontrollgruppe.

- **Test:** Während das Experiment versucht, allgemeine Gesetzmäßigkeiten zu erforschen, misst der Test die individuelle Ausprägung bestimmter psychischer Merkmale bei einem Menschen. Beispiele: Leistungstests erheben die Lern- und Denkleistung (z. B. die Intelligenz) einer Person, Persönlichkeitstests erfassen Persönlichkeitsmerkmale und deren Ausprägung. Reife- und Entwicklungstests messen, inwieweit eine Person altersangemessenes Verhalten zeigt (z. B. Schulreifetests).
- **Befragung:** Eine Befragung erfolgt entweder schriftlich mithilfe eines Fragebogens oder mündlich in Form eines Interviews. Wird einer größeren Gruppe von Menschen eine bestimmte Anzahl von Fragen gestellt, handelt es sich um eine Umfrage. In jedem Fall werden durch die Beantwortung der Fragen Daten erfasst, um Einstellungen oder Verhaltensweisen (wie z. B. Essgewohnheiten oder sportliche Vorlieben) eines Menschen ermitteln zu können.

WissenschaftlerInnen haben drei grundlegende Prinzipien zu beachten, wenn sie zu überprüfbaren und allgemeingültigen Aussagen gelangen wollen:

Unvoreingenommenheit

1. **Objektivität:** Eine Messung ist objektiv, wenn mehrere ForscherInnen (unter gleichen Bedingungen) eine Untersuchung durchführen, auswerten und interpretieren und dabei dasselbe Ergebnis erzielen. Beispiel: Zwei verschiedene PsychiaterInnen müssen unter gleichen Bedingungen bei einem Patienten/einer Patientin die gleiche psychische Störung diagnostizieren.

Gültigkeit

2. **Validität:** Eine Messung ist dann gültig, wenn ein Testverfahren das misst, was es zu messen vorgibt. Beispiel: Wenn ein Forscher/eine Forscherin die Einflussfaktoren auf den Schulerfolg der SchülerInnen eruieren will, so muss er/sie tatsächlich den Schulerfolg erheben und nicht die Intelligenz.

Zuverlässigkeit, Wiederholbarkeit

3. **Reliabilität:** Eine Messung ist zuverlässig und genau, wenn der Forscher/die Forscherin zu unterschiedlichen Zeitpunkten, aber unter Beachtung der gleichen Bedingungen, immer wie-

der zum gleichen Ergebnis gelangt. Voraussetzung für ein reliables Ergebnis ist allerdings, dass sich die Versuchsperson nicht verändert (z. B. durch Therapie) oder die neue Probandengruppe der vorherigen ähnlich ist. Beispiel: Zwischen Vererbung und Temperamentsunterschieden wird bei wiederholter Testung zu unterschiedlichen Zeitpunkten, aber unter ähnlichen Bedingungen, abermals ein Zusammenhang bestätigt.

☉ Partnerarbeit 8

Stellen Sie die Merkmale der Alltagspsychologie der wissenschaftlichen Psychologie tabellarisch gegenüber. Formulieren Sie abschließend ein Fazit.

Literaturtipp

REBER, Rolf: *Kleine Psychologie des Alltäglichen. 77 Lektionen, das Leben besser zu verstehen.* München 2009. Das Leben stellt uns viele Fragen: Wie kann ich im richtigen Moment Nein sagen? Sind Kinderkrippen schädlich? Kann ich mich bei Kaufentscheidungen auf mein Gefühl verlassen? Wissenschaftliche Erkenntnisse werden mit Geschichten skizziert und verständlich erläutert.

Populärwissenschaftliche Psychologie

Werden wissenschaftliche Themen der Psychologie allgemein verständlich aufbereitet, spricht man von **populärwissenschaftlicher Psychologie**. Durch eine begrenzte Anzahl wissenschaftlicher Fachtermini und eine allgemein verständliche Sprache werden wissenschaftliche Inhalte so einfach aufbereitet und verständlich beschrieben, dass sie auch einem breiten Publikum und Laien zugänglich werden. In einem Theaterstück lässt der Autor Michael Frayn den Atomphysiker Niels Bohr dazu sagen, dass wir *„die Wissenschaft nicht für uns selbst betreiben, sondern um sie anderen zu erklären."* (Frayn 2005, S. 36)

Die Vereinfachung der Darstellung kann allerdings auf Kosten der Richtigkeit und Wissenschaftlichkeit gehen. So entsteht ein öffentlicher Mythos, der im Namen der Wissenschaftlichkeit zitiert wird. Es folgen Halbwahrheiten und unseriöse Aussagen wie „Gegensätze ziehen sich an" oder „LinkshänderInnen sind musikalischer als RechtshänderInnen."

1.3 Modelle der wissenschaftlichen Psychologie

Es gibt keine allumfassende psychologische Theorie, die das menschliche Verhalten in seiner ganzen Vielfalt und Komplexität erklären könnte. Im Lauf der Entwicklung der wissenschaftlichen Psychologie entstanden daher verschiedene Paradigmen (Lehrmeinungen), die das Verhalten und Erleben aus unterschiedlichen Blickwinkeln betrachten und daran arbeiteten, allgemeingültige Theorien aufzustellen.

φ Philosophie

Grundlagen der Philosophie: Theorien

Alle entwickelten Modelle zielen darauf ab, Verhalten und Erleben systematisch zu beobachten, zu beschreiben, vorauszusagen und zu kontrollieren. Dabei liegen ihnen allerdings unterschiedliche Vorstellungen und Konzepte zugrunde: Jedes Modell definiert Verhalten anders, betrachtet diverse psychologische Fragestellungen aus einem unterschiedlichen Blickwinkel und hat verschiedene methodische Zugänge entwickelt.

„Wissenschaftler können Problemfelder (…) nach ganz unterschiedlichen Ansätzen bearbeiten. Manche Ansätze (…) sind beständig, manche tauchen auf und verschwinden bald wieder. Mitunter lösen Ansätze im Laufe der Zeit einander ab, mitunter bestehen sie nebeneinander." (Schönpflug 2004, S. 21)

Während sich der **Behaviorismus** nur für beobachtbares Verhalten interessiert, versucht die **kognitive Psychologie**, nicht beobachtbare, geistige Prozesse wissenschaftlich zu erforschen. Die **Biopsychologie** wiederum stellt das Gehirn in den Mittelpunkt der Forschung. Während das **tiefenpsychologische Modell** Vergangenheitsbewältigung betreibt, unterstützt die **humanistische Theorie** das menschliche Streben nach Selbstverwirklichung. Die Modelle unterscheiden sich also in ihren Auffassungen, Erklärungsgrundlagen und wenden ihren Ansichten entsprechende Forschungsmethoden an.

1. Das behavioristische Modell (Pawlow, Thorndike, Watson, Skinner)

Definition

BEHAVIORISMUS (engl. *behavior*: Verhalten) versteht sich als Wissenschaft vom Verhalten. Er geht davon aus, dass Verhalten erlernt ist. Gegenstand der Forschung ist das beobachtbare Verhalten.

Die **behavioristische** Forschung (Verhaltenspsychologie) befasst sich ausschließlich mit beobachtbarem **Verhalten**, das *objektiv gemessen* und beurteilt werden kann. Sie analysiert den Zusammenhang zwischen beobachtbarem Verhalten und sozialem Umfeld. Das eigene Erleben wird völlig ausgeschlossen, denn die Methode der Introspektion ist für VerhaltenspsychologInnen ein subjektiver Zugang, der zu Spekulationen führt und als unwissenschaftlich angesehen wird.

In der Anlage-Umwelt-Debatte wird diskutiert, inwiefern unser Verhalten und unsere individuellen Unterschiede genetisch bestimmt sind und inwiefern wir von der Umwelt geprägt sind. Dabei geht der Behaviorismus davon aus, dass wir durch unsere Umweltbedingungen determiniert (bestimmt) werden. Nachdem die behavioristische Forschung bemüht ist, unser Verhalten vorauszusagen und zu kontrollieren, untersucht sie unsere Reaktionen und somit alles, was wir tun: ein Haus bauen, Sport treiben oder Kaffee trinken. Die Untersuchungsmethode besteht aus der Messung von Reiz und Reaktion, wobei der Reiz und die Reaktionen in kontrollierten Laborexperi-

Definition

INTROSPEKTION ist die Beobachtung und Beschreibung des eigenen Erlebens.

menten aufgezeichnet werden. Die beliebtesten Untersuchungsobjekte sind Ratten und Tauben. Bereits ARISTOTELES – genauso wie später die Empiristen John LOCKE und David HUME – vertrat einen behavioristischen Ansatz. Er meinte, unsere Seele sei zunächst eine tabula rasa – ein unbeschriebenes Blatt bzw. eine leere Tafel –, die erst über Umwelterfahrungen beschrieben wird.

2. Das kognitive Modell (Piaget)

Definition
KOGNITIV (lat. *cognoscere:* erkennen, erfahren) bedeutet „die Erkenntnis betreffend" und bezeichnet geistige Funktionen des Menschen, die mit Wahrnehmen, Lernen, Erinnern und Denken in Zusammenhang stehen.

Wahrnehmen, Erinnern, Lernen und Denken – also Informationsverarbeitung und Aufmerksamkeitsprozesse – zählen zu den **menschlichen Denkprozessen**. Die kognitive Psychologie geht der Frage nach, wie wir Informationen enkodieren (verarbeiten), speichern und wieder abrufen. Der Mensch wird in der kognitiven Psychologie – im Gegensatz zum Behaviorismus – nicht als Produkt der Umwelt angesehen, sondern als einsichtiges, verantwortungsvolles Wesen, das aktiv handelt und individuelle Ziele verfolgt. Der Mensch beurteilt, wägt ab und entscheidet sich für ein Verhalten, das auch geändert werden kann, wenn es reflektiert wird.
Die effektivsten Forschungsmethoden, um Zugang zu den Gedankenprozessen zu erhalten, sind zum einen Selbstauskünfte, etwa im Rahmen von Befragungen, und zum anderen apparative Messungen physiologischer Zustände. Diese begleiten psychische Prozesse oder auch die Messung von Reaktions- und Entscheidungszeiten. Die Selbstbeobachtung (Introspektion), bei der das eigene Erleben beschrieben wird, birgt das Risiko subjektiver Verfälschungen und ist daher als Forschungsmethode relativ umstritten.

3. Das biopsychologische Modell (Roth)

Definition
Die BIOPSYCHOLOGIE erforscht den Zusammenhang zwischen dem Verhalten und den biologischen Strukturen und Prozessen.

Der biopsychologische Ansatz erklärt das Erleben und Verhalten mit der **Funktionsweise des Gehirns** und dem **Nervensystem**. Im Mittelpunkt des Interesses steht also die Frage danach, wie wir Informationen im Gehirn verarbeiten und wie diese Prozesse gesteuert werden. Visuelle Empfindungen beispielsweise werden auf physikalische und biochemische Vorgänge im Auge, im Sehnerv und im Gehirn zurückgeführt.
Um hier zu Erkenntnissen zu gelangen, bedient sich die Biopsychologie verschiedenster Methoden: Aufschluss geben können u. a. das Elektroenzephalogramm (EEG), das unsere Gehirnaktivität misst, aber auch bildgebende Verfahren wie beispielsweise die Positronen-Emissions-Tomographie (PET), die aktive Stellen im Gehirn mit einem hohen Glukoseverbrauch anzeigt.
Folgende Fragen interessieren den biopsychologischen Ansatz besonders: Wie beeinflussen Hormone unsere Gefühle? Wie wirken sich die Gene auf unser Erleben und Verhalten aus? Welchen Einfluss hat die Psyche auf unseren Körper?

4. Das tiefenpsychologische Modell (Freud, Adler, Jung)

Definition
Die TIEFENPSYCHOLOGIE fasst alle psychologischen Ansätze zusammen, die unbewusste, psychische Prozesse als Erklärungsgrundlage für menschliches Erleben und Verhalten heranziehen. Psychische Störungen werden diesem Ansatz nach meist auf unverarbeitete Konflikte zurückgeführt.

Die Tiefenpsychologie meint, dass der Mensch wesentlich von starken **seelischen Kräften** angetrieben wird. Konflikte, die in der Kindheit durch Verbote der Gesellschaft oder durch unterdrückte Triebwünsche entstehen, bestimmen die spätere Persönlichkeit, denn in der Kindheit entwickeln sich die Grundzüge der Persönlichkeit. Persönlichkeitsstörungen sind demnach die Folge von unerfüllten Wünschen und Kindheitstraumata, die in der Therapie aufgearbeitet werden sollen. Ziel ist, den Schwierigkeiten auf den Grund zu gehen und die Spannungen zu reduzieren. Da viele Prozesse unbewusst ablaufen, sind uns auch viele Ängste und Triebe nicht bewusst. Die Tiefenpsychologie erforscht dieses Unbewusste: Unbewusste Konflikte etwa können über Hypnose oder Traumdeutung sichtbar gemacht werden.

5. Das humanistische Modell (Ch. Bühler, Fromm, Rogers, Frankl, Maslow)

Definition
Der HUMANISMUS (lat. *humanus*: menschlich) ist eine Weltanschauung, die nach Menschlichkeit, Toleranz und Freiheit strebt. Ein humanistisches Prinzip ist, das Leben und die Gesellschaft so zu gestalten, dass Menschenwürde und freie Persönlichkeitsentfaltung möglich sind.

Die **humanistische Psychologie** ist eine Reaktion auf Behaviorismus und Tiefenpsychologie: Am Behaviorismus kritisiert sie, dass der Mensch als eine passive, auf Reize reagierende Maschine verstanden wird. Die Tiefenpsychologie wiederum reduziere den Menschen zu sehr auf ein von Trieben bestimmtes Wesen. Die humanistische Psychologie sieht dagegen **Selbstentfaltung** und **Selbstverwirklichung** als die obersten Ziele des Menschen und möchte einen Beitrag zur besseren menschlichen Entwicklung leisten. Sie geht davon aus, dass das Individuum die Fähigkeit hat, ein Maximum an Potenzial zu entwickeln. Hauptaufgabe des Menschen sei es, nach der Entwicklung des eigenen Potenzials (Leistungsfähigkeit) zu streben. Im Mittelpunkt des humanistischen Ansatzes steht immer der Mensch selbst mit seinen Wünschen und Bedürfnissen, die ihn zu bestimmten Handlungen und Denkweisen motivieren: Der Mensch ist von Grund auf gut, kann aktiv seine Umwelt gestalten, ist frei und verantwortlich für sein Tun, kann selbst wählen und somit rationale Entscheidungen treffen. Über das Gespräch sollen Sinnfindungskonzepte des Handelns entworfen werden.

RP Einzelarbeit **9** Vervollständigen Sie die folgende Tabelle, indem Sie die wesentlichen Merkmale der psychologischen Modelle wiedergeben.

Modell	Vertreter	Was wird untersucht?	Methodisches Vorgehen
	Watson, Skinner, Thorndike, Pawlow		
Kognitives Modell			
	Roth		
			Hypnose, Traumdeutung
Humanistisches Modell			

Weitere Modelle

Weiters finden eine evolutionäre sowie eine kulturvergleichende Perspektive Anwendung in der zeitgenössischen Psychologie:

- Die **evolutionäre Perspektive** untersucht evolutionär entstandene psychische Anpassungsvorgänge.
- Die **kulturvergleichende Psychologie** vertritt einen soziokulturellen Ansatz, untersucht interkulturelle Muster und interessiert sich für universelle und kulturspezifische Aspekte des Verhaltens.

T **RF** Partnerarbeit **10** Ordnen Sie die folgenden Annahmen einem psychologischen Modell zu und begründen Sie anschließend Ihre Entscheidung. (vgl. Myers 2005, S. 12)
a) „Der Wutausbruch wird als Ventil für unbewusste Feindseligkeit betrachtet."
b) „Externe Reize führen zu wütenden Reaktionen und aggressiven Handlungen."
c) „Wut wirkt sich auf unser Denken aus."

T Einzelarbeit **11** Bestimmen Sie, welches Menschenbild von welchem psychologischen Modell vertreten wird.
a) Der Mensch ist frei und verantwortlich dafür, was er aus sich macht.
b) Der Mensch ist ein von unbewussten Trieben und Ängsten gesteuertes Wesen.
c) Der Mensch ist das Produkt seiner Umwelt.
d) Der Mensch ist ein reflexives, einsichtiges und entscheidungsfähiges Wesen.

RF Diskussion **12** Überlegen Sie, welches Menschenbild Sie gerne vertreten würden, wenn Sie eine leitende Funktion in einer Bildungseinrichtung (Schule/Kindergarten …) hätten. Begründen Sie Ihre Auswahl!

E-Book ◀
ARBEITSBLATT
Diskussionsleitfaden

φ Philosophie
Ursprünge der Philosophie:
Grundlagen

1.4 Die Entwicklung der Psychologie als Wissenschaft

Die großen Pioniere der Psychologie FREUD, SKINNER und FRANKL, aber auch DARWIN, PIAGET und WUNDT sind vielen ein Begriff. Sie alle prägten die Psychologie, indem sie einen wichtigen Beitrag zur psychologischen Forschung leisteten. Freud war Arzt, Piaget Biologe, Wundt wiederum war Philosoph und Physiologe. Diese interdisziplinären Wurzeln der Psychologie beeinflussten ihre Themenschwerpunkte und damit ihre Entwicklung.

»Die Psychologie hat eine lange Vergangenheit, doch nur eine kurze Geschichte.«
(Ebbinghaus 1932, S. 7)

Literaturtipp
GAARDER, Jostein: *Sofies Welt. Roman über die Geschichte der Philosophie.* München 2012. Im Rahmen einer Romanhandlung wird die Geschichte der Philosophie geistreich erzählt. 1999 wurde *Sofies Welt* auch verfilmt.

Literaturtipp
GALLIKER, Mark / KLEIN, Margot / RYKART, Sibylle: *Meilensteine der Psychologie. Die Geschichte der Psychologie nach Personen, Werk und Wirkung.* Stuttgart 2007. Historisch gegliedert, nach Epochen und nach AutorInnen strukturiert, bietet das Werk einen umfassenden Überblick über die Geschichte der Psychologie.

Literaturtipp
LÜCK, Helmut E. / MILLER, Rudolf: *Illustrierte Geschichte der Psychologie.* Weinheim und Basel 2006. Ein Psychologie-Atlas, der anschaulich und detailliert zentrale Themen der Psychologiegeschichte behandelt und ihre Pioniere / Pionierinnen präsentiert.

Literaturtipp
LÜCK, Helmut E.: *Die psychologische Hintertreppe. Die bedeutenden Psychologinnen und Psychologen in Leben und Werk.* Freiburg 2016. Das Buch liefert einen Überblick über die Entwicklung der Psychologie und porträtiert die wichtigsten PsychologInnen und deren Entdeckungen.

Zahlreiche PhilosophInnen, MedizinerInnen, TheologInnen und PhysiologInnen beschäftigten sich schon früh mit der Seele sowie dem Erleben und Verhalten des Menschen. Dennoch galt die Psychologie bis ins 19. Jahrhundert nicht als eigene Wissenschaft.

- Die Wurzeln der Psychologie finden sich bereits im **antiken Griechenland**: Die für die Psychologie bedeutendsten Philosophen waren SOKRATES (469–399 v. Chr.), PLATON (427–347 v. Chr.) und ARISTOTELES (384–322 v. Chr.). Sie interessierten sich für das Zusammenspiel von Leib und Seele und stellten Überlegungen an, ob Wissen angeboren sei (Sokrates, Platon) oder über unsere Erfahrung erworben werde (Aristoteles).
- Die Philosophie im **Mittelalter** stand mit AUGUSTINUS (354–430) und THOMAS VON AQUIN (1225–1274) unter religiösem Einfluss, wobei Augustinus die Bedeutung der inneren Erfahrung betonte.
- Die **Neuzeit** (17./18. Jahrhundert) war vom Konflikt der philosophischen Hauptströmungen Rationalismus und Empirismus geprägt. Der **Rationalismus** (René DESCARTES, Christian WOLFF) sieht die Vernunft (lat.: *ratio*) als wesentlichen Faktor für den Erkenntnisprozess. Der **Empirismus** (David HUME) hingegen geht davon aus, dass jede Erkenntnis auf (Sinnes-)Erfahrung beruht (lat. *empiricus*: der Erfahrung folgend).
Immanuel KANT beendete mit seiner „kopernikanischen Wende" schließlich den Streit beider Richtungen und verband im **Kritizismus** und **transzendentalen Idealismus** beide Richtungen miteinander.
- Im 19. Jahrhundert wurde die Mathematik immer mehr in die empirisch-wissenschaftliche Aufklärung psychischer Prozesse einbezogen. Johann Friedrich HERBART veröffentlichte 1816 sein *Lehrbuch zur Psychologie* und prägte mit seinem Werk *Psychologie als Wissenschaft, neu gegründet auf Erfahrung, Metaphysik und Mathematik* einen **erfahrungswissenschaftlichen Ansatz**. Bisher dominierte die Philosophie die psychologische Entwicklung, nun rückten neben der Mathematik auch die Physiologie und die Medizin immer stärker in den Mittelpunkt. HELMHOLTZ, FECHNER und WUNDT forderten eine naturwissenschaftliche Aufklärung psychologischer Strukturen und Abläufe.

Mit der Errichtung des ersten psychologischen Labors im Jahr 1879 wurde die Psychologie erstmals als eigenständige Disziplin anerkannt, die sich naturwissenschaftlicher Methoden bediente: Wilhelm Wundt gründete in Leipzig das erste Laboratorium für Psychologie. „Psychologie ist Wissenschaft" – das manifestierte sich auch in der Gründung von psychologischen Zeitschriften, Vereinigungen und Gesellschaften, Forschungs- und Lehreinrichtungen. Im deutschsprachigen Raum setzte sich nach dem Zweiten Weltkrieg eine naturwissenschaftlich orientierte, empirisch-statistische Psychologie durch. Diese Richtung blieb bis heute an den Universitäten erhalten.

1879, die Geburtsstunde der Psychologie als Wissenschaft: Wilhelm Wundt in seiner experimentell-psychologischen Forschungsstätte

▶ AH Seite 8

1.5 Pioniere / Pionierinnen der Psychologie

 Plenum 13 — Welche Psychologen / Psychologinnen kennen Sie bereits? Sammeln Sie mündlich möglichst viele Namen, die Ihnen bereits ein Begriff sind.

Die folgenden Kurzportraits der Pioniere / Pionierinnen und Koryphäen der wissenschaftlichen Psychologie liefern einen Einblick in die wichtigsten Etappen und Errungenschaften der Psychologie. Sie sind chronologisch nach Geburtsjahren geordnet.

Die Fragestellungen, denen sich die Pionierinnen und Pioniere gewidmet haben, spiegeln zu einem großen Teil die zeitlichen Umstände bzw. den Zeitgeist ihrer Gegenwart wieder. Unter Zeitgeist versteht man die geistige Orientierung, den Lebensstil und die gesellschaftlich geteilten Ideen und Werte während einer bestimmten Zeit.

Wilhelm Wundt (1832–1920) gründete 1879 in Leipzig das erste **psychologische Labor** und ermöglichte damit die Entstehung der experimentellen Psychologie als eigenes Fach. Die Psychologie gilt seitdem als Wissenschaft.

Hermann Ebbinghaus (1850–1909) wurde für seine experimentellen Forschungen zu Lernen und Gedächtnis bekannt. Auf der Basis sinnfreier Silbenreihen, die er auswendig lernte, entwickelte er die berühmte **Lern- und Vergessenskurve** (▸ Kap. 4.4).

Alfred Binet (1857–1911) studierte Rechtswissenschaften, interessierte sich später für Methoden zur Intelligenzmessung und entwickelte 1905 gemeinsam mit Theodore Simon den ersten **Intelligenztest** (Binet-Simon-Test) (▸ Kap. 8.2). Darüber hinaus beschäftigte er sich mit den Gedächtnisprozessen von SchachspielerInnen.

Der österreichische Vertreter der Tiefenpsychologie und ehemalige Schüler Freuds **Alfred Adler** (1870–1937) begründete die **Individualpsychologie** (▸ Kap. 10.4), die die Einheit Körper-Seele-Geist betont. Die Begriffe Minderwertigkeitskomplex, Menschenkenntnis und Gemeinschaftsgefühl gehen auf Adler zurück.

Edward Lee Thorndike (1871–1933) ist ein Vertreter des Behaviorismus. Anhand seiner Verhaltensstudien an Tieren – er führte Lernexperimente mit Katzen (Problemkäfig) durch – entwickelte er die Theorie der instrumentellen Konditionierung. Er verfasste das Effektgesetz und prägte den Begriff des **Versuch-Irrtum-Lernens** (▸ Kap. 5.3).

Carl Gustav Jung (1875–1961) begründete die Analytische Schule der Psychologie als eigene tiefenpsychologische Richtung. Die **Analytische Psychologie** (▸ Kap. 10.4) geht davon aus, dass Traumarbeit und Fantasie Zugang zu den unbewussten Konflikten und Komplexen liefern. Der Begriff Archetyp geht auf Jung zurück und beschreibt angeborene, unbewusste kulturübergreifende Urbilder der Seele.

Clara Stern (1877–1948) verfasste mit ihrem Mann William Stern die Werke *Die Kindersprache* und *Die Psychologie der frühen Kindheit*. Sie prägte die Anfänge der **Kinderpsychologie**.

Clara Stern

1832
1849
1850
1857
1870
1871
1871
1875
1877
1878

Der russische Pionier der Lernpsychologie **Iwan Petrowitsch Pawlow** (1849–1936) wollte wie sein Vater Priester werden, studierte dann allerdings Medizin und spezialisierte sich auf das Verdauungssystem. Bei einer Untersuchung der Speichelsekretion des Hundes stieß er zufällig auf die Koppelung des Speichelflusses mit Futtergabe und entwickelte die Lerntheorie der **klassischen Konditionierung** (▸ Kap. 5.2).

Iwan Petrowitsch Pawlow

Sigismund Schlomo Freud wurde unter dem Namen **Sigmund Freud** (1856–1939) berühmt. Der österreichische Arzt und Neurologe gilt als der Begründer der **Psychoanalyse** (▸ Kap. 14.5). Sein wichtigstes psychoanalytisches Werk ist *Die Traumdeutung*. Er prägte den Begriff des Unbewussten und leistete mit den psychosexuellen Phasen der kindlichen Entwicklung (▸ Kap. 10.3) einen bedeutenden Beitrag zur Psychologie. Seine Schüler waren Alfred Adler und Carl Gustav Jung.

Sigmund Freud

William Stern (1871–1938) begründete die **Differentielle Psychologie**. Er beschäftigte sich vorwiegend mit Intelligenzforschung und schuf ein neues Testverfahren zur Messung der Intelligenz. Der Begriff Intelligenzquotient (▸ Kap. 8.2) ist auf Stern zurückzuführen.

William Stern

John Watson (1878–1958) ist der Begründer der psychologischen Schule des **Behaviorismus** (▸ Kap. 1.3). Bekannt wurde er mit seinem heftig umstrittenen Experiment *Little Albert*, in dem er zeigt, dass phobisches Verhalten erlernbar ist (▸ Kap. 5.2).

John Watson

Karl Bühler (1879–1963) befasste sich mit der experimentellen Erforschung von Denkprozessen. Die Begriffe Ausdrucks-, Appell- und Darstellungsfunktion (▶ Kap. 9.4) gehen auf sein Organon-Modell der Sprache (griech. *órganon*: Werkzeug) zurück.

Karl Bühler

Melanie Klein (1882–1960) war eine österreichisch-britische Pionierin der **Kinderpsychoanalyse**. Sie interessierte sich besonders für frühkindliche Entwicklungen und die Eltern-Kind-Interaktion. Ihre Objektbeziehungstheorie besagt, dass Kinder durch ihre frühen Bezugspersonen („Objekte") stark geprägt werden.

Melanie Klein

Sabina Spielrein (1885–1942) wurde mit 19 Jahren in die Psychiatrie eingeliefert. Ihre Hysterie wurde von JUNG mit einer analytischen Verfahrenstechnik erfolgreich behandelt. Daraufhin begann Spielrein sich für die

Psychoanalyse zu interessieren und verfasste zahlreiche Aufsätze zu **Schizophrenie** (▶ Kap. 14.4), **Träumen** und **Destruktion** als „Ursache des Werdens". In Genf arbeitete sie als Psychoanalytikerin PIAGETS. Ihr Leben wurde 2002 unter dem Titel *Ich hieß Sabina Spielrein* verfilmt.

Sabina Spielrein

Der österreichische Psychoanalytiker **René Spitz** (1887–1974) war Begründer der psychoanalytisch-empirischen **Säuglings- und Kleinkindforschung**. Er interessierte sich vor allem für die Entwicklung der Beziehung zwischen Mutter und Kind im ersten Lebensjahr und forschte dazu auch in Waisenhäusern. Er prägte den Begriff des Hospitalismus (▶ Kap. 3.7).

Der Gestaltpsychologe **Wolfgang Köhler** (1887–1967) veröffentlichte zahlreiche Werke über die mentalen Fähigkeiten der Menschenaffen. Er analysierte jahrelang das Problemlöseverhalten der Schimpansen und prägte den Begriff des **Einsichtlernens** (▶ Kap. 7.3).

Kurt Lewin (1890–1947) ist ein Vertreter der experimentellen Sozialpsychologie und forschte zu den drei Führungs- bzw. **Erziehungsstilen** (autoritär, demokratisch, laissez-faire) (▶ Kap. 9.5).

Max Wertheimer (1880–1943) gilt als bedeutender Vertreter der Wahrnehmungspsychologie. Gemeinsam mit KÖHLER und KOFFKA begründete er die **Gestalttheorie** (▶ Kap. 3.5), die den Menschen als Ganzes betrachtet. Er führte außerdem bedeutende Experimente zur Bewegungswahrnehmung durch.

Die österreichisch-US-amerikanische Medizinerin und Psychoanalytikerin **Helene Deutsch** (1884–1982) war

die Erste, die sich für die **Psychologie der Frau** und die weibliche Sexualität interessierte. Sie war eine Schülerin und Mitarbeiterin Freuds. In ihrer Autobiografie *Selbstkonfrontation* befasst sie sich mit ihrem Leben, ihrem Werdegang und ihrer Position in der Wissenschaft.

Helene Deutsch

Karen Horney (1885–1952) studierte gegen den Willen ihres Vaters in Deutschland Medizin. Sie spezialisierte sich auf Konflikte, die durch das soziale Umfeld in der Kindheit entstehen, und setzte sich insbesondere mit der Rolle der Eltern auseinander. Sie entwickelte das

Konzept der „grundlegenden Angst" und prägte den Begriff der „Entfremdung". In Amerika gründete sie gemeinsam mit anderen renommierten PsychoanalytikerInnen wie Erich FROMM ein eigenes **psychoanalytisches Institut**. Sie stellte zahlreiche Theorien FREUDS infrage.

Karen Horney

Rosa Katz (1885–1976) war eine deutsch-jüdische Pädagogin und Entwicklungspsychologin, die nach Stockholm emigrierte. Sie war Anhängerin der Montessori-Pädagogik und prägte den Begriff des **wandernden Kindergartens**, der die Selbsttätigkeit und den Forschergeist des Kindes in den Mittelpunkt rückt. Sie sorgte in Stockholm für die Verbreitung der Montessori-Pädagogik.

Martha Muchow (1892–1933) war Volksschullehrerin und Psychologin. Ihre Schwerpunkte lagen in der

Entwicklungspsychologie des Kindes- und Jugendalters. Sie gilt als Pionierin der ökologischen Psychologie. In ihrem Werk *Der Lebensraum des Großstadtkindes* widmete sie sich der Entwicklung der **Lebenswelt des Kindes**.

Martha Muchow

1879
1880
1882
1884
1885
1885
1885
1887
1887
1890
1892

Die Kinder- und Jugendpsychologin **Charlotte Bühler** (1893–1974) arbeitete mit Carl ROGERS und Abraham MASLOW zusammen und gilt als Wegbereiterin der

humanistischen Psychologie. Sie setzte sich mit Lebenszielen auseinander und formulierte die **vier Grundtendenzen des Lebens**. Ihr wichtigster Beitrag zur Entwicklungspsychologie war die Errichtung eines Zentrums für kinder- und jugendpsychologische Forschung.

Charlotte Bühler

Der Schweizer Entwicklungspsychologe **Jean Piaget** (1896–1980) erhielt zahlreiche Auszeichnungen für seine Verhaltensexperimente zur kognitiven Entwicklung

und für seine Forschungsarbeiten zur Intelligenzentwicklung, die er an seinen eigenen Kindern ausführte. Sein Stufenmodell der **kognitiven Entwicklung** des Kindes (▸ Kap. 9.4) hat die Entwicklungspsychologie stark geprägt.

Jean Piaget

Der österreichische Psychologe **Hubert Rohracher** (1903–1972) ist ein Vertreter der experimentellen Psychologie. Er leistete einen wichtigen Beitrag zu den Gedächtnishemmungen (▸ Kap. 4.3).

Burrhus Frederic Skinner (1904–1990) war nach seinem Englischstudium angehender Schriftsteller, wurde schließlich aber für seine Arbeiten zur **operanten Konditionierung** (▸ Kap. 5.3) berühmt.

Der österreichische Begründer der **Existenzanalyse** (▸ Kap. 14.5) und **Logotherapie** (▸ Kap. 14.5) **Viktor Frankl** (1905–1997) studierte Medizin, war Neurologe

und Psychiater mit den Schwerpunkten Depression und Suizid (Selbstmord) und entwickelte mehrere Methoden der Psychotherapie (Paradoxe Intention). In seinem Werk … *trotzdem Ja zum Leben sagen* verarbeitete er seine Zeit im Konzentrationslager.

Viktor Frankl

Abraham Maslow (1908–1970) gilt als Begründer der humanistischen Psychologie. Mit seiner **Bedürfnispyramide** (▸ Kap. 12.1) entwickelte er ein hierarchisches Modell menschlicher Bedürfnisse, dessen Spitze die Transzendenz (das Streben nach einer höheren Bewusstseinsebene) darstellt.

Die österreichische Psychoanalytikerin **Anna Freud** (1895–1982), Tochter von Sigmund FREUD, spezialisierte sich auf **Kinderanalyse**. Neben zahlreichen Klassikern zur Kinderanalyse gilt *Das Ich und die Abwehrmechanis-*

men (▸ Kap. 10.3) als ihr Hauptwerk. Ihre berühmteste Patientin war Marilyn Monroe, als diese an Depressionen litt. Bis an ihr Lebensende lebte Anna Freud mit der Millionenerbin Dorothy Burlingham-Tiffany zusammen, mit der sie ein Heim für Kriegswaisen in London eröffnete.

Anna Freud

Seine gesellschaftskritischen Beiträge zur Sozialpsychologie und -philosophie machten den deutschen Psychoanalytiker **Erich Fromm** (1900–1980) zu einem einflussreichen Denker des 20. Jahrhunderts. Ein bedeutendes Werk ist *Haben oder Sein*.

Carl Rogers (1902–1987), US-amerikanischer Psychologe und Psychotherapeut, war ein Hauptvertreter der humanistischen Psychologie und entwickelte die **klientenzentrierte Gesprächstherapie** (▸ Kap. 14.5). Seine Botschaften an Eltern, damit Kinder ein positives Selbstkonzept entwickeln können, haben bis heute Gültigkeit (▸ Kap. 10.5).

Der österreichische Medizin-Nobelpreisträger und promovierte Zoologe **Konrad Lorenz** (1903–1989) interessierte sich schon früh für die Verhaltensforschung. Der „Vater der Graugänse" – Graugänse waren Lorenz' bevorzugte Studienobjekte – bewies, dass Enten und Gänse nach einem angeborenen Muster demjenigen nachlaufen, dem sie nach dem Schlüpfen als Erstes begegnen. Auf diese Erkenntnis geht der Begriff **Prägung** (▸ Kap. 5.2) zurück. Lorenz' Befürwortung der Rassenideologie der Nazis löste heftige Kritik aus, ebenso provozierte er mit seinen umstrittenen Ansichten in seinem Werk *Das sogenannte Böse*, in dem er von einer angeborenen Aggression ausgeht.

Die österreichische Pionierin der Sozialforschung **Marie Jahoda** (1907–2001) beschäftigte sich mit den Folgen von **Arbeitslosigkeit**. *Die Arbeitslosen vom Marienthal* gilt als erste große Studie, die zum Thema Arbeitslosigkeit durchgeführt wurde. Jahoda beeinflusste auch die qualitative Sozialforschung.

Marie Jahoda

1893
1895
1896
ab 1900
1900
1902
1903
1903
1904
1905
1907
1908

1

Else Frenkel-Brunswik (1908–1958) emigrierte in die USA und wurde 1938 US-amerikanische Staatsbürgerin. Sie forschte zum Thema Antisemitismus. Es folgten

sozialpsychologische Untersuchungen zu Werten und Normen, Intoleranz und Vorurteilsbildung. Sie führte gemeinsam mit dem Soziologen Theodor W. ADORNO Studien zur **autoritären Persönlichkeit** durch, die sie 1950 in den USA veröffentlichte.

Else Frenkel-Brunswik

Bärbel Inhelder (1913–1997) arbeitete lange Zeit mit ihrem Lehrer Jean PIAGET zusammen. 1971 übernahm sie schließlich seine Stelle an der Universität Genf. Bis 1983 führte sie dort zahlreiche Experimente zur **kognitiven Entwicklung** bei Kindern durch.

Der österreichische Psychiater und Individualpsychologe **Erwin Ringel** (1921–1994) gilt als Pionier der Selbstmordforschung. Er prägte den Begriff **präsuizidales Syndrom** und errichtete 1948 in Wien das erste Selbstmordverhütungszentrum Europas (▸ Kap. 14.4).

Raoul Schindler (1923–2014), Wiener Psychotherapeut, entwickelte die Grundprinzipien der Psychodynamik in der Gruppe (▸ Kap. 11.5). Er war ein wichtiger Wegbereiter des österreichischen Psychotherapiegesetzes.

Der Sprachwissenschaftler **Noam Chomsky** (1928) übte mit seiner **Theorie der Universalgrammatik** (▸ Kap. 6.4) Kritik an Skinners behavioristischen Zugang zur kindlichen Sprachentwicklung und leitete damit die kognitive Wende (vom Behaviorismus hin zum Kognitivismus) der psychologischen Forschung ein.

Der israelisch-US-amerikanische Psychologe **Daniel Kahneman** (1934) erforschte in zahlreichen Studien **kognitive Verzerrungen** (verzerrte Denk- und Wahrnehmungsmuster). Für seine Arbeiten über Irrtümer und Fehler in Entscheidungsprozessen erhielt er 2002 den Nobelpreis für Wirtschaftswissenschaften. Er konnte beweisen, dass unser Denken oft vorgefassten Mustern und Illusionen folgt (▸ Kap. 11.1).

Martin Seligman (1942) wurde bekannt durch sein **Konzept der erlernten Hilflosigkeit** (▸ Kap. 14.4),

das eine Depression auf die Erfahrung von Ohnmacht zurückführt. Seine Forschungsbeiträge zu Glück und Wohlbefinden machen ihn zu einem wichtigen Vertreter der **Positiven Psychologie** (▸ Kap. 13.4).

Martin Seligman

Die Psychoanalytikerin **Ruth Cohn** (1912–2010) begründete die Methode der **themenzentrierten Interaktion** (▸ Kap. 11.7). Ihr Anliegen war es, die Interaktion im Gruppengespräch zu fördern. Sie formulierte Regeln der Gesprächsführung, die den ganzen Menschen mitsamt seinen Gefühlen und Gedanken berücksichtigen.

Paul Watzlawick (1921–2007) war ein bedeutender österreichischer Kommunikationswissenschaftler. Er

entwickelte **fünf Grundannahmen** (Axiome) (▸ Kap. 11.7) für eine funktionierende, störungsfreie Kommunikation. In seinem Werk *Anleitung zum Unglücklichsein* vertritt er einen radikalen Konstruktivismus, indem er behauptet, dass unsere Wahrnehmungen subjektiv sind und nie der Realität entsprechen.

Paul Watzlawick

Der Lernpsychologe **Albert Bandura** (1925) ist bekannt für seine **Theorie des Modelllernens** (▸ Kap. 5.4) und beschreibt damit das Phänomen des Lernens durch Nachahmung bzw. Imitation.

Albert Bandura

Stanley Milgram (1933–1984) ist bekannt für seine Arbeiten über den **Gehorsam** gegenüber **Autoritäten**. Im Milgram-Experiment (1961) testete er die Bereitschaft von Versuchspersonen, autoritären Anweisungen Folge zu leisten, auch wenn diese nicht mit ihrem Gewissen vereinbar waren (▸ Kap. 11.6).

Philip Zimbardo (1933) führte Untersuchungen zu Machtmissbrauch und Gewaltverbrechen von Menschen in bestimmten Positionen durch. Besondere Bekanntheit erlangte sein **Stanford-Prison-Experiment** (▸ Kap. 11.6).

Philip Zimbardo

Der deutsche Psychologe **Friedemann Schulz von Thun** (1944) hat ein **Kommunikationsmodell** entwickelt, mit dem der Vorgang der zwischenmenschlichen Kommunikation von vier verschiedenen Seiten betrachtet wird (▸ Kap. 11.7), um Störungen in der Kommunikation zu beheben.

1908
1912
1913
1921
1921
1923
1925
1928
1933
1933
1934
1942 1942

Die Lage der Frauen in der Wissenschaft

Literaturtipp
VOLKMANN-RAUE,
Sibylle / LÜCK, Helmut E.:
*Bedeutende Psychologinnen.
Biographien und Schriften.*
Weinheim und Basel 2011. In
diesem Buch werden jene
deutschsprachigen Psychologinnen des 20. Jahrhunderts
vorgestellt, die einen bedeutenden Beitrag zur Entwicklung der Psychologie als
Wissenschaft leisteten, in der
Geschichte aber dennoch
unerwähnt und unbekannt
blieben.

Im Verhältnis zu Psychologen sind nur wenige Psychologinnen bekannt. Der Grund dafür: Etliche Frauen leisteten zwar erhebliche Beiträge in Forschungsgruppen, erlangten dafür aber weniger Aufsehen in der **Fachöffentlichkeit** als Männer in derselben Position. Das hat laut der Psycholo- gin BILLMANN-MAHECHA individuelle, sozialisationsbedingte, aber auch wissenschafts- und vor al- lem sozialgeschichtliche Gründe.

Die **Habilitation** von Frauen wurde in Deutschland erstmals um 1920 ermöglicht. Die erste Frau, die im Fach Psychologie habilitieren konnte, war Anneliese ARGELANDER im Jahr 1926.
Frauen haben heute in vielen Ländern einen uneingeschränkten Zugang zur universitären Ausbil- dung, dennoch gibt es ein **Ungleichverhältnis** der Geschlechter. 50 % aller Studierenden in der EU sind heute Frauen, doch für die meisten europäischen Länder gilt: je höher der Posten, desto weniger Frauen. Denn mit jeder Stufe auf der wissenschaftlichen Karriereleiter verringert sich der Anteil der Frauen deutlich, was am Beispiel Österreich sichtbar wird: Im Jahr 2009 lag der Frauen- anteil an den österreichischen Universitäten bei den DiplomandInnen bei 57,6 %, bei den Disser- tantInnen bei 46,6 % und bei den AssistentInnen bei 40,6 %. Bei den DozentInnen sinkt er be- reits auf 40,6 % und bei den ProfessorInnen liegt er nur noch bei 18,7 %. (vgl. Bundesministerium für Wissenschaft 2010)

℘
Philosophie
Anthropologie: Mann und Frau

Laut Eurostat – dem Statistischen Amt der Europäischen Union – liegt der Anteil der Frauen in der universitären und außeruniversitären Forschung im europäischen Schnitt bei etwa 29 %. Dabei nimmt Österreich mit 21 % den zweitschlechtesten Platz vor Deutschland mit nur 19 % ein. Die höchsten Werte erzielen Bulgarien und Litauen mit je 48 % sowie Lettland mit 49 %. (vgl. Euros- tat 2010, S. 596) Offensichtlich sind Frauen in der Forschung nach wie vor stark unterrepräsen- tiert. Das liegt einerseits daran, dass die Tradition (die Wissenschaftsstrukturen sind auf Männer ausgerichtet) eine wissenschaftliche Integration erschwert.
Andererseits wird die Vereinbarkeit von *Beruf und Familie* nach wie vor zu wenig unterstützt. Von der Europäischen Kommission wurden bereits Initiativen gestartet, die zur Gleichstellung von Frauen in Wissenschaft und Forschung beitragen sollen. Der Versuch, die Gleichstellung der Ge- schlechter auf allen gesellschaftlichen Ebenen umzusetzen, führte zu mehreren Forderungen und Strategieentwicklungen, die mit den Begriffen *Gender Mainstreaming* und *Diversity Manage- ment* zusammengefasst werden:

Definition
GENDER (engl.: Geschlecht)
bezeichnet die gesellschaftlich,
kulturell und sozial erlernte
Geschlechterrolle von Frauen
und Männern (▸ Kap. 11.3).

Gender Mainstreaming ist eine Strategie, die zum Ziel hat, Chancengleichheit von Frauen und Männern zu verwirklichen. Um Gleichstellung zu erreichen, wird gefordert,
- dass die unterschiedlichen Bedürfnisse von Männern und Frauen berücksichtigt werden,
- dass Benachteiligungen aufgrund des Geschlechts abgebaut werden,
- dass geschlechtstypische Rollenmuster aufgegeben werden und
- dass Frauen und Männer in gesellschaftlichen Positionen anteilsmäßig gleich vertreten sind.

Definition
DIVERSITY (engl.: Vielfältigkeit)
bedeutet hier soziale Vielfalt.

Diversity Management steht für die Nutzung sozialer Vielfalt. Menschen sollen nicht einer Gruppe zugeordnet, sondern in ihrer Individualität anerkannt werden. Wenn die Vielfalt aller In- dividuen wertgeschätzt und anerkannt wird, werden die positiven Beiträge zu nachhaltigem Er- folg führen. Ziel des Diversity Managements ist der Abbau von Vorurteilen und Stereotypen, die zu diskriminierenden Handlungen führen (▸ Kap. 11.2 / 11.3). Unter Diversity Management wer- den alle Maßnahmen und Strategien beschrieben, die z. B. in einer Firma jene strukturellen und sozialen Bedingungen schaffen, unter denen alle Beschäftigten ihre Leistungsbereitschaft und -fähigkeit optimal entwickeln können.

RF Plenum **14** Welche Maßnahmen können gesetzt werden, um im gesellschaftlichen Leben die Gleich- stellung von Frauen und Männern, aber auch die Vielfalt zu fördern? Gestalten Sie eine Meinungswand. Teilen Sie dazu ein großes Plakat in drei Spalten: 1. Das finde ich an der aktuellen gesellschaftlichen Situation gut, 2. Das kritisiere ich an der aktuellen Situation, 3. Das schlage ich als Verbesserungsmaßnahme vor.
Ergänzen Sie das Plakat im Laufe der Zeit!

RP Gruppenarbeit **15** Wählen Sie in Kleingruppen eine Pionierin der Psychologie aus dem Werk *Bedeutende Psychologinnen* (siehe Literaturtipp links oben) aus und referieren Sie über ihr Leben und ihren wissenschaftlichen Beitrag zur Psychologie.

Kompetenzcheck

1. Fassen Sie das Interessensgebiet der Psychologie in einem kurzen Absatz zusammen.
2. Beschreiben Sie die Bedeutung der Seele in der Psychologie.
3. Unterscheiden Sie die Theoretische von der Angewandten Psychologie.
4. Beziehen Sie kritisch Stellung zur Alltagspsychologie anhand der folgenden Aussage von Albert Einstein: „Der gesunde Menschenverstand sagt uns, dass die Erde platt ist."
5. Welchen Anspruch hat die wissenschaftliche Psychologie? Formulieren Sie drei Punkte.
6. Nehmen wir an, ein Kleinkind hat große Angst. Zeigen Sie an diesem Beispiel die Ziele der wissenschaftlichen Psychologie auf.
7. Erklären Sie am Beispiel der Aggression den Gegenstand der Psychologie.
8. Formulieren Sie eine Forschungsfrage sowie eine Hypothese, die Sie als Psychologe/Psychologin interessieren würde. Wählen Sie anschließend eine geeignete Methode, die Sie zur Untersuchung heranziehen könnten.
9. Nehmen Sie zu den Stärken und Schwächen der Forschungsmethoden, die die Psychologie anwendet, Stellung.
10. Erklären Sie, worin die psychologischen Modelle ihr Menschenbild jeweils begründet sehen.
11. Schildern Sie die Entwicklung der Psychologie als eigenständige Wissenschaft.

Textanalyse

»*Die Psychologie ist die wichtigste aller Wissenschaften, weil jeder Einzelne von uns im alltäglichen Leben nachvollziehen kann, dass psychologische Fragestellungen (zum Beispiel: „Wer bin ich, warum bin ich so geworden, und wie kommt es, dass ich nicht Tom Cruise sein kann?") eine ungeheure Priorität besitzen, die sogar das Rätsel um schwarze Löcher und die globale Erwärmung in den Schatten stellt. Der amerikanische Arzt Sherwin Nuland hat diese unanfechtbare Tatsache einfühlsam auf den Punkt gebracht: „Mir ist der Mikrokosmos wichtiger als der Makrokosmos, mich interessiert das Leben eines Menschen mehr als das Verlöschen eines Sterns oder das Vorüberziehen eines Kometen." (…)*

Auch in einem politischen Sinne besitzt die Erforschung der menschlichen Psyche von allen wissenschaftlichen Unternehmungen die größte Tragweite, stellt der amerikanische Wissenschaftspublizist John Horgan fest: „Selbst pseudowissenschaftliche Erklärungen der Menschlichen Natur haben die Macht, den Lauf der Geschichte zu verändern. Die Bewegungen, die von Karl Marx und Sigmund Freud ins Leben gerufen wurden – oder auch von Jesus, Buddha und Mohammed, deren Theologien ebenfalls implizite Theorien über die menschliche Natur enthalten –, haben dies gezeigt." (…) Nach den Ergebnissen der modernen Evolutionsforschung ist der Wunsch nach Psychologie und Selbsterkenntnis sogar ganz tief in den Intellekt des Homo sapiens eingebaut.

Die Psychologie ist die unwichtigste aller Wissenschaften, weil sie all diesen brennenden Problemen und Rätseln mit einer wahrhaft atemberaubenden Ahnungslosigkeit gegenübersteht. Ihre Unfähigkeit, die großen Fragen nach der menschlichen Natur zu beantworten, hat sich bei der Bevölkerung noch gar nicht herumgesprochen, wie auch die Psychologin Andrea Abele-Brehm von der Universität Erlangen-Nürnberg in einem Essay über das Verhältnis von Psychologie und Öffentlichkeit konzediert. „Wenn die Leute eines Tages erführen, was die Psychologie wirklich macht, dann würde sich kein Mensch mehr dafür interessieren." (…)«

(Rolf DEGEN: Lexikon der Psycho-Irrtümer. Warum der Mensch sich nicht therapieren, erziehen und beeinflussen lässt. München: Piper 2008, S. 9f.)

→ Inwiefern ist die Psychologie die „wichtigste aller Wissenschaften"?
→ Wo stößt die Psychologie an ihre Grenzen?
→ Warum interessieren sich so viele Menschen für die Psychologie?

Projekt

Wie würden Sie einem jüngeren Schüler/einer Schülerin die Inhalte des Psychologie-Unterrichts näherbringen? Worum geht es in der Psychologie? Reflektieren Sie in Kleingruppen und entwerfen Sie ein **Informationsblatt** zum Psychologieunterricht. Erwähnen Sie die wichtigsten Inhalte, mit denen sich das Unterrichtsfach Psychologie auseinandersetzt. Das Blatt soll informieren, gleichzeitig aber Werbung für das Fach Psychologie machen. Gestalten Sie das Informationsblatt färbig, mit Fotos, Bildern etc.

> *"Wenn das Gehirn so einfach wäre, dass wir es verstehen könnten,*
> *wären wir zu dumm, um es zu begreifen."*
> JOSTEIN GAARDER (norwegischer Schriftsteller)

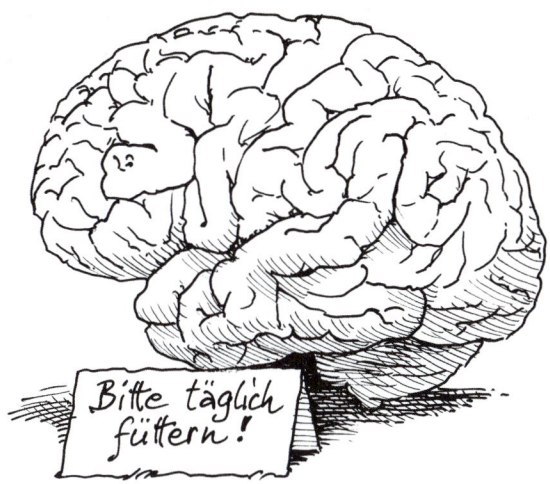

Bitte täglich füttern!

Wir können uns an unseren letzten Urlaub erinnern, ein Musikstück hören, über unser Leben nachdenken und Zusammenhänge verstehen – das faszinierende, komplexe Organ namens **Gehirn** macht dies möglich. Geparden laufen schneller, Eisbären vertragen Kälte besser, Wale können besser schwimmen – aber im Gegensatz zu all diesen vom Aussterben bedrohten Tierarten können wir Menschen uns dank unseres Gehirns auf die verschiedensten Umgebungen, Aufgaben und Probleme einstellen. Wir können besser lernen als alle anderen Lebewesen auf der Welt, da das menschliche Gehirn ein Leben lang veränderbar ist: Seine innere Struktur passt sich nämlich an seine konkrete Nutzung an. (vgl. Spitzer 2007, S. 14)

Vor etwa 200 Jahren untersuchte der deutsche Arzt Franz GALL den Zusammenhang zwischen Gehirn und Geist. Er meinte, dass von Schädelform und Gehirnoberfläche abgelesen werden könne, um welche Persönlichkeit es sich handelt, und begründete damit die **Phrenologie**. Diese Theorie ist mittlerweile jedoch widerlegt: Weder über die Großhirnrinde noch über die Gehirnaktivität lässt sich erkennen, ob es sich bei einer

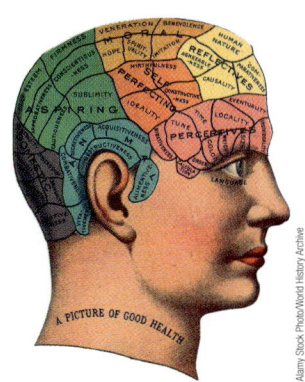

Phrenologische Darstellung nach Franz Gall

Person um eine fromme Nonne oder einen geschickten Jongleur handelt. Gall schrieb außerdem bestimmten Hirnarealen eigene Aufgaben zu. Und hier hatte er Recht: Es gibt abgegrenzte Hirnareale und jedes einzelne von ihnen hat verschiedene festgelegte Funktionen (▸ Kap. 2.2). Unsere Sinnesorgane nehmen Reize aus der Umwelt auf, die in den jeweiligen Zentren der Großhirnrinde zu Informationen verarbeitet werden. Insofern war die Phrenologie ein wichtiger

Vorläufer der **Neurowissenschaften**, die sich alle mit dem Aufbau und der Funktionsweise des Nervensystems beschäftigen:

- Die **Neurologie** als Fachgebiet der Medizin ist die Lehre von der Erforschung, der Erkennung und der Behandlung organischer Erkrankungen des Nervensystems.
- Die **Neurobiologie** und **Neurophysiologie** sind Fachgebiete der Biologie.
- Die **Biologische Psychologie** als Fachgebiet der Psychologie erforscht jene physiologischen und psychischen Prozesse (▸ Kap. 2.1/2.3), die an ein komplexes Nervensystem gebunden sind und das menschliche Verhalten erklären. Die **Neuropsychologie** ist als Teilgebiet der Biologischen Psychologie zu verstehen. Sie studiert ebenfalls den Zusammenhang zwischen menschlichem Verhalten und Gehirnprozessen, beschäftigt sich aber vorwiegend mit neurologischen Störungen, die von einer Gehirnverletzung herrühren, um zu Ergebnissen zu kommen. Daher interessiert sie sich bei PatientInnen in erster Linie für Verhaltensauffälligkeiten, die auf einer Störung der Gehirnfunktionen gründen. Als Begründer der Neuropsychologie gilt der russische Psychologe Alexander Romanowitsch LURIJA (1902–1977).

Die Biologische Psychologie geht davon aus, dass unser Verhalten und Erleben immer auf biologischen Vorgängen beruhen, denn über elektrische Impulse kommunizieren unsere Gehirnzellen miteinander (▸ Kap. 2.1). Jede Idee, jede Stimmung und jedes Bedürfnis ist zugleich ein biologisches Geschehen. Mit unserem Körper (Gene, Gehirn, innere chemische Vorgänge, äußere Erscheinung) treten wir in Kontakt mit der Welt.

Doch der rein biologischen Forschung sind Grenzen gesetzt: Die Frage nach dem Bewusstsein (▸ Kap. 2.4) lässt sich nicht ausschließlich biologisch erklären. Inwiefern Bewusstsein und Körper zusammenhängen, ist nach wie vor nicht geklärt. Schließlich versucht die Biologische Psychologie, sich der Thematik wissenschaftlich anzunähern, um mittels Gehirnaktivitäten Auskunft über verschiedene Bewusstseinszustände in Hypnose und Trance (▸ Kap. 2.5) sowie Schlaf und Traum (▸ Kap. 2.6) zu geben.

Dennoch steht im Blickfeld der Forschung mehr als die biologische Dimension des Individuums: *„Um das menschliche Verhalten verstehen zu können, müssen wir (…) untersuchen, wie diese biologischen, psychologischen und sozialen Systeme funktionieren und interagieren."* (Myers 2005, S. 61)

Literaturtipp

SACKS, Oliver: *Der Mann, der seine Frau mit einem Hut verwechselte.* Reinbek bei Hamburg 2016. Der US-amerikanische Neurologe Oliver Sacks beschäftigt sich mit kranken Menschen und schildert in anekdotischen Geschichten, wie sich unterschiedliche neurologische Störungen auf den Alltag seiner PatientInnen auswirken.

2.1 Nervensystem und Nervenzellen

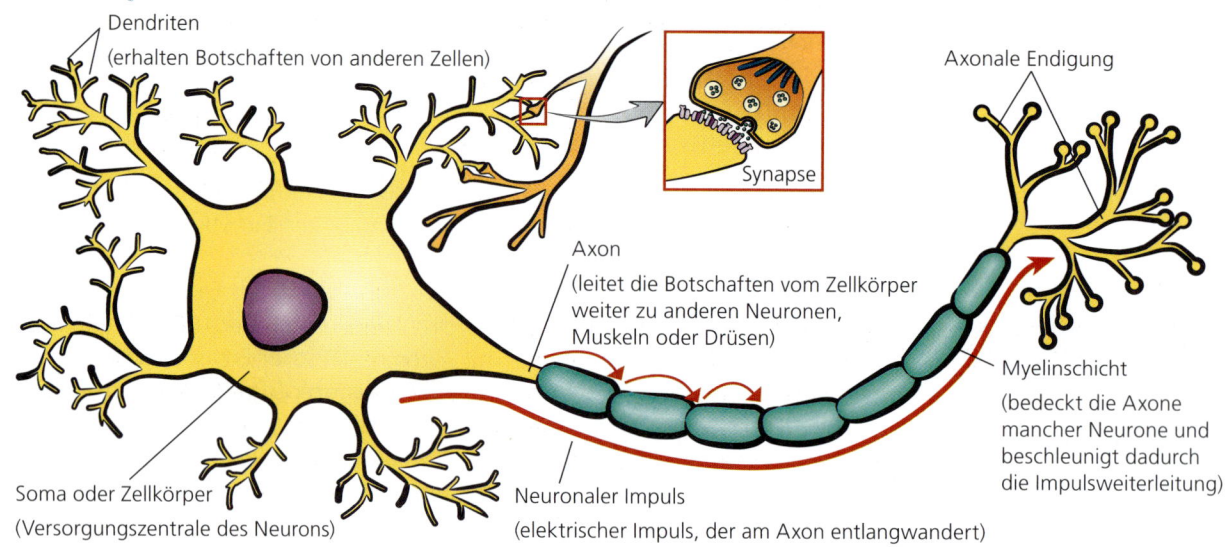

Dendriten
(erhalten Botschaften von anderen Zellen)

Axonale Endigung

Synapse

Axon
(leitet die Botschaften vom Zellkörper weiter zu anderen Neuronen, Muskeln oder Drüsen)

Myelinschicht
(bedeckt die Axone mancher Neurone und beschleunigt dadurch die Impulsweiterleitung)

Soma oder Zellkörper
(Versorgungszentrale des Neurons)

Neuronaler Impuls
(elektrischer Impuls, der am Axon entlangwandert)

Der Aufbau einer Nervenzelle (Neuron)

Es gibt zwischen 100 Milliarden und einer Billion **Nervenzellen**, sogenannte Neurone, in unserem Gehirn und unserem gesamten Nervensystem. Diese vielen Nervenzellen ermöglichen es, dass wir denken, handeln, fühlen und miteinander kommunizieren können.

Jede Nervenzelle besteht aus einem **Zellkörper** (Soma) mit einem **Zellkern**. Vom Zellkörper ausgehend verzweigen und verästeln sich die Nervenfasern als **Dendriten**. Sie empfangen Impulse von anderen Nervenzellen, die Informationen wie „es ist kalt" oder „ich habe Hunger" übermitteln. Diese Botschaften wiederum werden über das **Axon** einer Nervenzelle an andere Nervenzellen weitergegeben. Das Axon ist von einer **Myelinschicht** (einer Membran aus Fettgewebe) umhüllt, die die Weiterleitung der Impulse beschleunigt: Entlang des Axons befinden sich myelinfreie, ringförmige Einschnürungen (die **Ranvier'schen Schnürringe**), über die der elektrische Nervenimpuls schnell weiterspringt. Man nennt diese sprunghafte Weiterleitung von einem Schnürring zum anderen **saltatorische Erregungsleitung**.

Definition
SALTATORISCH (lat. *saltare*: springen, tanzen) bedeutet sprunghaft.

Eine Nervenzelle empfängt also über ein verzweigtes Dendritensystem bestimmte Informationen, verarbeitet sie und leitet sie in Form eines elektrischen Impulses entlang ihres Axons an andere Nervenzellen weiter. Von den Dendriten ausgehend über den Zellkörper zum Axon bis hin zu den synaptischen Endknöpfchen übertragen Nervenzellen Informationen immer nur in eine Richtung. Die Verbindungsstelle zwischen der **axonalen Endigung** (dem Endknöpfchen eines Axons) und dem Dendriten einer anderen Nervenzelle nennt man **Synapse**.

Einzelarbeit **1** Zeichnen Sie in der Grafik oben ein, wo sich der Zellkern, die Ranvier'schen Schnürringe sowie die saltatorische Erregungsleitung befinden.

Kinder werden mit einem Überschuss an Nervenzellen geboren. Wenn das Gehirn eines Kindes verletzt ist, können also überzählige Verbindungen zwischen Nervenzellen die Verletzung kompensieren. Unser Gehirn besitzt die Fähigkeit, sich nach Schädigungen – solange sein Aufbau noch nicht abgeschlossen ist – zu reorganisieren. Wenn etwa das Sprachzentrum der linken Hemisphäre verletzt ist, kann die rechte Hemisphäre einen Großteil der Funktionen übernehmen. Diese Eigenschaft des Gehirns wird als **neuronale Plastizität** bezeichnet: Das Gehirn ist fähig, sich ständig an veränderte Bedingungen anzupassen, indem es neue Synapsen und Verschaltungen bilden oder bisher nicht benützte Synapsen und Verschaltungen aktivieren kann. *„Die Plastizität des Gehirns ist (…) zu Beginn des Lebens am größten. In den ersten Lebensjahren ist die Entwicklung des Gehirns daher entscheidend von der neuronalen Aktivität abhängig, durch welche die Bildung von Synapsen gefördert wird."* (Lang 2007, S. 446)

Definition
Die NEURONALE PLASTIZITÄT beschreibt die Fähigkeit des menschlichen Gehirns, sich ständig an neue Erfordernisse und veränderte Bedingungen anzupassen, z. B. weil wir Neues gelernt haben, oder weil sich das Gehirn von einer Schädigung erholen muss.

Das Nervensystem

Psychische Prozesse sind an ein komplexes Nervensystem gebunden, das dafür zuständig ist, Reize aufzunehmen, weiterzuleiten, zu verarbeiten und zu beantworten.

Die Grundbausteine des Nervensystems sind Nervenzellen. Sie gehören entweder zum *peripheren* oder zum *zentralen Nervensystem*:

- Das **zentrale Nervensystem** besteht aus Gehirn und Rückenmark. Es ist die Schaltstelle des gesamten Nervensystems, denn hier werden alle Informationen und Reize verarbeitet, die über das Rückenmark vom peripheren Nervensystem ins Gehirn gelangen.
- Das **periphere Nervensystem** verbindet das zentrale Nervensystem mit den anderen Teilen des Körpers durch sensorische und motorische Nervenzellen. Es besteht aus dem somatischen (bewussten) und dem vegetativen (automatischen) Nervensystem. Das **somatische Nervensystem** steuert z. B. willkürliche Bewegungen. Das **vegetative Nervensystem** wird unterteilt in das *sympathische* (körperliche Aktivierung, z. B. Steigerung des Herzschlags) und das *parasympathische* (körperliche Beruhigung, z. B. Verlangsamung des Herzschlags) Nervensystem. Es organisiert Körperorgane und Drüsen.

Das neuronale Netz

Das neuronale Netz (Nervennetz) hat eine Länge von etwa 100 000 Kilometern – das Zweieinhalbfache des Äquatorumfangs – mit mehreren Billiarden Verzweigungen. Jede Nervenzelle ist mit anderen verbunden. *„Um ein Gefühl für die Komplexität dieser Vernetzung zu bekommen, stellen Sie sich vor, dass Sie 2 Legosteine mit jeweils 8 Knöpfen auf 24 Arten aufeinander stecken können, und 6 Stücke auf annähernd 103 Mio. Arten. Bei ungefähr 30 Mrd. Neuronen, die jeweils um die 10.000 Kontaktstellen zu anderen Neuronen haben, landen wir bei 300 Billionen kortikalen synaptischen Verbindungen. Ein sandkorngroßes Stück Ihres Gehirns enthält 100.000 Neurone und 1 Mrd. ‚sprechende' Synapsen."* (Myers 2005, S. 72) Das neuronale Netzwerk ist durch dicht miteinander verbundene Nervenzellen gekennzeichnet, wodurch nur schwer erkennbar ist, wo eine Nervenzelle beginnt und wo sie endet. Nervenzellen neigen dazu, sich im Gehirn mit anderen benachbarten Nervenzellen zu verbinden – ein neuronales Netzwerk entsteht. Die Verbindungen der Nervenzellen in diesen neuronalen Netzwerken können durch positive Lernresultate verstärkt werden. Während das Üben eines Klavierstücks vorhandene neuronale Verbindungen stärkt, lässt das Erlernen einer Sprache neue Verbindungen entstehen. Sie können aber auch geschwächt werden, wenn keine Lernerfahrungen gemacht werden.

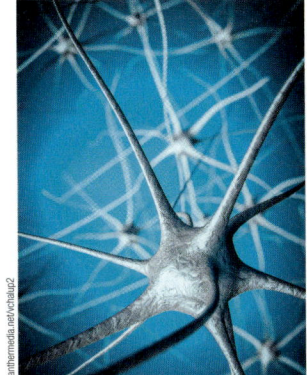

Das neuronale Netz

Neuronale Kommunikation

Die Nervenzellen unseres Nervensystems kommunizieren miteinander, und diese neuronale Kommunikation ermöglicht es, dass wir denken, fühlen, handeln und erinnern. Sie findet über sogenannte **Neurotransmitter** statt: Diese Botenstoffe entstehen in den Sinnes- und Nervenzellen und werden in der Synapse ausgeschüttet, sobald ein elektrischer Impuls über das Axon die Endigung der Nervenzelle erreicht. Wenn wir denken, fühlen oder handeln, „feuern" unsere Synapsen millionenmal und schütten dabei Milliarden von Transmitter-Molekülen aus. Da Neurotransmitter nicht nur unser Denken, sondern auch unsere Motorik, unsere Emotionen, unser Fühlen und Verhalten beeinflussen, ist die Neurotransmitterforschung bei der Entwicklung neuer Medikamente von großer Bedeutung. Medikamente können erregend wirken, wenn sie die Rolle aktivierender Neurotransmitter übernehmen, sie können aber auch hemmen, indem sie wie blockierende Neurotransmitter wirken.

Definition
NEUROTRANSMITTER sind chemische Botenstoffe, die die Information von einer Nervenzelle an die andere weitergeben.

Definition
GLÜCKSHORMONE sind Neurotransmitter bzw. Botenstoffe, die Glücksgefühle hervorrufen.

Zu den körpereigenen **Glückshormonen** zählen Dopamin, Noradrenalin, Serotonin und Endorphin:
- Die Neurotransmitter **Dopamin** und **Noradrenalin** fördern generell Aktivität und Wachsamkeit.
- Der Neurotransmitter **Serotonin** ist für unsere Stimmung, Hunger und Erregung zuständig, beruhigt und verhilft zu positivem Denken.
- **Endorphin** (endogenes Morphin) ist ein natürliches Opiat, das Schmerzen lindert und die Stimmung hebt.

Glückshormone werden bei angemessener Belastung, bei Sonneneinstrahlung und beim Singen, aber auch bei körperlicher Aktivität ausgeschüttet. Bewegung fördert die Durchblutung im Gehirn, dadurch wird die Produktion neuer Nervenzellen und -verbindungen im Hippocampus angeregt und es werden Glückshormone ausgeschüttet. Das erklärt, warum regelmäßige sportliche Betätigung einerseits für das Lernen von Bedeutung ist und andererseits das psychische Wohlbefinden steigert, den allgemeinen Gesundheitszustand verbessert und ein wirkungsvolles Mittel gegen Depressionen ist.

Dokumentationstipp
ARTE Dokumentationsreihe: *Gehirn unter Drogen* (Frankreich 2005). Die 5-teilige Reihe begibt sich auf eine neurologische Entdeckungsreise und analysiert die Wirkungsweisen diverser Drogen auf unser Gehirn.

 Internetrecherche 2

Inwiefern macht Schokolade glücklich? Recherchieren Sie im Internet, welche Neurotransmitter beim Schokoladekonsum freigesetzt werden und welche Auswirkungen sie auf unser Wohlbefinden haben.

2.2 Das Gehirn

In manchen Gehirntrainingsbüchern ist zu lesen, dass wir alle nur 10 % unseres Gehirns nutzen und Genies sein könnten, würden wir die anderen 90 % effektiver einsetzen. Doch dabei handelt es sich um einen weit verbreiteten Irrtum, denn ausschlaggebend für eine effiziente Nutzung des Gehirns ist nicht die gebrauchte Gehirnmasse, sondern der **Energieumsatz** im Gehirn. Untersuchungen zeigen, dass Denksportaufgaben von Personen mit niedrigem Energieumsatz am schnellsten gelöst werden können. Je leichter uns eine Aufgabe fällt, desto weniger Gehirnaktivität wird dabei von uns verlangt. Wenn wir etwas noch nicht so gut können, müssen wir uns geistig mehr anstrengen und haben folglich auch einen höheren Energieumsatz. Je automatisierter eine Tätigkeit aber abläuft, desto mehr Spielraum besteht für andere Gedanken, man fühlt sich z. B. durch Hintergrundgeräusche weniger gestört. Intelligenz ist so gesehen eine hohe geistige Leistung bei geringem Energieaufwand.

Definition
Der Energieumsatz besagt, wie viel Energie (Glukose) das Gehirn für seine Tätigkeit verbraucht.

Wussten Sie, dass ... Multitasking (gleichzeitiges Ausführen von Tätigkeiten) nur dann möglich ist, wenn eine der Tätigkeiten automatisiert ist? Bei komplexeren geistigen Anforderungen ist es hingegen gar nicht möglich, Informationen gleichzeitig zu verarbeiten; in diesen Fällen wechseln wir nur sehr schnell zwischen den Aufgaben. Laut einer Studie der französischen Wissenschafter Sylvain Charron und Etienne Koechlin (2010) hat dieses ständige Wechseln jedoch zur Folge, dass entweder unsere Fehlerquote steigt, oder wir die Aufgaben in Summe langsamer erledigen. Je schwieriger also die Aufgabe, desto mehr Aufmerksamkeitsressourcen benötigen wir, um die Informationen aufzunehmen und zu verarbeiten. Das erklärt auch unsere verringerte Reaktionsfähigkeit beim Autofahren, wenn wir zeitgleich telefonieren.

> *»Das Gehirn des Menschen wiegt ca. 1,4 Kilogramm und macht damit etwa 2 Prozent des Körpergewichts aus. Es verbraucht jedoch mehr als 20 Prozent der Energie des gesamten Körpers.«*
> (Spitzer 2007, S. 13)

Ein menschliches Gehirn wiegt etwa 1,4 Kilogramm. Größe und Gewicht des Gehirns sagen aber nichts über unsere Intelligenz aus. Um geistige Leistungsfähigkeit beurteilen zu können, muss man sich näher mit der **Gehirnstruktur** auseinandersetzen. Ein einfach strukturiertes Gehirn wie z. B. vom Hai reguliert grundlegende lebenserhaltende Funktionen: Atmung, Schlaf und Nahrungsaufnahme. Das Gehirn einfacher Säugetiere (z. B. von Ratten) ermöglicht zwar auch Gefühle und ein besseres Gedächtnis – die Großhirnrinde des Menschen ist aber dicker, enthält mehr neuronales Gewebe und ist komplexer strukturiert.

Das Gehirn ist von Schädelknochen und innerhalb des Schädels von drei Hirnhäuten (Meningen) umgeben. Innerhalb dieser festen Hülle schwimmt es im Hirnwasser (Liquor) und ist so vor Verletzungen und Erschütterungen geschützt.

Das Großhirn

Das Großhirn (Cerebrum) sieht wie ein riesiger Walnusskern aus. Es macht etwa 80 % der Hirnmasse aus, die aus Nervenzellen, Gliazellen und Blutgefäßen besteht. Das Großhirn besteht aus zwei Hälften, den **cerebralen Hemisphären**, die eng vernetzt zusammenarbeiten. Trotz einer Lateralisation – also der Spezialisierung der Gehirnhälften auf bestimmte Funktionen – „werden zweifellos die meisten Gehirnfunktionen von beiden Hemisphären beeinflusst und kontrolliert" (Maderthaner 2008, S. 181). Komplexe Aktivitäten, wie beispielsweise Forschung oder Kunst, sind nur unter der Einbeziehung beider Hemisphären möglich. Das **Corpus callosum**, ein Balken von etwa 200 Millionen Nervenfasern, verbindet die beiden Gehirnhälften. Über diesen Balken können die beiden Gehirnhälften mehr als eine Milliarde Informationseinheiten pro Sekunde austauschen. Das Großhirn wird von der **Großhirnrinde** (dem cerebralen Cortex) bedeckt, einer wenige Millimeter dünnen Schicht, die etwa 20–23 Milliarden Nervenzellen enthält. Die Großhirnrinde ist so stark gefaltet, dass sie sich, würde man sie glätten, auf ungefähr vier DIN A4-Seiten ausbreiten ließe. Die Furchen und Windungen ermöglichen uns, mehr Informationen als Tiere zu verarbeiten und vorausschauend zu handeln. Die Großhirnrinde ist das Steuerungs- und Informationsverarbeitungszentrum des Körpers und wird in vier verschiedene Regionen, sogenannte „Lappen", mit festgelegten Funktionen unterteilt:

Definition
Gliazellen stützen, ernähren und schützen die Neuronen.

Definition
Als Nervenfaser bezeichnet man den Fortsatz einer Nervenzelle, also das Axon samt Myelinschicht.

Informations- und Steuerzentrale

- Im **Stirnlappen** (Frontallappen), dem vorderen Hirnbereich, befindet sich der *motorische Cortex*. Er ist für Bewegung zuständig und sendet Informationen zu den entsprechenden Körperteilen. Weiters hat er eine ausführende Funktion bei sämtlichen kognitiven Aktivitäten (z. B. planen, entscheiden, Probleme lösen) und gilt als Sitz der Persönlichkeit und des Sozialverhaltens.
- Hinten oben im **Scheitellappen** (Parietallappen) liegt der *sensorische Cortex*. Er ist für Empfindungen wie Berührung, Schmerz und Temperatur, aber auch für mathematische und abstrakte Probleme, Sprachverständnis und Musik verantwortlich.

Literaturtipp

SACKS, Oliver: *Der einarmige Pianist. Über Musik und das Gehirn.* Reinbek 2009. Sacks erzählt von Menschen, die nach einer Hirnverletzung ihre Musikalität verlieren, und von anderen, die durch eine Verletzung Musikalität oder gar Musikbesessenheit entwickeln.

Definition

Eine LÄSION ist eine Schädigung oder Verletzung durch z. B. einen Unfall oder Tumor.

Steuerung der vegetativen (unbewussten) Körperfunktionen

- Im **Hinterhauptslappen** (Okzipitallappen) am Hinterkopf werden *visuelle* Reize wahrgenommen, gespeichert und sinnvoll zugeordnet.
- Der **Schläfenlappen** (Temporallappen) bei den Ohren erhält *auditorische* Informationen. Er ist außerdem für unsere Emotionen und unser Gedächtnis wichtig.

Jeder Hirnlappen interagiert und kooperiert mit den anderen: Ob wir putzen, Zeitung lesen oder mit FreundInnen reden, unser Gehirn arbeitet immer als Einheit. Vor allem komplexe geistige Fähigkeiten sind nicht an einen bestimmten Ort im Gehirn gebunden. Das Gehirn teilt sich die Arbeit auf, um Fähigkeiten wie Lernen, Denken, Sprechen, Wahrnehmen und Erinnern zu optimieren. So wird auch die Sprachfähigkeit in mehreren Arealen (Zentren) lokalisiert und resultiert schließlich aus deren enger Zusammenarbeit:

- Das **Broca-Areal** im linken Stirnlappen steuert die Muskelbewegungen, die an der Lautbildung beteiligt und somit für den sprachlichen Ausdruck zuständig sind. Es prüft die eintreffenden Worte, ist für Grammatik und Satzstruktur zuständig. Bei einer **Gehirnläsion** des Broca-Areals fällt es den Betroffenen schwer zu sprechen, sie sind aber fähig, bekannte Lieder zu singen und zu verstehen, was gesprochen wird.
- Das **Wernicke-Areal** liegt im linken Schläfenlappen und steuert das Sprachverständnis (Bedeutung der Worte, semantischer Gehalt) und den sprachlichen Ausdruck. Bei einer Läsion sprechen die Betroffenen sinn- und zusammenhanglos.
- Der **Gyrus angularis** ist eine Windung im Scheitellappen. Ist er verletzt, ist unsere Lese-, Schreib- und Rechenfähigkeit beeinträchtigt, nicht aber unser Sprachverständnis.

Der Hirnstamm

Der **Hirnstamm** besteht aus dem verlängerten Rückenmark (Medulla oblongata), der Brücke (Pons) und dem Mittelhirn. Er wird von den Gehirnhälften umschlossen und fängt dort an, wo das Rückenmark in den Schädel eintritt und etwas dicker wird. Im Hirnstamm befinden sich die Nervenbahnen, die das Gehirn mit dem Rückenmark verbinden. Nervenfasern, die vom Körper aufsteigen und vom Gehirn hinabführen, kreuzen sich im Hirnstamm. Er steuert lebenserhaltende Aktivitäten wie Atmung, Herz-Kreislauf-System, regelt Blutdruck, Pulsfrequenz und Verdauung, unabhängig davon, ob wir wach sind oder schlafen.

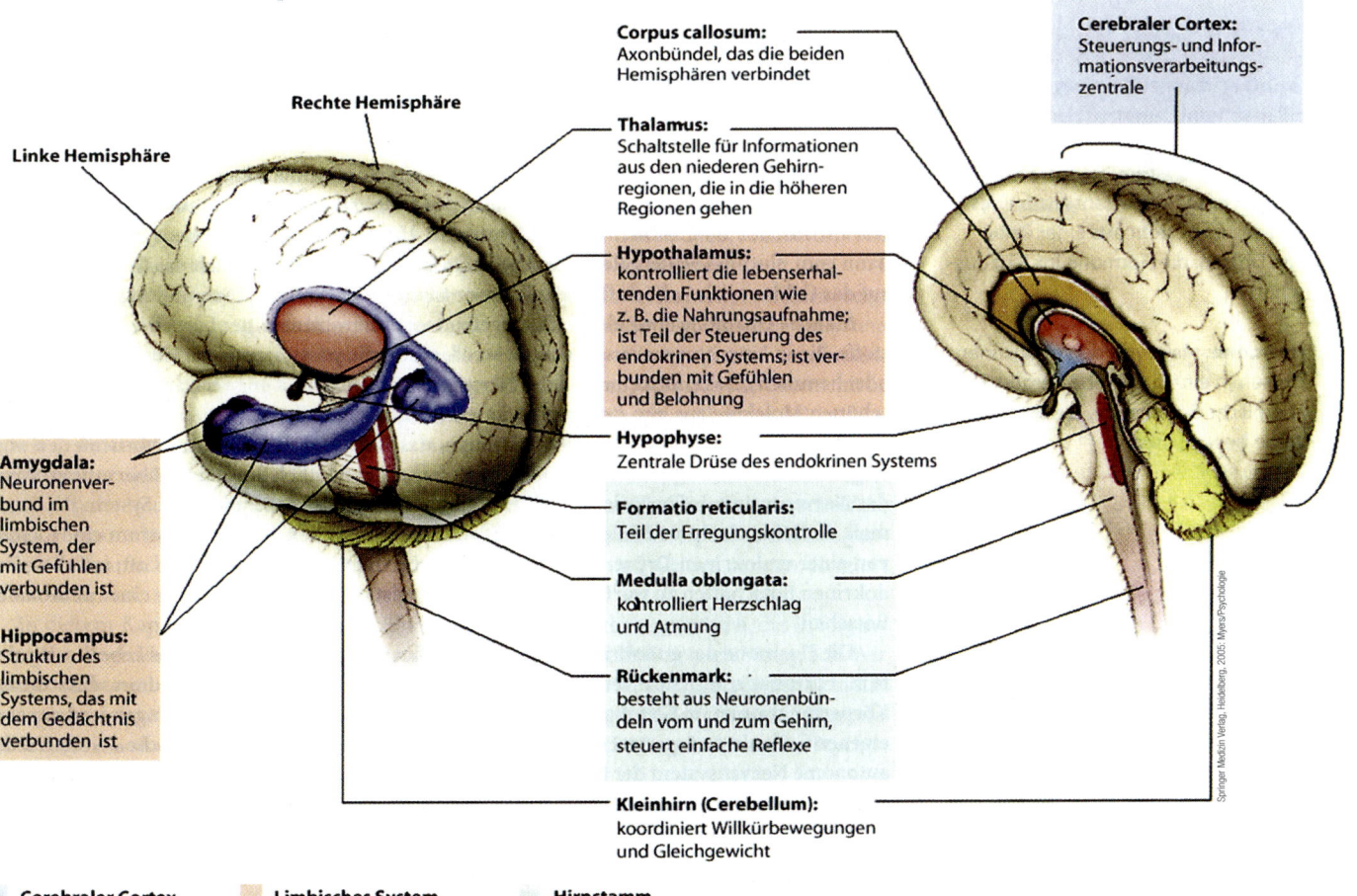

Gehirnstrukturen und ihre Funktionen

Das Kleinhirn

Speicher motorischer Abläufe

Das Kleinhirn (Cerebellum) ist eine walnussgroße Struktur an der Basis des Schädels am hinteren Teil des Hirnstammes. Es hat zwei gefurchte Hemisphären und sieht aus wie ein kleines Hirn. Es koordiniert unsere Körperbewegungen und kontrolliert Haltung und Gleichgewicht. Außerdem stimmt es Bewegungen aufeinander ab und speichert sie so, dass sie nach dem Einüben automatisch ablaufen (Autofahren, Schwimmen). Ist das Kleinhirn verletzt, hat man Probleme, das Gleichgewicht zu halten, und bewegt sich unkoordiniert und ruckartig.

Das Zwischenhirn

Zum Zwischenhirn zählen der Thalamus und der Hypothalamus:

Weiterleitung sensorischer Informationen

- Der **Thalamus** empfängt Informationen von allen Sinnesorganen (nur Gerüche werden in der Amygdala verarbeitet) und leitet diese gefilterten sensorischen Informationen an die entsprechenden Nervenzellen in der Großhirnrinde weiter. So werden beispielsweise Informationen von den Augen in bestimmte Areale der Großhirnrinde, die für die visuelle Verarbeitung zuständig sind, weitergeleitet.

Steuerung der Grundbedürfnisse

- Der **Hypothalamus** unterhalb des Thalamus ist das Belohnungs- und Verstärkungszentrum. Hier werden alle lebenserhaltenden Grundbedürfnisse wie Hunger, Durst und Sexualität gesteuert. Der Hypothalamus reguliert außerdem die Körpertemperatur, das Schmerzempfinden, den Blutdruck, den Blutzuckerspiegel, den Tag-Nacht-Rhythmus und andere Aspekte des Körperhaushaltes. Der Hypothalamus ist Teil des *limbischen Systems*.

Das **limbische System** ist eine ringförmige Funktionseinheit zwischen Hirnstamm und den beiden Gehirnhälften. Es ist an Prozessen der Motivation, der Emotion und des Gedächtnisses beteiligt und besteht aus Hypothalamus, Hippocampus und Amygdala:

Gedächtnis

- Der **Hippocampus** spielt eine wichtige Rolle, wenn neue Inhalte vom Kurzzeitgedächtnis ins Langzeitgedächtnis übertragen werden sollen. Er ist nämlich dafür zuständig, neue Gedächtnisinhalte auf die entsprechenden Regionen im Gehirn zu verteilen. Verlieren wir durch einen Unfall oder einen chirurgischen Eingriff den Hippocampus, verlieren wir auch die Fähigkeit, uns neue Fakten und Erlebnisse zu merken. Die alten Erinnerungen hingegen bleiben meist erhalten. Der Hippocampus ist eine der letzten Hirnstrukturen, die bei Kleinkindern voll ausgereift ist. Daher können wir keine bewussten Erinnerungen an unsere ersten drei Lebensjahre haben. Ohne voll ausgereiften Hippocampus ist es nicht möglich, Erinnerungen vom vorläufigen ins endgültige Speichersystem zu übertragen.

Emotion

- Die **Amygdala** (Mandelkern) besteht aus zwei mandelförmigen Neuronenclustern. Sie ist unser emotionales Gedächtnis, steuert unser Sozialverhalten, unsere emotionale Aufmerksamkeit und beeinflusst Gefühle wie Aggression, Angst und Wut sowie unseren Nahrungs- und Sexualtrieb. Mangelndes Einfühlungsvermögen und Gefühllosigkeit können auf einer Funktionsstörung des Mandelkerns beruhen. Entfernt man die Amygdala, kommt es zu weniger Wutausbrüchen, aber auch andere emotionale Regungen wie Leidenschaft gehen verloren.

(RP) Partnerarbeit 3

Bilden Sie Zweiergruppen. Der Interviewer/Die Interviewerin stellt dem Experten/der Expertin Fragen zum Aufbau des Gehirns und hält die Antworten schriftlich fest.
Nach fünf Fragen werden die Rollen getauscht.

▶ **AH** Seite 14

2.3 Spiegelneurone

Im Jahr 1992 untersuchte eine italienische Forschergruppe – darunter die Neurophysiologen Vittorio GALLESE und Giacomo RIZZOLATTI – die Aktivität von Nervenzellen im Gehirn. Bei einem Versuch mit einem kleinen Affen stellten die Forscher fest, dass in seinem prämotorischen Cortex viele Nervenzellen gleichzeitig aktiv sind, sobald er nach einer Banane greift. Diese Nervenzellen sind selbst dann noch aktiv, wenn der Affe eine ähnliche Greifbewegung bei einem Menschen nur beobachtet. Somit spiegeln die Nervenzellen gewissermaßen das Greifverhalten wider, weswegen sie auch **Spiegelneurone** genannt wurden. Die Forscher schlussfolgerten daraus, dass der Affe das Greifen nicht nur sieht, sondern auch versteht. Wenn wir also jemanden beobachten, lösen Spiegelneurone die gleichen elektrischen Impulse in unserem Gehirn aus, die entstünden, wenn wir diese Handlung selbst ausführten, so das Fazit der Forscher.

Spiegelneurone gelten seither als Erklärungsgrundlage für viele grundlegende psychische Funktionen wie beispielsweise das Vermögen, sich in andere einzufühlen.

Der deutsche Neurobiologe Joachim BAUER beschreibt die Aktivität der Spiegelneurone wie folgt: Wenn wir mit jemandem in Kontakt treten und die Gefühle einer anderen Person wahrnehmen, aktiviert unser Gehirn eine sogenannte neurologische Resonanz. Diese führt dazu, dass wir uns auf den emotionalen und körperlichen Zustand eines anderen Menschen einstellen. Bauer macht dieses Resonanzphänomen daher u. a. dafür verantwortlich, dass wir mitfühlen, intuitiv handeln und andere nachahmen, wie er in seinem Werk „Warum ich fühle, was du fühlst. Intuitive Kommunikation und das Geheimnis der Spiegelneurone" (2016) erläutert:

Definition

Unter NEURONALER RESONANZ (lat. *resonare*: widerhallen) versteht man die Tendenz, sich auf den emotionalen und körperlichen Zustand eines Menschen einzuschwingen. In der Physik bedeutet Resonanz das Mitschwingen eines Körpers in der Schwingung eines anderen Körpers.

Definition

INTUITION wird als Fähigkeit verstanden, innerhalb von Sekundenbruchteilen zu erfassen, was unser Gegenüber fühlt und beabsichtigt.

- Spiegelneurone lassen uns nachempfinden, was andere **fühlen** (Empathie). Wir können die Vorstellungen und automatischen Bewegungsmuster unseres Gegenübers wahrnehmen, als wären es unsere eigenen. Sehen wir beispielsweise, wie sich jemand in den Finger schneidet, durchfährt uns ein ähnlicher Schmerz. (vgl. Bauer 2005, S. 46f.)
- „Ebenso kommt es bei den Spiegelneuronen des Schmerzes und des Mitgefühls zum Phänomen der **intuitiven Vorausahnung**: Um im Gehirn des Beobachters Spiegelneuronen zum Feuern (Aktivwerden) zu bringen, muss nicht unbedingt ein *bereits eingetretener* Schmerz wahrgenommen werden. Es reicht schon aus, eine Situation zu erleben, die im nächsten Moment Schmerz *erwarten* lässt, um eine Resonanzreaktion im eigenen Schmerzgefühl auszulösen." (a. a. O., S. 48)
- „Handlungen und Verhaltensweisen zu **imitieren**, die wir bei anderen beobachten, ist ein durch Spiegelneurone vermittelter menschlicher Grundantrieb." (a. a. O., S. 92) Komplizierte Bewegungsmuster, wie beispielsweise das Fahrradfahren, lernen Kinder bereits, indem sie andere Kinder dabei beobachten. Die Muster zum Fahrradfahren sind also schon vorhanden, noch bevor das Kind überhaupt selbst auf seinem Fahrrad sitzt. Für das Ausführen einer Handlung sind jedoch nicht die Spiegel-, sondern die **Bewegungsneurone** verantwortlich. Diese feuern 100 bis 200 Millisekunden später und sorgen dafür, dass wir die Handlung tatsächlich vollziehen. (vgl. a. a. O., S. 18f.) Eine neuronale Grenze, eine Art Blockademechanismus, stellt sicher, dass wir nicht alles, was wir sehen, nachahmen: Wenn jemand neben uns stolpert, stolpern wir nicht etwa auch, sondern erleben den Sturz bloß mental mit. Bei PatientInnen, die unter „Echopraxie" leiden, funktioniert diese neuronale Grenze jedoch nicht mehr. Sie müssen zwanghaft alles nachmachen, was ihr Gegenüber tut.

Mittlerweile mehren sich jedoch die **Zweifel** an der Spiegelneuronentheorie. Der Verhaltens- und Hirnforscher Gregory HICKOK gilt als ihr größter Kritiker. In seinem Buch „Warum wir verstehen, was andere fühlen. Der Mythos der Spiegelneuronen" (2015) argumentiert er, dass der Mensch deswegen imitiert, weil er sozial ist. Was reduktionistisch (isoliert betrachtet) einzelnen Zellen zugewiesen wird, scheint außerdem eine Leistung des gesamten Gehirns zu sein. Die Rolle der Spiegelneurone dürfte also deutlich kleiner sein, als die auf Basis der Studienergebnisse gezogenen Schlussfolgerungen.

Fazit: Bei der Funktion und Bedeutung von Spiegelneuronen handelt es sich um eines von vielen Themen im weiten Feld der Neurowissenschaften, das nach wie vor nicht restlos geklärt ist.

2.4 Bewusstsein und Gehirnaktivität

Literaturtipp

FAULSTICH, Joachim: *Das heilende Bewusstsein. Wunder und Hoffnung an den Grenzen der Medizin.* München 2012. „Der Geist kann Wunder wirken": Der Autor zeigt aus verschiedenen Blickwinkeln (Heilungszeremonien indigener Völker, Gehirnforschung), welche bedeutende Rolle unser Bewusstsein bei der Heilung einnimmt. Faulstich schlussfolgert aus seinen Recherchen, dass Wunder nicht im Widerspruch zur Natur geschehen, sondern im Gegensatz zu dem, was wir von der Natur wissen.

Das Bewusstsein gilt als eines der größten ungelösten Rätsel der modernen Wissenschaft. Die neurowissenschaftliche Forschung versucht, unser Bewusstsein über unsere Gehirnaktivität zu ergründen: Für NeurowissenschaftlerInnen ist das Bewusstsein das, was das Gehirn tut. KritikerInnen dieses Standpunktes fragen jedoch, ob das Bewusstsein nicht doch über unsere Gehirnaktivität hinausgeht.

„Sie, Ihre Freuden und Leiden, Ihre Erinnerungen, Ihre Ziele, Ihr Sinn für Ihre eigene Identität und Willensfreiheit – bei alledem handelt es sich in Wirklichkeit nur um das Verhalten einer riesigen Ansammlung von Nervenzellen und dazugehörigen Molekülen." So beginnt der britische Physiker und Medizin-Nobelpreisträger Francis CRICK in seinem Buch *Was die Seele wirklich ist. Die naturwissenschaftliche Erforschung des Bewusstseins* seinen Diskurs über die Frage nach dem Bewusstsein. Unser Gehirn ermöglicht, dass wir sehen, hören, erinnern, denken, fühlen, sprechen und träumen. Davon leiten NeurowissenschaftlerInnen ab, dass unser Gehirn auch unser Bewusstsein produziert. Bewusstsein wird neurowissenschaftlich als unmittelbare Wahrnehmung verstanden, die immer vom Fokus unserer momentanen Aufmerksamkeit abhängig ist.

Die Bedeutung der Gehirnaktivität

Die **Gehirnforschung** geht davon aus, dass zahlreiche Bereiche des Gehirns aktiv sein müssen, bevor uns etwas bewusst werden kann. Bewusstsein entsteht demnach in jenen Hirnbereichen, die gerade aktiv sind bzw. in denen gerade entsprechende Nervenaktivitäten ausgelöst werden. Die neuronale Aktivität soll Auskunft über unsere Bewusstseinszustände liefern.

NeurowissenschaftlerInnen entwickelten computergesteuerte Verfahren, die einen Blick ins Gehirn ermöglichen:

- Die **Positronen-Emissions-Tomographie** (PET) zeigt den Verbrauch von Glukose (Zucker) des Gehirns. Aktive Nervenzellen verbrauchen mehr Glukose. Das bedeutet, dass die Stellen, die im Gehirn gerade am stärksten aktiviert sind, die Stellen mit dem höchsten Glukoseverbrauch sind.
- Die funktionelle **Magnetresonanztomographie** (fMRT) kann mithilfe von Magnetfeldern Körpergewebe und nicht-knöcherne Strukturen (z. B. Muskeln, Sehnen, Gehirn) bildlich darstellen. Durch neuronale Aktivität entstehen im Gehirn Magnetfelder, die ebenfalls darstellbar sind.
- Bei der **transkraniellen Magnetstimulation** (TMS), dem neuesten Verfahren, wird auf der Großhirnrinde ein starkes Magnetfeld erzeugt, das Veränderungen im elektrischen Verhalten der Nervenzellen auslöst. Dieser Vorgang ermöglicht es, die Aktivität der Nervenzellen zu erhöhen, aber auch zu hemmen.
- Das **Elektroenzephalogramm** (EEG) misst unsere Gehirnaktivität, indem es Hirnstromwellen aufzeichnet. Elektrochemische Hirnströme kommen in folgenden Wellenlängen vor:

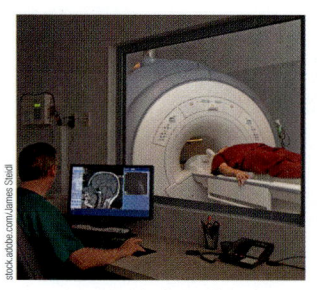

Mittels fMRT kann man mittlerweile lokalisieren, wo Angstgefühle „sitzen". Das Angstobjekt kann damit aber nicht eruiert werden.

Gehirnwellen	Frequenz-bereich	Gehirnaktivität
Gamma-Wellen (γ)	31–70 Hz	Hektik, Hyperaktivität, erhöhte Aufmerksamkeit und Konzentration wie z. B. bei Lernvorgängen; tiefe Meditation.
Beta-Wellen (β)	14–30 Hz	Geistige Aktivität, gespannt und in Alarmbereitschaft bis zu erhöhtem Ausstoß von Stresshormonen, Unruhe und Sorge.
Alpha-Wellen (α)	8–13 Hz	Entspannter Wachzustand, körperliche und geistige Ruhe, Meditation.
Theta-Wellen (θ)	4–7 Hz	Zustand der Ermüdung, leichter Schlaf, tiefe Entspannung, lebendiges Vorstellungsvermögen, Meditation.
Delta-Wellen (∂)	0,5–3 Hz	Leichter bis traumloser, tiefer Schlaf.

Als der Psychiater und Neurologe Hans Berger Erklärungen für telepathische Fähigkeiten suchte, entdeckte er elektrische Impulse im Gehirn – die Gehirnwellen.

Die Gehirnaktivität wird in Millisekunden gemessen. Das ist im Vergleich zu einem Computer, der innerhalb von Nanosekunden (Milliardstelsekunden) reagiert, verhältnismäßig langsam. Das erklärt, warum wir oft zu spät auf ein plötzlich eintretendes Ereignis reagieren – es kann z. B. passieren, dass wir nicht rechtzeitig auf die Bremse steigen.

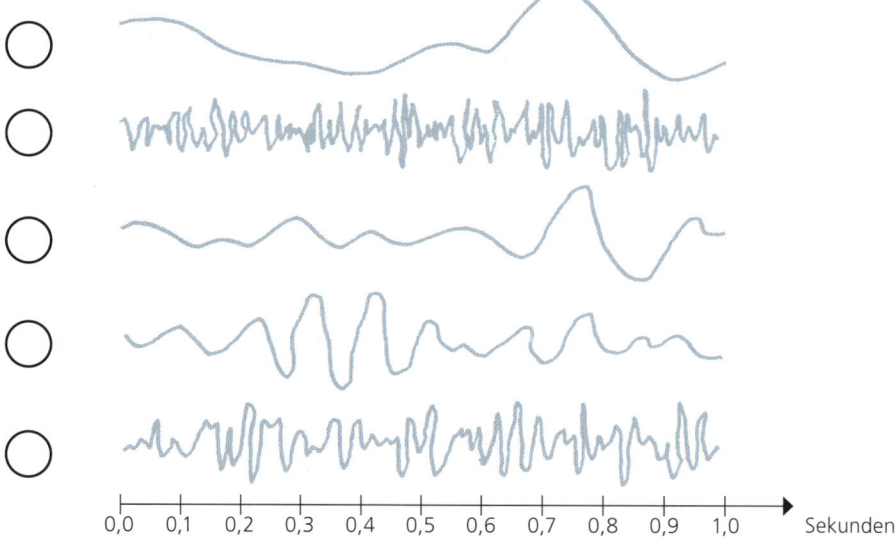

2

Einzelarbeit 4 Ordnen Sie jede Frequenz (Schwingungsweite) in der Grafik auf Seite 30 der entsprechenden Gehirnwelle zu. Schreiben Sie den griechischen Buchstaben in den Kreis!

KritikerInnen der naturwissenschaftlichen Erklärungsversuche entgegnen, dass das Bewusstsein als subjektives Phänomen ausschließlich uns selbst zugänglich ist. Denn wie soll etwas, das nur das Individuum erkennt, mit etwas, das rein physisch ist, erklärt werden können? Diese Ansicht stellt jegliche wissenschaftliche Untersuchung des Bewusstseins infrage, denn Wissenschaft erklärt Psychisches nur über physische Prozesse. Es bleibt fraglich, ob wir uns mit der Nichterklärbarkeit des Bewusstseins abfinden müssen oder ob die Erklärbarkeit einfach nur am derzeitigen Wissensstand scheitert.

2.5 Hypnose und Trance

Definition
HYPNOSE (nach dem griechischen Gott des Schlafes *Hypnos*) bezeichnet ein Verfahren zum Erreichen der hypnotischen Trance sowie diesen Zustand selbst.

Hypnose und Trance sind besondere Bewusstseinszustände in Entspannung. Der **hypnotische Zustand** lässt sich mit dem Zustand kurz vor dem Einschlafen vergleichen, wo wir weder wach sind noch schlafen. In der **hypnotischen Praxis** wird der Zustand der Hypnose durch die Fixationsmethode erreicht: Ein Pendel wird im Abstand von etwa 10 cm vor den Augen des Klienten/der Klientin befestigt und von diesem/dieser mit den Augen fixiert. Dadurch wird künstlich Müdigkeit herbeigeführt, denn die Nervenfunktionen werden dabei so beeinflusst, dass erregte Zentren schnell ermüden und bestimmte Hirnregionen blockiert werden. Das Gehirn befindet sich in einem Ruhemodus. Dieser besondere Entspannungszustand wird auch **Trance** genannt. Mögliche Reaktionen im Zustand der hypnotischen Trance:

- Muskelspannung, Herzrate und Blutdruck werden gesenkt und die Blutgefäße erweitert. Die Atmung wird langsam und gleichmäßig.
- Wenn eine bestimmte (meist erstarrte) Haltung ungewöhnlich lange eingenommen wird, spricht man von Katalepsie.
- Die Augenlider sind geschlossen, es wird wenig geblinzelt und geschluckt, man ist kaum ansprechbar.
- Man empfindet den eigenen Körper als fremd und spürt keine Schmerzen.
- Man löst sich von allen Gedanken, die Denkvorgänge verlangsamen sich stark, man hat erhöhte Konzentration auf eine einzige Sache und ist geistig wach bei gleichzeitiger körperlicher Entspannung.
- Alle bewussten Funktionen sind stark eingeschränkt, Reize der Außenwelt werden nicht registriert und die Realität wird nicht wahrgenommen.
- Man hat lebhafte Vorstellungen: Imaginationen, Halluzinationen.
- Amnesie (Gedächtnisverlust) für Tranceinhalte tritt auf.

Der hypnotische Zustand wird in drei Stadien der Trance unterteilt:

beginnende bewusste Entspannung
1. **Somnolenz (leichte Hypnose):** Der/Die Hypnotisierte erlebt in dieser Phase noch alles bewusst mit, es stellen sich allerdings bereits eine beginnende Entspannung der Muskulatur und eine allgemeine Müdigkeit ein (die Glieder werden schwer).

Schmerzlosigkeit
2. **Hypotaxie (mittlere Trance):** Der/Die Hypnotisierte ist zwar noch bei Bewusstsein, aber in diesem Zustand wird kein Schmerz mehr empfunden. Halluzinationen und Katalepsie (Verharren in einer Körperhaltung) können auftreten.

absolute, bewusstlose Entspannung
3. **Somnambulismus (tiefe Trance):** Somnambulismus (lat. *somnus:* Schlaf; *ambulare:* gehen) bedeutet eigentlich „Schlafwandeln". Mit dem Phänomen des sogenannten Schlafwandelns, bei dem während des Schlafes komplexe Verhaltensweisen wie Spazierengehen ausgeführt werden, hat Somnambulismus als drittes Stadium der Trance nichts zu tun. Das „klassische" Schlafwandeln betrifft vor allem Kinder bis zur Pubertät. Daher wird ein noch nicht voll ausgereiftes zentrales Nervensystem als Ursache vermutet. Damit das Nervensystem auch in der Nacht Kontrolle über die motorischen Abläufe hat, muss es gänzlich ausgereift sein. Außerdem konnte festgestellt werden, dass Schlafwandeln innerhalb einer Familie gehäuft auftritt. Meist können sich die Betroffenen an das Schlafwandeln nicht mehr erinnern.
In der Hypnose steht der Begriff Somnambulismus für die Phase der absoluten Entspannung und der völligen Bewusstlosigkeit, an die nach dem Aufwachen keine Erinnerung mehr besteht (Amnesie). In diesem dritten Stadium der Trance ist man für **suggestive Beeinflussung** besonders empfänglich. Suggestion kann die Wahrnehmung, das Gedächtnis, die Motivation, das Gefühl und das Verhalten einer Person so verändern, dass sie diese manipulative Beeinflus-

Definition
SUGGESTION (lat. *suggestio:* hinzufügen) bedeutet „Einflüsterung".

sung gar nicht wahrnimmt. Dabei wird eine Vorstellung von außen an die hypnotisierte Person herangetragen. Durch diese Beeinflussung kann es auch sein, dass sogar unlogische oder sinnlose Befehle widerspruchslos ausgeführt werden. Interessanterweise werden aber Befehle, die der Werthaltung des bzw. der Hypnotisierten völlig widersprechen, nicht oder nur eingeschränkt ausgeführt: Moralisches Urteilsvermögen und Kontrolle sowie der eigene Wille werden also selbst in hypnotisiertem Zustand nicht aufgegeben. Sogenannte posthypnotische Aufträge bleiben auch nach Auflösung der Hypnose wirksam.

Ob sich eine Person leicht oder gar nicht hypnotisieren lässt, hat nichts mit dem Glauben an die Wirksamkeit von Hypnose zu tun. Der britische Psychologe Peter NAISH fand in einer Studie heraus, dass Menschen mit einer dominanten linken Gehirnhälfte leichter zu hypnotisieren sind. Hypnose kommt auch im medizinischen und psychologischen Alltag zum Einsatz. Beim therapeutischen Einsatz von Hypnose spricht man von **Hypnotherapie** bzw. **Hypnosepsychotherapie**. Ärzte/Ärztinnen machen von hypnotischen Techniken Gebrauch, wenn der Patient/die Patientin beispielsweise bestimmte chemische Mittel nicht verträgt. Bei Operationen kann man Hypnose anstelle von Narkose einsetzen sowie zur Linderung postoperativer Schmerzen. In der Psychotherapie können Angstzustände mittels Hypnose eliminiert werden. Die Wirkung ist allerdings nicht nachhaltig, weil tiefer liegende Ursachen nicht berührt werden.

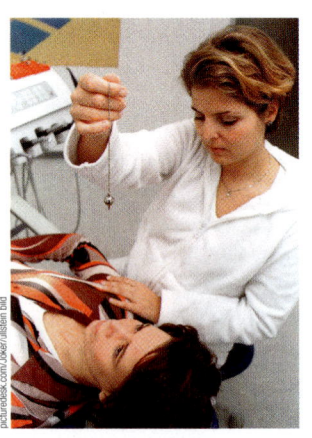

Hypnotherapie

(RF) **Einzelarbeit/Plenum** 5

2.6 Schlaf und Traum

Reflektieren Sie die folgenden Aussagen: richtig oder falsch? Vergleichen Sie anschließend Ihre Einschätzung im Plenum.
a) Schlaf ist wichtig für die psychische und organische Gesundheit.
b) Ältere Erwachsene brauchen mehr Schlaf als Jugendliche.
c) Manche Menschen träumen fast jede Nacht, andere nie.
d) Ein Mittagsschläfchen wirkt leistungssteigernd.

Schlaf

Dem US-amerikanischen Pionier der Schlafforschung William C. DEMENT (1999) zufolge ist Schlaf ein periodischer, natürlicher, reversibler (umkehrbarer) Bewusstseinsverlust. Doch während wir schlafen, ist unser Gehirn hoch aktiv.

Um die einzelnen Schlafstadien zu eruieren, werden Gehirnwellen und Muskelaktivität während des Schlafens aufgenommen sowie die Augenbewegungen gemessen. Alpha-Wellen repräsentieren den entspannten Wachzustand und Delta-Wellen den Tiefschlaf. Die Phase, in der wir träumen, ist der sogenannte REM-Schlaf. Leichtschlafphasen, Tiefschlafphasen und REM-Schlafphasen wechseln sich innerhalb eines Schlafzyklus kontinuierlich ab.

Definition
Der REM-SCHLAF (REM, engl. *Rapid Eye Movement*) kennzeichnet jene Schlafphase, in der sich die Augen schnell bewegen *(rapid eye movement)*, die Atmung unregelmäßig ist und in der es zu lebhaften Träumen kommt.

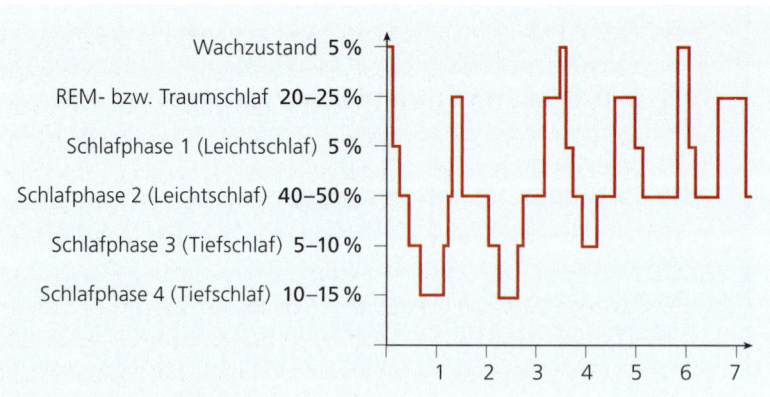

Anteil der einzelnen Schlafphasen innerhalb eines Schlafzyklus

Wichtigkeit des Schlafes

Schlaf entspannt den Organismus und ist notwendig für unsere psychische und organische Gesundheit, da im Schlaf das seelische und körperliche Gleichgewicht wiederhergestellt werden kann. Unser Gehirn ist im Zustand des Schlafes aktiv, es repariert und reorganisiert sich selbst: Unsere Zellen werden während des Schlafens mit dem Liquor (Gehirn-Rückenmarksflüssigkeit) gereinigt. Dies dient der Entsorgung der Schadstoffe aus dem Gehirn.

Wenn es uns nicht gelingt, unser individuelles Schlafbedürfnis zu befriedigen, sprechen wir von Schlafmangel. Schlafmangel beeinträchtigt nicht nur das körperliche und geistige Wohlbefinden, sondern wirkt sich auch auf den allgemeinen Gesundheitszustand negativ aus.

Konsequenzen von Schlafmangel

Filmtipp

Zeit des Erwachens (USA 1990, Regie: Penny MARSHALL). Ein Arzt untersucht die unheilbare Europäische Schlafkrankheit – eine Hirnhautentzündung, die unkontrollierte Schlafanfälle auslöst und sich über parkinson-ähnliche Symptome äußert. Der Film basiert auf wahren Begebenheiten, die Oliver SACKS im gleichnamigen Buch beschreibt.

Die Tiefschlafphasen sind für unsere physische und psychische Regeneration von besonderer Bedeutung. Versuchspersonen, die über einen längeren Zeitraum während der Tiefschlafphasen geweckt wurden, erkrankten mit unterschiedlichen körperlichen Symptomen und wiesen gleichzeitig nach kurzer Zeit eine erhöhte Reizbarkeit, Konzentrationsschwäche und ausgeprägtes Angsterleben auf. Eine fortwährende Störung des Tiefschlafs stört also nachweislich das körperliche und psychische Wohlbefinden.

- Die allgemeine Befindlichkeit ist beeinträchtigt – man ist müde, reizbar, frustanfällig, unbeholfen und tendiert in späteren Phasen sogar zu Halluzinationen. Wer ausreichend schläft, ist ausgeglichener.
- Die körpereigene Immunabwehr wird geschwächt, man tendiert zu Übergewicht und Bluthochdruck. Bei zu wenig Schlaf produziert das aktive Gehirn laufend den Botenstoff Adenosin, der aktivierende Neurotransmitter wie Dopamin hemmt und dadurch entsprechend schläfrig macht.
- Man ist weniger leistungsfähig als sonst, weniger kreativ und produktiv, leidet unter Konzentrationsschwäche und Kommunikationsunfähigkeit. Fehlleistungen durch Vergesslichkeit und Versäumnisse machen sich bemerkbar, das Unfallrisiko steigt. Der Schlafmediziner Manfred WALZL begründet das damit, dass zu wenig Schlaf wie Alkohol auf unsere Reaktionsfähigkeit wirkt. Bei ausreichend viel Schlaf hingegen arbeiten wir effizient und zuverlässig, wir merken uns Gelerntes besser und auch unsere Reaktionsfähigkeit ist entsprechend hoch.

Wussten Sie, dass ... Übermüdung in Kombination mit Unachtsamkeit im Jahr 2015 jeden zweiten tödlichen Verkehrsunfall in Österreich verursachte? Das zeigt einerseits die Unfallstatistik, andererseits eine Umfrage der ASFINAG. Die Info-Kampagne „Mach mal Pause" soll daher die VerkehrsteilnehmerInnen auf die Gefahren von Übermüdung im Straßenverkehr hinweisen und empfiehlt, regelmäßig Pausen zu machen.

Schlafstörung

Definition

Unter dem Begriff SCHLAFHYGIENE werden all jene Maßnahmen, Lebensgewohnheiten und Verhaltensweisen zusammengefasst, die darauf ausgerichtet sind, einen guten und erholsamen Schlaf zu fördern sowie Schlafstörungen zu vermeiden oder zu beheben.

Von einer **Schlafstörung** spricht man, wenn der Schlaf aus unterschiedlichsten Gründen (z. B. Lärm, mangelnde Schlafhygiene, Erkrankung) beeinträchtigt ist. Ist eine Person von anhaltenden Einschlaf- oder Durchschlafproblemen betroffen, spricht man von **Insomnie**, etwa 10–15 % aller Menschen sind davon betroffen.

Schlafstörungen erhöhen einerseits allgemein das Risiko, eine psychische Krankheit zu entwickeln, können aber auch Begleitsymptome einer psychischen Erkrankung (Depression, Angststörungen o. Ä.) sein.

Maßnahmen für einen gesunden und erholsamen Schlaf:

- Das Wichtigste für einen guten Schlaf ist ein **regelmäßiger Schlaf-Wach-Rhythmus**. Unser Körper passt sich dem 24-Stunden-Rhythmus des Tages mithilfe einer biologischen Uhr an, die als **zirkadianer Rhythmus** bezeichnet wird. Unsere Körpertemperatur beispielsweise steigt an, wenn sich der Morgen nähert und sinkt am frühen Nachmittag für kurze Zeit ab (zu diesem Zeitpunkt halten viele einen Mittagsschlaf) und fällt noch weiter, wenn wir abends ins Bett gehen. Wird der 24-Stunden-Rhythmus unterbrochen, bedeutet das für den Körper Stress. Das belegen chronobiologische Studien mit Menschen, die im Schichtdienst arbeiten.

Definition

Die CHRONOBIOLOGIE (griech. *chrónos:* Zeit) erforscht den zeitlichen Zusammenhang zwischen physiologischen Prozessen und dem Verhalten. Ein Teil dieser Disziplin befasst sich mit der inneren Uhr, d. h. dem biologischen Schlaf-Wach-Rhythmus des Menschen.

- **Sonnenlicht** ist der Zeitgeber für unsere innere Uhr und damit wichtig für guten Schlaf. Setzen wir uns tagsüber Sonnenlicht aus, bildet unser Gehirn Serotonin, aus dem sich in der Nacht Melatonin bilden kann. Dieses Hormon fängt freie Sauerstoffradikale ein und sorgt für guten Schlaf. Freie Sauerstoffradikale werden im Körper gebildet und entstehen durch Umweltgifte, wie beispielsweise Abgase oder UV-Strahlung, die unsere Zellen schädigen können.
- Dunkleres **Licht mit hohem Rotanteil** wirkt kurz vor dem Schlafengehen beruhigend. Die blauen Wellenlängen des LED-Lichts von Handy, Tablet oder Laptop hingegen hemmen die Melatoninproduktion und verzögern somit das Einschlafen.
- Die Schlafqualität kann auch mithilfe von **Sport** verbessert werden. Der beste Zeitpunkt dafür ist der späte Nachmittag. Kurz vor dem Schlafengehen sollte man darauf verzichten, sich übermäßig anzustrengen, da sonst der Kreislauf zu sehr angeregt wird. Dies wiederum erschwert es, in den Ruhemodus zu kommen, der das Einschlafen vorbereitet.

- Ein beliebtes Hausmittel, das bei gewöhnlichen Schlafproblemen empfohlen wird, ist ein Glas **warme Milch**. Grund dafür sind in der Milch enthaltene Stoffe, die die Serotoninproduktion anregen. Ein hoher Serotoninspiegel im Blut lässt uns ruhig und entspannt fühlen und somit besser einschlafen. Um einen gewünschten Effekt zu erzielen, müsste man jedoch unzählige Gläser Milch trinken. Der Schlafforscher Markus SPECHT spricht sich aber für den psychologischen Effekt aus, den bereits ein Glas warme Milch mit sich bringen kann.
- Auf **Schlafmittel und Alkohol verzichten**. Schlafmittel und Alkohol sorgen zwar dafür, dass man schneller einschläft, aufgrund der Gefahr der Abhängigkeit und Toleranz (Gewöhnung an den Wirkstoff) ist von derartigen Maßnahmen jedoch strikt abzuraten. Viele Schlafmittel werden nur langsam abgebaut, sodass man am nächsten Morgen meist müde und abgeschlagen ist. Alkohol wiederum erhöht zwar den Tiefschlaf, reduziert aber zugleich den Anteil am wichtigen REM-Schlaf.

Wussten Sie, dass ... ein Großteil der Jugendlichen eher zu den **Abendmenschen** (Eulen) als zu den **Morgenmenschen** (Lerchen) zählt? Abendmenschen gehen spät schlafen und kommen morgens schwer aus dem Bett. Das **Schlaf-Wach-Verhalten** verändert sich im Laufe des Lebens: Kleine Kinder sind eher Frühaufsteher, während sich die Produktion des Schlafhormons Melatonin während der Pubertät um ein bis zwei Stunden in den späteren Abend verschiebt. Ab dem 21. Lebensjahr bis zum Ruhestand entwickelt sich der Biorhythmus wieder Richtung Frühaufsteher. Weshalb sich die Schlafphasen bei Jugendlichen nach hinten verschieben, ist laut Chronobiologen Thomas KANTERMANN noch nicht ausreichend geklärt. Es werden hormonelle Veränderungen dafür verantwortlich gemacht. ChronobiologInnen fordern eine Anpassung der Schulzeiten an die innere Uhr der Jugendlichen, da Heranwachsende und junge Erwachsene in ihrer Konzentrations- und Leistungsfähigkeit außerordentlich davon profitieren würden, würde ihre innere Uhr stärker berücksichtigt.

Unter dem Begriff **Aktivierungsmanagement** (vgl. Maderthaner 2008, S. 111) werden Maßnahmen gegen Müdigkeit zusammengefasst:
- **Koffeinhaltige Genussmittel:** Kaffee, Tee, Softdrinks und Schokolade haben eine aktivierende Wirkung von 15 Minuten bis 5 Stunden. Koffein blockiert die Aktivität von Adenosin.
- **Kernschlaf:** Mindestens vier Stunden Schlaf stabilisieren den Biorhythmus und fördern die geistige und körperliche Regeneration.
- **Kurzschlafphasen**, die 10–15 Minuten, maximal aber 45 Minuten dauern (▸ Kap. 4.5), helfen Energie zu tanken und die Leistung zu steigern.

Traum

»Ich glaube nicht, dass ich jetzt gerade träume, aber ich kann es auch nicht beweisen.«
Bertrand Russel (1872–1970)

Träume sind teilweise unverständlich und nicht nachvollziehbar – sie bestehen aus oft nicht zusammenpassenden Abfolgen von Bildern, Tönen, Emotionen und Gedanken im Geist des/der Schlafenden. Das komplexe Traumgeschehen kann auch mit einer Halluzination des schlafenden Geistes oder einem surrealistischen mentalen Film verglichen werden. ARISTOTELES definierte den Traum als „Seelentätigkeit" des/der Schlafenden. Biologisch gesehen ist ein Traum ein teilweiser Wachzustand des Gehirns. Der Körper ist nur zum Teil in das Traumgeschehen involviert – das Herz schlägt beispielsweise schneller, wenn wir laufen, das Bewegungszentrum des Gehirns wird aber blockiert, da wir uns sonst verletzen könnten.

Funktion

Träume helfen, Tageserlebnisse zu ordnen, zu verarbeiten und im Gedächtnis zu verankern. Träume spielen außerdem eine wichtige Rolle bei der Reifung des Gehirns und der kognitiven Entwicklung: Sie sind Teil eines wichtigen Informationsverarbeitungsprozesses, denn wir träumen, um uns zu erinnern.

Traumphasen

Bei einer durchschnittlichen Lebensdauer von 75 Jahren verbringen wir ungefähr sechs Jahre unseres Lebens in Träumen: meist 3- bis 5-mal in der Nacht in Phasen von 5 bis 40 Minuten. Das kann nachgewiesen werden, indem man die Hirnströme misst. Über das EEG erfährt man, wann eine Person träumt – aber nicht, was sie träumt.

Die lebhafte Traumphase findet in der **REM-Schlafphase** statt. REM steht für „Rapid Eye Movement", da sich in dieser Phase die Augäpfel unter den geschlossenen Lidern schneller bewegen. Während des REM-Schlafs entspannen sich außerdem die Muskeln leicht, wir atmen unregelmäßig und können sexuell erregt sein. In der REM-Phase werden auch tägliche Erlebnisse als Erinnerung abgespeichert. Untersuchungen haben ergeben, dass vor dem Schlaf Gelerntes besonders gut behalten wurde, wenn in der folgenden Nacht viele REM-Schlafphasen zu beobachten waren. Wacht man unmittelbar nach der REM-Phase auf, kann man sich meist sehr detailliert an den Traum erinnern.

Trauminhalte

„Die experimentelle Traumforschung hat gezeigt, dass (…) die Trauminhalte allgemein bestimmt sind vom Wissen, über das ein Träumer verfügt, von den Erfahrungen, die er im Laufe seines Lebens gesammelt hat, und den Gedanken, die er sich über sich selbst und über die Welt macht. (…) Träume können Erinnerungen beinhalten, die aus früheren Altersstufen kommen (…). Das heißt, dass der Mensch im Schlaf etwas aus seiner Kindheit wiederfindet, das der Erinnerung in der Wachheit entzogen ist." (Koukkou u. a. 2000, S. 230)

Es gibt mehrere Möglichkeiten, um Zugang zu Trauminhalten zu bekommen: TestschläferInnen können nach dem Schlaf entweder einen Fragebogen ausfüllen, ein Traumtagebuch führen oder sich interviewen lassen. Im Labor wiederum werden TestschläferInnen direkt aus dem REM-Schlaf geweckt und im Anschluss nach ihren Trauminhalten befragt. Studien, u. a. des amerikanischen Psychologieprofessors George William Domhoff, in denen TestschläferInnen aus dem REM-Schlaf geweckt wurden, belegen Folgendes:

- Mehr als 50 % aller Träume enthalten Auszüge aus dem Vortag (**Tagesreste**): Am häufigsten träumen wir von alltäglichen Begebenheiten, von Tätigkeiten im Beruf, zu Hause oder in der Schule, von Familienmitgliedern oder FreundInnen, und erst dann kommen Träume mit sexuellen Inhalten.
- In mehr als der Hälfte unserer Träume dominieren **negative Emotionen**: Wir träumen am häufigsten davon, verfolgt, angegriffen oder zurückgewiesen zu werden, von weit oben herunterzufallen, etwas tun zu wollen, aber nicht zu können. Oft erleben wir im Traum Unglücksfälle.
- Die **sensorischen Reize** in der Umgebung unseres Schlafplatzes können unsere Trauminhalte ebenfalls beeinflussen. Ein bestimmter Geruch oder das Klingeln eines Telefons werden oft in das Traumgeschehen eingebaut.

Einzelarbeit 6 Führen Sie über zwei Wochen hinweg ein Traumtagebuch. Notieren Sie jeden Tag unmittelbar nach dem Erwachen, was Sie geträumt haben. Halten Sie dabei fest, inwiefern die oben angeführten Inhalte Ihre Träume (nicht) dominiert haben. Präsentieren Sie abschließend ein Fazit Ihrer Traumanalyse in der Klasse.

Wussten Sie, dass ... Sie beeinflussen können, was Sie träumen? Im sogenannten **Klartraum** (luzider Traum) können wir in das Traumgeschehen eintreten und es nach eigenem Entschluss bewusst steuern. Das liegt daran, dass jener Teil des Stirnlappens (▸ Kap. 2.2), der für kognitive Prozesse zuständig ist, während des Klartraums aktiv ist. Unser Gehirn ist somit in der Lage, zu träumen und zeitgleich das Geträumte zu reflektieren und zu steuern. So kann die/der Klarträumende beispielsweise selbst entscheiden, ob sie/er vor einem Albtraum flüchtet oder sich der Angst stellt. Klarträume können auch die sportlichen und beruflichen Fähigkeiten verbessern, da sich Bewegungsabläufe bis ins kleinste Detail durchspielen lassen (▸ Kap. 6.3); im Wachzustand kann die geübte Technik schließlich angewandt und optimiert werden. Schätzungen zufolge haben nur 5 % aller Menschen regelmäßig Klarträume. Allerdings lässt sich Klarträumen trainieren. Förderlich dafür ist u. a., ein Traumtagebuch zu führen, und sich auch tagsüber bewusst mit dem Thema Traum auseinanderzusetzen.

Kompetenzcheck

1. Beschreiben Sie das Interessengebiet der Biologischen Psychologie.
2. Benennen Sie Aufgabe und Funktion einer Nervenzelle.
3. Erklären Sie, wie Nervenzellen miteinander kommunizieren.
4. Analysieren Sie: Wenn ich etwas besonders gut beherrsche, ist mein Energieumsatz im Gehirn dann besonders hoch oder besonders niedrig?
5. Benennen Sie die Funktionen der Großhirnrinde sowie die Regionen, in die sie unterteilt wird.
6. Definieren Sie das Zentrum, das verletzt ist, wenn man die Fähigkeit zu sprechen verloren hat.
7. Nehmen Sie zu den Spiegelneuronen kritisch Stellung.
8. Nennen Sie die Möglichkeiten, die es gibt, Zugang zu unserem Bewusstsein zu bekommen.
9. Stellen Sie bildlich dar, was unsere Gehirnwellen über unseren Zustand aussagen.
10. Erklären Sie, unter welchen Umständen Hypnose schädlich sein kann und wann sie unterstützend wirkt.
11. Formulieren Sie Fragen, die man stellen könnte, um herauszufinden, ob eine Person genug schläft.
12. Fassen Sie die Kennzeichen der REM-Schlafphase zusammen.

Textanalyse

»Bei der Geburt sind das Rückenmark und der Hirnstamm – die niedrigeren und stammesgeschichtlich ältesten Hirnstrukturen, die sämtliche lebenswichtigen Körperfunktionen steuern – fast vollständig entwickelt und weitgehend dafür verantwortlich, die wesentlichen Bedürfnisse eines Neugeborenen zu erfüllen: zu überleben, zu wachsen, mit den Personen, die es versorgen, eine Bindung einzugehen. Der Ablauf setzt sich nach der Geburt fort, wenn nach und nach die höheren Gehirnregionen die Kontrolle über das geistige Leben des Babys übernehmen. Dazu gehören das Kleinhirn und die Basalganglien, die für die Koordination der Muskelbewegungen verantwortlich sind; das limbische System, das Gefühlsregungen und Gedächtnis steuert, und schließlich die Großhirnrinde, Sitz unseres gesamten willkürlichen Verhaltens, der bewussten Erfahrung und der rationalen Fähigkeiten. Von allen Teilen des Gehirns ist der Kortex bei der Geburt auffällig ungeformt: Mit zunehmender Reifung während der ersten Lebensmonate und -jahre nehmen die Fähigkeiten des Kindes und das Bewusstsein seiner Existenz stetig zu. (…) Diese Anpassungsfähigkeit ist von ihrem ersten Auftreten an eine Eigenschaft des Gehirns. Während die Gene den Ablauf der neuronalen Entwicklung programmieren, wird die Qualität dieser Entwicklung bei jeder Abzweigung von Umweltfaktoren geprägt.« (…)

»Bei Milliarden von Neuronen und gut einer Billiarde von Synapsen, die erzeugt werden, lassen allein diese Größenordnungen die Entwicklung des Gehirns als Ehrfurcht gebietende Meisterleistung erscheinen. Aber was noch erstaunlicher ist und der vielleicht am schwierigsten zu durchschauende Aspekt bei der Entwicklung des zentralen Nervensystems insgesamt, ist die Frage, wie alle diese Neuronen und Synapsen ordnungsgemäß miteinander verschaltet werden. Wieso ist zum Beispiel ein Neuron in der Netzhaut des Auges in der Lage, an zahllosen Anlagestellen vorbei seinen korrekten Endpunkt, das Sehzentrum des Thalamus, anzusteuern? Und wie findet es, dort angelangt, die paar hundert Neuronen, mit denen es sich zusammenschalten muss – die Neuronen, die demselben winzigen Ausschnitt des kindlichen Gesichtsfelds entsprechen? Wie gelingt es einem Neuron aus der Hörrinde, eine bestimmte Sprachregion des Gehirns zu finden und seine Verbindungen so zu konfigurieren, dass allein der Laut p aktiviert wird? Aus einer scheinbar unendlichen Anzahl von Möglichkeiten sucht sich jedes Neuron die eine richtige heraus und bringt es fertig, sowohl sein Axon als auch seine Verästelungen mit den entsprechenden Anschlussstellen zu verbinden und seine Eingangs- und Ausgangsleitungen so zu verlegen, dass wir schließlich eine Vielzahl wohl geordneter, zusammenhängender Schaltkreise für Sehen, Sprechen, Bewegungen und so weiter besitzen und nicht etwa einen hoffnungslosen Verhau aus Kabeln und Schaltern.«

(Lise ELIOT: Was geht da drinnen vor? Die Gehirnentwicklung in den ersten fünf Lebensjahren. Berlin: Berlin Verlag 2001, S. 14-17 und S. 43f.)

→ Welche Gehirnbereiche sind als Erstes vollständig entwickelt? Welche Funktion erfüllen sie?

→ Was ist in der Gehirnentwicklung genetisch vorprogrammiert und was wird von den Umweltfaktoren geprägt?

→ Was bezweckt die neuronale Verschaltung und wie funktioniert sie?

Projekt

Gestalten Sie ein **Millionenshow-Spiel**! Erstellen Sie Fragen zur Biologischen Psychologie mit jeweils drei Antwortmöglichkeiten und kennzeichnen Sie die richtige Antwort. Eine Person sollte mindestens fünf Fragekärtchen entwerfen. Bilden Sie Kleingruppen und bestimmen Sie einen Spielleiter/eine Spielleiterin. Die Kärtchen werden nach dem Zufallsprinzip gewählt. Der Spielleiter/Die Spielleiterin stellt eine Frage an ein Gruppenmitglied. Unabhängig davon, ob die Frage richtig oder falsch beantwortet wurde, werden die Fragen der Reihe nach an die Gruppen gerichtet. Jede Gruppe hat jeweils zwei Joker zur Auswahl. Joker 1: im Buch nachlesen. Joker 2: eine falsche Antwort streichen. Eine richtig beantwortete Frage bringt der Gruppe einen Punkt.

> *Die Umwelt, so wie wir sie wahrnehmen, ist unsere Erfindung.*
> Heinz von Foerster (österreichischer Physiker, 1911–2002)

„Buddha, der indische Religionsstifter (560–480 v. Chr.), erzählt: Es war einmal ein König von Benares, der rief zu seiner Zerstreuung etliche Bettler zusammen, die von Geburt an blind waren, und setzte einen Preis aus für denjenigen, der ihm die beste Beschreibung eines Elefanten geben würde. Zufällig geriet der erste Bettler, der den Elefanten untersuchte, an dessen Bein, und er berichtete, dass der Elefant ein Baumstamm sei. Der zweite, der den Schwanz erfasste, erklärte, der Elefant sei wie ein Seil. Ein anderer, welcher ein Ohr ergriff, beteuerte, dass der Elefant einem Palmblatt gleiche und so fort." (Wittschier 2004, S. 86)

Wir konstruieren unsere Wirklichkeit selbst. Diese Meinung vertritt auch der **Radikale Konstruktivismus**, eine philosophische Strömung des 20. Jahrhunderts. Die Ansicht, dass wir die Wirklichkeit nicht erkennen können – weil wir sie nicht so wahrnehmen, wie sie tatsächlich ist –, wird von der neurowissenschaftlichen Forschung bestätigt: Was wir für real halten, hat unser Gehirn als Realität bloß konstruiert, denn aus den unstrukturierten Daten unserer Wahrnehmung errechnet unser Gehirn möglichst sinnvolle Wirklichkeiten. So etwa werden physikalische Reize zum Empfinden von Farben oder Kälte verarbeitet (▶ Kap. 3.1). Wahrnehmung ist also immer zugleich Informationsaufnahme und Informationsverarbeitung von Reizen aus der Umwelt.

Die Annahme, wir könnten die Wirklichkeit nicht erkennen, wie sie ist, stößt jedoch auch auf **Kritik**: Die Begründung des Radikalen Konstruktivismus basiert auf wissenschaftlichen Erkenntnissen, die nach seiner eigenen Definition allerdings nicht gültig sind. Wenn kein Zugang zur Wirklichkeit möglich ist, so kann genau genommen auch nicht erkannt werden, dass es diesen Zugang nicht gibt. Außerdem: Wer jede gesicherte Wahrheit ablehnt, kann sich auf keine gesicherte Erkenntnis stützten.

Wahrnehmung ist aber immer auch eine Wechselwirkung zwischen Beobachter/Beobachterin und Beobachtetem und keineswegs objektiv, da **nicht-sensorische**

Faktoren – wie Stimmung, Erfahrungen, Einstellungen und selektive Aufmerksamkeit – die Wahrnehmung beeinflussen (▶ Kap. 3.2). In Versuchen konnte beispielsweise nachgewiesen werden, dass Menschen in guter Stimmung „nicht eindeutige Gesichtsausdrücke eher positiv [wahrnehmen], während schlecht gelaunte diese eher negativ sahen." (Hobmair 2013, S. 94) *„Fühlen wir uns glücklich, werden eher positive, glückliche Gedanken, Konstrukte und Personeneigenschaften aktiviert, und wir sind deshalb geneigt, (…) eigenes wie fremdes Verhalten im Lichte dieser Konstrukte zu interpretieren. Folglich werden wir im eigenen Verhalten oder in dem anderer auch vermehrt glückliche und positive Momente wahrnehmen. Sind wir schlechter Stimmung, geschieht das Gegenteil."* (Forgas, in: Hobmair 2013, S. 94)

Wenn unsere **fünf Sinne** funktionieren, dann sehen und hören, tasten, riechen und schmecken wir, fühlen wir Bewegung und nehmen Gleichgewicht wahr (▶ Kap. 3.3). Wie aus dem Verarbeiten komplexer visueller Informationen wieder ein einheitliches Bild der Außenwelt entsteht, ist allerdings nach wie vor ungeklärt (▶ Kap. 3.4). Immerhin lassen sich bestimmte Gesetze erkennen, nach denen unsere Wahrnehmung organisiert wird (▶ Kap. 3.5). Diese Gestaltgesetze und Wahrnehmungskonstanzen geben Aufschluss darüber, wie wir uns von unseren Sinnen täuschen lassen: Etliche optische Täuschungen lassen sich auf diese Weise erklären (▶ Kap. 3.6).

1 **Einzelarbeit:** Betrachten Sie die Abbildung! Was sehen Sie als Erstes?

Wie wichtig Sinneswahrnehmungen für unsere Befindlichkeit und unsere Entwicklung sind, zeigen Experimente zum **Reizentzug** (sensorische Deprivation) und das Phänomen des Hospitalismus. Wahrnehmung beschränkt sich aber nicht nur auf unsere Sinne. Außersinnliche Wahrnehmung sowie wahrgenommene Phänomene, die weder physikalisch erklärbar noch sinnesphysiologisch fassbar sind, zählen zum Gegenstand der **Parapsychologie** (▶ Kap. 3.8). Und das Wissen um den Wahrnehmungsprozess, um bewusste und unbewusste Wahrnehmung weiß sich die **Werbeindustrie** nutzbar zu machen (▶ Kap. 3.9).

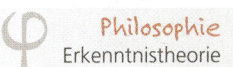

φ Philosophie
Erkenntnistheorie

3.1 Der Prozess der Wahrnehmung

Dank unserer Wahrnehmungsfähigkeit können wir unsere Umwelt räumlich erfassen und uns orientieren. Sie macht es möglich, dass wir uns an die sich ändernden Umweltbedingungen anpassen und dadurch angemessen agieren: Es gelingt uns, beim Fahrradfahren unser Gleichgewicht zu halten, wir weichen einem Auto auf der Straße rechtzeitig aus und wir haben die notwendige Ausrüstung, um Diskussionen mitverfolgen zu können. Im Folgenden wird gezeigt, wie es möglich ist, physikalische Reize so zu verarbeiten, dass sie für uns „verständlich" sind, also als Farbe oder Geräusch wahrgenommen werden.

Definition
Als SENSOR (Sinneszelle, Rezeptor) bezeichnet man eine für die Aufnahme von Sinnesreizen spezialisierte Zelle. Sie nimmt physikalische Reize aus der Umwelt auf und wandelt sie in Nervenimpulse um.

Um wahrnehmen zu können, müssen zunächst unsere **Sensoren** aktiviert werden. In der objektiven Welt existieren keine Töne, Geräusche oder Gerüche. Es ist das Gehirn, das sensorische Informationen aus der Außenwelt in sinnvolle Wahrnehmungen *verwandelt*.

- Die Außenwelt vermittelt Informationen in Form **physikalischer Reize**, die wir über unsere Sinnesorgane erfassen.
- Diese physikalischen Reize werden in **Nervenimpulse** umgewandelt.
- Diese Nervenimpulse wiederum werden zu den Gehirnzentren weitergeleitet und in **Empfindungen** umgewandelt, die den verschiedenen Sinnesbereichen zugeordnet werden.
- Im Gehirn werden diese zu subjektiven Eindrücken **verarbeitet**, indem sie mit Erinnerungen und Erfahrungen in Verbindung gebracht, entsprechend organisiert und schließlich **interpretiert** werden.
- Die empfangenen Reize werden eingeordnet, indem ihnen eine **Bedeutung** gegeben wird: Wir empfinden nicht einfach Farben, sondern sehen Bilder. Wir hören nicht nur eine Mischung aus Tönen und Rhythmen, sondern erkennen darin eine Melodie aus Mozarts *Zauberflöte* wieder.

»Nur scheinbar hat ein Ding eine Farbe, nur scheinbar ist es süß oder bitter; in Wirklichkeit gibt es nur Atome und den leeren Raum.«
Demokrit, 460–371 v. Chr.
(Capelle 1968, S. 399)

Die Summe bestimmter Informationen kann unser Gehirn auch zu einem Gesamtbild unseres Gegenübers verarbeiten: wie unser Gegenüber riecht, wie es aussieht, welche Geräusche es von sich gibt, wie es sich anfühlt. Die subjektive Wirklichkeit ist die Interpretation dieser Wahrnehmungen.

	Objektive Wirklichkeit		Subjektive Wirklichkeit
	Außenwelt	**Sinnesorgan**	**Gehirn**
	Atome, Strahlen	*Auge, Ohr, Haut, Mund, Nase*	*Verarbeitungsprozesse*
	Reiz	**Rezeptoren**	**Empfindung / Erleben**
sehen	Lichtwellen	Stäbchen, Zapfen	Farben, Form, Bewegung, Tiefe
hören	Schallwellen	Haarzellen der Basilarmembran	Geräusche, Töne
fühlen	Äußerer Kontakt	Nervenendigungen in der Haut	Berührungen, Schmerz, Wärme, Kälte
schmecken	Substanzen	Geschmacksknospen	Geschmack (süß, sauer, salzig, bitter)
riechen	Duftmoleküle	Haarzellen des olfaktorischen Epithels	Gerüche (moschusartig, blumig, verbrannt, minzig)
bewegen	Bewegung des Körpers	Rezeptoren in Gelenken, Muskeln und Sehnen	Bewegung, Aktivität des Körpers
Gleichgewicht halten	Körperlage im Raum	Härchen in Flüssigkeiten im Innenohr	Gleichgewicht
	Physik, Chemie	**Biologie, Physiologie**	**Psychologie**

Vom physikalischen Reiz zur Empfindung (Tabelle in Anlehnung an Zimbardo 2004, S. 120)

Psychophysik

Wir nehmen nur jene Merkmale der Umwelt wahr, die momentan für unser Leben von Bedeutung sind und für die wir auch Sensoren haben: Wir verfügen nicht wie Bienen über einen magnetischen Sinn und registrieren auch keine elektrischen Felder wie so manche Fischarten. Unsere sensorische Ausstattung ist begrenzt.
Von den sinnesphysiologischen Fähigkeiten her sind Tiere uns Menschen oft weit überlegen. Prinzipiell scheint in der Sinnen-Welt der Tiere nichts unmöglich: Schmetterlinge schmecken mit

den Füßen, Haie riechen im Wasser, Elefanten tasten mit dem Rüssel, Katzen sehen im Dunkeln und Heuschrecken hören mit dem Schienbein. Je nach Lebensbedingungen entwickeln sich unterschiedliche Formen der Sinnesorgane. Die sensorische Ausstattung der Arten passt sich an ihre jeweiligen Bedürfnisse an. Die Sinnessysteme sorgen dafür, dass Organismen jene Informationen erhalten, die sie benötigen, um ihr Überleben zu sichern.

Welche Reize Menschen wahrnehmen können und wie stark ein bestimmter Reiz sein muss, um wahrgenommen zu werden, wird von der **Psychophysik** ermittelt. Ihr Begründer, Gustav Theodor FECHNER, interessierte sich für die Wahrnehmung von Reizen und entwickelte Methoden, um die Reiz- und Unterschiedsschwellen unserer Sinne bestimmen zu können:

Reizschwelle (Absolutschwelle)

Wir können nur Reize wahrnehmen, für die wir Rezeptoren besitzen. Lichtwellen beispielsweise können wir dank unserer Stäbchen und Zapfen sehen. Magnetfelder, Radiowellen oder Röntgenstrahlen sind für uns dagegen nicht fassbar: Röntgenstrahlen können wir nicht sehen und Ultraschall nicht hören. Reize müssen eine bestimmte *Qualität* (Qualitätsschwelle) und eine bestimmte *Intensität* (Intensitätsschwelle) erreichen, damit wir sie empfinden können. Die **Reizschwelle** drückt die geringste und die höchste Reizintensität und -qualität aus, die nötig ist, um einen bestimmten Reiz wahrnehmen zu können. Sie definiert den Bereich vom Unmerklichen zum Eben-Merklichen (untere Reizschwelle) und den Bereich vom Merklichen zum Nicht-mehr-Merklichen (obere Reizschwelle). Beim Hören eines Tones z. B. liegt die obere Reizschwelle bei 20 000 Schwingungen pro Sekunde.

Unterschiedsschwelle

Unsere Sinneseindrücke sagen uns nicht, wie hoch oder wie schwer etwas ist. Erst wenn wir zwei Gegenstände miteinander vergleichen, können wir beurteilen, ob etwas hoch oder schwer ist. Die **Unterschiedsschwelle** kennzeichnet den geringsten physikalischen Unterschied zwischen zwei Reizen, der notwendig ist, um noch einen Unterschied zu erkennen. Um die Unterschiedsschwelle festzustellen, werden immer zwei Reize (z. B. zwei verschiedene Lautstärken) miteinander verglichen. Wie stark sich zwei Reize voneinander unterscheiden müssen, damit sie als unterschiedlich empfunden werden, untersuchte der Physiologe Ernst Heinrich WEBER. Das nach ihm benannte **Weber'sche Gesetz** besagt Folgendes: Je größer die Intensität eines Reizes (je schwerer, größer, heller, lauter etwas ist), desto mehr muss sich der Vergleichsreiz vom Standardreiz unterscheiden, um noch als verschieden von diesem wahrgenommen zu werden. Die Unterschiedsschwelle nimmt also mit der Intensität des Reizes zu.

Adaptationsniveau

Die Reiz- und Unterschiedsschwellen sind von Art und Aufbau unserer Sinnesorgane abhängig und daher bei allen Menschen fast gleich. Wir bewerten Dinge und Situationen aber auch nach unseren Gewohnheiten. Bei diesem subjektiven Maßstab der Wahrnehmung spricht man vom **Adaptationsniveau**. Es richtet sich nach der jeweiligen Situation und den persönlichen Erfahrungen: Ein Mensch, der ständig schwere Lasten trägt (z. B. ein Bauarbeiter) bezeichnet einen Gegenstand als leicht, den eine andere Person (z. B. ein Student) als schwer empfindet.

Sensorische Adaptation

Stellen Sie sich vor, Sie steigen in einen Bus, in dem es übel riecht. Nach einigen Minuten werden Sie den unangenehmen Geruch kaum mehr wahrnehmen. Auch wenn Sie ins kalte Wasser eines Pools springen, werden Sie sich nach einigen Minuten an das Wasser gewöhnt haben und es nicht mehr als kalt empfinden. Nimmt unsere Empfindlichkeit bei gleichbleibendem Reiz (konstanter Geruch, konstantes Geräusch, konstante Berührung) ab, spricht man von sensorischer Adaptation.

Versuch 2
Führen Sie folgenden Versuch zur Wahrnehmung durch: Bereiten Sie jeweils eine Schüssel mit eiskaltem, mit lauwarmem und sehr warmem Wasser vor. Halten Sie die linke Hand für mindestens 30 Sekunden in das kalte Wasser und die rechte Hand in das warme Wasser. Geben Sie nun beide Hände gleichzeitig in die Schüssel mit lauwarmem Wasser. Was stellen Sie fest?

Definition
Ein BIT (engl. *binary digit:*
Binärzahl) ist die kleinste dar-
stellbare Informationseinheit
zur Speicherung von Daten.

Etwa 11 Millionen Informationseinheiten (Bits) treffen pro Sekunde auf unsere Sinnesorgane und müssen verarbeitet werden. Doch nicht nur unsere Sinne sind dafür verantwortlich, was wir sehen, hören, tasten, riechen oder schmecken. Auch nicht-sensorische Faktoren beeinflussen und verändern unsere Wahrnehmung: **Individuelle Faktoren** sowie die momentane **selektive Aufmerksamkeit** bestimmen die Art, wie wir Informationen aufnehmen, verarbeiten und schließlich unsere Umwelt interpretieren.

Unser Gehirn versucht zwar ein möglichst wirklichkeitsgetreues Abbild der Umwelt zu erstellen, letztendlich konstruieren wir aber *unsere* Wirklichkeit aufgrund unserer Stimmung, Erfahrungen, Einstellungen und unserer selektiv gerichteten Aufmerksamkeit. Diese subjektive Wahrnehmung der Umwelt erklärt, warum wir uns teilweise über Größe und Farben von Objekten uneinig sind oder Lautstärke und Düfte unterschiedlich wahrnehmen.

Individuelle Faktoren der Wahrnehmung

Die individuellen Faktoren der Wahrnehmung bestehen aus unserem augenblicklichen emotionalen Zustand, unserer Erfahrung und unseren Einstellungen.

Faktoren

- Unser **augenblicklicher emotionaler Zustand** setzt sich aus Gefühlen wie Freude oder Angst sowie unseren Bedürfnissen zusammen. Er bestimmt zum Großteil unsere soziale Wahrnehmung: Wer gut gelaunt ist, wird seine Umwelt auch positiv wahrnehmen. Mit schlechter Stimmung hingegen konzentriert man sich eher auf das Negative.
- Unsere **Erfahrung** entsteht aus vorangegangenen Lernprozessen: Das Kind sieht in einem Baum die Möglichkeit, zu klettern oder ein Baumhaus zu bauen, die Malerin sieht darin ein potenzielles Kunstobjekt und der Förster Brennholz, das er im Winter verwerten kann. Die Erfahrung ist insofern relevant, als wir neue Eigenschaften und Objekte in vertraute Kategorien (Schemata) einordnen und dementsprechend interpretieren. Wenn wir Menschen in entsprechende Kategorien einordnen, kann das zu Vorurteilen führen (▸ Kap. 11.2). Wie andere Menschen wahrgenommen und aufgrund ihres äußeren Erscheinungsbildes eingeschätzt werden, ist eine Angelegenheit der Interpretation, abhängig vom jeweiligen kulturellen Hintergrund: Während zusammengekniffene Augen und herabhängende Mundwinkel in Europa als Zeichen für depressive Stimmung gedeutet werden, schreibt man in Asien einem Menschen mit dieser Mimik Freundlichkeit, unter Umständen auch Angestrengtheit zu.
- Ebenso beeinflussen kulturell bedingte **Einstellungen und Werthaltungen** unsere Wahrnehmung. Ob wir etwas als groß oder klein empfinden, als wertvoll oder weniger wertvoll, haben wir in unserem sozialen und kulturellen Kontext gelernt.

Selektive Aufmerksamkeit

Pro Minute nehmen wir durchschnittlich 82,5 Megabyte an Informationen auf. Aus dieser Flut von Sinnesreizen wählt unser Gehirn die für uns momentan wichtigen Eindrücke und blendet Millionen von Details aus: Es selektiert. Durch diesen Prozess der **selektiven Aufmerksamkeit** nehmen wir nicht alles bewusst wahr, was um uns herum geschieht. Wir weichen Menschen aus, die wir kaum wahrnehmen, erkennen aber Freunde/Freundinnen und Bekannte problemlos in der Menge wieder, obwohl sie jeden Tag anders aussehen.

Die Welt entsteht nicht im Auge, sondern im Gehirn: Jeder Mensch sieht und hört also etwas anderes, nämlich das, was das Gehirn aus den eingehenden Signalen herausfiltert. Im Sehzentrum des Gehirns werden die neuronalen Informationen, die das Auge liefert, geordnet und interpretiert. Würde das Gehirn alle optischen Informationen auswerten, würde es in einer Bilderflut ertrinken. Dasselbe gilt für Nebengeräusche: Der **Cocktailparty-Effekt** besagt, dass unser Gehirn selbst bei zahlreichen Nebengeräuschen immer noch fähig ist, genau das herauszufiltern, was es für wichtig hält (z. B. unseren Namen).

Wir blenden Millionen von Details aus, um uns auf das konzentrieren zu können, was für uns momentan wesentlich ist.

Versuch 3

Lesen Sie den Text, beachten Sie nur die **fett** geschriebenen Wörter! (Solso 2006, S. 84)

Irgendwo **Zu** *verborgen* **den** *in* **imposantesten** *den* **kognitiven** *Rocky Mountains* **Fähigkeiten** *in der Nähe von* **zählt** *Central City,* **die** *Colorado,* **Fähigkeit,** *versteckte* **eine** *ein* **Botschaft** *alter Bergmann* **unter** *einen Kasten* **anderen** *mit* **auszuwählen.** *Gold.* **Wir** *Obwohl* **machen** *mehrere* **das,** *hundert* **indem** *Menschen* **wir** *danach* **unsere** *suchten,* **Aufmerksamkeit** *fanden* **auf** *sie* **bestimmte** *ihn* **Hinweisreize** *nicht.* **wie** *Wenn* **etwa** *Sie* **den** *vom* **Stil** *„Glory* **der** *Hole* **Schrift** *Saloon"* **konzentrieren.**

aus **Wenn** *300* **wir** *Schritte* **unsere** *nach* **Aufmerksamkeit** *Westen* **auf** *und* **bestimmte** *600* **Reize** *Schritte* **konzentrieren,** *nach* **wird** *Nordwesten* **die** *gehen* **in** *und* **den** *1 Meter* **anderen** *tief* **Reizen** *graben,* **enthaltene** *werden* **Botschaft** *Sie* **nicht** *genügend* **klar erkannt.** *Gold* **Einige** *finden,* **Informationen** *um* **aus** *ein* **der** *Konzert* **unbeachteten** *mit* **Reizquelle** *Tina* **können** *Turner* **jedoch** *besuchen* **aufgenommen** *zu* **werden.** *können.*

Was haben Sie gelesen? Können Sie sich an den Text erinnern, der kursiv geschrieben ist? Wenn ja, welche Wörter weckten Ihre Aufmerksamkeit? „Vielleicht sind Sie durch „emotionale" Wörter (beispielsweise *Gold, „Glory Hole", Saloon, Tina Turner*) oder durch klar unterscheidbare visuelle Hinweisreize (beispielsweise *600, 300*) abgelenkt worden." (Solso 2006, S. 84)

Querverweis
Um unbewusste Wahrnehmung in Zusammenhang mit Werbung geht es in
▸ Kap. 3.9.

Der Versuch zeigt, dass wir all jene Informationen, die wir nicht bewusst selektieren, dennoch unbewusst wahrnehmen und durch eine Aufmerksamkeitsverschiebung jederzeit ins Bewusstsein holen können. *„Bevor Sie diesen Satz gelesen haben, war Ihnen gar nicht bewusst, dass Ihre Schuhe Ihre Füße einengen oder dass Ihre Nase in Ihrer Blickrichtung liegt. Jetzt plötzlich verschiebt sich der Fokus Ihrer Aufmerksamkeit."* (Myers 2005, S. 246) Der Biochemiker und Hirnforscher Frederic VESTER erklärt dieses Phänomen mit seinem **Flaschenhalsmodell:** Er geht davon aus, dass nur ein kleiner Teil der eingehenden Informationen für die tatsächliche Wahrnehmung verwertet wird und die anderen, momentan unbedeutenden Informationen wieder verworfen werden. Die verworfenen Informationen sind dennoch bedeutsam, da wir oft unbewusst auf sie reagieren – wenn wir z. B. die Sitzposition wechseln, weil die Stuhlkante eine störende Druckempfindung verursacht. Weiters meint Vester, dass die Menge der Informationen sich wieder erhöht, nachdem das Gehirn Daten ausgesondert hat – indem die ausgewählten Inhalte mit bereits vorhandenen Inhalten assoziiert werden.

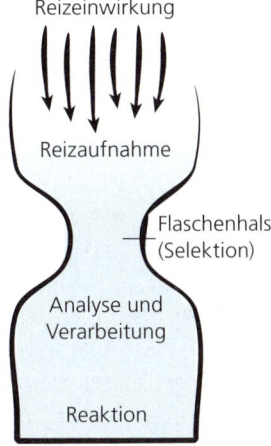

Reizeinwirkung

Reizaufnahme

Flaschenhals (Selektion)

Analyse und Verarbeitung

Reaktion

Vesters Flaschenhalsmodell

Versuchen wir nun, Wahrnehmungen vom Bewusstsein fernzuhalten, sprechen wir von **Wahrnehmungsabwehr**. Ein Beispiel für die Wahrnehmungsabwehr sind Angst auslösende Filmszenen, bei denen wir bewusst wegschauen. Weiters konnten die US-amerikanischen Psychologen Jérôme BRUNER und Leo POSTMAN in einem Experiment zeigen, dass für tabuisierte Wörter eine erhöhte Wahrnehmungsschwelle besteht, d. h. diese Wörter werden weniger leicht erkannt. Vor allem emotionale Aspekte und unsere innere Einstellung spielen eine große Rolle dabei, ob Reize bewusst wahrgenommen werden oder nicht.

3.3 Unsere Sinne

Veranstaltungstipp
Dialog im Dunkeln (Wien) – In völlig abgedunkelten Räumen führen blinde Menschen kleine Gruppen durch eine Ausstellung. Die Reise durch einen lichtlosen Parcours mit szenisch gestalteten Räumen wie einem Park, einer Autobushaltestelle oder einer Bar lassen uns in die Welt sehbehinderter Menschen eintauchen und Düfte, Winde, Temperaturen, Töne oder Texturen stärker wahrnehmen.

Die Unterscheidung der fünf Sinne – Sehen, Hören, Tasten, Riechen und Schmecken –, mit denen wir die Welt wahrnehmen, geht auf ARISTOTELES zurück. Bei dieser klassischen Einteilung der Sinne werden jedoch der *Gleichgewichtssinn* und der *kinästhetische Sinn* nicht berücksichtigt, da diese an keine sichtbaren Sinnesorgane wie Augen oder Zunge gekoppelt sind.
Der **Gleichgewichtssinn** informiert über die Körperlage im Raum. Die Rezeptoren bestehen aus kleinen Haaren in Säcken und Kanälen des Innenohrs, die mit Flüssigkeit gefüllt sind.
Der **kinästhetische Sinn** gibt Rückmeldung über unsere motorischen Aktivitäten, also Position und Bewegungen unserer Körperteile (beim Malen, Laufen oder Sitzen). Kinästhetische Informationen werden über Rezeptoren in Gelenken, Muskeln und Sehnen aufgenommen.

Der Sehsinn

- Das Farbspektrum, das wir wahrnehmen können, reicht von 400 (rot) bis 800 (violett) Billionen Hertz (elektromagnetische Schwingungen bzw. Lichtwellenlänge pro Sekunde).
- Menschliche Augen sind so empfindlich, dass sie bei Dunkelheit den Schein einer Kerze noch aus 50 km Entfernung wahrnehmen. (vgl. Zimbardo 2004, S. 115)

Die meisten Sinneszellen des Menschen sitzen im Auge. Rund 80 % aller Sinneseindrücke nehmen wir daher auch über unsere Augen wahr. Das menschliche Auge besteht aus 6 Millionen **Zapfen**, die uns Informationen über die Farben liefern und ermöglichen scharf zu sehen, sowie aus 120 Millionen **Stäbchen**, durch die wir Helligkeitsunterschiede bemerken. Die Stelle an der Netzhaut, an der keine Lichtsinneszellen vorhanden sind, bezeichnet man als „blinden Fleck".

Ein Falke erkennt seine Beute noch aus 1 500 Meter Entfernung.

Der blinde Fleck kann folgendermaßen veranschaulicht werden: Schließen Sie das linke Auge, fixieren Sie den Stern und bewegen Sie das Buch langsam vom Gesicht weg. Bei einer Entfernung von etwa 20 cm verschwindet das Flugzeug.

Der Hörsinn

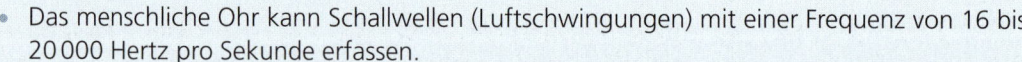

- Das menschliche Ohr kann Schallwellen (Luftschwingungen) mit einer Frequenz von 16 bis 20 000 Hertz pro Sekunde erfassen.
- Wir hören das Ticken einer Uhr ohne Umgebungsgeräusche noch aus etwa 6 Meter Entfernung. (vgl. Zimbardo 2004, S. 115)

Singen verursacht Schwingungen. Diese Schwingungen werden an die Luft übertragen. Die Luftdruckschwankungen, die dadurch entstehen, breiten sich als Schallwellen aus. Unser Ohr nimmt diese Schallwellen (Luftschwingungen) wahr, weil die Schallwellen das Trommelfell in Schwingung versetzen. Dadurch wird im Innenohr eine Membran gereizt, deren Zonen auf unterschiedliche Tonhöhen reagieren: Kurze, schnelle Schallwellen erzeugen hohe Töne; längere, langsamere erzeugen tiefe Töne. Über den Hörnerv gelangen die Signale ins Gehirn, wo das akustische Signal erkannt und zu Tönen und Geräuschen verarbeitet wird.

Geräusche beeinflussen uns unbewusst und wirken sich auf unser Empfinden aus. Marketing-ExpertInnen überlassen daher weder das Knuspern von Chips noch das Zischen des Biers dem Zufall. Die Stimme der Mutter wirkt beruhigend auf Kleinkinder, und Musik kann entspannen oder anregen, wehmütig, fröhlich oder aggressiv stimmen. Ständige Lärmbelästigung (Straßenlärm, zu laute Musik) wird für Nervosität, Konzentrations- und Schlafstörungen verantwortlich gemacht. Anhaltender Lärm kann zu Hörschädigungen führen. Lauter Schall (Discomusik, Knall), aber auch Stress können **Tinnitus** (lat. *tinnitus*: Klingeln) verursachen. Bei Tinnitus werden im Innenohr meist Brumm- oder Pfeiftöne wahrgenommen, er äußert sich aber auch in Form von ständigem Rauschen, Zischen oder Klingeln. Gleich, welche Behandlungsmethode gewählt wird – ob z. B. Medikamente oder Hypnotherapie –, wichtig ist immer, innere und äußere Ruhe zu finden. Unterstützend wirken Entspannungsmethoden wie beispielsweise das autogene Training (▶ Kap. 14.5).

Versuch 5
- Ein Schüler/Eine Schülerin steht mit verbundenen Augen in einem Kreis aus anderen SchülerInnen. Er/Sie soll zunächst erraten, aus welcher Richtung ein Geräusch kommt.
- Er/Sie hält sich nun ein Ohr, dann beide Ohren zu. Wie wirkt sich dies auf das Richtungshören aus?

Der Tastsinn

- Pro Quadratzentimeter Haut existieren Hunderte von **Tastzellen** (die Dichte der jeweiligen Rezeptoren variiert je nach Körperregion).
- Wir spüren den Flügel einer Biene, der aus etwa einem Zentimeter Entfernung auf unsere Wange fällt. (Zimbardo 2004, S. 115)

Mit den Augen können wir nicht einschätzen, wie glitschig Seife oder wie weich ein Handtuch ist. Aktives Ertasten mit Händen, Füßen und Mund ermöglicht uns eine interne Vorstellung von Objekten. Kleinkinder nehmen alles in den Mund, weil in den Lippen und auf der Zunge die meisten Tastrezeptoren liegen. Das Tasten ist der Sinn, der bei der Geburt am weitesten entwickelt ist. Die Haut ist mit 1,5–2m² (je nach Körpergröße und Körperumfang) unser größtes Organ. In der Haut befinden sich Sinneszellen (Rezeptoren), die uns ermöglichen,
- Druck,
- Berührung,
- Temperatur,
- Vibrationen und
- Schmerz wahrzunehmen.

Wie wichtig **Berührung** und körperliche Nähe für unsere Entwicklung und unser Wohlbefinden sind, beweisen die Experimente des US-amerikanischen Psychologen HARLOW mit Affen (▶ Kap. 9.4),

Die Ohren der Fledermaus sind hoch empfindlich.

Die Tasthaare der Katze sind bereits bei der Geburt voll entwickelt.

aber auch Forschungen zum Hospitalismus (▸ Kap. 3.7). Sanfte Ganzkörpermassagen bewirken bei Frühgeborenen, dass sie weniger Stresshormone ausschütten, ruhiger schlafen und schneller zunehmen.

Dass das **Berührungs- und Schmerzempfinden** nicht ausschließlich eine Sinnesempfindung, sondern ein Produkt des Gehirns ist, beweisen Phantomschmerzen, die ohne ersichtlichen sensorischen Grund entstehen: *„Mehr als die Hälfte der Menschen mit Amputationen können beispielsweise Schmerzen oder Bewegungen in ihren nicht mehr vorhandenen Gliedern empfinden."* (Myers 2005, S. 235) Je mehr Aufmerksamkeit dem Schmerz geschenkt wird, desto größer wird er.

Gruppenarbeit 6
Entwerfen Sie in Kleingruppen einen „Haptik-Pfad" für Kinder. Notieren Sie mindestens 10 Stationen, um der Vielfalt unserer Tastwahrnehmungen zu entsprechen.

Der Geruchssinn

- Wir verfügen über 10 bis 20 Millionen **Geruchsrezeptoren** und können damit rund 10 000 Gerüche voneinander unterscheiden.
- Wir riechen noch einen Tropfen Parfum, der sich in einer Drei-Zimmer-Wohnung verteilt. (vgl. Zimbardo 2004, S. 115)

Der Duft frisch gebackener Kekse erinnert uns an Weihnachten, der Duft von Sonnencreme ruft Urlaubsgefühle wach und der Geruch von Desinfektionsmittel erinnert uns ans Krankenhaus. Ein Hauch eines Geruchs reicht aus, um eine Situation wieder in Erinnerung zu rufen. Duftinformationen lösen Emotionen wie Freude, Angst oder Ekel aus und machen wach oder schläfrig, denn unser Geruchszentrum im Gehirn ist mit dem limbischen System (▸ Kap. 2.2) verbunden. Wird es erregt, werden gleichzeitig alle damit einhergehenden Emotionen und Erinnerungen aktiviert. Ob wir einen Duft mögen oder nicht, hat also oft mit unbewussten Erinnerungen zu tun.

Ein Hund hat ca. 100 bis 200 Mio. Geruchsrezeptoren.

Partnerarbeit 7

Notieren Sie Situationen, Orte oder auch Menschen, die Sie mit bestimmten Gerüchen verbinden. Halten Sie auch fest, welche Gefühle diese Gerüche in Ihnen auslösen. Tauschen Sie sich mit Ihrem Sitznachbarn/Ihrer Sitznachbarin über Ihre Erkenntnisse bzw. Erfahrungen aus!

Der Geruchssinn hat eine wichtige Funktion: Er verrät uns, ob Eier noch frisch oder schon verdorben sind. Er warnt uns, wenn die Milch überkocht oder die Pizza im Ofen verbrennt.

Eine biologische Funktion erfüllen Gerüche in Form der Sexuallockstoffe, sogenannter **Pheromone**. Tiere kommunizieren über diese Duftstoffe, und auch Menschen reagieren auf die Duftstoffe im Schweiß des bevorzugten Geschlechts. Diese Duftstoffe beeinflussen uns, obwohl wir sie nur unbewusst wahrnehmen.

Düfte werden im Alltag oft **manipulativ** eingesetzt. Aromen in Kaufhäusern sollen entspannen, gleichzeitig stimulieren und die Aufmerksamkeit erregen. Reisebüros versprühen Meeresdüfte, um Fernweh aufkommen zu lassen. Nach Rosenöl duftende Tiefgaragen sollen ihren Schrecken verlieren und Zitrusdüfte im Büro wirken konzentrationsfördernd und leistungssteigernd auf die Angestellten. Die Manipulation durch Gerüche ist deshalb so wirksam, weil wir keinen bewussten Zugriff auf die Verarbeitung der Geruchsinformationen haben. Sie werden an der Kontrollstelle des Thalamus quasi vorbeigeschleust und gelangen direkt zu Amygdala oder Hippocampus (limbisches System).

Der Geschmackssinn

- Säuglinge besitzen etwa 10 000 **Geschmacksknospen**, Erwachsene nur noch 2 000 bis 5 000. Im Vergleich dazu: Pferde sind mit 35 000 Geschmacksknospen ausgestattet, Katzen mit 500.
- Wir schmecken einen Teelöffel Zucker noch auf etwa 7,6 Liter Wasser. (vgl. Zimbardo 2004, S. 115)

Die Kultur, in der wir aufwachsen, beeinflusst unsere Vorliebe für bestimmte Geschmacksrichtungen: Spezialitäten wie frittierte Mehlwürmer oder Heuschrecken klingen für uns exotisch und abschreckend, werden aber in Teilen Asiens durchaus als Snacks geschätzt. Genauso wundern sich andere Kulturen über westliche Gaumenfreuden: Hinduistisch Gläubige etwa würden niemals Rindfleisch essen.

Pferde sind besondere „Feinschmecker".

Ein Kind gewöhnt sich bereits früh an die bevorzugten Geschmacksrichtungen der Mutter und passt sich an ihre Ernährungsgewohnheiten an: Fruchtwasser und Muttermilch verändern den Geschmack je nachdem, was die Mutter isst oder trinkt. Ebenso kann Babynahrung in den ersten Monaten unsere späteren Geschmacksvorlieben beeinflussen. Aber unsere emotionalen Reaktionen auf Geschmack sind auch angeboren: Bereits Neugeborene reagieren mit Gefallen auf süße Substanzen, auf bittere hingegen mit Ablehnung. Und wer am Vorabend fastet, kann am nächsten Tag die Geschmacksstoffe der Nahrung besser wahrnehmen.

Wussten Sie, dass ... es möglich ist, Wochentage in unterschiedlichen Farben und Formen zu sehen, Zahlen zu fühlen oder bei bestimmten Tönen intensive Gerüche wahrzunehmen? Bei der Fähigkeit, einen äußeren Reiz (wie z. B. eine Melodie) über mehrere Sinnesempfindungen zu erfahren, spricht man von **Synästhesie**. Das heißt: Die Verarbeitung eines Reizes durch ein Sinnesorgan aktiviert gleichzeitig andere Sinnesorgane. Die häufigste Synästhesieform ist das **Farbenhören**. Dabei löst ein akustischer Stimulus neben einer auditiven Empfindung (Ton) auch eine visuelle (Farbe) aus.
Der Synästhetiker Daniel Tammet beschreibt seine synästhetischen Fähigkeiten folgendermaßen: *„Bei mir ist die Synästhesie so ungewöhnlich und komplex ausgeprägt, dass ich Zahlen als Formen, Farben, Stoffe und Bewegungen wahrnehme. Die Zahl Eins zum Beispiel ist ein strahlend helles Weiß, als ob mir jemand mit einer Taschenlampe direkt in die Augen leuchten würde. Fünf ist ein Donnerschlag oder der Klang von Wellen, die gegen Felsen branden. Siebenunddreißig ist klumpig wie Porridge, während mich Neunundachtzig an fallenden Schnee erinnert."* (siehe Literaturtipp links, S. 16)

Literaturtipp
TAMMET, Daniel: *Elf ist freundlich und Fünf ist laut. Ein genialer Autist erklärt seine Welt*. Düsseldorf: Patmos 2015. Daniel Tammet ist seit einem epileptischen Anfall im Alter von drei Jahren Synästhetiker. Seither nimmt er Zahlen als Farben und Emotionen wahr.

3.4 Visuelle Informationsverarbeitung

Visuelle Informationen gelangen zunächst auf die Netzhaut (Retina) und werden dann zur Großhirnrinde (Cortex) weitergeleitet. Das Gehirn analysiert visuelle Informationen nach vier Aspekten: Farbe, Bewegung, Form und Tiefe. Mit jedem einzelnen dieser Aspekte beschäftigt es sich gleichzeitig (**Parallelverarbeitung**), allerdings in unterschiedlichen Gehirnarealen. Wie das Gehirn die auseinandergenommenen Anteile der visuellen Information schließlich wieder zu einem einheitlichen Bild der Außenwelt zusammenfügt, ist nach wie vor ungeklärt.

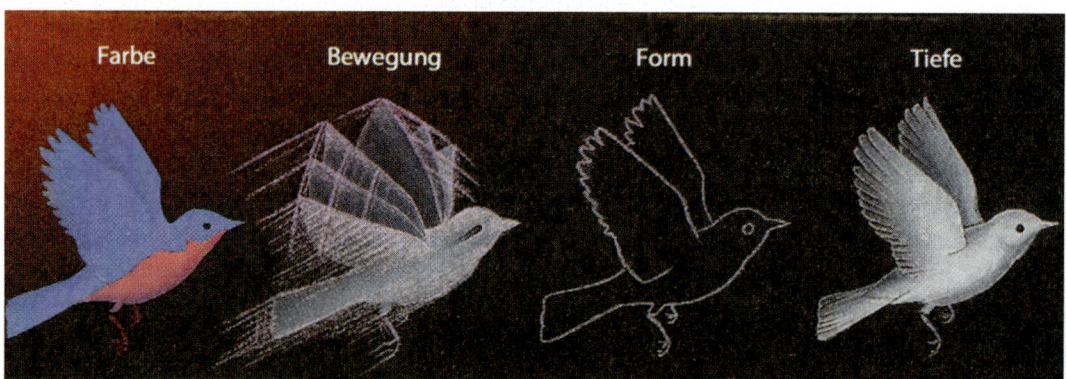

Parallelverarbeitung einer visuellen Szene

Farbwahrnehmung

Farbe ist in Wahrheit eine Empfindung, die im Gehirn entsteht. Wir können etwa 7 Millionen Farbabstufungen wahrnehmen. Farbe hilft, Objekte voneinander zu unterscheiden, wenn Helligkeitsunterschiede nicht ausreichen. Farbe wird nach Farbton, Sättigung und Helligkeit verarbeitet. Die Farbrezeptoren (Zapfen) der Netzhaut sind dafür verantwortlich, dass wir Rot, Grün und Blau sehen. Kurzwelliges Licht nehmen wir als Blau, mittelwelliges Licht als Grün und langwelliges als Rot wahr. Farbenblinden Menschen fehlen rot- und/oder grünempfindliche Zapfen, sie haben daher Schwierigkeiten, Rot von Grün zu unterscheiden. 8 % der männlichen Bevölkerung sind von einer Rot-Grün-Schwäche betroffen.

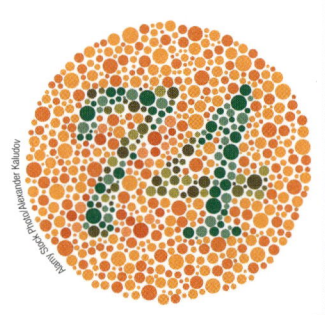

Versuch 8 Betrachten Sie den Farbkreis in der Randspalte. Welche Zahl ist erkennbar? Derartige Testverfahren werden zur Bestimmung der Farbenblindheit herangezogen. Der/Die Farbenfehlsichtige erkennt die Zahl in der Mitte nicht.

Untersuchungen zur Frage, wie wir Farben sehen, stützen sich auf zwei Theorien aus dem 19. Jahrhundert: Der Arzt und Physiologe Thomas YOUNG und der Physiker und Physiologe Hermann von HELMHOLTZ gehen in der *Dreikomponententheorie* von drei Primärfarben des Lichts aus. Der Arzt und Physiologe Ewald HERING belegt in seiner *Gegenfarbentheorie*, dass unser Nervensystem farbbezogene Informationen von Zapfen in Gegenfarbenpaare umwandelt.

Theorien

- **Dreikomponententheorie:** Die menschliche Farbwahrnehmung beruht laut Young und Helmholtz auf **drei Grundfarben**: Rot, Grün und Blau. In der Netzhaut des menschlichen Auges befinden sich nämlich nur drei Typen von Farbrezeptoren, von denen der eine Typ besonders empfindlich auf langwelliges Licht (also Rot), ein anderer auf mittelwelliges Licht (Grün) und der dritte auf kurzwelliges Licht (also Blau) reagiert. Wenn die drei Farbrezeptortypen nun in unterschiedlicher Kombination stimuliert werden, können sie die Wahrnehmung jedes beliebigen Farbtones erzeugen. Alle Farbwahrnehmungen entstehen somit durch Stimulation dieser drei Zapfentypen; Gelb etwa wird wahrgenommen, wenn die rot- und grünempfindlichen Zapfen stimuliert werden. Werden alle drei Typen gleich stark stimuliert, dann entsteht der Farbeindruck Weiß. Dies ist jedoch nur beim *additiven Farbmischen* – beim Mischen der entsprechenden Lichtstrahlen – der Fall. Beim *subtraktiven Farbmischen*, also von Farben im Malkasten, sehen wir dagegen Braun oder Schwarz. Das liegt daran, dass beim Mischen von Lichtstrahlen Wellenlängen hinzugefügt, beim Mischen von Malfarben aber Wellenlängen entzogen werden, da diese das Licht nur reflektieren.

- **Gegenfarbentheorie:** Laut Hering beruhen alle Farbempfindungen auf **vier Primärfarben**, die er in jeweils gegensätzliche Paare ordnet: Rot-Grün und Blau-Gelb. Diese Komplementär- bzw. Gegenfarbenpaare schließen sich nach dem Farbempfinden – wie jeder Farbkreis zeigt – gegenseitig aus: Blau kann entweder in Rot oder Grün, nicht aber in Gelb übergehen, Rot entweder in Blau oder Gelb, nicht aber in Grün. Um Helligkeit zu erfassen, nannte Hering als drittes Gegensatzpaar Schwarz-Weiß. Hering fand außerdem heraus, dass die physiologischen Primärfarben Nachbilder in ihrer Komplementärfarbe erzeugen.

Versuch 9

Fixieren Sie eine halbe Minute lang einen kräftigen Farbfleck (z. B. Rot) und blicken Sie dann auf einen weißen Hintergrund. Sie werden die Komplementärfarbe (z. B. Grün) des fixierten Farbflecks sehen.

Die komplementären Nachbilder lassen sich über die Biologie des Auges erklären: Sie entstehen, wenn wir längere Zeit starr auf ein Muster schauen. Werden die Stäbchen- und Zapfenzellen im Auge für längere Zeit einem bestimmten farblichen Reiz ausgesetzt, werden dem Gehirn bei anschließendem Fixieren einer weißen Fläche komplementäre Nachbilder suggeriert.

- Die **Zonentheorie** nach Johannes von KRIES konnte schließlich zeigen, dass die Dreikomponententheorie und die Gegenfarbentheorie einander nicht widersprechen, sondern bloß aufeinanderfolgende Stufen der Verarbeitung darstellen. Heute wissen wir nämlich, dass es im Auge wirklich drei Zapfentypen gibt, die jeweils für Licht einer bestimmten Wellenlänge am empfindlichsten sind, wie die Dreikomponententheorie behauptete. Diese drei Zapfentypen sind neuronal so verschaltet, dass gemäß der Gegenfarbentheorie die Gegenfarben-Effekte auftreten. Die Zonentheorie hat heute noch Gültigkeit.

Versuch 10

Definition
Der sogenannte STROOP-EFFEKT ist eine Farb-Wort-Interferenz, die bei trainierten Handlungen (Automatismen) auftritt. Ungewohnte Handlungen benötigen eine stärkere geistige Verarbeitung.

Testen Sie den **Stroop-Effekt**:
- Lesen Sie die Wörter laut vor.
- Nennen Sie nun der Reihe nach die Farben, die Sie sehen.
- Nennen Sie nun abwechselnd das Wort und dann die Farbe.

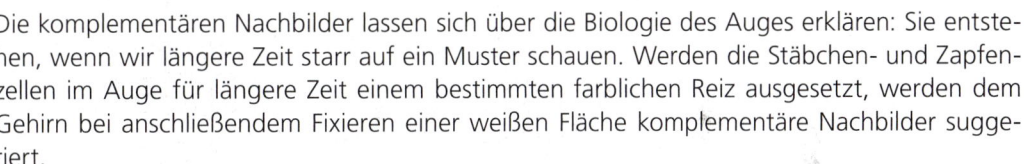

ROT	GELB	GRÜN	SCHWARZ	BLAU	ORANGE
GELB	GRÜN	BLAU	BLAU	ROT	VIOLETT
ORANGE	SCHWARZ	ROT	GELB	GRÜN	GELB

Der Versuch zeigt, dass wir länger brauchen, die Farbe des visuell dargebotenen Wortes zu benennen, wenn sie in ungewohnter Form auftritt, also wenn Wort und Farbe nicht übereinstimmen. Stimmen Wort und Farbe hingegen überein, ist die Benennung schneller möglich. Die Schwierigkeit beim Lesen ergibt sich aus der Tatsache, dass wir üblicherweise einen Text lesen und nicht die Farbe der Buchstaben wiedergeben bzw. beim Lesen die Buchstabenfolge automatisch in sinnvolle Worte kodieren und nicht auf die Farbe achten.

Bewegungswahrnehmung

Ob Schreiben, Laufen oder Autofahren – unser Gehirn wertet laufend unsere motorischen Informationen aus. Spielen wir Tennis oder Volleyball, müssen wir zum richtigen Zeitpunkt unser Verhalten visuell koordinieren. Damit das gelingt, müssen wir die Distanz und die Geschwindigkeit von Objekten (z. B. des Balles) richtig einschätzen. Distanz und Geschwindigkeit sind besonders wichtig, wenn auf Reize reagiert werden muss, etwa beim Bremsen im Verkehr oder beim Fangen des Balles. Das Gehirn berechnet die Bewegung: Kleiner werdende Objekte entfernen sich, größer werdende Objekte nähern sich.

Der Wahrnehmungspsychologe Günther KEBECK unterscheidet zwischen zwei grundsätzlichen Fällen von **Bewegung**:

Bewegung eines Objekts

- Man selbst steht still und das Objekt ist in Bewegung. Werden verschiedene Stellen der Netzhaut stimuliert, nehmen wir Objekte als bewegt wahr: ein Auto, das fährt, oder einen Menschen, der an uns vorbeigeht.

eigene Bewegung

- Das Objekt steht still und man selbst bewegt sich. In diesem Fall wird unsere Netzhaut ebenfalls durch die Objekte gereizt, aufgrund unserer *Körperempfindung* spüren wir aber, dass sich nicht unsere Umgebung (z. B. Häuser oder Bäume) bewegt, sondern wir selbst in Bewegung sind. Allerdings trägt nicht nur unsere Körperempfindung, sondern auch unsere *Erfahrung* zur Bewegungswahrnehmung bei: Wir wissen, dass es nicht das Haus sein kann, das sich bewegt.

Von einer **Bewegungstäuschung** spricht man, wenn ein bewegtes Objekt als ruhend oder ein ruhendes Objekt als bewegt wahrgenommen wird. Wenn wir beispielsweise meinen, der Mond bewege sich (bei vorbeiziehenden Wolken), erliegen wir einer Bewegungstäuschung. Dasselbe Phänomen erleben wir, wenn wir aufgrund eines benachbarten losfahrenden Zuges meinen, der eigene (in Wirklichkeit ruhende) Zug setze sich in Bewegung.

Wenn eine Bewegung wahrgenommen wird, die nicht existiert, spricht man vom sogenannten **Phi-Phänomen**. Voraussetzung dafür ist der *Stroboskop-Effekt* – eine Scheinbewegung, die zustande kommt, wenn zwei Reize schnell hintereinander auftreten. Filme bestehen bekanntlich aus unzähligen zusammengesetzten Einzelbildern. Ab einer bestimmten Frequenz der Abfolge gelingt es nicht mehr, die Bilder einzeln wahrzunehmen. Sie verschmelzen zu einem Bewegungsablauf, fließende Übergänge entstehen. Ein weiteres stroboskopisches Phänomen ist das Daumenkino: Dabei wird, ähnlich wie beim Film, eine Sequenz von einzelnen Bildern als bewegte Bildabfolge interpretiert.

Daumenkino

Tiefenwahrnehmung

Die Netzhaut unserer beiden Augen projiziert leicht unterschiedliche zweidimensionale Bilder, die erst in der Sehrinde des Gehirns zu einem **dreidimensionalen Bild** zusammengefügt werden. Die Fähigkeit, Gegenstände in drei Dimensionen zu sehen, nennt man **Tiefenwahrnehmung**. Die sogenannte **visuelle Klippe** zeigt, dass selbst ohne visuelle Erfahrung Abgründe wahrgenommen werden können: In einem Experiment wurde ein steiler Tischabgrund mit einer Glasplatte überdeckt. Die meisten Kleinkinder sträubten sich, über den Abgrund zu krabbeln, selbst wenn sie von ihren Müttern dazu ermuntert wurden. Die Untersuchungen zeigten allerdings, dass Kinder eher dazu bereit waren, über die Glasplatte zu krabbeln, wenn die Mutter ein freundliches Gesicht machte. Hatte sie hingegen einen ängstlichen oder ärgerlichen Gesichtsausdruck, krabbelte das Kind zurück. Das Kind erkennt die Gefühle der Mutter und reagiert entsprechend darauf.

Auch Jungtiere sträubten sich, über die Glasplatte zu gehen. Das Experiment beweist, dass Tiefenwahrnehmung eine angeborene Fähigkeit ist. Wenn wir später auf einen Glasboden treten, unter dem es steil bergab geht, erzeugt auch das ein mulmiges Gefühl, selbst wenn wir wissen, dass wir nicht ins Leere, sondern auf Glas treten.

Visuelle Klippe

Die Tiefenwahrnehmung befähigt uns auch dazu, **Entfernungen** einzuschätzen: Wir nehmen eine Straße nämlich nicht nur als dreidimensionalen Raum wahr, sondern sind auch in der Lage, Entfernungen von Menschen, Autos und anderen Gegenständen gut abzuschätzen. Zur Einschätzung von Entfernungen benötigen wir zwei Mechanismen der Tiefenwahrnehmung: das *binokulare* und das *monokulare* Tiefensehen.

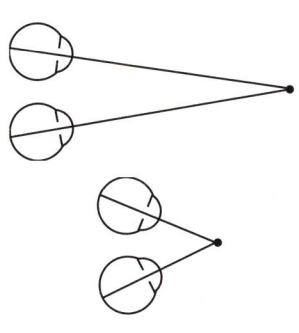

Konvergenz ist die Bewegung der Augäpfel zueinander.

- Für das **binokulare Tiefensehen** brauchen wir beide Augen. Zu den binokularen Tiefenmerkmalen zählen die *Disparität* und die *Konvergenz*.
  - ▸ Der Abstand unserer Augen beträgt in etwa 6 cm. Die Netzhaut der beiden Augen empfängt daher leicht unterschiedliche Bilder. Der Unterschied zwischen diesen Bildern wird **Disparität** genannt. Das Gehirn vergleicht diese Bilder miteinander und berechnet daraufhin die Entfernung des fokussierten Objektes: Je mehr sich die Bilder voneinander unterscheiden, desto näher ist das Objekt.
  - ▸ Das Gehirn berechnet außerdem anhand der **Konvergenz** (einer Bewegung der Augäpfel), wie weit ein Objekt entfernt ist: Betrachten wir entfernte Dinge, bewegen sich die Augen auseinander, betrachten wir Objekte in der Nähe, drehen sie sich nach innen. Der jeweilige Konvergenzwinkel wird dem Gehirn als Entfernungsmaß weitergeleitet.

- Das **monokulare Tiefensehen** umfasst alle Merkmale der Umgebung, die jedes Auge für sich alleine erkennen kann. Zu diesen monokularen Merkmalen zählen beispielsweise Größen- und Perspektivenunterschiede von Gegenständen, Licht-Schatten-Verhältnisse, Farbsättigung oder Konturenschärfe. Das monokulare Tiefensehen beruht vor allem auf unseren Erfahrungswerten, die eine Orientierung im Raum ermöglichen: Wir haben gelernt, dass nahe Gegenstände mehr Licht reflektieren und schwächer beleuchtete weiter weg sind (Licht-Schatten-Verhältnisse). Ebenso haben wir gelernt, dass sich verschwommene Gegenstände weiter weg befinden als Gegenstände mit klaren Konturen (Konturenschärfe).

▶ **AH** Seite 18

3.5 Wahrnehmungsorganisation

Dem Prozess der Wahrnehmung liegen bestimmte Prinzipien zugrunde, die die **Wahrnehmungsorganisation** vereinfachen. Darunter versteht man, dass sinnesphysiologische Reize (Umweltinformationen) von unserem Gehirn so strukturiert und interpretiert werden, dass sie Sinn ergeben. Diese Organisationsprinzipien liefern auch die Erklärung für einige der bekanntesten optischen Täuschungen (▸ Kap. 3.6).

Gestaltgesetze
- Der **gestalttheoretische Ansatz** formulierte sogenannte *Gestaltgesetze:* Wir nehmen Reize nach verschiedenen Merkmalen, z. B. Größe oder Form, wahr.

Wahrnehmungskonstanzen
- Der **lerntheoretische Ansatz** der Wahrnehmungspsychologie entdeckte die *Wahrnehmungskonstanzen*: Wir nehmen Objekte gemäß unserer Erfahrung als gleichbleibend wahr, selbst wenn sich ihr Aussehen (z. B. durch Schatten oder Entfernung) verändert.

Gestaltgesetze (Formwahrnehmung)

Versuch 11

Versuchen Sie folgenden Text sinngemäß zu erfassen:
Afugrnud enier Sduite an enier Elingshcen Unvirestiät ist es eagl, in wlehcer Riehnelfoge die Bcuhtsbaen in eniem Wrot sethen, das enizig Wcihitge dbaei ist, dsas der estre und lztete Bcuhtsbae am rcihgiten Paltz snid. Der Rset knan ttolaer Bnölsdin sien, und du knasnt es torztedm onhe Porbelme lseen. Das ghet dseahlb, wiel wir nciht Bcuhtsbae für Bcuhtsbae enizln lseen, snodren Wröetr als Gnaezs.

Dem gestalttheoretischen Ansatz zufolge tendieren wir dazu, Einzelteile zu einer ganzen Form zusammenzusetzen. *„Wenn wir beispielsweise Musik hören, dann nehmen wir ganze Melodien wahr, obwohl diese sich aus einzelnen Noten zusammensetzen."* (Zimbardo 2004, S. 168) Gestaltgesetze (auch: „Kohärenzfaktoren" der Gestalt) sind Prinzipien, nach denen wir Reize so organisieren, dass ein sinnvolles Ganzes entsteht: Das Ganze ist mehr als die Summe seiner Teile.

Gesetz der Ähnlichkeit
Ähnliche Figuren werden als zusammengehörig wahrgenommen, wie hier alle Kreise und alle Dreiecke. Nach diesem Prinzip fassen wir auch Menschen nach ähnlichem Aussehen oder ähnlichen Persönlichkeitsmerkmalen zusammen.

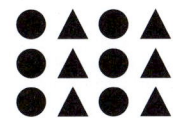

Gesetz der Nähe
Reize, die nah beieinanderliegen, werden als Einheit wahrgenommen, wie hier die eng beieinanderliegenden Striche.

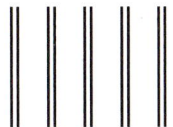

Gesetz der Geschlossenheit

Unvollständige Figuren werden als vollständig angesehen, wie das Kanizsa-Dreieck zeigt: Wir glauben im Bild ein weißes Dreieck zu sehen („kognitive Konturen"), obwohl das Bild nur Kreissegmente zeigt. Wir tendieren dazu, Reize als klar strukturierte, eindeutige Gestalten wahrzunehmen.

Gesetz der Kontinuität

Wir nehmen eine Fortsetzung an. In diesem Fall gehen wir davon aus, dass die Gerade und die Kurve jeweils aus einer durchgehenden Linie bestehen.

Wahrnehmungskonstanzen

Wir sind offenbar fähig, Gegenstände konstant wahrzunehmen, d. h. sie in unserem Geist als etwas Gleichbleibendes zu erleben, auch wenn sich ihr Aussehen ständig zu verändern scheint. Dieses Prinzip nennt man **Wahrnehmungskonstanz**. Es ist unser Wissen um die Objekteigenschaften, das dazu beiträgt, dass wir bekannte Objekte trotz Änderungen aufgrund typischer Merkmale wiedererkennen.

Formkonstanz

Wir sind offenbar fähig, die wahre Form eines Objekts wahrzunehmen, obwohl sich seine Form auf der Netzhaut ändert: Die abgebildete Münze bleibt trotz unterschiedlicher Perspektivendarstellung in ihrer Form für uns konstant und wir würden eine blau gefärbte Banane allein aufgrund ihrer Form als solche erkennen.

Größenkonstanz

Aufgrund der Größenkonstanz nehmen wir Objekte konstant groß wahr, obwohl sich ihre Größe je nach Entfernung zu verändern scheint:

- Ein Fußgänger/Eine Fußgängerin bleibt konstant groß, obwohl er/sie zu schrumpfen scheint, je mehr er/sie sich von uns entfernt.
- Ebenso bleibt ein Haus konstant groß, auch wenn es aus der Entfernung betrachtet ein kleineres Bild auf der Netzhaut hinterlässt und dadurch kleiner wirkt.

Bei linear-perspektivischen Darstellungen (dreidimensionalen Tiefeneindrücken auf einer zweidimensionalen Fläche) wiederum verhält es sich anders: Die beiden Figuren (siehe Abbildung links) werfen gleich große Bilder auf unsere Netzhaut. „Aber unsere Erfahrung sagt uns, dass ein entfernteres Objekt nur dann ein gleich großes Bild wie ein näheres Objekt erzeugen kann, wenn es in Wirklichkeit größer ist." (Myers 2005, S. 259) Deshalb nehmen wir die Figur, die weiter entfernt zu sein scheint, als größer wahr.

Farb-Helligkeitskonstanz

Wir sind fähig, die Farbe oder Helligkeit eines Objekts konstant wahrzunehmen, selbst wenn sich die Farbe durch die Beleuchtung ändert. Die Wiese bleibt für uns grün, auch wenn Schatten darauf fällt. Eine Rose bleibt während des Tagesverlaufs konstant rot, auch wenn sich – durch den Lichteinfall der Sonne bedingt – die Farbe ändert.

Orientierungskonstanz

Wir können ein Objekt wiedererkennen, obwohl es anders als gewohnt dargestellt wird: Haben Sie Österreich erkannt? Die 180°-Drehung erschwert das Erkennen.

 Einzelarbeit 12 | Erklären Sie die **Ponzo**-Täuschung:
- Zu welcher Wahrnehmungskonstanz zählt sie?
- Um welche optische Täuschung handelt es sich dabei? Schlagen Sie in Kapitel 3.6 nach!

Einzelarbeit 13 | Analysieren Sie den **Rubin'schen Becher**:
- Welches Gestaltgesetz erkennen Sie hier wieder?
- Zu welcher optischen Täuschung zählt der Becher? Die Antwort gibt Ihnen Kapitel 3.6.

RF Plenum 14
Überlegen Sie, welchen Illusionen wir in der Natur ausgesetzt sind. Sammeln Sie Ideen zu Wahrnehmungskonstanzen und optischen Täuschungen in der Natur!

► AH Seite 16

3.6 Optische Täuschungen

Wenn unsere Sinne getäuscht werden, sprechen wir von einer Illusion oder **optischen Täuschung**. Eine optische Täuschung liegt dann vor, wenn ein visuelles Reizmuster so erlebt oder interpretiert wird, dass man nachweislich zu einem falschen Ergebnis kommt. Fehler in der Wahrnehmung ergeben sich entweder

- in der „**falschen" Aufnahme** (Wahrnehmung) von mehrdeutigen Sinnesreizen
- oder in der **„falschen" Verarbeitung** (Interpretation) von Reizen.

So ist auch der Sonnenauf- und -untergang eine optische Täuschung: Wir sehen die Sonne zwar auf- und untergehen, doch in Wirklichkeit dreht sich die Erde und die Sonne steht unverändert im Zentrum unseres Sonnensystems. Mit Wahrnehmungstäuschungen spielen wir auch im Alltag, wenn wir beispielsweise längs gestreifte oder schwarze Kleidung tragen, um schlanker zu erscheinen, oder eine Wohnung hell streichen und mit wenigen Möbeln gestalten, um sie größer wirken zu lassen.

Dass eine Täuschung selbst dann nicht verschwindet, wenn wir *wissen*, dass unser Eindruck falsch ist, beweist, dass eindeutig unser *Wahrnehmen* und nicht unser Denken von der Täuschung betroffen ist. Durch Sinnestäuschungen erfahren wir einiges über die Struktur und die Arbeitsweise unserer Wahrnehmung. Unsere Wahrnehmung ist bekanntlich kein getreues Abbild der Realität, sondern eine Interpretation durch unser Gehirn. Täuschungen zeigen uns, wie viele komplexe Prozesse im Gehirn unbewusst und automatisch ablaufen, bis wir ein sinnvolles Bild sehen. Zahlreiche dieser Prozesse sind jedoch bis heute nicht erforscht.

Wahrnehmungstäuschungen kommen nicht nur in der *visuellen* (optischen) Wahrnehmung vor, auch *alle anderen Sinne* lassen sich täuschen. Es gibt eine **zeitliche Täuschung** (wenn eine Minute wie eine Ewigkeit erlebt wird), und ebenso können wir einer **sozialen Wahrnehmungstäuschung** (► Kap. 11.1) unterliegen.

Störeinflüsse in der optischen Wahrnehmung können sich durch die Anordnung gestalterischer Elemente ergeben. Folgende optische Täuschungen werden voneinander unterschieden:

Kippbilder

Kippbilder bzw. zweideutige Bilder enthalten je nach Ansicht mehrere Bilder. Erwartet man ein bestimmtes Muster von Reizen (wenn beispielsweise gesagt wurde, dass im Bild eine alte Frau und eine junge Frau zu erkennen sind), ist es leichter, die Darstellung zu entschlüsseln.

Unmögliche Figuren

Unmögliche Figuren sind grafisch zweidimensionale, vorgeblich dreidimensionale Konstrukte in der Kunst, die körperhaft nicht existieren können. Bei optischen Täuschungen in Form unmöglicher Figuren spricht man auch von **Paradoxa**. Der niederländische Grafiker Maurits Cornelis Escher hat im 20. Jahrhundert zahlreiche solcher Werke geschaffen.

Gestalt

Bei manchen Sinneseindrücken glaubt der Betrachter/die Betrachterin Objekte wahrzunehmen, die nicht vorhanden sind. Ein Beispiel dafür ist das Gitter aus durchbrochenen Linien: Man glaubt an den Schnittstellen weiße Scheiben zu sehen.

Im *Museum der Illusionen* (Wien) sorgen zahlreiche interaktive Stationen für neue Dimensionen der Wahrnehmung: z. B. andere beim Wachsen und Schrumpfen beobachten oder in einem schrägen Raum der Schwerkraft trotzen.

Veranstaltungstipp ►

Die Fraser'sche Spirale besteht aus konzentrischen Kreisen.

Was können Sie erkennen?

Paradoxon

Ⓣ Einzelarbeit 15
Analysieren Sie, welches Gestaltgesetz (► Kap. 3.5) für die optische Täuschung beim Gitter verantwortlich ist.

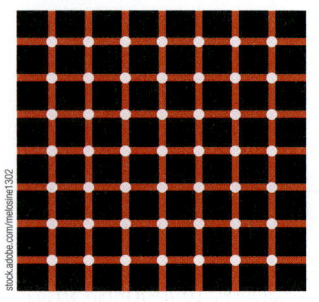

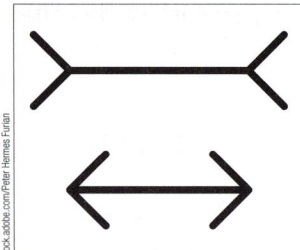

Kontrast

Die bekannteste Kontrast-Täuschung ist das **Hermann-Gitter** (nach Ludimar HERMANN) oder **Hering-Gitter** (nach Ewald HERING): Im Gitternetz erscheinen an den Schnittpunkten der Linien dunkle Punkte, die durch eine Überbetonung der Kontraste im Auge entstehen. Ursache für diese Kontrastverstärkung ist die sogenannte **laterale Hemmung**, ein kompliziertes Verschaltungsprinzip von Nervenzellen. Indem die Reize nebeneinander liegender Rezeptoren dadurch gehemmt bzw. verstärkt werden, erscheinen Kanten verstärkt und Bilder schärfer.

Geometrisch-optische Täuschungen und Relativität

Das **Müller-Lyer-Phänomen** lässt eine Linie zwischen zwei spitzen Winkeln deutlich kürzer erscheinen als eine gleich lange Linie, bei der die Pfeilspitzen in die andere Richtung zeigen. Die nach innen oder nach außen gerichteten Winkel an den jeweiligen Enden der Linien rufen also eine Täuschung hervor. Diese Täuschung wird mit einer mangelhaften Koordinierung zwischen Gehirn und Augenmuskulatur erklärt, doch herrscht über das tatsächliche Zustandekommen dieser Täuschung nach wie vor Unklarheit.

Bewegungsillusionen

Es gibt eine Reihe optischer Täuschungen, in denen der Betrachter/die Betrachterin meint, dass sich Teile des Bildes bewegen. Da die Bewegung an jenen Stellen bemerkbar ist, die gerade nicht fokussiert werden, nennt man dieses Phänomen **peripheres Sehen**. Zu dieser falschen Verarbeitung der Reize und einer fehlerhaften Interpretation kommt es bei der visuellen Verarbeitung unterschiedlich starker Kontraste.

Bewegungsillusion

Gruppenarbeit 16

 • Recherchieren Sie im Internet zu den optischen Täuschungen.
• Protokollieren Sie die optischen Täuschungen, die Sie gefunden und ausprobiert haben.
• Teilen Sie die optischen Täuschungen auf Kleingruppen auf und erstellen Sie eine Power-Point-Präsentation davon. Präsentieren Sie Ihre Ergebnisse in der Klasse.

Videoanalyse 17

Geben Sie auf YouTube den Titel „Optische Täuschungen. Was sieht? Auge oder Gehirn?" ein und sehen Sie sich den ca. 10-minütigen Beitrag mit dem deutschen Professor für Augenoptik Bernd Lingelbach an. Beantworten Sie danach folgende Fragestellungen:
1. Erklären Sie den Trick, der beim Film „Der Herr der Ringe" angewendet wurde.
2. Was meint Bernd Lingelbach mit der Aussage „Wir sehen mit dem Gehirn und nicht mit dem Auge"?

3.7 Eingeschränkte sinnesphysiologische Wahrnehmung

Partnerarbeit 18

Einem/Einer von Ihnen werden die Augen verbunden. Der/Die andere hat nun die Aufgabe, den „Erblindeten"/die „Erblindete" durch das Schulgelände zu führen. Kündigen Sie Hindernisse (z.B. Treppen) an.
Tauschen Sie nach fünf Minuten die Rollen. Wie haben Sie sich gefühlt? Besprechen Sie Ihre Erfahrungen in der Klasse.

Alltägliche, einfach erscheinende Tätigkeiten meistern wir mithilfe unserer Wahrnehmung. Ob Einkaufen oder Lernen – es gibt keine Tätigkeit, bei der nicht einer unserer Sinne eine wichtige Rolle spielt. Unsere Fähigkeit, wahrnehmen zu können, ist für uns selbstverständlich.

 Plenum 19

Stellen Sie sich ein Leben ohne Sinnes-Fähigkeiten vor.
• Überlegen Sie, welche Konsequenzen es für unseren Alltag hätte, auf a) Sehen, b) Hören, c) Tasten, d) Riechen, e) Schmecken oder f) Gleichgewicht verzichten zu müssen.
• Mit welcher sinnesphysiologischen Einschränkung würden Sie Ihrer Meinung nach am besten umgehen können? Begründen Sie Ihre Entscheidung.

Filmtipp

Schmetterling und Taucher-glocke (USA/Frankreich 2007, Regie: Julian SCHNABEL). Ein erfolgreicher Chefredakteur ist durch einen plötzlichen Schlaganfall im Hirnstamm gelähmt und kann sich bei vollem Bewusstsein weder bewegen noch artikulieren (Locked-in-Syndrom). Der Film führt in die Welt der Fantasie des Betroffenen, die ihm hilft, mit seiner neuen Situation zurechtzukommen.

Internetrecherche 20

Einschränkungen in *einem* sinnesphysiologischen Bereich bedeuten nicht immer eine Beeinträchtigung in der beruflichen Weiterentwicklung. Sinnesphysiologische Leiden können MalerInnen zu neuen Stilrichtungen inspirieren: Edgar Degas beispielsweise entwickelte eine Farbschwäche, die zu einer feinfühligeren Helligkeitsabstufung in seinen Werken geführt hat, und auch Claude Monets Augenprobleme ließen ihn neue Aspekte künstlerischen Schaffens entdecken.

Auch Ludwig van Beethoven komponierte trotz seiner fortschreitenden Gehörschwäche und lebte bis an sein Lebensende für die Musik. Mit zunehmenden Hörproblemen schrieb er seine größten und bekanntesten Symphonien.

Sinnesphysiologische Einschränkungen haben nicht nur organische Ursachen (Blindheit, Taubheit), sondern können ebenso durch Alkohol, Drogen oder Medikamente ausgelöst werden oder mit einer psychischen Störung wie beispielsweise Panikattacken oder Schizophrenie (▸ Kap. 14.4) einhergehen.

- Recherchieren Sie im Internet fünf Gebärden (Gesten der Sprache gehörloser Menschen), studieren Sie diese ein und präsentieren Sie Ihr Ergebnis in der Klasse.
- Recherchieren Sie im Internet das Alphabet der Brailleschrift/Blindenschrift (ein Punkt-schriftsystem, das 1825 von Louis Braille für blinde Menschen entwickelt wurde). Schreiben Sie nun ein Wort (z.B. mit Stecknadeln und Styropor) in der Blindenschrift. Lassen Sie Ihren Sitznachbarn/Ihre Sitznachbarin das Wort zunächst blind ertasten und dann – mit Zuhilfenahme des Alphabets – entziffern.

Sensorische Deprivation

Werden wir von jeglichen Reizen abgeschirmt, spricht man von **sensorischer Deprivation** (Reizentzug). Die kanadischen Forscher BEXTON, HERON und SCOTT führten das erste Experiment zur sensorischen Deprivation durch. Versuchspersonen wurden in abgedunkelten, schalldichten Räumen von jeglichen Reizen ferngehalten. Sie trugen Brillen, die nur minimal Helligkeit durchließen, Kopfhörer, die sie von möglichen akustischen Reizen abschirmen sollten, und Handschuhe, die ihre taktilen Empfindungen ausschalteten. Die Versuchspersonen konnten so lange am Experiment teilnehmen, wie sie wollten, und bekamen dafür 20 Dollar pro Tag. Alles, was sie tun mussten, war, ruhig auf dem Bett zu liegen. Nach 48 Stunden brachen die Versuchspersonen jedoch das Experiment ab. In späteren Deprivationsexperimenten mit noch härteren Isolationsbedingungen (völlige Dunkelheit, völlige akustische Isolation), wie beispielsweise das Experiment des US-amerikanischen Neurophysiologen John LILLY, brachen viele Versuchspersonen bereits nach wenigen Stunden ab. In beiden Experimenten berichteten die Versuchspersonen von veränderten Bewusstseinszuständen, einer Steigerung der visuellen Vorstellungen (Halluzinationen), von Lichtern und Mustern bis zu intensiven Bildern. Sie beschrieben eine zeitliche und räumliche Desorientierung und in Tests konnte eine generelle Abnahme der kognitiven Leistung und Konzentrationsfähigkeit festgestellt werden. Diese Experimente beweisen unser Bedürfnis nach Stimulation. Um ein bestimmtes Erregungsniveau aufrechtzuerhalten, begannen die Versuchspersonen während der Isolation mit sich selbst zu sprechen oder zu pfeifen.

Hospitalismus

Der Psychoanalytiker René SPITZ untersuchte Heimkinder, die ohne emotionale Geborgenheit durch Bezugspersonen aufwuchsen. Spitz führte den Begriff des **Hospitalismus** bzw. Deprivationssyndroms ein. Mit Hospitalismus werden alle Entwicklungsstörungen zusammengefasst, die als Folge einer mangelnden emotionalen Zuwendung während eines längeren Aufenthalts im Krankenhaus, Kinderheim oder Waisenhaus auftreten: allgemeine Entwicklungsverzögerungen, Störungen im emotionalen Bereich (Teilnahmslosigkeit, depressive Verstimmung, Aggressivität), sprachliche Störungen, vermehrte Krankheitsanfälligkeit sowie eine erhöhte Sterblichkeitsrate.

Eine schwere Form des Hospitalismus, das sogenannte **Kaspar-Hauser-Syndrom**, äußert sich in gravierenden Entwicklungsrückständen und psychischen Schäden, die aus psychischer und physischer Vernachlässigung resultieren. Kaspar Hauser war ein Findelkind, das (bis auf die ersten Lebensjahre) ohne jeglichen menschlichen Kontakt aufwuchs und als etwa 16-Jähriger 1828 plötzlich in Nürnberg auftauchte. Als er schließlich sprechen lernte, berichtete er, dass er jahrelang in einem dunklen Raum gefangen gehalten worden war.

Die Untersuchungen zeigen, wie wichtig emotionale Zuwendung einer Bezugsperson sowie kognitive Anregungen für eine gesunde Entwicklung sind. Heute wird in verschiedenen Institutionen bereits entwicklungsfördernde und individuelle Betreuung angeboten: Eltern haben beispielsweise die Möglichkeit, im Krankenhaus bei ihrem Kind zu bleiben.

3.8 Parapsychologie und außersinnliche Wahrnehmung

Wenn Träume oder Vorhersagen eintreffen, jemand sich an ein früheres Leben erinnern kann oder Menschen Gedanken lesen, Gegenstände schweben lassen und mit Toten kommunizieren –, dann spricht man von **paranormalen Phänomenen**. Die Parapsychologie ist die wissenschaftliche Untersuchung solch unerklärlicher Phänomene. Der deutsche Psychologe Max DESSOIR führte 1889 den Begriff Parapsychologie ein, die Psychologen Robert THOULESS und H. P. WIESNER fassten paranormale

Phänomene mit dem Begriff **Psi** (ψ) zusammen. (Psi ist der 23. Buchstabe des griechischen Alphabets und der Anfangsbuchstabe des griechischen Wortes *psyche*.) Es steht für den unbekannten Faktor, das Unerklärliche.

Folgende paranormale Phänomene werden unterschieden:

- **Außersinnliche Wahrnehmung:** Informationen werden aufgenommen, ohne dass ein bekanntes Sinnesorgan daran beteiligt ist. Es gibt drei verschiedene Formen:

  Gedankenübertragung
  ▸ **Telepathie:** Gedanken werden von einer Person an eine andere auf geistigem Weg übertragen.

  Hellsehen
  ▸ Von **Hellsehen** spricht man, wenn eine Person Ereignisse beschreiben kann, die entweder in der Zukunft oder räumlich von ihr entfernt stattfinden (Weissagen), oder wenn Phänomene wahrgenommen werden, die für Nicht-Hellsichtige nicht wahrnehmbar sind.

  Vorhersehen
  ▸ **Präkognition:** Zukünftige Ereignisse werden vorhergesagt (Visionen, Prophezeiungen). Im Unterschied zur Telepathie nimmt man beim Hellsehen (im Sinne von Weissagen) und der Präkognition an, dass die Informationen von einer äußeren Quelle (Geist-/Engelwesen, Verstorbene, Stimme Gottes) stammen und nicht aus der Psyche eines anderen Menschen. Hilfsmittel wie z. B. ein Pendel dienen meist dazu, diese Informationen wahrnehmbar zu machen.

  „Fern-Bewegen"
- **Psychokinese (Telekinese):** Gegenstände werden von einer Person durch Gedankenkraft bewegt (z. B. ein Glas zum Schweben gebracht oder Möbel verschoben). Hierzu zählen auch alle Spuk- und Poltergeistphänomene.

  Wiedergeburt
- **Reinkarnation:** Personen berichten von einem bzw. mehreren früheren Leben, entweder unter Hypnose oder aber im Wachzustand.

  Geistheilung
- **Wunderheilung:** Rätselhafte Heilung von schweren Krankheiten.

  Wahrsagen
- **Parapsychologische Deutungspraktiken:** Astrologie, Tarot-Karten legen, Kaffeesatzlesen, Chirologie (Handlesekunst) etc.

Die parapsychologische Forschung interessiert sich vor allem für die zwei Phänomengruppen der außersinnlichen Wahrnehmung und der Psychokinese.

 Plenum 21 Nennen Sie Filme und Serien, die paranormale Phänomene thematisieren. Beschreiben Sie die Phänomene und versuchen Sie diese den oben genannten zuzuordnen.

wissenschaftliche Erforschung

Um zu wissenschaftlich standardisierten Ergebnissen (▸ Kap. 1.2) zu gelangen, bezieht die Parapsychologie ihre Informationen aus drei Quellen:
- **Spontanberichte** über außergewöhnliche Erlebnisse und Vorgänge (z. B. Spukphänomene, Erscheinungen) werden aufgenommen und analysiert.
- Über **qualitative Experimente** wird versucht, bestimmte Vorgänge (z. B. Telepathie) in einer Laborsituation zu wiederholen. Telepathie etwa wird über das *Ganzfeld-Experiment* erforscht. Dabei wird bei einer Versuchsperson durch sensorische Deprivation (▸ Kap. 3.7) ein veränderter Bewusstseinszustand herbeigeführt, der mit dem Zustand während des REM-Schlafs (▸ Kap. 2.7) vergleichbar ist: Die Augen werden mit halben Tischtennisbällen abgedeckt und mit rotem Licht bestrahlt, über Kopfhörer ertönt ein Rauschen. In diesem sogenannten Ganzfeld-Zustand soll die Versuchsperson von einer weiteren Versuchsperson mental Bilder aus einem Film emp-

fangen, den diese sieht. Nach ca. 30 Minuten werden der ersten Versuchsperson Filme gezeigt, unter denen sie den entsprechenden Film aufgrund ihrer Eindrücke während des Ganzfeld-Zustandes erkennen soll. Der Forscher Charles HONORTON konnte in 28 von 34 Studien nachweisen, dass die von den EmpfängerInnen erzielten Ergebnisse besser waren als der Zufall (vgl. Kropf 2000, S. 43). Nachfolgeuntersuchungen der britischen PsychologInnen Julie MILTON und Richard WISEMAN brachten allerdings keine positiven Ergebnisse.

- Bei **quantitativ-statistischen Experimenten** werden Versuchspersonen standardisierten Tests unterzogen, die statistisch ausgewertet werden. Untersucht wird beispielsweise, ob auf ein zufälliges Ereignis Einfluss genommen werden kann. Tritt ein Ereignis (z. B. die Vorhersage der Würfelzahl) häufiger ein, als es nach statistischer Wahrscheinlichkeit zu erwarten ist, gilt dies als Indiz für paranormale Fähigkeiten.

Kritik

Obwohl die Parapsychologie methodisch streng wissenschaftlich vorgeht, gilt sie bis heute als umstrittene Wissenschaft.

- In der Wissenschaft lässt sich vieles mit Formeln, Logik und mit Beweisen erklären. Die Parapsychologie interessiert sich jedoch für Phänomene und Ereignisse, die sich nicht mit rationalen Argumenten belegen lassen. Viele stehen den Phänomenen, die es nach physikalischen Gesetzen nicht geben kann, daher sehr skeptisch gegenüber.
- Bis heute wurden keine wissenschaftlich anerkannten Erklärungen für paranormale Phänomene gefunden. Das liegt auch daran, dass es schwer ist, beispielsweise Spukerscheinungen wissenschaftlich zu beobachten, zu überprüfen und ausreichend nachzuweisen.

Paranormale Phänomene konnten bisher wissenschaftlich nicht bewiesen werden, genauso wenig aber auch ihre Nicht-Existenz. Psychophysische und klinisch-psychologische Erklärungsmodelle widmen sich dem psychischen Geschehen von Menschen, die von außersinnlichen Erfahrungen berichten. Wichtig ist es, kritisch zu bleiben, aber auch offen für Neues zu sein. Das „Institut für Grenzgebiete der Psychologie und Psychohygiene" in Freiburg ist heute eine der anerkanntesten Forschungseinrichtungen zu paranormalen Phänomenen (dort spricht man von *Außergewöhnlichen Erfahrungen*).

▶ **AH** Seite 17

3.9 Wahrnehmungsbeeinflussung durch Werbung

Definition
WERBUNG zielt darauf ab, potenzielle KäuferInnen eines Produktes über gezielte Werbebotschaften dazu zu veranlassen, das Produkt zu kaufen.

Bei der Beeinflussung durch Werbung spielen sowohl unsere *bewusste* als auch unsere *unbewusste Wahrnehmung* eine bedeutende Rolle:

- Unsere **bewusste Wahrnehmung** kommt zustande, indem wir unsere Aufmerksamkeit selektiv, aktiv und bewusst auf bestimmte Reize – Informationen in Form von Wörtern, Bildern oder Ereignissen – richten.
- Von **unbewusster Wahrnehmung** sprechen wir, wenn sensorische Reize zwar im Gehirn verarbeitet werden, aber nicht bis in unser bewusstes Denken vordringen, weil unsere Aufmerksamkeit nicht auf sie gerichtet ist. Ein Beispiel für dieses Phänomen sind flüchtig wahrgenommene Plakate und Anzeigen.

Definition
UNTERSCHWELLIG bedeutet, dass ein Reiz unter der für uns wahrnehmbaren Schwelle dargeboten wird.

Bei Reizen, die selbst dann nicht wahrgenommen werden können, wenn wir uns bewusst darauf konzentrieren (z. B. ein Bild oder Firmenlogo, das in einem Film sehr kurz eingeblendet wird), vom Gehirn jedoch verarbeitet werden, sprechen wir von **unterschwelliger Wahrnehmung**. Es ist nach wie vor unklar, wie weit man Menschen mit solchen Reizen beeinflussen kann.

Die **Werbepsychologie** untersucht die Wirkung von Werbung auf das Erleben und Verhalten des potenziellen Käufers / der potenziellen Käuferin. Es wird u. a. untersucht, wie eine Werbung wahrgenommen wird, welche Motive uns dazu veranlassen, etwas zu kaufen, und wie unsere Kaufentscheidungsprozesse ablaufen. Die Erkenntnisse werden schließlich dafür genutzt, ein Produkt attraktiver darzustellen und zielgruppengerechter zu präsentieren.

Wussten Sie, dass ... etwa 95 % unserer **Kaufentscheidungen** auf unbewusste, emotionale Impulse zurückzuführen sind? Das Tätigkeitsfeld der Psychologie, das sich neurowissenschaftlich damit auseinandersetzt, ob und aus welchen Gründen wir ein Produkt kaufen bzw. wodurch in unserem Gehirn Kaufimpulse aktiviert werden, nennt man **Neuromarketing**. Darunter ist der Bereich der Markt- und Werbepsychologie zu verstehen. Immer mehr Unternehmen geben mittlerweile gezielt Analysen an Neuro-WissenschafterInnen in Auftrag, um KundInnen unbewusst dazu zu bringen, ihre Produkte zu kaufen.

Werbung zielt darauf ab, die Aufmerksamkeit potenzieller KundInnen auf sich bzw. ein bestimmtes Produkt zu ziehen. Das sogenannte **AIDA-Modell** der Werbewirkung nennt vier Regeln, mit denen potenzielle KundInnen gewonnen werden sollen:

Attention: Die Aufmerksamkeit der möglichen KundInnen wird erregt.

Interest: Das Interesse am Produkt wird geweckt.

Desire: Der Wunsch, das Produkt zu besitzen, wird ausgelöst.

Action: Der Kunde/Die Kundin kauft das Produkt.

In weiteren Ausführungen wurde die AIDA-Formel um den Faktor der Zufriedenheit des Kunden/der Kundin (Satisfaction) ergänzt.

Die wesentliche Frage lautet daher: Wie muss Werbung gestaltet sein, damit das Produkt wahrgenommen wird? Um Antworten darauf zu finden, stützt man sich auf die Erkenntnisse der Wahrnehmungspsychologie. Sie gibt Hinweise, worauf bei der **Gestaltung der Produkte** (z. B. Farbe, Form) geachtet werden muss und mit welchen **Werbestrategien** Aufmerksamkeit erregt werden kann:

Gestaltungskriterien für Werbung

- Der **Produktname** sollte sich auf das Produkt selbst beziehen, es bewerben, kurz und einprägsam sein: *Clever* kann beispielsweise für eine Eigenmarke und gleichzeitig für die Aussage „clever einkaufen" stehen. Es gibt folgende Möglichkeiten bei der Auswahl des Produktnamens:
  - ▸ Produkt nach dem Gründer/der Gründerin der Firma benennen.
  - ▸ Rücksicht auf Internationalität nehmen (keine komplizierten, schwer aussprechbaren Namen).
  - ▸ Zum Produkt passende Tiernamen sind leicht zu merken.
  - ▸ Lange Firmennamen abkürzen.
- Der **Werbeslogan** macht ein Produkt wiedererkennbar und fasst die Aussage der Werbung prägnant zusammen. Idealerweise ist der Slogan melodisch oder reimt sich und integriert den Produktnamen: „… – die zarteste Versuchung, seit es Schokolade gibt", „… macht Kinder froh und Erwachsene ebenso".
- Der **Fließtext** hat die Aufgabe, zusätzliche Informationen zum Produkt zu liefern. Der Schriftzug ist aussagekräftig: Ein blumiger Schriftzug vermittelt Fröhlichkeit, große bunte Buchstaben sollen Kinder ansprechen.
- **Bilder** sind in der Werbung sehr wichtig, da sie besonders einprägsam sind. Ein Bild sollte immer eine konkrete Aussage und Bedeutung haben und die Farben sollten die zum Produkt passende Stimmung erzeugen.
- Als **Zielgruppe** sind Personen definiert, die mit dem Produkt angesprochen werden sollen und nach denen der Werbestandort bestimmt wird: Es wäre werbestrategisch unklug, in einem ärmeren Stadtviertel Werbeplakate für Anlagefonds auszuhängen.
- **Produktkosten:** Um konkurrenzfähig zu sein, ist es immer gut, günstig zu sein. Eine französische Studie ergab allerdings, dass sich der teurere Käse schneller verkaufte, da die KonsumentInnen bei einem höheren Preis meist eine bessere Qualität annehmen. Ein teuer erstandenes Produkt gilt außerdem als Statussymbol (z. B. ein teures Auto) und hebt den Besitzer/die Besitzerin vom Durchschnitt ab.

Partnerarbeit 22 Suchen Sie eine ansprechende Printwerbung aus einer Zeitung oder Zeitschrift. Untersuchen Sie diese in Bezug auf folgende Fragestellungen:
- Was wird dargestellt? Welche Stimmung erzeugt das Bild? Welche Gefühle und Bedürfnisse werden geweckt?
- Wie ist die Werbung gestaltet (Sprache, Slogan, Farbe, Layout, Bildanordnung …)?
- Welche Zielgruppe wird angesprochen? Woran ist dies erkennbar?
- Mit welchen Methoden, Strategien, Assoziationen wird gearbeitet?

Werbestrategien

Werbung setzt ganz bewusst trickreiche Methoden ein, um unser Kaufverhalten zu manipulieren. Werbestrategien wollen einerseits *Aufmerksamkeit erregen* und andererseits mit Qualität und Kompetenz *überzeugen*:

Aufmerksamkeitsstrategien

- **Eye-Catcher:** Babys, Kleinkinder, Tiere, erotische Darstellungen und ungewöhnliche Motive sind Blickfänger, die sich meist in der Mitte der Werbefläche befinden.
- **Symbolfiguren** werden mit bestimmten Produkten verbunden: Meister Proper = Putzmittel.

Nahrung fürs Gehirn

Eye-Catcher

- **Animismus:** Dinge werden „beseelt", wie z.B. das fröhliche Spülmittel
- **Mystery-Ads:** ZuschauerInnen werden im Unklaren gelassen, welches Produkt angeworben wird – man wird neugierig.
- **Provokation:** Über skandalöse Bilder und provokante Sprache (z.B. „Geiz ist geil") wird öffentlich debattiert. Die Medienpräsenz bringt dem Produkt kostenlose Werbung.

Überzeugungsstrategien

- **SpezialistInnen** – meist Ärzte/Ärztinnen im weißen Kittel – empfehlen Pflegeprodukte und berufen sich auf wissenschaftlich erforschte (nicht näher definierte!) Fakten.
- **KompetenzträgerInnen** sollen das Vertrauen in das Produkt stärken. Zum Beispiel: Installateur bei Calgonit.
- **Gütesiegel** bezeugen die Qualität, der Aufdruck „seit 1890" weist auf Tradition hin.
- **Manipulierte statistische Angaben**, Prozentzahlen und Grafiken sollen uns überzeugen.
- Es wird vorgegeben, dass ein Produkt **innovativ** verbessert wurde. Oft änderte sich aber nur die Verpackung.
- **Selektive Information:** Bei Süßigkeiten werden oft nur die „gesunden" Zutaten erwähnt: viel Calcium in der Kindermilchschnitte, viele Vitamine in den Fruchtzwergen. Dass die Produkte z.B. zu viel Zucker enthalten, wird nicht erwähnt.
- Durch Vorhersagen wie *Ihre letzte Chance, nicht mehr lange, solange der Vorrat reicht* wird **Zeitdruck** vorgetäuscht.
- Werbung appelliert an unsere **Bequemlichkeit**. Sie verspricht uns weniger Arbeit, wenn wir das ultrastarke Putzmittel oder den Spezialstaubsauger besitzen.

 **Gruppenarbeit 23**

Stellen Sie sich vor, Sie haben ein neues Produkt (Handy, Energy Drink, Shampoo …) entwickelt und wollen es auf den Markt bringen. Mit welchen Werbestrategien machen Sie auf das Produkt aufmerksam und wie überzeugen Sie die Zielgruppe von seiner Notwendigkeit bzw. Brauchbarkeit? Erarbeiten Sie in Kleingruppen kreative Vorschläge und präsentieren Sie diese anschließend in der Klasse.

Internetwerbung

Unter **Internetwerbung** versteht man Werbung, die in unterschiedlichen Formen über das Medium Internet verbreitet wird. Zielgruppe von Internetwerbung sind all jene, die über die klassischen Werbekanäle (Fernsehen, Zeitung) nicht mehr erreichbar sind.

Bei **Google** läuft Werbung im Hintergrund ab, sodass man diese oft gar nicht mehr bemerkt. **Amazon** verwendet Computerprogramme, die KundInnen gemäß ihrer Lebensweise und ihren Alltagseinstellungen (z.B. zu Arbeit, Familie, Freizeit, Geld, Konsum) analysiert und kategorisiert. Auf Basis der daraus gewonnenen Erkenntnisse werden den KundInnen zusätzliche Produkte empfohlen.
Ein weiterer Trend sind Produktplatzierungen (gezielte Darstellung von Markenprodukten) in **YouTube**-Videos. Die erfolgreichste YouTuberin (Webvideoproduzentin) Deutschlands, Bianca Claßen („Bibi"), veröffentlicht seit 2012 auf ihrem YouTube-Kanal „BibisBeautyPalace" regelmäßig Werbevideos, auf denen sie Kleidung und Kosmetikprodukte vorstellt sowie Anleitungen und Tipps für das Auftragen von Make-up gibt. Mittlerweile hat sie über 4,5 Millionen AbonnentInnen bei über einer Milliarde Videoaufrufen (Stand: 2017). Die Reichweite von einflussreichen MeinungsmacherInnen (Influencer) wie „Bibi" wird beim sogenannten **Influencer-Marketing** genutzt, um die Bekanntheit einer Marke zu steigern oder das Image zu verbessern. Influencer führen ihrer Zielgruppe in ihren Videos beispielsweise ein Handy vor, „auf das wir schon so lange gewartet haben", oder einen Lippenstift, „den man sofort haben muss". Bei dieser Form des Marketings geht es nicht nur um das einzelne Produkt, sondern um einen bestimmten Lifestyle, der beworben wird und Bedürfnisse wecken soll. Für **Produktplatzierungen** werden die Influencer gesponsert und verdienen beim Verkauf jedes Produktes mit.

Definition

Als INFLUENCER (engl. *to influence*: beeinflussen) bezeichnet man eine Person, die aufgrund ihres hohen Ansehens, ihrer Reichweite und ihrer starken Präsenz in mehreren sozialen Netzwerken für die Vermarktung von Produkten infrage kommt. Influencer wollen ihre Zielgruppe für ein bestimmtes Produkt begeistern und zum Kauf anregen.

Derartige Vermarktungsprinzipien, die bei vielen YouTuberInnen als Geschäftsmodell durchaus verbreitet sind, werden mittlerweile aber stark **kritisiert**: Das Vertrauensverhältnis zwischen den Stars und ihrem jugendlichen Publikum werde den KritikerInnen zufolge ausgenutzt. Die Zielgruppe von YouTube-Stars seien außerdem meist Minderjährige, die häufig noch nicht über die entsprechende Medienkompetenz verfügen, um den Werbezweck derartiger Videos zu erkennen. Die KritikerInnen fordern daher eine stärkere Regulierung.

Diskussion 24

Überlegen Sie Möglichkeiten für eine „stärkere Regulierung" von Influencer-Marketing und Produktplatzierungen. Machen Sie konkrete Vorschläge.

Kompetenzcheck

1. „Nicht die Wirklichkeit ist das Reale, sondern was unser inneres Auge daraus macht." (Josef Hofmiller) Erläutern Sie allgemein den Prozess der Wahrnehmung anhand des Zitats.
2. Wie wird ein Reiz zur Empfindung? Erklären Sie den Vorgang anhand des Riechens.
3. Unterscheiden Sie die Reizschwelle von der Unterschiedsschwelle.
4. Zeigen Sie anhand verschiedener Beispiele auf, wie individuelle Faktoren die Wahrnehmung beeinflussen können.
5. Beschreiben Sie den Prozess, der es uns ermöglicht, Informationen zu selektieren.
6. Fassen Sie die Theorien zur Farbwahrnehmung stichwortartig zusammen.
7. Geben Sie wieder, was die visuelle Klippe beweisen konnte.
8. Benennen Sie die Prinzipien, die uns helfen, Informationen aus der Umwelt zu organisieren.
9. Zählen Sie Beispiele aus dem Straßenverkehr auf, bei denen gestaltpsychologische Erkenntnisse zur Anwendung kommen.
10. Eine Mitteilung, die durch Erzählen weitergegeben wird, kommt am Ende oft ganz anders an. Wie kann dieser Sachverhalt mithilfe gestaltpsychologischer Erkenntnisse erklärt werden?
11. Welche Maßnahmen setzen Sie als Leiter/Leiterin eines Kinderheims, um den Kindern eine bestmögliche Entwicklung zu gewährleisten? Entwerfen Sie Strategien.
12. Gibt es Beweise, dass Wahrnehmung über die von unseren Sinnen aufgenommenen Reize hinausgeht? Erörtern Sie die Fragestellung.
13. Stellen Sie sich vor, sie sollen eine neue Schokolade für Kinder auf den Markt bringen. Wählen Sie passende Gestaltungskriterien und Werbestrategien, um Ihr Produkt erfolgreich zu vermarkten.
14. Entwickeln Sie eine kritische Stellungnahme zum Phänomen der Internetwerbung.

Textanalyse

„*Die Erforschung der Wahrnehmung ist durch einen Widerspruch gekennzeichnet: Ausgangspunkt aller naturwissenschaftlichen Erkenntnis ist die Beobachtung. Sie geht in jeden Erkenntnisprozess ein. Aber unser Verständnis dieses grundlegendsten aller Erkenntnisprozesse ist bei allem Detailwissen, das wir bereits erworben haben, noch relativ gering. Unsere Modellvorstellungen vom Prozess der Informationsverarbeitung basieren noch weitgehend auf recht groben Metaphern, die zum Teil auch Eingang in die Alltagssprache gefunden haben (etwa: „das Auge funktioniert wie eine Kamera" oder „unser Gehirn arbeitet wie ein Computer"). Diese Metaphern haben zunächst eine wichtige Funktion: Sie liefern uns eine Vorstellung von einem an sich wenig anschaulichen Prozess. Sie verführen allerdings auch leicht zu einer Ontologisierung (Ontologie = die Lehre vom Sein), d.h. wenn man die Modellvorstellung eine Zeitlang verwendet hat, bedenkt man nicht mehr, dass es sich lediglich um ein Modell handelt. So hat sich etwa die Analogie zwischen Auge und Kamera zwar als nützlich zum Verständnis des Vorgangs erwiesen, wie das Bild eines Gegenstandes auf die Netzhaut projiziert wird, aber das Modell des Wahrnehmungsprozesses insgesamt ist bei weitem zu reduktionistisch und zu mechanistisch und lenkt damit die Forschung in eine falsche Richtung. Die gleiche grundlegende Bedeutung, die die Wahrnehmung für die wissenschaftliche Erkenntnis hat, besitzt sie auch für unsere alltäglichen Handlungen und unsere Orientierung in der Umwelt. Sie ist die Voraussetzung für jede koordinierte Bewegung, ob wir nun eine Straße überqueren wollen oder mit Messer und Gabel essen. Doch auch hier besteht eine Diskrepanz: Normalerweise ist uns diese Bedeutung nicht bewusst, ja wenn wir während der Handlung anfangen würden darüber nachzudenken, so würde der weitgehend automatisierte Handlungsablauf sogar gestört.*"

(Günther Kebeck: Wahrnehmung. Theorien, Methoden und Forschungsergebnisse der Wahrnehmungspsychologie. Weinheim: Juventa Verlag 1997, S. 11–12)

→ Welche Problematik spricht der Autor im Text an? Inwiefern ist ihm die Darstellung der Funktionsweise der Wahrnehmung zu reduktionistisch?

→ Welche Bedeutung nimmt die Wahrnehmung im alltäglichen Leben ein?

→ Zu welchen Erkenntnissen bezüglich automatisierter Handlungsabläufe gelangte die Biologische Psychologie?

Projekt

Gestalten Sie ein **Mindmap** – eine Gedankenkarte – zum Thema Wahrnehmungspsychologie. Schreiben Sie in die Mitte des Plakates den Begriff *Wahrnehmung*. Listen Sie nun rund um das zentrale Thema jene Schlüsselbegriffe auf, die in Beziehung zur Wahrnehmung stehen. Verbinden Sie das zentrale Thema mit den Unterbegriffen in Form von Hauptästen. Verbinden Sie die Unterbegriffe jeweils mit weiterführenden Informationen in Form von Zweigen.

" Ohne Gedächtnis wären wir nichts."

Luis Buñuel (spanischer Filmproduzent, 1900–1983)

»Was für eine Überraschung! Al Towbridge! Sind es nicht genau 9 Jahre, 7 Monate und 12 Tage, seit ich Sie das letzte Mal zufällig getroffen habe? Es war um 10.32 Uhr an einem Samstagmorgen in Felchers Eisenwarenladen. Sie haben damals Dichtungsmasse für Ihre asphaltierte Auffahrt gekauft. Nun sagen Sie, Al, hat die Dichtmasse gehalten?

»Mr. Total Recall«

Springer Medizin Verlag, Heidelberg, 2005; Myers/Psychologie/W. Miller

1 **Einzelarbeit:** Wozu brauchen wir unser Gedächtnis? Formulieren Sie einen Kernsatz, der die Funktion(en) des Gedächtnisses enthält!

Gedächtnis ist die Fähigkeit, Informationen zu verarbeiten, zu speichern und später bei Bedarf wieder abzurufen. Ohne Gedächtnis wüssten wir nicht, wer wir sind, wir könnten uns nicht an NachbarInnen oder Bekannte erinnern, nicht schreiben, nicht lesen und es wäre unmöglich, den Alltag zu bewältigen. Unsere **Gedächtnisfähigkeit** ermöglicht uns zu lernen, also neues Wissen und neue Verhaltensweisen zu erwerben, sowie frühere Erfahrungen für die Zukunft zu verwerten. Alle wichtigen Informationen zum Überleben sind im Gedächtnis eingeschrieben. Deshalb zeichnen sich alle Lebewesen durch Erinnerungsvermögen aus. Der Mensch besitzt allerdings die Fähigkeit, Informationen auszuwählen und in drei Phasen (drei aktiven kognitiven Prozessen), die maßgeblich an der Gedächtnisbildung beteiligt sind, zu verarbeiten. Diese **Phasen** durchläuft unser Gehirn nicht nur, wenn wir bewusst lernen, sondern immer, wenn wir Informationen bzw. Reize, die wir über unsere Sinnesorgane erfassen, aufnehmen:

1. **Phase / Enkodierung:** Wahrgenommene Informationen werden enkodiert (d. h. verarbeitet), indem sie mit bestehenden kognitiven Inhalten verknüpft werden.

2. **Phase / Organisation / Speicherung:** Die enkodierten Informationen werden im Gedächtnis organisiert und gespeichert.

3. **Phase / Abruf:** Die enkodierten, organisierten und gespeicherten Informationen können spontan oder nach Aufforderung abgerufen werden.

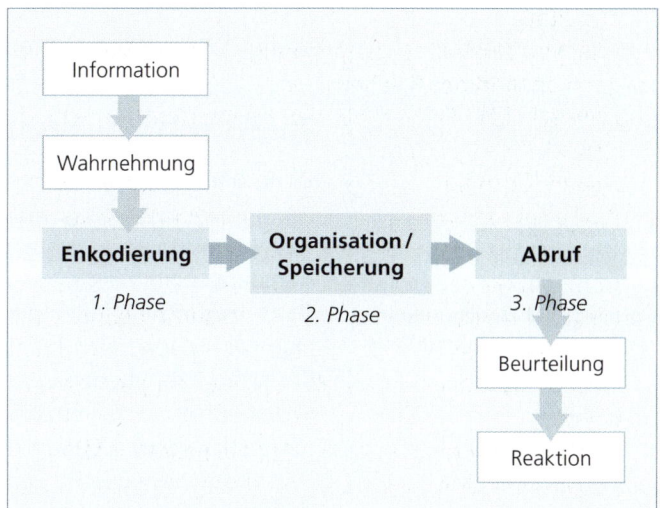

Phasen der Informationsverarbeitung

Der Prozess der Informationsspeicherung (2. Phase) hängt mit drei Speichersystemen zusammen: Das **Ultrakurzzeitgedächtnis** nimmt Informationen auf. Das **Kurzzeitgedächtnis** enkodiert die Informationen, die es vom Ultrakurzzeitgedächtnis erhält, und leitet sie zur Organisation und Speicherung in das **Langzeitgedächtnis** weiter. Von dort aus können Informationen jederzeit wieder abgerufen werden (▶ Kap. 4.1).

Die materielle Vorstellung unseres Gedächtnisses hat sich im Lauf der Geschichte gewandelt. Platon (ca. 428–348 v. Chr.) verglich unser Gedächtnis mit einer weichen Wachstafel, in die sich Erfahrungs-, Wissens- und Erinnerungsspuren einprägen. Heute verstehen wir das Gedächtnis als **Datengenerator**, der dafür sorgt, dass Informationen miteinander verknüpft und gespeichert werden. Immer wenn wir etwas Neues lernen oder neue Erfahrungen machen, weitet sich das **Neuronennetz** aus und wird dichter. Je häufiger wir etwas wiederholen, desto stärker wird die Verbindung zwischen bestimmten Nervenzellen und umso dauerhafter ist die Erinnerung (▶ Kap. 2.1).

Wir besitzen die Fähigkeit, Informationen zu speichern. Dennoch kann es schwerfallen, gelernte Inhalte abzurufen – einen Namen etwa oder wo wir den Schlüssel hingelegt haben. Vergessen beruht auf **Fehlleistungen** (▶ Kap. 4.2), kann aber auch Folge einer **Gedächtnishemmung** oder einer **Gedächtnistäuschung** sein (▶ Kap. 4.3). Pionier der Gedächtnisforschung war der deutsche Psychologe Hermann Ebbinghaus. In Selbstversuchen erforschte er seine Gedächtnisleistung und leitete davon Erkenntnisse ab, die für unsere Lernprozesse aufschlussreich sind (▶ Kap. 4.4). Ressourcenorientierte und kognitive **Lernstrategien** helfen uns, Informationen zu speichern und schneller abzurufen (▶ Kap. 4.5). Denkaufgaben werden zeigen, wie sich das Gedächtnis trainieren lässt (▶ Exkurs).

4.1 Der Aufbau des Gedächtnisses

Unsere Sinnesorgane werden mit bis zu 11 Millionen Bits pro Sekunde konfrontiert. All das, was wir wahrnehmen, führt also zu einer gewaltigen Informationsflut, die ins Gehirn gelangt (▶ Kap. 3.2). Das Gehirn filtert diese Informationsflut anhand von drei verschiedenen Speichern. Das Mehrspeichermodell des Gedächtnisses wird nach den US-amerikanischen Psychologen Richard ATKINSON und Richard SHIFFRIN in Form eines Dreistufenprozesses dargestellt, der *Ultrakurzzeitgedächtnis*, *Kurzzeitgedächtnis* und *Langzeitgedächtnis* unterscheidet.

1. Das Ultrakurzzeitgedächtnis (sensorisches Gedächtnis)

Ohne Ultrakurzzeitgedächtnis wüssten wir nicht mehr, wen wir bereits begrüßt haben, wenn wir einen Raum betreten. Wir könnten auch keinen Satz sinngemäß erfassen, da wir beim Lesen des zweiten Wortes das erste schon wieder vergessen hätten. Wir könnten also keine sinnvollen Handlungen vollziehen.

großes Fassungsvermögen, kurze Zeit des Behaltens

Das Ultrakurzzeitgedächtnis umfasst die unmittelbare, flüchtige sensorische Information, die wenige Zehntelsekunden bis höchstens ein paar Sekunden lang behalten wird. Die Zeitspanne, in der wahrgenommene Sinneseindrücke uns noch unmittelbar bewusst sind, bezeichnet man nach William STERN als **psychische Präsenzzeit**. Das Ultrakurzzeitgedächtnis ermöglicht uns also, uns mit erstaunlicher Genauigkeit an sämtliche Details zu erinnern, aber immer nur für sehr kurze Zeit. Unsere sensorische Erinnerung leert sich sehr schnell, damit wieder Platz für neue Wahrnehmungen da ist.

Versuch `2`

Testen Sie die Kapazitätsgrenze Ihres Ultrakurzzeitgedächtnisses! Schauen Sie sich die Szene 10 Sekunden lang an. Decken Sie das Bild anschließend ab und notieren Sie alle Details, an die Sie sich noch erinnern können!

Pearson Studium, München, 2004, Zimbardo, Gerrig/Psychologie

G	T	R
Q	K	Z
S	F	M

Buchstabenfeld aus dem Sperling-Experiment

Um die Kapazität des Ultrakurzzeitgedächtnisses zu messen, führte der US-amerikanische Neurobiologe und Verhaltensforscher George SPERLING folgendes Experiment durch: Er präsentierte seinen Versuchspersonen unterschiedliche Buchstabenfelder für jeweils 1/20 (0,05) Sekunden – kürzer als ein Blitzlicht –, um zu sehen, wie viele Buchstaben sie danach in der richtigen Position erinnern konnten. Die Versuchspersonen konnten etwa die Hälfte der Buchstaben richtig wiedergeben. In weiteren Experimenten stellte Sperling fest, dass nicht mehr Buchstaben erinnert werden konnten, wenn die Darbietungszeit verlängert wurde. Das war für ihn der Beweis, dass die Wiedergabefähigkeit nicht von der Darbietungszeit des Reizes, sondern von der Behaltenszeit des sensorischen Speichers abhängt. Sobald die Reize nicht mehr präsent sind, bleiben sie noch etwa eine Sekunde in einem visuellen Speicher erhalten. Dann zerfallen die Inhalte des visuellen Speichers, sofern sie nicht zur weiteren Verarbeitung ins Kurzzeitgedächtnis weitergeleitet werden. Sperling folgerte aus seinen Experimenten, dass wir uns an sehr viele Details erinnern können, aber immer nur für einen derart kurzen Augenblick, dass die Erinnerung an die Inhalte schon verblasst ist, ehe wir sie wiedergeben können.

Sperling konnte in seinen Experimenten außerdem beweisen, dass wir ein *echoisches* und ein *ikonisches* Ultrakurzzeitgedächtnis haben:

- Das sensorische Gedächtnis für auditiven Input ist das **echoische Gedächtnis**. Darunter versteht man die Echokammer des Gedächtnisses. Wir bemerken es, wenn die letzten Worte eines Gesprächs noch 3 bis 4 Sekunden in uns nachklingen.
- Das **ikonische Gedächtnis** ist das sensorische Gedächtnis für visuellen Input. Es lässt sich mit einem Schnappschuss vergleichen. Das sogenannte fotografische Gedächtnis ist eine besondere visuelle Vorstellungskraft, die es ermöglicht, ein Bild über eine längere Zeitspanne hinweg zu erinnern. Man nennt diese Fähigkeit **Eidetik** (griech. *eidos:* Bild, Gestalt). EidetikerInnen können mit ihrem fotografischen Gedächtnis ein Bild, das sie nur wenige Sekunden dargeboten bekommen, detailgetreu wiedergeben.

Versuch 3 Schauen Sie sich das Bild 2 Minuten lang an, decken Sie es anschließend ab und versuchen Sie, es so exakt wie möglich wiederzugeben!

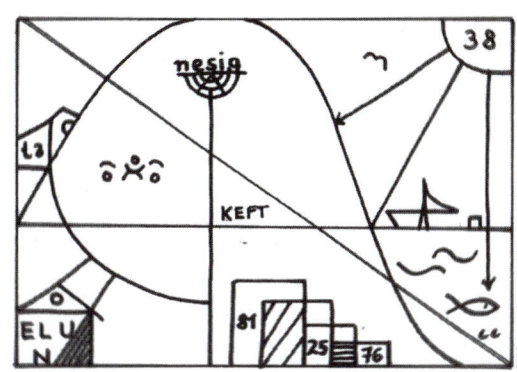

SBZ Schulbedarf, Hadersdorf, 1993; Folie 31 Eidetik

Das Ultrakurzzeitgedächtnis hält alle Eindrücke in unverarbeiteter Form für einige wenige Sekunden fest. Diese Informationen werden anschließend auf ihre Bedeutsamkeit hin überprüft und selektiert. Wenn sie wichtig sind, werden sie durch Aufmerksamkeitsprozesse zur Verarbeitung ins Kurzzeitgedächtnis weitergeleitet.

2. Das Kurzzeitgedächtnis (Arbeitsgedächtnis)

7 (+/-2) Informationseinheiten

Das Kurzzeitgedächtnis kann – ohne bewusste Konzentration – nur 7 (+/–2) Informationseinheiten (Silben, Buchstaben, Zahlen) gleichzeitig aufnehmen. Wir bemerken die Grenze des Behaltensvermögens unseres Kurzzeitgedächtnisses, wenn wir uns eine Telefonnummer merken wollen. Je länger die Nummer, desto schwerer fällt es uns, die Ziffernabfolge zu erinnern. Wenn wir die Nummer dann nicht sofort wählen oder aufschreiben, werden wir sie auch schnell wieder vergessen, denn die Behaltensgrenze des Kurzzeitgedächtnisses liegt bei durchschnittlich 20 Sekunden. Werbefachleute, Lehrkräfte oder SeminarleiterInnen sollten daher berücksichtigen, dass das menschliche Gehirn zu jedem Zeitpunkt nur eine begrenzte Informationsmenge bewusst verarbeiten kann, und den Informationsgehalt entsprechend kurz fassen. Mit den folgenden Aufgaben können Sie die Kapazitätsgrenze des Kurzzeitgedächtnisses feststellen:

Versuch 4 Können Sie folgende Aufgabe auf Anhieb lösen?
Monika ist schneller als Hannes. Wer ist langsamer?

Versuch 5 Lösen Sie folgende Aufgabe mit einmaligem Durchlesen:
Felix ist kleiner als Markus. Felix ist größer als Sabine.
Sabine ist größer als Birgit. Wer ist der/die Größte?

Versuch 6 Prägen Sie sich folgende Ziffernfolgen bei einmaligem Durchlesen ein und notieren Sie anschließend die richtigen Reihenfolgen:
a) 1 5 7 8 6 8 3 9 8 1 7 6 1 5
b) 1 2 1 3 1 4 1 5 1 6 1 7 1 8

Versuch 4 dürfte keine Probleme bereitet haben. Versuch 5 hingegen bedarf größerer Anstrengung. Das liegt daran, dass der normale Arbeitsspeicher nicht groß genug ist, um alle Informationen und Relationen gleichzeitig zu erfassen. Beispiel (a) von Versuch 6 wird ebenfalls gezeigt haben, dass Ihr Arbeitsspeicher begrenzt ist. Wir sind allerdings in der Lage, uns mehr als 7 (+/–2) Informationseinheiten zu merken, wenn wir die Informationen entsprechend strukturieren oder ein System dahinter erkennen, wie Aufgabe (b) bei Versuch 6 zeigt (▶ Kap. 4.5). Wir können dann bei einmaligem Durchlesen mehr Einheiten speichern, als das Kurzzeitgedächtnis eigentlich fassen kann.

Das Kurzzeitgedächtnis ist dafür zuständig, Informationen festzuhalten, die unser Ultrakurzzeitgedächtnis ohne bewusste Aufmerksamkeit sofort wieder verwerfen würde. Die festgehaltenen Informationen werden nach durchschnittlich 20 Sekunden entweder wieder vergessen oder sie gelangen durch Wiederholungsprozesse ins Langzeitgedächtnis.

3. Das Langzeitgedächtnis (Wissensgedächtnis)

Enkodierte Informationen, die durch Aufmerksamkeitsprozesse vom Ultrakurzzeitgedächtnis bis ins Kurzzeitgedächtnis vorgedrungen sind, haben nun die Möglichkeit, bis ins Langzeitgedächtnis vorzudringen. Eine Bedingung dafür ist allerdings, dass die Informationen **wiederholt** werden. Alles, was wir wahrnehmen und so verarbeiten, dass es bis ins Langzeitgedächtnis gelangt, ist auch langfristig gespeichert.

langfristiges Behalten

Das Langzeitgedächtnis ist ein nahezu unbegrenzt aufnahmefähiger Speicher des Gedächtnissystems. Die Speicherkapazität des Langzeitgedächtnisses wird auf 100 Billionen Bits geschätzt. Tatsächlich enthält das Gedächtnis eines durchschnittlichen erwachsenen Menschen „nur" etwa 1 Mrd. Bits. (vgl. Myers 2005, S. 385) Diese Speicherinhalte des Langzeitgedächtnisses „sind miteinander vernetzt und beeinflussen sich gegenseitig in vielfacher Weise." (Maderthaner 2008, S. 224)

Manchmal haben wir Inhalte, die bereits im Langzeitgedächtnis gespeichert sind und eigentlich jederzeit abrufbar sein sollten, wieder „vergessen". Diese Inhalte sind aber meist nicht gelöscht, sondern können bloß momentan nicht abgerufen werden (▸ Kap. 4.2), weil wir keinen Zugriff darauf haben. Wir finden die gespeicherten Informationen dann im Augenblick nicht wieder, wie ein Buch, das in einer Bibliothek falsch eingeordnet wurde. Alle im Langzeitgedächtnis gespeicherten Informationen liegen folglich in einer Art „Dornröschenschlaf", bis die Erinnerung an sie z. B. durch einen Schlüsselreiz geweckt wird. Das Abrufen von Informationen aus dem Langzeitgedächtnis ist ein **rekonstruktiver Vorgang**, was bedeutet, dass die Erinnerungen mithilfe kognitiver Prozesse wiederhergestellt werden. Entsprechendes Training und Strategien helfen, Informationen richtig zu speichern und nutzbar zu machen (▸ Kap. 4.5). Die **Theorie der Mehrebenenverarbeitung** nach Fergus CRAIK und Robert LOCKHART besagt: Je tiefgehender wir Informationen verarbeiten – d. h. je intensiver das Gelernte analysiert und mit anderen Informationen verbunden wird –, desto leichter sind sie wieder auffindbar und desto schneller sind sie abrufbar.

Definition
Die REKONSTRUKTION ist ein kognitiver Prozess, der durch Logik, Hinweisreize, existierendes Wissen, Erinnerungen und Erwartungen versucht, Informationen wiederherzustellen.

 **Partnerarbeit 7**
Welche Inhalte werden dauerhaft im Langzeitgedächtnis gespeichert? Notieren Sie Inhalte, die das Langzeitgedächtnis umfasst. Lesen Sie danach die folgenden Absätze und ordnen Sie anschließend die gesammelten Inhalte den Speichersystemen des Langzeitgedächtnisses zu.

Wir speichern im Langzeitgedächtnis unterschiedliche Arten von Informationen:

explizites Gedächtnis

1. Das **explizite Gedächtnis** umfasst alle Erinnerungen, die wir bewusst abrufen müssen. Es umfasst das *episodische* und das *semantische* Gedächtnis:

- Das **episodische Gedächtnis** (auch: autobiografisches Gedächtnis) speichert persönliche Erlebnisse und autobiografische Informationen wie den ersten Kuss oder die Maturareise.
- Das **semantische Gedächtnis** speichert Fakten und Ereignisse wie beispielsweise die chemische Formel für Wasserstoff oder die Hauptstadt von Japan.

implizites Gedächtnis

2. Das **implizite Gedächtnis** umfasst unser Wissen, das ohne bewusstes Abrufen vorhanden ist. Zum impliziten Gedächtnis gehören das *prozedurale* sowie das *perzeptuelle* Gedächtnis:

- Das **prozedurale Gedächtnis** umfasst alle verinnerlichten Fähigkeiten, die routiniert, also ohne Nachdenken ablaufen. Beim Gehen oder Radfahren beispielsweise wissen wir unbewusst und ganz intuitiv, welche Bewegungsabläufe in Gang gebracht und welche Muskeln aktiviert werden müssen, und das Restaurant verlassen wir nicht, bevor nicht die Rechnung bezahlt wurde. Laufen die entsprechenden Verhaltensmuster automatisch und unaufwendig ab, sprechen wir auch vom **automatischen Gedächtnis**. Je automatisierter wir etwas tun bzw. besser wir etwas können, desto weniger Nervenzellen müssen dafür aktiviert werden (▸ Kap. 2.2).
- Das **perzeptuelle Gedächtnis** ermöglicht uns, bereits bekannte Merkmale und Muster wiederzuerkennen, z. B. eine bekannte Person zu identifizieren oder einen Apfel als Apfel zu erkennen, obwohl sich jeder einzelne in Form und Farbe voneinander unterscheidet. Dieser Prozess wird auch **Priming** genannt. Darunter versteht man die unbewusste Aktivierung spezieller Assoziationen im Gedächtnis, die aufgrund von Vorerfahrungen mit den betreffenden Informationen entstehen.

LANGZEITGEDÄCHTNIS

EXPLIZIT mit bewusstem Abrufen		**IMPLIZIT** ohne bewusstes Abrufen	
episodisches Gedächtnis	**semantisches** Gedächtnis	**prozedurales** Gedächtnis	**perzeptuelles** Gedächtnis
Persönliche Erlebnisse	*Faktenwissen, Daten*	*Verinnerlichte Fähigkeiten*	*Priming, Muster-, Regelerkennung*

= Lena

4

Videoanalyse 8

▶ YouTube

E-Book
ZUSATZMATERIAL
Lückentext

Sehen Sie sich auf YouTube den Videobeitrag zu unserem Gedächtnis „Erinnerungshäppchen – Das Gehirn speichert Informationen schrittweise" an.

1. Halten Sie die wesentlichsten Informationen zunächst in Stichworten fest. Besprechen Sie Ihre Notizen anschließend im Plenum.
2. Ergänzen Sie danach den Lückentext aus Ihrem E-Book mit den entsprechenden Fachbegriffen.
3. Vergleichen Sie zum Schluss Ihre Antworten in der Klasse.

Partnerarbeit 9

Ordnen Sie die folgenden Beispiele dem jeweiligen Speichersystem des Langzeitgedächtnisses zu.

a) $a^2 + b^2 = c^2$
b) mein Abschlussball
c) die Hauptstadt von Italien ist Rom
d) Name der Eltern
e) Klavierspielen
f) Auto fahren

Wussten Sie, dass ... es möglich ist, dass manche Menschen mit **Hirnverletzungen** zwar nicht mehr wissen, wer sie sind, aber sich an alle Geschichtsdaten aus einem Jahrhundert erinnern? Das liegt daran, dass ihr semantisches Gedächtnis völlig intakt ist, das episodische Gedächtnis aber wie ausgelöscht scheint. Neue Erkenntnisse in der Gedächtnisforschung brachte auch die Krankengeschichte des US-Amerikaners **Henry Gustav Molaison**. Nach einem operativen Eingriff mit dem Ziel, seine epileptischen Anfälle zu unterbinden, wurden ihm im Jahr 1953 Teile seines Gehirns (u. a. ein Großteil seines Hippocampus) entfernt. Das hatte zur Folge, dass sein Arbeitsgedächtnis und sein prozedurales Gedächtnis intakt blieben, er jedoch keine neuen Ereignisse (wie z. B. Personen, die er soeben kennengelernt hatte) mehr abspeichern konnte. Dieses Phänomen führte schließlich zur Erkenntnis, dass sich unser Gedächtnis nicht auf eine einzige Stelle des Gehirns beschränkt; viele Hirnregionen sind daran beteiligt, Informationen zu enkodieren, zu speichern und wieder abzurufen.

Zusammenfassend lässt sich festhalten, dass Reize, die in Form von Sinneseindrücken bzw. sensorischen Informationen wahrgenommen werden, zunächst ins Ultrakurzzeitgedächtnis gelangen. Anschließend werden sie entweder verworfen oder über Aufmerksamkeitsprozesse ins Kurzzeitgedächtnis weitergeleitet. Die Informationen können in einem weiteren Schritt dann entweder verworfen oder nach Wiederholungsprozessen schließlich im Langzeitgedächtnis gespeichert werden.

" DANG, I FORGOT MY NOTES! "

Einzelarbeit 10

Fassen Sie das Mehrspeichermodell des Gedächtnisses in einer strukturierten Tabelle wie jener auf der nächsten Seite zusammen:

Dokumentationstipp

Der Hirnforscher Eric Kandel. Auf der Suche nach dem Gedächtnis (Österreich/Deutschland 2008, Regie: Petra SEEGER). Eric Kandel, Nobelpreisträger für Medizin, musste mit 9 Jahren nach Amerika emigrieren. In New York studierte er Literatur, wurde später Psychoanalytiker und Mediziner und ist seit 50 Jahren als Hirnforscher tätig. Der Film porträtiert Eric Kandel und dokumentiert seine bedeutenden Beiträge zur Gedächtnisforschung.

		durch →	*durch* →

Reize	→	Ultrakurzzeit-gedächtnis	Kurzzeit-gedächtnis	Langzeit-gedächtnis
	Synonym	*sensorisches Gedächtnis*		
	Speicherkapazität		*7 (+/-2) Einheiten*	
	Speicherdauer			
	Beispiele			
	Unterteilung		*keine*	

4.2 Die Erforschung des Vergessens

Partnerarbeit 11

Inwieweit ist Vergessen gesund? Überlegen Sie sich einige Vorteile des Vergessens! Vergleichen Sie Ihre Ergebnisse anschließend in der Klasse.

Stellen Sie sich vor, Sie könnten kein Detail aus Ihrem Leben vergessen. Sinnlose Erinnerungen in unserem Gedächtnis würden uns das Leben unnötig schwer machen. Welchen Bus wir gestern genommen haben, welche Farben unsere Socken vor zwei Wochen hatten – das alles sind unbrauchbare und überholte Informationen, die wir entsorgen müssen, um Platz für wichtigere Daten zu machen.

Eine ungefiltert auf uns hereinbrechende Informationsflut hätte zur Folge, dass wir uns nicht mehr gefahrlos auf der Straße bewegen können: Unser Gehirn wäre nicht fähig, wichtige Details (wie schnell fährt das herannahende Auto) von unwichtigen (wie viele Menschen kommen uns entgegen) zu unterscheiden. Wir könnten unsere Aufmerksamkeitsprozesse nicht entsprechend unseren Bedürfnissen lenken.

Definition
VERGESSEN ist die Unmöglichkeit, Inhalte zu reproduzieren. Dem Vergessen liegt ein erschwerter Rückgriff auf alte Informationen zugrunde. Diese werden nämlich von neuen, interessanteren bzw. wichtigeren Eindrücken überlagert oder gestört.

Ein gesundes Gehirn entwickelt einen optimalen Ausgleich zwischen Erinnern und Vergessen. Vergessen ist gesund, wichtig und psychisch entlastend, sofern dem Vergessen keine hirnorganische Gedächtniskrankheit wie beispielsweise die **Alzheimer-Demenz**, die durch das Absterben von Gehirnzellen verursacht wird, zugrunde liegt.

Definition
ALZHEIMER-DEMENZ ist gekennzeichnet durch krankhafte Vergesslichkeit und Orientierungsschwierigkeiten im Alltag.

Fehlleistungen des Gedächtnisses

Einzelarbeit 12

Wo hat Ihr Gedächtnis Schwächen und in welchen Bereichen Stärken? Kreuzen Sie an, was Ihrer Einschätzung nach auf Sie zutrifft! (vgl. Kolb 2007, S. 26 f.)

	nie	selten	häufig	oft
Vergessen Sie Namen?				
Vergessen Sie, wo Sie etwas (Schlüssel …) hingelegt haben?				
Vergessen Sie gerade gelesene Telefonnummern?				
Vergessen Sie Wörter und Begriffe?				
Vergessen Sie, dass Sie etwas bereits einmal erzählt haben?				
Vergessen Sie, was Ihnen erzählt wurde?				
Vergessen Sie Gesichter?				
Vergessen Sie die Richtung? Verlieren Sie die Orientierung?				
Vergessen Sie, was Sie machen wollten?				
Vergessen Sie, was Sie gerade gesagt haben?				
Vergessen Sie, was Sie gerade getan haben?				
Vergessen Sie Verabredungen?				

85 % der Befragten haben Probleme beim Erinnern von Namen. Mehr als die Hälfte vergisst, wo sie Dinge hinlegte (60 %), und kann sich nicht mehr an Telefonnummern erinnern (57 %). Die wenigsten vergessen Verabredungen, was sie gerade getan haben (38 %), sagen oder machen wollten (41 %). (Kolb 2007, S. 27) Wenn Sie im oberen Bereich der Tabelle häufiger mit dem Vergessen Probleme haben als im unteren Bereich der Tabelle, entspricht Ihre Gedächtnisleistung dem Durchschnitt. Wir können dem Vergessen aber auch entgegenwirken, indem wir unsere Erinnerungsfähigkeit trainieren (▶ Exkurs).

Wissen ist vergänglich. In der griechischen Mythologie wurde das Phänomen des Vergessens mit dem Lethe-Strom – dem Fluss des Vergessens – erklärt. Wenn man das Wasser aus dem Fluss trinkt, vergisst man seine Erinnerungen.

Querverweis
Die Phasen der Informationsverarbeitung werden auf S. 57 näher erklärt.

Der Gedächtnisforscher Daniel SCHACTER liefert mit den drei **„Unterlassungssünden des Gedächtnisses"** eine wissenschaftliche Erklärung für das Phänomen des Vergessens: Ein Gedächtnisausfall kann auf Versagen bei der Speicherung selbst beruhen, wenn das Gedächtnisprotokoll verblasst (*Transienz*). Er kann aber auch bereits bei der Enkodierung auftreten, wenn die Informationen gar nicht erst oder nur bruchstückhaft gespeichert werden (*Geistesabwesenheit*), oder es liegt ein Versagen beim Abruf selbst vor (*Blockierung*).

- **Geistesabwesenheit:** Mangelnde Aufmerksamkeit führt zu sogenanntem Konfusionsvergessen: Wenn wir zum Beispiel unsere Schlüssel nicht wiederfinden können, dann haben wir uns in dem Moment, als wir sie aus der Hand legten, gerade mit etwas anderem beschäftigt. Wir speichern Inhalte nicht, wenn wir nicht entsprechend aufmerksam sind oder den Inhalt bewusst verarbeiten.

- **Transienz** (Vergänglichkeit): Nichtgebrauchte Gedächtnisinhalte verblassen, bis sie schließlich völlig verschwinden. Das liegt an den Nervenverbindungen im Gehirn, die schwächer werden, wenn sie nicht regelmäßig aktiviert werden – genauso wie eine Farbfotografie, deren Farbe mit der Zeit verblasst, oder ein Muskel, der schwächer wird, wenn er nicht laufend trainiert wird. Beispiel: Wir wissen jetzt noch, was wir während der letzten Stunden gemacht haben, doch in 3 Wochen können wir uns nicht mehr daran erinnern. Je mehr Zeit nach einem Ereignis vergeht, desto mehr vergessen wir es (▶ Kap. 4.4).

- **Blockierung:** Bei der Blockierung ist eine Information zwar vorhanden, kann momentan aber nicht abgerufen werden. Ein Fehler beim Abrufen verwehrt uns den Zugang zu den gespeicherten Gedächtnisinhalten. Als Beispiel nennt Schacter die sogenannte linguale Hemmung bzw. das TOT- („tip of the tongue") oder Zungenspitzen-Phänomen: Wenn uns etwas auf der Zunge liegt, uns momentan aber einfach nicht einfallen will (wie z. B. der Name einer Person). Dieses Phänomen tritt häufig dann auf, wenn wir ein Wort im Alltag selten verwenden und es dadurch nicht so schnell abrufbar ist.

Literaturtipp
SCHACTER, Daniel L.: *Aussetzer. Wie wir vergessen und uns erinnern.* Bergisch Gladbach 2007. In Form zahlreicher Geschichten gewinnen wir durch dieses Buch einen Blick in unser Gedächtnis. Außerdem geht Schacter dem alltäglichen „Es liegt mir auf der Zunge"-Phänomen nach und beschreibt, wie wir unsere Gedächtnisleistung optimieren können.

Versuch 13

Testen Sie Ihr Erinnerungsvermögen!
a) Welche dieser Euro-Cent-Münzen ist die richtige?
(Myers 2005, S. 398)
b) Auf welcher Fehlleistung des Gedächtnisses beruht eventuelles Nicht-Erkennen?

K. Niebank / Ausschnitt

4.3 Gedächtnishemmungen und Gedächtnistäuschungen

Gedächtnishemmungen (Blockaden) hindern uns daran, Informationen aufzunehmen, richtig zu verarbeiten, zu speichern oder zu reproduzieren. **Gedächtnistäuschungen** äußern sich durch die fehlerhafte oder falsche Reproduktion einer Information.

Gedächtnishemmungen

Ein Lernprozess kann nie isoliert betrachtet werden. Er ist von verschiedensten Faktoren und Umständen abhängig. Beim Lernprozess unterscheidet man *positiven* und *negativen Transfer*:

- Man spricht von einem **positiven Transfer**, wenn sich Vorwissen positiv auf eine neue Aufgabe auswirkt. Besitzen wir beispielsweise Kenntnisse in einer romanischen Sprache (Italienisch), wird es uns leichter fallen, eine andere romanische Sprache (Spanisch) zu lernen.
- Ein **negativer Transfer** äußert sich durch eine Gedächtnishemmung, die durch störende Einflüsse wie beispielsweise negative Gefühle verursacht wird.

Der österreichische Psychologe Hubert ROHRACHER unterscheidet folgende Gedächtnishemmungen:

affektive Hemmung
- Starke **Gefühle** (Trauer, Angst, Freude, Ärger, Schmerz), z. B. ausgelöst durch einen Schicksalsschlag oder ein Verliebtheitsgefühl, können das Lernen blockieren und einen positiven Lerneffekt beeinträchtigen.

assoziative Hemmung
- Es fällt schwer, einen Gedächtnisinhalt, der bereits mit einem anderen **verknüpft** ist, mit einem neuen zu verbinden.

Ähnlichkeitshemmung
- Je **ähnlicher** sich zwei Themenbereiche inhaltlich sind, desto mehr ist der Lernprozess gestört. Man sollte daher vermeiden, zwei sehr ähnliche Stoffgebiete gleichzeitig oder unmittelbar hintereinander zu lernen.

retroaktive (rückwirkende) **Hemmung**
- Der Erwerb neuer Informationen erschwert das Behalten vorher erworbener Informationen. Werden zwei Sachverhalte unmittelbar aufeinanderfolgend gelernt, **verdrängt** der zweite den ersten Sachverhalt.

proaktive (vorwirkende) **Hemmung**
- Ein **vorausgegangener** Lernprozess hemmt den nachfolgenden. Informationen, die man zuerst erwirbt, erschweren den Erwerb neuer Informationen.

ekphorische Hemmung
- Die Wiedergabe eines gelernten Inhalts wird gehemmt, wenn **kurz vor der Wiedergabe** ein neuer Inhalt gelernt wird.

 Partnerarbeit 14 Ordnen Sie die Beispiele den Hemmungen entsprechend zu und vergleichen Sie anschließend Ihr Ergebnis mit jenem Ihres Sitznachbarn bzw. Ihrer Sitznachbarin.

a)	Marlies fällt es schwer, sich an die neue Handynummer der besten Freundin zu erinnern. Sie wählt immer noch spontan die alte Nummer.
b)	Wenn Clara mit ihrem Vater diskutiert, spricht sie ihn mit dem Namen ihres Freundes an.
c)	Paul lernt gleichzeitig Slowenisch und Kroatisch. Er absolviert keine der Prüfungen positiv.
d)	Clemens macht mit seiner Freundin Schluss und bereitet sich kurz darauf auf die Englisch-Schularbeit vor. Die Schularbeit fällt negativ aus.
e)	Birgit lernt unmittelbar hintereinander für die Geografie-Prüfung und die Mathematik-Schularbeit. Die Ergebnisse entsprechen nicht ihrem Lernaufwand.
f)	Kurz vor der Biologie-Prüfung lernt Jakob Englischvokabeln, die zwei Stunden später abgeprüft werden. Er besteht die Biologie-Prüfung nicht.

Gedächtnistäuschung

Definition
Das FALSE-MEMORY-SYNDROM beschreibt eine Täuschung, bei der Inhalte fehlerhaft oder fälschlich erinnert werden.

Wenn ein tatsächliches Erlebnis in der Erinnerung fehlerhaft reproduziert (verzerrt) oder neu erfunden wird, sprechen wir vom **False-Memory-Syndrom**, einer Erinnerungstäuschung. Wie kommt diese Täuschung zustande? Das Abrufen der Informationen aus dem Langzeitgedächtnis ist ein rekonstruktiver Vorgang. Da das Gedächtnis bei der Rekonstruktion der Vergangenheit kreativ und nicht fotografisch exakt arbeitet, kann es bei diesem Vorgang leicht zu einer Erinnerungstäuschung kommen. Wir tendieren dazu, Erinnerungslücken (unbewusst) fantasievoll zu füllen. Das wird bei UnfallzeugInnen deutlich, aber auch, wenn man einen Traum für wahr hält oder sich aus Familienfotos seine Kindheitserinnerungen „zusammenbastelt". Selbstbetrug fällt ebenfalls in die Kategorie des False-Memory-Syndroms: Je öfter ein Angler/eine Anglerin von seinem/ihrem Fang erzählt, desto größer wird der Fisch.

Literaturtipp
SHAW, Julia: *Das trügerische Gedächtnis. Wie unser Gehirn Erinnerungen fälscht*. München 2018. Auf der Grundlage neuester Erkenntnisse von Neurowissenschaften und Psychologie zeigt die Rechtspsychologin Julia Shaw, dass unserem Gehirn ständig Fehler unterlaufen und unsere Erinnerungen manipulierbar sind. Online-Buchbesprechung in Form eines Trickfilms: Suchen Sie dazu auf YouTube nach: „Julia Shaw + Das trügerische Gedächtnis + Hanser Verlag"

Wussten Sie, dass ... es möglich ist, uns falsche Erinnerungen ins Gedächtnis „einzupflanzen"? Die Rechtspsychologin Julia SHAW konnte 70 Prozent ihrer ProbandInnen in mehreren suggestiven Befragungen erfolgreich einreden, Straftaten in ihrer Kindheit oder Jugendzeit begangen zu haben. Bauen wir falsche Informationen in unsere Erinnerung ein, spricht man vom sogenannten **Fehlinformationseffekt**. Der Begriff stammt von der US-amerikanischen Psychologin Elizabeth LOFTUS und spielt vor allem in der Kriminalpsychologie (u.a. bei Zeugenaussagen), aber auch in der Therapie (u.a. bei der Aufarbeitung traumatischer Erlebnisse) eine bedeutende Rolle. Unser Gedächtnis hat Lücken, die wir durch Fantasieerlebnisse füllen, sodass wir Scheinerinnerungen, die unser Gedächtnis selbst aufgebaut hat, entwickeln.

Die Erforschung von **Déjà-vu-Erlebnissen** (franz. *déjà-vu:* schon gesehen) könnte dabei helfen, Gedächtnistäuschungen aufzuklären. Als Déjà-vu bezeichnet man ein Phänomen, das sich in dem Gefühl äußert, eine neue Situation in gleicher Weise schon einmal erlebt, gesehen oder geträumt zu haben. Es wird vermutet, dass bestimmte Reize aus einer aktuellen Situation unbewusst die Erinnerung an eine frühe Situation auslösen. Das Phänomen gilt aber noch als wenig erforscht.

4.4 Erkenntnisse zur Gedächtnisforschung

Einzelarbeit `15` Testen Sie Ihr Gedächtnis: Lernen Sie folgende Silbenreihen auswendig. Wie lange brauchen Sie dafür? DUC – SIL – FAR – ZUW – HIQ – NEX – LOL – POT – VIJ – SOL – PIR – MIN – CET

Hermann EBBINGHAUS, Begründer und Pionier der deutschen Gedächtnisforschung, lernte in einem Selbstversuch sinnfreie Silbenreihen (Konsonant-Vokal-Konsonant-Trigramme) auswendig und übte so lange, bis er sie fehlerfrei aufsagen konnte. Sein Ziel war es, die Gedächtnisleistung zu messen. Er wollte wissen, wie lange man neu Gelerntes behält und wie schnell man es wieder vergisst. Bei seinen Versuchen berücksichtigte er die Anzahl der Wiederholungen und den Einfluss der Zeit auf die Menge der wiedergegebenen Silben. Aus den Lern- und Verhaltensprozessen, die Ebbinghaus an sich beobachtete, entwickelte er die sogenannte *Vergessenskurve*, formulierte die *Ersparnismethode* und fasste seine Erkenntnisse in einem *Gesetz* zusammen.

Hermann Ebbinghaus (1850–1909)

- Die Ebbinghaus'sche **Vergessenskurve** veranschaulicht den Grad des Vergessens von sinnfreien Silben innerhalb einer bestimmten Zeit:

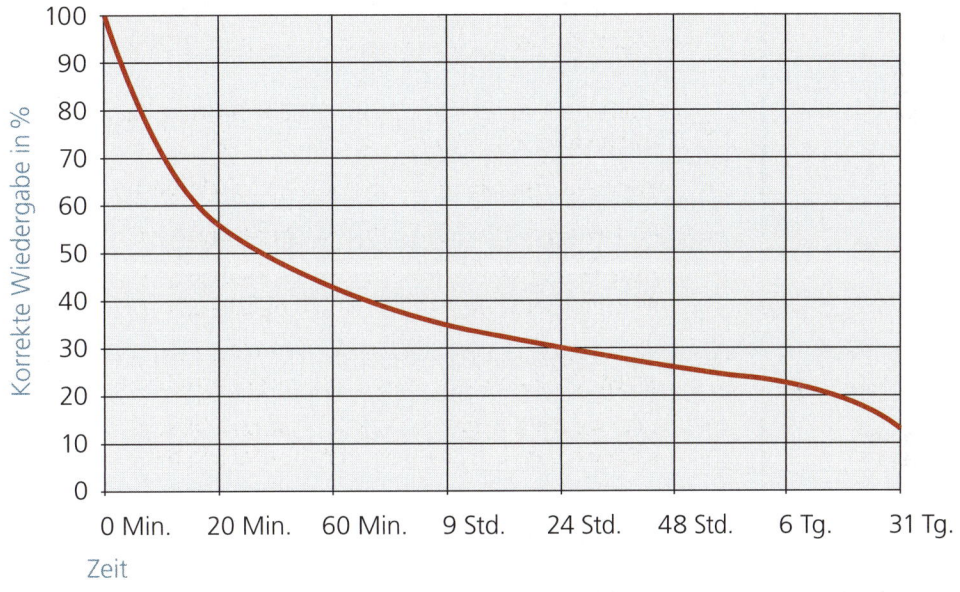

Nach 20 Minuten hatte Ebbinghaus bereits mehr als 40 % der gelernten Silben wieder vergessen, nach einer Stunde etwa 60 % und nach einem Tag bereits 70 %. Je mehr Zeit vergeht, desto flacher wird die Kurve bzw. desto weniger Inhalt kann wiedergegeben werden. Im Durchschnitt bleibt schließlich etwa ein Fünftel des Inhalts im Gedächtnis hängen.

- Die **Ersparnismethode** besagt, dass man sich beim Lernen eines bekannten Lernstoffs, den man sich zuvor bereits einmal eingeprägt hat, eine bestimmte Anzahl von Wiederholungen erspart. Wiederholungen sind für das Lernen jedoch immer enorm wichtig.

- Das **Gesetz von Ebbinghaus** besagt, dass bei Anstieg des Lernstoffs auch der Lernaufwand unverhältnismäßig hoch ansteigt: Für das Lernen von 6–7 Silben genügt eine einmalige Wiederholung, um sie fehlerfrei wiedergeben zu können. Für das Einprägen von 24 Silben sind sogar 44 Wiederholungen notwendig. Die Art des zu lernenden Stoffes bestimmt allerdings, wie schnell man sich etwas einprägt: Sinnfreie Silben werden erwartungsgemäß schneller vergessen als sinnvolle Wortpaare oder Texte.

 Partnerarbeit `16` Was bedeuten Ebbinghaus' Erkenntnisse für den Lernprozess? Leiten Sie gemeinsam mit Ihrem Sitznachbarn bzw. Ihrer Sitznachbarin drei Lernregeln aus den Erkenntnissen ab und notieren Sie diese!

4.5 Lernstrategien

Welche Lernstrategie fördert Ihre persönliche Behaltensleistung am besten? Kreuzen Sie auf einer Skala von 1 bis 4 an:
(Ich behalte
1 … gut,
2 … eher gut,
3 … eher schlecht,
4 … schlecht)

	1	2	3	4
ausreichend Schlaf				
regelmäßige Pausen				
strukturierte Lernunterlagen				
Eselsbrücken				
ruhiger Arbeitsplatz				
oftmaliges Wiederholen				
Lernen in kleinen Portionen				

Definition
Unter LERNSTRATEGIE versteht man einen Handlungsplan, um ein Lernziel zu erreichen.

Lernstrategien verbessern das Aufnehmen, Verstehen, Speichern und Erinnern von Informationen. Mithilfe von Lernstrategien gelingt es mühelos, Informationen ins Langzeitgedächtnis zu überführen, es werden infolgedessen auch bessere Lernergebnisse erzielt.

Lernstrategien können *kognitiv* (intern, nicht beobachtbar) oder *verhaltensbezogen* (extern, beobachtbar) sein. Wir unterscheiden folgende Lernstrategien:

1. **Ressourcenorientierte Lernstrategien** optimieren unsere Lerngewohnheiten und gestalten unsere Lernumgebung förderlich.

2. **Kognitive Lernstrategien** helfen uns beim Aufnehmen und Verarbeiten sowie beim Speichern der Informationen.

Ressourcenoriertierte Lernstrategien

Die ressourcenorientierten Lernstrategien beziehen sich nicht auf den Informationsverarbeitungsprozess selbst, sondern auf die Ressourcen, die für den Wissenserwerb förderlich sind. Zu den Ressourcen zählen die *Arbeitsplatzgestaltung* sowie unsere *Gewohnheiten* (Ernährung, Zeitmanagement). Folgendes müssen wir berücksichtigen, um **optimal und effektiv lernen** zu können:

Arbeitsplatz gestalten
- Der **Arbeitsplatz** muss ruhig sein (kein Straßenlärm, keine laute Musik) und störungsfrei (keine Ablenkung durch Handy oder Freunde/Freundinnen). Außerdem muss er gut beleuchtet sein und durchgelüftet (das Gehirn braucht Sauerstoff).

trinken
- Viel trinken ist wichtig, denn **Wasser** hält das Blut flüssig. Dickflüssiges Blut bewegt sich langsamer und versorgt das Gehirn nicht ausreichend mit Sauerstoff.

Pausen einlegen
- **Regelmäßige Pausen** sind notwendig, denn Gelerntes prägt sich in den Pausen im Gehirn ein. Nach einer 30-minütigen Arbeitsphase sollten 5 Minuten Pause eingelegt werden, nach einer 90-minütigen Arbeitsphase 15 Minuten. Wenn man sich in der Pause vom Arbeitsplatz wegbewegt, kann man besser abschalten und sich erholen.

Pausen nutzen
- Idealerweise werden die Pausen für **Entspannungs- und Konzentrationsübungen** genutzt, z. B. gleichmäßig und bewusst atmen.

Zeit und Stoff einteilen
- Ein **Wochen-Lernplan** mit realistischen Zielen fördert die Motivation.

feste Arbeitszeiten
- **Regelmäßige, fixe Arbeitszeiten** einzuhalten, erleichtert das Lernen aufgrund des Rhythmus'.

ausreichend schlafen
- **Genügend Schlaf** ist wichtig zur physischen und psychischen Regeneration, um dann wieder erholt und konzentriert lernen zu können.

optimale Tageszeit
- Wir sind nicht zu jeder Tageszeit gleich leistungsfähig und sollten auf unseren **individuellen Ruhe- und Aktivitätsrhythmus** hören. Leistungsstarke Zeiten sollten wir für intensives Arbeiten nutzen.

Zu welcher Tageszeit können Sie sich am besten konzentrieren?
- Tragen Sie Ihre leistungsstarken sowie leistungsschwachen Zeiten im Laufe des Tages in das Diagramm ein!
- Verbinden Sie die Punkte zu Ihrer persönlichen Leistungsfähigkeitskurve!

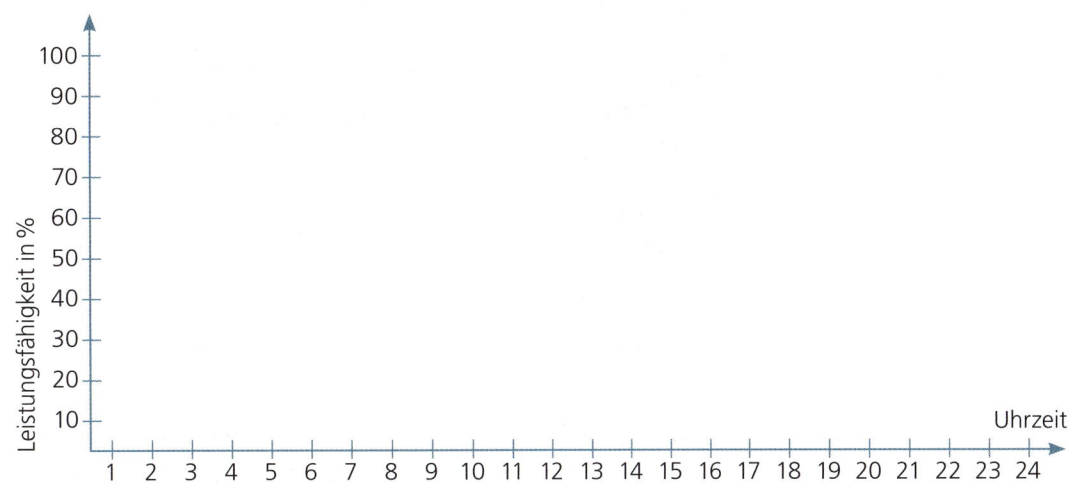

Die meisten Menschen haben eine leistungsstarke Zeit zwischen 8:00 Uhr Früh und 12:00 Uhr mittags mit einem anschließenden Leistungstief bis etwa 16:00 Uhr. Von 16:00 Uhr bis 18:00 Uhr kommt es erneut zu einem Leistungshoch.

Wussten Sie, dass ... ein **Mittagsschlaf** Ihre Leistung steigert? Nachdem am frühen Nachmittag vermehrt Müdigkeit auftritt, Konzentration und Reaktion nachlassen, wird ein sogenannter „Powernap" (engl.: Energieschlaf) zwischen 10 und 30 Minuten empfohlen. In Asien ist es bereits üblich, zu Mittag zu schlafen. So werden beispielsweise MitarbeiterInnen in Japan eigens eingerichtete Schlafräume, sogenannte „Relax Center", zur Verfügung gestellt.

Power Napping: Ein Mittagsschlaf in der leistungsschwachen Zeit steigert unsere Arbeitseffizienz und fördert unsere Kreativität.

Kognitive Lernstrategien

Einzelarbeit 19 Reflektieren Sie Ihre Behaltensleistung anhand Ihres persönlichen Lernverhaltens mithilfe der folgenden Tabelle:

Literaturtipp
GASSER, Peter: *Lerne lieber gehirngerecht! Wie man neuronale Potenziale nutzen und erweitern kann.* Bern 2011. Das Buch richtet sich an alle, die effizienter und zeitsparender lernen und dafür wirkungsvolle Methoden kennenlernen wollen. Es liefert 40 praktische Lerntipps, die neurowissenschaftlich begründet sind und auf bewährte Lerntechniken zurückgreifen. Die Inhalte basieren auf den aktuellen Erkenntnissen der Lernforschung, die mit Karikaturen bildhaft unterstützt werden.

	gut	eher gut	eher schlecht	schlecht
Wenn mich der Lernstoff interessiert, behalte ich				
Wenn der Lernstoff mit Bildern veranschaulicht wird, behalte ich				
Wenn ich gemeinsam mit SchulkollegInnen lerne, behalte ich				
Wenn ich den Lernstoff strukturiert zusammenfasse, behalte ich				
Wenn ich dem Vortrag einer Lehrperson zuhöre, behalte ich				
Wenn ich während des Lernens umhergehe, behalte ich				
Wenn ich das Gelernte in Lexika oder im Internet nachlese, behalte ich				
Wenn mich FreundInnen über den Lernstoff abprüfen, behalte ich				

Zu den gängigsten Methoden etwas zu lernen, zählen Lesen, Anhören oder Betrachten. Wir können das Gehörte oder Gesehene anschließend unterstreichen, aufschreiben oder zeichnen. Wir können aber auch mit jemandem darüber sprechen, etwas vorführen oder konstruieren. So hat jeder Mensch seine eigene Lernstrategie.

Die Annahme, jeder von uns könne *einem* dominanten Lerntypen (z. B. visuell oder auditiv) zugeordnet werden, gilt jedoch als überholt. Einerseits kommen Lerntypen nämlich nicht in reiner Form vor, andererseits ist Lernen ein derart komplexer Prozess, sodass es nicht möglich ist, diesen auf ein einzelnes Sinnesorgan zu reduzieren.

Die Sinne gelten als bloße Voraussetzung für das Lernen. Um den gelernten Inhalt zu verstehen, ist der **kognitive Prozess**, die intellektuelle Verarbeitung bzw. das Lernen durch Nachdenken, unabdingbar (vgl. Looß, 2001). Die Effizienz des Lernens ist also in erster Linie von den kognitiven Aktivitäten abhängig: „Lernen findet im Kopf statt. Was der Magen für die Verdauung, die Beine für die Bewegung oder die Augen für das Sehen sind, ist das Gehirn für das Lernen." (Spitzer 2007, S. XIII) „Das Internet verhält sich zum Lernen wie ein Supermarkt zu einem guten Essen: Im Supermarkt gibt es zwar alles in – verglichen mit den Mengen, die wir essen können – praktisch unbegrenzter Menge. Ein gutes Essen ist jedoch weit mehr als die Zutaten. Erst durch geschickte Zusammenstellung und Zubereitung werden aus Zutaten Speisen und erst deren wiederum geschickte Zusammenstellung und Reihenfolge macht ein gutes Essen aus." (Spitzer 2007, S. 3) Lernen ist demnach kein passiver Prozess, sondern „ein **aktiver Vorgang**, in dessen Verlauf sich Veränderungen im Gehirn des bzw. der Lernenden abspielen." (vgl. Spitzer 2007, S. 4)

"Hey son, what test did you say you have today? I want to make sure I pack the right brain for you."

> *„Wissen kann nicht übertragen werden, es muss im Gehirn eines jeden Lernenden neu geschaffen werden."*
> (Roth 2009, S. 58)

Wenn wir Lerninhalte aufnehmen, verarbeiten oder speichern, finden dabei folgende **kognitive Prozesse** statt: Wiederholung, Elaboration (Verarbeitung), Organisation (Strukturieren) und Kodierung (Umwandlung in sinnvolle Einheiten).
Kognitive Lernstrategien sind Methoden, die diese Prozesse unterstützen.

Wiederholung

Ein Lerninhalt muss mehrmals wiederholt werden, damit er im Gedächtnis verankert werden kann. Die Wiederholung ist allerdings nur für das kurzfristige Speichern im Kurzzeitgedächtnis geeignet: Um auch im Langzeitgedächtnis gespeichert werden zu können, muss der Inhalt zusätzlich tiefgehend verarbeitet werden.

Wiederholungsmethoden

Es gibt verschiedenste Methoden, um Lerninhalte zu wiederholen:
- Texte abschreiben
- Lerninhalte wiederholt vorsagen
- eine Lernkartei verwenden

Wichtig ist es, für die Wiederholungen die dafür **günstigen Zeitintervalle** zu beachten, d. h. ein Thema zuerst nach etwa *10–15 Minuten* zu wiederholen und *nach 24 Stunden* noch einmal durchzugehen, bevor Neues gelernt wird. *Nach einer Woche* und dann *nach einem Monat* sollten die Informationen erneut wiederholt werden.

Elaboration

> *„Je tiefer ein Inhalt verarbeitet wird, desto besser bleibt er im Gedächtnis."*
> (Manfred Spitzer)

Das Ausmaß des Behaltens ist immer davon abhängig, wie intensiv wir uns den Lerninhalten *inhaltlich* zugewendet haben. Elaboration bedeutet, einen Lerninhalt gründlich zu reflektieren und **tiefgehend zu verarbeiten**, bis er verstanden wird: „Je länger und intensiver man sich in der Vorbereitungszeit mit seinem Prüfungsgebiet beschäftigt hat, je enger die Inhalte miteinander verknüpft worden sind, desto höher ist die Wahrscheinlichkeit, dass sie auch in Belastungssituationen abrufbar sind." (Mietzel 2001, S. 245)

Elaborationsmethoden

Folgende Elaborationsmethoden unterstützen – zusammen mit Aufmerksamkeit und Konzentration – das Einprägen eines Lerninhaltes:
- intensives Nachdenken über den Lerninhalt
- Gelerntes in eigene Worte fassen
- Notizen machen
- Beispiele überlegen
- Bilder im Kopf entstehen lassen
- vorhandenes Wissen aktivieren, um neue Inhalte damit zu verknüpfen

Organisation

Das Kurzzeitgedächtnis ist in der Lage, mehr als 7 (+/–2) Einheiten aufzunehmen, wenn wir die Informationen **organisieren**. Organisieren bedeutet, Informationen zu strukturieren, also ein verständliches Ordnungssystem anzulegen, in das die neuen Informationen eingegliedert werden können. Wenn ein Lerninhalt sinnvoll strukturiert und zusammenhängend (zu anderen Inhalten passend) gespeichert wird, ist er leichter reproduzierbar.

Organisationsmethoden

Lerninhalte lassen sich z. B. auf folgende Weise organisieren:
- den Lernstoff zusammenfassen
- Überschriften formulieren
- Kategorien bilden
- Skizzen und Diagramme anfertigen
- Mindmaps (Gedankenlandkarten) zum Thema erstellen

Die Organisation des Lernstoffs ist eine Form der Kodierung:

Kodierung

Kodierung bedeutet die **Umwandlung** von Inhalten in **sinnvolle Einheiten**. Wir merken uns Inhalte am besten, wenn wir sie verstehen, sie uns vertraut sind oder eine persönliche Bedeutung für uns haben.

Kodierungsmethoden

Mnemotechniken („Eselsbrücken": neue Informationen mit bereits Bekanntem oder Ungewöhnlichen verbinden) sowie **Chunking** (das logische Verbinden von Inhalten) vereinfachen den Lernprozess:

Beispiele für **Chunking**:
- Den Zahlencode 1756 für die neue Bankomatkarte kann man sich problemlos merken, wenn man daran denkt, dass Mozart in diesem Jahr geboren wurde.
- Die Buchstabenreihe F R U S A A U T wiederum lässt sich sofort reproduzieren, wenn man die Buchstaben in FR für „Frankreich", USA für „United States of America" und AUT für „Österreich" gliedert.

Beispiele für **Mnemotechniken**:
- Der **Merksatz** „**N**icht **o**hne **S**eife **w**aschen" soll helfen, sich die Himmelsrichtungen zu merken.
- Bei der **Technik der assoziativen Verbindungen** stellt man sich den Lerninhalt bzw. Begriff bildlich vor. Die **Geschichtentechnik** geht noch einen Schritt weiter und erfindet rund um den Lerninhalt bzw. die Begriffe eine Geschichte.
- Bei der **Loci-Methode** (lat. *locus:* Ort, Platz) verknüpft man jeden Begriff mit einem Ort, Gebäude oder Platz. Dadurch wird aus der abstrakten Reihe eine Reise, bei der man sich gedanklich von einem Ort zum nächsten bewegt. Zunächst wählt man in Gedanken einen bekannten Ort oder Weg (z. B. die eigene Wohnung, den Schulweg etc.). Nun beschreitet man gedanklich den Ort bzw. Weg und verbindet mit all jenen Informationen, die man lernen möchte, zentrale, markante Punkte. Den Ort bzw. Weg sollte man nun mehrfach „begehen" und die abgelegten Informationen dabei wieder abrufen.

Wussten Sie, dass ... namhafte **GedächtnisweltmeisterInnen** häufig die **Loci-Methode** anwenden? Franz-Josef Schumeckers, der deutsche Gedächtnissport-Weltrekordhalter, erklärt, wie er sich eine Einkaufsliste einprägt: Der Ort, den er sich vorstellt, besteht aus 5 zentralen Punkten: 1. Wohnungstür, 2. Garderobenhaken, 3. Toilette, 4. Treppe, 5. Teppich. Zunächst stellt er sich 20 Liter Milch vor, die er über die Tür schüttet, schließlich spießt er auf jeden Garderobenhaken Brot, in die Toilette stopft er einen Salatkopf, auf der Treppe rollt ihm eine Tomatenlawine entgegen und die Karotten schauen stachelig aus dem Teppich. (vgl. memoryxl.de) Je phantasievoller, lustiger und kurioser die Bilder sind, desto leichter fällt es, sich die Informationen zu merken.

Einzelarbeit 20
Versuchen Sie, sich die folgenden 20 Begriffe innerhalb von einer Minute einzuprägen. Wenden Sie dabei eine der oben genannten Mnemotechnik an: Blatt – Wüste – Schlitten – Prozess – Banane – Wegweiser – Gießkanne – Spinne – Notfall – Wolke – Hering – Schlamm – Strohhalm – Karte – Zahn – Topf – Einheit – Buch – Dach – Maulkorb

 Partnerarbeit 21
Gestalten Sie eine Mindmap zum Thema „Kognitive Lernstrategien"!

„Durch Handeln wird gelernt (man kann mit Worten und Zahlen auch handeln. Wer denkt, hantiert mit Gedanken!). Regeln kann man besprechen, um sie zum Handeln zu benutzen. Sie sind für das Lernen wichtig, um Beispiele zu generieren. Keineswegs kann man Mathematik, Englisch oder Latein, wenn man die Regeln auswendig kann, nach denen Brüche dividiert, die Vergangenheit gebildet oder das Partizip verwendet wird. Man kann die Regeln im Unterricht verwenden, um immer wieder neue Beispiele zu konstruieren und zu bearbeiten." (Spitzer 2007, S. 421)

Diskussion 22

Der chinesische Philosoph Konfuzius beschrieb bereits 500 v. Chr. ein Phänomen, das offenbar bis heute Gültigkeit hat: „Sag es mir – ich werde es vergessen! Erklär es mir – ich werde mich erinnern! Lass es mich selber tun – ich werde es verstehen!" Ebenso meinte der Entwicklungspsychologe Jean Piaget, dass wir Kinder bei allem, was wir ihnen beibringen, daran hindern, es selbst zu entdecken, und betont damit ein wichtiges Lernprinzip: **Learning by doing**. Diskutieren Sie in der Klasse, inwiefern die Schule diesem Prinzip (nicht) gerecht wird.

1. Erzählen Sie von gelungenen Projekten, die dieses Prinzip verfolgten.
2. Machen Sie konkrete Vorschläge, wie sich dieses Prinzip in der Schule besser umsetzen ließe.

Gedächtnistraining

Wie lange brauchen Sie Ihrer Einschätzung nach, um sich 52 Karten eines gemischten Spiels in der richtigen Reihenfolge zu merken? Der Weltrekord (1998) liegt bei 34 Sekunden. Das heißt, dass pro Karte gerade einmal eine halbe Sekunde Merkzeit benötigt wird! (vgl. Kolb 2007, S. 5) Das gelingt nicht ausschließlich über außergewöhnliche Begabung, solche Fähigkeiten lassen sich auch erlernen. Unsere Merkfähigkeit nimmt zwar ab dem 30. Lebensjahr ab, aber wir können unser Gedächtnis bis ins hohe Alter trainieren. GedächtnisforscherInnen behaupten, das Gedächtnis sei trainierbar wie ein Muskel. Unsere Merkfähigkeit lässt sich vor allem dann steigern, wenn wir Lernstrategien anwenden.

Das **Gedächtnistraining** bringt mehrere Vorteile mit sich:
- Die Sinne werden geschärft.
- Neue Informationen werden schneller erfasst.
- Wichtiges wird besser von Unwichtigem unterschieden.
- Die Speicherkapazitäten werden vergrößert.
- Gespeichertes wird schneller abgerufen.
- Lernen, Arbeiten und alltägliche Erledigungen fallen leichter.

Gruppenarbeit 23

Entwerfen Sie ein Memory-Spiel. Gestalten Sie dazu jeweils zwei zusammenpassende, aber nicht idente Kärtchen. Beispiel: Schreiben Sie auf ein Kärtchen „Elaboration" und auf das andere „Verarbeitung" oder schreiben Sie auf ein Kärtchen den Begriff „Mnemotechnik" und zeichnen Sie auf ein weiteres einen Esel mit einer Brücke. Setzen Sie sich dabei nochmals mit den Inhalten des Kapitels *Gedächtnis und Lernen* auseinander. Erarbeiten Sie Ihre Kärtchen in Kleingruppen und spielen Sie anschließend.

Gruppenarbeit 24

Planen Sie in Kleingruppen eine kurze Psychologie-Unterrichtssequenz zu einem beliebigen Thema aus *Gedächtnis und Lernen*!
Themenbeispiel: *Die Bedeutung der Erkenntnisse aus der Gedächtnisforschung für die Werbewirksamkeit*. Recherchieren Sie zu Ihrem Wahlthema im Internet!
Achten Sie bei der Planung und Durchführung der Unterrichtssequenz darauf, dass unterschiedliche Lernstrategien angewendet werden.

Gedächtnistrainingsaufgaben

Nehmen Sie sich für jede der folgenden Aufgaben maximal 2 Minuten Zeit für das Einprägen! Decken Sie die Aufgabe anschließend ab und versuchen Sie, das Gespeicherte wiederzugeben. Versuchen Sie, einige der besprochenen kognitiven Lernstrategien anzuwenden.

1 Personengedächtnis

Wie gehen Sie am geschicktesten vor, um sich die Namen zu merken? Decken Sie die Fotos mit den Namen nach 2 Minuten ab und versuchen Sie, die Namen der Personen richtig wiederzugeben.

Emilia Malek   *Sebastian Horky*   *Helena Aluni*

Felix Wallach   *Sude Celik*   *Milan Saric*

Anna Pardus   *Luis Pesak*   *Katharina Messinger*

2 Koffer packen

Versuchen Sie, alle Reiseutensilien wiederzugeben. Überlegen Sie sich eine Organisationsmethode.

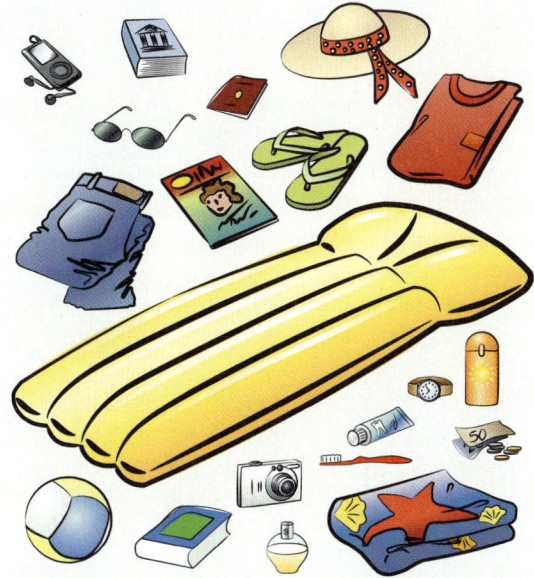

3 Zahlengedächtnis

Welche Methode eignet sich, um sich die Zahlenreihe einzuprägen? Geben Sie die Zahlen in der richtigen Reihenfolge wieder.

9	3	9	2	0	0	7	3	5	5	3	4

4 Einkaufsliste

Prägen Sie sich die Produkte in der richtigen Reihenfolge ein. Erfinden Sie eine fantasievolle Geschichte, um sich die Liste leichter zu merken! Beispiel: Die Tomate fährt auf dem Salatblatt über einen Milchsee, um sich mit den zwei Gurken am anderen Ende der Schokoladen-Stadt zu treffen …

1. Camembert
2. Kürbiskernöl
3. Schokoladepudding
4. Cornflakes
5. Butter
6. Geschirrspülmittel
7. Bananen
8. Erdnüsse
9. Vollkornmehl
10. Faschiertes

5 Symbole

An welche Gegenstände erinnern Sie die Symbole? Stellen Sie bildliche Assoziationen her, um das Erinnern zu erleichtern. Zeichnen Sie die Symbole anschließend.

Gräfe und Unzer Verlag, München, 1996: Kolb/Miltner/Gedächtnis-Training

6 Fremdsprachen

Geben Sie *Ich liebe dich* in verschiedenen Fremdsprachen wieder. Wenden Sie eine Kodierungsmethode an und nehmen Sie sich für jeden Satz etwa 30 Sekunden Zeit.

1. Hawaiianisch: Aloa au ia o
2. Japanisch: Aishite imasu
3. Russisch: Ja ljublju tebja
4. Schwedisch: Jag älskar dig
5. Finnisch: Minä rakastan sinua

7 Wortassoziationen

Versuchen Sie, sich die Bilder mit der entsprechenden Form einzuprägen. Verknüpfen Sie Inhalt und Rahmenform (Beispiel: Hund in einer schrägen Hütte). Decken Sie die Bilder nun ab. Was befand sich in welchem Rahmen?

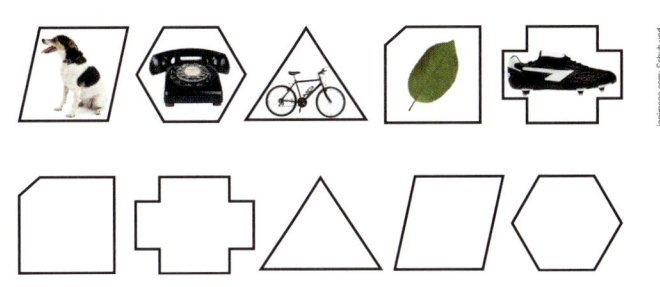

Kompetenzcheck

1. Beschreiben Sie die Phasen, die wir durchlaufen, wenn wir Informationen verarbeiten.
2. Über welche Prozesse werden Informationen gespeichert? Erläutern Sie das Mehrspeichermodell anhand persönlicher Beispiele.
3. Erklären Sie, wie es möglich ist, dass eine Person, die noch Stücke am Klavier auswendig spielen kann, nicht mehr weiß, wie sie heißt oder wo sie wohnt.
4. Begründen Sie, warum Vergessen eine wichtige Funktion erfüllt.
5. Nennen Sie Umstände, die uns daran hindern können, Informationen richtig zu verarbeiten.
6. Nehmen Sie zur Problematik des subjektiven Erinnerns am Beispiel von Zeugenaussagen bei Gericht Stellung.
7. Erklären Sie die Vorgehensweise von EBBINGHAUS, um sein Gedächtnis zu erforschen. Fassen Sie die Erkenntnisse, zu denen er gelangte, in drei wesentlichen Punkten zusammen.
8. Ihr Freund/Ihre Freundin soll eine Liste mit Ländern und den dazugehörigen Hauptstädten lernen. Empfehlen Sie ihm/ihr eine Lernstrategie, die sich dafür am besten eignet.
9. Beurteilen Sie die Bedeutung von Lernstrategien für Ihre Schulleistungen.
10. Formulieren Sie Tipps für eine Person mit Lernschwierigkeiten.
11. „Wer ein schlechtes Gedächtnis hat, muss sich damit abfinden." Nehmen Sie zu dieser Aussage Stellung.

Textanalyse

"Das Ausmaß des Behaltens von dargebotenem Material ist abhängig davon, wie sehr wir uns diesem Material zuwenden, d.h. von Aufmerksamkeitsprozessen. Je aufmerksamer ein Mensch ist, desto besser wird er bestimmte Inhalte behalten. Der Grund ist aus neurobiologischer Sicht ein zweifacher, denn mit Aufmerksamkeit sind zwei Prozesse gemeint, erstens die allgemeine Wachheit oder Vigilanz und zweitens die selektive Aufmerksamkeit auf einen bestimmten Ort, Aspekt oder Gegenstand der Wahrnehmung. Während die Vigilanz die Aktivierung des Gehirns überhaupt betrifft, bewirkt die selektive Aufmerksamkeit eine Zunahme der Aktivierung genau derjenigen Gehirnareale, welche die jeweils aufmerksam und damit bevorzugt behandelte Information verarbeiten. Achten wir auf die Bewegung, so wird unser Bewegungsareal ak-

tiver, als wenn wir nicht auf die Bewegung achten würden. Achten wir auf die Farbe, springt unser Farbareal besonders an. Interessiert uns ein Gesicht, dann arbeiten die Neuronen im Gesichterverarbeitungsareal besonders heftig. Diese zusätzliche Aktivität im jeweiligen Areal hat die gleiche Größe wie die zusätzliche Aktivität, die sich nachweisen lässt, wenn Wörter oder Bilder verarbeitet und gemerkt werden (im Vergleich zu verarbeiteten und nicht behaltenen Wörtern oder Bildern). Daraus lässt sich ableiten, dass der Effekt der zusätzlichen Aktivierung von Gehirnarealen durch die selektive Aufmerksamkeit eine wesentliche Rolle bei der Einspeicherung von Gedächtnisinhalten spielt."

(Manfred SPITZER: Lernen. Gehirnforschung und die Schule des Lebens. München: Elsevier Spektrum Akademischer Verlag 2007, S. 155–156)

→ Welche Faktoren spielen eine besondere Rolle, wenn wir Inhalte im Gedächtnis speichern wollen?
→ Was versteht man aus neurobiologischer Sicht unter „Aufmerksamkeit"?
→ Beschreiben Sie den Prozess der selektiven Aufmerksamkeit.

Projekt

Welche Tipps können Sie SchülerInnen mit Lernschwierigkeiten geben? Entwerfen Sie eine **„Lernen lernen"-Broschüre.**

- Besprechen Sie in der Klasse den Aufbau der Broschüre.
- Treffen Sie eine Auswahl der Themen und Unterkapitel. Beachten Sie, dass die Lerninhalte des Kapitels *Lernen und Gedächtnis* in der Broschüre Platz finden. Erklären Sie die Funktionsweise des Gedächtnisses, und geben Sie Ratschläge, wie man Gedächtnis-/Lernhemmungen vermeiden kann. Stellen Sie die Lerntipps in den Vordergrund der Broschüre: Prüfungsvorbereitung, Arbeitsplatzgestaltung, Lernunterlagen, optimale Arbeitszeiten usw.

- Teilen Sie sich bei der Erarbeitung der Unterkapitel in Kleingruppen auf.
- Nehmen Sie bei der Aufbereitung Rücksicht auf verschiedene Lernmethoden.
- Arbeiten Sie strukturiert und übersichtlich: Heben Sie wichtige Informationen entsprechend hervor und ergänzen Sie die Inhalte mit Bildern.
- Fügen Sie Konzentrationsübungen, Gedächtnistrainingsbeispiele, Pausengestaltungsvorschläge, Mnemotechniken, einen Fragebogen zum Lernverhalten etc. ein.
- Präsentieren Sie Ihre Broschüre in der Schule und bieten Sie diese an.

5 / Verhaltenslernen

"Leben heißt Lernen."

KONRAD LORENZ (österreichischer Biologe und Verhaltensforscher, 1903–1989)

Lernen ist mehr als die bewusste Aneignung von theoretischem Wissen (▸ Kap. 4). Wir können lernen, wie man ein Flugzeug in Bewegung setzt, wie man mit Stäbchen isst oder geschickt eine steile Wand hinaufklettert. Wenn wir an einem Sprachaustausch teilnehmen, lernen wir nicht nur eine neue Sprache, sondern auch Selbstständigkeit. Traditionen, Verhaltensnormen und Einstellungen gehören ebenso zu Lerninhalten wie die sozialen Fähigkeiten, sich in andere einzufühlen oder sich Ziele zu setzen. Unter Lernen verstehen wir also nicht nur *Wissensaneignung* im Sinn von schulischem Lernen, sondern auch *Verhaltenslernen*.

Neben der *Reifung* durch wachstumsbedingte Impulse verändern wir uns ständig durch *Lernen* aufgrund unserer Erfahrungen (▸ Kap. 9.2). Lernen findet in allen Lebensbereichen statt:

- **Kognitive Inhalte:** Faktenwissen, Fremdsprachen …
- **Fertigkeiten und sensomotorische Koordination:** Schreiben, Jonglieren …
- **Emotionale Einstellungen:** Offenheit gegenüber MigrantInnen, Abneigung gegen Rauchen …
- **Soziales Verhalten:** Rücksichtnahme, Tischmanieren, im Straßenverkehr …

Lerntheorien (▸ Kap. 5.1) liefern unterschiedliche Erklärungsansätze, wie und unter welchen Umständen wir uns Verhalten aneignen.

1. Durch **Signallernen** (klassische Konditionierung) lernen wir, Ereignisse zu erwarten, und bereiten uns z. B. auf Nahrung oder Schmerz vor. Der Geruch beim Zahnarzt bzw. bei der Zahnärztin weckt möglicherweise Furcht in uns, wenn wir gelernt haben, diesen ursprünglich neutralen Reiz mit Schmerzen in Verbindung zu bringen (▸ Kap. 5.2).

2. Durch das **Lernen am Erfolg** (operante und instrumentelle Konditionierung) lernen wir, Handlungen mit positiven Konsequenzen (Belohnung) zu wiederholen und Handlungen mit negativen Konsequenzen (Bestrafung) zu unterlassen: Wir werden mit einem Getränk *belohnt*, wenn wir Geld in den Automaten werfen. Wir werden mit einem Strafzettel *bestraft*, wenn wir das Auto falsch parken (▸ Kap. 5.3).

3. Die Theorie des **Modelllernens** wiederum führt Lernen darauf zurück, dass wir ein sogenanntes Modell (meist eine Person mit Vorbildfunktion) beobachten und anschließend imitieren (▸ Kap. 5.4).

1 Partnerarbeit

a) Beschreiben Sie die obige Illustration und die beiden Comics auf dieser Seite.

b) Was sagen diese Darstellungen über das Verhaltenslernen aus?

c) Ordnen Sie die genannten Lerntheorien entsprechend zu.

Springer Medizin Verlag, Heidelberg, 2005: Myers/Psychologie/
Charles M. Schulz

5.1 Lerntheorien

Lerntheorien beschäftigen sich mit den **Bedingungen des Lernens:** Sie untersuchen, wie, warum und unter welchen Umständen sich unser Verhalten und unser Denken verändern. Um zu Ergebnissen zu kommen, erforschen sie das Lern*verhalten* (Lerntätigkeiten), den Lern*prozess* (innerer Vorgang) sowie das Lern*ergebnis* (Resultat, Gelerntes).

Lernverhalten	Lernprozess	Lernergebnis
zeigt sich beim … … Nachahmen … Üben … Wiederholen	innerer Vorgang	äußert sich durch eine Änderung im … … kognitiven Verhalten … motorischen Verhalten … sozialen Verhalten
beobachtbar	*nicht beobachtbar*	*beobachtbar*
Das **Lernverhalten** zeigt sich über bestimmte Lerntätigkeiten.	Der **Lernprozess** ist ein Vorgang, der zwischen Lernverhalten und Lernergebnis liegt und nicht beobachtet werden kann.	Das **Lernergebnis** ist das Produkt des Lernens, die beobachtbare Verhaltensänderung.

Lernen hat dann stattgefunden, wenn sich Fortschritte in Form von Ergebnissen zeigen. Den Lernprozess selbst kann man nicht beobachten, erst das Ergebnis des Lernens zeigt sich in Form einer **Leistung**: Wenn wir also plötzlich Rad fahren können, fließend Japanisch sprechen oder unseren neuen Fernseher bedienen können, haben wir offensichtlich neue Fähigkeiten erworben.

Während die **kognitive Theorie** meint, dass der Mensch über *interne* geistige Prozesse lernt, geht der **Behaviorismus** davon aus, dass Verhalten über *externe* Umwelteinflüsse erlernt wird.

1. Behaviorismus

Aus behavioristischer Sicht lernen Mensch und Tier durch Erfahrung und sind daher das Produkt ihrer Umwelt. Zentraler Gegenstand der Forschung ist also das (beobachtbare) Verhalten eines Individuums, nicht dessen geistigen Prozesse (► Kap. 1.3).

Das Lernen erklärt der Behaviorismus über **Reiz-Reaktions-Theorien** (Stimulus-Response-Theorien): Der klassische Behaviorismus betrachtet den Organismus als sogenannte **Black Box**, in die man nicht hineinsehen kann. Ihre Funktionsweise lässt sich laut behavioristischer Theorie nur über Reiz und Reaktion erschließen.

- Was in der Black Box stattfindet, sind unsere psychischen Vorgänge. Diese können nicht beobachtet werden, sie werden von der kognitiven Theorie untersucht.
- Der Reiz als Input und die Reaktion als Output sind beobachtbar und daher Gegenstand der behavioristischen Untersuchungen.

INPUT Reiz (Stimulus) ➡ **BLACK BOX** ➡ **OUTPUT** Reaktion (Response)

Wie es zu Verhaltensänderungen kommt, erklärt der Behaviorismus über den Prozess der **Konditionierung**: Wir lernen, einen bestimmten Reiz mit einer bestimmten Reaktion zu verbinden.
Den Reiz-Reaktions-Theorien des Behaviorismus liegen jeweils unterschiedliche Konditionierungsprozesse zugrunde, sie werden daher unterschieden in

Konditionierung

- **Signallernen** (► Kap. 5.2)
- und **Lernen am Erfolg** (► Kap. 5.3).

2. Kognitive Theorie

Laut der kognitiven Theorie (▸ Kap. 1.3) lernen wir dadurch, dass wir Informationen kognitiv (also geistig) verarbeiten. Diese Prozesse der Informationsverarbeitung, die in einer lernenden Person ablaufen und nicht objektiv messbar sind, sollen verstanden und erklärt werden. Dazu untersucht die kognitive Theorie den (nicht beobachtbaren) **Lernprozess**, der etwa beim Lernen durch Einsicht, also beim plötzlichen Verstehen eines Sachverhalts stattfindet.

Das **Modelllernen** (▸ Kap. 5.4) wird als sozial-kognitive Lerntheorie bezeichnet: *Sozial*, weil Bandura davon ausgeht, dass wir uns über Beobachtung und Imitation Verhalten aneignen, und *kognitiv*, weil er Phasen der kognitiven Informationsverarbeitung beim Lernprozess mit einbezieht.

	Reiz-Reaktions-Theorien des Behaviorismus			Kognitive Theorie
Lerntheorie	Signallernen	Lernen am Erfolg		Modelllernen
	Klassische Konditionierung	Instrumentelle Konditionierung	Operante Konditionierung	
Vertreter	Iwan Petrowitsch PAWLOW *(1900)*	John B. WATSON *(1920)*	Edward Lee THORNDIKE *(1911)*	Burrhus Frederic SKINNER *(1950)*	Albert BANDURA *(1965)*
Beschreibung der Lerntheorie	Das Lernergebnis äußert sich über einen konditionierten Reiz: Eine bestimmte Reaktion wird nicht durch einen natürlichen, sondern einen neuen, ursprünglich neutralen Reiz ausgelöst, wenn dieser zuvor an den ersten Reiz gekoppelt wurde.	Emotionale Reaktionen wie Ängste können erlernt werden. Über einen Konditionierungsprozess gefestigte Handlungen oder Emotionen bleiben bestehen. Auch in ähnlichen Situationen tritt in der Folge die erlernte Reaktion auf.	Triebspannung (Hunger) oder Motivation lösen Reaktionen aus. Über Versuch und Irrtum gelangt der/die ProbandIn zufällig zum erwünschten Ergebnis (Öffnen des Käfigs, Nahrung). Die befriedigende Konsequenz hat eine Wiederholung der Reaktion zur Folge: Indem Motivation und Triebe Verhalten auslösen, wird jenes Verhalten gelernt, das zur Befriedigung der Motivation/des Triebes führt.	Eine zufällige Reaktion wird durch bestimmte Konsequenzen positiv oder negativ verstärkt, positiv oder negativ bestraft. Die Reaktion, die das vom Versuchsleiter bzw. von der Versuchsleiterin erwünschte Ergebnis bringt, tritt in Zukunft häufiger auf.	Über Beobachtung werden Verhaltensweisen von einem Modell gelernt und nachgeahmt. Bandura geht über die behavioristische Reiz-Reaktions-Verbindung hinaus und formuliert kognitive Phasen der Informationsverarbeitung.
Versuchsobjekt	(Pawlow'scher) Hund	11-monatiges Baby (Little Albert)	Katzen (Problemkäfig)	Ratten, Tauben (Skinner-Box)	Kinder, Modellpersonen
Schlüsselbegriffe	Extinktion	Reizgeneralisierung	Effektgesetz	positive/negative Verstärkung, Bestrafung	soziales Lernen, Beobachtung, Imitation (Nachahmung)

  **Gruppenarbeit** 2 Bilden Sie fünf Gruppen in der Klasse (Pawlow, Watson, Thorndike, Skinner, Bandura) und erarbeiten Sie in Ihrer Gruppe selbstständig die Ihnen zugeordnete Lerntheorie mithilfe der folgenden Seiten. Präsentieren Sie Ihre Ergebnisse anschließend im Plenum.

5.2 Signallernen: Klassische Konditionierung

Die **klassische Konditionierung** ist ein Prozess, in dem zwischen zwei Reizen, die ursprünglich keinen Bezug zueinander hatten, eine Verknüpfung (Assoziation) hergestellt wird.

Der Pawlow'sche Hund

Iwan Petrowitsch Pawlow (1849–1936) ist ein Pionier der Lernpsychologie und Begründer der klassischen Konditionierung. Er entdeckte die Verknüpfung zweier Reize beim Hund: Als Pawlow die Verdauungsprozesse der Hunde untersuchte, stellte er fest, dass die Hunde bei der Futtergabe vermehrt speichelten. Sie speichelten sogar schon dann, wenn sie den Assistenten, der ihnen das Futter brachte, nur hörten. So stieß er durch Zufall auf das Prinzip der klassischen Konditionierung und entwickelte daraufhin seine Theorie:

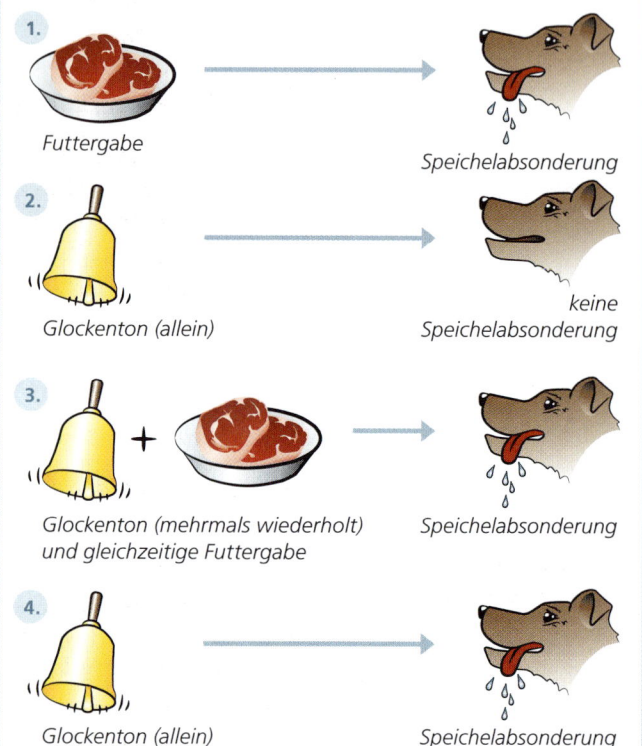

1. Ein angeborener Reflex des Hundes ist es, auf einen Futterreiz mit Speichelfluss zu reagieren. Das Futter stellt in diesem Fall den **unkonditionierten Reiz** dar.

2. Auf eine Glocke reagiert ein Hund üblicherweise nicht spezifisch. Die Glocke ist somit ein **neutraler Reiz**.

3. Wird die Glocke jedes Mal mit dem Futter dargeboten, sondert der Hund nach mehreren Wiederholungen auch dann Speichel ab, wenn der Glockenton allein dargeboten wird. Hier findet die Lernphase der klassischen Konditionierung statt: Durch **Kontiguität** (das gleichzeitige Darbieten von unkonditioniertem und neutralem Reiz) werden Glocke und Futter miteinander verknüpft. Eine Assoziation wurde gelernt.

4. Der Hund hat nun gelernt, den Glockenton als Signal für Futter anzusehen. Die Glocke wird so zu einem **konditionierten Reiz** und der Speichelfluss zu einer **konditionierten Reaktion**.

1. Futtergabe → Speichelabsonderung
2. Glockenton (allein) → keine Speichelabsonderung
3. Glockenton (mehrmals wiederholt) und gleichzeitige Futtergabe → Speichelabsonderung
4. Glockenton (allein) → Speichelabsonderung

Der Pawlow'sche Hund zeigt sehr anschaulich, wie Assoziationen gelernt werden können: Ein zuvor neutraler Reiz (Glocke) wird mit einem unkonditionierten Reiz (Futter), der bereits die konditionierte Reaktion (Speichel) auslöst, gekoppelt. Die Koppelung bewirkt, dass schließlich auch der ursprünglich neutrale Reiz (Glocke) die Reaktion (Speichel) auslöst.

Der Speichelfluss nahm im Experiment allerdings immer mehr ab und hörte schließlich ganz auf, wenn der Glockenton längere Zeit nur allein (d. h. ohne Futtergabe) dargeboten wurde. Ohne Übung kann die konditionierte Reaktion also wieder verlernt werden. Man spricht dann von **Extinktion** (Löschung) des konditionierten Reizes.

 Gruppenarbeit 3   Entwerfen Sie in Kleingruppen einen Prozess der klassischen Konditionierung und zeichnen Sie diesen auf. Präsentieren und erklären Sie jeweils einer anderen Gruppe den entworfenen Prozess.

Little Albert (Watson)

Der Begründer des Behaviorismus John B. Watson ging davon aus, dass menschliche Gefühle und menschliches Verhalten aus konditionierten Reaktionen entstehen. In einem Experiment zeigte Watson, dass spezifische Ängste konditioniert werden können: Er bot dem 11 Monate alten Albert eine Ratte, über die er sich ursprünglich freute, mehrmals gleichzeitig mit einem schrillen Geräusch, das in ihm Angst auslöste, dar. Nach der Lernphase (also mehrmaliger gemeinsamer Darbietung Ratte – schrilles Geräusch) löste selbst die Ratte ohne Geräusch bei Little Albert Angst aus. Infolge des Konditionierungsprozesses ließ sich bei ihm auch eine sogenannte **Reizgeneralisierung** beobachten. Das bedeutet, dass sich Little Albert nach der Lernphase nicht nur vor Ratten, sondern allgemein vor Nagetieren fürchtete und seine Angst sogar auf Stofftiere und Pelzmäntel ausdehnte. Das konditionierte Verhalten hat sich also automatisch auf ähnliche Reize erweitert.

Watsons Experiment ist aus ethischen Gründen heftig umstritten, gilt aber auch als bedeutender Beitrag zur lernpsychologischen Forschung.

Klassische Konditionierung als Werbestrategie

- Fröhliche Menschen lösen ein positives Gefühl in uns aus. Orangensaft dagegen ist ein neutraler Reiz, der nichts in uns auslöst. Koppelt man aber diese beiden Reize und bietet sie immer wieder gemeinsam dar (beispielsweise in Form einer Werbeeinschaltung im Fernsehen), wird der ursprünglich neutrale Reiz (Orangensaft) – selbst bei alleiniger Darbietung – eine positive Empfindung hervorrufen.

- In einem Experiment von G. H. Smith und Robin Engel (1968) konnte gezeigt werden, dass ein Auto für schneller und besser gehalten wird, wenn man es zusammen mit einer schönen Frau präsentiert.

Begriffsklärung: Reflex – Instinkt – Prägung

Wir verfügen über mehrere angeborene Reaktionen:

- **Reflexe:** Reflexe können angeboren sein – wie der Schluckreflex (für die Nahrungsaufnahme) oder der Kniesehnenreflex (bei einem leichten Schlag unterhalb der Kniescheibe). Reflexe können aber auch erworben werden, wenn ihnen ein Lernvorgang vorausgegangen ist (vgl. Pawlow'scher Hund): Reflexe folgen immer auf bestimmte innere oder äußere Reize. Wenn uns etwa beim Gedanken an eine Zitrone das Wasser im Mund zusammenläuft, unterliegen wir dem Reflex der erhöhten Speichelzufuhr bei sauren Lebensmitteln – ausgelöst allein durch die Assoziation mit saurem Geschmack.

- Der **Instinkt** ist ein angeborenes artspezifisches Verhalten, das bei allen Mitgliedern einer bestimmten Spezies für das Überleben sorgt: Der Specht klopft, die Spinnen weben Netze, die Lachse kehren zu ihrem Geburtsort zurück und Vögel fliegen. Instinkte sind durch genetische Vererbung vorprogrammiert und können nicht gelernt werden. Zu den menschlichen instinktiven Verhaltenstendenzen zählen das Saugen des Neugeborenen und das Schlafen bei Müdigkeit. Menschliche Instinkthandlungen können aber durch umweltbedingte Lernprozesse überlagert werden und dann nicht mehr instinktiv erfolgen: wenn wir beispielsweise essen, ohne Hunger zu haben, sondern weil wir frustriert sind.

- Unter **Prägung** versteht man das Erlernen von Instinkthandlungen in der sensiblen Phase. Die Prägung ist irreversibel (unwiderruflich), d. h. sie kann nicht rückgängig gemacht werden. Sie kann nach dem Verstreichen der sensiblen Phase aber auch nicht mehr nachgeholt werden. Die Reaktionen auf Schlüsselreize, die in dieser genetisch festgelegten Phase erworben werden, wirken später wie angeboren. Das bekannteste Beispiel dafür sind wohl die Graugansküken, die Konrad Lorenz überallhin nachfolgten, da nur er sich in der ersten Zeit nach dem Ausschlüpfen in ihrer Nähe aufhielt und sie deshalb auf ihn als ihre „Mutter" geprägt waren.

picturedesk.com/Interpress Paris/Ullstein Bild

5.3 Lernen am Erfolg: Instrumentelle und operante Konditionierung

Das Baby wimmert. Die Mutter reagiert nicht. Das Baby schreit. Die Mutter zögert, reagiert aber immer noch nicht. Als das Baby zu brüllen beginnt, läuft die Mutter zum Baby und nimmt es in den Arm. Geschieht diese Abfolge häufiger, wird das Baby lernen, gleich loszubrüllen, wenn es in den Arm genommen werden möchte. Es hat eine neue Reaktion gelernt, die ihm positive Konsequenzen beschert.

Im Unterschied zur klassischen Konditionierung, die sich immer auf das Erlernen einer Verknüpfung von Reizen bezieht, erfahren wir beim Lernen am Erfolg (instrumentelle und operante Konditionierung), dass unsere Reaktion **Konsequenzen** herbeiführt: Eine neue Reaktion wird bei positiver Konsequenz (Erfolg, Belohnung) wiederholt und gelernt, bei negativer Konsequenz (Bestrafung) geschwächt.

Definition
Beim LERNEN AM ERFOLG wird eine Assoziation zwischen Verhalten und daraus resultierender Konsequenz hergestellt.

Instrumentelle Konditionierung (Thorndike)

Der US-amerikanische Verhaltenspsychologe Edward Lee THORNDIKE gilt als Begründer der instrumentellen Konditionierung. Ausgangspunkt ist hierbei ein interner Reiz (z. B. Hunger), der eine gewisse als unangenehm empfundene **Triebspannung** hervorruft. Über Versuch-Irrtum-Handlungen finden wir heraus, welche Reaktion die Triebspannung erfolgreich löst.

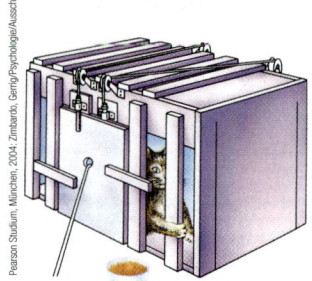

- Thorndike sperrte eine hungrige Katze in einen sogenannten **Problemkäfig** und stellte Futter vor den Käfig. Der Hungertrieb (Reiz) motivierte die Katze, Handlungen auszuprobieren (Verhaltensreaktion), die zum Triebziel (Futter) führen und den Trieb schließlich reduzieren sollen.
- Die Katze probierte über **Versuch-Irrtum-Handlungen**, den Käfig zu öffnen. Durch eine bestimmte Handlung (Hebeldrücken) gelang es ihr schließlich, die Käfigtür zu öffnen. Durch Versuch und Irrtum lernte sie also, welche Reaktion sie zur positiven Konsequenz, in dem Fall zur Nahrungstriebbefriedigung, führte.

Thorndikes Problemkäfig

Durch den Erfolg lernte Thorndikes Katze eine Reiz-Reaktions-Verbindung: eine Verbindung zwischen dem Reiz der Situation „Hunger" und der Reaktion „Hebeldrücken". Thorndike spricht von *instrumenteller* Konditionierung, weil das Ausprobieren bzw. das Suchen nach Lösungen als „Instrument" herangezogen wird, um einen Trieb zu befriedigen.

Thorndike leitet aus seinen Beobachtungen das **Effektgesetz** ab: Verhaltensweisen, die angenehme Konsequenzen mit sich bringen, treten häufiger auf, während umgekehrt Verhaltensweisen, die mit unangenehmen Konsequenzen einhergehen, seltener werden.

Operante Konditionierung (Skinner)

Burrhus Frederic SKINNER, ebenfalls US-amerikanischer Psychologe, entwickelte die **Skinner-Box** (vergleichbar mit Thorndikes Problemkäfig), in der er Experimente mit Ratten und Tauben durchführte.

- Betätigt das Versuchstier den Hebel in der Box, erhält es eine Belohnung (Futter, Wasser). Der Lernprozess erfolgt über das zunächst *zufällige* Drücken des vorgesehenen Hebels, das erwünscht ist und daher belohnt wird.
- Durch die Belohnung als positive Verstärkung erlernt das Versuchstier schnell die neue Verhaltensweise.

Diese Erkenntnisse führten Skinner zum Prinzip der **operanten Konditionierung** (engl. *operant:* wirksam), die auf Thorndikes instrumenteller Konditionierung beruht. Unter operanter Konditionierung versteht Skinner das Erlernen eines Verhaltens durch eine ursprünglich zufällige Handlung, die belohnende oder bestrafende Konsequenzen hat.

B. F. Skinner mit Skinner-Box

Konsequenzen verändern unser Verhalten und ermöglichen uns, neues, hilfreiches Wissen zu erwerben sowie uns an die Umgebung anzupassen. Diese Konsequenzen können verstärkend oder bestrafend sein. *Verstärkende Reize* zielen darauf ab, die Auftretenswahrscheinlichkeit eines Verhaltens zu erhöhen, *bestrafende Reize* sollen diese Wahrscheinlichkeit senken:

 Plenum 4 Nennen Sie Situationen, in denen Sie selbst dem Prinzip der operanten Konditionierung unterlegen sind. Vergleichen und besprechen Sie Ihre Beispiele in der Klasse!

Positive und negative Verstärkung

verstärkende Reize

- Von **positiver Verstärkung** spricht man, wenn ein bestimmtes Verhalten durch eine angenehme Konsequenz verstärkt wird, wenn also ein positiver Reiz hinzugefügt wird: Eine gelungene Prüfung wird mit Geld honoriert, ein folgsames Kind mit Schokolade beschenkt. Nicht immer aber ist Belohnung geeignet, um zu motivieren – nämlich dann, wenn sie die intrinsische Motivation untergräbt (▸ Kap. 12.4).

- Die **negative Verstärkung** mittels einer unangenehmen Konsequenz führt dazu, dass ein bestimmtes Verhalten häufiger gezeigt wird, wenn dadurch die Konsequenz verringert, vermieden oder beseitigt werden kann: Wir legen im Auto den Gurt an, damit uns das akustische Signal im Auto nicht mehr stört. Der aversive (unangenehme) Reiz, nämlich das akustische Signal, soll wegfallen und verstärkt dadurch das gewünschte Verhalten negativ.

Verstärkung	Beschreibung	Beispiele
positiv	Ein angenehmer Reiz wird hinzugefügt.	Taschengeld, Zärtlichkeiten
negativ	Ein unangenehmer Reiz wird verringert, vermieden oder beseitigt.	sich anschnallen, damit der Ton aufhört

Positive und negative Bestrafung

bestrafende Reize

- Die **positive Bestrafung** erfolgt, indem ein *unangenehmer Reiz hinzugefügt* wird: Wir bekommen für das falsche Parken einen Strafzettel.

- Die **negative Bestrafung** besteht in der *Entfernung eines angenehmen Reizes*. Wenn das Taschengeld gestrichen wird, weil eine Schularbeit negativ ausgefallen ist, liegt eine negative Bestrafung vor.

Bestrafung	Beschreibung	Beispiele
positiv	Ein unangenehmer Reiz wird hinzugefügt.	Schmerz, Strafzettel
negativ	Ein angenehmer Reiz wird entfernt.	Taschengeld, Smartphone

 Einzelarbeit 5

Erklären Sie: Welche Form der Verstärkung oder Bestrafung liegt beim sogenannten *Vermeidungslernen* vor?
Beispiel: Schülerinnen und Schüler bereiten sich besser auf die Schularbeit vor, wenn die Lehrperson bei einem schlechten Ergebnis mit dem Ausfall der Projektwoche droht. Die negative Konsequenz (Ausfall der Projektwoche) wird hier durch das richtige Verhalten (Lernen) vermieden.

Operante Konditionierung in der Erziehung

Literaturtipp
DREIKURS, Rudolf / SOLTZ, Vicki: *Kinder fordern uns heraus. Wie erziehen wir sie zeitgemäß?* Stuttgart 2018. Autor und Autorin dieses bewährten Erziehungsratgebers durchleuchten Konfliktsituationen und zeigen, wie pädagogisch verhängnisvolle Machtkämpfe vermieden werden können.

Gemäß der Theorie der operanten Konditionierung spielen ErzieherInnen und LehrerInnen eine gewichtige Rolle beim Erlernen von Verhalten: Eltern können ihren Kindern durch Lob beispielsweise freundliches Grüßen und Tischmanieren beibringen oder über Zurechtweisung das Schmatzen abgewöhnen. Operantes Konditionieren kann in der Erziehung also sehr effektiv, aber auch sehr ineffektiv angewandt werden: Ein Kind möchte ein Eis. Der Vater erlaubt es zunächst nicht, zehn Minuten später schleckt das Kind doch zufrieden sein Eis. Der Vater hat sich durch das Quengeln des Kindes erweichen lassen und nachgegeben.

Erreichen Kinder mit ihrem Verhalten genau das, worauf sie abzielen, werden sie dieses erfolgreiche Verhalten sehr wahrscheinlich wiederholen, da es (ungewollt) positiv verstärkt wurde. Doch Erziehung ist natürlich mehr als Konditionierung (▸ Kap. 9.5).

HI UND LOIS

Robert „Chance" Browne

Bestrafung als Erziehungsprinzip?

Bestrafung als durchgängiges Erziehungsprinzip wirkt sich negativ auf die emotionale Entwicklung des Kindes aus und muss vermieden werden. Eine „Bestrafung" im Sinne der operanten Konditionierung kann dagegen manchmal effektiv sein. Sie darf allerdings nie eine Art „Rache" der Eltern sein. Strafen, die die gesamte Persönlichkeit des Kindes diskriminieren, können emotionale Störungen hervorrufen. Aber auch wenn Strafen eine **logische Konsequenz** aus dem Verhalten des Kindes darstellen, sind sie nur sinnvoll, wenn sie

- **unmittelbar** auf die unerwünschte Reaktion folgen, sodass das Kind weiß, was sein Fehlverhalten war, und sich einsichtig zeigen kann. Beispiel: Wenn das Kind z. B. die Eltern beschimpft, wird es auf sein Zimmer verwiesen und ignoriert, bis es sich entschuldigt.

- sich auf das **Verhalten** und nicht auf die Persönlichkeit des Kindes beziehen. Beispiel: Wenn die Eltern ihr Kind beim Rauchen erwischen, bekommt es im darauffolgenden Monat weniger Taschengeld.

- nur aus **Nachteilen** bestehen, die dem Fehlverhalten des Kindes **entsprechen**, nicht aber aus körperlichem Schmerz oder einem Einschränken in den Grundbedürfnissen des Kindes (Kleidung, Nahrung, Schlaf). Beispiel: Das Schuleschwänzen hat ein Ausgehverbot am Wochenende zur Folge.

In jedem Fall gilt, dass Bestrafung nur dann wirkungsvoll sein kann, wenn dem Kind klar ist, wofür es bestraft wurde. Nur so können Nachdenkprozesse in Gang kommen, die eine Verhaltensveränderung bewirken. Strafen können und sollen niemals eine Säule der Kindererziehung darstellen. Unverzichtbar ist es dagegen immer, Grenzen zu setzen, Regeln aufzustellen und ihre Einhaltung konsequent zu beachten.

Partnerarbeit 6

Situation: Der Vater hört ein Geräusch in der Küche. Er findet seine vierjährige Tochter, die sich Schokolade von der Anrichte holt. Er nimmt seine Tochter mit der Erklärung herunter, dass sie jetzt keine Schokolade haben könne. Das Mädchen schreit, dass es jetzt Schokolade haben möchte. Der Vater sagt Nein, das Kind wirft sich auf den Boden, brüllt und tritt um sich. Der Vater ermahnt es, sich zu benehmen, der Wutausbruch des Mädchens verstärkt sich. „Also schön, hier hast du *ein* Stück Schokolade. Hör jetzt aber mit dem Geschrei auf." Das Kind gibt langsam nach und nimmt schließlich das Stück Schokolade, das der Vater ihm hinhält.

Analysieren Sie diese Situation unter dem Aspekt der operanten Konditionierung für beide Seiten! Was wäre eine wirkungsvollere Reaktion des Vaters?

Einzelarbeit 7

Erarbeiten Sie schriftlich drei Unterschiede zwischen der operanten/instrumentellen und der klassischen Konditionierung!

▶ **AH** Seite 26

5.4 Modelllernen

Der kanadische Lernpsychologe Albert BANDURA meint, dass wir soziales Verhalten (gemeinsame Sprache, Rollenverhalten, soziale Normen) nicht nur über Konditionierungsprozesse lernen, sondern vor allem, indem wir dieses Verhalten **beobachten** und **imitieren** (nachahmen).

Beobachtung und Imitation sind zwei wichtige Aspekte des **sozialen Lernens**, das uns ein Leben lang begleitet, damit wir auf neue Bedingungen adäquat reagieren und uns sozialisieren, also Mitglied einer Gruppe werden können. Der Prozess des sozialen Lernens besteht aus

- **Identifikation** mit anderen sowie
- **Internalisierung** (Verinnerlichen) von Verhalten, Erwartungen, Werten, Normen und Rollen.

Literaturtipp

GORDON, Thomas: *Familienkonferenz. Die Lösung von Konflikten zwischen Eltern und Kind.* München 2012. Der Erziehungsklassiker deckt die häufigsten Ursachen für Konflikte zwischen Eltern und Kindern auf. Anhand konkreter Fallbeispiele veranschaulicht er, wie positive Kommunikation und gewaltfreie Konfliktlösung funktionieren.

Querverweis

Um Grundprinzipien in der Kindererziehung geht es auch in ▶ Kap. 9.5.

Definition

SOZIALES LERNEN findet statt, wenn beobachtete Verhaltensweisen verinnerlicht werden und anschließend jederzeit wieder abgerufen werden können.

Wussten Sie, dass ... Verhalten „ansteckend" sein kann? Wenn andere auf das Handy schauen, lachen oder gähnen, tendieren wir dazu, dieses Verhalten nachzuahmen, und nehmen dabei sogar die Körperhaltung unseres Gegenübers ein. Dieses unbewusste Imitieren wird als **Chamäleon-Effekt** bezeichnet. Tanya CHARTRAND und John BARGH (1999) konnten den Effekt in einem Versuch nachweisen: Wann immer sich ihr Gegenüber das Gesicht rieb oder mit dem Fuß wackelte, neigten die VersuchsteilnehmerInnen dazu, dies ebenfalls zu tun. Zudem stellte sich heraus, dass Personen mit hohem Einfühlungsvermögen eher ihr Gegenüber nachahmen als Personen, die nicht dazu tendieren, sich in andere hineinzuversetzen.

Modelllernen (Bandura)

Kinder lernen, indem sie das Verhalten eines Modells beobachten und nachahmen.

Lernen als Speichern beobachteter Reize

Beim **Modelllernen** befindet sich der/die Lernende in der Rolle des Beobachters bzw. der Beobachterin. Die beobachtete Person übernimmt die Funktion des Modells. Das Ergebnis ist eine Ähnlichkeit zwischen dem Verhalten des Modells und dem Verhalten des/der Beobachtenden, wobei das Verhalten des Modells als **Reiz** für eine Nachahmungsreaktion gewirkt hat.

Menschliches Verhalten ist laut Bandura aber nicht allein durch eine Reiz-Reaktions-Verbindung erklärbar. Zwischen Reiz und Reaktion befinden sich noch „höhere Prozesse". Mit diesen Prozessen meint Bandura die kognitive Informationsverarbeitung: Der/Die Beobachtende *verarbeitet* einen Reiz, ehe er/sie darauf reagiert.

Diesen Lern-Verarbeitungs-Prozess der Beobachtung unterteilt er in zwei Phasen: die **Lernphase** (Aufmerksamkeit, Gedächtnis) und die **Ausführungsphase** (Motivation, Verhalten). Jeder Schritt kann das Beobachtungslernen fördern oder stören. (vgl. Herkner 2001, S. 73)

Phase	Schritt	Beschreibung
Lernphasen	Aufmerksamkeit	Wie aufmerksam eine Modellperson betrachtet wird, hängt davon ab, wie auffällig und sympathisch sie ist, wie komplex sie sich verhält und wie nützlich ihr Verhalten für den Beobachter/die Beobachterin ist.
Lernphasen	Gedächtnis	Ob beobachtetes Verhalten gelernt (gespeichert) wird, hängt von der Anzahl der Wiederholungen des beobachteten Verhaltens ab.
Ausführungsphasen	Verhalten	Ob oder wie gut Verhalten imitiert werden kann, hängt von den motorischen Fähigkeiten des/der Beobachtenden ab.
Ausführungsphasen	Motivation	Wie oft das beobachtete Verhalten imitiert wird, hängt davon ab, wie erfolgreich es ist. Dieser Schritt beruht daher auf der operanten Konditionierung. Diese Form der Konditionierung sieht eine Belohnung für „richtiges" (norm- und rollenkonformes) und eine Bestrafung für „falsches" Verhalten vor.

RF **Diskussion** **8**

Diskutieren Sie folgende Fragestellung:
Wie wirkt sich Gewalt im Fernsehen und in anderen Medien auf unser Verhalten aus?

- Bilden Sie jeweils gleich große Gruppen, die die Rollen von (1) Eltern, (2) Jugendlichen, (3) FilmproduzentInnen, (4) Fernsehprogrammchefs/-chefinnen übernehmen!
- Sammeln Sie in Ihrer Gruppe entsprechende Argumente zu Ihrem Standpunkt!
- Argumentieren Sie Ihre Sichtweise in einer Diskussion, an der sich alle Gruppen beteiligen!
- Tipp: Bestimmen Sie einen Diskussionsleiter/eine Diskussionsleiterin, der/die das Streitgespräch moderiert, Fragen stellt, Zwischenergebnisse zusammenfasst und dafür sorgt, dass die Diskussion sachlich und geordnet abläuft, sich alle gegenseitig zuhören und ausreden lassen.

Banduras Experiment

Experiment zur Imitation von Aggression

BANDURA gestaltete zur Fragestellung, wie sich Gewalt in Medien auf unser Verhalten auswirkt, folgende Experimentsituation mit Kindern im Vorschulalter: Ein Teil der Kinder wurde mit einem Film konfrontiert, in dem eine erwachsene Person eine aufblasbare Puppe körperlich und verbal attackierte. Das erwachsene Modell wird im Film für sein aggressives Verhalten entweder belohnt (Süßigkeiten oder Lob) oder aber mit einem „Klaps" bestraft. Anschließend wurden die Kinder in einen Raum gebracht, wo sie dieselbe Puppe vorfanden. Folgendes passierte:

- Kinder, die zuvor gesehen hatten, dass die erwachsene Person für ihr aggressives Verhalten belohnt wurde, tendierten dazu, die Puppe in ähnlich aggressiver Weise zu behandeln.

- Jene Kinder, die im Film gesehen hatten, dass die erwachsene Person für ihr aggressives Verhalten bestraft wurde, zeigten deutlich weniger aggressive Verhaltensweisen.

Bandura konnte mit seinem Experiment zeigen, dass ein Kind **aggressives Verhalten** als sozial erwünschtes Verhalten lernen kann. Wir lernen Verhalten also auch dadurch, dass wir sehen, wie das Verhalten anderer belohnt oder bestraft wird.

Gibt es auch einen Zusammenhang zwischen körperlichem Bestraftwerden und Aggressionsverhalten von Kindern? Zahlreiche Forschungsergebnisse (vgl. Zimbardo 2004, S. 269 ff) zeigen, dass Kinder elterliches Verhalten imitieren. Kinder, die körperlich bestraft werden, zeigen demnach aggressiveres Verhalten als die Vergleichsgruppen, wobei die Aggression der Kinder steigt, je schwerer diese Strafen durch die Eltern ausfallen. Diese Kinder haben aggressives Verhalten als Problemlösestrategie von ihren Eltern gelernt.

Nachahmungs-Bedingungen

Kinder imitieren nicht alles, was sie sehen. Wovon hängt es ab, ob ein Modell nachgeahmt wird? *„Das Nachahmen von Verhaltensweisen wird besonders gefördert (Mischel, Bandura), wenn …*

- *wahrgenommen wird, dass das beobachtete Verhalten erfolgreich ist und angenehme Konsequenzen zeigt,*
- *die Modellperson als mächtig erlebt wird oder über „Belohnungswirkung" verfügt (z. B. Eltern, LehrerInnen …),*
- *das Modell als positiv, beliebt und respektiert empfunden wird,*
- *das Modell in einer gesellschaftlichen Gruppe Dominanz zeigt,*
- *die Modellperson dem/der Lernenden ähnlich ist (Geschlecht, Alter, Interessen, etc.) oder wenn*
- *das Vorbild ernsthaft und seriös erscheint."* (Maderthaner 2008, S. 204)

Kindliches Imitationsverhalten

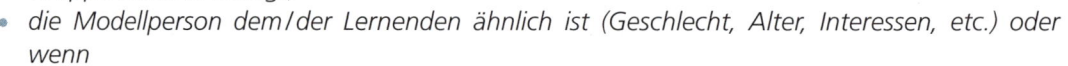

Partnerarbeit 9 Reflektieren Sie Banduras Erkenntnisse für die Erziehung:

RP • Welche Funktion übernehmen Eltern laut Bandura?

RF • Überlegen Sie einige Kriterien (z. B. das Kind soll viel lesen), auf die Sie bei der Kindererziehung besonderen Wert legen würden. Wie müssten Sie laut Bandura vorgehen, damit Ihr Kind die erwünschten Verhaltensweisen auch wirklich lernt?

RF • Welches Verhalten Ihrer Eltern möchten Sie bei Ihren eigenen Kindern „imitieren"?

Kompetenzcheck ▶ AH Seite 25

1. Nennen Sie die Bereiche, die der Begriff Lernen umfasst.
2. Geben Sie wieder, was Lerntheorien untersuchen, und unterscheiden Sie die sozial-kognitive Lerntheorie vom Behaviorismus.
3. Beschreiben Sie den Prozess der klassischen Konditionierung anhand eines Beispiels.
4. In einem Werbespot wird ein Parfum immer im Zusammenhang mit einem attraktiven, begehrten Mann gezeigt. Überlegen Sie – basierend auf den Prinzipien der klassischen Konditionierung – einen möglichen Effekt dieser Koppelung.
5. Erklären Sie die Unterschiede zwischen der instrumentellen und der operanten Konditionierung.
6. Reflektieren Sie, unter welchen Umständen die operante Konditionierung als Erziehungsmaßnahme sinnvoll ist.
7. Fassen Sie die Ergebnisse zusammen, zu denen BANDURA in seinem Experiment zu Imitation und Aggression gelangte.
8. Erörtern Sie die Umstände, die es begünstigen, ein Modell nachzuahmen.
9. Eltern, die ihre Kinder körperlich bestrafen, haben tendenziell aggressivere Kinder. Rekonstruieren Sie, was PAWLOW, SKINNER und BANDURA zu dieser Hypothese sagen würden.

Textanalyse

» Dazu kommt die Vorstellung, Psyche entwickle sich quasi von alleine, jeder Mensch habe eine Psyche und könne, je nach Altersstufe, über bestimmte Funktionalitäten selbstverständlich verfügen. Das ist falsch, denn die positiven psychischen Funktionen, um die es mir geht, bilden sich erst im Laufe der Kindheit aus, und zwar keineswegs automatisch und ohne Einfluss der Umwelt, sondern – im Gegenteil – zunächst einmal vor allem auch dadurch, dass die kindliche Psyche ein erwachsenes Gegenüber als Begrenzung der eigenen Individualität wahrnimmt. Das ist ein sehr zentraler Punkt (…)

Mit zunehmendem Alter wird es dann immer wichtiger, dass an die Stelle der Begrenzung das Vorbild tritt, Kinder also psychische Funktionen etwa bei ihren Eltern erkennen und diese durch ständiges Training bei sich selbst reifen lassen können.

Gesteuert wird das Reifen dieser psychischen Funktionen neurologisch gesehen durch Nervenzellen, so wie sämtliche Prozesse im Körper eines Menschen durch einzelne Nervenzellen ausgelöst werden. (…)

Entscheidend ist, dass die Leistungsfähigkeit der Nervenzelle von der Häufigkeit der Durchläufe abhängt, mit der sie auf ihre spezifische Funktion hin trainiert wird. Je mehr Training, desto automatisierter die Abläufe, die die Zelle zu leisten hat.

Das gilt uneingeschränkt auch für diejenigen Nervenzellen, die ihre Funktion im Bereich der Psyche erfüllen. Nur durch ständiges Training und zahllose wiederholte Durchläufe des gleichen Vorgangs ist es möglich, als Erwachsener die notwendigen psychischen Funktionen erlangt zu haben, die unabdingbar sind, um als in gesellschaftliche Prozesse eingebundenes Wesen existieren zu können. (…) Kinder können sich nur über den emotionalen Bezug und eine entsprechende Bindung an ihre Eltern optimal entwickeln. (…)

Es ist wichtig, dass eine Spiegelung des Kindes maßgeblich durch die Eltern mit den entsprechenden Emotionen erfolgt. Die Spiegelung ist in der psychoanalytischen Praxis ein wichtiges Arbeitsmittel (…) In unserem Zusammenhang bedeutet das nichts anderes als das deutliche Zeigen positiver und negativer Reaktionen auf das Verhalten des Kindes. Das heißt also konkret, dass ich mich über ein positives Verhalten meines Kindes deutlich erkennbar freue und bei einem negativen Verhalten genauso deutlich meinen Ärger zeige, beispielsweise auch durch den Tonfall in meiner Stimme. (…)

In den ersten Lebensjahren ist es vor allem wichtig, dem Kind die Möglichkeit zu geben, Gefühle des Gegenübers einzuschätzen, um darauf aufbauend auch eigene Gefühle kategorisieren zu können. Entscheidend ist dabei, dass der Erwachsene seine Gefühle dem Kind gegenüber spontan und angemessen zum Ausdruck bringt. Kommt es zu Konfliktsituationen mit dem Kind, muss dementsprechend die Reaktion des Erwachsenen immer mit einem entsprechenden Gefühl verbunden sein. Bei Kleinkindern müssen diese Gefühle in jedem Fall mit Worten begleitet werden, die Eltern müssen also explizit aussprechen, dass sie sich im entsprechenden Moment ärgern oder freuen. Ebenso müssen die Gefühlsäußerungen des Kindes entsprechend mit Worten begleitet werden. «

(Michael WINTERHOFF: Warum unsere Kinder Tyrannen werden. oder: Die Abschaffung der Kindheit. München: Mosaik 2010, S. 82ff.)

→ Welche Grundprinzipien zum Thema Verhaltenslernen finden Sie in diesem Textausschnitt wieder?

→ Verfassen Sie eine Erörterung zum Thema „Grundlage der Kindererziehung ist das Fördern psychischer Reife". Stützen Sie sich dabei auf den zitierten Text sowie auf all Ihre bisherigen psychologischen Kenntnisse!

Projekt

Erarbeiten Sie ein **Glossar der Verhaltenspsychologie**. Ordnen Sie die Fachbegriffe alphabetisch und definieren Sie diese prägnant in einem Satz. Beginnen Sie mit dem Begriff *Behaviorismus* und arbeiten Sie sich bis zum *Versuch-Irrtum-Lernen* vor. Formulieren Sie die Erklärungen in eigenen Worten und übernehmen Sie diese nicht wörtlich aus dem Buch.

> *„Denken ist Reden mit sich selbst."*
> Immanuel Kant (deutscher Philosoph, 1724–1804)

„Der Denker" – Kunstwerk des Bildhauers Auguste Rodin (1840–1917)

Denken ist für uns etwas Selbstverständliches, das fast ununterbrochen stattfindet, wenn auch nicht immer bewusst. Vieles, was wir im Alltag tun, setzt voraus, dass wir einfallsreich planen und entscheiden. Dazu müssen wir unsere **kognitiven Fähigkeiten** effektiv einsetzen.

„Vom psychologischen Standpunkt aus ist das Denken charakterisiert als komplizierte analytisch-synthetische Tätigkeit des Gehirns, seiner kortikalen und subkortikalen Mechanismen, die alle im Gehirn einlaufende gegenständliche und sprachliche Information (…) bearbeiten und mit Hilfe der Mechanismen der Rückkopplung (…) oder rückwirkenden Afferenz korrigieren." (Arnold 2007, S. 350)

1 Einzelarbeit: Formulieren Sie die obige komplizierte Definition von Denken in eine einfache Begriffsbestimmung um, die auf Anhieb verständlich ist!

Indem Sie eine komplizierte Definition in eine leicht verständliche umwandeln, setzen Sie Ihre Denkfähigkeit ein und verarbeiten Informationen. Sie haben damit demonstriert, was wir unter **Kognition** (lat. *cognitio*: Erkenntnis) verstehen: Dieser Sammelbegriff steht für alle geistigen Funktionen und Prozesse, die mit dem Aufnehmen, dem Erkennen und dem Verarbeiten von Informationen zu tun haben oder neue Denk-Inhalte produzieren – kurz: für das Denken und Verstehen. Kognition ist die Fähigkeit, von der

wir Gebrauch machen, wenn wir Ideen weiterentwickeln, Probleme lösen, urteilen oder etwas entscheiden.

Die britische Psychologin Nicky Hayes unterteilt Kognition in folgende Bereiche:

- Wahrnehmung der Umwelt
- Aufmerksamkeit auf spezielles Geschehen
- Denken: Verarbeitung der Informationen im Gehirn
- Gedächtnis: Speicherung von Informationen
- Sprache: Zuweisung von Bedeutungen

Die **kognitive Psychologie** befasst sich wissenschaftlich mit der menschlichen Informationsverarbeitung. Im Gegensatz zu behavioristischen Theorien (▸ Kap. 5.1), die alles, was beobachtbar ist, erforschen (Reiz und Reaktion, Lernverhalten und Lernergebnis), interessiert sich die kognitive Psychologie für das, was nicht beobachtbar ist: Sie untersucht kognitive Prozesse (Denkprozesse), die während der Informationsverarbeitung ablaufen und nicht direkt beobachtbar sind. Die kognitive Psychologie möchte über diese Prozesse Zugang zu ablaufenden Informationsverarbeitungsprozessen erhalten. Kognitive Prozesse ermöglichen uns, die Welt um uns herum zu interpretieren, Probleme zu verstehen und kreative Lösungen zu finden (▸ Kap. 7.3), logische Schlussfolgerungen zu ziehen (▸ Kap. 6.2), Begriffe und Kategorien zu bilden (▸ Kap. 6.1) oder Entscheidungen zu treffen. Sie helfen uns beim Erinnern und Kommunizieren und sind schließlich wesentliche Voraussetzung für unsere Sprachfähigkeit.

Sprache ist ein Beweis für unser Denkvermögen und ermöglicht Menschen, komplexe Gedankengänge auszutauschen. Die **sprachlichen Fähigkeiten** sind ein wichtiges Mittel, um erworbenes Wissen von Generation zu Generation weiterzugeben. Sprache ist eng mit dem Gedächtnis verbunden, denn um Sprache verstehen und produzieren zu können, enkodieren (ver- und entschlüsseln) wir sprachliche Informationen, speichern sie und rufen sie wieder ab.

Bedingt das Denken unsere Sprache oder die Sprache unsere Denkweise? Oder ist beides voneinander unabhängig? KognitionsforscherInnen interessieren sich vor allem für die **zeitliche Abfolge** von Sprache und Denken, doch in all diesen Fragen gibt es von der Wissenschaft noch keine verbindliche Einigung (▸ Kap. 6.3).

Wenn Sprache eine kulturelle Leistung ist, könnte man folgern, dass sie ein erlerntes Phänomen ist. Unsere Kultur beeinflusst zwar unsere sprachliche Entwicklung, aber unserer Fähigkeit, Sprache zu erwerben, liegen auch angeborene Mechanismen zugrunde. Skinner, Chomsky, Bruner und kognitiv-neurowissenschaftliche Ansätze leisteten bedeutende Beiträge zum Verständnis des **Spracherwerbs** (▸ Kap. 6.4).

▶ AH Seite 27

6.1 Wissensorganisation

Querverweis
Um das Gedächtnis und die Organisation von Inhalten geht es auch in ▸ Kap. 4.5.

Um neue Informationen problemlos verarbeiten zu können, ist es von Vorteil, eine gut organisierte Gedächtnisstruktur zu haben. Ein gut strukturiertes Gedächtnis kann man mit einer geistigen Bibliothek vergleichen, in die wir neue Informationen einordnen: Um eine solche geistige Struktur aufzubauen bzw. unser Wissen mental zu organisieren, bilden wir **Begriffe**, **Kategorien** und **Prototypen**.

Begriffe

wesentlichen Merkmale

Die Wörter „Katze", „Hund" und „Elefant" haben die **gemeinsame Bedeutungskomponente** *Tier*, die Wörter „Mädchen", „Frau" und „Mutter" die Komponente *weiblich*. Die gemeinsame Bedeutungskomponente umfasst immer die wesentlichen Merkmale einer Sache, und um diese auszudrücken, bilden wir Begriffe. Bei einem Begriff wie „Pflanze" weiß man sofort, was gemeint ist, ohne dass alle Merkmale einer Pflanze aufgezählt werden müssen, die sie als solche erkennen lassen. Wenn uns der Name von etwas (z. B. „Spatz") nicht einfällt, erkennt unser Gegenüber mit dem Begriff „Vogel" dennoch, was wir meinen.

Begriffe für Kategorien

Wissen kategorisieren

Da wir mit vielen Eindrücken konfrontiert werden, ordnen wir sie: Wir fassen ähnliche Gegenstände, Ereignisse und Vorstellungen gedanklich in Gruppen zusammen und bilden **Kategorien**. Begriffe sind notwendig, um diese geistigen Konstrukte zu kennzeichnen: Kategorien werden mit Begriffen benannt, damit die eintreffenden Informationen gespeichert werden können. Kategorisierte Informationen bringen einen Gedächtnisvorteil, denn sie machen bei neu eintreffenden Informationen

"Attention, everyone! I'd like to introduce the newest member of our family."

eine schnellere Verarbeitung möglich. Das gilt auch für eine Person, die wir neu kennen lernen: Auf der Basis weniger Informationen ordnen wir sie in Kategorien ein, was im Alltag allerdings zu sogenanntem Schubladendenken oder **Stereotypenbildung** (▸ Kap. 11.3) führen kann und Vorurteile (▸ Kap. 11.2) entstehen lässt.

Begriffe für Prototypen

Stellen Sie sich einen Vogel vor! Bestimmt denken Sie an ein Tier, das Flügel, einen Schnabel und ein Federkleid besitzt. Sie werden aber nicht sofort an einen Pinguin oder eine Henne denken. Beide können nämlich nicht fliegen, daher erscheinen sie als untypische VertreterInnen der Vögel. Laut der Kognitionspsychologin Eleanor ROSCH fällt uns bei untypischen VertreterInnen die Zuordnung schwerer, weil wir Begriffe immer mit einer für sie besonders typischen Repräsentation vergleichen: dem Prototypen. Der **Prototyp** ist die Vorstellung, die wir als Vertretung für eine bestimmte Kategorie im Kopf haben: Die Kategorie „Obst" wird etwa durch die Prototypen Äpfel und Bananen repräsentiert, der typische „Schotte" mit Rock und Dudelsack. Neue Informationen werden immer mit den Prototypen abgeglichen: Wenn die Eigenschaften des neuen Objekts denen eines bereits existierenden Prototypen ähnlich sind, kann man das Objekt schnell der jeweiligen Kategorie zuordnen.

In Deutschland galten Inline-Skates lange Zeit als „Fahrzeug", weshalb man damit nicht auf Fußwegen fahren durfte. (vgl. Tücke 2005, S. 181)

Plenum **2** Stimmen Sie in der Klasse ab, welcher dieser Trinkbehälter eine typische Tasse repräsentiert.

1 2 3 4 5

Einzelarbeit **3** Zeichnen Sie eine Flasche. Beschreiben Sie anschließend die typischen Merkmale einer Flasche.

Überlegen Sie in der Klasse weitere Kategorien und ihre Prototypen. Definieren Sie die typischen Merkmale, die den jeweiligen Prototypen zugrunde liegen!

φ *Philosophie*
Logik: Methodenlehre

6.2 Logisches Denken und Schlussfolgern

Definition
MENTALE OPERATIONEN sind geistige Handlungen wie z. B. Schlussfolgern oder Assoziieren.

Sobald im Gehirn neue Informationen sinnvoll organisiert wurden, können anschließend **mentale Operationen** stattfinden, um beispielsweise ein Problem zu lösen oder eine Entscheidung zu treffen.

Auch das logische Denken, bei dem aus Tatsachen Schlussfolgerungen gezogen werden, ist eine solche mentale Operation. Das logische Denken beim Problemlösen geschieht entweder durch *deduktives* oder *induktives* Schließen:

Definition
DEDUKTION (lat. *deducere:* herabführen) schließt vom Allgemeinen auf das Besondere.

Beim **deduktiven Schließen** wird aus einer oder mehreren allgemeinen Aussagen logisch auf das Einzelne geschlossen. Ein solches Schlussverfahren (Syllogismus) besteht aus zwei Prämissen (Aussagen, Voraussetzungen) und einer Konklusion (Schlussfolgerung).
Prämisse 1: Alle Menschen sind sterblich.
Prämisse 2: Sokrates ist ein Mensch.
Konklusion: Sokrates ist sterblich.
Das deduktive Schließen ist eine logische Beweisführung, bei der die Gültigkeit allgemeiner Aussagen am Einzelfall untersucht wird. Der logische Schluss basiert allerdings nicht auf logischer Gewissheit, denn aus gültigen Prämissen ergibt sich nicht zwangsläufig ein gültiger Schluss. Die Bedingung, damit er gültig ist, ist Folgende:
Prämisse 1: allgemeine Aussage über eine Menge (Menschen sind sterblich.)
Prämisse 2: Aussage über eine Teilmenge von Prämisse 1 (Sokrates ist ein Mensch.)

Definition
INDUKTION (lat. *inducere:* hineinführen) schließt vom Besonderen auf das Allgemeine.

Das **induktive Schließen** beschreibt eine Form des Denkens, bei der aus einzelnen Beobachtungen allgemeine Schlussfolgerungen und Regeln abgeleitet werden. Diese sind aber rein hypothetisch, also nur wahrscheinlich. Im folgenden Beispiel ist nach den Prämissen A und B die Konklusion C nur wahrscheinlich, aber nicht sicher:
Prämisse A: Ich beobachte viele Schafe.
Prämisse B: Alle beobachteten Schafe sind schwarz.
Konklusion C: Alle Schafe sind schwarz.
Induktive Schlüsse sind daher nur so lange gültig, bis sie durch neue Informationen revidiert werden. Die Schlussfolgerung beruht auf vorliegenden Anhaltspunkten und früheren Erfahrungen.
Ein großer Teil unserer Problemlösefähigkeit basiert auf induktivem Schließen. Probleme werden gelöst, indem Analogien mit früheren Problemen formuliert werden, für die bereits Lösungen bekannt sind.

Alle Katzen haben vier Beine.
Ich habe vier Beine.
Also bin ich eine Katze.

T   **Einzelarbeit**   5

Sehen Sie sich die Karikatur an: Erklären Sie, um welche Art der Schlussfolgerung es sich hier handelt.

Überprüfen von Hypothesen

Definition
VERIFIKATION ist die Bestätigung, FALSIFIKATION die Widerlegung einer Hypothese.

Ob in der Wissenschaft oder im Alltag, wir bilden zunächst Hypothesen (Annahmen) zu unseren Beobachtungen. Diese Hypothesen werden anschließend auf der Basis von Erfahrungen überprüft. Die Wissenschaft **verifiziert** oder **falsifiziert** Hypothesen anhand von Fallbeispielen.
Beim Prüfen von Hypothesen tendieren wir dazu, unsere Hypothesen zu bestätigen (Bestätigungstendenz). Wenn wir also allgemeine Aussagen (in Form von Meinungen oder Vorurteilen) im Kopf haben, suchen wir nach Beispielen, die unsere Hypothese bestätigen (▸ Kap. 11.2). Dieses Phänomen ist unter dem Begriff **Bestätigungsfehler** bekannt.

φ **Philosophie**
Erkenntnistheorie:
Kritischer Rationalismus

Deduktion und Induktion als Verfahren der Logik sind auch wesentliche philosophische Instrumente, um wissenschaftliche Erkenntnisse gewinnen zu können. Der Erkenntnistheoretiker Sir Karl POPPER kritisiert, dass wir über Induktion nie sicheres Wissen erlangen können und sie daher *keinen* Erkenntnisfortschritt bringt. Er argumentiert, dass die Beobachtung vieler weißer Schwäne nicht ausschließt, dass es vielleicht doch auch schwarze Schwäne gibt. Popper fordert daher, dass wissenschaftliche Theorien durch **Falsifikation** „ausgesiebt werden", sodass sich schließlich nur jene durchsetzen, deren Falsifikation misslingt.

RF Partnerarbeit 6

Versuchen Sie, für die folgende Situation einen logischen Schluss zu finden:
Nachdem ein Krokodil einer Mutter das einzige Kind geraubt hat, verspricht es der Mutter, ihr das Kind zurückzugeben, falls sie richtig errät, was das Krokodil mit dem geraubten Kind tun wird. Die Mutter überlegt einen Augenblick und sagt: „Du wirst mir mein Kind nicht zurückgeben …" Muss das Krokodil nach dieser Antwort der Mutter das Kind zurückgeben? Die Mutter meint: *Ja!* Das Krokodil: *Nein!* Wer hat Recht? (Wittschier 2004, S. 50)

▶ **AH** Seite 29

6.3 Die Beziehung zwischen Sprache und Denken

φ **Philosophie**
Sprachphilosophie:
Ludwig Wittgenstein

An unserem Denken brauchen wir niemanden teilhaben zu lassen, wir müssen uns dafür nicht rechtfertigen und nichts erklären – kein Mensch kann hören, was wir denken.

Denken ist ein innerer Vorgang, der nicht unmittelbar beobachtet werden kann. Doch mittels computergesteuerter bildgebender Verfahren (▸ Kap. 2.4) ist es bereits möglich, uns beim Denken zuzusehen. Über den Glukoseverbrauch oder Magnetfelder sieht man, welche Gehirnareale während unseres Denkvorgangs gerade aktiv sind. Es kann allerdings nur beobachtet werden, *dass* wir denken, jedoch nicht, *was* wir denken und *wie* Denkprozesse ablaufen.

RF Einzelarbeit 7

Gedankenexperiment: Schließen Sie die Augen und konzentrieren Sie sich ganz auf sich selbst.
- Beschreiben Sie, was Sie gedacht haben.
- Wie haben Sie gedacht? In Bildern? In Begriffen?
- Versuchen Sie nun einige Sekunden an nichts zu denken.
- Tauschen Sie sich anschließend im Plenum über Ihre Gedanken aus.

Literaturtipp ◀
SCHAFFRATH, Monika (Hrsg.):
Übelsetzungen. Sprachpannen aus aller Welt. Mit Texten von Titus Arnu. Nördlingen 2014.
Wollten Sie nicht immer schon eine „Fleischdusche" nehmen oder sich beim Friseur eine „Pauerwelle" machen lassen? In Lanzarote kriegen Sie außerdem ein Handwerker-Eis und in Gran-Canaria sollen Sie bei „Windschreien" die Sonnenschirme „schließen". Lustige Sprachpannen aus der ganzen Welt sind u. a. das Ergebnis von Wort-für-Wort-Übersetzungen mithilfe eines Wörterbuchs.

„Sind zuerst die Ideen da und suchen wir dann nach dem richtigen Wort, um sie auszudrücken? Oder sind unsere Gedanken so sehr an Worte gebunden, dass wir sie ohne Sprache gar nicht denken könnten?" (Myers 2005, S. 443) Erst denken, dann reden, wird uns oft empfohlen. Aber vielleicht können wir gar keinen Gedanken fassen, ohne ihn davor in Worte gekleidet zu haben? Die Sprachwissenschaftler SAPIR, WHORF, LÉVI-STRAUSS und PINKER gingen der Frage nach, inwiefern Sprache und Denken einander (nicht) beeinflussen, und untersuchten jeweils einen anderen sprachwissenschaftlichen Ansatz:

1. Die Sprache als Mutter der Gedanken
2. Der Einfluss der Gedanken auf die Sprache
3. Sprache und Denken als getrennte Funktionen
4. Sprache und Denken beeinflussen sich wechselseitig

Die Beziehung zwischen Denken und Sprache ist komplex.

1. Die Sprache als Mutter der Gedanken (Sapir / Whorf)

SchriftstellerInnen und PhilosophInnen fanden metaphorische Vergleiche, um die Bedeutung der Sprache zu illustrieren: Der deutsche Philosoph Georg Wilhelm Friedrich HEGEL betrachtete die Sprache als „Leib des Denkens", für den österreichischen Schriftsteller Karl KRAUS ist Sprache die „Mutter und nicht die Magd der Gedanken", und der österreichisch-britische Philosoph Ludwig WITTGENSTEIN sagt: „Die Grenzen meiner Sprache sind die Grenzen meiner Welt."

Die Sprachwissenschaftler Edward SAPIR und sein Schüler Benjamin Lee WHORF gingen in ihrer berühmten **Sapir-Whorf-Hypothese** ebenfalls davon aus, dass unsere Sprache unser Denken beeinflusst und nicht umgekehrt. In sprachvergleichenden Untersuchungen konnten sie zeigen, dass die Eigenheiten einer Sprache unsere Denkprozesse strukturieren und steuern.
Die Erkenntnis, dass unsere Denkinhalte, unsere Einstellungen und unsere Welt-Wahrnehmung von der jeweils gesprochenen Sprache beeinflusst werden, fassten Sapir und Whorf mit dem Begriff **linguistischer Determinismus** zusammen. Stirbt eine Sprache aus, gehen Kultur und Denkweise, die an diese Sprache gebunden sind, ebenfalls verloren.

KritikerInnen des linguistischen Determinismus meinen, dass sich aus Sapirs und Whorfs Erkenntnissen nicht folgern lässt, dass die Sprache unser Denken *determiniert* (bestimmt). Das würde bedeuten, dass wir ohne Sprache nicht denken könnten. Untersuchungen an AphasikerInnen (Personen, die an einer erworbenen Sprachstörung leiden) widerlegen dies jedoch: Ein Schlaganfall kann zwar das Broca- oder Wernicke-Areal schädigen und Sprachstörungen oder den Verlust des Sprechvermögens zur Folge haben, doch die kognitiven Leistungen der AphasikerInnen sind mit dem Denkvermögen gesunder ProbandInnen vergleichbar.

Diskussion 8

Mit dem generischen Maskulinum ist ein männliches Nomen gemeint, das sowohl männliche als auch weibliche Personen anspricht. Der Begriff *Schüler* beispielsweise steht stellvertretend für alle männlichen, aber auch für alle weiblichen Schülerinnen. Diskutieren Sie, ob das generische Maskulinum als Ausdruck sprachlicher Diskriminierung längst überholt ist oder eine neutrale Sprachform darstellt.

gender-gerechter Sprachgebrauch

Es gilt als erwiesen, dass sich Wortschatz und Struktur einer Sprache auf das Denken *auswirken*. Der Einfluss der Sprache auf das Denken lässt sich durch Untersuchungen nachweisen: Maskuline Formen, selbst wenn sie als Oberbegriff für beide Geschlechter verwendet werden, lassen vorwiegend an männliche Personen denken. Aus dieser Erkenntnis resultiert das neue Bemühen, sich geschlechtsneutral auszudrücken oder beide Formen (weiblich und männlich) zu verwenden.

medialer Sprachgebrauch

Wie wir die Dinge bezeichnen und welche Worte wir wählen, zeigt, wie wir denken. Der deutsche Literatur- und Medienwissenschaftler Jochen HÖRISCH spricht in diesem Zusammenhang von emotionalen und assoziativen Räumen, in die wir uns hineinreden. Worte vermitteln mehr als Informationen. „Heimatvertriebene" haben unser Mitgefühl, „Asylanten" hingegen lehnen wir ab. Mit Worten wie diesen heften wir Etiketten an Menschen, stempeln sie ab und steuern ihnen gegenüber unsere Gefühle: Sympathie oder Antipathie. Vor allem NachrichtenmoderatorInnen, JournalistInnen und PolitikerInnen lenken unsere Gedanken durch ihre Wortwahl.

2. Der Einfluss der Gedanken auf die Sprache (Lévi-Strauss)

Der französische Ethnologe und Anthropologe Claude LÉVI-STRAUSS geht davon aus, dass sich unsere Denkweise auf unsere Sprache auswirkt. Als Beispiel führt er totalitäre Staaten an, die – entsprechend ihrer Denkinhalte – ihren eigenen Sprachstil prägen. Damit übernimmt er einen Gedanken von ARISTOTELES, der behauptete, dass die Sprachstruktur durch das Denken determiniert sei. Würde das Denken nicht auch die Sprache beeinflussen, könnten niemals neue Wörter entstehen. Neue Gedanken werden nämlich über neue Wörter ausgedrückt.

3. Sprache und Denken als getrennte Funktionen (Pinker)

Wer kennt nicht die Situation, in der es einfach nicht gelingen will, einen angefangenen Satz zu Ende zu sprechen, weil die Worte fehlen, oder es nicht gelingt, einen Gedanken sprachlich in passende Worte zu kleiden? Der US-amerikanische Kognitionspsychologe Steven PINKER meint, dass Sprache und Denken getrennt voneinander ablaufen. Er behauptet sogar, Denken sei eine eigene Sprache: „Mentalesisch", eine in unserem Gehirn eigenständige Gedankensprache, die Objekte und Ideen symbolisch repräsentiert. Diese symbolischen inneren Repräsentationen werden erst in weiteren Schritten, nämlich beim Kommunizieren, an sprachliche Laute geknüpft und

»Du hast so viele Leben, wie du Sprachen sprichst.«
(tschechisches Sprichwort)

in eine konkrete Wortabfolge übersetzt. Mentalesisch ist eine wortlose Gedankensprache, die überall auf der Welt, unabhängig von der Erstsprache, verwendet wird.

Wussten Sie, dass ... SportlerInnen und MusikerInnen durch **mentales Training** ihr Trainingsprogramm bzw. ihr Musikstück optimieren können? „Mentales Training" (lat. *mens*: Geist) bedeutet wörtlich „das Üben im Geist". Dabei stellt man sich die Bewegungsabläufe (z. B. bei der Skiabfahrt oder komplizierte Fingerbewegungen am Klavier), die geübt werden sollen, vor, ohne die Handlung selbst tatsächlich auszuführen. Eine Untersuchung (Hang Zhang et al. 2011) konnte zeigen, dass bereits ein zweiwöchiges mentales Training die motorische Leistung verbessern kann sowie eine messbare funktionale Veränderung im Gehirn bewirkt. Die bloße Vorstellung einer Bewegung genügt also, um eine nachweisbare lern- und leistungsstarke Wirkung auf motorische Aktionen zu entfalten.

4. Wechselseitiger Einfluss von Sprache und Denken (Wygotski)

Sprache
↕
Denken

Der Psychologe Lew S. WYGOTSKI versteht das Denken und die Sprache als zwei sich überschneidende Prozesse: *„Das Sprechen ist seiner Struktur nach keine spiegelhafte Abbildung der Struktur des Denkens. Es kann deshalb dem Denken nicht wie ein fertiges Kleid übergestülpt werden. Das Sprechen dient nicht als Ausdruck des fertigen Gedankens. Indem sich der Gedanke in Sprechen verwandelt, gestaltet er sich um, verändert sich. Der Gedanke drückt sich im Wort nicht aus, sondern vollzieht sich im Wort."* (Wygotski 2002, S. 401)

φ **Philosophie**
Erkenntnistheorie –
Rationalismus: Descartes

RP **Einzelarbeit** 9 Fassen Sie die Gedanken der Sprachwissenschaftler in einer strukturierten Tabelle wie der folgenden zusammen!

6

Sprache → Denken	Denken → Sprache	Sprache / Denken	Sprache ↔ Denken
SAPIR / WHORF	LÉVI-STRAUSS	PINKER	WYGOTSKI

RF **Diskussion** 10
- Wie stehen Sie zu dem Vorstoß, diskriminierende Begriffe wie beispielsweise „Negerkönig" (Pippi Langstrumpf) oder „Negerlein" (Die kleine Hexe) aus Kinderbuch-Klassikern zu verbannen? Wären Streichungen dieser Art eine politisch korrekte Vorgehensweise, um sich an den sprachlichen und politischen Wandel anzupassen, oder stellen sie eine Zensur und ein Vergehen an authentischer Literatur dar? Argumentieren Sie (auch) aus sprachwissenschaftlicher Sicht.
- Diskutieren Sie in weiterer Folge, ob Sprache gesellschaftliche Veränderungen evozieren (hervorrufen) kann.

▶ **AH** Seite 28, 30

6.4 Spracherwerbstheorien

„Jedes Neugeborene ist grundsätzlich mit der angeborenen menschlichen Fähigkeit, Sprache zu erwerben und folglich sprachlich zu kommunizieren, ausgestattet. Manche Theoretiker sprechen von einem dem Menschen angeborenen ‚schweigenden linguistischen Wissen', das sich im Laufe vor allem der ersten Lebensjahre eines Kindes entfaltet."
(Wendlandt 2010, S. 10)

Erklärungsansätze

Die deutsche Sprache umfasst etwa 500 000 Wörter, inklusive Fachwortschatz sogar mehr als eine Million. Vom gesamten Wortschatz wird jedoch nur ein geringer Teil aktiv verwendet. Durchschnittliche 16-jährige Jugendliche kennen ca. 60 000 Wörter. (vgl. Myers 2005, S. 436) „Das bedeutet, dass er[/sie] (nach dem 1. Lebensjahr) fast 4000 Wörter pro Jahr oder 11 pro Tag gelernt hat!" (a. a. O.) In atemberaubender Zeit eignet sich ein Kind in den ersten Lebensjahren das Wörterbuch seiner Erstsprache an und verinnerlicht Grammatikregeln (▶ Kap. 9.4). Welche Meisterleistung wir als Kind in dieser Zeit vollbringen, wird uns erst bewusst, wenn wir uns in der Schule mit Fremdsprachen abmühen und tagelang Vokabeln lernen. Aufgrund der Leichtigkeit, mit der sich Kinder Sprache aneignen, wird die Frage nach den Mechanismen des Prozesses bedeutend. Wie wir Sprachen erwerben, führt zur Anlage-Umwelt-Debatte (▶ Kap. 9.1, 9.2): Inwiefern ist Sprache angeboren und inwiefern ist sie Resultat unserer Lernprozesse?

Beim kindlichen Spracherwerb werden der **lernpsychologische**, der **nativistische**, der **kognitiv-neurowissenschaftliche** und der **interaktionistische** Erklärungsansatz voneinander unterschieden:
- Der Lernpsychologe Burrhus Frederic SKINNER führt den Spracherwerb auf Nachahmung zurück.
- Der Sprachwissenschaftler Noam CHOMSKY geht von einer dem Menschen angeborenen Universalgrammatik aus.

- NeurowissenschaftlerInnen betonen die Wichtigkeit der neuronalen Verbindungen im Gehirn.
- Jérôme BRUNER nennt die soziale Interaktion als wesentliche Voraussetzung für den Spracherwerb.

1. Lernpsychologischer Ansatz (Skinner)

Laut SKINNER plappern Kinder nicht nur nach, was sie aufschnappen. Sie brauchen auch einen Anreiz wie z. B. Lob. Skinner erklärt den kindlichen Spracherwerb über drei lernpsychologische Prinzipien:

- **Assoziation:** Das Kind stellt eine korrekte Verbindung zwischen Bild und Wortklang her.
- **Imitation:** Ein Kind lernt eine Sprache, wenn ihm entsprechende Reize zum Nachahmen geboten werden (Reiz-Reaktions-Verhalten).
- **Verstärkung:** Immer wenn das Kind etwas sprachlich richtig formuliert, wird es durch eine andere Person positiv verstärkt (z. B. anerkennend angelächelt) und ermutigt.

2. Nativistischer Ansatz (Chomsky)

CHOMSKY führt Überlegungen aus, die seiner Meinung nach Skinners Lerntheorie widerlegen:

individuelle Satzstrukturen

- Chomsky stellte fest, dass Kinder Wort- und Satzstrukturen lernen, die ihnen nicht bewusst beigebracht wurden. Sie kombinieren und reihen Wörter ganz individuell, sie bilden Sätze, die sie davor nie gehört haben und die daher nicht auf Nachahmung beruhen können. Zehn Wörter in einem Satz lassen mehrere Millionen Reihungen zu. Nur wenige dieser Reihungen ergeben Sinn. Kindern gelingt es trotzdem, genau die Reihenfolgen herauszufiltern, die Sinn ergeben, selbst wenn sie den Satz in der Form noch nie zuvor gehört haben.

Übergeneralisierung

- Weiters beobachtete Chomsky, dass Kinder viele Fehler machen, die aus einer Übergeneralisierung (übermäßige Verallgemeinerung) grammatikalischer Regeln entstehen. In diesen kindlichen Sprachäußerungen finden sich häufig Formulierungen wieder, die die Kinder nie zuvor in ihrer Umgebung gehört haben können. Typische Fehler im Deutschen passieren bei den Mehrzahlformen (Hund – *Hünde*) sowie bei den Vergangenheitsformen (gehen – *gingte* oder *gehte* statt „ging"). Den ersten Sprachäußerungen eines Kindes liegen offensichtlich Regeln zugrunde, die falsch verallgemeinert werden können.

Die Übergeneralisierung von Sprachregeln führt zu Fehlern beim Sprechen.

Aus diesen beiden Beobachtungen (individuelle Satzstrukturen, Übergeneralisierung) folgerte Chomsky, dass der Spracherwerb nicht allein über Skinners Lernmechanismen (Assoziation, Imitation, Verstärkung) erklärt werden kann. Chomsky geht davon aus, dass die rund 6000 Sprachen dieser Welt auf einer sogenannten **Universalgrammatik** aufbauen: den gemeinsamen Prinzipien (Universalien), die allen Sprachen zugrunde liegen. Die Universalgrammatik ist in unserem Gehirn verankert und wird in der jeweiligen Sprachgemeinschaft, in der wir aufwachsen, aktiviert. Jedes Kind baut seinen Spracherwerb auf dieser Universalgrammatik auf. Sie ermöglicht ihm, jede beliebige Sprache, die es hört, zu lernen, weil es die dafür notwendigen genetischen Voraussetzungen mitbringt: einen angeborenen Spracherwerbsmechanismus (**language acquisition device / LAD**). Chomsky ist überzeugt, dass bewusstes Üben zu keinem sprachlichen Fortschritt führt.

Der deutsche Sprachwissenschaftler und Neurologe Eric LENNEBERG geht genauso wie Chomsky von einer angeborenen Sprachbereitschaft des Menschen aus, nennt aber auch physiologische Reifungsprozesse und das Sprachverhalten der Umgebung als wesentliche Voraussetzungen für den Spracherwerb.

Definition

Unter LANGUAGE ACQUISITION DEVICE (LAD) versteht man ein angeborenes Sprachsystem, das eine Menge an Regeln umfasst, die allen Sprachen zugrunde liegen.

Definition

Die SENSIBLE PHASE ist eine Periode, in der ein Kind besonders empfänglich ist, sich eine bestimmte Fähigkeit anzueignen.

3. Kognitiv-neurowissenschaftlicher Ansatz

Aus neurowissenschaftlicher Sicht beginnt das Erlernen einer Sprache bereits vorgeburtlich, indem sich der Embryo auf den Klang der Sprache der Mutter einstimmt. Nach der Geburt bildet sich das Sprachzentrum (Broca-Areal, Wernicke-Areal) aus und damit beginnt die **sensible Phase** der Sprachentwicklung. In der sensiblen Phase entwickelt das Gehirn ein dichtes Netzwerk von neuronalen Verbindungen, das auf die Sprachverarbeitung und die Sprachproduktion ausgerichtet ist – dies ist die beste Zeit für den Spracherwerb. Die sensible Phase für die Sprachaneignung dauert bis zum dritten Lebensjahr. Bis dahin besteht die beste Möglichkeit, mehrere Erstsprachen gleichzeitig zu erlernen, denn alle Sprachen, die in dieser Zeit erlernt werden, werden als Erstsprache im selben neuronalen Netz verarbeitet. Für jede neue Sprache, die man sich nach dem dritten Lebensjahr aneignet, muss das Gehirn neue Netzwerke im Broca-Areal anlegen. Während das frühkindliche Netzwerk auf Intuition beruht, benötigt der spätere Aufbau neuer Netzwerke mehr kognitive Prozesse – Lernen funktioniert dann mehr über Regeln als über Intuition. Durch diesen größeren Aufwand für das Gehirn fällt es nach der Ausbildung des Sprachzentrums schwerer, neue Sprachen zu erlernen.

Das dritte Lebensjahr kann allerdings nicht als abrupte Grenze für den Spracherwerb gesehen werden. Kinder, die erst in der Schule mit dem Fremdspracherwerb beginnen, eröffnen mit der ersten neuen Sprache ein **zweites Sprachareal**. Dieses Areal ist auch für alle weiteren Sprachen zuständig. Ist die Brücke zu diesem zweiten Areal erst einmal geschlagen, fällt es leichter, weitere Fremdsprachen zu lernen. Mit dem Erwerb einer ersten fremden Sprache wird ein ganzes Bündel von Ressourcen und Fähigkeiten aktiviert, die den Lernprozess voranbringen oder auch behindern können. Durch Übung kann das Gehirn also jederzeit leistungsfähige neue Netzwerke schaffen oder bestehende verstärken. Der neuronale Nachteil bei SpätlernerInnen kann durch kognitive Fähigkeiten, Motivation, Fleiß und Auslandsaufenthalte ausgeglichen werden.

Lenneberg spricht von einer „kritischen Periode" zwischen 2 und 13 Jahren, in der die latente Sprachstruktur aktiviert werden muss. Er begründet die Periode mit dem mühelosen Erlernen einer Sprache in der Kindheit und dem Verlust der Fähigkeit mit Einsetzen der Pubertät. Der Fokus verschiebt sich ab diesem Zeitpunkt auf andere wesentliche Bereiche der kindlichen Entwicklung.

4. Interaktionistischer Ansatz (BRUNER)

Der US-amerikanische Entwicklungspsychologe und Sprachwissenschaftler Jérôme BRUNER versteht Sprache als Teil des sozialen Verhaltens. Er prägte den Begriff des **language acquisition support system** (LASS) und meint damit das gemeinsame Handeln und In-Kommunikation-Treten (z. B. Geben/Nehmen, Imitation, Mimik) zwischen dem Kind und seinen Bezugspersonen. Sprache kann sich seiner Theorie nach nur ausbilden, wenn wechselseitiger Kontakt vorhanden ist.

Wussten Sie, dass ... man sich lange Zeit nicht darüber einig war, ob mehrere Sprachen eine Belastung für das kindliche Gehirn darstellen oder ob es empfehlenswert ist, früh mit der kindlichen Sprachförderung zu beginnen? Bis ins 20. Jahrhundert ging man davon aus, dass ein mehrsprachig erzogenes Kind keine der Sprachen richtig lernt. In der Zwischenzeit konnten Untersuchungen (u. a. Herdina/Jessner 2002) solche Zweifel entkräften. Eine mehrsprachige Erziehung überfordert das Kind nicht. Im Gegenteil, **Mehrsprachigkeit** fördert die kognitive Entwicklung, solange die sprachliche Frühförderung spielerisch, ohne Zwang und vor allem in Interaktion mit anderen Menschen verläuft. Rein akustische Inputs wie beispielsweise fremdsprachige Filme sind dabei allerdings nicht so erfolgversprechend wie der Kontakt mit anderen Kindern, die diese Fremdsprache ebenso sprechen. (Korte 2010; Sambanis 2007)

Schlussfolgerungen

„Sprachmechanismen sind genetisch vorgegeben. Durch Erfahrung und die daraus entstehenden Veränderungen im Gehirn werden sie aktiviert. Wer in Paris aufwächst, spricht französisch (Einfluss der Umwelt), aber nicht, wenn er eine Katze ist (Einfluss der Gene)." (Myers 2005, S. 439)

Jede Theorie hat einen wichtigen Beitrag geleistet, um den Spracherwerbsprozess verstehen zu lernen:
- Kinder sind genetisch mit einer komplexen Gehirnstruktur ausgerüstet und haben dadurch **angeborene Fähigkeiten**, um „grammatische Regeln" zu erfassen, die einen Spracherwerb überhaupt erst möglich machen.
- In den ersten Lebensjahren bildet das kindliche Gehirn ein dichtes Netz an **neuronalen Verbindungen** aus und ist für den Erwerb einer Sprache besonders empfänglich.
- In **Interaktion** mit anderen Menschen ist es Kindern schließlich möglich, die Sprache ihrer Umgebung verstehen und sprechen zu lernen.

 **Einzelarbeit** 11   Ordnen Sie die drei obigen Schlussfolgerungen den Spracherwerbstheorien zu!

Kompetenzcheck

1. Erklären Sie, wozu wir unsere Kognition benötigen.
2. Zeigen Sie auf, wie wir Wissen organisieren.
3. Unterscheiden Sie das deduktive vom induktiven Schließen.
4. „Das Wort ist die Mutter aller Gedanken." Analysieren Sie dieses Zitat und benennen Sie die Sprachtheorie, die hier vertreten wird.
5. Erklären Sie die Hypothese des linguistischen Determinismus. Legen Sie anschließend Ihre eigene Position zur Beziehungsproblematik zwischen Sprache und Denken begründet dar.
6. Beschreiben Sie eine wortlose Gedankensprache.
7. Stellen Sie mithilfe der sprachwissenschaftlichen Ansätze den Zusammenhang zwischen Sprache und Denken dar.
8. Stellen Sie einige Überlegungen CHOMSKYS dar, die gegen SKINNERS lerntheoretischen Ansatz sprechen.
9. Skizzieren Sie den Verlauf des kindlichen Spracherwerbsprozesses, indem Sie die Erkenntnisse des lernpsychologischen, des nativistischen, des kognitiv-neurowissenschaftlichen und des interaktionistischen Erklärungsansatzes zusammenfassen.
10. Inwiefern nutzt es Kindern, die noch nicht sprechen können, wenn ihnen Bücher vorgelesen werden? Argumentieren Sie mit den Erkenntnissen der Spracherwerbstheorien.

Textanalyse

»*Alle unsere Sprachen sind Kunstwerke. Man hat lange geforscht, ob es eine natürliche und allen Menschen gemeinsame Sprache gäbe. Ohne Zweifel gibt es eine: die Kindersprache, ehe sie sprechen können. Diese Sprache ist nicht artikuliert, aber sie ist betont, klingend und verständlich. Durch den Gebrauch unserer Erwachsenensprache haben wir sie vernachlässigt und ganz vergessen. Studieren wir die Kinder und wir werden sie bald wieder von ihnen lernen. Die Ammen sind unsere Lehrer in dieser Sprache: sie verstehen alles, was ihre Säuglinge sagen; sie antworten ihnen; sie führen mit ihnen zusammenhängende Gespräche. Obwohl sie Worte aussprechen, sind diese doch völlig überflüssig; die Kinder hören nicht den Sinn des Wortes, sondern den Ton, der es begleitet. Zur Sprache der Stimme gesellt sich nicht weniger kraftvoll die Sprache der Gebärde. Diese Gebärde liegt nicht in den schwachen Kinderhänden, sondern in ihren Gesichtern. Es ist erstaunlich, wieviel Ausdruck diese wenig ausgebildeten Züge schon haben; sie wechseln unbegreiflich schnell von einem Augenblick zum anderen: Lächeln, Verlangen und Schrecken huschen blitzartig darüber hin; man meint, jedesmal ein anderes Gesicht zu sehen. Ihre Gesichtsmuskeln sind bestimmt viel beweglicher als unsere. Dagegen sind ihre matten Augen fast ausdruckslos. Derart muss die Zeichensprache in einem Alter sein, in dem man nur körperliche Bedürfnisse hat; der Ausdruck der Empfindungen liegt im Mienenspiel, der Ausdruck der Gefühle in den Blicken.*«*

»*Kinder hören von Geburt an sprechen. Nicht nur, dass man mit ihnen spricht, ehe sie verstehen, sondern auch ehe sie einen Laut wiedergeben können, den sie hören. Ihr noch ungelenkes Organ kann nur nach und nach die Laute nachahmen, die man sagt, und es ist nicht sicher, ob sie diese Laute so deutlich hören wie wir. (…) Zahlreiche Erwägungen drängen sich dem auf, der sich mit der Bildung der Sprache und den ersten Äußerungen des Kindes beschäftigt. Was man auch macht, sie lernen immer auf die gleiche Weise sprechen, und alle philosophischen Grübeleien sind hier höchst unnütz. Anfangs haben sie, sozusagen, eine eigene Grammatik, in der die Satzlehre viel allgemeinere Regeln hat als unsere. Gäbe man genau acht, wäre man erstaunt über die Genauigkeit, mit der sie gewisse Analogien befolgen, sehr fehlerhafte zwar, wenn man will, aber sehr regelmäßige. Sie stören uns nur, weil sie hart sind oder weil sie der Sprachgebrauch nicht zulässt. (…) Es ist höchst pedantisch und überflüssige Mühe, all diese kleinen Fehler bei Kindern berichtigen zu wollen, die sie mit der Zeit selbst ablegen. Sprecht immer richtig in ihrer Gegenwart; sorgt, dass sie sich bei niemandem so wohl fühlen als bei euch, und ihr könnt sicher sein, dass sich ihre Sprache an eurer läutert, ohne dass ihr sie jemals zu tadeln braucht.*«*

(Jean-Jacques ROUSSEAU: Emil oder Über die Erziehung. Paderborn: Schöningh 2012, S. 41f. und S. 48f.)

→ Inwiefern sind Worte laut Rousseau überflüssig? Welche Komponenten der Sprache nennt er noch?

→ Welche Empfehlungen gibt Rousseau für die kindliche Sprachförderung? Welchen Umgang empfiehlt er mit kindlichen Sprachfehlern?

→ Welche sprachwissenschaftliche Auffassung vertritt Rousseau? An welchen Aussagen ist das erkennbar? Rousseaus Werk „Emil oder Über die Erziehung" erschien übrigens bereits im Jahr 1762.

Projekt

Erstellen Sie in Kleingruppen je einen **Multiple-Choice-Test** zum Kapitel *Denken und Sprache*. Formulieren Sie 20 Fragen mit jeweils drei Antwortmöglichkeiten. Tauschen Sie den Test mit einer anderen Kleingruppe, lösen Sie ihn eigenständig und korrigieren Sie Ihren Test selbst, indem Sie im Schulbuch nochmals nachlesen.

>»*Alles Leben ist Problemlösen.*«
KARL POPPER (britisch-österreichischer Philosoph, 1902–1994)

HEUTE WOLLEN WIR DIE INTELLIGENZ DIESES SCHIMPANSEN UNTERSUCHEN, ERNIE.

WIR WOLLEN SEHEN, OB ER SCHLAU GENUG IST, EINE LEITER ZU BENUTZEN, UM AN DIESE BANANE ZU KOMMEN.

GEH UND HOL DIE LEITER, ERNIE.

MACH ICH!

OH!

WIR KÖNNEN DAS EXPERIMENT NICHT DURCHFÜHREN...

DIE LEITER PASST NICHT INS LABOR!

Bob Thaves

Ein Mann stirbt. Sein Begleiter, der ihn in die andere Welt bringen soll, fragt: „Wo willst du hin? In den Himmel oder in die Hölle?" Der Mann bittet: „Zeig mir beides." Sie gehen zuerst in die Hölle, wo die Menschen um lange Tische sitzen, auf denen in großen Schüsseln das köstlichste Essen steht. Sie halten sehr lange Löffel in der Hand und sehen verzweifelt, hungrig und böse aus. Der Mann fragt seinen Begleiter erstaunt, was hier los sei. Dieser antwortet, dass die Löffel zu lang seien, die Menschen könnten sie nicht zum Mund führen. Der Mann begibt sich danach mit seinem Begleiter in den Himmel. Hier erwartet ihn ein ähnliches Bild: Lange Tische mit köstlichstem Essen und Menschen mit langen Löffeln, aber die Menschen sehen satt, zufrieden und glücklich aus. „Was ist denn hier los?", fragt der Mann verblüfft seinen Begleiter. „Oh", sagt dieser, „diese Menschen hier haben schnell gelernt, sich gegenseitig zu füttern." (nach Yalom 2009)

Die Fähigkeit, Probleme zu lösen, gehört zu den zentralen Anforderungen des menschlichen Lebens. Die meisten dieser alltäglichen Anforderungen und Situationen bewältigen wir routiniert und ohne großen Denkaufwand, wenn wir die dazu notwendigen Verhaltensweisen automatisiert und permanent verfügbar haben. Der korrekte Gebrauch von Gabel und Messer beim Essen beispielsweise fällt den meisten von uns leicht. Den notwendigen Ablauf für das Essen mit Stäbchen oder mit zu langen Löffeln müssen wir hingegen erst lernen.
Genau darin unterscheidet sich eine Aufgabe von einem Problem: Eine **Aufgabe** erfordert ein bloß reproduktives Denken, sie ist mit bereits vorhandenem Wissen lösbar. Bei einem **Problem** hingegen reicht es nicht aus, auf Bekanntes zurückzugreifen. Es entsteht, wenn wir ein Ziel haben und nicht wissen, wie wir es erreichen können. Das individuelle Vorwissen und die individuelle Problemlösefähigkeit entscheiden, ob es sich um eine Aufgabe oder ein Problem handelt.

1 **Partnerarbeit:** Versuchen Sie eine Lösung für folgendes Problem zu finden!
Drei Schifahrerinnen und drei Yetis wollen auf einen Berg hinauf. Es steht nur eine Seilbahngondel zur Verfügung, mit der je zwei von ihnen transportiert werden können und die zumindest von einem Lebewesen besetzt sein muss. Das Problem: Befinden sich die Yetis in der Minderheit, bekommen sie Angst und springen ab. Wie kann der Transport funktionieren?

φ Philosophie
Logik

Verschiedene Strategien (Verfahren zur Lösungsfindung) helfen uns ein Problem zu lösen (► Kap. 7.1). Meist müssen bei **Problemlöseaufgaben** (► Kap. 7.2) unsere Erfahrungen neuartig kombiniert und neue Ideen entwickelt werden. Dabei spielt **Kreativität** (► Kap. 7.3) eine bedeutende Rolle. Wir werden sehen, welche Eigenschaften sich als förderlich für kreatives Denken erweisen und über welchen Prozess sich schließlich eine kreative Idee entwickelt und uns zum kreativen Produkt bzw. zur Problemlösung führt.

Problemlösen ist auch für unser soziales Leben von Bedeutung: Wir müssen Entscheidungen treffen, Schule bzw. Beruf und Freizeit miteinander vereinbaren können, Konflikte mit FreundInnen lösen und lernen, mit neuen Situationen zurechtzukommen. Die Klärung emotionaler und sozialer Konfliktsituationen und Problemstellungen (► Kap. 11.8) setzt ebenso Problemlösefähigkeit und kreatives Denkpotenzial voraus wie das Problemlösen in der kognitiven Psychologie.

Literaturtipp

POPPER, Karl: *Alles Leben ist Problemlösen. Über Erkenntnis, Geschichte und Politik.* München 2010. Das Leben ist ein fortwährendes Problemlösen: Sicherung des Nachwuchses, Erschließung neuer Lebensräume, Überstehen von Naturkatastrophen. Der Autor nimmt auch zu aktuellen politischen Themen wie Umweltschutz und Atomenergie Stellung.

▶ **AH** Seite 32

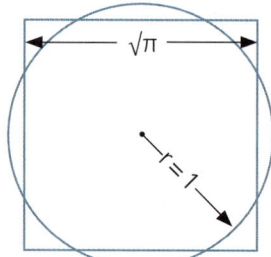

Die Quadratur des Kreises

7.1 Problemlösen und Problemlösestrategien

Die „Quadratur des Kreises" ist eines der bekanntesten Probleme der Geometrie. Gemeint ist damit die Aufgabe, aus einem Kreis ein Quadrat mit gleich großem Flächeninhalt zu konstruieren. Da dies unmöglich ist, ist dieses Problem zur Metapher für unlösbare Probleme geworden.

Der Gestalttheoretiker Karl Duncker spricht von einem **Problem**, wenn ein Lebewesen ein Ziel hat und nicht weiß, wie es dieses Ziel erreichen soll. Probleme jeglicher Art setzen Denkprozesse in Gang. Unser Gehirn erfasst ein Problem, verarbeitet die gegebenen Informationen und sucht nach Lösungen.

Definition
Problemlösen ist ein Denkvorgang, der auf die Lösung bestimmter Probleme gerichtet ist.

Wenn wir ein Problem lösen, bewegen wir uns von einer **unbefriedigenden Ausgangssituation** zu einer **erwünschten Zielsituation** (der Lösung des Problems). Doch ehe wir zur Zielsituation gelangen, müssen wir zunächst laut Manfred Tücke eine **Barriere** überwinden. Die Überwindung der Barriere erfordert meist eine neue Idee.

Definition
Eine Barriere verhindert die Umwandlung der Ausgangssituation in die erwünschte Zielsituation.

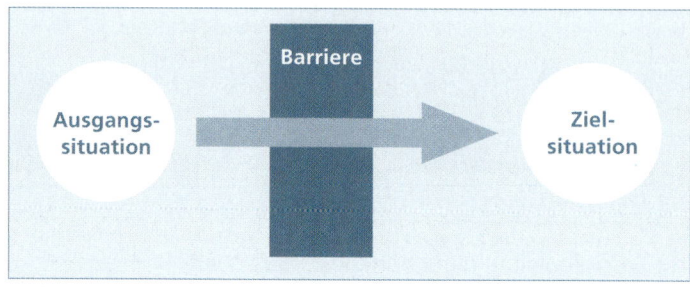

Die Grundstruktur eines Problems nach Tücke (vgl. Tücke 2005)

Einzelarbeit **2** Analysieren Sie das Beispiel von Himmel und Hölle (S. 93) hinsichtlich der Ausgangssituation, der Barriere sowie der Zielsituation!

Problemlösestrategien

Wenn wir ein Problem nicht auf Anhieb lösen können, wenden wir Problemlösestrategien – Verfahren, die zur Lösungsfindung eingesetzt werden – an. Im Folgenden werden algorithmische Verfahren – diese verfolgen ein schrittweises Vorgehen – sowie heuristische Verfahren (Findeverfahren) näher erklärt.

1. Algorithmische Verfahren

Definition
Ein Algorithmus (griech. *arithmós:* Zahl; eigentlich nach dem Erfinder Al-Chwarizmi) geht schrittweise bei der Lösung eines Problems vor.

Unter Algorithmus versteht man Anweisungen zur Lösung eines Problems, die **schrittweise** und in einer bestimmten Reihenfolge ausgeführt werden. Diese Strategie führt – bei lösbaren Problemen – immer zur richtigen Lösung. Sie kann aber sehr ineffizient und zeitaufwendig sein – denn beim algorithmischen Problemlösen werden sämtliche Lösungsmöglichkeiten systematisch durchprobiert, bis man schließlich ans Ziel gelangt. Algorithmische Verfahren sind daher nur dann sinnvoll, wenn die Anzahl der Lösungsmöglichkeiten gering ist.

- Nehmen wir an, Sie suchen Kokosmilch im Supermarkt. Gehen Sie nun algorithmisch an das Problem heran, werden Sie jedes Supermarktregal systematisch absuchen und irgendwann vor der Kokosmilch stehen.
- Stellen Sie sich eine Schachspielerin vor, die ihren nächsten Zug überlegen muss. Würde sie algorithmisch vorgehen, müsste sie die eigenen Zugmöglichkeiten, kombiniert mit allen möglichen Reaktionen ihrer Gegenspielerin, gedanklich durchspielen, ehe sie ihren Zug macht. Eine Strategie, die sie sicher ans Ziel (ihre Gegnerin Schachmatt zu setzen), allerdings auch zu einer kombinatorischen Explosion führen würde.

2. Heuristische Verfahren (bzw. Findeverfahren)

Die Heuristik ist die Wissenschaft von den Verfahren, Probleme zu lösen (griech. *heurískein:* finden, entdecken). Im Gegensatz zu algorithmischen Verfahren sind heuristische Verfahren sehr fehleranfällig und führen daher nicht zwangsläufig zum Ziel, sie werden jedoch angewendet, um den Problemlöseprozess zu verkürzen. Es gibt verschiedene Möglichkeiten, heuristisch an ein Problem heranzugehen:

Definition

KONVERGENTES DENKEN (lat. *convergere:* sich zusammenneigen) ist lineares, streng logisches Denken.

- **Logisches Schlussfolgern:** Wir probieren, über *konvergentes* (folgerichtiges) Denken zu einer Lösung zu gelangen. Wenn wir Kokosmilch im Supermarkt suchen, wäre es logisch, zuerst bei verwandten Produkten (in der asiatischen Abteilung oder bei Fertigprodukten) zu suchen.

- **Versuch und Irrtum:** Wir gehen nicht auf Nummer sicher, sondern bedienen uns des Versuch-Irrtum-Lernens (▶ Kap. 5.3): Wir lösen ein Problem plötzlich und zufällig, indem wir mehrere Lösungswege ausprobieren (vergleichbar mit Puzzlebauen).

- **Automatisierung:** Lösungswege werden zunächst analysiert und bewertet: Dazu greifen wir auf unsere Erfahrungen mit vergleichbaren Problemsituationen zurück und verwenden eine Faustregel, die sich bereits bewährt hat. Die Automatisierung ist von Vorteil, wenn man ein Problem schnell lösen muss, ihre Grenzen liegen allerdings dort, wo kreative, flexible Lösungen verlangt werden.

Definition

DIVERGENT DENKEN (lat. *divergere:* auseinander streben) bedeutet so viel wie „querdenken".

- **Kreatives Denken:** Um ein Problem kreativ lösen zu können, muss eine neue Idee entwickelt oder ein neuer Weg gefunden werden. Das gelingt, indem man *divergent* (abweichend) denkt (▶ Kap. 7.3). Divergentes Denken setzt voraus,
  - ▶ sich von Fixationen (bekannten Mustern) zu lösen,
  - ▶ das Vertraute als fremd zu betrachten,
  - ▶ eine neue Perspektive (Betrachtungsweise) einzunehmen und
  - ▶ neue Beziehungen zwischen den Dingen herzustellen.

Hinderliche Einflüsse auf die Problemlösung

Definition

Die FIXIERUNG ist definiert als die Unfähigkeit, ein Problem aus einem neuen Blickwinkel zu sehen.

Bestimmte Faktoren können die Lösungsfindung behindern oder verzögern, wie etwa die sogenannte **Fixierung** (Gebundenheit): Sie besteht in der Unfähigkeit, von den bisherigen Erfahrungen abweichend zu denken. Eingefahrene Denkgewohnheiten müssen daher erst überwunden werden, bevor ein Problem gelöst werden kann. Die Fixierung kann sich auf Objekte (*funktionale* Fixierung) oder auf mentale Voreinstellungen (*mentales Set*) beziehen:

- Die **funktionale Fixierung** beschreibt die Schwierigkeit, ein Objekt anders als gewohnt einzusetzen: Eine Schere erfüllt für uns nur die Funktion des Schneidens, ein Ziegelstein jene eines Baustoffes. Gelingt es nun, Objekte auch in einer anderen Funktion zu sehen (z. B. Ziegelstein als Beschwerungsobjekt), kann ein Problem schnell gelöst werden.

- Das **mentale Set** beschreibt unsere Tendenz, bewährte Lösungswege auch bei neuen Problemen bevorzugt anzuwenden. Diese Übertragung kann einerseits hilfreich sein, anderseits kann sie dem Finden neuer Lösungswege auch im Weg stehen.

Das Problemlösen kann also verbessert werden, wenn es gelingt, eine Fixierung zu überwinden, d. h. ein Problem aus verschiedenen Perspektiven zu betrachten. Kreatives Denken (▶ Kap. 7.3) sorgt dafür, dass Fixierungen weniger stark ausgebildet und leichter überwunden werden können.

Förderliche Faktoren für die Problemlösung

Beim Problemlösen ist es oft hilfreich, nach dem Vertrautwerden mit der Problemstellung eine gewisse Zeitspanne verstreichen zu lassen. In dieser sogenannten **Inkubationszeit** finden wichtige Vorbereitungen für das Lösen des Problems statt (▶ Kap. 7.3):
- Erholung ist möglich.
- Unbewusst ablaufende Denkprozesse bereiten oft schon die Lösung vor.
- Für die Lösung irrelevante Gedächtnisinhalte werden wieder vergessen, die Gedanken werden übersichtlicher.
- Durch träumerisches Denken kann die Lösungskonstellation plötzlich ans Licht treten, möglicherweise ausgelöst durch ein äußeres Ereignis.

Ein Problem wird in einem sogenannten Problemraum dargestellt. Dieser umfasst drei Elemente:
- eine unbefriedigende **Ausgangssituation**,
- eine erwünschte **Zielsituation**,
- **Schritte**, die unternommen werden, um von der Ausgangs- zu einer Zielsituation zu gelangen. Diese Schritte umfassen Problemlösestrategien (heuristische oder algorithmische Verfahren).

Im Problemraum werden zwei zentrale Problemtypen unterschieden: *Anordnungsprobleme* und *Fixationsprobleme*. Sie unterscheiden sich nach den zwei Formen des Denkens (konvergent und divergent), die angewendet werden müssen:

Anordnungsprobleme

konvergentes Denken

Anordnungsprobleme sind gut strukturiert und werden gelöst, indem man sich schrittweise (algorithmisch) oder durch Versuch und Irrtum (heuristisch) der Lösung nähert. Man kann durch Teilzielsituationen den Problemzustand schrittweise verändern. Für Anordnungsprobleme müssen wir **konvergent** denken: Über logisches Denken wird die einzig richtige und zulässige Aufgaben- und Problemlösung gesucht. Es gibt nur eine einzige Lösung, auf die hin das Denken konvergieren muss.

AUFGABE ➡ LÖSUNGSWEG ➡ LÖSUNG

Konvergentes Denken

Einzelarbeit 3

Turm von Hanoi
(Anordnungsproblem):
Stapeln Sie die Klötze von A in derselben Reihenfolge auf C. Dabei dürfen Sie mit maximal sieben Zügen immer nur einen Klotz bewegen und nur kleinere auf größere Klötze legen.

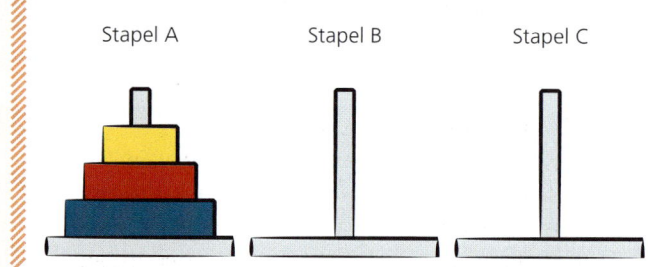

Fixationsprobleme

divergentes Denken

Bei Fixationsproblemen ist das Ziel nicht so klar vorgegeben wie bei Anordnungsproblemen. Hier gibt es nur wenige Anhaltspunkte dafür, welche Überlegung während des Lösungsverlaufs die richtige ist. Bestimmte Voreinstellungen müssen überwunden werden – oft gelangt man mit nur einem einzigen Schritt zur Einsicht, die dann zur Lösung führt (**Aha-Effekt**). Um ein Fixationsproblem lösen zu können, müssen wir **divergent** denken (▸ Kap. 7.1), also über flexibles, kreatives, originelles Denken eine neue Lösung entwickeln. Ein Fixationsproblem lässt immer mehrere Möglichkeiten zu, darum werden oft zahlreiche mögliche Lösungen ausprobiert (man denke an die Problemlöseaufgaben mit Streichhölzern).

Bei manchen Problemstellungen hält uns der sogenannte **Verbotsirrtum** von der Lösungsfindung ab: Wir halten Lösungswege für unzulässig, die nie verboten wurden.

AUFGABE ➡ LÖSUNGSWEGE ➡ LÖSUNGEN

Divergentes Denken

Partnerarbeit 4

Beispiel für ein Fixationsproblem:
Legen Sie vier Streichhölzer so um, dass acht gleich große Quadrate gebildet werden!

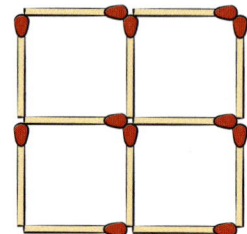

Problemlöseaufgaben

Die folgenden Problemlöseaufgaben stellen jeweils einen bestimmten Problemraum dar, zählen entweder zu einem Anordnungs- oder Fixationsproblem und fördern unsere konvergente oder divergente Denkfähigkeit.

1 Das **Zwei-Seile-Problem** nach MAIER:
Zwei Seile, die von der Decke hängen, sollen miteinander verbunden werden. Sie hängen allerdings zu weit auseinander, sodass man sie nicht gleichzeitig greifen kann. Im Raum befinden sich außerdem noch ein Stuhl, eine Schere, Papier und Reißnägel.

2 Das **Problem des Gefangenen:**
Sie befinden sich in einem Raum mit zwei Toren. Sie wissen nicht, welches Tor in die Freiheit führt und welches in ein Verließ. Vor jedem Tor steht ein Wächter. Einer davon sagt immer die Wahrheit, der andere lügt. Sie dürfen einem der Wächter eine einzige Frage stellen, die derjenige nur mit „ja" oder „nein" beantworten darf. Mit welcher Frage finden Sie heraus, welches Tor in die Freiheit führt?

3 Das **Neun-Punkte-Problem** nach SCHEERER:
Verbinden Sie die Punkte mit maximal vier geraden Linien, ohne dabei den Stift abzusetzen!

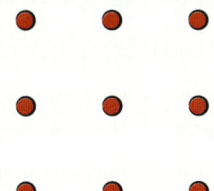

4 Zerlegen Sie die **Figur** in vier deckungsgleiche Flächen.

5 Die **Landwirtin:**
Eine Landwirtin baut sechs gleich große Stallungen für ihre Schafe. Ein Feuer zerstört einen Abgrenzungspfeiler. Wie kann sie aus den verbleibenden zwölf Abgrenzungspfeilern wieder sechs gleich große Stallungen bauen?

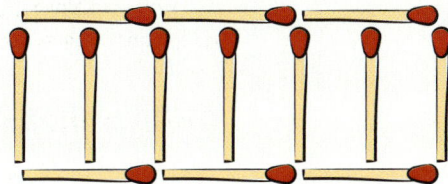

6 1. **War es der Butler?**
Es ist ein Mord geschehen. Die Obduktion ergibt, dass der Mörder einen Dolch verwendet hat. Es gibt fünf Verdächtige: Arzt, Diener, Koch, Gärtner und Buchhalter. Jeder war allein in einem der fünf Zimmer der Wohnung und hat niemanden, der seine Unschuld bezeugen kann. Die Zimmer liegen hintereinander an einem einzigen Korridor: Schlafzimmer, Arbeitszimmer, Wohnzimmer, Esszimmer und Küche, genau in dieser Reihenfolge. Als zusätzliche Beweise aus verschiedenen Quellen sind vorhanden:

- Der Butler war im Schlafzimmer.
- Der Mann mit dem Gift befand sich im Zimmer, in dessen Nachbarzimmer sich der Mann mit dem braunen Pullover aufhielt.
- Der Mann mit dem Dolch trug eine graue Jacke.
- Der Mann mit dem Taschenmesser trug eine schwarze Jacke.
- Der Koch trug einen braunen Pullover.
- Der Gärtner war im Zimmer neben dem Esszimmer.
- Der Mann mit dem Gift war im Wohnzimmer.
- Der Mann mit der Pistole befand sich im Zimmer neben dem Mann mit blauer Jacke.
- Der Gärtner hatte ein Seil.
- Der Arzt hielt sich im Zimmer neben dem Mann mit der schwarzen Jacke auf.
- Der Buchhalter trug einen grünen Pullover.

Der gewiefte Inspektor leitete ab, wer der Mörder war, als er die Beweise durchsah. Klären Sie das Verbrechen auf! Welcher der fünf Verdächtigen ist der Mörder? (Bourne 2005, S. 236)

7 Das **Kerzenproblem** nach DUNCKER:
Um Licht zum Lesen zu erhalten, soll eine Kerze aufrecht an der Wand befestigt werden. Zur Verfügung stehen eine kleine Kerze, Reißnägel und eine Schachtel Streichhölzer.

8 Ein Hirte hat 17 **Schafe** auf der Weide. Alle – außer neun – brechen aus. Wie viele bleiben übrig?

► **AH** Seite 33, 34

Einzelarbeit **5**

Beantworten Sie die folgenden Fragen zum Exkurs:

a) Über welche Schritte sind Sie bei den Problemaufgaben 1 bis 6 zur Lösung des jeweiligen Problems gekommen?

b) Was hat dem Lösungsprozess gedient? Eine Zeichnung anfertigen? Visuelle Vorstellung?

c) Bei welchen Aufgaben sind Sie heuristisch, bei welchen algorithmisch vorgegangen?

d) Welche heuristischen Verfahren haben Sie am häufigsten angewendet?

e) Welche Aufgaben zählen zu den Fixationsproblemen?

f) Welche Aufgaben illustrieren die funktionale Fixierung?

g) Beschreiben Sie den Problemraum des Kerzenproblems!

7.3 Kreativität

Plenum 6

Was bedeutet „kreativ"? Nennen Sie der Reihe nach Synonyme dafür.

Definition

KREATIVITÄT (lat. *creare:* erschaffen, *creatio:* Schöpfung) ist die Fähigkeit, neuartige Ideen zu produzieren.

Wir sprechen von **Kreativität**, wenn wir fähig sind, *„etwas Neues zu schaffen, sei es eine Problemlösung, eine Entdeckung oder ein neues Produkt."* (Holm-Hadulla 2010, S. 11) Kreativität ist für das Problemlösen wichtig, wenn divergentes Denken vorausgesetzt wird. Für das Entwickeln kreativer Ideen ist außerdem die Fähigkeit, bekannte Informationen flexibel miteinander zu kombinieren, wichtig.

Einzelarbeit 7

Bilderrätsel bzw. uneindeutige Bilder nennt man Drudel. Je origineller die Deutung der abstrakten, rätselhaften Darstellung, desto höher der Grad der Kreativität. Verteilen Sie für die folgenden Drudel Punkte (1–3) nach dem Grad der Originalität! 3 steht für die kreativste Assoziation.

☐ zwei Autoreifen

☐ zwei Augen

☐ zwei Mexikaner, die auf einem Tandem sitzen

☐ ein leeres Zimmer

☐ ein Elefant im Nebel

☐ ein Rahmen

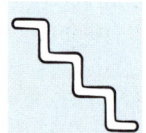

☐ eine verformte Spaghettinudel

☐ die Hälfte eines Lebkuchendaches mit Zuckerguss

☐ eine Schlange, die die Treppe hinaufgeht

Partnerarbeit 8

Zeichnen Sie selbst drei Drudel und testen Sie die Kreativität einer Person aus Ihrer Klasse! Was assoziiert er/sie als Erstes mit Ihrem Bild?

Die kreative Persönlichkeit

Der US-amerikanische Psychologe und Psychotherapeut Carl ROGERS geht davon aus, dass in allen Menschen kreatives Potenzial steckt (► Kap. 10.6). Eine kreative Persönlichkeit besitzt besondere Eigenschaften, die notwendig sind, um Ideen entwickeln und Lösungswege erarbeiten zu können. Sie lässt sich z.B. durch anfangs nicht vorhandene Lösungen nicht entmutigen. Die US-amerikanischen Psychologen Robert STERNBERG und Todd LUBART definieren folgende Komponenten, die eine kreative Persönlichkeit ausmachen:

Wissen

• Eine kreative Persönlichkeit hat **Expertenwissen** auf ihrem Gebiet (z.B. Literatur, Biologie oder Politik) und ist darüber informiert, was andere bereits auf diesem Gebiet geleistet haben. Neu auftretende Sachverhalte können so rasch eingeordnet, Gedächtnisinhalte miteinander vernetzt und auf neuartige Weise miteinander kombiniert werden. Je mehr Wissen, desto mehr Kombinationsmöglichkeiten ergeben sich.

Fantasie

• Fantasievolles Denken verlangt, sensibel für das **Außergewöhnliche** zu sein. Dazu gehört auch, unkonventionell bzw. divergent zu denken. Daraus entspringen fantasievolle Ideen.

Bill Watterson

Wagemut

- Albert Einstein meinte einmal: „Wer noch nie einen Fehler gemacht hat, hat sich noch nie an etwas Neuem versucht." (Goleman 2003, S. 42) Für eine kreative Persönlichkeit ist kennzeichnend, dass sie
  - ▸ vor Unklarheiten und Fehlern nicht zurückschreckt (**Risikofreudigkeit**),
  - ▸ Interesse zeigt, neue Lösungsstrategien auszuprobieren (**Offenheit für neue Erfahrungen**) und
  - ▸ es wagt, von der Gruppenmeinung abzuweichen (**Selbstvertrauen**).

Motivation

- Eine kreative Persönlichkeit ist intrinsisch motiviert. Das heißt, sie möchte der Sache wegen an ein Ziel gelangen, und macht ihre Motivation nicht von äußeren Folgen (gute Noten, Geld …) abhängig (▸ Kap. 12.4). Motivation geht mit *Ausdauer* und *Belastbarkeit* einher:
  - ▸ „Genie ist **Ausdauer**!", sagte bereits der Erfinder der Glühbirne, Thomas Edison. Möchte man ein kreatives Ergebnis erzielen, muss man intensiv arbeiten. Eine ausdauernde Person denkt über das Problem nach, bis sie eine Lösung hat, und lässt sich nicht davon entmutigen, wenn noch keine Lösung in Sicht ist. Wird ein Problem nicht gelöst, liegt das nicht unbedingt daran, dass es nicht lösbar gewesen wäre.
  - ▸ Zur Ausdauer gehört auch die **Belastbarkeit**: Selbst bei Widerständen wie Frustrationen, Misserfolgen oder sonstigen Hindernissen gibt man nicht sofort auf, sondern arbeitet zielstrebig weiter.

» In jedem Geniestreich erkennen wir Gedanken, die wir selbst verworfen haben. «
(Ralph Waldo Emerson)

Eine kreative Persönlichkeit kann durch entsprechendes Verhalten der Menschen in ihrem Umfeld gefördert werden: Als kreativitätsfördernd haben sich sowohl Lob als auch das bedingungslose Schützen und Akzeptieren des kreativen Schaffens erwiesen. Leistungsdruck und Belohnung dagegen können sich kreativitätshemmend auswirken.

 Einzelarbeit 9

Stellen Sie sich vor, bei einem Vorstellungsgespräch werden Ihre Spontaneität und Originalität auf den Prüfstand gestellt, indem Sie eine der folgenden Fragen beantworten sollen:
a. Welches Produkt wären Sie?
b. Welches Medikament wären Sie und welche Neben- und Wechselwirkungen sind von Ihnen zu erwarten?
Finden Sie eine originelle Antwort auf eine der beiden Fragen und vergleichen Sie Ihre Ergebnisse im Plenum.

Der kreative Prozess

„Was passiert, wenn ich Gummi in mein Waffeleisen gieße?", fragte Bill Bowerman, bevor er den ersten Nike-Schuh kreierte. (vgl. Goleman 2003, S. 210) Unkonventionelle Fragen leiten oft den Entstehungsprozess eines innovativen Produktes ein. Wenn wir dann eine neue Idee oder ein neues Produkt entwickeln, durchlaufen wir einen kreativen Prozess.

Die **vier Phasen** des kreativen Prozesses während des Problemlösens beschrieb der englische Sozialpsychologe Graham WALLAS folgendermaßen:

VORBEREITUNG	INKUBATION	ILLUMINATION	VERIFIKATION
1. Phase	2. Phase	3. Phase	4. Phase

Die vier Phasen des kreativen Prozesses

aktive Phase	**1. Phase: Vorbereitung**
	• das Problem formulieren
	• möglichst viele unterschiedliche Daten (Wissen) sammeln
	• Fragen stellen und nachdenken
	• der Fantasie freien Lauf lassen
passive Phase	**2. Phase: Inkubation**
	• Zustand der Ratlosigkeit
	• Problem zunächst auf die Seite legen
	• alles, was aufgenommen wurde, wird verarbeitet
	• unbewusstes Reifen einer Idee (zunächst unstrukturiert)
Aha-Erlebnis	**3. Phase: Illumination**
	• Illumination = plötzliche Einsicht: Die Lösung erscheint vollkommen unerwartet im Bewusstsein, meist wenn man sich entspannt oder seinen Tagträumen hingibt (z. B. beim Spazierengehen).
Umsetzung	**4. Phase: Verifikation**
	• kritisches Bewerten der Idee
	• Überprüfung: Ist die Idee auch wirklich realisierbar?
	• Idee ausarbeiten und umsetzen
	• Ergebnis: die Problemlösung oder das kreative Produkt

 Einzelarbeit **10** Benennen Sie die Phase des kreativen Prozesses, auf die sich folgende Aussage des Malers Grant Wood bezieht: „Alle wirklich guten Ideen, die ich gehabt habe, sind mir beim Melken eingefallen." (Goleman 2003, S. 22)

Wussten Sie, dass ... sich selbst **Affen** durch plötzliches **Einsichtsvermögen** auszeichnen und auf gute Ideen kommen können? Der Gestaltpsychologe Wolfgang Köhler untersuchte die Problemlösefähigkeit von Schimpansen, indem er an einer zwei Meter hohen Decke eine Banane befestigte. Die Affen versuchten zunächst die Banane springend zu erreichen. Plötzlich ergriff ein Affe eine Kiste, stieg darauf und riss die Frucht herunter. Indem er die Kiste zu einer Leiter umfunktionierte, gelang es ihm, das Problem zu lösen. In einem weiteren Versuch wurde eine Banane vom Käfig so weit weg positioniert, dass die Affen sie nicht erreichen konnten. Im Käfig befanden sich mehrere Rohre, ein Rohr alleine reichte jedoch nicht aus, um die Banane zu erreichen. Einer der Affen spielte zunächst achtlos mit den Rohren herum, bis er schließlich das dünnere in die Öffnung des dickeren Rohres steckte und damit die Banane zu sich zog. Köhler war davon überzeugt, dass es den Schimpansen durch plötzliches Einsichtsvermögen gelungen ist, Problemsituationen zu bewältigen. Einsicht meint die Fähigkeit, eine Beziehung zwischen einzelnen Elementen in einer Situation zu erkennen.

Das kreative Produkt

»*Man denke angestrengt nach, entspanne sich dann und überlasse sich seinen Tagträumen.*«
Friedrich Kekulé, Mathematiker
(Goleman 2003, S. 24)

Was haben Albert Einstein (Physiker), Sigmund Freud (Psychologe) und Virginia Woolf (Schriftstellerin) gemeinsam? Sie alle haben das Gebiet, auf dem sie gearbeitet haben, durch ihre Kreativität nachhaltig verändert. Das kreative Produkt entspricht der Zielsituation, also der Lösung für ein Problem, das sich in Form eines Ergebnisses zeigt. In jedem Fall ist es eine neue Idee. Kreativität ist also die Fähigkeit, Ideen zu produzieren, die neu, brauchbar und angemessen sind: „*Wer zur rechten Zeit einen Zaun in eine Leiter zu verwandeln versteht, einen Vorhang in ein Kleid, eine Kiste in einen Tisch (…), handelt im Augenblick kreativ.*" (Stocker 1988, S. 28)

Kompetenzcheck

1. Unterscheiden Sie eine Aufgabe von einem Problem.
2. Erläutern Sie die Grundstruktur eines Problems anhand eines konkreten Beispiels.
3. Erschließen Sie den Nutzen von Problemlösestrategien und beschreiben Sie die zwei Verfahren zur Lösungsfindung.
4. Stellen Sie sich vor, Sie bekommen die Aufgabe, aus verschiedenen Dingen (Watte, Lippenpflege, Teebeutel, Papier, Kerzen) Anzünder herzustellen. Welche Umstände könnten Sie daran hindern, das Problem zu lösen?
5. Beweisen Sie anhand eines Beispiels, dass sowohl divergentes als auch konvergentes Denken für die Lösung eines Problems erforderlich ist.
6. Erklären Sie, wie wir bei a) Anordnungsproblemen und b) Fixationsproblemen vorgehen, um zur Lösung zu gelangen.
7. Nehmen wir an, Sie wollen ein neues Produkt auf den Markt bringen. Nennen Sie Persönlichkeitsmerkmale, Fähigkeiten und Umstände, die von Nutzen sein werden, um ein kreatives Ergebnis zu erhalten.
8. Interpretieren Sie das folgende Zitat: „Der Kopf ist rund, damit das Denken die Richtung ändern kann." (Francis Picabia)
9. Erläutern Sie die Phasen, die wir durchlaufen, wenn wir ein Problem in einem kreativen Prozess lösen.
10. Beschreiben Sie, wie Köhler die Problemlösefähigkeit bei Affen untersuchte, und fassen Sie das Ergebnis zusammen.
11. Denken Sie an ein Produkt, das kürzlich neu auf den Markt gekommen ist. Analysieren Sie, ob es Merkmale aufweist, die einem originellen Produkt entsprechen.
12. Erörtern Sie die Bedeutung kreativen Handelns für eine Gesellschaft.

Textanalyse

»*Kreativität wird als Eigenschaft besonderer Menschen hoch geschätzt und bewundert. Manchen gefällt die Vorstellung, dass kreative Individuen aufgrund ihres Talents das Neue und Hervorragende spielerisch gestalten. Sie sind von den Musen geküsst und schaffen mit Leichtigkeit. Andere scheinen von geheimnisvollen Mächten getrieben zu sein, die ihnen unter Schmerzen geniale Leistungen abzwingen.*

Biologen sehen das nüchterner. Sie betrachten Kreativität nicht als Charakteristikum besonderer Individuen, sondern als grundlegende Eigenschaft aller Lebewesen. Leben besteht für sie in einem kontinuierlichen und kreativen Anpassungsprozess des Individuums an seine Umgebung. So wie die einfachsten Lebewesen bedarf auch der biologisch hoch entwickelte Mensch einer beständig wirkenden Kreativität, um überlebensfähig zu sein.

Dieser Auffassung ähnelt die Kreativitätsvorstellung der meisten Kultur- und Sozialwissenschaftler. Sie betrachten die kreative Gestaltung der Wirklichkeit als grundlegende Aufgabe der menschlichen Entwicklung. (…)

Kreativität ist kein Zeitvertreib für Müßiggänger, sondern ein Erfordernis jeder sozialen Gemeinschaft. Ohne Kreativität ist nach dieser Auffassung die Welt nicht nur langweilig, sondern liefert sich Kräften aus, die sie zerstören. Aus politischer Sicht müssen Bürgerinnen und Bürger ihrem Leben kreativ Sinn und Struktur verleihen, um friedliches Zusammenleben zu ermöglichen.

Entwicklungspsychologen sehen im kindlichen Spiel ein Grundmodell kreativen Verhaltens. Schon der Säugling schafft durch Vorformen von Gedanken und Vorstellungen eine innere Welt, die chaotischen Erregungen eine gewisse Struktur verleiht. Später entwickelt das Kind spielend seine persönliche Welt, die aus vielgestaltigen Ideen und Phantasien komponiert wird. Im erwachsenen Leben findet sich die spielerische Freude aus der Kinderzeit in produktiver und kreativer Arbeit wieder.

Naturgemäß wird die Bedeutung der Kreativität für die Lebensgestaltung von Künstlern am häufigsten beleuchtet. Es finden sich unzählige Dokumente, die die Überzeugung von Mozart, Goethe und Picasso bestätigen, dass Kreativität kein schöner Luxus ist, sondern eine innere Notwendigkeit, um das Leben zu bewältigen. Folgt man dieser Auffassung, so ist kreative Tätigkeit unverzichtbar, um emotionale Erregungen und schwierige Lebenssituationen zu bewältigen. (…) In Anlehnung an den nordamerikanischen Kreativitätsforscher Mihaly Cszikszentmihalyi (1996) könnte man eine systemische Definition der Grundbedingungen der Kreativität versuchen: Kreativ kann eine begabte Person sein, wenn sie sich auf einem Erfolg versprechenden Gebiet und in einem fördernden soziokulturellen Kontext produktiv betätigt.«

(Rainer Matthias Holm-Hadulla: Kreativität. Konzept und Lebensstil. Göttingen: Vandenhoeck & Ruprecht 2010, S. 9ff.)

→ Was versteht der Autor unter Kreativität?

→ Worin unterscheiden sich die verschiedenen Fachgebiete in ihrer Auffassung von Kreativität?

→ Was sieht der Kreativitätsforscher Mihaly Cszikszentmihalyi als wesentlichen Faktor für kreatives Schaffen?

Projekt

Verarbeiten Sie die Inhalte des Kapitels *Problemlösen und Kreativität* in einem **Kalender**. Teilen Sie die Kalendermonate auf Kleingruppen auf und gestalten Sie für jeden Monat ein individuelles Kalenderblatt (z. B. mit Problemlöseaufgaben, dem Porträt einer kreativen Persönlichkeit, Comics, Drudeln, der Anleitung zu einem kreativen Produkt etc.).

> **»***Allen Menschen ist es gegeben, sich selbst zu erkennen und klug zu sein.***«**
> HERAKLIT (vorsokratischer Philosoph, 540–480 v. Chr.)

1 **Einzelarbeit:** Nehmen wir an, Sie sollen einen Wörterbucheintrag zum Begriff *Intelligenz* verfassen! Notieren Sie Ihren Vorschlag und vergleichen Sie Ihre Umschreibungen in der Klasse.

Generell beschreibt **Intelligenz** die geistige Leistungsfähigkeit einer Person,

- Informationen erfolgreich zu verarbeiten,
- aus Erfahrung zu lernen und dieses erworbene Wissen erfolgreich in neuen Situationen einzusetzen sowie
- Probleme jeglicher Art effektiv und schnell zu lösen.

Zahlreiche **Intelligenztheorien** (▸ Kap. 8.1) versuchen, Intelligenz zu erklären. NeurowissenschaftlerInnen, die sich vor allem für die Funktionsweise des Gehirns interessieren, meinen, Intelligenz sei neurologisch messbar: Besonders intelligente Menschen nehmen Informationen schneller auf und verarbeiten sie schneller als durchschnittlich intelligente. Um unsere Intelligenz messen zu können, wurden im Laufe der Zeit verschiedene Testverfahren entworfen. Im deutschsprachigen Raum wird heute der Hamburg-Wechsler-Intelligenztest am häufigsten angewendet (▸ Kap. 8.2).

Menschen, deren intellektuelle Fähigkeiten weit über dem Durchschnitt liegen, bezeichnet man als **Hochbegabte** (▸ Kap. 8.3). Zeichnet sich ein Mensch durch eine einzige außergewöhnliche Begabung aus – etwa die Begabung, die dreiunddreißigste Potenz einer zweistelligen Zahl im Kopf auszurechnen – spricht man vom **Savant-Syndrom**. Derartige Fähigkeiten sind meist mit starken Einschränkungen verbunden (▸ Kap. 8.4).

Es ist ungeklärt, in welchem Ausmaß Intelligenz genetisch bedingt ist und wie weit Umweltfaktoren unsere Intelligenzentwicklung beeinflussen. Zwillings- und Geschwisterstudien haben ergeben, dass die Leistung in Intelligenztests etwa zu 50 % auf unsere Anlagen zurückzuführen ist, weitere 25 % sind von Familie und Umwelt beeinflusst, der Rest ist Zufall. Selbst die größte Begabung kann sich nicht ohne Förderung entfalten – genauso wie die beste Förderung aus uns keine Wunderkinder macht, wenn wir nicht entsprechend veranlagt sind.

Geistige Fähigkeiten lassen sich jedoch trainieren. Folgende **Faktoren** wirken sich positiv auf die Entwicklung der Intelligenz aus:

- verlässliche Familienbeziehungen,
- emotionale Zuwendung,
- ausreichend sprachliche Förderung,
- Förderung der Selbstständigkeit und Aktivität,
- Denk-/Lernanstöße durch neue Situationen, Objekte.

Bei neuem Input und Lernprozessen bilden sich neue Kontaktstellen zwischen den Nervenzellen (▸ Kap. 2.1). Wer also zu jonglieren beginnt oder ein Musikinstrument lernt, regt damit das neuronale Netzwerk zu vermehrten Verschaltungen an. Ebenso wie Gehirntraining verbessert sportliche Bewegung die Intelligenzleistung und regt die Gehirntätigkeit an. Wie entscheidend die Erfahrungen während der Phase der Hirnentwicklung sind, erklärt der Hirnforscher Gerald HÜTHER so: *„Immer dann, wenn Kinder etwas Neues erleben, wenn sie etwas hinzulernen, werden die dabei in ihrem Gehirn aktivierten Verschaltungsmuster der Nervenzellen und Synapsen gebahnt und gefestigt. So werden aus anfangs noch sehr dünnen Nervenwegen – wenn sie immer wieder benutzt werden, um eine bestimmte Leistung zu erbringen, oder wenn sie immer wieder aktiviert werden, wenn Kinder etwas Neues erfahren, wenn sie sich bewegen und wenn sie von sich selbst oder von anderen begeistert sind – allmählich immer besser ausgebaute und leichter aktivierbare, fest im Hirn verankerte Straßen, auf denen sie dann auch immer besser vorankommen. Je komplizierter und verzweigter diese Straßennetze im Gehirn herausgebildet werden, desto mehr kann ein Kind dann im späteren Leben miteinander verbinden und in Beziehung setzen, desto umsichtiger und achtsamer wird es in seiner Wahrnehmung und desto vielfältiger und reichhaltiger wird das Spektrum der Reaktionen, die es zur Lösung von Problemen einsetzen kann.“* (Hüther 2007, S. 12)

2 **Partnerarbeit:** Unsere geistigen Leistungen können durch entsprechendes Training positiv beeinflusst werden. Nehmen Sie diese Erkenntnis zum Anlass, für Ihren Sitznachbarn bzw. Ihre Sitznachbarin einen Gehirn-Trainingsplan zu erstellen! Überlegen Sie sich für jeden Wochentag eine Aufgabe, z. B. Montag: Ein Wort in chinesischen Schriftzeichen aufschreiben.

Literaturtipp

STERN, E./NEUBAUER, A.: *Intelligenz. Große Unterschiede und ihre Folgen.* München 2013. Intelligenz ist erblich. Doch das genetisch angelegte Potenzial eines Menschen kann sich nur dann entwickeln, wenn bestimmte Umweltbedingungen gegeben sind. Die IntelligenzforscherInnen gehen u. a. auf die Fragen ein, wie es zu Intelligenz- und Begabungsunterschieden kommt, worin sich überdurchschnittlich begabte Menschen auszeichnen, wie Intelligenz und Erfolg zusammenhängen und welche Rolle Fleiß, Motivation und Kreativität dabei spielen. Ihre These: Nur eine Gesellschaft, die ihre Talente nutzt, kann erfolgreich sein.

8.1 Intelligenztheorien

Seit den 1980er-Jahren wird der Intelligenzbegriff über die schulischen Hochleistungen hinausgehend definiert. Moderne Intelligenztheorien berücksichtigen erstmals Aspekte einer emotionalen, einer sozialen und einer erfolgreichen Intelligenz. Allerdings ist nach wie vor nicht geklärt, ob Intelligenz aus einem einzigen, allgemeinen, alles umfassenden Merkmal besteht oder aus vielen unabhängigen Fähigkeiten. Jede Intelligenztheorie legt den Intelligenzbegriff unterschiedlich aus:

1. Zweifaktorentheorie der Intelligenz (Spearman)

Der englische Psychologe Charles SPEARMAN geht 1904 von einem *Generalfaktor*, dem sogenannten **g-Faktor** der Intelligenz, aus. Dieser Faktor erfasst die allgemeine Intelligenz und liegt allen Intelligenzleistungen zugrunde. Leistungen hängen aber nicht nur von der allgemeinen Intelligenz, sondern auch von speziellen Fähigkeiten ab, die mit einzelnen Bereichen verbunden sind. Diese *speziellen Fähigkeiten* bezeichnet SPEARMAN als **s-Faktoren** (z. B. verbale Fähigkeiten).

Einzelarbeit 3 Nehmen wir an, Intelligenz besteht aus vielen spezifischen Fähigkeiten. Welche wären das? Schreiben Sie Ihre Ideen neben den Pfeilen auf:

2. Kristalline und fluide Intelligenz (Cattell)

Der englische Persönlichkeitspsychologe Raymonde CATTELL unterteilt 1963 die allgemeine Intelligenz in *fluide* und *kristalline* Intelligenz:

angeboren
- Die **fluide Intelligenz** beschreibt eine allgemeine, *angeborene Leistungsfähigkeit*. Sie erfasst die kulturunabhängige, kognitive Grundausstattung unserer geistigen Leistungsfähigkeit: die Anpassungsfähigkeit an neue Situationen sowie die Fähigkeit, Lösungen für neue Probleme zu finden. Frühere Lernerfahrungen spielen dabei keine oder nur eine geringe Rolle.

erworben
- Die **kristalline Intelligenz** umfasst alle Fähigkeiten, die über *Lernprozesse* erworben werden. Sie erfasst die kulturabhängige kognitive Grundausstattung unserer geistigen Leistungsfähigkeit, also das angehäufte Wissen aus den bisherigen Lernprozessen. Kristalline Fähigkeiten können über das Allgemeinwissen, Wortschatz- oder Rechentests ermittelt werden.

3. Primärfaktoren der Intelligenz (Thurstone)

Der US-amerikanische Ingenieur und Psychologe Louis THURSTONE führt 1938 viele beobachtete Einzelleistungen auf sieben voneinander unabhängige, grundlegende (primäre) geistige Fähigkeiten zurück:

7 Primärfaktoren

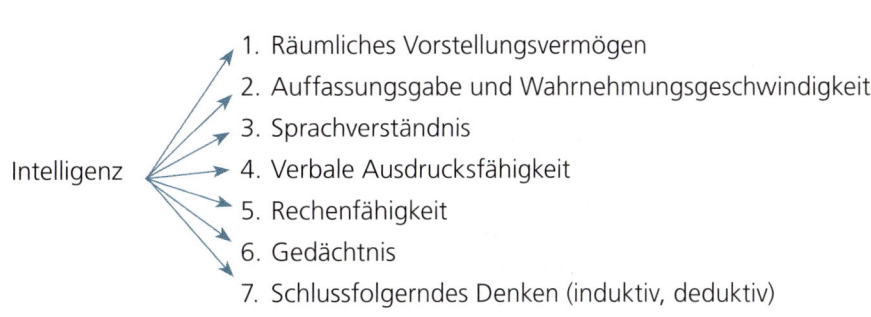

Intelligenz
1. Räumliches Vorstellungsvermögen
2. Auffassungsgabe und Wahrnehmungsgeschwindigkeit
3. Sprachverständnis
4. Verbale Ausdrucksfähigkeit
5. Rechenfähigkeit
6. Gedächtnis
7. Schlussfolgerndes Denken (induktiv, deduktiv)

4. Theorie der multiplen Intelligenzen (Gardner)

Der US-amerikanische Psychologe und Neurologe Howard GARDNER meint ebenfalls, dass wir nicht nur über eine, sondern über **viele Intelligenzen** verfügen. Er beschreibt 1983 in seiner Theorie der multiplen Intelligenzen neun voneinander unabhängige Intelligenzformen und spricht erstmals von einer **inter- und intrapersonalen Intelligenz**, die bisher in noch keinem Modell berücksichtigt wurde:

9 Intelligenzformen

- **Sprachliche Intelligenz:** Sprachverstehen, Schreiben, Reden, Lesen
- **Logisch-mathematische Intelligenz:** logisches Schlussfolgern, Lösen von Gleichungen
- **Visuell-räumliche Intelligenz:** Stadtpläne interpretieren, Gegenstände ordnen
- **Musikalische Intelligenz:** Musikverständnis, Rhythmusgefühl, Gehör, Komponieren
- **Motorisch-kinästhetische Intelligenz:** Geschicklichkeit, Körperkontrolle, Tanzen, Turnen, Ballspiele
- **Interpersonale Intelligenz:** Einfühlungsvermögen, Kommunikation
- **Intrapersonale Intelligenz:** Kenntnis der eigenen Stärken und Schwächen
- **Naturalistische Intelligenz:** Sensibilität und Verständnis für Vorgänge in der Natur
- **Existenzielle Intelligenz:** Spiritualität, Erfassen grundlegender Fragen zur Existenz

Gardner begründet seine Theorie der multiplen Intelligenzen damit, dass Kinder unterschiedliche Arten von Fähigkeiten zeigen. Die Intelligenzen selbst bewertet er nicht, da er meint, der Wert der jeweiligen Intelligenzform sei kontext- und kulturabhängig. Multiple Fähigkeiten können seiner Meinung nach zu einem erfolgreichen Leben beitragen. Der US-amerikanische Intelligenz- und Kreativitätsforscher Joy Paul GUILFORD spricht in seinem Intelligenzstrukturmodell sogar von bis zu 120 Intelligenzfaktoren.

5. Emotionale Intelligenz (Mayer / Salovey, Goleman)

Können Sie mit Ihren Emotionen umgehen, sind Sie empathisch (einfühlsam) und verstehen Sie die Gefühle anderer? Sie wissen, wie Sie einer Mitschülerin Mut machen können und wie Sie Konflikte am besten lösen? Wenn ja, können Sie sich glücklich schätzen: Wem es gelingt, sein/ihr Verhalten intuitiv an die Gefühle anderer anzupassen, ist in zahlreichen Lebensbereichen erfolgreich, wie die Psychologieprofessoren John MAYER und Peter SALOVEY feststellten. Sie führten 1990 den Begriff der **emotionalen Intelligenz** ein. Darunter verstehen sie die Fähigkeit zu

- **Wahrnehmung:** Emotionen zu erkennen,
- **Ausdruck:** diese unmissverständlich mitzuteilen,
- **Verstehen:** die Emotionslage anderer richtig zu interpretieren und
- **Regulierung:** diese erfolgreich zu beeinflussen.

Für den US-amerikanischen Psychologen und Wissenschaftsjournalisten Daniel GOLEMAN, der den Begriff der emotionalen Intelligenz in seinem gleichnamigen Buch publik machte, setzt sich die emotionale Intelligenz aus fünf Teilbereichen zusammen:

Literaturtipp
GOLEMAN, Daniel: *Emotionale Intelligenz*. München 2017. Daniel Goleman gründet seine Theorie auf aktuelle Daten der Hirnforschung.

- **Selbstbewusstsein:** die eigenen Emotionen richtig einzuschätzen,
- **Selbstmotivation:** sich für seine Arbeit begeistern zu können,
- **Selbststeuerung:** die eigenen Emotionen zu kontrollieren,
- **soziale Kompetenz:** die Fähigkeit, in Kontakt mit anderen Menschen zu treten, und
- **Empathie:** die Fähigkeit, sich in andere Menschen einzufühlen.

6. Komponenten der Erfolgsintelligenz (Sternberg)

Für den US-amerikanischen Psychologen Robert STERNBERG (1997) ist Intelligenz die Fähigkeit, Erfolg zu haben. Dazu zählt die Begabung, die eigenen Stärken zu nutzen und eigene Schwächen zu kompensieren. Erfolg erfordert immer eine Balance von drei Komponenten: der *analytischen*, der *kreativen* und der *praktischen* Intelligenz.

- Die **analytische Intelligenz** (schulische, akademische Intelligenz) umfasst die schulische Problemlöseintelligenz. Sie kann durch Intelligenztests erfasst werden.
- Die **kreative Intelligenz** zeichnet sich durch die Anpassungsfähigkeit an neue Situationen und das Entwickeln neuer Ideen aus (▸ Kap. 7.3).
- Die **praktische Intelligenz** zeigt sich in der Bewältigung alltäglicher Erfordernisse und in der Ausführung alltäglicher Aufgaben.

7. Die neue Intelligenz (Flynn)

Der neuseeländische Wissenschaftler James Flynn konnte zeigen, dass die durchschnittliche Leistung bei Intelligenztests im Laufe des 20. Jahrhunderts in den westlichen Gesellschaften permanent gestiegen ist (**Flynn-Effekt**). Dafür können folgende Gründe ausschlaggebend sein:

Gesundheit
- Wir ernähren uns heute ausgewogener und es gibt zahlreiche Angebote zur Gesundheitsvorsorge.

Bildung
- Wir gehen heute länger in die Schule als noch vor 50 Jahren.

Fördernde Umgebung
- Kinder werden heute in eine abwechslungsreichere, anregendere Umwelt hineingeboren.

Neue Technologien
- Die zunehmende Technisierung des Alltags (Internet, Handys etc.) zwingt uns, immer Neues zu lernen.

Medien
- Informationen sind dank Internet leichter und schneller verfügbar. Dadurch nimmt unser Wissen zu.

 **Partnerarbeit** Was ist **künstliche Intelligenz**? Einigen Sie sich auf eine Definition und schreiben Sie diese auf! Vergleichen Sie Ihr Ergebnis anschließend mit der Lösung auf Seite 258.

8.2 Intelligenzmessung

Definition
INTELLIGENZTESTS streben an, die geistige Leistungsfähigkeit nach normierten Kriterien zu ermitteln.

Seit etwa einem Jahrhundert versucht man, die intellektuellen Fähigkeiten eines Individuums mittels Intelligenztests zu ermitteln. Die Ursprünge der Intelligenzmessung gehen auf den französischen Psychologen Binet zurück. Die Intelligenzforscher Terman, Stern und Wechsler entwickelten Binets Ansatz schließlich weiter.

Der Binet-Simon-Test

Der französische Psychologe Alfred Binet entwickelte gemeinsam mit seinem Kollegen Théodore Simon 1904/05 den ersten Intelligenztest. Der Binet-Simon-Test umfasst Testfragen in Form von Denk- und Problemlöseaufgaben, die das **Intelligenzalter** der SchülerInnen, also die intellektuellen Leistungen, zu denen ein Schüler/eine Schülerin im jeweiligen Lebensalter fähig sein muss, ermitteln. Das **Lebensalter** entspricht den Fähigkeiten, die für ein bestimmtes Alter typisch sind: Mit drei Jahren beispielsweise sollte ein Kind bereits im Stande sein, auf Nase, Augen und Mund zu zeigen. Wenn ein 10-jähriges Kind bloß die Leistungen eines 8-jährigen vollbringt, hat es ein Intelligenzalter von 8. Je mehr sich das Intelligenzalter vom Lebensalter unterscheidet, desto mehr weicht die Intelligenzleistung vom Durchschnitt der Altersgruppe ab.

Binet warnte davor, Intelligenz als genetisch fixierte, angeborene Eigenschaft zu sehen. Mit dem Test soll keinesfalls eine angeborene Intelligenz gemessen, sondern bloß schulischer Erfolg vorhergesagt werden, um die Kinder entsprechend fördern zu können. Um eine Prognose für den Schulerfolg abgeben zu können, wird das Intelligenzalter mit dem Lebensalter verglichen.

Der Stanford-Binet-Test

Binets Test wurde dennoch bald als Maß für vererbte Intelligenz herangezogen: Der US-amerikanische Psychologe und Stanford-Professor Lewis Terman vertrat die Idee einer angeborenen Intelligenz und machte von Binets Test Gebrauch, um diese zu messen. Er entwickelte Binets Test weiter, passte ihn an US-amerikanische Verhältnisse an, erweiterte ihn mit Aufgaben für Erwachsene und nannte die modifizierte und neu adaptierte Fassung **„Stanford-Binet-Intelligenztest"** (1937). Dieser wurde nun als Standardinstrument in der klinischen Psychologie, in der Psychiatrie sowie in der Schulberatung eingesetzt. Terman trat dafür ein, den Intelligenztest weiter zu verbreiten, und unterstützte die Idee der **Eugenik**. Eugenik war eine moralisch fragwürdige humangenetische Bewegung, die dafür eintrat, Menschen mit günstigen Erbanlagen zur Fortpflanzung zu ermutigen und nachteilige Gene (Schwachsinn, Kriminalität) – beispielsweise über Zwangssterilisation – auszuschalten. Die Intelligenzmessung sollte dazu beitragen, gute sowie schlechte Erbanlagen zu ermitteln.

Terman musste aber schließlich eingestehen, dass die Ergebnisse der Intelligenztests eine stark kulturabhängige Komponente aufweisen. Das wiederholt schlechtere Abschneiden sämtlicher Volks- und Einwanderergruppen konnte nämlich nur auf die unterschiedlichen Anforderungen in den verschiedensten Kulturen zurückgeführt werden.

Die Berechnung des Intelligenzquotienten (IQ)

Der deutsche Psychologe William STERN prägte 1912 den Begriff des **Intelligenzquotienten** (IQ). Der Intelligenzquotient gibt den Grad der Intelligenz an und vergleicht diesen mit durchschnittlichen Werten einer Altersstufe. Der IQ ergibt sich aus dem Intelligenzalter eines Menschen, geteilt durch sein Lebensalter, multipliziert mit 100 (um das Komma zu vermeiden).

- Ein durchschnittlicher Mensch, dessen Intelligenzalter und Lebensalter ident sind, hat einen IQ von 100.
- Ein 8-jähriges Kind, das Aufgaben auf dem Niveau eines 10-jährigen Kindes löst, hat einen IQ von 125 (10/8 x 100 = 125).
- Ein 8-jähriges Kind, das die intellektuelle Leistung eines 6-jährigen Kindes erbringt, hat den IQ von 75 (6/8 x 100 = 75).

$$IQ = \frac{IA\ (Intelligenzalter)}{LA\ (Lebensalter)} \times 100$$

Die Normalverteilung des Intelligenzquotienten

1932 entwickelte der US-amerikanische Psychologe David WECHSLER den **Abweichungs-IQ**. Er erstellte eine Intelligenzskala, in der ein IQ von 100 als durchschnittlich gilt, und definierte eine Standardabweichung von 15 Intelligenzpunkten. Diese Normalverteilung des Intelligenzquotienten zeigt, dass sich der Großteil der Bevölkerung im IQ-Bereich zwischen 85 und 115 bewegt. Dieser Bereich definiert die Normalbegabung. Der Intelligenzbereich zwischen 55 und 70 gilt als weit unterdurchschnittlich, 70 bis 85 sind unterdurchschnittlich, 115 bis 130 überdurchschnittlich und ab 130 spricht man von weit überdurchschnittlicher Intelligenz.

Definition
Eine STANDARDABWEICHUNG ist die durchschnittliche Entfernung vom Mittelwert.

Filmtipp
Forrest Gump (USA 1994, Regie: Robert ZEMECKIS): Forrest Gump erzählt auf einer Parkbank seine Lebensgeschichte: Als kleiner, unterdurchschnittlich intelligenter Junge, der beinahe nicht zum Schulunterricht zugelassen wird, arbeitet er sich vom Football-Star, Vietnamkriegs-Kämpfer, Ping-Pong-Meister und Dauerläufer zum Multimillionär hinauf.

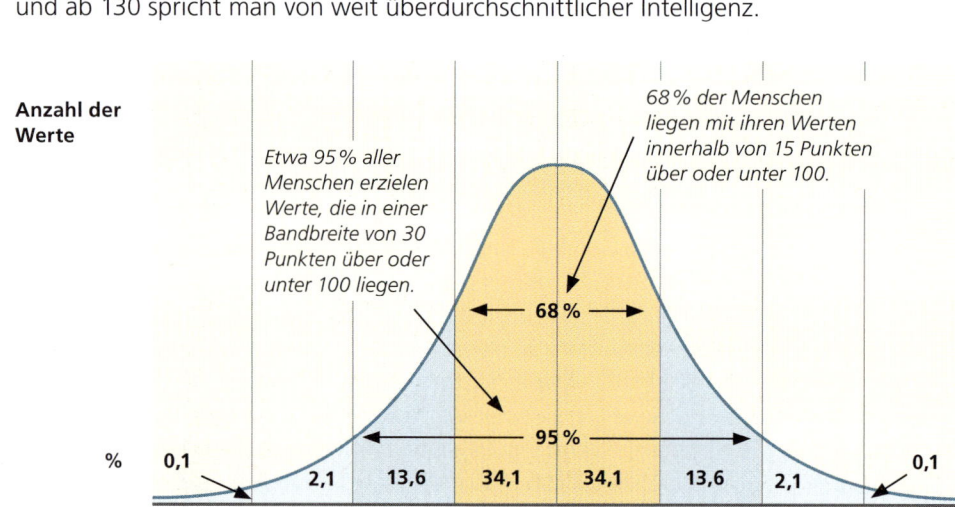

Normalverteilung des Intelligenzquotienten

Diskussion 5
„Je höher der Intelligenzquotient, desto erfolgreicher (a. beruflich/b. privat) im Leben." Diskutieren Sie in Kleingruppen über diese Aussage und berichten Sie anschließend im Plenum über Ihr Diskussionsergebnis.

AH Seite 36

Partnerarbeit 6
Analysieren Sie die Karikatur:
- Überlegen Sie eine passende Überschrift.
- Beschreiben Sie die Karikatur.
- Was möchte der Illustrator aussagen?
- Wie beurteilen Sie persönlich die Aussage?

Literaturtipp

Tough, Paul: *Die Chancen unserer Kinder. Warum Charakter wichtiger ist als Intelligenz.* Stuttgart 2013. Macht Intelligenz erfolgreicher oder glücklicher? Welche Bedeutung hat Intelligenz überhaupt für unser Leben? Der amerikanische Journalist Paul Tough stellt in seinem Buch die wichtigsten Antworten auf diese komplexen Fragen vor.

Der Hamburg-Wechsler-Intelligenztest

Im deutschsprachigen Raum wird heute der HAWIE-R, der „Hamburg-Wechsler-Intelligenztest für Erwachsene", am häufigsten eingesetzt (das „R" steht für die Revision von 1991). Dieser Test bestimmt einen allgemeinen *Intelligenzwert*, einen *Verbalwert* sowie einen nonverbalen *Handlungswert*.

Jeder Teil besteht aus mehreren Fragen oder Beispielen mit ansteigendem Schwierigkeitsgrad.

Der **Verbalwert** ist vom Bildungsgrad und den Lernerfahrungen der Testperson abhängig und enthält z. B. Fragen wie „Erklären Sie den Begriff *Nihilismus*" oder „Was bedeutet das Sprichwort *Stille Wasser sind tief*?"

Für den **Handlungswert** bekommt die Testperson z. B. Puzzleteile, die zu einer Figur zusammengelegt werden sollen, oder eine zu ordnende Bildergeschichte. Dabei wird zusätzlich die Lösungsgeschwindigkeit bewertet.

Der HAWIE-R entspricht den drei wissenschaftlichen Hauptgütekriterien *Validität* (Gültigkeit), *Reliabilität* (Zuverlässigkeit) und *Objektivität*. Anhand dieser Kriterien kann prinzipiell die Glaubwürdigkeit von Intelligenztests eingestuft werden. Dennoch gibt es einige Aspekte, die auch in standardisierten Intelligenztests unberücksichtigt bleiben:

Kritik an Intelligenztests

begrenzte Gültigkeit
- Da die kognitiven Leistungen weltweit steigen, haben Intelligenztests ein **Verfallsdatum**. Infolgedessen werden auch die Ergebnisse im Laufe der Zeit immer unsicherer. Tests aus den 1970er-Jahren würden heute durchschnittlich intelligenten Menschen einen hohen IQ attestieren. Die Verfahren müssen daher laufend verändert werden.

umstrittener Intelligenzbegriff
- „Intelligenz ist das, was Intelligenztests messen." (E. Bohring, 1923) „Intelligenz ist die zusammengesetzte oder globale Fähigkeit des Individuums, zweckvoll zu handeln, vernünftig zu denken und sich mit seiner Umgebung wirkungsvoll auseinander zu setzen." (D. Wechsler 1956) „Der Kern der Intelligenz ist logisches, schlussfolgerndes Denken, das bedeutet: Ich bekomme eine Information und kann aus dieser etwas Neues ableiten." (E. Stern 2014) „Intelligenz ist kreatives Problemlösen unter Zeitdruck." (G. Roth 2016) Wie diese Zitate deutlich machen, gibt es **keine einheitliche, allgemeingültige Definition** für Intelligenz, sie wird je nach Theorie unterschiedlich interpretiert.

unberücksichtigte Fähigkeiten
- Intelligenztests messen vorwiegend kognitive Fähigkeiten (u. a. logisches Schlussfolgern, räumliches Vorstellungsvermögen, Sprachverständnis), andere wesentliche Fähigkeiten werden hingegen **nicht erfasst**: z. B. emotionale und soziale Kompetenzen, Lebenserfahrung, Kreativität und Originalität, Musikalität, Kunstbegabung, Bewegungsfähigkeit sowie die Begabung, mit komplexen Situationen umzugehen, die Motivation und Verantwortungsgefühl voraussetzen.

keine Vorhersagekraft
- Intelligenztests können zwar helfen, Begabungen und Defizite zu entdecken, sie haben aber einen relativ **geringen Prognosewert** für schulischen, beruflichen oder privaten Erfolg. Hierfür spielen andere Faktoren eine viel größere Rolle: Disziplin, Fleiß, die Fähigkeit, sich zu motivieren, sowie emotionale und soziale Kompetenzen. Der Sozialpsychologe Richard Nisbett nennt außerdem die praktische Intelligenz (die Fähigkeit, Dinge effektiv umzusetzen) sowie Kreativität als entscheidend für den späteren Erfolg und kritisiert, dass diese beiden Faktoren nur schwach mit dem Intelligenzquotienten korrelieren. Intelligenz ist demnach ein Potenzial bzw. eine Chance, doch die erbrachte Leistung hängt auch von anderen Faktoren ab.

Instabilität
- Unsere Intelligenz kann sich im Laufe der Zeit durch entsprechende Fördermaßnahmen **verändern**, wie u. a. das Head Start Program (1965) belegte. Dabei handelte es sich um ein Programm der damaligen US-Regierung, das auf die Förderung sozial benachteiligter Familien abzielte: Vorschulkinder, die durch gezielte Maßnahmen in ihren intellektuellen Fähigkeiten und Leistungen unterstützt wurden, waren der vergleichbaren Kontrollgruppe in ihren intellektuellen Fähigkeiten schließlich deutlich überlegen.

subjektives Befinden
- Das **subjektive Befinden** (beispielsweise Nervosität, Müdigkeit oder Stress) am Testtag kann das Testergebnis beeinflussen. Ebenso korreliert der Grad der Motiviertheit mit dem Testergebnis.

Schicht- und Kulturabhängigkeit
- Die Inhalte der meisten Aufgaben in Intelligenztests sind zu einem großen Teil **vom Kulturkreis**, der **sozialen Schicht**, dem Bildungsstand und der Sprache **abhängig**. Um dieser Problematik entgegenzuwirken, finden sogenannte „Culture Fair Tests", also kulturunabhängige Intelligenztests, die weitgehend sprachfrei und ohne kulturspezifische Fragestellungen auskommen, immer mehr Beachtung. Dennoch: In jeder Kultur gelten andere Normen für intelligentes Verhalten. Abhängig von Wert- und Normvorstellungen, aber auch von wirtschaftlichen Gegebenheiten, interpretieren alle Gesellschaften Intelligenz auf unterschiedliche Weise. „[Dem]entsprechend benötigt jede Kultur eine ‚andere' Intelligenz, die in der Konstruktion von Intelligenztests berücksichtigt werden muss." (Hobmair 2013, S. 132)

8

8.3 Hochbegabung

*Marie Curie
(1867–1934, Physikerin)*

Hochbegabte HeldInnen werden in Film und Fernsehen gern als Hauptfiguren eingesetzt: Malcolm beispielsweise in der US-amerikanischen TV-Comedy-Serie *Malcolm mittendrin,* der Physiker Sheldon Cooper in der Serie *The Big Bang Theory,* oder der geniale Mathematiker John Nash im Film *A Beautiful Mind – Genie und Wahnsinn.* Hochbegabte und Genies wie der Mathematiker John Nash, das Kunstgenie Pablo Picasso, das Wunderkind Wolfgang Amadeus Mozart, der Erfinder Thomas Alva Edison oder die Nobelpreisträgerin Marie Curie sind unentbehrliche Persönlichkeiten für Kultur, Wissenschaft und Forschung. Sie zeigen außergewöhnliche Begabungen und sind intelligenter als der Durchschnitt.

Hochbegabte findet man unter den unauffälligen SchülerInnen genauso wie unter den rebellierenden, denn Hochbegabte unterscheiden sich hinsichtlich Persönlichkeit und Temperament. Allen gemeinsam sind jedoch folgende Merkmale:
- frühreife, ausgeprägte Entwicklung
- hohe Lerngeschwindigkeit
- besondere Informations- und Verarbeitungskapazitäten
- Wissbegierde
- herausragende Gedächtnisleistungen

Hochbegabung kann nicht an schulischen Erfolgen gemessen werden. Es gibt nämlich zahlreiche Beispiele für Hochbegabte, die in der Schule versagt haben, während andere wiederum schulisch äußerst erfolgreich waren. SchülerInnen mit schlechten schulischen Leistungen, aber einem entsprechenden Leistungs*potenzial* werden daher als hochbegabt anerkannt.

Hochbegabung kommt auch in anderen Fähigkeitsbereichen wie dem Sport vor: Von Hochbegabung ist dann die Rede, wenn in mindestens einem Fähigkeitsbereich – sei dieser intellektueller, sozialer, motorischer oder künstlerischer Natur – auf Dauer gesehen überdurchschnittliche bzw. außergewöhnliche Leistungen erbracht werden. Nach STERNBERG gilt eine Person als hochbegabt, wenn sie eine *„nachweisbare Leistung erbringt, die in Relation zu einer geeigneten Bezugsgruppe exzellent, selten, produktiv und wertvoll ist."* (Holling 1999, S. 5f)

Definition von Hochbegabung

Als weitgehend anerkannte Definition für Hochbegabung gilt die Definition des früheren US-amerikanischen Unterrichtsministers Sidney P. MARLAND: *„Kinder, die zu hohen Leistungen fähig sind, schließen solche mit gezeigten Leistungen und/oder mit potentiellen Fähigkeiten in irgendeinem der folgenden Bereiche mit ein:*
- *Allgemeine intellektuelle Fähigkeiten*
- *Spezifische akademische (schulische) Eignung*
- *Kreativität und produktives Denken*
- *Führungsfähigkeiten*
- *Bildnerische und darstellende Künste*
- *Psychomotorische Fähigkeiten."* (Feger 1998, S. 34)

Einfaktorentheorie (Terman)

Definition

HOCHBEGABUNGSMODELLE definieren Hochbegabung und versuchen zu erklären, wie sie sich entwickelt. Termans *Einfaktorentheorie* wird von *Mehrfaktorentheorien* unterschieden.

TERMANS Hochbegabungsmodell, die Einfaktorentheorie, geht davon aus, dass Hochbegabung biologisch bestimmt ist. Er definiert Hochbegabung oder Genialität (wie er sie nennt) über den Intelligenzquotienten, der 135 oder höher sein muss. Für ihn ist ausschließlich die **Höhe des Intelligenzquotienten** ein Indiz für Hochbegabung, alle anderen Faktoren (Umwelteinflüsse, Persönlichkeitsmerkmale) bezieht er in die Erklärung von Hochbegabung nicht mit ein.

Mehrfaktorentheorien

Mehrfaktorentheorien gehen bei der Erklärung von Hochbegabung nicht von einem alleinigen Faktor für Intelligenz, sondern von **mehreren Einzelfaktoren** aus. Die Modelle von WIECZERKOWSKI & WAGNER, URBAN, GAGNÉ und den Münchner Hochbegabungsforschern HELLER, PERLETH und HANY erweitern z. B. den Begabungsbegriff. Sie integrieren die musikalischen, künstlerischen und psychomotorischen Leistungsbereiche in ihre Modelle: Hochbegabung wird von der Münchner Forschungsgruppe entsprechend ihres Modells *„als individuelle kognitive, motivationale und soziale Möglichkeit betrachtet, Höchstleistungen in einem oder mehreren Bereichen zu erbringen, z. B. auf mathematischem, sprachlichem oder künstlerischem Gebiet."* (Holling 1999, S. 19) Die meisten Modelle gehen heute davon aus, dass besondere Fähigkeiten veranlagt sind, betonen aber, dass sowohl Persönlichkeitsfaktoren (Motivation, Ausdauer) als auch förderliche, unterstützende Umweltfaktoren (Personen, Ereignisse) notwendig sind, damit sich Hochbegabung entwickeln kann.

Gagnés differenziertes Begabungs- und Talentmodell

Der US-amerikanische Psychologe Robert GAGNÉ sieht Hochbegabung als angeborenes Phänomen. In seinem Modell legt er daher besonderen Wert auf die Unterscheidung von *Begabung* und *Talent*:

überdurchschnittliche Kompetenz

- Unter **Begabung** versteht Gagné angeborene, noch nicht entwickelte Fähigkeiten in unterschiedlichen Bereichen – allgemein, intellektuell, kreativ, sozioemotional und sensomotorisch. Diese Fähigkeiten können auch ohne gezielte Förderung von außen ein hohes Potenzial erreichen.

überdurchschnittliche Performanz

- **Talente** sind für Gagné ausgeführte außergewöhnliche Leistungen, die eine Person zum Experten bzw. zur Expertin auf einem bestimmten Gebiet machen. Das Talent kann beispielsweise in der Kunst, im Sport, im Handel, in der Kommunikation, im Handwerk, im Gesundheitsdienst oder in der Wissenschaft sichtbar werden. Talente entstehen also, wenn angeborene Begabungen durch Lernen, Trainieren oder Üben entfaltet werden.

Gagné betont den Prozesscharakter von Fähigkeiten und Talenten:
- **Begabung** in bestimmten Fähigkeitsbereichen ist der Ausgangspunkt.
- Über den **Weg** des systematischen Lernens, des Trainings und der Übung
- entstehen **Talente** in diesen Bereichen.

Dass Talente sich entwickeln, hängt ab
- von der Unterstützung durch das **soziale Umfeld** (Personen, Orte, Ereignisse, Zufälle) und
- von **intrapersonalen Faktoren** wie *Motivation* (Interesse, Ausdauer) sowie *Persönlichkeit* (Autonomie, Selbstvertrauen).

Gagné folgert, dass eine talentierte Person immer auch begabt ist, nicht jede begabte Person jedoch auch talentiert.

▶ AH Seite 37

Möglichkeiten der Hochbegabtenförderung an der Schule

Filmtipp
Alphabet (Österreich 2013, Regie: Erwin WAGENHOFER). „Bei ihrer Geburt sind 98 % der Menschen hochbegabt. Nach der Schulzeit sind es nur noch 2 %." Auf dieser Erkenntnis basierend hinterfragt der Dokumentarfilm die Denkstrukturen, die hinter unserem Bildungssystem stecken und plädiert für einen radikal anderen Zugang zum Thema Bildung. Er lässt Experten zu Wort kommen (u. a. Gerald Hüther, Arno Stern), die den steigenden Leistungsdruck kritisieren und mehr Raum für kreatives Denken sowie das Ausschöpfen der individuellen Potenziale fordern.

Die Kognitionspsychologin Elsbeth STERN konnte nachweisen, dass weniger intelligente Kinder bei guten LehrerInnen in Naturwissenschaften mehr lernten als hochintelligente bei schlechten LehrerInnen. Die schulische Unterforderung kann sogenanntes **Underachievement** mit sich bringen, also eine niedrigere Schulleistung, als das Intelligenzniveau vermuten lässt.

Potenzial setzt sich demnach nicht immer automatisch in Leistung um. Es benötigt Fördermaßnahmen, durch die alle SchülerInnen ihrer Begabung entsprechend gefördert werden. Im österreichischen **Grundsatzerlass zur Begabtenförderung** werden folgende individuelle Fördermaßnahmen empfohlen:
- **Individualisierung und Differenzierung** zählen zu innerschulischen Fördermethoden. Diese erlauben der Lehrperson, auf die individuellen Fähigkeiten jedes Schülers und jeder Schülerin einzugehen. *Individualisierung* meint, dass die individuellen Persönlichkeits- und Begabungsunterschiede der SchülerInnen berücksichtigt werden müssen. Der Begriff *Differenzierung* bezieht sich auf eine vielfältige Auswahl an Lehr- und Lernmethoden (offener Unterricht, kooperatives Lernen etc.).
- **Enrichment** (Anreicherung) umfasst eine qualitative Anreicherung des normalen Unterrichtsangebots. Dieses ist an die Bedürfnisse und Interessen der SchülerInnen angepasst. Im Mittelpunkt steht immer die intensive Beschäftigung mit weiterführenden Inhalten. Der Lehrstoff wird beispielsweise über Gruppenprojekte, Wahlfächer, SchülerInnenakademien, Wettbewerbe etc. erweitert oder vertieft.

- **Akzeleration** (Beschleunigung) bedeutet ein schnelleres Durchlaufen der Schullaufbahn durch frühere Einschulung, das Überspringen einer Schulstufe, Mehrstufenklassen, dem vorzeitigen Beginn eines Studiums etc. Diese Form der Förderung kommt vor allem Hochbegabten mit einer höheren Lerngeschwindigkeit zugute.

Hohe intellektuelle Begabung besteht unter anderem auch in der Fähigkeit, sich in neuen Situationen zurechtzufinden und neuartige Anforderungen zu bewältigen.

Während Hochbegabte sich also generell durch außergewöhnliches Problemlösevermögen auszeichnen, besitzen sogenannte **Savants** (▸ Kap. 8.4) meist nur in einem einzigen Teilbereich herausragende Fähigkeiten und sind in den restlichen Bereichen häufig stark eingeschränkt.

8.4 Das Savant-Syndrom

Definition

Ein SAVANT (franz. *savant:* wissend, gelehrt) ist eine Person mit meist eingeschränkten kognitiven Fähigkeiten, die in einem Teilbereich über eine herausragende Begabung verfügt.

Definition

AUTISMUS ist eine Entwicklungsstörung, die sich durch gestörtes Sozialverhalten kennzeichnet. AutistInnen haben Schwierigkeiten, sich in die Gefühlswelt anderer hineinzudenken.

Was ergibt 67^{33}? Rüdiger Gamm, ein sogenannter **Savant**, kann innerhalb weniger Sekunden das Ergebnis nennen: 67^{33} sind 1 Decillion, 821 Nonilliarden, 664 Nonillionen, 894 Oktilliarden, 730 Oktillionen, 78 Septilliarden, 753 Septillionen …

Menschen mit **Savant-Syndrom** zeichnen sich durch eine unglaublich ausgeprägte Begabung – eine *Inselbegabung* – in einem einzigen Teilbereich aus, etwa in Mathematik oder bildender Kunst, sind ansonsten aber meist auf die Hilfe anderer angewiesen. Weltweit gibt es rund 100 Savants, 6 von 7 sind Männer. Savants sind in der Lage, sich innerhalb kürzester Zeit ohne Lernaufwand besondere Fähigkeiten anzueignen – beispielsweise Klavier zu spielen oder Isländisch zu sprechen.

Etwa die Hälfte der Savants sind jedoch **AutistInnen**, sehr häufig ist bei ihnen das zentrale Nervensystem beeinträchtigt. Die schwere Hirnschädigung verursacht eine starke Einschränkung in vielen Bereichen und kann eine kognitive Behinderung zur Folge haben. Viele Savants finden dennoch ihren Platz im Leben, wenn auf ihre Defizite Rücksicht genommen wird und sie die Möglichkeit bekommen, ihre Fähigkeiten entsprechend einzusetzen.

Stephen Wiltshire zeichnet nach einem Rundflug detailgetreue Panoramabilder von Städten frei aus dem Gedächtnis.

„Rain Man" Kim Peek

Filmtipp ▸

Rain Man (USA 1988, Regie: Barry LEVINSON). Als der Vater stirbt, erfährt der selbstverliebte Charlie von seinem autistischen Bruder Raymonde, der 3 Millionen Dollar geerbt hat. Charlie entführt seinen Bruder aus der Klinik, um damit das Geld von seinen Anwälten zu erpressen. Auf einer Reise muss sich Charlie immer mehr an die besonderen Gewohnheiten und den Rhythmus seines Bruders gewöhnen. Er lernt seinen Bruder kennen und möchte schließlich das Sorgerecht für ihn erkämpfen. Für die Geschichte ließ sich der Drehbuchautor vom Savant Kim Peek (1951–2009) inspirieren.

Kim Peek lebte in Salt Lake City und konnte etwa 12 000 Bücher Wort für Wort auswendig, kannte unzählige Geschichtsdaten und nannte zu jedem Kalender-Datum den Wochentag – und das alles, ohne nachzudenken. Er speicherte beliebige Melodien, Namen, das Straßennetz aller Staaten und selbst das komplette Fernsehprogramm wie auf einer Festplatte. Er las Buchseiten parallel: Während das eine Auge mit der linken Seite beschäftigt war, scannte das andere die rechte Seite. Den Inhalt *einer* Buchseite speicherte er in etwa acht Sekunden.

Die Ursache dafür ist vermutlich eine eingeschränkte Funktion der neuronalen Verbindungen bzw. eine Fehlschaltung im Gehirn. Der US-amerikanische Neurologe und Psychiater Darold TREFFERT und der australische Hirnforscher Allan SNYDER stellten fest, dass bei den meisten Savants die linke Gehirnhälfte sowie das Corpus callosum, das die beiden Gehirnhälften miteinander verbindet, geschädigt ist. Bei Kim Peek fehlte das Corpus callosum gänzlich. Auf diese Weise könnte Peeks Vermögen, zwei Buchseiten gleichzeitig zu lesen, erklärt werden: Denn wenn man etwas mit nur einem Auge wahrnimmt, wird dies auch in nur einer Gehirnhälfte verarbeitet.

Allan SNYDER meint, es sei faszinierend, dass man einen Teil des Gehirns abschalten müsse, um savanthafte Fähigkeiten zu entwickeln. Auch der Forscher Michael FITZGERALD aus Dublin vermutet neuronale Fehlschaltungen im Gehirn als Ursache für Autismus und das Savant-Syndrom. Er meint, viele Genies wie Mozart, Einstein oder Newton hätten ausgeprägten Autismus aufgewiesen.

Unsere Großhirnrinde speichert zwar alles, was wir in Worte fassen können, aber normalerweise können wir wenig später nur noch auf einen Bruchteil davon zugreifen. Wir blenden Millionen von Details aus, um uns auf das Wesentliche konzentrieren zu können: Unser Gehirn verarbeitet zwar weit mehr Informationen, als das Bewusstsein wahrnimmt, aber bewusst gesehen und gehört wird trotzdem nur das, was das Gehirn aus den eingehenden Signalen herausfiltert, weil es momentan von Bedeutung ist (▸ Kap. 3.2).

Aus unerklärlichen Gründen arbeiten bei Kim Peek die **unbewussten Filtersysteme**, mit denen wichtige Informationen zusammengefasst sowie bewertet werden und die Unwichtiges wieder vergessen lassen, nicht. Kim Peeks Gehirn filtert nicht, es speichert einfach alles.

Ursachen für Sonderbegabungen

Die genauen Ursachen des Savant-Syndroms sind nach wie vor ungeklärt. Es konnte jedoch festgestellt werden, dass viele Savants ihre außergewöhnlichen Fähigkeiten erst nach einer Hirnverletzung, ausgelöst durch einen Unfall oder einen Schlaganfall, entwickelten. Orlando Serrell etwa war zehn Jahre alt, als ihn ein Baseball an der Schläfe traf. Erst ein Jahr später bemerkte er, dass er sich seit dem Tag des Unfalls an jedes Detail jedes Tages in seinem Leben erinnern konnte: an das Datum, den Wochentag, an das Wetter, was es zu essen gab und welche Farbe die Socken seiner Schwester hatten. Orlando Serrell zählt zu einem sogenannten **Acquired Savant**, dessen Fähigkeit sich durch einen Unfall erst entwickelte. Zahlreiche ForscherInnen sehen in den Acquired Savants den Beweis, dass wir alle savanthafte Fähigkeiten besitzen, unser Gehirn sie aber absichtlich unterdrückt.

Das automatische Gedächtnis

Wir wissen intuitiv, wie man mit Messer und Gabel isst und wie Radfahren funktioniert. 90 % unserer Handlungen und Reaktionen werden von unbewussten Gedächtnisspeichern ausgeübt. Es gibt wenige Dinge, die wir tatsächlich bewusst ausführen. Unser **automatisches Gedächtnis** (▸ Kap. 4.1) macht das möglich. Dieselben automatischen Gedächtnisspeicher, die wir fürs Autofahren oder Radfahren verwenden, nutzen Savants für ihre Fähigkeiten: Faktenwissen, Rechnen oder Zeichnen. Für Rüdiger Gamm ist Rechnen beispielsweise so einfach wie Radfahren. Bei leichteren Aufgaben aktiviert er die typischen Rechenkopfareale, allerdings *weniger* als der Durchschnittsrechner/die Durchschnittsrechnerin. Denn je besser wir etwas können, desto weniger Nervenzellen müssen dafür aktiviert werden (▸ Kap. 2.2). Aufgaben, die wir unbewusst und routiniert, ohne nachzudenken lösen, sind stoffwechselphysiologisch unkompliziert und unaufwendig. Bei neuen, wichtigen Dingen hingegen müssen Netzwerke der Großhirnrinde auf komplizierte Art und Weise aktiviert werden.

 **Einzelarbeit** 7 · Welche Ursachen werden für das Savant-Syndrom genannt? Fassen Sie die neurologischen Erkenntnisse in drei Punkten zusammen!

Daniel Tammet, vom Savant-Syndrom betroffen, hat das Glück, nicht unter einer der schweren Behinderungen zu leiden, die häufig mit Begabungen wie den seinen einhergehen. Es handelt sich bei ihm um eine relativ leichte Form von Autismus, von der etwa jeder 300. Mensch in Großbritannien betroffen ist und die sich z. B. in dem starken Drang äußert, systematische Regeln und Muster zu erkennen. Tammet beschreibt seine besondere Begabung für Zahlen selbst:

„Ich wurde am 31. Januar 1979 geboren – einem Mittwoch. Ich weiß, es war ein Mittwoch, denn in meiner Vorstellung ist der Tag blau, und Mittwoch ist immer blau – wie die Zahl Neun oder der Klang lauter, streitender Stimmen. Mir gefällt mein Geburtsdatum, weil ich die meisten Zahlen darin als glatte, runde Formen vor mir sehen kann – so wie Kieselsteine an einem Strand. Das liegt daran, dass es Primzahlen sind: 31, 19, 197, 97, 79 und 1979 lassen sich alle nur durch sich selbst und durch eins teilen. Ich kann jede Primzahl bis 9973 an ihrer ‚kieselsteinartigen' Beschaffenheit erkennen. So arbeitet mein Gehirn. (…) Zahlen sind meine Freunde und sie sind ständig um mich. Jede ist einzigartig und hat ihre ganz eigene ‚Persönlichkeit'. Elf ist freundlich und Fünf ist laut, während Vier still und schüchtern ist – sie ist meine Lieblingszahl, vielleicht weil sie mich an mich selbst erinnert. Einige Zahlen sind groß, wie 23, 667, 1179, andere klein, wie 6, 13, 581. Einige sind schön, wie 333, und einige hässlich, wie 289. Für mich ist jede Zahl etwas Besonderes."

„Solange ich mich erinnern kann, habe ich Zahlen auf eine visuelle, synästhetische Weise wahrgenommen. Zahlen sind meine Hauptsprache, in der ich oft denke und fühle. Es ist manchmal schwierig für mich, Emotionen zu verstehen oder darauf zu reagieren, deshalb helfe ich mir oft mit Zahlen. Wenn ein Freund sagt, er sei traurig oder niedergeschlagen, stelle ich mir vor, dass ich in der dunklen Leere der Zahl Sechs sitze, um seine Gefühle nachzuempfinden und zu begreifen. Wenn ich in einem Artikel lese, dass jemand sich durch etwas eingeschüchtert fühlt, stelle ich mir vor, neben der Zahl Neun zu stehen. Wenn jemand seinen Besuch an einem wunderschönen Ort beschreibt, erinnere ich mich an meine Zahlenlandschaften und welche Glücksgefühle sie in mir auslösen. Auf diese Weise tragen Zahlen tatsächlich dazu bei, dass ich andere Menschen besser verstehe." (Tammet 2007, S. 15f., S. 21)

8

Kompetenzcheck

1. Rekonstruieren Sie: Inwiefern ist Intelligenz ein anlage-, inwiefern ein umweltbedingtes Phänomen?

2. Geben Sie wieder, wie der Intelligenzbegriff in den verschiedensten Theorien definiert wird.

3. Erklären Sie die Unterschiede zwischen Termans und Binets Zugang zur Intelligenzmessung.

4. Analysieren Sie die Normalverteilung des Intelligenzquotienten nach Wechsler.

5. Nennen Sie die Kriterien, die ein Intelligenztest erfüllen muss, um als wissenschaftlich anerkannt zu gelten.

6. In aktuellen Intelligenztests für Kinder werden das visuell-räumliche Denken, das fluide Schlussfolgern, die Verarbeitungsgeschwindigkeit, das Arbeitsgedächtnis, das Sprachverständnis sowie der Gesamt-IQ-Wert erhoben. Begründen Sie in einer persönlichen Stellungnahme: Inwiefern sollen Intelligenztests in dieser Form nach der Volksschule (nicht) durchgeführt werden, um die weitere schulische Laufbahn zu planen?

7. Nennen Sie die Aspekte, die bei der herkömmlichen Intelligenzmessung nicht berücksichtigt werden. Begründen Sie, weshalb diese Aspekte möglicherweise keine Berücksichtigung finden.

8. Charakterisieren Sie eine hochbegabte Person.

9. Vergleichen Sie Termans Einfaktorentheorie mit Gagnés Mehrfaktorentheorie der Hochbegabung.

10. Entwickeln Sie schulische Maßnahmen, die es ermöglichen, besondere Begabungen von einzelnen SchülerInnen zu fördern.

11. Beschreiben Sie das Savant-Syndrom anhand konkreter Fallbeispiele.

12. Erklären Sie, was unbewusste Filtersysteme mit herausragenden Gedächtnisleistungen zu tun haben.

13. Reflektieren Sie, in welchen Fähigkeitsbereichen bei Ihnen persönlich das automatische Gedächtnis zum Einsatz kommt.

Textanalyse

„*Die akademische Intelligenz im Sinne schulischer Leistungen hat mit dem Gefühlsleben kaum etwas zu tun. Die Begabtesten unter uns können an den Klippen ungezügelter Leidenschaft und ungestümer Impulse scheitern; Menschen mit einem hohen IQ kommen in ihrem Privatleben manchmal erstaunlich schlecht zurecht. Es ist eines der offenen Geheimnisse der Psychologie, dass Punktbewertungen – sei es der IQ oder der Schuleignungstest SAT – ungeachtet des Nimbus, der sie umgibt, kaum etwas über den späteren Erfolg im Leben vorhersagen können. Gewiss besteht für große Gruppen, insgesamt gesehen, ein Zusammenhang zwischen IQ und Lebensumständen: viele mit sehr niedrigem IQ enden in niedrigen Stellungen, und solche mit hohem IQ erreichen zumeist gutbezahlte Jobs – aber nicht immer. Die Ausnahmen von der Regel, dass der IQ den Erfolg vorhersagt, sind zahlreicher als die Fälle, die der Regel entsprechen. Der IQ trägt höchstens 20 Prozent zu den Faktoren bei, die den Lebenserfolg ausmachen, so dass über 80 Prozent auf andere Kräfte zurückzuführen sind. Ein Beobachter bemerkt dazu: „Die gesellschaftliche Nische, in der man schließlich landet, hängt ganz überwiegend von anderen Faktoren als dem IQ ab, und die reichen von der Klassenzugehörigkeit bis zum Zufall.“ Das geben sogar Richard Herrnstein und Charles Murray zu, die dem IQ in ihrem Buch* The Bell Curve *größte Bedeutung unterstellen, wenn sie schreiben: „Ein Erstsemester, der beim SAT in Mathe mit 500 abschneidet, sollte sein Herz vielleicht nicht daran hängen, Mathematiker zu werden; falls er aber wünscht, eine eigene Firma aufzumachen, US-Senator oder Millionär zu werden, sollte er seine Träume nicht begraben … Der Zusammenhang zwischen Testergebnissen und den entsprechenden Leistungen verblasst neben der Gesamtheit der Eigenschaften, die er sonst noch mitbringt …*"

(Daniel Goleman: Emotionale Intelligenz. München: dtv 2017, S. 54)

→ Welcher Bereich der Intelligenz wird hier angesprochen?

→ Inwiefern hängen Intelligenzquotient und Erfolg im Leben (nicht) zusammen?

→ Welche Faktoren werden als entscheidend für Erfolg genannt?

→ Wie aussagekräftig sind Testergebnisse für den weiteren Lebensweg?

Projekt

Erstellen Sie zu zweit ein **Kreuzworträtsel** zu den Inhalten des Kapitels *Intelligenz*. Finden Sie jeweils 15 Fragen oder Aussagen, die zu einem bestimmten Begriff führen oder eine Person beschreiben. Geben Sie jeweils die Kästchen mit der richtigen Anzahl Buchstaben für die Antwort in der Anordnung eines Kreuzworträtsels vor. Tauschen Sie anschließend mit zwei anderen Mitschülern bzw. Mitschülerinnen und lösen Sie deren Rätsel.

> *„Jede menschliche Entwicklung strebt einem Ziel zu.“*
> CARL GUSTAV JUNG (Begründer der Analytischen Psychologie, 1875–1961)

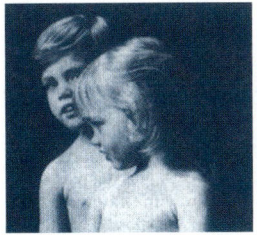

Verschiedene Umstände haben in den letzten Jahren zweifellos dazu geführt, dass Sie sich verändert haben. Wir befinden uns in einem ständigen Wandlungsprozess. Die **Entwicklungspsychologie** interessiert sich für die körperlichen, psychischen und sozialen Veränderungen im Laufe unseres Lebens.

Als **Ursachen für Veränderungen** sieht sie
- biologisch gesteuerte Prozesse (Wachstum und Reifung),
- Umweltbedingungen (Lernen, Erfahrung) und
- aktive Selbstgestaltung an (▸ Kap. 9.2).

Die Entwicklungspsychologie untersucht weiters den Verlauf des **menschlichen Lebenszyklus**, beginnend beim pränatalen (vorgeburtlichen) Stadium über den Säugling zum alten Menschen bis zum Tod (▸ Kap. 9.8).

Entwicklung ist ein lebenslanger dynamischer Prozess. Bereits vor der Geburt wird unsere körperliche und psychische Entwicklung beeinflusst; **vorgeburtlich** auftretende Ereignisse können für das weitere Leben sogar von erheblicher Bedeutung sein (▸ Kap. 9.3). Da Kindheit und Jugend als veränderungsintensivste Zeiträume gelten, konzentrierte sich die anfängliche entwicklungspsychologische Forschung vorwiegend auf die **ersten Lebensjahre**. (▸ Kap. 9.4) Durch die Fortschritte der Medizin in der westlichen Gesellschaft erreichen jedoch immer mehr Menschen ein hohes Lebensalter, während gleichzeitig die Geburtenrate abnimmt. So verlagerte sich das Interesse der Forschung auf die **Entwicklungen im Erwachsenenalter** (▸ Kap. 9.7).

In jeder Lebensphase gibt es bestimmte **Entwicklungsaufgaben**, denen wir uns stellen müssen – also Anforderungen, mit denen wir konfrontiert werden. Entwicklungsaufgaben während der Adoleszenz (Jugendzeit) (▸ Kap. 9.6) sind etwa das Finden der Identität oder die Loslösung von den Eltern. Wann eine neue Entwicklungsperiode auftritt, ist individuell verschieden (vgl. Oerter 2008, S. 39): Kulturelle und gesellschaftliche Bedingungen sowie individuelle Werte und subjektive Zielsetzungen entscheiden, wann und ob wir Karriere machen, Kinder kriegen oder heiraten. Ab wann Jugendliche als erwachsen gelten, ist in einzelnen Kulturen unterschiedlich definiert: Während man in Österreich mit 13 noch als jugendlich eingestuft wird, feiert die jüdische Tradition dieses Alter als Eintritt ins Erwachsenenalter.

Haben Sie schon einmal ein neugeborenes Baby im Arm gehalten? Vielleicht haben Sie sich gefragt, wie die Zukunft des Babys aussehen wird, welche Anforderungen es zu bewältigen haben wird und ob es ein erfülltes Leben vor sich hat. Kennen Sie die Eltern eines Babys, können Sie allenfalls Vermutungen über die Zukunft des Kindes anstellen. Treffsichere Antworten kann aber auch die Entwicklungspsychologie nicht liefern. Sie kann lediglich Bedingungen angeben, unter denen bestimmte **Entwicklungsverläufe** mit größerer Wahrscheinlichkeit zu erwarten sind als andere. So konnte etwa festgestellt werden, dass für jede **gesunde Entwicklung** die emotionale Bindung zu einer Bezugsperson ebenso wie die **Erziehung** in der frühen Kindheit (▸ Kap. 9.5) entscheidend ist.

Um Entwicklung allgemein zu erforschen und zu erklären, bedient sich die Entwicklungspsychologie vor allem folgender wissenschaftlicher Methoden:

- Die **Querschnittmethode** untersucht mehrere Personen oder Gruppen unterschiedlichen Alters zum gleichen Zeitpunkt und vergleicht sie miteinander.
- Die **Längsschnittmethode** untersucht dieselben Personen über einen längeren Zeitraum, um Aussagen über entwicklungsbedingte Veränderungen machen zu können.
- Die **Sequenzmethode** ist eine Kombination aus Quer- und Längsschnittmethode, sie untersucht verschiedene Personen zu verschiedenen Zeitpunkten.

Dennoch gibt es für die Entwicklungspsychologie auch zahlreiche **ungelöste Fragen** (▸ Kap. 9.1).

1 **Gruppenarbeit:** Versuchen Sie in Kleingruppen das menschliche Leben in Entwicklungsperioden einzuteilen und der jeweiligen Periode eine entsprechende Entwicklungsaufgabe zuzuordnen.

Filmtipp

Babys (Frankreich 2009, Regie: Thomas BALMÈS). Sie heißen Ponijao, Bayar, Mari und Hattie und leben in Namibia, der Mongolei, Japan und den USA, als Einzelkind oder Teil einer Großfamilie, mitten in der Großstadt oder fernab jeglicher Zivilisation. Der Regisseur begleitet die Babys vom ersten Atemzug bis zu den ersten Schritten. Eines haben die Babys gemeinsam: Sie alle brabbeln, glucksen und lachen gleich.

9.1 Drei ungeklärte Fragen

In der entwicklungspsychologischen Forschung sind drei große Fragen bis heute nicht geklärt (vgl. Myers 2005, S. 142):

1. Kontinuierliche oder stufenweise Entwicklung?

Ist Entwicklung ein geradliniger, kontinuierlicher Prozess – vergleichbar mit der Fahrt in einem Fahrstuhl – oder entwickeln wir uns stufenweise, wie beim Emporsteigen einer Treppe?

Entwicklung kann als langsamer, kontinuierlicher Prozess angesehen werden, in dem uns v. a. unsere **Lernerfahrungen** prägen. AnhängerInnen der biologischen Theorie hingegen betrachten Entwicklung als Abfolge **genetisch determinierter Stufen** oder Schritte. Diese verschiedenen Stufen können schnell oder langsam durchlaufen werden, die Abfolge der Stufen ist dieser Theorie nach jedoch immer dieselbe: Jedes Kind beginnt erst zu robben oder zu krabbeln und dann zu laufen. Heute wissen wir jedoch, dass sich nicht alle Menschen in derselben Stufenabfolge entwickeln (etliche Kinder laufen, bevor sie krabbeln). Vor allem beim erwachsenen Menschen verläuft die Entwicklung nicht in festen, vorhersagbaren Schritten, da sie immer von individuellen Entscheidungen und dem soziokulturellen Umfeld bedingt ist. Entwicklungspsychologische ForscherInnen tendieren dennoch dazu, alles in klar definierte, altersbedingte Stufen einzuteilen. Denn Stufentheorien strukturieren unseren Lebenszyklus und zeigen, inwiefern wir uns im Denken und Handeln von Gleichaltrigen, aber auch von Menschen unterschiedlichen Alters unterscheiden. Zu den **Stufentheorien** zählen die *kognitive* Entwicklung nach PIAGET, die *psychosoziale* Entwicklung nach ERIKSON sowie die *moralische* Entwicklung nach KOHLBERG (▸ Kap. 9.4).

2. Stabile oder veränderliche Persönlichkeit?

Bleiben wir von Kind an dieselbe Persönlichkeit?

Wenn Sie in 20 Jahren jemanden aus Ihrer Klasse treffen – wird sie/er dann derselbe Mensch von heute sein oder wird sie/er sich verändert haben? Um Aussagen darüber machen zu können, wie stabil eine **Persönlichkeit** bleibt und wie sehr sie sich verändert, wurden Lebensläufe analysiert. Die Analyse ergab, dass das *Temperament* (z. B. Kontaktfreudigkeit) von Beginn an ein relativ stabiles Merkmal ist. Die *soziale Einstellung* (z. B. gegenüber MigrantInnen) hingegen gilt als relativ instabil, verändert sich im Lauf der Jahre aber immer weniger. Prinzipiell konnte Folgendes festgestellt werden:

- Jeder Mensch verändert sich, wird aber mit zunehmendem Alter stabiler.
- Die meisten Menschen werden reifer und gefestigter, wenn sie erwachsen sind.
- In den Jahren nach der Jugendzeit werden die meisten ruhiger, selbstdisziplinierter und selbstsicherer.
- Menschen brauchen Stabilität in Form von Bezugspersonen, auf die sie sich verlassen können.

RF **Videoanalyse** 2
▶ YouTube

Sehen Sie sich das philosophische Gedankenexperiment „filosofix: Das Schiff des Theseus" (02:41 Min.) auf YouTube an.
1. Erklären Sie das Gedankenexperiment in eigenen Worten.
2. Was ist Identität? Finden Sie eine passende Definition für den Begriff.
3. Wann ist eine Person dieselbe? Oder anders gefragt: „Warum sind wir, wer wir sind? Überlegen Sie, welche möglichen Kriterien es gibt, mit denen wir bestimmen können, warum wir dieselbe Person sind." (www.srf.ch/myschool)

3. Anlage oder Umwelt?

In welchem Ausmaß steuern Gene unsere Entwicklung und inwiefern werden wir von unseren Erfahrungen beeinflusst?

Warum manche Menschen eine schnellere Auffassungsgabe haben, schüchterner oder gesprächiger als andere sind, lässt sich durch Vorlieben, Fähigkeiten und Persönlichkeit erklären. Der **Anlage-Umwelt-Konflikt** versucht zu erklären, inwieweit Erbanlagen uns beeinflussen und in welchem Ausmaß uns unsere Lebensgeschichte formt. In der Philosophie streiten sich darüber Empirismus und Nativismus. John LOCKE (**Empirismus**) betont die Wichtigkeit unserer Erfahrung für die menschliche Entwicklung. Jean-Jacques ROUSSEAU (**Nativismus**) hingegen meint, dass wir mit einem angeborenen Basiswissen auf die Welt kommen.

φ **Philosophie**
Erkenntnistheorie: Empirismus

> *Die Erbanlage verteilt die Karten, die Umwelt spielt das Blatt aus.* "
> Charles Brewer
> (Myers 2005, S. 120)

Die Frage, inwiefern **anlagebedingte** und inwiefern **umweltbedingte** Faktoren unsere Entwicklung beeinflussen, bedarf einer genaueren Analyse. Zunächst stellt sich die Frage, welche Forschungsergebnisse die Anlagetheorie stützen und welche Erkenntnisse die umwelttheoretischen Aspekte stärken. Das Ergebnis zeigt, inwiefern ein Zusammenspiel beider Faktoren von Bedeutung ist:

Fassen Sie die drei ungeklärten Fragen der Entwicklungspsychologie in Form eines Stichwort-Eintrages für den „Schülerduden Psychologie" zusammen!

9.2 Theorien zum Anlage-Umwelt-Konflikt

„Eine Anlage gibt es nur im Hinblick auf eine Umwelt und eine Umwelt nur im Hinblick auf eine Anlage. Wofür keine Anlage vorhanden ist, dafür wird auch nichts als Umwelt wirksam, wofür keine Umwelt vorhanden ist, dafür wird auch keine Anlage wirksam."
(Roth zit. nach Helbig 1988, S. 94)

Kinder haben ein natürliches Bedürfnis, Alltäglichkeiten auf den Grund zu gehen, sie verfügen über einen unendlichen Wissensdrang, sind neugierig und lernwillig. Die Fähigkeit zu lernen steckt in jedem/jeder von uns. Unserer Lernfähigkeit sind allerdings Grenzen gesetzt: Ein zwei Monate altes Baby wird selbst mit viel Übung und Training nicht zu sprechen beginnen, weil es die dafür notwendigen reifebedingten Voraussetzungen noch nicht erlangt hat.

Natur und Umwelt beeinflussen einander in vielfältiger und komplexer Weise und stehen deshalb in ständiger Wechselwirkung. Die Frage, ob Gene oder Erfahrungen wichtiger sind, kann verglichen werden mit der Frage, ob das Lenkrad oder der Motor wesentlicher für das Autofahren ist. (vgl. Myers 2005, S. 121) Die Umwelt bildet aus, was die Natur vorgibt: Gene sind gewissermaßen der Bauplan, der jedoch erst durch Umweltreize aktiviert wird. Unsere Gene bestimmen unsere biologische Ausstattung, die wiederum unser Verhalten beeinflusst. Außerdem legen die Träger unseres Erbguts fest, wie Menschen auf uns reagieren und uns beeinflussen: „Wir suchen die Umweltbedingungen, die gut zu unserer Natur passen." (a. a. O., S. 121)

„Der Apfel fällt nicht weit vom Stamm."
(Sprichwort)

Verschiedene Theorien machen jeweils einen anderen Faktor für die Entwicklung des Menschen verantwortlich. Zusammen bestimmen diese Faktoren die Entwicklung einer Persönlichkeit.

Reifungstheorien

Mit etwa einem Jahr lernen wir laufen, mit ca. zwei Jahren sprechen und später singen, lesen, schreiben und rechnen. Der Grund dafür liegt im gemeinsamen biologischen Erbe: Jede/Jeder von uns besitzt ungefähr 30 000 Gene. Unsere **genetische Prädisposition** (Anlage) erklärt sowohl unsere gemeinsamen menschlichen Merkmale als auch unsere individuellen Unterschiede. *„Der uns allen gemeinsame Aufbau des Gehirns legt von vornherein fest, wie wir durch jeweils identische Mechanismen die Welt über unsere Sinneskanäle wahrnehmen, unsere Sprache entwickeln und Hunger empfinden. (...) Ganz gleich, ob unser Familienname Wong, Nkomo, Meier, Smith oder Gonzales lautet, beginnen wir mit ungefähr 8 Monaten zu fremdeln, während wir als Erwachsene die Gesellschaft der Menschen, deren Einstellungen und Merkmale den unseren ähnlich sind, bevorzugen. Auch wenn wir aus unterschiedlichen Teilen der Erde stammen, so wissen wir doch das Lächeln und das Stirnrunzeln der anderen einzuschätzen. Als Angehörige einer Spezies schließen wir uns mit anderen Menschen zusammen, passen uns an, tauschen Gefälligkeiten aus, bestrafen Vergehen, organisieren Statushierarchien und betrauern den Tod eines Kindes. Zusammenfassend lässt sich sagen: Universelle Verhaltensweisen verweisen auf unsere gemeinsame menschliche Natur."* (Myers 2005, S. 106)

Definition
INNEREN WACHSTUMSIMPULSE sind vorprogrammierte, von unserem Organismus gesteuerte Impulse, die Lernen ermöglichen.

Reifung (durch biologische Prozesse) umfasst alle Veränderungen, die von **inneren Wachstumsimpulsen** gesteuert werden. Diese inneren Wachstumsimpulse sind genetisch bedingt und schaffen jeweils zu bestimmten Zeitpunkten optimale Lernbedingungen: Sobald das Kind seine Sprechmuskulatur koordinieren und Beziehungen erfassen kann, erlernt es die sprachlichen Ausdrücke, die ihm die Umwelt anbietet.

„Wie man ein Stämmchen biegt, so wächst es."
(Sprichwort)

Reifungstheorien erachten **angelegte (endogene) Faktoren** als wesentlich für die Entwicklung. Mit endogenen Faktoren sind unsere physiologischen, angeborenen Potenziale gemeint, die uns ermöglichen, z. B. eine Sprache zu erlernen. Sie sind Voraussetzung für Wachstum und Bewegung.

Milieutheorien

Man geht davon aus, dass 40–50 % einer Persönlichkeit genetisch bedingt sind. Der Rest wird unserer Umwelt zugeschrieben. Die Milieutheorie setzt zwar endogene Faktoren voraus, aber ob diese auch tatsächlich aktiviert werden, hängt in erster Linie von den jeweiligen Umwelteinflüssen, also den **äußeren (exogenen) Einflüssen** ab. Beispiel: Jede/Jeder bringt die physiologischen Voraussetzungen mit, um eine Sprache zu erlernen. Es hängt allerdings von der Umgebung, in der wir aufwachsen, ab, ob wir als Kind Deutsch oder Chinesisch sprechen lernen. Der Entwicklungsprozess kann durch fördernde Umstände unterstützt oder aber durch Vernachlässigung gehemmt werden.

Literaturtipp

BAUER, Joachim: *Das Gedächtnis des Körpers. Wie Beziehungen und Lebensstile unsere Gene steuern.* München 2013. Bauer erläutert, wie sich zwischenmenschliche Beziehungen, Umwelteinflüsse und individuelle Erfahrungen auf unsere Gene auswirken, indem sie sie aktivieren oder deaktivieren. Umweltreize bewirken nämlich ständige Veränderungen im Nervensystem. Seelischer Stress beispielsweise beeinflusst die Entwicklung des Gehirns.

Folgende Faktoren entscheiden über unseren Entwicklungsverlauf:

- Die **pränatale Umgebung** spielt eine bedeutende Rolle für das Ungeborene, denn die Gewohnheiten der Mutter können sich positiv oder negativ auswirken (▸ Kap. 9.3).

- **Frühe Erfahrungen** prägen besonders die Gehirnentwicklung: Je mehr das Gehirn in den ersten Lebensjahren aktiviert wird, desto mehr neuronale Verbindungen können entstehen. Kinder, die in einer mit vielen Reizen ausgestatteten Umwelt und mit viel Zuneigung aufwachsen, weisen eine schnellere neurologische Entwicklung auf als Kinder, die in einer reizarmen Umgebung heranwachsen. Unsere Gene geben somit unsere Hirnstruktur (hardware) vor, unsere frühen Erfahrungen mit und in der Umwelt entscheiden jedoch über die Ausbildung unserer Fähigkeiten (software).

- **Kulturelle Faktoren:** Wir zeichnen uns durch eine enorme Anpassungsfähigkeit aus. Egal ob durch Kleidung oder Essverhalten – wir passen uns an gesellschaftliche Normen und Traditionen an. Jede Kultur hat ihre eigenen Normen und ihre eigenen Richtlinien für akzeptiertes, allgemein anerkanntes Verhalten.

- **Soziale Faktoren:** Auch das gesellschaftliche Umfeld hat einen wichtigen Anteil an der Entwicklung: Eltern prägen die Charakterentwicklung ihrer Kinder in den ersten Lebensjahren und legen mit der Auswahl der Wohngegend und der Schule die Richtung der Entwicklung ihrer Kinder fest. Ab dem Schuleintritt haben zunehmend LehrerInnen, KlassenkollegInnen und FreundInnen Einfluss. Den Eltern bleibt in Hinblick auf Bildung und Ausbildung eine beratende Funktion. Wenn es um Kultur und Sprache, das Aneignen sozialer Kompetenzen sowie die Entwicklung einer eigenen Identität und eines persönlichen Stils geht, spielt hingegen der Freundeskreis eine größere Rolle (▸ Kap. 9.6).

Wussten Sie, dass ... wir durch unseren Lebensstil unsere Gene steuern können? Äußere Einflüsse (u. a. traumatische Erlebnisse, körperliche Aktivität, soziale Kontakte etc.) können Gene chemisch verändern und sie auf diese Weise an- und ausschalten. **Eineiige Zwillinge** beispielsweise machen im Laufe ihres Lebens unterschiedliche Erfahrungen und entwickeln unterschiedliche Gewohnheiten. Dies kann bereits im Mutterleib beginnen, wenn ein Zwilling eine bessere Blutversorgung hat als der andere. Dadurch lässt sich erklären, warum sich auch ihre epigenetischen Codes mitunter in verschiedene Richtungen entwickeln und eineiige Zwillinge z. B. zu unterschiedlichen Zeitpunkten Krankheiten entwickeln, obwohl sie ursprünglich genetisch ident sind. Das Forschungsgebiet, das sich mit derartigen Fragestellungen auseinandersetzt, nennt man **Epigenetik**.

Interaktionistische Theorien

Die interaktionistischen Theorien betonen die wechselseitige Beeinflussung von Personen- und Umweltfaktoren bei der Selbstentfaltung des Individuums. Umwelteinflüsse prägen uns zwar und setzen uns Grenzen, wir treffen allerdings von uns aus (**autogene**) Entscheidungen, verfolgen persönliche Interessen und setzen eigene Ziele.

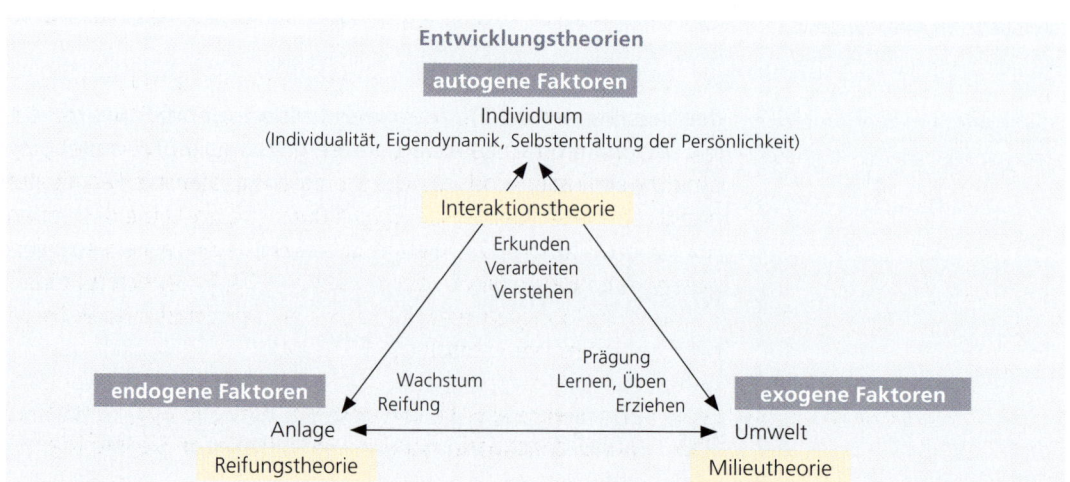

4 Vergleichen Sie die beiden folgenden Texte und besprechen Sie Ihre Ergebnisse im Plenum!
a) Worin unterscheiden sich die Sichtweisen von WATSON und SCHOPENHAUER? Analysieren Sie deren Auffassungen in Bezug auf die Bedeutung von Anlage und Umwelt in der Entwicklung.
b) Welche Einstellungen zum Menschen liegen den beiden Ansätzen zugrunde und welche Konsequenzen hat die jeweilige Ansicht für die Erziehbarkeit des Menschen?

John B. WATSON
(1878–1958)

„Geben Sie mir ein Dutzend gesunder Kinder und meine eigene besondere Welt, in der ich sie erziehe! Ich garantiere Ihnen, dass ich blindlings eines davon auswähle und es zum Vertreter irgendeines Berufes erziehe, sei es Arzt, Richter, Künstler, Kaufmann oder Bettler, Dieb, ohne Rücksicht auf seine Talente, Neigungen, Fähigkeiten, Anlage, Rasse oder Vorfahren."
(Watson 1968, S. 134)

Arthur SCHOPENHAUER
(1788–1860)

„Der Charakter des Menschen ist konstant: er bleibt derselbe, das ganze Leben hindurch. Unter der veränderlichen Hülle seiner Jahre, seiner Verhältnisse, selbst seiner Kenntnisse und Ansichten, steckt, wie ein Krebs in seiner Schale, der identische und eigentliche Mensch, ganz unveränderlich und immer derselbe. Bloß in der Richtung und dem Stoff erfährt sein Charakter die scheinbaren Modifikationen, welche Folge der Verschiedenheit des Lebensalters und ihrer Bedürfnisse sind. Der Mensch ändert sich nie: wie er in einem Falle gehandelt hat, so wird er, unter völlig gleichen Umständen (…) stets wieder handeln. (…) Der individuelle Charakter ist angeboren: er ist kein Werk der Kunst, oder der dem Zufall unterworfenen Umstände; sondern das Werk der Natur selbst. Er offenbart sich schon im Kinde, zeigt dort im Kleinen, was er künftig im Großen sein wird. Daher legen, bei der allergleichsten Erziehung und Umgebung, zwei Kinder den grundverschiedensten Charakter aufs deutlichste an den Tag: es ist derselbe, den sie als Greise tragen werden." (Schopenhauer 1938, S. 50, S. 53)

Neurowissenschaftliche Theorien

Der **neurowissenschaftliche Ansatz** des deutschen Hirnforschers Gerald HÜTHER vergleicht unsere Entwicklung mit dem Wachstum eines Baumes: Wir haben die Option, durch Erfahrung viele Äste zu bekommen. Die Äste repräsentieren dabei die neuronale Vernetzung im Gehirn, die sich entsprechend unseren Erfahrungen entwickelt. Wir kommen mit einem relativ unausgereiften Gehirn auf die Welt. Während des ersten Lebensjahres verdichtet sich das neuronale Netz (► Kap. 2.1) jedoch um ein Vielfaches und produziert einen Überschuss an Verbindungen zwischen Nervenzellen: Aufgrund biologischer Reifungsvorgänge und aufgrund

Neuronale Entwicklung …

… bei der Geburt   *… mit 3 Monaten*   *… mit 15 Monaten*

der Erfahrungen mit der Umwelt erstellt es neue Verbindungen und wird immer komplexer. Was gebraucht wird, bleibt übrig, die Verbindungen hingegen, die nicht genutzt werden, gehen verloren. Die späteren Nutzungsmuster entscheiden also, was bleibt.

Vor allem unsere ersten Beziehungserfahrungen sind formgebend für die weitere Strukturierung des Baumes, um auf Hüthers Bild zurückzukommen. Und der Einfluss der Beziehungen hört nie auf: Auf unserem Lebensweg treffen wir stets auf Menschen, die unseren Lebensweg entscheidend beeinflussen und uns dazu bringen, bestimmte Fähigkeiten stärker zu nutzen als andere. Auf diese Weise wird unser Gehirn durch die im Laufe des Lebens gemachten Beziehungserfahrungen strukturiert. Das Gehirn kann von da her als ein soziales Produkt gesehen werden. Wie wichtig emotionale Bindungen, Liebe und Geborgenheit für eine psychisch gesunde Entwicklung, für die Ausbildung unseres Selbstbewusstseins und unserer Liebesfähigkeit sind, zeigen Erkenntnisse der pränatalen Forschung (► Kap. 9.3).

Partnerarbeit **5**

5 Was hat Ihre eigene Entwicklung besonders geprägt? Sprechen Sie mit Ihrem Sitznachbarn bzw. Ihrer Sitznachbarin darüber und begründen Sie Ihre Meinung.

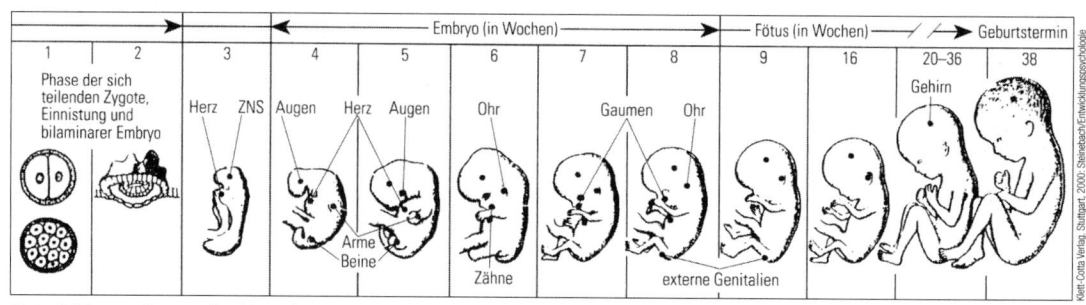

Entwicklungsphasen des Ungeborenen

Bill Watterson

Die Entstehung des Lebens ist damit definiert, dass ein Spermium in das Ei eindringt und beide zu einer Zelle verschmelzen. Das befruchtete Ei (Zygote) besteht aus einem äußeren Teil, der die Plazenta bildet (diese sichert die Ernährung des Ungeborenen), und aus inneren Zellen, aus denen sich der **Embryo** entwickelt. In den sechs Wochen der Embryonalphase bilden sich die Organe und beginnen zu arbeiten. Ab der 9. Schwangerschaftswoche spricht man vom **Fötus**, der bereits menschliche Züge erkennen lässt.

Die pränatale Theorie

„Das ganze Leben ist eine Entdeckungsreise. Vieles, was die Forscher/innen in den letzten Jahren herausgefunden haben, spricht dafür, dass wir den spannendsten und aufregendsten Teil dieser Reise bereits hinter uns haben, wenn wir auf die Welt kommen." (Hüther 2009, S. 13)
Das ungeborene Kind steht von Anfang an im Austausch mit der Umwelt. Die pränatale Zeit ist also nicht nur durch das Wachstum geprägt, das über Gene geregelt ist, denn bereits Zellen nehmen wahr und verändern sich durch ihre „Erfahrungen" (Umweltreize). Das ungeborene Kind fühlt und erlebt Reize bereits als angenehm oder unangenehm.

Pränatale Kommunikation

Über die Blutgefäße der Nabelschnur erfolgt (aus der Plazenta, dem Mutterkuchen) die Versorgung des ungeborenen Kindes mit Sauerstoff und Nährstoffen aus dem Kreislauf der Mutter. Es ist also durch die Nabelschnur an den mütterlichen Gesamtorganismus angeschlossen. Das bedeutet:

- Alle **psychischen Befindlichkeiten** der Mutter werden über die Nabelschnur kommuniziert.
- Alle **Einflüsse**, die auf die Mutter einwirken, übertragen sich gleichzeitig auch auf das Kind.

Psychische Befindlichkeiten der Mutter werden dem Kind über verschiedene Kanäle kommuniziert: **Emotionen** gelangen über hormonelle Veränderungen ins Blut, aber auch die Qualität der Sauerstoffzufuhr oder die Herzfrequenz kann sich ändern. *„Wenn sich die Mutter zum Beispiel ängstlich fühlt, werden vermehrt Stresshormone wie Adrenalin oder Kortisol ausgeschüttet. Ihr Herz beginnt schneller zu schlagen, und möglicherweise wird die Sauerstoffzufuhr beeinträchtigt, weil Adrenalin die Blutgefäße der inneren Organe verengt. Alle Stresshormone überschreiten ohne Probleme die Plazentaschranke und stimulieren im Fötus biochemisch die physiologische Reaktion auf genau dieses Gefühl von Angst und Furcht."* (Hüther 2009, S. 13) Auf einen Schock reagiert das Kind mit heftigem Strampeln, da es die Angst der Mutter spürt und entsprechend energisch reagiert, oder es erstarrt. Veränderungen nimmt das Kind aber auch über Muskelverkrampfungen oder eine ungewohnte Stimmlage wahr. Der Herzschlag der Mutter, der in seinem gewohnten Rhythmus pocht, beruhigt das Kind wiederum. Es konnte außerdem herausgefunden werden, dass es mit mimischen Reaktionen auf Zuneigung oder Ablehnung der Mutter reagiert.

Es wird angenommen, dass die Mutter vorwiegend über ihr Unbewusstes mit ihrem Kind in Verbindung steht. Über eine Art intuitiven Kommunikationskanal überträgt sie ihre Empfindungen, Gefühle und Vorstellungen auf das Kind. Es spürt also, wenn es nicht erwünscht ist. Bekommt das Kind in der pränatalen Beziehung nicht genügend Resonanz auf sein Bedürfnis nach Aufmerksamkeit oder ist die Mutter emotional nicht verfügbar, kann das die Grundlage für eine spätere psychische Störung sein.

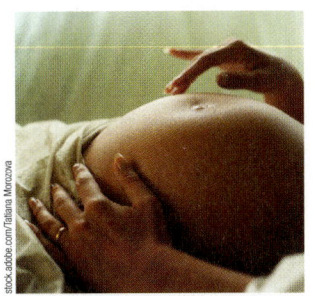

Positive Umwelteinflüsse wie ruhige Musik oder die innige Zuwendung der Mutter wirken sich bereits auf das Kind im Mutterleib aus.

Pränatale Umwelteinflüsse können sich positiv, aber auch negativ auswirken, denn die Lernprozesse in den neun Monaten vor der Geburt sind bereits entscheidend für einige unserer Vorlieben. Über Aromastoffe und Pheromone im Fruchtwasser weiß das Kind beispielsweise, was die Mutter isst und wie sie riecht. Es kommt mit bestimmten Sprachmelodien in Berührung und bevorzugt nach der Geburt die vertraute Stimme der Mutter.

Schädliche Umwelteinflüsse, sogenannte Teratogene wie z.B. toxische (giftige) Substanzen, Drogen, Alkohol, Nikotin, Medikamente oder Viren können Fehlbildungen beim Kind hervorrufen. Auch falsche Ernährungsgewohnheiten oder Stress werden auf das Kind übertragen. Mit folgenden Konsequenzen muss man dabei rechnen:

- **Rauchen** (Tabak, Nikotin) führt zu Untergewicht, Aufmerksamkeits-, Lern- und Verhaltensproblemen.
- **Alkohol** kann zum fötalen Alkoholsyndrom (FAS) führen. Dieses geht mit geistiger Retardierung („geistiges Zurückbleiben"), gestörter Aufmerksamkeit, Hyperaktivität, langsamem körperlichem Wachstum und Anomalien im Gesicht einher.
- Ist die Mutter **heroinabhängig**, ist ihr Kind bei der Geburt ebenfalls heroinabhängig.
- **Falsche Lebensgewohnheiten** in Form von zu wenig Bewegung, zu viel Nahrungsaufnahme können zu erhöhtem Blutzuckerspiegel führen. Das Problem dabei: Wenn das Kind im Mutterleib keinen konstanten Blutzuckerspiegel vorfindet, kann der Sollwert, der später Hunger und Sättigung signalisiert, nicht eingestellt werden. Kinder lernen dann nicht, wann sie satt oder hungrig sind.
- **Stress:** Wenn die Mutter stark beansprucht und belastet ist, z.B. durch Trennung, ein überforderndes Arbeitsleben, Krankheit, geringe soziale Unterstützung, Lärm oder auch Schwangerschaftskomplikationen, überträgt sich dieser Stress auf das Ungeborene. Die mütterlichen Stresshormone erreichen den kindlichen Organismus in kaum abgeschwächter Form über die Nabelschnurverbindung. Der kindliche Organismus wird dadurch ähnlich stimuliert wie jener der Mutter und reagiert z.B. mit Hyperaktivität.

Einzelarbeit 6

Formulieren Sie fünf Tipps, die Sie einer schwangeren Frau geben würden. Denken Sie an die pränatale Kommunikation und was für das Kind während der Schwangerschaft besonders wichtig ist. Vergleichen Sie Ihre Ergebnisse mit jenem Ihres Sitznachbarn bzw. Ihrer Sitznachbarin!

Pränatale Diagnostik

Philosophie
Ethik:
Der Wert des Lebens

Die pränatale Diagnostik umfasst verschiedene Verfahren der vorgeburtlichen Untersuchung, die über den Gesundheitszustand des Babys Auskunft geben und Risikoschwangerschaften und -geburten rechtzeitig erkennen sollen. Beispiele für Methoden der pränatalen Diagnostik:

- Die **Ultraschalluntersuchung** (Sonografie) gibt Hinweise auf Organerkrankungen und Fehlbildungen. Beim **Organscreening** zwischen 20. und 22. Schwangerschaftswoche werden die Organe des Ungeborenen überprüft.
- Die **Nackenfaltenmessung** mittels Ultraschall kann einen Hinweis auf die Wahrscheinlichkeit des Auftretens von Trisomie 21 (Down-Syndrom) geben. Wird sie mit einer Blutuntersuchung kombiniert, spricht man vom **Combined Test** (zwischen 11. und 14. Schwangerschaftswoche).
- Mit einer **Fruchtwasseruntersuchung** (Amniozentese) können Chromosomendefekte, Fehlentwicklungen des Zentralnervensystems und Erbkrankheiten festgestellt werden. Die Entnahme des Fruchtwassers ist jedoch riskant, denn nach der Untersuchung sind Infektionen und Komplikationen durch Verletzungen der Gebärmutter möglich, die auch zu einer Fehlgeburt führen können.
- Seit 2012 wird in Österreich der **PraenaTest** als risikofreie Alternative zur Fruchtwasseruntersuchung angeboten. Dieser Test umfasst eine einfache Blutuntersuchung, die die Früherkennung des Down-Syndroms bei Embryos ab der 12. Schwangerschaftswoche möglich machen soll.

Die pränatale Diagnostik ermöglicht es, rechtzeitig auf Fehlentwicklungen des Kindes zu reagieren. Medizinische Behandlungen können so noch während der Schwangerschaft eingeleitet werden. Dennoch ist die pränatale Diagnostik sehr problematisch, da Befunde nicht immer eindeutig sind und auch fehlerhaft sein können. Sie ist aus ethischer Sicht heftig umstritten, da selektiv Abtreibungen vorgenommen werden können. Beim Nachweis einer Erkrankung oder Behinderung eines ungeborenen Kindes kann ein Schwangerschaftsabbruch eingeleitet werden. In China wiederum kam es verstärkt zu Abtreibungen weiblicher Föten, da (aufgrund des schnellen Bevölkerungswachstums) von 1979 bis 2015 nur Ein-Kind-Familien erlaubt waren und Buben aufgrund der sozialen Umstände einen höheren Stellenwert hatten.

Dokumentationstipp
Baby, it's you (Regie: Leanne KLEIN, 1994). Die Regisseurin begleitet Säuglinge auf dem Weg zum Kindwerden und dokumentiert einfühlsam und informativ die Entwicklungsschritte des Babys: Wie es sofort auf die Umwelt zu reagieren, wie es zu laufen und zu sprechen beginnt und schließlich die Fähigkeit erwirbt, kreativ zu denken.

Sanfte Geburt

RF Plenum 7

Die ersten Stunden nach der Geburt gemeinsam zu verbringen fördert das Bonding zwischen Eltern und Baby.

Wie erlebt das Neugeborene die Welt unmittelbar nach der Geborgenheit und Wärme im Mutterleib? Überlegen Sie, was für die Mutter und das Neugeborene besonders wichtig sein könnte und worauf unmittelbar nach der Geburt geachtet werden sollte! Sammeln Sie Ideen!

Der Pionier der sanften Geburt, der französische Arzt Frédérick LEBOYER, kritisierte die Umstände in den Kreißsälen und forderte ein behutsames und einfühlsames Umgehen mit den werdenden Müttern. Anstatt stressiger Atmosphäre schlug er beruhigende Musik vor, statt des grellen Lichts forderte er gedämpfte Lampen und statt des Kreißsaals ein warmes, gemütliches Entbindungszimmer und individuelle Betreuung. Seine wichtigste Forderung war, dass gleich nach der Geburt der Kontakt zwischen Mutter und Neugeborenem ermöglicht werden müsse. Das sei sowohl für das Baby als auch für die Mutter ein bedeutender Moment und fördere das **Bonding**. Bonding (engl.: Bindung) ist die Phase der intensiven Gefühls- und Bindungsentwicklung, die zwischen Eltern und Neugeborenem bei der ersten Kontaktaufnahme beginnt.

9.4 Die Entwicklung in der Kindheit

Einzelarbeit 8

»Das wichtigste „Werkzeug" des Säuglings zur Erreichung seiner Ziele ist ein vertrauter anderer Mensch.«
(Bruner 1997, S. 19)

Filmtipp

Boyhood (USA 2014, Regie: Richard LINKLATER). Die Geschichte erzählt von einem geschiedenen Paar, das versucht, gemeinsam seinen Sohn zu erziehen. Das Leben des Buben wird von seinem sechsten Lebensjahr bis zur Volljährigkeit, also während seiner gesamten Schulzeit, porträtiert. Der Film wurde über einen Zeitraum von zwölf Jahren mit derselben Besetzung gedreht, sodass die SchauspielerInnen im Verlauf des Filmprojekts tatsächlich wuchsen und alterten.

Beantworten Sie stichwortartig die folgenden Fragen zu Ihrer Kindheit. (Befragen Sie, wenn nötig, Ihre Eltern.)
* Um wie viel Uhr sind Sie geboren?
* Wo sind Sie geboren?
* Wann haben Sie Ihre ersten Worte gesprochen? Welche waren das? Können Sie sich bzw. Ihre Eltern an lustige Wortkreationen erinnern?
* Wann konnten Sie sitzen und krabbeln? Wann machten Sie Ihre ersten Schritte?
* Was haben Sie als Kind besonders gerne gemacht?
* Können Sie sich an Ihr Lieblingsspiel erinnern? Mit wem spielten Sie besonders gerne?

Entwicklungsphasen

Auf das **Säuglingsalter** (Geburt bis 2 Jahre) folgen die **frühe Kindheit** (2 bis 6 Jahre) und die **mittlere Kindheit** (6 bis 11 Jahre). In den ersten Lebensjahren kommt es zu einem gewaltigen Entwicklungsschub in mehreren Bereichen. Das Kind wird die ersten Schritte machen, es lernt denken, spielen, sprechen und zeichnen. All diese Entwicklungsschritte gehen mit der Ausbildung einer eigenständigen Persönlichkeit (Identität) einher.

Die **Autonomiephase** (Trotzphase, ca. 2 bis 4 Jahre) ist eine herausfordernde Zeit für die Eltern, in der sie dem Kind viel Aufmerksamkeit und Geborgenheit schenken und erreichbare Ziele zeigen müssen. **Liebevolle Zuwendung** ist für eine gesunde emotional-soziale Entwicklung besonders wichtig, damit die jeweiligen Entwicklungsschritte und psychosozialen Krisen (krisenhafte Lebensumstände) erfolgreich bewältigt werden können. Dies ist nur möglich, wenn eine Bezugsperson vorhanden ist, die sich um das Kind kümmert, mit ihm spricht, es ernst nimmt und ihm das Gefühl von Geborgenheit, Wärme und Liebe gibt.

Rollenbilder

Männliche Vorbilder sind für die Entwicklung einer Geschlechtsidentität genauso wichtig wie weibliche.

Dass **Väter** im selben Maß wie Mütter in der Lage sind, eine intensive Bindung zu ihrem Kind aufzubauen, wurde lange Zeit infrage gestellt. Wissenschaftliche Ergebnisse belegen mittlerweile jedoch, dass Männer dieselben Voraussetzungen für eine liebevolle Eltern-Kind-Interaktion mitbringen wie Frauen. Je früher sich ein Kind daran gewöhnt, vom Vater getröstet, gefüttert und gewickelt zu werden, desto intensiver ist die gemeinsame Beziehung. Für eine optimale Entwicklung brauchen Kinder sowohl **männliche** als auch **weibliche Vorbilder** in der Familie, in Erziehungs- und Bildungseinrichtungen (Kindergartenpädagoge/-pädagogin, LehrerIn). Häufig fehlt jedoch die Vater- oder Männerrolle in der kindlichen Entwicklung (der Anteil männlicher Kinderbetreuer liegt in den meisten EU-Ländern unter fünf Prozent, in Österreich sogar bei nur einem Prozent). Das führt dazu, dass sich Kinder ihre Ideale in den Medien suchen und von diversen Rollenklischees geprägt werden. Durch die Medien vermittelte Männerbilder legen oft Verhaltensmuster nahe (Furchtlosigkeit, Stärke, Konkurrenzfähigkeit), die nicht zu verwirklichen sind. Das kann sich negativ auf die männliche Identitätsentwicklung auswirken.

1. Die motorische Entwicklung

Ein Neugeborenes verfügt über zahlreiche Fähigkeiten: Es kann bereits riechen, sehen und hören und setzt seine Sinnesorgane früh ein, um zu lernen. Auch die motorische Entwicklung beginnt bereits in den ersten Wochen, denn es ist mit zahlreichen **Reflexen** ausgestattet, die ihm das Überleben sichern, wie zum Beispiel der Moro-, Greif- und Schreitreflex. (vgl. Steinebach 2000, S. 76)

	Mororeflex (Umklammerungsreflex)	Greifreflex	Schreitreflex	Entwicklung des motorischen Verhaltens (Durchschnittswerte)
Reflex				Gehen ohne Hilfe mit 15 Monaten
Beschreibung	Arme und Beine werden wie zur Umarmung symmetrisch von der Körpermittenachse ausgestreckt und die Finger spreizen sich. Die Arme werden dann wieder zur Brust zusammengeführt.	Streicht man über die Handinnenfläche, werden die Finger zu einer Faust geschlossen. Der berührte Gegenstand wird festgehalten.	In senkrechter Haltung werden mit den Füßen Schreitbewegungen gemacht, wenn sie einen Untergrund berühren.	Stehen ohne Hilfe mit 14 Monaten · Gehen mit Begleitung mit 11 Monaten · Krabbeln mit 10 Monaten · Stehen mit Hilfe mit 8 Monaten · Sitzen ohne Stütze mit 7 Monaten · Sitzen mit Stütze mit 4 Monaten
Auslösender Reiz	plötzliches Senken des Kindes in Rückenlage, also scheinbares Fallenlassen, oder eine abrupte Lageveränderung, aber auch ein lautes Geräusch	Druck auf Finger und Handinnenfläche	aufrechtes Halten des Kindes, wobei es einen Untergrund berührt	Brust anheben mit 2 Monaten · Kinn anheben mit 1 Monat

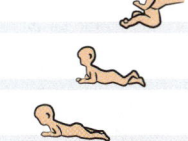

Bewegungsabläufe

Die **Entwicklung des Gehirns** ermöglicht es dem Neugeborenen, Bewegungen zu koordinieren. Die an den Bewegungsvorgängen beteiligten Knochen und Muskeln sind erst nach 12 bis 15 Monaten stark genug, um den rein physikalischen Anforderungen des Laufens gewachsen zu sein. Je weiter die Muskeln ausgereift sind, desto komplexere Bewegungsabläufe werden möglich. Bisher ging man davon aus, dass die motorische Entwicklung überall auf der Welt in derselben Reihenfolge verläuft: Zunächst rollt sich das Baby herum, dann beginnt es auf allen Vieren zu krabbeln, dann erst lernt es stehen, gehen, laufen und rennen. Diese Theorie wird allerdings immer häufiger infrage gestellt: Viele Kinder gehen zuerst und holen das Krabbeln später nach. Die motorische Entwicklung beruht nicht primär auf Nachahmung, sondern vollzieht sich durch das reifende Nervensystem. Daher ist der Zeitpunkt, an dem das Kind eine neue Stufe erobert, individuell verschieden, denn er hängt davon ab, wann und ob die erforderlichen Muskeln und Nerven ausgereift sind. Man kann jedoch sagen, dass die meisten Babys unseres Kulturkreises mit etwa 15 Monaten laufen lernen.

2. Die Entwicklung des Zeichnens

Jedes Kleinkind zeichnet gern und entwickelt vom Gekritzel über Grundformen einen eigenen individuellen Zeichenstil. Die bildnerische Gestaltung ist ein wichtiger Teil des kindlichen Entwicklungsprozesses und eng mit der Ausbildung **motorischer Fähigkeiten** verbunden. Das Zeichnen, genauso wie die verschiedenen Formen des Spiels, bietet dem Kind die Möglichkeit, sein **Innenleben** (Erfahrungen, Bedürfnisse, Gefühle, Interessen) auszudrücken.
Die meisten Kinder sprechen gerne über ihre Werke. Jedes Bild sollte ohne Kritik angenommen und bestaunt und das Kind zu weiteren Werken ermutigt werden.

Das Kritisieren und „Verbessern" seines malerischen Ausdrucks führt zu einer negativen Einstellung des Kindes zu seinen kreativen Fähigkeiten. Es könnte dann bald keinen Spaß mehr am Malen haben.

 **Partnerarbeit** 9 Bringen Sie Zeichnungen aus Ihrer Kindergarten- und Volksschulzeit mit. Ordnen Sie die Zeichnungen den folgenden Entwicklungsstadien zu.

Entwicklungsphasen des Zeichnens

½–1 Jahr Spurschmieren

Lange bevor das Kind motorisch in der Lage ist, einen Stift zu halten, produziert es Schmierspuren und hat Freude an der Bewegung. Kleinkinder hantieren in dieser Phase gerne mit flüssigen und teigigen Materialien wie Wasser, Brei, Sand, Schlamm oder Schnee.

1–3 Jahre **Kritzeln**	Mit schwungvollen Arm- und Handbewegungen produziert das Kind zunächst verschiedenste Kritzeleien, in denen für andere keine Bedeutung erkennbar ist. Fragt man das Kind jedoch, was es gezeichnet hat, interpretiert es sein Werk. Das Kind zeichnet, wozu es emotionalen Bezug hat.

<table>
<tr><td>3–5 Jahre
Kopffüßler</td><td>Die ersten Mensch- und Lebewesen werden in Form von Kopffüßlern dargestellt. Die Beine werden dabei direkt an das Gesicht angeschlossen, der Rumpf fehlt.</td></tr>
</table>

ab 4 Jahren **Symbolstadium**	Das Bild wird besser organisiert: Es zeigt bereits eine bestimmte Szene und die Farbe gewinnt an Bedeutung. Neben Menschen werden nun auch andere Objekte wie Häuser, Bäume, Schiffe oder Tiere eingebaut.

5–8 Jahre **Naiver Realismus**	Charakteristisch für dieses Zeichenstadium sind sogenannte Röntgenbilder. Kinder zeichnen auch momentan nicht sichtbare Dinge wie beispielsweise Geschehnisse in einem Haus oder Kofferinhalte. Für das Kind bedeutsame Dinge werden in dieser Phase besonders groß gezeichnet und mittig angeordnet.

8–12 Jahre **Visueller Realismus**	Die Bilder werden in dieser Phase bereits detailreicher. Individuelle Einzelheiten werden ergänzt, Größenrelationen werden respektiert und perspektivische Darstellungen prägen das Bild.

3. Die kognitive Entwicklung

Definition

KOGNITIVE ENTWICKLUNG bedeutet die Entwicklung der geistigen Prozesse und Fähigkeiten.

Jean Piaget (1896–1980)

Der Schweizer Entwicklungspsychologe Jean PIAGET wollte wissen, wie sich das **Denken eines Kindes** im Laufe seiner Entwicklung verändert. Er beschreibt die Prozesse, in denen das Kind ein Verständnis von sich und seiner Umwelt erwirbt, und untersucht dazu geistige Fähigkeiten wie Vorstellungskraft, Wahrnehmung, Schlussfolgern oder Problemlösen.

Die kognitive Entwicklung wird von zwei grundlegenden Prozessen bestimmt: Assimilation und Akkomodation. **Assimilation** bedeutet, dass Informationen aus der Umwelt so verändert werden, dass sie an bereits vorhandenes Wissen angepasst werden (z. B. wenn alle Tiere, die vier Beine haben, als Wau-Wau bezeichnet und damit in das bestehende Wau-Wau-Schema assimiliert werden). **Akkomodation** heißt, dass bestehende Schemata (kognitive Strukturen) so verändert werden, dass neue Informationen umfassender und widerspruchsfrei integriert werden können. *„Lernt das Kind durch Rückmeldung von den Eltern zwischen Hunden, Katzen, Kühen und Eisbären zu differenzieren, so findet Akkomodation statt: Das bestehende kognitive Schema wird so verändert, dass das Kind mit den Ereignissen der Umwelt genauer umgehen kann. (…) Kognitive Entwicklung ist somit die Adaption (Anpassung) an die Umwelt."* (Hinz/Wagner 2009, S. 68)

Piagets 4 Stufen der kognitiven Entwicklung

Die kindliche Entwicklung des Geistes erfolgt laut Piaget in vier aufeinanderfolgenden **Stufen**, die von allen Kindern universell und in gleicher Weise durchlaufen werden. Das Denken löst sich zunehmend von der sinnlichen Wahrnehmung, bis das Kind schließlich in der Lage ist, immer differenziertere Lösungsformen auf abstrakt-begrifflicher Grundlage zu finden. Ein 8-jähriges Kind versteht deshalb Zusammenhänge, die ein 3-jähriges noch nicht versteht. Manche Gedankengänge von Erwachsenen sind wiederum für ein 8-jähriges Kind nicht nachvollziehbar. Aufgrund der fehlenden kognitiven Reife können wir Kinder also nicht als kleine Erwachsene behandeln, meint Piaget.

0–2 Jahre

1. Die sensumotorische Stufe

In dieser Phase erwerben Kinder ihr Wissen um die Welt durch ihre **Sinneswahrnehmungen:** Sie hören, sehen, berühren, begreifen und nehmen etwas in den Mund. Sie lernen vor allem durch Beobachtung und durch Handeln. Im Vordergrund steht also die **sensorische und motorische Interaktion** mit den Objekten der Umwelt:

- Angeborene **Reflexe** (wie z. B. der Saugreflex) werden an die Umwelt angepasst und auf mehrere Objekte (z. B. Brust, Flasche, Daumen, Stofftier) übertragen.
- Allmählich gelingt es dem Säugling, zwischen den Saugobjekten zu **differenzieren**: Objekte, die sättigen (Brust, Flasche), und Objekte, die nicht sättigen (Daumen, Schnuller, Stofftier). Es hat also gelernt, dass bestimmte Handlungsweisen zu einem Ergebnis führen.
- Schließlich beginnt das Kind mit einem Gegenstand zu **experimentieren**: Ein Ball wird zunächst mit einer, dann mit zwei Händen erkundet, geworfen, fallen gelassen usw.
- Die wichtigste kognitive Funktion der sensumotorischen Stufe ist die **Objektpermanenz**: die Einsicht, dass ein Gegenstand weiter existiert, auch wenn er momentan nicht wahrgenommen werden kann. In den ersten Lebensmonaten wird ein Kind einen Ball, der unter einer Decke versteckt ist, nicht suchen. Es gilt das Motto „Aus den Augen, aus dem Sinn". Mit etwa acht Monaten hat das Kind jedoch bereits eine **innere Repräsentation** von Objekten entwickelt und wird daher den Ball unmittelbar nach seinem Verschwinden suchen.

2–7 Jahre

2. Die präoperationale Stufe
In dieser Zeit machen Kinder einen großen Fortschritt in ihrer Sprachfähigkeit und sind bereits in der Lage, Objekte der Außenwelt **symbolisch** zu repräsentieren. Besonders beliebt sind in dieser Zeit Nachahmungs- und „So-tun-als-ob"-Spiele: z. B. Vater-Mutter-Kind-Spiele oder das Spielen mit einer Schachtel, die symbolisch ein Haus darstellt. Weiters ist die präoperationale Phase geprägt vom sogenannten **Egozentrismus**. Dieser bezeichnet die mangelnde Fähigkeit des Kindes, Tatsachen aus der Perspektive eines anderen Menschen zu sehen. Am Telefon antworten Kinder in dieser Zeit mit Kopfnicken, in der Annahme, die andere Person könne sie sehen. Aufgrund der mangelnden Perspektivenübernahme können Kinder in diesem Alter auch noch nichts mit hypothetischen Formulierungen wie z. B. „Stell dir vor, du wärst ein Zauberer!" anfangen. Allmählich bildet sich in der präoperationalen Phase aber die **„Theory of Mind"** aus: Das 3½-jährige Kind versucht bereits zu verstehen, warum die Schwester traurig ist oder warum sich der Spielkamerad/die Spielkameradin ärgert. Es entwickelt **Empathie**.

7–11 Jahre

3. Die konkret-operationale Stufe
Piaget geht davon aus, dass Kinder bis zum 7. Lebensjahr keine Denkprozesse vollziehen können, denn das **logische Denken** bildet sich erst während der konkret-operationalen Phase aus. Denn erst jetzt sind Kinder zu **mentalen Operationen**, also zu Handlungen, die im Geist ausgeführt werden, fähig. Ab diesem Zeitpunkt verstehen Kinder auch das **Prinzip der Mengenerhaltung** (quantitative Invarianz) in Bezug auf Masse, Gewicht oder Volumen: Eine Wassermenge z. B. bleibt gleich, selbst wenn sie eine andere Form annimmt. Weiters erwirbt das Kind in dieser Zeit die Fähigkeit, Objekte in einer Reihenfolge entsprechend der Größe, des Aussehens oder eines anderen Merkmals anzuordnen, sie zu benennen oder zu identifizieren. Außerdem gelingt es ihm bereits, komplexe logische Denkabläufe nachzuvollziehen wie z. B. „Paul ist größer als Julia, aber kleiner als Mia." In dieser Zeit lernt das Kind auch **mathematische Operationen** wie z. B. „Wie viel ist 8 + 3?"

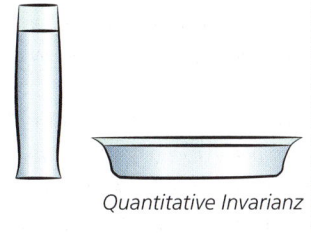

Quantitative Invarianz

ab 12 Jahren

4. Die formal-operationale Stufe
Mit 12 Jahren bildet sich das **logisch-abstrakte Denken** aus. 12-jährige Kinder lernen hypothetische Probleme zu lösen, verwenden kausale Denkmuster und können Schlüsse ziehen sowie Hypothesen entwickeln. Die Fähigkeit zum deduktiven Denken (vom Allgemeinen auf das Konkrete schließen) wird ausgeprägter. Kinder erlangen in dieser Zeit die Fähigkeit, **Fantasiewelten** zu schaffen und **Symbole** zu verstehen, und entwickeln eine wichtige Stufe des **moralischen Denkens** (u. a. die Unterscheidung zwischen Gut und Böse). Ebenso ist für diese Zeit das Nachdenken und Philosophieren über sich selbst charakteristisch.

Kritik
Piagets Annahmen konnten weitgehend bestätigt werden. Seine KritikerInnen meinen jedoch, dass die Anfänge bestimmter typischer Denkprozesse bereits früher vorhanden sind, als Piaget mit seinen Stufen annimmt. Nachfolgeuntersuchungen zeigten z. B., dass selbst 4-jährige Kinder schon fähig sind, Umschüttaufgaben richtig zu lösen (Prinzip der Mengenerhaltung). Dies zeigt, dass Piaget die kindlichen Fähigkeiten meist unterschätzt.
Ein weiterer Kritikpunkt ist, dass er die interindividuellen Unterschiede in der kognitiven Entwicklung nicht berücksichtigt, und die emotionalen und sozialen Faktoren, die die Denk- und Intelligenzentwicklung sehr wohl beeinflussen, in seine Theorie nicht miteinbezieht.

4. Die sprachliche Entwicklung

Der Prozess der Sprachentwicklung nimmt einige Jahre in Anspruch, da das Kind vielfältigste Informationen verarbeiten und sprachliche Fertigkeiten entwickeln muss.

Soziale Erfahrungen und kommunikativer, vor allem aber liebevoller emotionaler Austausch mit der Bezugsperson helfen dem Kind, sich in der Welt zurechtzufinden und sich Sprache anzueignen. Die Sprachentwicklung verläuft in mehreren Phasen:

Vorsprachliche Phase

Geburt bis 13 Monate

- Ein Neugeborenes ist zunächst darauf beschränkt, unterschiedliche Bedürfnisse (Hunger, Durst) und Empfindungen (Freude) über **Körpersprache, Mimik** oder **Laute** (weinen, lachen) auszudrücken. Über diese **Ausdrucksfunktion** teilt es mit, dass es mit der Situation unzufrieden bzw. zufrieden ist. Meist geht die Ausdrucksfunktion mit einem Appell einher: *Gib mir etwas zu essen!, Hilf mir!* (**Appellfunktion**).
- Kinder testen im ersten Lebensjahr ihren Sprechapparat. Zwischen dem zweiten und dritten Lebensmonat beginnen Babys **Gurrlaute** mit Vokalketten wie *uuuuu* und *aaaaa* zu produzieren, die bis zu 15 Sekunden andauern können.
- Nach etwa einem halben Jahr ist das Kind in der Lage, Vokale mit Konsonanten zu verbinden, und das Kind beginnt zu lallen. Die bei Kindern beliebten Silbenreihen *bababa* und *gagaga* tauchen in aller Welt auf, noch bevor die Laute der Erstsprache zu bilden versucht werden. Über die lallenden Laute ahmen Kinder zunächst die **Melodie der Erstsprache** nach.
- Der Übergang von der Brabbelphase bis zum ersten wohl artikulierten sinnvollen Wort dauert weitere vier bis fünf Monate. Kann das Kind ein **erstes Wort** artikulieren, wird dies oft für alle Objekte gebraucht. Oft findet eine **Übergeneralisierung** statt: Alle Lebewesen mit vier Beinen werden z. B. als *wau wau* bezeichnet und alle Fahrzeuge z. B. als *atta*.
- Um das erste Lebensjahr baut das Kind schließlich eine Beziehung zwischen Gegenständen und Wörtern auf (**Symbolfunktion**) und spricht die ersten sinnvollen Wörter. Die ersten Ausdrücke sind meist *Mama* und *Papa* vor *Baby* und *Ball*. Es gelingt dem Kind bereits, mit einem Wort zu artikulieren, was es haben will (**Darstellungsfunktion**).

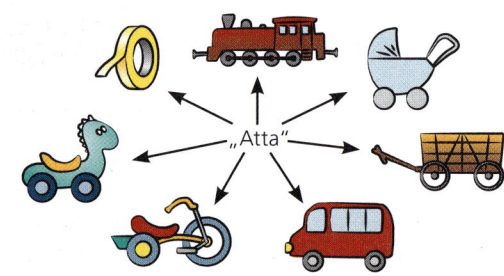
Die Übergeneralisierung des Begriffs „Atta"

Beginn des Sprechens

1–2 Jahre

Beobachtungen oder Wünsche können ab dem ersten Lebensjahr in **Einwortsätzen** mitgeteilt werden. Das Kind beherrscht mit 1½ Jahren ca. 50 Wörter, bis zum vollendeten zweiten Lebensjahr ca. 200. Mit etwa zwei Jahren versucht es, die ersten **Zweiwortsätze** (*Ball da, Mama weg*) zu bilden. Es kann andere Personen aktiv ansprechen, um Gefühle, Absichten oder Wünsche mitzuteilen, und entwickelt schließlich die Fähigkeit, vollständige Sätze zu bilden.

Weitere Sprachentwicklung

3–6 Jahre

Mit etwa drei Jahren kann sich das Kind bereits gut ausdrücken. Die Grammatik wird differenzierter, es verwendet komplexe Satzstrukturen. Seine Mitteilungen sind verständlich und es beginnt die Zeit der **Warum-Fragen**, auf die die Bezugspersonen auch eingehen müssen.

Mit rund fünf Jahren ist das Kind schließlich in der Lage, Wünsche und Bedürfnisse zu äußern, Vorschläge zu machen, Fragen zu beantworten und Begründungen zu liefern. Im Vorschulalter dominiert das **handlungsbegleitende Sprechen:** Das Kind kommentiert alles, was es tut. Erst in der Schule lernt es das **innere Sprechen**. „Zu Beginn der Schulzeit beherrscht das Kind im Durchschnitt 2 500 Wörter." (Mietzel 1997, S. 145) Der kindliche Spracherwerbsprozess gilt dann als weitgehend abgeschlossen.

Einzelarbeit **10** Fassen Sie die wichtigsten Schritte der kindlichen Sprachentwicklung in Form einer strukturierten Tabelle nochmals stichwortartig zusammen: bis 1. Lebensjahr/bis 2. Lebensjahr/bis 6. Lebensjahr; Ausdrucksform/Funktion/Förderung/Behinderung.

Bedingungen für eine erfolgreiche Spracherziehung

- **Sprachliche Vorbilder** sind Voraussetzung für die Sprachaneignung, denn Sprache lässt sich nur durch kommunikativen Einsatz lernen.

Definition
Auf MOTHERESE („Mutterisch")
spricht man langsam, deutlich
und gefühlsbetont mit dem
Kind und verwendet eine
einfache Grammatik.

- Mit dem Kind sollte man daher in einer **korrekten Erwachsenensprache** sprechen. Die sogenannte Babysprache (z. B. *wobittudenn*) hemmt die sprachliche Entwicklung des Kindes mehr, als es sie fördert. Wichtig ist jedoch, dass Eltern ihre Sprache an das Sprachverständnis der Kinder anpassen (Motherese, Parentese). Unvollständige Äußerungen des Kindes sollten aufgefasst und korrekt erweitert werden. Sagt ein Kind z. B. *Ball Moni*, kann man korrekt erweitern: *Ja, der Ball gehört Moni*.

- Die Eltern müssen dem **Rededrang des Kindes** viel Geduld entgegenbringen. Wenn man dem Kind über Redeverbote die Freude am Sprechen nimmt, kann sich das negativ auf die weitere geistige Entwicklung auswirken.

- Kinder lernen leichter sprechen, wenn sie nicht nur sprachliche, sondern vor allem **liebevolle Zuwendung** (z. B. über Körperkontakt) von den Eltern erfahren. Die zwischenmenschliche Interaktion ist laut Jérôme BRUNER die wichtigste Komponente im kindlichen Spracherwerbsprozess (▶ Kap. 6.4). Seiner Meinung nach unterstützt daher vor allem das Spiel die Sprachentwicklung, denn Spiele beruhen auf dem Gebrauch und Austausch von Sprache und auf zwischenmenschlichen Interaktionen.

5. Die Entwicklung des Spiels

Bill Watterson

Für die Entwicklung des Kindes ist Spielen äußerst wichtig, denn es lernt dabei vieles, was es zum Leben braucht.

„ *Wenn man Kinder beim
Spielen auf dem Spielplatz
beobachtet, sieht man, wie
unermüdlich und selbst-
vergessen die Kinder
bestimmte Bewegungen
und Handlungsabläufe,
wie z. B. rutschen und
klettern, durchführen.*"
(Bunk 2004, S. 73)

Über das Spiel werden wichtige **kindliche Bedürfnisse** befriedigt, denn das Spiel ist freiwillig und zweckfrei und wird daher meist als lustvoll erlebt. Das Kind ist während des Spielens völlig auf die Sache selbst konzentriert, erlebt Freude und innere Befriedigung. Gleichzeitig ist das Spiel ein wichtiges **Übungsfeld** für kindliche Fähigkeiten und Fertigkeiten, denn das Kind macht dabei wichtige Lebenserfahrungen und Fortschritte. Es lernt Verhaltensweisen, die seine geistige, soziale, emotionale, motorische, kreative und praktische Entwicklung fördern:

- Das Kind entdeckt und festigt im Spiel seine **kreativen, kognitiven und intellektuellen Fähigkeiten**. Es setzt sich im Spiel aktiv mit seiner Welt auseinander, sucht Erklärungen, zieht Schlüsse und löst Probleme aller Art. Es gewinnt laufend Erkenntnisse und eignet sich spielerisch Kompetenzen des Alltags an: etwa das Verhalten im Straßenverkehr oder die Erkenntnis, dass Ausdauer zum Erfolg führt.

- **Motivation und Ausdauer** werden gefördert: Das Kind erforscht aktiv alles, was neu ist, und probiert das Erlernte unermüdlich bis zur völligen Beherrschung aus. *„In endlosen Wiederholungen von Greifbewegungen, Heranziehen und Wegwerfen versuchen Kleinkinder, ihr motorisches Geschick zu üben und ihre Fertigkeiten zu steigern. Sie scheinen sich trotz der Anstrengung darauf zu freuen, sich selbstwirksam und selbsttätig erleben zu können. Der Sinn der ständigen Übung und Wiederholung liegt offenbar auch darin, im Gehirn stabile ‚Erinnerungsbilder' von Bewegungsabläufen und Empfindungen (‚skills') zu schaffen, damit diese später als gelernte und automatisierte Muster im Alltag rasch abgerufen werden können."* (Bunk 2004, S. 73) Über die Bereitschaft, etwas zu leisten und ausdauernd an einer Sache zu arbeiten, bildet sich die spätere Lern- und Leistungsmotivation aus.

- Im Spiel erlebt das Kind die unterschiedlichsten Gefühle wie Freude, Frust oder Neid und es lernt dabei mit seinen **Gefühlen umzugehen**. Es lernt außerdem Niederlagen einzustecken, und über Erfolgserlebnisse baut es Selbstvertrauen auf.

- Das Spiel ist wichtig für die **soziale Entwicklung:** Das Kind erprobt Rollen und experimentiert mit sozialen Regeln. Es übt Wertvorstellungen ein, entwickelt Empathie und Gerechtigkeitssinn. Es erwirbt soziale Kompetenzen, indem es den Umgang mit KonkurrentInnen lernt, Teamfähigkeit entwickelt, Kompromisse schließt oder Regeln und kommunikative Fähigkeiten erlernt.

- Das Spiel ist auch bei der **emotionalen Verarbeitung** von Erfahrungen eine Hilfe. Denn Kinder können ihre Erfahrungen, Bedürfnisse, Gefühle und Interessen sprachlich oft nur sehr begrenzt mitteilen und drücken vieles über Spielhandlungen aus. Was das Kind spielt oder aber auch zeichnet, hat daher meistens auch eine Bedeutung. Ein Arztbesuch oder ein Streit mit Geschwistern kann beispielsweise in einem Rollenspiel aufgearbeitet werden. Ängste und Konflikte können so im Spiel ausgedrückt und Probleme des Alltags verarbeitet werden.

- Das Spiel hat auch eine **therapeutische Funktion:** *„In einer amerikanischen Studie erhielten zwei Gruppen von Kindern im Alter von 12–19 Monaten mit geringer bis schwerer spastischer Lähmung ein jeweils unterschiedliches Förderangebot. Beide Gruppen wurden zwölf Monate lang behandelt. Die erste Gruppe erhielt über zwölf Monate eine krankengymnastische Behandlung zur Verbesserung der Motorik, während die zweite Gruppe zunächst sechs Monate Krankengymnastik erhielt, in den übrigen sechs Monaten aber eine mehr kindgemäße spielerische Behandlung mit motorischen, sensorischen, sprachlichen und kognitiven Aktivitäten. Nach sechs und zwölf Monaten der Behandlung wurden die motorischen und kognitiven Fähigkeiten der beiden Gruppen verglichen. Die Gruppe der Kinder mit dem spielerischen Behandlungsangebot zeigte nach zwölf Monaten nicht nur einen höheren durchschnittlichen Entwicklungsquotienten, sondern wies entgegen den Erwartungen auch deutlich bessere motorische Fähigkeiten auf als die andere Gruppe."* (Bunk 2004, S. 74) Wichtig ist also, die Eigenaktivität des Kindes zu berücksichtigen und die Lebens- und Mitwelt mit einzubeziehen. Eine kindgemäße, spielerisch ganzheitliche Behandlung führt offensichtlich zu größerem Erfolg als eine rein krankengymnastische Behandlung.

Formen des Spiels

0–2 Jahre
- **Sensumotorisches Spiel:** Sinne und Bewegung stehen im Vordergrund. Alles wird betastet und in den Mund gesteckt. Geeignet sind in diesem Zeitraum alle Bewegungsspiele (Sing-, Fingerspiele).
- **Explorationsspiel:** In dieser Phase interessiert sich das Kind besonders für verschiedenste Gegenstände. Es möchte wissen, wie sie beschaffen sind, und zerlegt sie.

2–3 Jahre
- **Rezeptionsspiel:** Im 2. Lebensjahr kann das Kind schon einfachen Erzählungen folgen. Es sieht gerne Bilderbücher an und möchte Geschichten hören.

ab 1½ Jahren
- **Konstruktionsspiel:** Ein kreatives Produkt entsteht, sei es eine Zeichnung, ein Plastilinmännchen oder ein Bauwerk aus Legosteinen. Gestalterische Fähigkeiten können in dieser Phase durch Wertschätzung besonders gefördert werden. Die Vorliebe für kreatives Schaffen erreicht im 5. und 6. Lebensjahr ihren Höhepunkt. Wie auch an der Entwicklung des Zeichnens zu sehen, werden die Ergebnisse immer detailgetreuer.

ab 1–2 Jahren
- **Symbolspiel:** Spielgegenstände werden umfunktioniert: Holzklötze werden z.B. zum Auto, Stühle zum Raumschiff und ein Karton dient als Boot.

ab 2–3 Jahren
- **Rollenspiel:** Personen und Handlungen werden nachgeahmt und (fiktive) Rollen eingenommen. Das Kind spielt immer mehr mit anderen Kindern und lernt in dieser Zeit, sich in andere einzufühlen. Es werden kognitive Kompetenzen erworben und soziale Fähigkeiten erlernt. Rollenspiele sind auch sehr hilfreich, um Erfahrungen und Erlebnisse zu verarbeiten.

ab 5–6 Jahren
- **Regelspiel:** Ab dem 6. Lebensjahr beginnen Kinder, sich für Spiele zu interessieren, bei denen Regeln im Vordergrund stehen: Fußball, Kartenspiele oder Brettspiele. Kinder lernen in dieser Phase mit Gefühlen umzugehen: Sie freuen sich, wenn sie geschickt sind, sie sind aber auch enttäuscht oder wütend, wenn sie eine Niederlage einstecken müssen.
- Nach dem Regelspiel geht die eigentliche Spielzeit zu Ende. Früher verwendetes Spielzeug wird uninteressant, stattdessen rücken **Freizeitaktivitäten** immer mehr in den Vordergrund. (vgl. Oerter 2008, S. 239)

RF Partnerarbeit 11
- Welches Spielmaterial kann man einem 2- bis 3-jährigen Kind schenken? Bedenken Sie, dass Kinder in diesem Alter sehr fantasievoll sind. Notieren Sie Vorschläge.

6. Die emotionale und soziale Entwicklung

Stufen der emotionalen Entwicklung in den ersten zwei Lebensjahren

1 Monat
- Der Säugling fühlt sich zu **angenehmen Reizen** hingezogen und weicht vor unangenehmer Stimulation zurück.

2–3 Monate
- Entwicklung des **sozialen Lächelns**, Erwiderung der Gesichtsausdrücke der Erwachsenen.

3–4 Monate
- Der Säugling **lacht** bei Hinweisreizen (z.B. Zunge herausstrecken).

6–8 Monate	• Zwischen dem 6. und 7. Lebensmonat ist eine vertraute Bezugsperson besonders wichtig. Kinder entwickeln in dieser Zeit zu der Person, die sich täglich am meisten um sie kümmert, eine intensive emotionale Bindung **(Bindungsphase)**. Die Angst vor einer Trennung von der Bezugsperson nimmt zu **(Trennungsangst)** und Fremden begegnet das Kind zunehmend mit Misstrauen **(Fremdenfurcht)**. Die Phase der Fremdenfurcht ist normal und wichtig. Das Kind lernt in dieser Zeit zwischen den Menschen in seiner Umgebung zu differenzieren.
8–12 Monate	• Gesichtsausdrücke werden differenziert wahrgenommen. In unsicheren Situationen nimmt das Kleinkind Kontakt zur Bezugsperson auf (**soziale Bezugnahme**/social referencing) und stimmt mit ihr das Verhalten ab. In Überraschungssituationen lacht das Kind.
18–24 Monate	• **Komplexe Emotionen** wie Verlegenheit, Schuld, Neid, Stolz werden erkennbar. Die Fähigkeit, sich in andere hineinzuversetzen (Empathie) wird entwickelt. (vgl. Berk 2005, S. 239)

Die soziale Entwicklung beginnt mit der Herstellung einer engen emotionalen Beziehung zu einer Bezugsperson. Diese nennt man **Bindung**. Ihre wichtigste Funktion ist die Sicherung des Überlebens. Das Bindungsverhalten zwischen Säugling und Bezugsperson (die sich um die Bedürfnisse kümmert) ist von großer Bedeutung. Das Experiment nach HARLOW zeigt jedoch, dass selbst bei Primaten die Bindung nicht von der Befriedigung des Hungers abhängig ist: Rhesusaffen, die von einer Drahtgeflecht-„Mutter" und einer mit weichem Stoff bespannten „Mutter" aufgezogen wurden, zogen die weiche Mutter vor, obwohl die Drahtmutter Milch gab. Dieses Ergebnis erklärt, warum Kinder – vor allem bei kurzfristiger Trennung von den Eltern – eine starke Bindung zu kuscheligen Objekten entwickeln können.

Milch spendende „Draht-Mutter" und weiche „Mutter"

Bindungsverhalten

Die Entwicklungspsychologin Mary AINSWORTH entwarf die sogenannte *fremde Situation*, in der eine Mutter den Raum ohne ihr Kind verlässt und nach einigen Minuten wiederkommt, um die Reaktionen von Kindern im Alter von 11 bis 20 Monaten zu untersuchen. Von den Reaktionen der Kinder leitete AINSWORTH verschiedene Bindungstypen ab:

• **Sicher gebundene Kinder** sind leicht unruhig, wenn die Mutter den Raum verlässt, und suchen beim Wiedersehen Nähe und Kontakt zur Mutter.

Mary Ainsworth

Eine sichere Bindung ist das Ergebnis einer einfühlsamen Mutter-Kind-Interaktion. Die Mutter geht auf die kindlichen Bedürfnisse ein, pflegt einen liebevollen Umgang, beruhigt, bietet Schutz und Nähe, verhält sich beständig und nachvollziehbar. Das Kind erfährt, dass es sich auf das Verhalten der Mutter verlassen kann. Dieses Vertrauen erlaubt dem Kind, sich einer neuen Situation zuzuwenden. Die sichere Bindung an eine Bezugsperson, die sich um die emotionalen Bedürfnisse des Kindes kümmert, ist eine wichtige Voraussetzung für psychische Gesundheit und gesundes Selbstvertrauen.

• **Unsicher gebunden vermeidende Kinder** wirken unbeeindruckt, wenn die Mutter den Raum verlässt. Bei der Rückkehr ignorieren sie die Mutter oder lehnen sie ab.

Eine unsichere, vermeidende Bindung kommt zustande, wenn sich die Bezugsperson vom Kind abwendet, die kindlichen Signale nicht richtig deutet oder erst gar nicht auf sie reagiert, die Mutter also emotional nicht verfügbar ist. Die kindlichen Bedürfnisse nach Liebe und Nähe werden nicht erwidert. Diese Kinder entwickeln dadurch eine Erwartungshaltung, dass ihre Wünsche prinzipiell auf Ablehnung stoßen, woraufhin sie sich emotional abgrenzen. Die mütterliche Zurückweisung kompensieren sie damit, dass sie die Beziehung vermeiden.

• **Unsicher gebunden ambivalente Kinder** reagieren mit Angst. Sie sind extrem verunsichert, weinen, schlagen gegen die Tür und sind schwer zu beruhigen. Bei der Rückkehr der Mutter zeigen sie ein Bedürfnis nach Kontakt und verhalten sich zugleich abweisend und aggressiv.

Eine unsichere, ambivalente Bindung resultiert aus einem ständigen Wechsel von feinfühligem und abweisendem Verhalten. Nachdem die Bezugsperson nicht vorhersehbar reagiert, richtet sich die Aufmerksamkeit des Kindes ständig auf die Mutter, anstatt sich auf das Spielen zu konzentrieren. Auf den Kontrollverlust (die Trennung von der Mutter) reagiert es dadurch umso gestresster. Unberechenbare Familienverhältnisse, Scheidung, Tod oder Trennung verunsichern das Kind und können ohne verständnisvolle Zuwendung zu Verhaltensstörungen oder Fehlentwicklungen führen.

Einzelarbeit 12   Notieren Sie stichwortartig die wichtigsten Interaktionsbedingungen für eine emotional gesunde Entwicklung dar, die sich aus den Untersuchungsergebnissen von Harlow und Ainsworth ergeben.

Laut John Bowlby, dem Begründer der Bindungstheorie, ist es von der Geburt bis ins hohe Alter das Bedürfnis des Menschen, eine enge Beziehung zu einer Bezugsperson aufzubauen. Die Bindungen unserer frühen Kindheit prägen unsere emotionale Entwicklung und beeinflussen unsere Fähigkeit, mit schwierigen Lebenssituationen umzugehen, maßgeblich. Das Fehlen positiver Bindungserfahrungen wirkt sich erheblich auf die körperliche, psychische und soziale Entwicklung eines Kindes aus, wie durch Untersuchungen von René Spitz zum **Hospitalismus** bekannt wurde (▸ Kap. 3.7): Ein Säugling schüttet langfristig und in erhöhtem Ausmaß Stresshormone aus, wenn seine frühen emotionalen Bedürfnisse vernachlässigt werden. Das führt dazu, dass die Hirnreifung geschädigt wird, die körperlichen Wachstumsprozesse stagnieren sowie alle bereits erworbenen motorischen, kognitiven und psychischen Fähigkeiten wieder verlorengehen. In weiterer Folge können sich Bindungsstörungen ausbilden. Es ist daher besonders wichtig, bereits in der Kindheit eine positive emotionale Grundlage zu schaffen.

7. Die psychosoziale Entwicklung

Definition
Der Begriff PSYCHOSOZIAL beschreibt alle psychischen Faktoren (Denken, Wahrnehmen), die durch soziale Gegebenheiten wie gesellschaftliche Vorgaben oder die Kultur bedingt sind.

Die Interaktion mit der Umwelt ist für unsere psychische Entwicklung besonders bedeutend. Doch die Umwelt stellt oft Forderungen, die unseren persönlichen Bedürfnissen widersprechen. Das kann laut dem Psychoanalytiker Erik Erikson zu **Krisen** führen. Während unserer psychosozialen Entwicklung durchlaufen wir verschiedene Lebensphasen bzw. Stufen, die sich jeweils durch eine bestimmte Krise auszeichnen. Die Bewältigung dieser Krisen bezeichnet Erikson als unsere **Entwicklungsaufgabe**. Setzen wir uns erfolgreich mit den Aufgaben auseinander, entwickeln wir Qualitäten wie Vertrauen und Identität. Lösen wir sie hingegen nicht erfolgreich, kann auf der darauffolgenden Stufe unsere Entwicklung stagnieren.

Identitätsstufen nach Erikson

0–1 Jahr
- **Vertrauen / Misstrauen:** Ein Neugeborenes ist auf Versorgung angewiesen. Wenn seine Bedürfnisse durch positive Erfahrungen (körperlicher Kontakt, Liebe, Aufmerksamkeit) erwidert werden, kann es Vertrauen zu den Bezugspersonen aufbauen. Misstrauen wird hingegen gefördert, wenn die Bezugsperson physisch und psychisch nicht für ihr Kind da ist. Für eine positive Persönlichkeitsentwicklung ist es entscheidend, dass der Säugling in dieser Zeit Vertrauen ausbildet.

1–2 Jahre
- **Autonomie / Scham und Selbstzweifel:** In dieser Zeit lernt das Kleinkind, Dinge selbstständig zu erledigen. Das Gefühl der Autonomie durch die neu erworbenen Fähigkeiten wie Gehen und Sprechen führt dazu, dass es sich von der Mutter emanzipiert. Es entwickelt eine Vorstellung von „Du" und „Ich". Für eine gesunde Entwicklung müssen die Eltern als Vorbild wirken und ihr Kind in seinen Unabhängigkeitsbestrebungen unterstützen. Wenn es in seinem Tatendrang gehindert und übermäßig kontrolliert wird, beginnt es, an seinen Fähigkeiten zu zweifeln.

3–5 Jahre
- **Initiative / Schuld:** Das Vorschulkind zeichnet sich durch einen kindlichen Forschungsdrang aus. Es befriedigt seine Neugier, indem es unbekannte Orte erkundschaftet und Fragen stellt. Wenn das Kind in seiner Initiative gehemmt und ihm alles verboten wird, entwickelt es Schuldgefühle. Wird es zu selten gebremst, lernt es weder Verbote zu akzeptieren noch mit Schuldgefühlen umzugehen. Es kann dann auch kein Gewissen ausbilden. Eltern müssen in dieser Zeit gesunde Grenzen setzen: Verbote verständlich machen gleichzeitig aber die kindliche Neugier unterstützen.

6–12 Jahre
- **Kompetenz / Minderwertigkeit:** Das Schulkind lernt, Aufgaben gewissenhaft zu erledigen. Es entwickelt Lernfreude, wenn seine Leistung anerkannt wird. Vor allem die Schule sollte in dieser Zeit jedem Kind ermöglichen, Nützliches zu leisten und ein Gefühl der Kompetenz auszubilden. Denn wenn Erfolgserlebnisse ausbleiben, entwickelt das Kind Minderwertigkeitsgefühle.

13–20 Jahre
- **Identität / Identitätsdiffusion:** Körperliche Veränderungen während der Jugendzeit machen die Ausbildung eines Identitätsgefühls in dieser Phase zur zentralen Aufgabe. Welche Rolle wir in der Gesellschaft einnehmen, soll über neu erprobte soziale Rollen (in der Gleichaltrigengruppe oder im Beruf) sowie in der Auseinandersetzung mit dem anderen Geschlecht gefunden werden. Die Identitätsbildung gelingt umso besser, je positiver die Erfahrungen der bisherigen Stufen verlaufen sind. Ist das nicht der Fall, kommt es zu einer Identitätsdiffusion. Sie ist oft der Grund, dass Jugendliche sich Gruppierungen anschließen, die über klare Strukturen verfügen, oder unangemessene Verhaltensweisen entwickeln.

20–40 Jahre
- **Intimität / Isolation:** Junge Erwachsene wollen ihre Identität mit einer anderen Person teilen. Eine gefestigte Identität erlaubt, eine Partnerschaft einzugehen und sich dem Partner / der Partnerin zu öffnen. Erikson spricht von einem Sich-Verlieren und Sich-Finden in einer anderen

Person (Intimität). Gelingt dies nicht, kann ein Gefühl der Einsamkeit die Folge sein (Isolation). Eine gefestigte Identität erleichtert es, eine vertrauensvolle Beziehung aufzubauen.

40–60 Jahre
- **Generativität / Stagnation:** Auf die Intimität folgt im mittleren Erwachsenenalter die Bedeutung der Familie. Unter Generativität versteht Erikson das Erziehen der nächsten Generation. Wenn der erwachsene Mensch nicht die Gelegenheit bekommt, sich als produktiv zu erweisen oder Werte weiterzugeben, und wenn zwischenmenschliche Beziehungen zu wenig gepflegt werden, entwickelt sich ein Gefühl der Langeweile, der Sinn- und Zwecklosigkeit („Stagnation").

ab 60 Jahren
- **Integrität / Verzweiflung:** Das bisherige Leben sollte mit allen positiven und negativen Erlebnissen akzeptiert werden, um mit einem befriedigenden Gefühl auf sein Leben zurückblicken zu können. Diese Selbstakzeptanz führt zu Reife und Integrität. Wer seinen Lebenszyklus nicht akzeptiert, wird eher das Gefühl entwickeln, gescheitert zu sein.

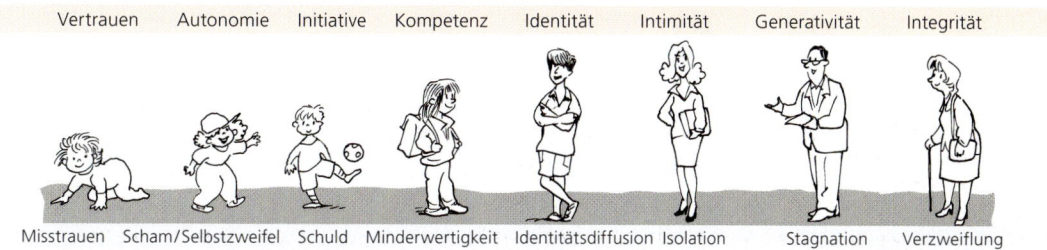

Vertrauen	Autonomie	Initiative	Kompetenz	Identität	Intimität	Generativität	Integrität
Misstrauen	Scham/Selbstzweifel	Schuld	Minderwertigkeit	Identitätsdiffusion	Isolation	Stagnation	Verzweiflung

8. Die moralische Entwicklung

Unter **Moral** verstehen wir eine Wertvorstellung bzw. eine gesellschaftliche Richtlinie, die unser Verhalten steuert. Der US-amerikanische Psychologe Lawrence KOHLBERG wollte wissen, in welchem Alter wir zu welchen moralischen Ansichten tendieren. Ihn interessierte aber nicht, ob ein Verhalten als richtig oder falsch eingestuft wurde, sondern *mit welcher Begründung* eine Handlung als richtig oder falsch erachtet wurde. Um das herauszufinden, stellte er seine Versuchspersonen vor ein Dilemma – eine Konfliktsituation, die, egal wie man sich entscheidet, zu einem unzufriedenstellenden Ergebnis führt. Sein berühmtestes Beispiel war das **Heinz-Dilemma**: Heinz kann sich das Medikament nicht leisten, das seine Frau, die im Sterben liegt, dringend benötigt. Soll er das Medikament stehlen? Warum wäre sein Verhalten richtig/falsch? Kohlberg entwickelte aus den Ergebnissen seiner Untersuchungen eine Stufentheorie des moralischen Verhaltens. Er stellte fest, dass sich viele von einem autoritätshörigen, konformen Kind zu einem Erwachsenen mit persönlichen ethischen Prinzipien entwickeln. Das höchste Ziel der Entwicklung ist die Idee von einer universalen Gerechtigkeit.

bis 9 Jahre
Ebene 1: Präkonventionelle Moral
- Auf Stufe 1 dominiert eine **fremdbestimmte Moral**. Kinder unter neun Jahren gehorchen Vorschriften und Autoritäten, um Strafen zu vermeiden oder Belohnung zu erhalten.
- Auf Stufe 2 legen wir Wert darauf, **fair** miteinander umzugehen, nach dem Motto *Eine Hand wäscht die andere!* oder *Wie du mir, so ich dir!* Dabei orientiert man sich am eigenen Wohlergehen, berücksichtigt aber auch die Bedürfnisse der/des anderen.

Jugendliche und Erwachsene
Ebene 2: Konventionelle Moral
- Auf Stufe 3 ist es wichtig, in Beziehungen **loyal und zuverlässig** zu sein. Wir halten Regeln ein und versuchen, Erwartungen gerecht zu werden. Richtig ist, was Zustimmung findet und den Interessen aller gerecht wird.
- Auf Stufe 4 bemühen wir uns, unsere **Pflichten** zu erfüllen. Recht und Ordnung, aber auch das Wohlergehen der Gesellschaft stehen im Vordergrund. Wir verhalten uns richtig, wenn wir unsere Pflicht tun.

einige Erwachsene über 20
Ebene 3: Postkonventionelle Moral
- Auf Stufe 5 verteidigen wir unsere **individuellen Rechte**, unterstützen aber gleichzeitig **grundsätzliche Werte** der Gesellschaft und Grundrechte. Wir suchen den Konsens.
- Auf Stufe 6 fordern wir **Gleichberechtigung für alle** und leben nach allgemeingültigen ethischen Prinzipien. Vernunft und Moral stehen an oberster Stelle. Das allgemeine Prinzip der Gerechtigkeit hat Immanuel KANT so formuliert: *„Handle nur nach derjenigen Maxime, durch die du zugleich wollen kannst, dass sie ein allgemeines Gesetz werde."* (Kant 1999, S. 45)

 Diskussion 13 Diskutieren Sie im Plenum das Heinz-Dilemma anhand der moralischen Stufen. Wie müsste Heinz der jeweiligen Stufe entsprechend handeln? Wie würde er sein Vorgehen rechtfertigen? Auf welche moralische Instanz würde er sich berufen?

RP Einzelarbeit **14**

Beantworten Sie folgende Fragen zu den Entwicklungsphasen der Kindheit schriftlich:
a) Mit wie vielen Monaten lernt ein Kind im Durchschnitt gehen?
b) Was versteht man unter dem Zeichenstadium der Kopffüßler?
c) Welche Bedeutung hat Spielen für die kindliche Entwicklung?
d) Inwiefern unterscheidet sich ein 8-jähriges von einem 3-jährigen Kind in der kognitiven Entwicklung?
e) Ab wie viel Jahren kann sich ein Kind sprachlich bereits gut ausdrücken?
f) Welche Bindungstypen unterscheidet Ainsworth voneinander?
g) Was versteht Erikson unter Entwicklungsaufgaben? Nennen Sie ein Beispiel!
h) Beschreiben Sie die moralische Entwicklung nach Kohlberg!

▶ **AH** Seite 42

9.5 Erziehung

T Partnerarbeit **15**

Welche Schlüsse kann man aus den Entwicklungsphasen in der Kindheit für die Erziehung ziehen? Fassen Sie zusammen, inwiefern Bezugspersonen positiv auf die kindliche Entwicklung einwirken können.

RF Einzelarbeit **16**

Reflektieren Sie folgende Thesen zur Kindererziehung! Kreuzen Sie Ihre Meinung an. Vergleichen und besprechen Sie Ihre Ergebnisse im Plenum.

	richtig	falsch
Kinder brauchen Grenzen.		
Kinder brauchen rund um die Uhr Betreuung.		
Oberstes Gebot ist die Freiwilligkeit des Kindes.		
Kinder müssen ständig kontrolliert werden.		
Kinder sollen möglichst wertfrei erzogen werden.		

> *»Zwei Dinge sollen Kinder von ihren Eltern bekommen = Wurzeln und Flügel.«*
> (J. W. Goethe)

Der deutsche Pädagoge Herman NOHL definiert Erziehung als das *„leidenschaftliche Verhältnis eines reifen Menschen zu einem werdenden Menschen, und zwar um seiner selbst willen, dass er zu seinem Leben und zu seiner Form komme. (…) So fordert die pädagogische Liebe Einfühlung in das Kind und seine Anlagen, in die Möglichkeiten seiner Bildsamkeit, immer im Hinblick auf sein vollendetes Leben."* (Nohl 2002, S. 169ff.) Erziehung bezeichnet alle gezielten Handlungen und Verhaltensweisen eines erfahrenen Menschen, die weniger Erfahrene zur selbstständigen Lebensführung befähigen sollen. Aufgabe der Erziehung ist, die Entwicklung einer zu erziehenden Person zu fördern.

Ebenso betont der österreichische Pädagoge Rudolf DREIKURS, dass man niemanden beeinflussen kann, wenn nicht zuvor eine freundliche Beziehung hergestellt worden ist. Der Aufbau einer positiven emotionalen Beziehung in allen Erziehungssituationen und in jedem Lebensalter bleibt ein wesentlicher Bestandteil der Erziehung. Der Erfolg der Erziehung, also die positive Persönlichkeitsentfaltung des Kindes oder des/der Jugendlichen, hängt daher größtenteils von der persönlichen Beziehung zu den Eltern ab. Das Psychologen-Ehepaar Reinhard und Anne-Marie TAUSCH sieht Wertschätzung, Verständnis und Echtheit als grundlegend für eine **positive Eltern-Kind-Beziehung**:

Wertschätzung

* **Wertschätzung** meint die positive Einstellung der Eltern gegenüber ihrem Kind. Wertschätzung äußert sich über Achtung, Rücksichtnahme, Wärme und die Investition in eine liebevolle, dem Kind zugewandte Aufmerksamkeit.

Verständnis

* **Verständnis** ist die Fähigkeit, sich in die innere Welt der anderen Person einzufühlen. Dazu gehört auch, die Bedürfnisse des Kindes zu erkennen und auf sie einzugehen.

Echtheit

* Stimmt das Verhalten mit der Einstellung überein, spricht man von **Echtheit**.

Konsequente Wertschätzung, Verständnis und Echtheit tragen dazu bei, dass ein Kind ein positives Selbstkonzept (▶ Kap. 10.6) ausbilden kann. Es ist in der Lage, seelisches und körperliches Wohlbefinden zu entwickeln. Anstelle von Minderwertigkeitsgefühlen und Unsicherheiten kann es ein gesundes Selbstwertgefühl, Selbstachtung und Selbstakzeptanz ausbilden. Es lernt eine optimistische Lebensgrundhaltung und entwickelt positive Gefühle gegenüber sich selbst und seinen Mitmenschen. Es lernt, verantwortungsbewusst, leistungsmotiviert und selbstständig zu handeln.

„Vergiss nicht, mein Sohn: Es ist völlig unwichtig, ob du gewinnst oder verlierst – es sei denn, du willst, dass ich dich lieb habe!"

Querverweis
Während der Jugendzeit (▶ Kap. 9.6) kommt es zu einer weiteren Loslösungsphase von den Eltern.

»Mit einem Kind, das nie Quatsch macht, soll man schleunigst zum Psychologen gehen.«
(Christine Nöstlinger)

RF Diskussion 18

Literaturtipp
JUUL, Jesper: *Dein kompetentes Kind. Auf dem Weg zu einer neuen Wertgrundlage für die gesamte Familie.* Reinbek 2018. Kinder haben von Anfang an eine eigene Persönlichkeit und sind damit menschlich und sozial kompetente PartnerInnen ihrer Eltern. Der Familientherapeut versteht Erziehung als Entwicklungsprozess und hat mit diesem Werk ein Plädoyer für die Selbstbestimmung und Eigenverantwortung von Kindern verfasst.

Autoritärer Erziehungsstil

17 **Partnerarbeit:** Analysieren Sie die Karikatur:
- Inwiefern entspricht der Vater in der Karikatur (nicht) den drei Komponenten Wertschätzung, Echtheit und Verstehen?
- Wie muss sich ein Elternteil verhalten, wenn er diese Komponenten im Erziehungsprozess verwirklichen möchte?

Die erste Autonomiephase (Trotzphase)

Die ersten eineinhalb Jahre mit dem Kind sind relativ einfach: Es fühlt sich mit den Eltern verbunden und gehorcht großteils. Im zweiten Lebensjahr bemerkt das Kind, dass es einen Unterschied zwischen sich und den anderen gibt und dass es ein selbstständiges Wesen ist. Diese neu entdeckte Identität erprobt das Kind in der sogenannten **Autonomiephase** (2–4 Jahre). Autonomiephasen gehören zur gesunden Entwicklung eines Menschen, denn der eigentliche Grund für kindliche Trotzreaktionen ist das Bedürfnis, sich von den Eltern loszulösen. Das Kind strebt verstärkt nach Selbstständigkeit (Autonomie) und entwickelt den Drang, alles selbst auszuprobieren. Es reagiert meist mit Wut, wenn es etwas nicht bekommt, was es gerne hätte, und möchte seinen Willen um jeden Preis durchsetzen. Auf Befehle reagiert es trotzig und den Gehorsam verweigert es. Das Kind braucht in dieser Zeit besonders viel Aufmerksamkeit und Zuwendung. Es lernt dadurch,
- einen **eigenen Willen** zu entwickeln,
- **Entscheidungen** zu treffen und
- **Lösungen** in Konfliktsituationen zu suchen.
- Außerdem entwickelt es die Fähigkeit, seine **Gefühle** zu äußern und
- eigene **Erfahrungen** zu sammeln, selbst wenn diese mit Enttäuschungen verbunden sind.

Der Selbstständigkeitsdrang des zwei- bis vierjährigen Kindes geht mit viel Ausprobieren einher. Da auf einer solchen kindlichen Entdeckungsreise auch viel kaputtgeht, wird das Tun des Kindes von den Eltern auch bald sanktioniert. Eine einfühlsame und dennoch konsequente Erziehung hat in dieser Zeit besondere Bedeutung.

Diese „Tagebuch-Eintragungen" schildern Situationen aus der Sicht eines zweijährigen Kindes. Bewerten Sie die Erziehungsmaßnahmen: Inwiefern sind die Reaktionen unangebracht? Machen Sie Vorschläge, wie man dem Kind in den jeweiligen Situationen einfühlsam begegnen könnte.

12.30h	*Blumenerde auf den Teppich geschüttet. Mit Wasser umgerührt. Mama schimpft. „Kuchen backen" verboten.*
14.00h	*Filzstifte gefunden. Wand verziert. Malen verboten.*
19.00h	*Fernsehapparat repariert. Papi Knöpfe gebracht. Papa schimpft. Fernseher reparieren verboten.*

Das Erziehungsziel ist, dem Kind und später dem/der Jugendlichen beim Loslösungsprozess und bei der Selbstfindung zu helfen. Dieses Ziel kann mit einer positiven emotionalen Beziehung erreicht werden. Der Erziehungsstil soll weder vernachlässigen noch verwöhnen noch zu sehr behüten, sondern die Selbstständigkeit fördern und dennoch klare Regeln vorgeben.

Erziehungsstile

Der Erziehungsstil repräsentiert das Wertesystem und charakteristische Eigenarten von Eltern: wie und ob sie auf die kindlichen Bedürfnisse eingehen, wie sie mit dem Kind reden, wie sie loben und bestrafen und auf Handlungen reagieren. Das elterliche Erziehungsverhalten wirkt sich auf die Persönlichkeitsentwicklung des Kindes aus. Kurt LEWIN unterscheidet drei Erziehungsstile:

1. Der **autoritäre Erziehungsstil:** Autoritäre Eltern respektieren die kindlichen Anliegen nur in geringem Maß. Gehorsam wird als Tugend angesehen und ist das erklärte Erziehungsziel. Das Kind hat kaum Möglichkeiten, selbstbestimmt zu handeln oder Eigeninitiative zu ergreifen, da die freie Entfaltung durch häufige Kontrolle, Befehle und Verbote eingeschränkt wird. Bei Strafen greifen sie häufig die Persönlichkeit des Kindes an, anstatt auf der Sachebene zu bleiben.

2. Der **demokratische Erziehungsstil:** Demokratische Eltern berücksichtigen die kindlichen Interessen, Bedürfnisse und Wünsche. Das Kind darf innerhalb gesetzter Grenzen selbstständig und eigenverantwortlich handeln. Die kindliche Eigeninitiative wird zusätzlich gefördert, indem das Kind zu Handlungen ermutigt und dabei unterstützt wird. Entscheidungen werden

9

gemeinsam getroffen, elterliche Entscheidungen erklärt, Probleme besprochen und das Kind wird zu einer Stellungnahme ermutigt. Es wird als gleichwertiger Partner bzw. als gleichwertige Partnerin wahrgenommen. Die Eltern-Kind-Beziehung zeichnet sich durch hohe wechselseitige Akzeptanz, gegenseitiges Verständnis und Offenheit aus. Eltern loben und tadeln angemessen und sachbezogen, also ohne die Persönlichkeit des Kindes anzugreifen.

3. Der **Laissez-faire-Erziehungsstil** (franz. *laisser faire:* machen lassen): Permissive (erlaubende) Eltern reagieren auf alle Handlungen ihres Kindes gütig, nachgiebig und bestätigend. Die Eltern lassen das Kind gewähren und greifen nur wenig ein. Das Kind soll frei von allen Zwängen sein, ihm werden alle Freiheiten gelassen und es werden keine Forderungen gestellt. Oberste Prinzipien sind Selbstbestimmung und Freiwilligkeit.

 **Einzelarbeit** `19` Vergleichen Sie folgende Sichtweisen miteinander. Worin unterscheidet sich ihre Auffassung von Erziehung? Halten Sie Ihre Erkenntnisse schriftlich fest.

Filmtipp ◀
Der Club der toten Dichter
(USA 1989, Regie: Peter WEIR).
Der Film spielt im Jahr 1959.
In einem erzkonservativen
Jugendinternat sollen Schüler
zu einer gesellschaftlichen
Elite herangezogen werden.
Strenge Richtlinien und die
Prinzipien Tradition, Ehre,
Disziplin und Leistung sollen
die Schüler auf ihre spätere
Rolle vorbereiten. Ein Film
über erzkonservative
Autoritäten und einen frei
denkenden Lehrer, der
versucht, die starren Traditionen zu durchbrechen, aber
daran scheitert.

• Der Erziehungswissenschaftler Klaus HURRELMANN betont in einem Interview, wie wichtig es ist, **klare Spielregeln** in der Erziehung aufzustellen: *„Das bedeutet, im Alltag immer wieder die Regeln aufzustellen, zu erklären. Eltern müssen vor allem die Schlüsselsituationen erkennen, in denen sie auf jeden Fall auf der Einhaltung der Regeln bestehen müssen (…) es kostet unendlich viel mehr Kraft, sich mit einem Kind auseinander zu setzen, das nicht gelernt hat, sich an die Regeln in der Familie zu halten. Wer bereit ist, seine Rolle als Vater oder Mutter einzunehmen, wird erleben, dass Erziehung Spaß machen kann und das gemeinsame Leben mit dem Kind eine Freude ist, die Kraft gibt. (…) Die Erfahrung vieler Elternkurse zeigt: 1. Bleibe gegenüber deinen Kindern die Persönlichkeit, die du bist! 2. Spiele zur rechten Zeit die soziale Rolle ,Vater' oder ,Mutter'. Und das bedeutet, erziehe nach klaren Regeln, bleibe konsequent."* (NDR Presseportal, 1.6.2005)

• *„Wie Erwachsene lernen auch Kinder, was sie lernen wollen. Prüfungen, Zensuren und Preise behindern nur die Persönlichkeitsentwicklung"*, sagt A. S. NEILL, Gründer der **Summerhill**-Schule. (Neill 2004, S. 42) Ein ehemaliger Lehrer der Summerhill-Schule berichtet: *„Ich wurde einmal von einer Schulinspektorin gefragt: ,Wie werden Sie mit dem Problem fertig, dass Kinder nicht zum Unterricht gehen?' ,Es ist gar kein Problem', erwiderte ich. ,Wenn die Kinder nicht zum Unterricht gehen, ist es deshalb, weil sie wichtigere Dinge zu tun haben.' Sie konnte meinem Gedankengang nicht folgen. Sie konnte nicht begreifen, dass Kinder wichtigere Dinge zu tun haben, als den ganzen Tag in der Klasse zu sitzen und zu lernen. Der Gedanke, dass Kinder, die nicht zur Schule gehen, alles andere als ein Problem sind, war ihr völlig fremd."* (Appleton 2003, S. 104)

Partnerarbeit `20` Stellen Sie sich vor, ein Elternteil ertappt seine 15-jährige Tochter mit einer Freundin beim Rauchen.

    a) Entwerfen Sie einen konstruktiven erzieherischen Umgang mit dieser Situation!

    b) Wie würde jemand mit autoritärem oder Laissez-faire-Erziehungsstil damit umgehen?

    c) Versuchen Sie, sich an eine vergleichbare Situation mit Ihren Eltern zu erinnern.

    d) Was vermuten Sie: Wie würden Sie selbst in einer ähnlichen Situation reagieren?

9.6 Adoleszenz

Die Loslösung von den Eltern ist eine der großen Herausforderungen der Jugendzeit – für beide Seiten.

`21` **Einzelarbeit:** Beantworten Sie folgende Fragen schriftlich:
• Konkretisieren Sie den Begriff „Jugendliche/Jugendlicher".
• Überlegen Sie: Welche Entwicklungsschritte, Krisen und Konfliktbereiche sind für das Jugendalter charakteristisch?

Die **Adoleszenz** (lat. *adolescere:* heranwachsen, reifen) beginnt mit den ersten Anzeichen der körperlichen Geschlechtsreife und endet mit der Loslösung von den Eltern, also mit dem Erreichen des Status eines sozial unabhängigen, selbstständigen und verantwortungsbewussten erwachsenen Menschen. Die **Pubertät**, in der der menschliche Körper die Geschlechtsreife und damit die biologische Fortpflanzungsfähigkeit erlangt, beginnt bei Mädchen im Durchschnitt im 11., bei Buben im 13. Lebensjahr.

Emotionale Entwicklung

Der **Hormonschub** während der Pubertät führt vermehrt zu Stimmungsschwankungen und Empfindlichkeit. Man setzt sich mit dem eigenen Innenleben auseinander und versucht persönliche Ziele zu definieren.

Körpergefühl und Aussehen

Mit dem Einsetzen der Pubertät und den damit einhergehenden **physischen Veränderungen**, wie dem Herausbilden der Geschlechtsmerkmale, werden Mädchen und Buben dazu veranlasst, sich stärker mit der eigenen Körperlichkeit auseinanderzusetzen. Ein attraktives Aussehen ist zwar schon lange vor der Pubertät ein wichtiges Mittel der Selbstdarstellung, aber gerade in der Pubertät gewinnt das Aussehen noch mehr an Bedeutung, da man sich in dieser Zeit besonders über die jugendliche „Körperinszenierung" definiert und nach Anerkennung strebt.

Loslösung von den Eltern

Während der Pubertät kommt es vermehrt zu Konflikten mit den Eltern. Um erwachsen zu werden und seine eigene Identität aufzubauen, möchte man sich von den Eltern abgrenzen. Dieser Prozess kann zu Auseinandersetzungen führen, in denen es wichtig ist, eine vernünftige Streitkultur zu bewahren: Probleme offen zu besprechen, zuzuhören und gemeinsam nach Lösungen zu suchen. Es geht darum, die eigenen **Fähigkeiten und Grenzen** auszuloten. Der ukrainische Pädagoge Wassili SUCHOMLINSKI schreibt: *„Bevormundet mich nicht, lauft mir nicht nach, verfolgt nicht jeden meiner Schritte, beaufsichtigt mich nicht voll Misstrauen, mit keinem Wort erinnert mich an meine Wiege! Ich bin ein selbstständiger Mensch. Ich will nicht an die Hand genommen werden. Vor mir liegt ein hoher Berg. Er ist das Ziel meines Lebens. Ich sehe dieses Ziel, denke daran, will es erreichen, aber ich will den Gipfel selbstständig besteigen."* (Suchomlinski 1983, S. 66) Das Bedürfnis nach Selbstständigkeit führt dazu, dass auch die sozialen Beziehungen anders gestaltet werden. Jugendliche verbringen immer weniger Zeit mit der Familie. Dadurch kann ein Gefühl der Entfremdung entstehen. In dieser Zeit ist es besonders wichtig, dass Eltern Stabilität und Geborgenheit bieten und das Gefühl vermitteln, da zu sein, wenn sie gebraucht werden. Mit zunehmender sozialer Unabhängigkeit nehmen sich Jugendliche und Erwachsene als gleichberechtigte Erwachsene wahr.

Partnerarbeit 22   Überlegen Sie sowohl Bereiche, in denen es zwischen Jugendlichen und Eltern häufig zu Konflikten kommt, als auch Themen, zu denen Jugendliche ihre Eltern gerne um Rat fragen.

Gruppenarbeit 23   Suchen Sie eine typische Konfliktsituation, die sich zwischen Eltern und Jugendlichen ergibt, und gestalten Sie ein Rollenspiel. Z. B.: Ihr Sohn bzw. Ihre Tochter kommt in der Nacht nicht zur vereinbarten Uhrzeit nach Hause. Wie reagieren Sie?

Die Rolle in der Gesellschaft

Der Loslösungsprozess von den Eltern geht damit einher, dass Jugendliche einen eigenen Platz in der Gesellschaft einnehmen wollen. Sie beginnen sich dafür zu interessieren, wie eine ideale Welt aussehen könnte, und entwickeln persönliche **Moralvorstellungen**. Jugendliche setzen sich mit den **Werten** einer Gesellschaft auseinander, um eigene Werte aufbauen und internalisieren zu können und ein sozial verantwortungsvolles Verhalten zu entwickeln. Sie steuern Ziele und Zukunftsperspektiven an.

Partnerarbeit 24   Diskutieren Sie zu zweit folgende Fragestellungen.
- Welche Vorstellungen haben Sie von der Zukunft? Welche Erwartungen, Wünsche, Hoffnungen?
- Was ist notwendig, um diese Hoffnungen zu realisieren (äußere Bedingungen, eigener Einsatz)?
- Wie werden Sie in 10/20/30 Jahren auf Ihr derzeitiges Leben zurückblicken?
- Inwiefern werden sich die Jugendlichen in 20 Jahren von den Jugendlichen von heute unterscheiden? Was wird sich unter Umständen ändern?
- Welche Ansprüche stellt die Gesellschaft an Jugendliche heute?

„Ich bin nicht, was ich sein sollte, ich bin nicht, was ich sein werde, aber ich bin auch nicht mehr, was ich war."

(Mietzel 1997, S. 270)

Auf der Suche nach Identität

Ein Kind übernimmt Merkmale von vielen verschiedenen Personen aus seiner Umgebung. Aus diesen Teil-Identifikationen soll in der Jugend ein einheitliches Ganzes werden: eine eigene **Identität**. Zu den wichtigsten Aufgaben des Jugendalters gehört es, herauszufinden, wer man ist, woran man glaubt und in welche Richtung man sein Leben lenken soll. Man fragt sich, wie man war und wie man sein möchte.

Informationsflut und die zahlreichen Wahlmöglichkeiten (z. B. in beruflicher Hinsicht) bieten der heutigen Jugend einerseits viel Freiraum für eigene Meinungen, andererseits gestalten sie den **Entscheidungsprozess** für die eigene Zukunft noch schwieriger. Viele junge Menschen nehmen sich daher nach Beendigung von Ausbildung oder Schule eine Auszeit, gehen auf Reisen oder leisten Entwicklungshilfe, um sich selbst zu erforschen und wichtige Entscheidungen hinauszuschieben. Auf diese Weise wird zwar die Identitätskrise verlängert, gleichzeitig bietet sich aber die Möglichkeit, zu experimentieren sowie sich selbst, seine Bedürfnisse und Talente besser kennenzulernen.

Während der Identitätssuche wird vieles in Frage gestellt, was man in der eigenen Kindheit gelernt hat, wie beispielsweise der Glaube oder die politische Einstellung der Eltern. Stattdessen werden **eigene Überzeugungen und Anschauungen** entwickelt und erprobt. Wenn es während der Identitätssuche trotz Bemühens nicht gelingt, eine Rolle anzunehmen, die anerkannt wird, können Unsicherheiten entstehen, die Schulabbruch, Jobkündigung, auffälliges Verhalten oder den Anschluss an religiöse oder politisch umstrittene Gemeinschaften zur Folge haben. Das erfolglose Streben nach Anerkennung kann zu starken inneren Konflikten führen.

Identität versus Identitätsdiffusion

Ein Mensch, der seine Identitätskrise bewältigt hat, weiß, was für ihn die wichtigen Dinge im Leben sind. Außerdem hat er bereits eine klare Vorstellung von dem erworben, was er sein möchte, und ist zufrieden und stolz auf das, was er darstellt. (vgl. Mietzel 1997, S. 272) Ein Mensch hingegen, der sich noch mit der Frage nach seiner Identität auseinandersetzt, ändert häufig seine Meinung über sich selbst und weiß noch nicht, was er mit seinem Leben anfangen soll: welche berufliche Laufbahn er einschlagen, welche Weltanschauungen er vertreten und welche Form der Partnerschaft er leben soll. Solange ein Mensch keine verbindliche Entscheidung getroffen hat, befindet er sich nach ERIKSON in einem Zustand der **Identitätskrise** (▶ Kap. 9.4). *„Es gibt allerdings auch während des Erwachsenenalters Lebensereignisse, wie z. B. Verlust eines nahen Angehörigen, Krankheit, Arbeitslosigkeit usw., die wiederum eine Krise auslösen und die Frage nach der eigenen Identität erneut stellen."* (Mietzel 1997, S. 278) (▶ Kap. 9.7)

Die Bedeutung der Peergroup

Auf der Suche nach der eigenen Identität nimmt der elterliche Einfluss ab, während jener von Gleichaltrigen zunimmt. Die Aufgabe der Eltern besteht in dieser Zeit vorwiegend darin, eine Balance zwischen Familie und Gleichaltrigen herzustellen. Die Urteilsbildung orientiert sich in dieser Zeit stark an der Meinung der Freunde/Freundinnen. Man handelt, spricht und kleidet sich wie gleichaltrige Bezugspersonen, da Ausgrenzung als sehr schmerzlich erlebt wird. Auf Ablehnung reagieren viele Jugendliche mit Rückzug, Einsamkeit, Depression und geringem Selbstwertgefühl. Es bilden sich **Peergroups** (Gleichaltrigengruppen), also altershomogene Cliquen mit ähnlichen Interessen und Werten. Eine Peergroup erfüllt vielfältige Aufgaben:

- Sie gibt beim Prozess der Loslösung von den Eltern Orientierung und Stabilität.
- Sie bietet emotionale Geborgenheit.
- Sie stellt den Übergang von der Familie zur Partnerschaft dar.
- In der Peergroup kann soziales Verhalten erprobt werden.
- Sie trägt zur Identitätsfindung bei: Wer bin ich, wie möchte ich sein, wie sehen mich die anderen?
- Sie bietet Identifikationsmöglichkeiten, bestätigt oder kritisiert die Selbstdarstellung.
- Die Peergroup übt bedeutenden Einfluss auf die Entwicklung des Charakters und der Persönlichkeit des/der Jugendlichen aus.
- Der Anschluss an eine Peergroup ist für die soziale Entwicklung besonders wichtig. Die Peergroup kann aber auch negativ beeinflussen, wenn sie ein starkes Eigenleben entwickelt und weltanschaulich gebunden ist (z. B. rechts- bzw. linksradikale oder anarchistische Gruppen).

Gruppenarbeit 25
Inwiefern unterscheidet sich das Freizeitverhalten der 11- bis 14-Jährigen von jenem der 15- bis 18-Jährigen? Gestalten Sie eine Umfrage, werten Sie die Ergebnisse aus und vergleichen Sie das Freizeitverhalten!

Liebe und Sexualität

Filmtipp

Siebzehn (Österreich 2017, Regie: Monja ART). Die 17-jährige Paula ist eine überdurchschnittlich gute Schülerin und in ihre Klassenkollegin Charlotte verliebt, die allerdings mit Michael zusammen ist. Ein Film, der von der ersten Liebe und vom Erwachsenwerden erzählt.

Das Interesse für das andere oder das eigene Geschlecht entwickelt sich bereits ein bis zwei Jahre vor dem Einsetzen der Pubertät. Mit dem Einsetzen der körperlichen Geschlechtsreife nehmen die sexuellen Bedürfnisse und das Interesse an sexuellen Fragen stark zu. Das betrifft aber nicht nur die körperliche, sondern auch die soziale und emotionale Komponente der Sexualität. Denn in dieser Zeit werden enge emotionale Freundschaften und intime Beziehungen zu einem Partner/einer Partnerin gesucht. Im Rahmen einer **europaweiten Studie** (Generation What, 2016) gaben 87 % der österreichischen 16- bis 17-Jährigen an, ohne Beziehung nicht glücklich sein zu können. Lediglich 2 % meinten, eine Liebesbeziehung wäre für sie unbedeutend. Auf die Frage, was es für sie bedeute, in einer Liebesbeziehung zu sein, nannten 69 % „Glück", für 13 % sei es eine „Verpflichtung", für 8 % „Spaß", für weitere 8 % „Sicherheit" und 2 % gaben „Schmerz" an. Treue ist für 86 % der Befragten unverzichtbar. 45 % gehen davon aus, ohne Kinder glücklich sein zu können. 60 % der Befragten streben die Ehe an.

Partnerarbeit 26
Notieren Sie zehn Kriterien bzw. Werte, die für Sie in einer Partnerschaft besonders wichtig sind. Vergleichen Sie dann in einer größeren Gruppe: Wie viele Begriffe decken sich?

reife Sexualität

Sexualität begleitet uns unser ganzes Leben lang, von den ersten körperlichen Annäherungen über den ersten Kuss bis zur reifen Liebe. Zur Sexualität gehören Gefühle, Zärtlichkeit und Sehnsüchte und sie ist Ausdruck von Zuneigung und Vertrauen. Wenn man diese Empfindungen mit dem Menschen teilen möchte, mit dem man zusammen ist, spricht man von **reifer Sexualität**. Die reife Sexualität bildet sich während der Adoleszenz aus und bezieht erstmals eine soziale Komponente der Sexualität mit ein. Sie umfasst die Fähigkeit, sich echten Bindungen und Partnerschaften hinzugeben und die Entscheidung zu treffen, den weiteren Lebensweg gemeinsam mit einem Partner/einer Partnerin zu gehen. Erikson spricht von **Intimität**, wenn es gelingt, enge Beziehungen einzugehen. Er konnte außerdem herausfinden, dass junge Erwachsene, die im Prozess der Identitätsfindung weit vorangeschritten waren, eher stabile Partnerschaften entwickeln konnten. Der Aufbau stabiler und befriedigender Partnerschaften hängt allerdings nicht nur vom jeweiligen Identitätszustand ab, denn der Weg durch das Erwachsenenalter ist mit vielen weiteren Krisen verbunden (▶ Kap. 9.7).

9

9.7 Das Erwachsenenalter

Im Erwachsenenalter – der Lebensmitte – wird der Mensch mit verschiedenen Lebensereignissen (**life events**) konfrontiert. Ob und wenn ja, wann Heirat, Jobwechsel, Geburt eines Kindes, Scheidung, Auszug der Kinder, Umzug, Tod eines geliebten Menschen oder die Pensionierung stattfinden, ist natürlich individuell verschieden und kulturabhängig. Life events haben einschneidende Veränderungen zur Folge, denn sie prägen und verändern uns – und markieren einen Übergang in eine neue Lebensphase. Die Entwicklungspsychologie unterscheidet zwischen frühem, mittlerem und spätem Erwachsenenalter:

Das frühe Erwachsenenalter

21–40 Jahre

Das **frühe Erwachsenenalter** ist von besonderer Bedeutung, da in dieser Zeit viele Dinge zum ersten Mal stattfinden: die erste Verabredung, die erste Arbeitsstelle oder das erste Semester an der Uni. Man entscheidet sich für eine Laufbahn und erwirbt berufliche Fertigkeiten. In weiterer Folge entsteht bei vielen das Bedürfnis nach familiärer Stabilität. Man baut eine dauerhafte Beziehung auf, denkt eventuell an Heirat und Kinder und versucht Berufsleben und Familie zu vereinbaren. Gleichzeitig werden im Alter zwischen 20 und 30 Jahren die meisten Ehen geschieden. In einer Studie nach GOTTMANN wurden Paare beobachtet und folgender Indikator für eine erfolgreiche Ehe festgestellt: In stabilen Ehen wird 5-mal so viel gelacht und gelobt als gekränkt und kritisiert. Gelingt es in diesem Zeitraum nicht, eine vertraute Beziehung zu einem Menschen aufzubauen, kann laut ERIKSONS psychosozialer Phase **Intimität versus Isolation** ein Gefühl der Einsamkeit entstehen (▶ Kap. 9.4).

Das mittlere Erwachsenenalter

40–65 Jahre

Das **mittlere Erwachsenenalter** entspricht Eriksons psychosozialer Phase der sogenannten **Generativität versus Stagnation** (▸ Kap. 9.4), in der die Familie einen hohen Stellenwert einnimmt. Viele müssen in dieser Zeit jedoch mit der räumlichen Trennung von den Kindern umgehen lernen. Bei den Eltern kann das Gefühl entstehen, überflüssig geworden zu sein, ein Gefühl, das charakteristisch für das **Empty-Nest-Syndrom** ist. Dieser Übergang kann Trauer und Freude, Bindung und Befreiung zugleich bedeuten. Er bietet auf jeden Fall die Möglichkeit, das Leben neu zu gestalten und die Konzentration wieder vermehrt auf die eigenen Bedürfnisse zu richten. Möglicherweise vergrößert sich in dieser Zeit die Familie und es entstehen neue Rollen als Schwiegereltern oder Großeltern.

Definition
Als EMPTY-NEST-SYNDROM (Leeres-Nest-Syndrom) bezeichnet man eine Krisensituation, die bestimmt wird durch ein Gefühl von Einsamkeit und Trauer. Sie kann auftreten, wenn die Kinder aus dem elterlichen Haus ausziehen.

"Well, the children are grown up, married, divorced, and remarried. I guess our job is done."

Diese Veränderungen wirken auch auf die **kognitiver Ebene** ein. Fast zwei Drittel der über 40-Jährigen meinen, dass ihr Gedächtnis schlechter sei als vor zehn Jahren. Erinnerungen an persönliche Erlebnisse hingegen werden bis ins hohe Alter nicht vergessen. Und kognitive Fähigkeiten können allgemein durch Training verbessert werden.

Das mittlere Erwachsenenalter ist außerdem die Zeit, in der die **Selbstentfaltung** ihren Höhepunkt erreichen kann – es entsteht dadurch auch oft das **Bedürfnis nach Wandel**, wenn Partnerschaft, Beruf und Freizeitbeschäftigungen an Attraktivität verloren haben. Viele erhoffen sich daher durch einen Ausbruch aus der Monotonie (Ausstieg aus Beruf und/oder Ehe) einen glücklichen Neuanfang. Dieser Prozess bringt nicht nur die persönliche Veränderung und eine gänzliche Neuorientierung in allen Lebensbereichen zum Ausdruck, sondern kann auch die gesamte Lebenssituation verändern.

Wussten Sie, dass ... es die sogenannte **Midlife-Crisis** als biologische Passage, die jeder zwischen 40 und 60 durchlaufen muss, gar nicht gibt und daher nicht in diagnostischen Systemen verwendet wird? Psychische Krisen sind immer individuell. Sie hängen von der Persönlichkeit und den Lebensumständen ab. Dennoch belegen zahlreiche Studien, dass die Lebenszufriedenheit in der Lebensmitte ihren **Tiefpunkt** erreicht. Mögliche Gründe dafür sind vorherrschende jugendbezogene Attraktivitäts- und Leistungsnormen, die belastend sein können, sowie die Diskrepanz zwischen persönlichen Lebensvorstellungen und Realität. Außerdem kann die Verantwortung, die man in dieser Lebensphase vermehrt für andere trägt (Obsorge der Kinder, Pflege der Eltern, berufliche Verpflichtungen), mitunter Stress, Angst und Kontrollverlust auslösen. Laut einer Befragung der Schweizer Entwicklungspsychologin P. PERRIG-CHIELLO von 40- bis 55-Jährigen sind besonders jene zufrieden, die Lösungen suchen, sich mit anderen austauschen, zuversichtlich bleiben und sich nicht als Opfer des Schicksals betrachten.

"Zufrieden wird nur, wer es schafft, seine Anspruchshaltung den Möglichkeiten anzugleichen."
(Pasqualina Perrig-Chiello)

Das späte Erwachsenenalter

65 und älter

Ein besonderes Merkmal des **späten Erwachsenenalters** ist die verbesserte Steuerung der Emotionen: Bei Erwachsenen ist im Vergleich zu Jugendlichen die Stimmung weniger von Extremen geprägt. Mit dem Alter wird man gelassener, auf Kritik reagiert man mit weniger Verzweiflung, auf Lob mit weniger Euphorie.

Während Jugendliche immer dort sind, wo etwas los ist, ziehen Erwachsene ein engeres soziales Netzwerk vor. Die sozialen Fähigkeiten entwickeln sich am langsamsten und nehmen im Alter am wenigsten ab.

Im späten Erwachsenenalter hat man weniger Einkommen, die Arbeit fällt als Fixpunkt weg, der Körper baut ab, das Gedächtnis wird schlechter, die Energie wird weniger, Familienmitglieder oder Freunde/Freundinnen sterben oder ziehen weg und der Tod rückt immer näher. Trotzdem sind ältere Menschen laut einer Studie nach INGLEHART ebenso glücklich und zufrieden mit dem Leben wie jüngere. Lebenszufriedenheit ist offensichtlich nicht vom Alter abhängig!

Jeder Mensch hat in jedem Augenblick seines Lebens etwas, worauf er/sie befriedigt zurückblickt, was er/sie mit Bedauern zur Kenntnis nimmt, und etwas, was er/sie sich erhofft und erträumt. Wenn man Menschen im späten Erwachsenenalter fragt, was sie anders machen würden, wenn sie ihr Leben nochmals von vorne beginnen könnten, bedauern die meisten, ihre Bildung und Ausbildung nicht ernster genommen zu haben. (vgl. Myers 2005, S. 170)

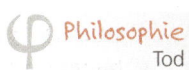 **Einzelarbeit 27**

Reflektieren Sie: Was würden Sie von Ihrem jetzigen Standpunkt aus gesehen anders machen und worauf sind Sie stolz, wenn Sie an die vergangenen vier Jahre zurückdenken? Halten Sie Ihre Gedanken schriftlich in einem kurzen Text fest.

Eriksons psychosoziale Phase der **Integrität versus Verzweiflung** bezieht sich auf das späte Erwachsenenalter. Entwicklungsaufgabe ist in dieser Zeit die Akzeptanz unseres bisherigen Lebens. Wenn dies gelingt, sind wir in der Lage, Reife und Integrität zu entwickeln, ein Gefühl der Verzweiflung und Enttäuschung zu umgehen.

Partnerarbeit 28

Diskutieren Sie folgende Fragen mit Ihrem Sitznachbarn bzw. Ihrer Sitznachbarin:
- Ab wann ist man Ihrer Wahrnehmung nach alt?
- Welche Einstellung haben wir zum Altern? Wie ist das Bild von einem alten Menschen in unserer Gesellschaft?
- Kennen Sie Gesellschaften, in denen alte Menschen einen anderen Stellenwert haben als bei uns?
- Wie wirken sich einerseits Leistungs- und Erfolgsdenken, andererseits die Überbetonung des Jugendlichkeitsidols auf das Image alter Menschen aus?
- Mit welchen Problemen sehen sich alte Menschen vorwiegend konfrontiert?

Einzelarbeit 29

▶ **AH** Seite 41

Führen Sie ein Interview mit einem alten Menschen und präsentieren Sie Ihre Ergebnisse in der Klasse. Erstellen Sie dazu einen Interview-Fragebogen. Beispiele:
- Was war Ihre wichtigste Entscheidung im Leben?
- Was war Ihnen als Jugendlicher bzw. Jugendliche wichtig? Was ist Ihnen jetzt wichtig?
- Was vermissen Sie jetzt?
- Welche Erfahrungen nehmen Sie aus Ihrer Jugendzeit mit?

Einzelarbeit 30

Überlegen Sie sich fünf Regeln für ein gesundes Älterwerden!

Philosophie
Tod

9.8 Sterben, Tod und Trauer

Definition
STERBEN ist der Übergang vom Leben zum Tod. Der TOD ist das Ende des individuellen organischen Lebens.

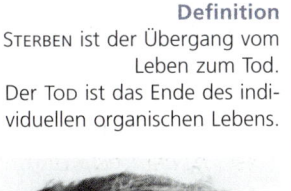

Elisabeth KÜBLER-ROSS
(1926–2004)

Philosophie
Erkenntnistheorie:
Leib-Seele-Problem

„Niemand stirbt alleine", betonte die Schweizer Begründerin der Sterbeforschung Elisabeth KÜB-LER-ROSS immer wieder. Die heute so weit verbreitete Angst vor dem Sterben führte sie auf die heutige Angst vor dem Leben zurück. Sie meinte, es gebe zu wenig Urvertrauen in das Leben. „Ich freue mich auf den Tod. Ich will bald durch die Galaxien tanzen", sagte sie. (Alt 2001) Sie ging davon aus, dass der Körper zurückbleibt, das Bewusstsein sich nach dem Tod aber weiterentwickelt.

Wussten Sie, dass ... **Nahtoderfahrungen** mangels wissenschaftlicher Erklärbarkeit gerne als Beweis für ein Leben nach dem Tod herangezogen werden? Allerdings ist man der wissenschaftlichen Erklärung nun einen Schritt näher gekommen. Unter Nahtoderfahrungen versteht man einen veränderten Bewusstseinszustand, der nach einem lebensbedrohlichen Ereignis (z. B. Herzstillstand) auftritt. Die Betroffenen berichten unter anderem von einem hellen Licht am Ende des Tunnels oder der Begegnung mit Verstorbenen. Manche haben auch das Gefühl, sich außerhalb des Körpers zu bewegen oder sehen ihr Leben wie einen Film an sich vorbeiziehen. Neurowissenschaftliche Erkenntnisse aus dem Jahr 2013 erklären das Phänomen nun mit **biochemischen Veränderungen im Gehirn**: In Experimenten mit Ratten konnte festgestellt werden, dass die Hirnaktivität nach einem Herzstillstand plötzlich anstieg. Die gemessenen elektrischen Signale waren charakteristisch für bewusste Wahrnehmungen und teilweise sogar stärker als im Wachzustand. Der Abfall von Sauerstoff und Glukose im Gehirn im Frühstadium des klinischen Todes, versetzt Neuronen offenbar in einen kollektiven Erregungszustand. Diese Überstimulation des Gehirns könnte demnach die wissenschaftliche Erklärung für Nahtoderfahrungen sein.

KÜBLER-ROSS arbeitete als Ärztin in einer großen Klinik und machte während ihrer Dienstlaufbahn folgende Beobachtung: *„Mir ist aufgefallen, dass Leute, die schwer krank und am Sterben sind, furchtbar einsam sind. Ich habe diese Leute besucht und mit ihnen geredet und gemerkt, dass die Leute wissen, wann sie sterben, und es sehr nötig haben, mit einem Menschen darüber zu reden. Und so habe ich angefangen, mich mit diesen Menschen abzugeben und habe festgestellt, dass*

das gar nicht so schwierig und so traurig ist, wie die meisten Leute meinen." (Kübler-Ross 2003, Filmzitat) Kübler-Ross betonte, dass Ärzte/Ärztinnen nicht primär dazu da sind, Leben um jeden Preis zu verlängern, sondern dass sie PatientInnen vielmehr helfen sollen, so ganzheitlich wie möglich ein bedeutungsvolles Leben zu führen.

Sterben in vertrauter Umgebung, in der Geborgenheit liebevoller Zuwendung ist selten geworden. Gerade kurz vor dem Tod hat eine kranke Person sehr bestimmte Bedürfnisse. Sie braucht jemanden, der sich für sie Zeit nimmt und bereit ist, ihre Ängste und Sorgen aufzunehmen. Liegt eine Person im Sterben, sollte sie nicht mit Verzweiflung auf ihr Leben zurückblicken, sondern mit dem Gefühl, dass ihr Leben lebenswert war und einen Sinn gehabt hat. Kübler-Ross war an der Gründung der **Sterbehospize** (Sterbebegleitung) beteiligt, in denen Sterbende in ihrer letzten Phase des Lebens betreut werden. Kübler-Ross begreift Sterben als eine wichtige Lebensphase, in der Würde und Lebensqualität des/der Sterbenden erhalten bleiben sollen. Sie unterscheidet **fünf Stadien**, die eine sterbende Person durchlaufen kann:

1. Verleugnung: In dieser Phase will der Patient/die Patientin nicht wahrhaben, dass das Leben ein Ende hat, und verleugnet den bevorstehenden Tod. Die Verleugnung erlaubt es, sich in einem selbst gewählten Tempo mit der Krankheit zu beschäftigen und – wenn gesundheitlich noch möglich – sich mit befriedigenden Aktivitäten abzulenken.

2. Zorn: Der bevorstehende Tod wird schließlich als ungerecht empfunden. Dieses Empfinden führt zu Zorn und zu Neid.

3. Verhandeln: Die Erkenntnis, dass der Tod unvermeidbar ist, führt schließlich dazu, Zeit gewinnen zu wollen. Der Patient/Die Patientin beginnt zu „verhandeln": Z. B. „Wenn ich noch ein halbes Jahr leben könnte, könnte ich noch die Geburt meines Enkelkindes miterleben."

4. Depression: Wenn man schließlich die Einsicht erlangt, dass der Krankheitsverlauf nicht aufgeschoben werden kann, setzt die Depression ein. Dieser Gefühlszustand ist laut Kübler-Ross eine notwendige Vorbereitung auf das letzte Stadium, die Akzeptanz. Hoffnungslosigkeit und Verzweiflung können in dieser Phase minimiert werden, wenn man den PatientInnen beisteht und auf ihre Wünsche eingeht.

5. Akzeptanz: Der Patient/Die Patientin akzeptiert den Tod schließlich und sieht ihn als Befreiung von Schmerzen und Angst. In dieser Zeit gelingt es, sich von der Familie und von den FreundInnen zu lösen.

Verbesserte soziale Bedingungen und medizinische Versorgung tragen dazu bei, dass heute mehr Menschen die **biologische Altersgrenze** erreichen. Der Anteil von alten Menschen an der Gesamtbevölkerung nimmt ständig zu. Für das Jahr 2025 wird prognostiziert, dass sich im Vergleich zu 1950 die Zahl der über 60-Jährigen verfünffacht und die Zahl der über 80-Jährigen versiebenfacht.

„Im Jahr 2017 starben in Österreich insgesamt 83.270 Personen (…). Bedingt durch die stetig steigende Lebenserwartung versterben sowohl Männer als auch Frauen häufiger an Krankheiten, die im Alter vermehrt vorkommen." (Statistik Austria) Die zwei häufigsten Todesursachen/-gruppen Herz-Kreislauf-Krankheiten (ca. 40 %) und Krebs (ca. 24 %) verursachten im Jahr 2017 zusammen ca. sechs von zehn Sterbefällen. 2017 waren 78 % aller Verstorbenen 70 Jahre oder älter. Berücksichtigt man die wachsende Bevölkerung und ihre kontinuierliche demografische Alterung, so sank die Sterblichkeit in den vergangenen zehn Jahren um elf Prozent. (vgl. Statistik Austria)

Kinder und Trauer

Lange Zeit hieß es, man würde Kinder nur unnötig belasten, wenn man mit ihnen über das Sterben oder den Tod spricht. Da Kinder auf Dauer jedoch nicht vom Thema Tod ferngehalten werden können, ist ein solcher Umgang aber kontraproduktiv. Für viele Erwachsene ist es u.a. deshalb schwierig, über das Thema Tod zu sprechen, weil sie sich noch nicht gezielt damit auseinandergesetzt haben. Kinder spüren, was in ihrer Umgebung vor sich geht. Wenn sie sehen, dass Trauer zugelassen und gezeigt werden darf, lernen sie, mit negativen Gefühlen umzugehen. Es ist wichtig, die Situation mit den Kindern aufzuarbeiten, über ihre Gefühle zu reden, zu erklären und zu trösten.
Wenn man gelernt hat, Tod und Trennung als Bestandteile des Lebens wahrzunehmen, gelingt es leichter, mit Trauer umzugehen.

Dokumentationstipp

Elisabeth Kübler-Ross – Dem Tod ins Gesicht sehen (Schweiz 2003, Regie: Stefan HAUPT). Im Zentrum des Films steht das Porträt der berühmten Sterbeforscherin. In Gesprächen erzählt sie von ihrer Kindheit und von ihrer Arbeit mit Sterbenden und an Aids erkrankten Kindern. Nicht zuletzt erklärt sie, wie sie selbst versucht, mit dem eigenen Altern und Sterben umzugehen.

Das kindliche Verständnis vom Tod

Definition
Das TODESKONZEPT ergibt sich aus den Begriffen, Vorstellungen und Bildern, die eine Person zur Beschreibung und Erklärung des Todes heranzieht.

Das kindliche Todeskonzept entwickelt sich entsprechend der kognitiven und emotionalen Entwicklung des Kindes. Aber auch religiöse und kulturelle Hintergründe sowie eigene Todeserfahrungen beeinflussen es. Das Todeskonzept der jeweiligen Entwicklungsstufen (vgl. Specht-Tomann 2001, S. 66ff.) kann etwa folgendermaßen beschrieben werden:

ab 9 Monaten

- Ab dem Alter von 9 Monaten können Babys belebte von unbelebten Objekten bereits unterscheiden, der Verlust wird allerdings nur über die **traurige Stimmung** der Umgebung erlebt.

2½ bis 3 Jahre

- 2½- bis 3-jährige Kinder setzen den Tod mit **Abwesenheit**, Reisen oder **Schlafen** gleich. Man ist tot, wird aber wieder lebendig. Kinder drücken dieses Verständnis oft in Rollenspielen aus, wenn sie einander z. B. als Cowboys erschießen und wieder lebendig werden.

3 bis 5 Jahre

- 3- bis 5-jährige Kinder glauben, dem Tod z. B. durch Verstecken zu entkommen. In diesem Alter entwickeln sie außerdem eine fantasievolle Vorstellung vom Tod, z. B. in Gestalt eines Sensenmannes. Sie meinen, **nur ältere Menschen** seien vom Tod betroffen. Auch in dieser Zeit gilt der Tod noch als etwas, das vorübergehend ist. Kinder können den Begriff der Endlichkeit und Endgültigkeit noch nicht fassen.

6 bis 8 Jahre

- Zwischen 6 und 8 Jahren entwickeln Kinder die Einsicht, dass **jedes Lebewesen** sterben muss. Sie beginnen zu verstehen, dass der Tod nicht mehr rückgängig gemacht werden kann.

ab 9 Jahren

- Ab 9 Jahren versteht das Kind den Tod bereits als endgültige Trennung von der verstorbenen Person. Es ist fähig, folgende Konzepte in sein Denken zu integrieren:
  - ▸ **Nonfunktionalität:** Lebenswichtige Körperfunktionen werden durch den Tod ausgeschaltet.
  - ▸ **Irreversibilität:** Der Tod kann nicht mehr rückgängig gemacht werden.
  - ▸ **Universalität:** Alle Lebewesen müssen einmal sterben.
  - ▸ **Kausalität:** Die Todesursache kann biologisch erklärt werden.

Trauer

Filmtipp
Liebe (Frankreich/Deutschland/Österreich 2012, Regie: Michael Haneke). Georges und Anne, ein gut situiertes Pariser Ehepaar im Ruhestand, haben ihr gesamtes Leben miteinander verbracht. Ihre Liebe wird nach einem Schlaganfall Annes auf die Probe gestellt. Der Film konfrontiert uns mit dem Alter und dem Tod, stellt aber nicht zuletzt auch die Frage danach, wie man mit dem Leiden eines geliebten Menschen umgeht.

Trauer kann stark und unmittelbar oder aber auch still im Verborgenen zum Ausdruck gebracht werden. In westlichen Ländern nimmt man in Schwarz von einer Person Abschied, in Indien hingegen trägt man weiße Kleidung. Die Trauerzeit dauert weniger lang, wenn man auf den Tod vorbereitet war. Besonders groß ist die Trauer dagegen, wenn der Tod eines geliebten Menschen plötzlich eintritt. Verena KAST unterscheidet vier Trauerphasen. (vgl. Kast 2009) Sie bauen prinzipiell aufeinander auf, laufen aber nicht streng getrennt voneinander ab:

1. **Nicht-wahr-haben-Wollen:** Der Verlust wird in dieser Phase verleugnet. Man ist empfindungslos und wie versteinert. Diese Phase kann Stunden, Tage oder Wochen dauern. Die Gefühle zum Ausdruck zu bringen, ist in dieser Zeit wichtig für die Trauerarbeit.

2. **Aufbrechende Emotionen:** In dieser Phase wird man von Gefühlen überwältigt. Trauer, Wut und Angst werden gleichzeitig empfunden. Man leidet mitunter an Schlafstörungen. Diese Gefühle müssen zugelassen werden, sonst gelangt man nicht in die nächste Trauerphase.

3. **Suchen, Sich-Finden, Sich-Trennen:** Die verstorbene Person wird in dieser Phase bewusst oder unbewusst „gesucht": In der Erinnerung wird das gemeinsame Leben mit dem/der Verstorbenen noch einmal durchlebt, eventuell werden ungelöste Probleme aufgearbeitet. Schließlich akzeptiert der/die Trauernde den Verlust.

4. Phase des **neuen Selbst- und Weltbezugs:** Der Verlust wird nun so weit akzeptiert, dass neue Rollen, neue Lebensstile und neue Beziehungen gefunden werden können. In dieser Phase kann eine neue Sichtweise entwickelt werden: Verluste zu ertragen ist zwar schwer, aber möglich.

 **Partnerarbeit** 31

▶ **AH** Seite 40

Planen Sie eine Stundenwiederholung. Erstellen Sie 20 konkrete Fragen zum gesamten Kapitel Entwicklungspsychologie und tauschen Sie diese mit einem Mitschüler/einer Mitschülerin. Beantworten Sie die Fragen mithilfe des Schulbuches schriftlich. Lassen Sie Ihre Antworten vom Fragensteller bzw. von der Fragenstellerin korrigieren.

Kompetenzcheck

1. Fassen Sie das Interessensgebiet der entwicklungspsychologischen Forschung zusammen, indem Sie Fragen formulieren.
2. Setzen Sie sich mit den drei ungeklärten Fragen der entwicklungspsychologischen Forschung kritisch auseinander.
3. Analysieren Sie das folgende Sprichwort im Zusammenhang mit den Theorien zum Anlage-Umwelt-Konflikt: „Was Hänschen nicht lernt, lernt Hans nimmer mehr."
4. Erklären Sie, inwiefern unsere Entwicklung bereits pränatal beeinflusst werden kann.
5. Mit welchen Argumenten überzeugen Sie eine schwangere Freundin, dass sie a) nicht rauchen, b) keinen Alkohol trinken soll?
6. Nennen Sie die Bereiche, in denen wir während unserer Kindheit wichtige Entwicklungsschritte vollziehen.
7. Begründen Sie, warum Zeichnen und Spielen so wesentliche Bestandteile für eine gesunde Entwicklung sind.
8. Erklären Sie mit PIAGETS Argumenten, warum kleine Kinder noch nicht wie Erwachsene denken.
9. Worauf würden Sie in der Erziehung besonders achten, damit sich Ihr Kind gesund entwickeln kann? Geben Sie eine persönliche Stellungnahme ab.
10. Zeigen Sie die Veränderungen auf, die uns in der Übergangszeit von der Kindheit zum Erwachsenenalter erwarten.
11. Ermitteln Sie mithilfe von Kapitel 9.7 die Aufgaben, die im Erwachsenenalter auf uns zukommen.
12. Geben Sie Elisabeth KÜBLER-ROSS' Einstellung zum Tod wieder. Nehmen Sie anschließend zu den Ansichten der Sterbeforscherin kritisch Stellung.

Textanalyse

» *Wenn wir nun die ersten Antworten auf unsere Fragen (…) nach dem, was in unserem Gehirn abläuft, wenn wir Fußball spielen, Auto fahren, eine Prüfungsfrage beantworten (…) finden wollen, dann müssen wir bis zum Säuglingsgehirn zurückgehen. Dort spielen sich nämlich in den ersten Wochen nach der Geburt Ereignisse ab, werden Weichen gestellt, die auf das ganze spätere Leben einen Einfluss haben. Bis zur Geburt ist ein großer Teil des menschlichen Gehirns bereits ausgebildet. Die meisten restlichen Zellen und ihre festen Verknüpfungen entstehen in der kurzen Periode der ersten Wochen und Monate nach der Geburt. Damit ist dann – bis auf bestimmte, sich vor allem in der Pubertät noch einmal stark verzweigende Neuronenbereiche – das eigentliche Gehirnwachstum abgeschlossen. Dieser gegenüber den anderen Organen erstaunlich frühe Stopp jeder Zellteilung ist aber die einzige Garantie dafür, dass Lebewesen überhaupt lernen können. Denn wenn sich die Zellen unseres Gehirns genauso ständig vermehren würden wie etwa die Zellen unserer Muskulatur oder unserer Haut, dann würden in der gleichen Zeit auch entsprechend viele Zellen absterben, und mit ihnen ginge die gesamte darin gespeicherte Information für immer verloren, denn bei der Zellteilung wird zwar die in der Desoxyribonukleinsäure (DNS) gespeicherte Erbinformation, nicht aber das neu Hinzugelernte als Information weitergegeben.* « (…)*
» Damit das Gehirn aber überhaupt damit beginnen konnte, das erste Wort, den ersten Eindruck der äußeren Welt zu speichern, zu behalten, irgendwo im Gehirn einzuordnen und wiederzufinden, musste zunächst einmal ein Grundgerüst, ein Netz aus fest verbundenen Fasern, gebildet werden, in dem sich die späteren Informationen befestigen. Ein Teil dieser Verknüpfungen unserer Neuronen ist schon vor der Geburt festgelegt, durch die Gene, durch die Erbmasse verankert. Dies hat den Vorteil, dass in der genetisch vorgegebenen Grundverschaltung bereits ein erhebliches ‚Wissen' über die Welt vorliegt, unter anderem die angeborenen Verhaltensmuster, in das der individuelle Teil des werdenden Gehirns hineingeboren wird. Der restliche Teil wird dann in den kommenden Monaten vollendet, in denen sich die Gehirnzellen noch teilen und vermehren und in denen sie mit ihren faserartigen Fortsätzen gegenseitig Kontakt knüpfen. Und hier passiert etwas Einzigartiges, was wir im übrigen Körper des Menschen nicht kennen: Die Zellen wachsen je nach der vorhandenen Umwelt anders! Es ist dies die einzige Zeit, in der sich äußere Einflüsse, wie die Wahrnehmung durch das Auge, die Nase, den Geschmack, Hören und Fühlen, in der Ausbildung des Gehirns direkt niederschlagen können, das heißt in anatomischen Veränderungen, in festen Verknüpfungen zwischen wachsenden Zellen.* «

(Frederic VESTER: Denken, Lernen, Vergessen. Was geht in unserem Kopf vor, wie lernt das Gehirn, und wann lässt es einem im Stich? München: Deutscher Taschenbuch Verlag 2016, S. 37ff.)

→ Inwiefern ist das Säuglingsalter von besonderer Bedeutung?

→ Was ist bereits vor der Geburt festgelegt und inwiefern werden wir von unserer Umwelt geprägt?

Projekt

Fertigen Sie gemeinsam für den Klassenraum, z. B. auf einem langen Packpapierstreifen, eine große **Zeitschiene** an. Beginnen Sie mit dem Geburtsjahr des/der Klassenältesten. Stellen Sie nun auf dieser Zeitschiene bis heute Ihre verschiedenen Entwicklungsstufen dar. Suchen Sie im Internet, in alten Zeitschriften, Fotosammlungen usw. nach Bildern, die Ihre persönliche Entwicklung dokumentieren: Personen, Spielsachen, Kleidung, Musik, Essen, Wohnungseinrichtung, Frisuren, Fernsehsendungen … Kleben Sie nun diese Bilder auf die Zeitschiene, schildern Sie dazu ihre persönlichen Entwicklungsphasen und stellen Sie diese in Relation zu entwicklungspsychologischen Erkenntnissen.

»Jeder Mensch ist in jedem Augenblick das, was er war, und das, was er sein wird.«
OSCAR WILDE (irischer Schriftsteller, 1854–1900)

Gary Larson

Das Bedürfnis, das Wesen des Menschen zu verstehen, besteht seit Urzeiten. Mit der Aufschrift *Erkenne dich selbst!* lockte das Orakel von Delphi in der Antike zahlreiche PilgerInnen an. Seither bemühen sich PhilosophInnen, SchriftstellerInnen und WissenschaftlerInnen, den Menschen in all seinen Dimensionen zu beschreiben. Die Fachdisziplin der Psychologie, die sich diesem Thema widmet, nennt man **Persönlichkeitspsychologie**.

1 **Einzelarbeit:** Was verstehen Sie unter dem Begriff „Persönlichkeit"? Formulieren Sie eine Definition und vergleichen Sie diese mit jenen Ihrer KlassenkollegInnen.

Im alten Rom trugen die SchauspielerInnen Masken (lat. *persona*: Maske, Rolle, Charakter) mit lachenden, wütenden oder weinenden Gesichtern, um die Eigenschaft der dargestellten Person besonders deutlich zu zeigen. Mit dem Begriff **Person** meinen wir heute im alltäglichen Sprachgebrauch einen Menschen in seiner äußeren Erscheinungsform, als Individuum.

Unter **Persönlichkeit** verstehen wir dagegen die besonderen Eigenschaften eines Individuums. Unsere Persönlichkeit ergibt sich aus unserem Denken und Handeln, aus unseren Gefühlen, Vorlieben, Einstellungen und sozialen Beziehungen. In diesem Zusammenhang spricht man auch von **Charaktereigenschaften**.

Die Abgrenzung zwischen den Begriffen „Persönlichkeit" und „Charakter" ist nicht eindeutig geklärt. Meist versteht man unter Charakter die allgemeinen Wertvorstellungen und Haltungen eines Menschen, die im Laufe des Lebens gleich bleiben, während mit Persönlichkeit die vom Leben geprägten Eigenschaften gemeint sind.

Eine allgemeingültige, anerkannte Definition für „Persönlichkeit" gibt es demnach nicht. Die psychologische Persönlichkeitsforschung hält so viele verschiedene Auffassungen von diesem Begriff bereit, wie es theoretische Standpunkte gibt:

- **Typologien** schließen vom *äußeren Erscheinungsbild* eines Menschen auf seine Persönlichkeit. Sie sehen die Person in ihrer genetischen, physischen und physiologischen Veranlagung als einmaliges Wesen. (▸ Kap. 10.1)

- **Eigenschafts-Theorien** (Trait-Theorien) verstehen die Persönlichkeit als Individuum, das sich über spezifische Eigenschaften, Neigungen und Fähigkeiten definiert. Diese *Merkmale* sind angeboren und unveränderlich. Sie beeinflussen unser Verhalten in verschiedensten Situationen. (▸ Kap. 10.2)
- **Tiefenpsychologische Theorien** definieren die Persönlichkeit über *unbewusste menschliche Triebe* und verdrängte Inhalte, die einen Menschen beeinflussen. (▸ Kap. 10.3–10.4)
- Das **humanistische Modell** geht von einer *selbstbestimmten Persönlichkeit* aus, die nach Selbstverwirklichung strebt. Unser Selbstbewusstsein und das Formulieren von Lebenszielen helfen uns bei der Suche nach Glück und Erfüllung. (▸ Kap. 10.5)

Die **Persönlichkeitspsychologie** untersucht das Individuum und seine Eigenschaften, um das Erleben und Verhalten einer Persönlichkeit zu beschreiben, zu erklären, vorherzusagen und durch Beratung, Therapie oder Training zu verändern.

- Die **allgemeine Persönlichkeitspsychologie** sucht nach allgemeinen Gesetzmäßigkeiten: Welche Eigenschaften haben alle Menschen gemeinsam?
- Die **differentielle Persönlichkeitspsychologie** sieht Individuen in ihrer Einzigartigkeit. Sie hebt die Unterschiede einer Persönlichkeit im Vergleich zu anderen hervor: Wie stark und worin unterscheiden sich Menschen?

Die Methoden der Persönlichkeitsmessung werden unter dem Begriff **Persönlichkeitsdiagnostik** zusammengefasst (▸ Kap. 10.6).

Unterschiede und Gemeinsamkeiten können *interindividuell* oder *intraindividuell* erfasst werden:
- **interindividuell:** Verschiedene Individuen werden miteinander verglichen (z. B. Männer mit Frauen).
- **intraindividuell:** Das Verhalten desselben Individuums wird zu verschiedenen Zeitpunkten untersucht (z. B. der Vergleich des Leistungsverhaltens während der Schulzeit und am Arbeitsplatz 20 Jahre später).

φ *Philosophie*
Anthropologie: Menschenbilder

10.1 Typologien

Der Begriff **Typus** (griech. *typos:* Prägung, Muster) beschreibt alle körperlichen und geistig-seelischen Merkmale, die einer bestimmten Gruppe von Individuen gemeinsam sind. Durch das Entwerfen von Typologien wird versucht, die Vielfalt der individuellen Merkmale von Menschen zu ordnen.

Die vier Temperamentstypen

Der griechische Arzt HIPPOKRATES (460–377 v. Chr.) entwickelte eine der ersten Typologien. Er ging davon aus, dass die **vier Temperamente** (Sanguiniker, Phlegmatiker, Choleriker, Melancholiker) mit den vier wesentlichen Körpersäften (Blut, Schleim, gelbe und schwarze Galle) zusammenhingen:

sanguinisch
phlegmatisch
cholerisch
melancholisch

- Blut erzeugt in einer sanguinischen Person Heiterkeit.
- Schleim bewirkt bei phlegmatischen Personen Teilnahmslosigkeit.
- Der Jähzorn cholerischer Menschen resultiert aus zu viel gelber Galle.
- Ein Übermaß an schwarzer Galle führt zu Melancholie.

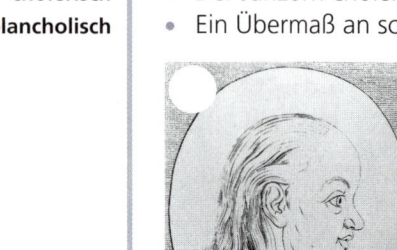

Die vier Temperamentstypen

Einzelarbeit 2 Welche Beschreibung passt zu welchem Gesichtsausdruck? Ordnen Sie die jeweiligen Eigenschaften dem Temperamentstyp durch die entsprechende Nummer zu.
1. optimistisch, lebensbejahend (Sanguiniker)
2. apathisch (teilnahmslos), gleichgültig, schwer ansprechbar (Phlegmatiker)
3. jähzornig, aufbrausend, unbefriedigt (Choleriker)
4. traurig, trübsinnig, tiefgründig, schwermütig (Melancholiker)

Partnerarbeit 3 Ordnen Sie nun zu zweit den obigen Personen einen Temperamentstypus aus Gary Larsons Karikatur *The four basic personality types* von S. 141 zu.

Definition
Der KÖRPERBAU bzw. die Konstitution ist nach Kretschmer das genetisch bedingte körperliche Erscheinungsbild, das jedoch durch Umwelteinflüsse (z. B. Ernährung, Sport) veränderbar ist.

Die drei Körperbautypen

Der deutsche Psychiater Ernst KRETSCHMER (1888–1964) schlussfolgerte aus seinen Beobachtungen psychisch Kranker, dass es bedeutsame Zusammenhänge zwischen dem Körperbau und psychischen Störungen gibt.
Er differenzierte daraufhin die drei Körperbautypen leptosom, pyknisch und athletisch, die je nach körperlichen Merkmalen ein anderes Temperament und ein anderes Krankheitsbild aufweisen. Ein Zusammenhang konnte wissenschaftlich jedoch nicht bestätigt werden.

Körperbau	leptosom	pyknisch	athletisch
Wesen	Der **leptosome Typ** ist vom Temperament her introvertiert und distanziert. Kretschmer beobachtete, dass der leptosome Typ am häufigsten unter schizophrenen PatientInnen vorzufinden war.	Der **pyknische Typ** hat ein extravertiertes, launisches Wesen und es besteht das Risiko, an Depression zu erkranken.	Der **athletische Typ** ist träge und gefühlsmäßig schwer ansprechbar, er leidet im Krankheitsfall am ehesten unter Epilepsie.

Die drei Formen des Körperbaus nach Kretschmer (vgl. Kretschmer 1940, S. 17 ff.)

Die Einteilung des US-amerikanischen Mediziners und Psychologen William SHELDON basiert auf Kretschmers Typenlehre: Er unterscheidet folgende Körperbautypen:

- Der **ektomorphe Typ** ist schlank mit dünnen Extremitäten.
- Der **endomorphe Typ** kennzeichnet sich durch rundliche Formen, Arme und Beine sind dicker.
- Der **mesomorphe Typ** ist mittelwüchsig. Er hat breite Schultern und eine stärker gewölbte Brust.

 **Gruppenarbeit** `4` Schneiden Sie typische Erscheinungen in Märchen, Literatur, Film und Fernsehen aus Zeitschriften und Prospekten aus und analysieren Sie diese nach folgenden Gesichtspunkten:
- Welche Charaktereigenschaften werden häufig mit welchem Körperbau und mit welchen Gesichtsmerkmalen dargestellt?
- Decken sich die klassischen Temperament-Körperbau-Charakterdarstellungen, wie sie in Medien oft dargestellt werden, mit den Theorien von Hippokrates, Sheldon oder Kretschmer? Finden Sie Gemeinsamkeiten und Unterschiede.

Kritische Anmerkungen zu den Typologien

- Die Typenlehre ist eine sehr grobe und vereinfachende Theorie. Die Einteilung der menschlichen Eigenschaften nach Typen provoziert stereotypes (klischeehaftes) Denken und berücksichtigt individuelle Unterschiede kaum (▸ Kap. 11.2/11.3).
- Bei Typologien steht immer nur ein ausgewählter Merkmalskomplex der Persönlichkeit (z.B. der Körperbau) im Vordergrund. Es gibt aber keinen Menschen, der ausschließlich die Merkmale eines einzigen Typus aufweist.
- Typologien führen Verhalten ausschließlich auf spezifische genetische Grundlagen zurück: Unsere Persönlichkeit wird aber nicht nur von körperlichen Merkmalen bestimmt, sondern auch von der Umwelt (z.B. Eltern, Freundeskreis) beeinflusst. Es wird nicht berücksichtigt, dass unsere Persönlichkeit in der Interaktion zwischen Person und Umwelt geformt wird. Typologien stellten sich daher als unbrauchbar für die Vorhersage von Verhalten oder die Anfälligkeit für eine psychische Krankheit heraus.
- Im nationalsozialistischen Deutschland wurden Körperbau-Typologien verbrecherisch angewandt: Man meinte, mittels bestimmter körperlicher Merkmale so etwas wie „rassische" Minderwertigkeit belegen zu können.

10.2 Eigenschaftstheorien (Trait-Theorien)

 **Partnerarbeit** `5` Stellen Sie sich vor, Sie werden bei einem Vorstellungsgespräch nach Ihren Stärken und Schwächen befragt. Welche drei Eigenschaften würden Sie jeweils nennen?

10

Eigenschaften wie aufmerksam oder rücksichtslos, offen oder distanziert, gewissenhaft oder chaotisch, gesellig oder schüchtern werden herangezogen, um eine Persönlichkeit zu beschreiben. Die Persönlichkeit ergibt sich aus den Eigenschaften, die einzigartig kombiniert und unterschiedlich stark ausgeprägt sind.

Für unsere Persönlichkeitseigenschaften (engl.: *traits*) interessieren sich sogenannte **Trait-Theorien**. Unter einem Trait wird das veranlagte, relativ stabile Verhaltensmuster eines Menschen verstanden, also seine persönliche Art zu handeln und zu fühlen.

Faktorenanalyse

Egoistisch – ehrlich – ehrgeizig – eifersüchtig – eifrig – eitel – energisch – entschlossen – ernsthaft – … Haben Sie schon einmal alle „persönlichkeitsbeschreibenden" Eigenschaftswörter eines Wörterbuchs gezählt? Die US-amerikanischen Psychologen Gordon ALLPORT und Henry ODBERT kamen auf 18000 englische Wörter. Wie können diese Wörter nun auf einige wenige Basismerkmale reduziert werden?

Die Persönlichkeitsforschung zielt darauf ab, die Hunderte von Eigenschaften eines Menschen in Kategorien mit Überbegriffen einzuordnen, sodass am Ende nur noch eine kleine Gruppe grundlegender Persönlichkeitseigenschaften übrig bleibt. So etwa können die Eigenschaften *kontaktfreudig, gesellig* und *kommunikativ* mit dem überbegrifflichen Faktor „Aufgeschlossenheit" in einer Kategorie zusammengefasst werden. Die statistische Analyse, die es ermöglicht, Gruppen von verwandten Traits zu identifizieren, nennt man **Faktorenanalyse**. Allport und Odbert waren demnach Wegbereiter für die faktorenanalytische Persönlichkeitsforschung.

Persönlichkeitsdimensionen

Der deutsch-britische Psychologe Hans Jürgen EYSENCK ermittelte durch ein faktorenanalytisches Auswahlverfahren schließlich zwei Dimensionen, mit denen sich eine Persönlichkeit generell beschreiben lässt: **Extraversion** und **Emotionalität**. Jede dieser Dimensionen hat zwei Pole: *extravertiert / introvertiert* sowie *stabil / labil*. Mit diesen beiden bipolaren Dimensionen meinte Eysenck, jede beliebige Person beschreiben zu können. Eysenck integrierte in seine Theorie auch die antike Temperamentslehre: Jeder Quadrant in seiner Theorie repräsentiert einen Temperamentstyp nach HIPPOKRATES.

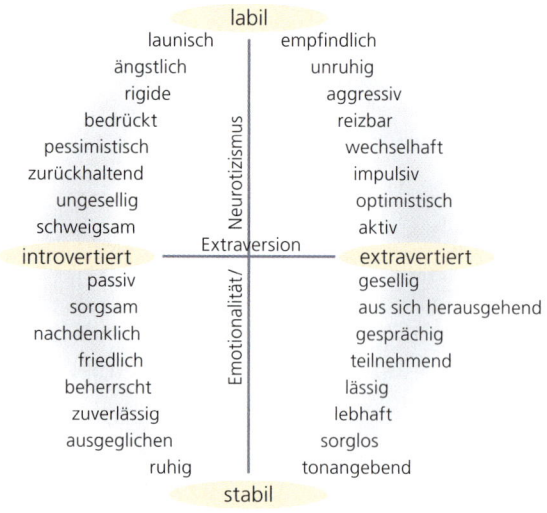

Bipolare Persönlichkeitsdimensionen

Einzelarbeit 6   Ordnen Sie jedem Quadranten den jeweiligen Temperamentstyp von Hippokrates zu.

Die Dimensionen Extraversion und Emotionalität (bzw. Neurotizismus) umfassen jeweils zwei Verhaltensweisen, die sich gegenüberstehen und folgendermaßen beschrieben werden können:

Extraversion

- Der **extravertierte** Mensch bewegt sich gern in Gesellschaft, wirkt kontaktfreudig, aktiv, spontan, impulsiv, abenteuerlustig und optimistisch.

- Der **introvertierte** Mensch zeichnet sich durch ein Verhalten aus, das ruhig, ordentlich, verlässlich, zurückhaltend, reflektiert, gefühlskontrolliert und eher pessimistisch wirkt.

Emotionalität

- Der **stabile** Mensch wirkt ausgeglichen, sorglos, lebhaft, dominant und emotional stabil.

- Der **instabile** Mensch erscheint überempfindlich, ängstlich, besorgt, leicht erregbar und emotional instabil (neurotisch).

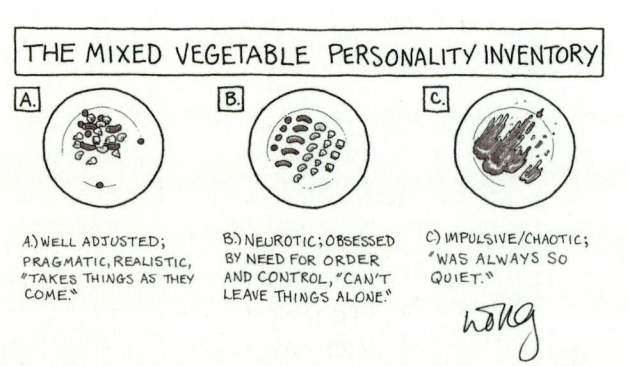

Partnerarbeit 7   Erstellen Sie auf der folgenden Seite Ihr Persönlichkeitsprofil basierend auf EYSENCKS Persönlichkeitsdimensionen.
- Kreuzen Sie zunächst in Profil A an, wie Sie sich selbst sehen, decken Sie es dann zu und bitten Sie Ihren Sitznachbarn bzw. Ihre Sitznachbarin um eine Einschätzung (0 = trifft nicht zu, 1 = trifft wenig zu, 2 = trifft einigermaßen zu, 3 = trifft stark zu, 4 = trifft völlig zu). Verbinden Sie die Kreuze miteinander.
- Vergleichen Sie Ihre Selbst- mit der Fremdeinschätzung.
- In welchem Eysenck'schen Quadranten bzw. bei welchem der Temperamentstypen Hippokrates' haben Sie a) bei Profil A bzw. b) bei Profil B die meisten Punkte? Markieren Sie die Eigenschaften mit vier Farben je nach Temperamentstyp und werten Sie Ihren Typ aus.

Profil A – Selbsteinschätzung	0	1	2	3	4
aggressiv					
aktiv					
ängstlich					
ausgeglichen					
extravertiert					
bedrückt					
beherrscht					
empfindlich					
friedlich					
gesellig					
gesprächig					
impulsiv					
lässig					
launisch					
lebhaft					
nachdenklich					
optimistisch					
pessimistisch					
reizbar					
rigide (unnachgiebig)					
ruhig					
schweigsam					
sorglos					
sorgsam					
teilnehmend					
tonangebend					
ungesellig					
unruhig					
wechselhaft					
zurückhaltend					
zuverlässig					

Profil B – Fremdeinschätzung	0	1	2	3	4
aggressiv					
aktiv					
ängstlich					
ausgeglichen					
extravertiert					
bedrückt					
beherrscht					
empfindlich					
friedlich					
gesellig					
gesprächig					
impulsiv					
lässig					
launisch					
lebhaft					
nachdenklich					
optimistisch					
pessimistisch					
reizbar					
rigide (unnachgiebig)					
ruhig					
schweigsam					
sorglos					
sorgsam					
teilnehmend					
tonangebend					
ungesellig					
unruhig					
wechselhaft					
zurückhaltend					
zuverlässig					

Das Fünf-Faktoren-Modell

Auch die Dimensionen von Eysenck decken nicht das gesamte Spektrum der Eigenschaften einer Persönlichkeit ab, weshalb die Eigenschaftstheorien um ein weiteres Modell ergänzt wurden. Das sogenannte **Fünf-Faktoren-Modell** enthält fünf stabile, kulturabhängige Faktoren („The Big Five"), auf deren Basis wir jeden Menschen beschreiben und beurteilen:

Neurotizismus
- Emotional stabile Menschen wirken ausgeglichen, stressresistent und selbstsicher.

Extraversion
- Extravertierte Menschen sind herzlich, gesellig, kommunikativ, lebhaft, fröhlich, aktiv und unternehmungslustig.

Verträglichkeit
- Verträgliche Persönlichkeiten erscheinen vertrauenswürdig, bescheiden, gutmütig, wohlwollend, kooperationsbereit und freundlich.

Gewissenhaftigkeit
- Gewissenhafte Menschen sind ordnungsliebend, selbstdiszipliniert, zuverlässig, sorgfältig und beharrlich.

Offenheit für Erfahrungen
- Wer sich offen für neue Erfahrungen zeigt, wirkt fantasievoll, ideenreich, wissbegierig, intellektuell und kultiviert.

Das Fünf-Faktoren-Modell ist bis heute das bewährteste Standardmodell in der Persönlichkeitsforschung.

Kritik an den Eigenschaftstheorien

Vermutlich fällt es Ihnen schwer, sich mit einem Wort zu beschreiben, denn selbst wenn Ihnen Sturheit oder Sensibilität nachgesagt werden, kommen diese Eigenschaften doch nur in bestimmten Situationen zum Vorschein. Die Eigenschaftstheorien berücksichtigen die Situation jedoch nicht. Sie erklären also nicht, wie und warum ein konkretes Verhalten in einer konkreten Situation entsteht. Erst die sogenannten Wechselwirkungstheorien gehen auf diesen Aspekt ein.
Weiters wird an Eigenschaftstheorien kritisiert, dass sie davon ausgehen, dass Persönlichkeitseigenschaften veranlagt seien. Doch unsere Persönlichkeit verändert sich im Laufe der Zeit. Sie wird von unserer Umwelt und den Erfahrungen, die wir machen, geprägt.

Sigmund Freud (1856–1939)

10.3 Tiefenpsychologische Persönlichkeitstheorien I: FREUD

Persönlichkeitstheorien, die unbewusste seelische Vorgänge für unser Erleben und Verhalten als zentral ansehen, werden **tiefenpsychologische** Theorien genannt. Die Psychoanalyse von Sigmund FREUD, Alfred ADLERS Individualpsychologie sowie C. G. JUNGS Analytische Psychologie repräsentieren bedeutende tiefenpsychologische Modelle.

  Gruppenarbeit 8

a) Was fällt Ihnen zu Freud ein? Nennen Sie der Reihe nach Begriffe, die Sie mit Freud in Verbindung bringen.
b) Wer genau war Sigismund Schlomo Freud? Gestalten Sie in Kleingruppen einen aussagekräftigen, übersichtlichen Steckbrief zu Freud. Sammeln Sie dazu Informationen aus Büchern, Zeitschriften oder suchen Sie seriöse Beiträge im Internet. Präsentieren Sie Ihre Steckbriefe.

Definition
Der Begriff PSYCHOANALYSE steht einerseits für eine Theorie, die auf das Unbewusste gründet, und kennzeichnet andererseits eine Behandlungsmethode für psychische Störungen.

Der österreichische Arzt Sigmund Freud begründete die **Psychoanalyse** (▸ Kap. 14.5), die zu den einflussreichsten Persönlichkeitstheorien zählt. Die Psychoanalyse zielt darauf ab, die unbewussten psychischen Vorgänge, die hinter dem wahrnehmbaren Verhalten eines Menschen liegen, zu ermitteln und durch sie das Verhalten zu verstehen.

Bewusstseinsstufen

Nur ein kleiner Teil unserer psychischen Prozesse ist uns **bewusst**. Wie die Spitze eines Eisbergs über der Wasseroberfläche liegt, so richten wir unsere aktuelle Aufmerksamkeit auf sie. Unter der Oberfläche befinden sich die verborgenen (**unbewussten** sowie **vorbewussten**) Inhalte. Nach Freud sind die meisten Inhalte (Gedanken, Gefühle, Wünsche, Einstellungen) unbewusst, weil sie verdrängt oder gewaltsam vom Bewusstsein ferngehalten werden.

Einzelarbeit 9   Zeichnen Sie den „Eisberg" der drei Bewusstseinsstufen und tragen Sie diese ein.

Das Unbewusste	Das Vorbewusste	Das Bewusstsein
Bewusstseinsunfähige Inhalte	Bewusstseinsfähige Inhalte	Bewusste Inhalte
Das Unbewusste enthält meist unangenehme Erinnerungen oder Vorstellungen sowie unerlaubte Triebwünsche, die aus dem Bewusstsein verdrängt werden.	Vorbewusst sind jene Inhalte, die zwar aktuell nicht bewusst sind, aber jederzeit abgerufen werden können. Es funktioniert als Zensur und ist damit für die Verdrängung verantwortlich.	Zum Bewusstsein zählen alle Inhalte, die wir hier und jetzt bewusst erleben, wie unsere augenblickliche Wahrnehmung und unsere Gedanken.
Beispiel: eine schockierende oder sehr peinliche Situation in der frühen Kindheit	Beispiel: der Name einer Bekannten, die wir schon länger nicht mehr gesehen haben	Beispiel: das Feststellen eines Hungergefühls

Freud vergleicht die Bewusstseinsstufen mit Räumen: *„Wir setzen also das System des Unbewussten einem großen Vorraum gleich, in dem sich die seelischen Regungen wie Einzelwesen tummeln. An diesen Vorraum schließe sich ein zweiter, engerer, eine Art Salon, in welchem auch das Bewusstsein verweilt. Aber an der Schwelle zwischen beiden Räumlichkeiten walte ein Wächter seines Amtes, der die einzelnen Seelenregungen mustert, zensuriert und sie nicht in den Salon einlässt, wenn sie sein Missfallen erregen."* (Freud 1999, S. 305)

Methoden zur Erforschung des Unbewussten

Laut Freud gibt es mehrere Möglichkeiten, um Zugang zu jenen Inhalten (u. a. Wünsche und Triebe) zu bekommen, die vom Bewusstsein ausgeschlossen sind:

Traumdeutung

Definition
MANIFEST sind jene Trauminhalte, an die sich die/der Träumende nach dem Aufwachen noch erinnert. LATENTE Trauminhalte sind die verborgenen Bedeutungen eines manifesten Traumes.

- Freud ging davon aus, dass Träume eine verborgene Bedeutung haben. Mit der **Traumdeutung** werden die im Traum erlebten, verschlüsselten Situationen und Bilder entsprechend interpretiert. Den manifesten Trauminhalten (Bilder, Situationen) liegen latente Trauminhalte (verborgene Bedeutungen) zugrunde, weil die sogenannte Traumzensur sie verschlüsselt. Die Traumzensur verschlüsselt den Trauminhalt so, dass die Inhalte bei der träumenden Person keine Schuld- oder Angstgefühle auslösen. Die in den Träumen enthaltenen Wünsche können auf folgende Arten in eine Form gebracht werden, die für die träumende Person annehmbar ist:
  1. Bei der **Verdichtung** treffen mehrere Inhalte in einer Erscheinung aufeinander. So kann im Traum gleichzeitig das Gesicht einer Freundin mit der Statur der Mutter vereint werden.
  2. Durch **Verschiebung** werden Gefühle auf harmlose Ereignisse, Personen oder Sachverhalte übertragen und verbergen so den ursprünglichen Bedeutungsinhalt.
  3. Bei der **Symbolisierung** spielt vor allem die Sexualsymbolik eine wichtige Rolle: Freud war der Meinung, dass Traumsymbole, analytisch betrachtet, erotische Wünsche verbergen. So stehen längliche Objekte (z. B. Türme, Stöcke, spitze Waffen) für Männlichkeit und hohle, runde Gegenstände (z. B. Höhlen, Koffer, Gefäße) für Weiblichkeit.

Hypnose

- Bei der **Hypnose** wird der Klient/die Klientin in einen tranceartigen Zustand versetzt, in dem das Bewusstsein ausgeschaltet ist. In diesem Zustand ist unser Unbewusstes besonders gut ansprechbar und es können Lösungen für verdrängte Probleme gefunden werden.

Fehlleistungen deuten

- Die **Deutung von Fehlleistungen** (Verlieren, Vergessen, Versprechen u. a.) kann Verdrängtes aufdecken. Beim sogenannten **Freud'schen Versprecher** (lapsus linguae) kommen die eigentlichen unterdrückten Gedanken zum Vorschein. Freud berichtet in seinem Werk *Zur Psychopathologie des Alltagslebens* von einem Vortragenden, der in seiner Aufregung über bestimmte Vorgänge meinte: „Dann aber sind Tatsachen zum Vorschwein gekommen …" (Freud 2000, S. 118) Freud selbst wünschte einer Bekannten versehentlich „Herzliches Beileid" zur baldigen Hochzeit – den Bräutigam hielt er tatsächlich für die falsche Wahl. (Boeger 2009, S. 40 f)

Assoziieren

- Beim **freien Assoziieren** wird der Klient/die Klientin dazu angehalten, frei drauflos zu erzählen. Die spontanen Gedankenverbindungen sollen Aufschluss über Verdrängtes geben.

Die Instanzen der Persönlichkeit

Freud unterscheidet drei Persönlichkeitsinstanzen: Es, Ich und Über-Ich. Sie sind die Erklärung für das Entstehen innerer Konflikte, wenn eine Person etwas tun möchte, was ihr Lust verschafft, mit den verinnerlichten sozialen Normen aber nicht zusammenpasst.

Es

- Das **Es** steht für die unbewussten und verdrängten Triebe, es umfasst alle angeborenen biologischen Bedürfnisse. Da es dem Lustprinzip gehorcht und blind für die Realität ist, verlangt es eine sofortige Befriedigung der Grundtriebe, Wünsche und Bedürfnisse.

Ich

- Das **Ich** ist der Sitz der Vernunft, denn es stimmt die Triebe des Es auf die aktuelle Situation der Außenwelt (Realität) ab. Es wägt zwischen den Bedürfnissen und den Folgen der Handlungen sowie den sozialen Normen (Über-Ich) ab, sucht rationale Lösungen und trifft Entscheidungen. Das Ich ist für unser seelisches Gleichgewicht verantwortlich.

Über-Ich

- Das **Über-Ich** entspricht unserer moralischen Instanz mit Geboten und Verboten, denn es repräsentiert das durch Eltern und Gesellschaft anerzogene Wertesystem. Es übernimmt als Kontrollinstanz die Rolle des Richters bzw. der Richterin in Form einer inneren Stimme für das, was erlaubt ist und was nicht. Das Über-Ich zensiert die sozial unerwünschten Gedanken des Es und ist für die Bildung des **Ich-Ideals** zuständig. Diese Verinnerlichung von Erwartungen anderer, wie man sein sollte, wird als Teil des Über-Ich verstanden.

Mindestens zwei Instanzen befinden sich nach Freud ständig im Streit: Das Es fordert anderes als das Über-Ich. Das Ich versucht die Anforderungen der beiden übrigen Instanzen mit den Möglichkeiten der Realität in Einklang zu bringen. Wenn ein zu großes Ungleichgewicht herrscht, kommt es zu seelischen Konflikten, beispielsweise in Form von Schuld-, Scham- oder Minderwertigkeitsgefühlen.

Hans Biedermann (Hennes)

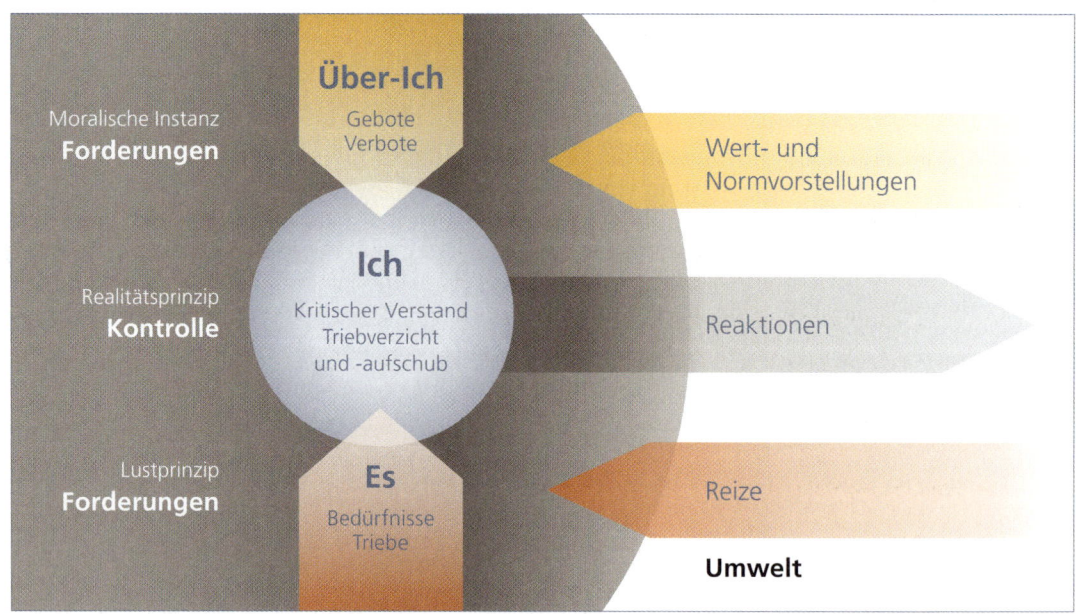

Schematische Darstellung des Instanzenmodells

RF · Diskussion **10**
Finden Sie mit Ihrem Sitznachbarn bzw. Ihrer Sitznachbarin eine Lösung für folgende Situation: Ein Freund/Eine Freundin hat Sie für heute Abend auf seine/ihre Geburtstagsparty eingeladen. Sie wissen aber, dass Sie den Abend noch nutzen sollten, um morgen gut für die Schularbeit vorbereitet zu sein. Was machen Sie in einer solchen Konfliktsituation? In welcher Form könnten sich Es, Ich und Über-Ich bei Ihren Überlegungen bemerkbar machen?

RF · Gruppenarbeit **11**
Wählen Sie in Kleingruppen eine Konfliktsituation und stellen Sie diese zeichnerisch in Form eines Comics oder in Form eines Rollenspiels dar. Was sagen das personifizierte Es, das Ich und das Über-Ich in Ihrer Konfliktsituation? Präsentieren Sie Ihre Ergebnisse in der Klasse!

Psychosexuelle Entwicklungsphasen

Definition
EROGENE ZONEN sind Körperzonen, deren entsprechende Reizung lustvolle Erregung hervorrufen kann.

Die Persönlichkeit des Menschen entwickelt sich nach Freud in Phasen. Er spricht von den „psychosexuellen Entwicklungsphasen" der Kindheit, wobei die sexuelle Entwicklung gleich nach der Geburt beginnt und durch die jeweilige sogenannte **erogene Zone** charakterisiert wird. Die psychische Energie, die uns Lust und Freude anstreben lässt, bezeichnet Freud als **Libido**.

In jeder Phase gibt es **Entwicklungsaufgaben**, die das Kind zu erfüllen hat. Gelingt die Erfüllung nicht, riskiert das Kind, in einer Entwicklungsphase „fixiert" zu bleiben. Unter **Fixierung** versteht Freud die Unfähigkeit, sich normal in die folgende Phase weiterzuentwickeln:

- Die **orale Phase** (0–1 Jahr) ist von der lustvollen Aufnahme über den Mund geprägt: saugen, beißen, kauen. Neue Gegenstände werden mit dem Mund erkundet. Das Saugen an Brust oder Flasche gibt dem Säugling Sicherheit.

Whitney Darrow Jr.

- Während der **analen Phase** (2–3 Jahre) wird das Kot-Ausscheiden als Abbau von Spannungen und Leistung erlebt. Kinder entwickeln Spaß an der Erleichterung und Machtausübung. In dieser Phase steht die Erziehung zur Sauberkeit und zur Selbstkontrolle im Vordergrund.

- In der **phallischen Phase** (4–5 Jahre) entwickeln Kinder ein Bewusstsein für ihre Geschlechtsidentität. Mädchen entwickeln in dieser Zeit laut Freud einen sogenannten Penisneid, Buben eine Kastrationsangst. Buben richten in dieser Zeit ihre sexuellen Wünsche auf die Mutter, der Vater wird als Rivale gesehen (Ödipuskomplex).

Definition
Der ÖDIPUSKOMPLEX ist benannt nach Ödipus, der im griechischen Mythos unwissentlich seinen Vater erschlug und seine Mutter heiratete.

- Während der **Latenzperiode** (6–12 Jahre) treten laut Freud die sexuellen Gefühle in den Hintergrund, der Erwerb kognitiver und sozialer Fähigkeiten überwiegt.

- Die **genitale Phase** (13–18 Jahre) kennzeichnet sich durch die reife Sexualität. Das bedeutet, es steht nicht nur die Lustbefriedigung, sondern auch die Fortpflanzung im Mittelpunkt des Interesses.

Definition
Die NEUROSE ist eine Störung des Erlebens und Verhaltens, die sich z. B. über krankhafte Angst äußern kann (▸ Kap. 14.4).

Für eine **gesunde Persönlichkeitsentwicklung** ist die Entwicklung eines sicheren Körpergefühls sowie die Erkundung der eigenen sexuellen Gefühle und Wünsche wichtig. Werden Triebe unterdrückt, d. h. Vorstellungen, Gefühle oder Fantasien vom Bewusstsein ferngehalten, werden sie ins Unbewusste verdrängt. Ein unbewusster, ungelöster Konflikt kann sich jedoch in Form einer Neurose äußern. Um „unerlaubte" Triebe des Es abzuwehren und überwinden zu können, entwickeln wir während der Latenzzeit **Abwehrmechanismen**.

Abwehrmechanismen

Unter einem Abwehrmechanismus versteht man eine unbewusste Schutzfunktion des Ich, mit deren Hilfe wir Schwierigkeiten und Konflikte bewältigen. Abwehrmechanismen können aber auch zu Störungen und Neurosen führen, wenn die Ursache des Problems, das damit bewältigt werden soll, nicht behoben wird.

Verdrängung

- **Verdrängung:** Beim grundlegendsten Abwehrmechanismus werden unerwünschte Inhalte (Gedanken, Gefühle, Erlebnisse) aus dem Bewusstsein verdrängt. *Beispiel:* Ein peinliches Erlebnis wird ins Unbewusste verdrängt, das heißt, die Erinnerung daran wird unterdrückt.

Identifikation

- **Identifikation:** Wertvorstellungen und Normen einer Autorität werden übernommen, das eigene Verhalten wird danach ausgerichtet. *Beispiel:* Ein Kind übernimmt den Erziehungsstil der strengen Eltern.

Regression

- Ein **Rückfall** in frühere Verhaltensweisen einer bereits abgeschlossenen Entwicklungsstufe findet statt. *Beispiel:* Ein Schulkind greift bei Nervosität wieder zum Schnuller.

Reaktionsbildung

- Man entwickelt **das gegenteilige Extrem** zu den verdrängten Wünschen. Auf diese Weise denkt und handelt man den ursprünglichen, unbewussten Impulsen entgegengesetzt. *Beispiel:* Übermäßig empfundene Liebe für die Arbeitskollegin wandelt sich bei Nichterwiderung in Hass oder unterdrückte Aggression äußert sich in übermäßiger Freundlichkeit.

Substitution

- Ein unerlaubter Inhalt wird verdrängt und durch einen akzeptierten Inhalt **ersetzt** (substituiert). *Beispiel:* Geiz wird durch Kontrollzwang ersetzt.

Sublimierung

- Primitive Triebe werden in kulturelle Bestrebungen **umgewandelt** (sie werden sublimiert). *Beispiel:* Aggressive Impulse werden in sportliche Energie (Wettkämpfe) umgewandelt.

Projektion

- Eigene Unzulänglichkeiten, Wünsche und Gefühle werden auf andere **übertragen**. *Beispiel:* Sie verfolgen interessiert eine Diskussion und Ihr Sitznachbar/Ihre Sitznachbarin fragt Sie plötzlich, warum Sie denn so gelangweilt schauen.

Rationalisierung

- Das eigene Verhalten wird mit anscheinend vernünftigen Gründen **gerechtfertigt**. *Beispiel:* Die Redewendung „Wer Ordnung hält, ist nur zu faul zum Suchen" bei Chaos.

Kompensation

- Minderwertigkeitsgefühle werden durch besondere Leistungen auf anderen Gebieten **kompensiert**. *Beispiel:* Eine soeben gekündigte Person kompensiert ihren Frust, indem sie sich ein besonders großes und teures Auto kauft.

Konversion

- Ein psychischer Konflikt äußert sich **körperlich**. *Beispiel:* Psychosomatische Erkrankungen wie Migräne oder Magen-Darm-Störungen werden auf Konversion zurückgeführt. Die Hysterie war für Freud eine Konversions-Neurose – sie äußert sich beispielsweise in Form von Lähmungen, Sehstörungen, Schwächeanfällen oder Sprachstörungen.

Humor

- **Humor** (Lachen, Ironie, Zynismus) hilft über unangenehme und schmerzhafte Erinnerungen hinweg. *Beispiel:* Man beginnt in einer unangenehmen, peinlichen Situation zu lachen.

Einzelarbeit 12 Ordnen Sie die Beispiele den jeweiligen Abwehrmechanismen zu.

a) Ein 5-jähriges Mädchen beginnt wieder einzunässen, als ihr Bruder auf die Welt kommt.

b) Der zurückgewiesene Liebhaber redet sich ein, dass das Mädchen in Wirklichkeit gar nicht anziehend war.

c) Ein Schifahrer/Eine Schifahrerin gibt der Ausrüstung die Schuld für den Sturz.

d) Wenn der kleine Bub/das kleine Mädchen besonders Angst hat, zeigt er/es sich übertrieben tapfer.

e) Ein Ehepaar, das keine Kinder bekommen kann, kümmert sich besonders liebevoll um seine Haustiere.

10

Kritische Würdigung

> „Freud hat die Sexualität aus dem Giftschrank der Wissenschaft befreit."
> (Sándor Ferenczi)

Freud leistete mit seinem tiefenpsychologischen Ansatz zweifellos einen **bedeutenden Beitrag** zur Psychologie. Er stellte fest, dass Kindheitserfahrungen unsere Persönlichkeit prägen, Träume etwas über unser Innenleben aussagen und Verhaltensweisen aus getarnten Motiven hervorgehen können. Außerdem enttabuisierte er die Sexualität. Vor ihm hatte noch niemand sexuelle Fragestellungen so selbstständig und unabhängig von moralischen Gesichtspunkten definiert.

mangelnde Wissenschaftlichkeit

Einige seiner Theorien sind heute allerdings nicht mehr wissenschaftlicher Konsens, allen voran die psychosexuellen Entwicklungsphasen in der Kindheit. Diese unterliegen einem starken Androzentrismus (Sichtweise, die Männer als Norm heranzieht) und wurden von Freud nie wissenschaftlich untersucht.

> „Freud hat ein Gebäude aufgebaut, das allerdings noch große Lücken hat, die gefüllt werden müssen."
> (Otto F. Kernberg)

Der Philosoph Karl POPPER wiederum kritisierte in den 1950er-Jahren, dass es kein menschliches Verhalten gebe, das sich nicht mit Psychoanalyse erklären lasse: „Der Mann, der sein Kind ertränken will, passt genauso in ihr Bild wie derjenige, der ins Wasser springt, um besagtes Kind zu retten. Für beide Verhaltensweisen habe Freud Erklärungen parat, argumentiere mit ödipalen Konflikten,

Neurosen oder ähnlichem." (Eigner 2006) Freud bot retrospektive (nachträgliche) Interpretationen für Verhaltensweisen. Im Nachhinein erfolgte Deutungen sind allerdings nicht als wissenschaftlich zu betrachten, da sie keine überprüfbaren Voraussagen ermöglichen. Die Psychoanalyse habe „mehr mit **primitiven Mythen** als mit Naturwissenschaft gemeinsam" (a. a. O.). Popper machte dafür Sigmund Freuds Verfahrensweise verantwortlich, da dieser „immer nur versuchte, seine Thesen zu bestätigen, anstatt sie kritisch-empirisch zu überprüfen." Dennoch äußerte Popper auch Respekt für Freuds Visionskraft; die fehlende Wissenschaftlichkeit sei „nicht das Todesurteil seiner Ideen." (Hager/Hofer 2009) „Denn Mythen könnten durch Weiterentwicklung Wissenschaft werden – eine Option, die der Psychoanalyse laut Popper noch offen steht." (Eigner 2006)

heutiger Stellenwert

Welchen Stellenwert haben Freuds Erkenntnisse heute? Freud verfügte nur über unzuverlässige Methoden (u. a. die Erinnerung von Träumenden), um Zugang zum Unbewussten zu erhalten. Heute ist es über die neuen technischen Möglichkeiten bildgebender Verfahren bereits möglich, Aktivitäten im Gehirn genau zu lokalisieren. Beispiele hierfür sind die Positronen-Emissions-Tomographie (PET) sowie die funktionelle Magnetresonanztomographie (fMRT) (▸ Kap. 2.4).

Der Hirnforscher Gerhard ROTH spricht davon, dass „Resultate und Einsichten der **Hirnforschung** ,die Lehre Freuds in einigen wichtigen Punkten zu bestätigen scheinen', u. a. darin, dass das unbewusste Erfahrungsgedächtnis unser Handeln stärker bestimme als das bewusste Ich." (Jost 2008, S. 10) Das Verhältnis von Es, Ich und Über-Ich sowie die Frage, wie unbewusste Prozesse unsere Entscheidungsfindung beeinflussen, können heute aus neurowissenschaftlicher Sicht weitgehend nachvollzogen werden. KritikerInnen wie der Psychoanalytiker Tilmann HABERMAS hingegen meinen, „die Zukunft der Erforschung des Unbewussten liegt nicht im Gehirn." (a. a. O., S. 10) Ein Diskurs, der offenbar noch nicht beendet ist.

Neo-Psychoanalyse

Die VertreterInnen der Neo-Psychoanalyse spalteten sich aufgrund theoretischer **Differenzen** von Freud ab. Sie entwickelten die klassische Psychoanalyse mit zum Teil humanistischen Tendenzen weiter: Der Mensch wird nun nicht mehr als minderwertiges, destruktives Wesen wahrgenommen, sondern als ein mit Fähigkeiten zum sozialen Leben ausgestattetes Wesen. Der Umwelt und den zwischenmenschlichen Beziehungen wird nun mehr Bedeutung beigemessen als den biologischen Voraussetzungen. Die neo-psychoanalytische Therapie konzentriert sich zudem vermehrt auf die Gegenwart als auf die Vergangenheit. Darüber hinaus wurde auch die Instanzenlehre nur teilweise übernommen, die Bedeutung des Unbewussten geschmälert und die psychosexuelle Entwicklung infrage gestellt.

Zu den VertreterInnen der Neo-Psychoanalyse zählen u. a. der Neurologe und Psychiater Viktor FRANKL mit seiner **Logotherapie** (▸ Kap. 14.5) sowie der Psychoanalytiker und Sozialphilosoph Erich FROMM, der sich für die psychischen Voraussetzungen für ein gelingendes, gesellschaftliches Zusammenleben interessierte.

10.4 Tiefenpsychologische Persönlichkeitstheorien II: ADLER, JUNG

Individualpsychologie: Alfred ADLER

Der Arzt Alfred ADLER war ein Schüler Freuds. 1911 trennte er sich jedoch von ihm, da er meinte, Freud messe dem Sexualtrieb zu große Bedeutung bei. Adler gründete seine eigene tiefenpsychologische Schule, die **Individualpsychologie**. Während Freud von drei Instanzen der Persönlichkeit spricht, betrachtet die Individualpsychologie den Menschen als Einheit von Körper, Geist und Seele.

Für Adler ist das **Gemeinschaftsgefühl** das wichtigste Kriterium für die gesunde Entwicklung eines Menschen. Es bildet sich aus, wenn eine verlässliche Bezugsperson dem Säugling Geborgenheit und Vertrauen gibt, seine Bedürfnisse befriedigt und das Kind später zu Selbstständigkeit erzogen und ermutigt wird, die eigenen Ziele zu verwirklichen. Laut Adler verfügen wir über eine **schöpferische Kraft**, die uns ermöglicht, uns in eine individuelle Richtung zu entwickeln, also ein Lebensziel festzulegen. Das Lebensziel beeinflusst die Ausbildung eines Lebensstils. Der **Lebensstil** entspricht unserer Persönlichkeit, zu welcher auch unser Lebensplan sowie unsere **Leitlinien** zählen.

Adler geht vom Erleben der eigenen, naturgegebenen **Organminderwertigkeit** des Menschen aus. Das Kind erlebt bewusst seine Unterlegenheit und Hilflosigkeit. Sein gesamtes weiteres Leben steht unter dem Aspekt der Überwindung dieses primären Erlebnisses der Minderwertigkeit. **Neurosen** entstehen, wenn das eigene Geltungsstreben nicht mit den Maßstäben der Umgebung in Einklang gebracht werden kann.

Alfred Adler (1870–1937)

Alamy Stock Photo/Science History Images

Das Bemühen, eigene Schwächen durch vermehrte Anstrengungen auszugleichen, nennt Adler **Kompensation**.

- Diese kann sich positiv äußern, wenn beispielsweise eine Person, die stottert, durch **intensives Üben** schließlich zu einem guten Rhetoriker/einer guten Rhetorikerin wird.
- Sie kann sich aber auch in Form von übertriebenem **Geltungs- und Machtstreben** ausdrücken: So etwa, wenn sich eine beruflich erfolglose Person in einer Beziehung herrisch zeigt. Überkompensation kann sich weiters in der Abwertung des Bereichs, in dem sich ein Mensch minderwertig fühlt, äußern („Fußball ist sowieso blöd!") oder in der Flucht in eine Krankheit („Ich kann das nicht machen, mir geht's nicht gut."). Ziel von Kompensation ist immer, das eigene Selbstwertgefühl wieder zu heben (Geltungsstreben).

Analytische Psychologie: Carl Gustav JUNG

Der Schweizer Psychiater Carl Gustav JUNG war ebenfalls ein Schüler Freuds. Auch Jung trennte sich von Freud, da er andere Ansichten über die Bedeutung von Sexualität vertrat. Der Libido-Begriff etwa steht bei Jung nicht nur für Lust, sondern für allgemeine **Lebensenergie**.

Die psychische Ganzheit wird in Jungs analytischer Psychologie vom **Selbst** repräsentiert. Das Selbst ist zentral für die **Individuation**, den Prozess des „Ganzwerdens", welchen Jung als das menschliche Ziel schlechthin sieht. Das Selbst wird mit Symbolen, z. B. mit Mandalas, dargestellt. Weitere Ausdrucksmöglichkeiten sind etwa Christus oder Buddha.

Jung unterscheidet in seiner Theorie das **Bewusste**, das **persönliche Unbewusste** und das **kollektive Unbewusste**:

- Das **Bewusste** entspricht unserem Ich-Bewusstsein, unserer persönlichen Identität.

- Das **persönliche Unbewusste** umfasst alle ungelösten seelischen Anliegen:
  Ungelöste seelische Anliegen werden laut Jung in das persönliche Unbewusste verdrängt und entwickeln sich zu Komplexen. Sie entsprechen unseren unbewussten Persönlichkeitsanteilen, die autonom agieren und so unser seelisches Gleichgewicht stören. Komplexe äußern sich über Störungen wie z. B. Zittern oder Schweißausbrüche. Über die Traumdeutung etwa können sie aufgedeckt und aufgelöst werden.
  Der **Schatten** ist Teil des persönlichen Unbewussten und umfasst alle ungelebten Möglichkeiten, meist verdrängte und/oder ungeliebte Anteile der eigenen Person, die mit dem Ich unvereinbar sind. Der Schatten enthält aber auch positive Aspekte wie schöpferische Impulse. Die Auseinandersetzung mit dem Schatten stellt einen wichtigen Schritt auf dem Weg zur Individuation dar. Wenn der Mensch beginnt, sich mit seinen verdrängten Persönlichkeitsanteilen auseinanderzusetzen, kommt auch die **Persona** (Maske) zum Vorschein. Sie entspricht jenem Ausschnitt des Ich, der sich der Umwelt zeigt, also die „soziale Fassade". Sie verdeckt die wahre Natur des Individuums. Erst nach der Bewusstmachung der Maske kann die wahre Identität des Menschen gefunden werden.

- Das **kollektive Unbewusste** ist die Gesamtheit der Archetypen:
  Archetypen können in Form von Vorstellungen, Bildern oder Symbolen aus Religionen (Götter und Göttinnen, Engel, Tod, Auferstehung, Feuer, Wasser), Mythen (mythologische Gestalten, Himmel, Unterwelt), Märchen (Hexe, HeldIn) oder Fabeln (Tiere, Fabelwesen) auftreten. Archetypen sind universell, ihre Erscheinungsform unterscheidet sich jedoch je nach Kulturkreis.
  Animus und **Anima** sind zwei weitere Archetypen, die in unserem Unbewussten die eigenen gegengeschlechtlichen Anteile repräsentieren: Anima ist der weibliche Seelenanteil im Mann, Animus ist der männliche Seelenanteil der Frau. Wir haben den Drang, unsere gegensätzlichen Pole zu vereinen, da wir nach Ganzheit streben.
  Archetypen können wir in unseren Träumen und Fantasien begegnen. Der **Traum** nimmt bei Jung einen zentralen Stellenwert ein, da er die Funktion des Wegweisers innehat, um den Menschen zu psychischer Ganzheit zu führen. Er repräsentiert die innere Wirklichkeit des/der Träumenden, die in Form archetypischer Symbole zum Vorschein kommen kann. Jung betont jedoch, dass bei der Traumdeutung immer auch die individuelle Lebenssituation des/der Träumenden berücksichtigt werden muss. Ziel des Traums ist es, das Vorhandensein gegensätzlicher Persönlichkeitsmerkmale aufzuzeigen und ihre Integration in die Gesamtpersönlichkeit zu ermöglichen. Der Traum spielt auch bei Freud eine große Rolle, anders als Jung vermutet Freud jedoch in allen Träumen etwas Triebhaftes.

Carl Gustav Jung (1875–1961)

Definition
Die INDIVIDUATION (lat. *individuare:* sich untrennbar machen) ist der Weg zum „Ganzwerden". Damit ist der Entwicklungsprozess zu einem einzigartigen Individuum gemeint. Der Prozess gelingt, wenn man nach Selbstverwirklichung strebt und den Sinn des Lebens sucht.

Mandalas sind archetypische Symbole für psychische Ganzheit (Selbst).

 **Partnerarbeit** 13   Was nennen die verschiedenen tiefenpsychologischen Persönlichkeitsmodelle von a) Freud, b) Adler, c) Jung als Ursache für einen seelischen Konflikt? Notieren Sie diese jeweils.

10

Sexualität im Wandel der Zeit

Einzelarbeit:
Erstellen Sie eine Liste der wichtigsten Fragen, die für Sie zum Thema Sexualität bisher unbeantwortet geblieben sind.

„Deine Sehnsucht, deine Gefühle und deine Lust gehören dir. So wie du sie empfindest – solange dein Partner oder deine Partnerin wie du empfinden und ihre Wünsche und Grenzen genauso respektiert werden wie deine.
Vielleicht hast du gerade Gefühle für Personen des eigenen Geschlechts. Das ist okay. Du musst dich nicht entscheiden, dich nicht festlegen. Es kann auch wieder anders sein. Für manche ist es von Anfang an klar, nur Menschen des eigenen Geschlechts zu lieben. Andere probieren es aus – und lassen es wieder.
Einen Partner zu haben, der demselben Geschlecht angehört, aus einer anderen Kultur kommt, eine andere Hautfarbe hat oder aus einer anderen Gesellschaftsschicht kommt wie du, ist in unserer Gesellschaft manchmal noch immer ein Problem. Wenn du dich dadurch ausgegrenzt oder auch verunsichert fühlst, versuche dir Unterstützung zu holen."
(Aufklärungsbroschüre des BMWFJ 2012)

Hätte man vor 100 Jahren so offen zu Jugendlichen gesprochen wie hier in einer Aufklärungsbroschüre des Familienministeriums? Undenkbar! Sexualität wurde im 19. Jahrhundert meist mit Abweichung, Erkrankung oder Perversion in Verbindung gebracht. Hier ein kurzer Rückblick auf den Umgang mit dem Thema Sexualität:

Gegen **Ende des 19. Jahrhunderts** etablierte sich die Sexualwissenschaft als eigenständige Forschungsdisziplin und befasste sich zunächst vorwiegend mit sexuellen Abweichungen. Die erste sexualmedizinische Studie des Wiener Psychiaters Richard Freiherr von KRAFFT-EBING im Jahr 1886 hieß *Psychopathia sexualis* und konnte nur mit einem ärztlichen Attest erworben werden. Begriffe wie Sadismus, Masochismus und Fetischismus wurden darin geprägt. Sexualität wurde im 19. Jahrhundert generell als etwas Animalisches angesehen, galt als sündhaft und moralisch verwerflich. Es hieß, Masturbation (Selbstbefriedigung) führe zu schweren körperlichen Störungen.

Sigmund FREUDS *Drei Abhandlungen zur Sexualtheorie* von **1905** führten eine Wende herbei, denn Freud definierte Sexualität als wesentliche Triebkraft menschlichen Verhaltens. Seine Entdeckung der kindlichen Sexualität wirkte damals provokant: Die positive Bewältigung der psychosexuellen Entwicklungsphasen erachtete Freud als wesentlich für eine gesunde Persönlichkeitsentwicklung.

Ein weiterer Meilenstein in der Sexualforschung war das Werk *Die Homosexualität des Mannes und des Weibes* (**1914**) von Magnus HIRSCHFELD. Homosexualität wurde von der Kirche als Sünde und von MedizinerInnen als Geisteskrankheit angesehen. Hirschfeld näherte sich erstmals wissenschaftlich diesem Thema und gilt damit als der Vorkämpfer der Homosexuellenbewegung. **1919** gründete er in Berlin das erste sexualwissenschaftliche Institut der Welt.

Sexuelle Revolution: So hieß das Werk von Wilhelm REICH, mit dem die Sexualität auch gesellschaftspolitische Bedeutung erhielt (**1945**). Reich war Psychoanalytiker und ein Schüler Freuds und vertrat die Ansicht, dass nicht-befreite Sexualität bei allen Menschen zu Neurosen führe und der Orgasmus eine wesentliche Voraussetzung für eine befriedigende Sexualität sei. Eine grundlegende Wandlung in der Einstellung zur Sexualität sei nicht ohne gesellschaftspolitische Veränderung möglich.

Zwischen 1938 und 1953 führte Alfred C. KINSEY die erste große sexualwissenschaftliche Studie in den USA durch, in der er 17 000 Frauen und Männer aller Altersstufen nach ihrem sexuellen Verhalten und ihren sexuellen Vorlieben befragte. Die Ergebnisse wurden in den sogenannten *Kinsey-Reports* veröffentlicht. Im Mittelpunkt der Studie stand der Orgasmus der Frau und die Frage, wie er zustande kommt. Sexualität war zu dieser Zeit immer noch ein Tabu, die Reports stellten den Beginn einer breiten öffentlichen Diskussion über Sexualität dar. Helmut SCHELSKY kritisierte in seinem Werk *Soziologie der Sexualität* von **1955**, dass Kinsey sexuelle Phänomene auf biologische Prozesse (Zweck der Fortpflanzung, Befriedigung der biologisch-triebhaften Lustbedürfnisse) reduziere. Sexualität habe jedoch auch gesellschaftliche und kulturelle Funktionen: Durch ihre Institutionalisierung in Ehe, Familie und Verwandtschaft sei Sexualität eine Grundlage sozialer Sicherung durch Fürsorgeverpflichtungen; sie verschaffe soziale Anerkennung und ermögliche soziale Integration.

Simone de BEAUVOIRS Klassiker *Das andere Geschlecht* (**1949**) leitete den Feminismus ein, eine intellektuelle Revolution der Frauen. Frauenbewegungen setzten sich für sexuelle Gleichberechtigung ein und forderten die politische, wirtschaftliche und sexuelle Emanzipation der Frau. Die in den **1960er-Jahren** entwickelte Antibabypille bot der Frau eine neue sexuelle Freiheit, förderte die Akzeptanz der individuellen Sexualität der Frau und damit eine gleichberechtigte Sexualität zwischen Männern und Frauen.
Zu dieser Zeit formierte sich auch eine Homosexuellenbewegung, die die Enttabuisierung gleichgeschlechtlicher Lebensformen forderte. Junge Menschen wehrten sich immer mehr gegen die gesellschaftlich auferlegten Zwänge und Unterdrückungsstrukturen, verlangten die Enttabuisierung der kindlichen Sexualität und die Abschaffung sexueller Tabus, forderten planmäßige Sexualerziehung und Aufklärung, allgemeinen Zugang zu Verhütungsmitteln sowie die Befreiung der Pornographie von Verboten und Zensuren. Sexualität sollte nicht mehr ausschließlich an Liebe gebunden sein, sondern auch ohne Liebe und Schuldgefühle möglich sein. Man erwartete, dass durch eine derartige sexuelle Liberalisierung Prostitution überflüssig würde und Perversionen erst gar nicht entstünden.

Zwei Akte im Wald   *Frida Kahlo*

Zweifelsohne verursachte die sexuelle Revolution der späten **1960er- und frühen 1970er-Jahre** in den westlichen Industrieländern einschneidende kulturelle und psychosoziale Veränderungen. Es gelang, Ängste und Schuldgefühle im Zusammenhang mit Sexualität abzubauen, was zur Folge hatte, dass die traditionelle Moral hinterfragt wurde und junge Frauen und Männer deutlich früher sexuell aktiv wurden. Der Umgang mit unterschiedlichen sexuellen Orientierungen wurde toleranter, die Sexual- und Beziehungsformen begannen sich zu vervielfachen.

Die neue Moral, die aus der Liberalisierung der Sexualität hervorging, wird von Bildern und Vorstellungen der Öffentlichkeit weiter beeinflusst, neue Normen entstehen. Sexualität ist heute durch erotische Bilder in den Medien allgegenwärtig. Das schafft neue sexuelle Probleme, denn so entsteht der Eindruck, es gebe ein gesellschaftlich gefordertes Maß an sexueller Aktivität: *„Für eine gute Partnerschaft ist guter Sex heute ein Muss! Inszenierung und stolze Präsentation der eigenen Fähigkeiten werden zu den wichtigsten Komponenten des Liebeslebens"*, sagt der deutsche Zukunftsforscher Matthias Horx. (Fiedler 2008, S. 54) Durch diesen gesellschaftlichen Druck werden innere Zwänge aufgebaut, was die Zunahme sexueller Funktionsstörungen (Versagensängste, Erektionsstörungen, verminderte sexuelle Lust) erklärt.

Seit den 1980er- und 1990er-Jahren ist die sexuelle Aktivität in der Gesellschaft wieder gesunken.

Indem Sexualität öffentlich dargestellt und breit vermarktet wird, verliert das Sexuelle aber auch den Reiz des Besonderen, seine subversive (rebellische) Kraft. Neue Fantasiewelten und anonymisierte Tabuzonen werden gesucht. *„Der Mangel an sexuellen Verbotszonen dürfte auch dazu beigetragen haben, dass destruktive Formen der Sexualität bis heute nicht besiegt wurden: Frauen verachtende Pornographie, sexuelle Belästigung am Arbeitsplatz, alltäglicher Sexismus, Inzest, sexueller Missbrauch und sexuelle Gewalt. Schockierte der Anblick eines nackten Damenknöchels die* öffentliche Moral, sorgte in den 1960er-Jahren noch ein nackter Busen im Kino für einen Skandal – um die Zuschauer von heute bei der Stange zu halten, dringen die Medien immer tiefer in Tabuzonen vor"*, analysiert der deutsche Psychologe und Sexualwissenschaftler Peter Fiedler. (Fiedler 2008, S. 54)

Einzelarbeit:

- Begründen Sie mündlich, warum der folgende Zeitungsausschnitt Ihrer Ansicht (nicht) entspricht!
- Verfassen Sie eine Petition* an die Welt der Erwachsenen, in der Sie Ihre Wünsche zum Umgang mit Sexualität zum Ausdruck bringen!

---

* die Petition: schriftlicher Antrag an eine offizielle Stelle

„59 % der Österreicher, die Sexualunterricht erhalten haben, bekritteln ihr Informationsdefizit. (…) Was ihnen am meisten fehlt: Rat zu den emotionalen Aspekten des Sexuallebens wie Gefühle, Nähe, Liebe und Respekt in einer Partnerschaft. Dieser Bereich wird laut der aktuellen Durex-Studie an Österreichs Schulen sträflich vernachlässigt. Nur jeder Zehnte (11 %) hat von diesen Themen in der Schule gehört – aber mehr als die Hälfte (52 %) hätte sich mehr ‚emotionale Aufklärung' gewünscht. (…) Jugendliche erhalten in der Schule viele Informationen rund um das Thema Sexualität, hauptsächlich über biologische Fakten. Diese Darstellungen sind aber nur dann interessant, wenn es möglich ist, einen Bezug zu echten Menschen, mit Gefühlen und Wünschen herzustellen. Zum einen fehlt in der Erklärung biologischer Fakten häufig der Brückenschlag zur aktuellen Lebenswelt von Jugendlichen, zum anderen fehlt oft auch die Begeisterung und Wertschätzung der Erklärenden gegenüber diesen Themen. (…)" (Der Standard, 13. 10. 2009)

Literaturtipp

Die Aufklärungsbroschüren *Love, Sex und so* des Bundesministeriums (2012) sowie die Broschüre der österreichischen Jugendinfos *Erster Sex und große Liebe* (2017) können im Internet downgeloadet werden. Sexuelle Aufklärung ist ein ständiger Prozess der Auseinandersetzung mit Fragen der Sexualität.

10.5 Humanistische Persönlichkeitstheorien: MASLOW, ROGERS

Definition
Das HUMANISTISCHE MENSCHEN-BILD geht davon aus, dass jeder Mensch individuell und einzigartig ist. Der Mensch strebt nach Selbstverwirklichung und Selbstverantwortlichkeit. Er besitzt die Fähigkeit, sich weiterzuentwickeln und zu verändern.

Philosophie
Existenzialismus

Partnerarbeit **14**

FREUDS negatives, an den Trieben orientiertes Menschenbild sorgte in den 1960er-Jahren für Unmut. Freud interessierte sich ausschließlich für kranke Menschen und arbeitete mit ihnen schmerzhafte Erinnerungen auf. Die humanistische Persönlichkeitspsychologie setzt sich dagegen bewusst mit dem gesunden Menschen auseinander und vertritt ein positives Menschenbild. Der Mensch gilt als von Natur aus als gut und das menschliche Potenzial zum Bösen wird nicht berücksichtigt.

Der Mensch befindet sich in einem lebenslangen Entwicklungsprozess. Er tendiert dazu, sich in eine positive Richtung zu verändern, und strebt nach **Selbstverwirklichung**. Damit ist die geistige Entfaltung und das Ausschöpfen des eigenen Potenzials gemeint. In jedem Menschen steckt die Fähigkeit, persönlich zu wachsen und sein volles Potenzial an Wissen, Talenten und Fähigkeiten zu verwirklichen.

Inwiefern finden sich in den tiefenpsychologischen Theorien humanistische Tendenzen wieder? Formulieren Sie zu zweit, welche Bedeutung die Selbstverwirklichung in den Theorien von ADLER und JUNG hat.

Die Pioniere der humanistischen Bewegung sind Abraham MASLOW und Carl ROGERS:

- Maslow stellte anfangs die Selbstverwirklichung an die Spitze seiner hierarchischen Bedürfnispyramide (► Kap. 12.1). Er prägte den Begriff **Selbstaktualisierung** und meint damit „die volle Anwendung und Nutzung der Talente, Kapazitäten, Fähigkeiten …". (Maslow 1994, S. 217f) Selbstaktualisierung bezieht sich „auf das menschliche Verlangen nach Selbsterfüllung, also auf die Tendenz, das zu aktualisieren, was man an Möglichkeiten besitzt. Diese Neigung kann als Verlangen formuliert werden, immer mehr zu dem zu werden, (…) was zu werden man fähig ist." (a. a. O., S. 89f)

- Rogers legte besonderen Wert auf die Begegnung im menschlichen Sinn. Seine Arbeiten sind für viele Bereiche der sozialen Arbeit, Pädagogik und Medizin von Bedeutung. Er geht davon aus, dass die Erfahrungen während der Kindheit und Jugend die Entwicklung des **Selbstkonzeptes**, das entweder positiv oder negativ sein kann, beeinflussen.

Abraham Maslow (1908–1970)

Carl Rogers (1902–1987)

Das Selbstkonzept

Unter **Selbstkonzept** verstehen wir das Bild, das wir von uns selbst haben. Es bezieht sich auf all die Fähigkeiten und Eigenschaften, die wir uns selbst zuschreiben. Es wird aber auch durch unsere Vergangenheit, unsere Motive und Werte sowie die Meinung, die andere von uns haben, geprägt.

Unsere **Selbstdarstellung** wird stark von unserem Selbstkonzept und unserem Selbstwertgefühl beeinflusst. Letzteres hat starken Einfluss auf unsere Gedanken, Stimmungen und unser Verhalten:

- Ein **negatives Selbstkonzept** geht mit einem geringen Selbstwertgefühl einher. Es führt eher zu Misserfolgen und bestätigt sich dadurch selbst (► Kap. 11.1).

Selbstdarstellung der Persönlichkeit

- Ein **positives Selbstkonzept** ist mit einem hohen Selbstwertgefühl verknüpft. Es ermöglicht eher positive Erfahrungen und bestätigt sich dadurch ebenfalls selbst.

ROGERS nennt sieben wesentliche Botschaften, die **Eltern** ihren Kindern vermitteln müssen, um die Entwicklung eines positiven Selbstkonzeptes zu fördern:

Echtheit
- Sich durchschaubar, authentisch und offenherzig zeigen und Interesse an der positiven Entwicklung des Kindes erkennen lassen.

Empathie
- Gefühle zulassen und das Zeigen negativer Gefühle der Kinder nicht bestrafen (dies würde ein negatives Selbstkonzept begünstigen). Die eigenen Gefühle mitteilen, einfühlend und mit echtem Verständnis zuhören.

Wertschätzung	• Die Kinder partnerschaftlich behandeln, dem Alter angemessen in das Aufstellen von Regeln einbeziehen. Ihre Bedürfnisse berücksichtigen.
Ungeschuldete Liebe	• Das Kind so lieben, wie es ist, ohne die Liebe an Bedingungen zu knüpfen. Ein Fehlverhalten darf missbilligt werden, aber nicht das Kind selbst (▸ Kap. 5.3).
Autonomie	• Vertrauen in das Kind haben, ständige Kontrolle und Bevormundung unterlassen.
Anregung und Unterstützung	• Das Kind in seiner freien Entfaltung unterstützen und dazu anregen.
Zuverlässigkeit	• Dem Kind Sicherheit und Geborgenheit vermitteln, zuverlässig sein.

Einzelarbeit 15 Wie sieht Ihr Selbstkonzept aus? Nehmen Sie ein Plakat und erstellen Sie aus Zeitschriften eine Collage zu Ihrer Persönlichkeit!

Die Wertschätzung erziehender Personen ist wichtig, um ein positives Selbstkonzept ausbilden zu können, aber auch man selbst kann daran arbeiten, ein positives Selbstkonzept zu entwickeln. Folgende Eigenschaften, Einstellungen und **Lebensführungsprinzipien** sind dabei förderlich:

Aufgeschlossenheit
Verantwortung übernehmen
Aufrichtigkeit
Lebensziele

- Für neue Erfahrungen offen sein, Kritik annehmen und reflektieren.
- Keine Schuldzuweisungen machen, eigene Überzeugungen vertreten.
- Stärken und Schwächen realistisch einschätzen und sich selbst akzeptieren.
- Eigene Potenziale an Wissen, Talenten und Fähigkeiten einsetzen (z. B. Teamfähigkeit, analytische Denkfähigkeit oder Kreativität).

Die voll funktionierende Persönlichkeit

ROGERS bezeichnet den Menschen, der sich durch ein positives Selbstkonzept auszeichnet, als gesund und „voll funktionierend". Er geht davon aus, dass ein Mensch dann ein positives Selbstkonzept hat, wenn sein **Real-Selbst** und sein **Ideal-Selbst** annähernd gleich sind, er sich also nicht zu sehr von seinem Ideal-Selbst unterscheidet. Das Ideal-Selbst beschreibt, wie wir gerne sein möchten, das Real-Selbst beschreibt, wie wir tatsächlich sind.

Ein positives Selbstkonzept verhilft uns, an unser Lebensziel zu gelangen. Eines unserer Lebensziele könnte sein, uns selbst zu erkennen und zu akzeptieren.

Literaturtipp
FROMM, Erich: *Haben oder Sein. Die seelischen Grundlagen einer neuen Gesellschaft.* München, dtv, 45. Aufl. 2018. Fromm stellt in seiner Neopsychoanalyse die Existenzweise des Habens (das Streben nach materiellen Gütern, Macht und Ruhm) der Existenzweise des Seins (innerliche Freiheit, Genügsamkeit, Liebe) gegenüber. Nur grundlegende gesellschaftliche Veränderungen können dem Menschen ein sinnerfülltes Leben ermöglichen.

Humanistische und existenzialistische Studien befassen sich mit voll funktionierenden Persönlichkeiten, die für ihr produktives und erfülltes Leben bekannt sind. Martin Luther King kämpfte gegen Rassendiskriminierung und für soziale Gerechtigkeit. Die Friedensnobelpreisträgerin Malala Yousafzai aus Pakistan setzt sich für Kinderrechte ein. Beide liefern

Orientierung am idealen Selbstbild   *Peter Gaymann*

Beispiele für Persönlichkeiten, die mit Spiritualität, Mut oder hoher Gesinnung ihren Sinn im Leben gefunden, ihr Lebensziel verfolgt und es schließlich erreicht haben.

Persönlichkeiten, die sich selbst verwirklicht haben, weisen alle ähnliche Charakterzüge auf. Sie sind selbstbewusst, akzeptieren sich, lassen sich nicht von der Meinung anderer behindern, stecken viel Energie in eine Aufgabe und bevorzugen einige wenige tiefe statt vieler oberflächlicher Beziehungen.

Einzelarbeit 16 Verfassen Sie einen fiktiven Tagebucheintrag, in dem Sie sich mit folgenden Fragen auseinandersetzen:
- Was ist für mich ein erfülltes Leben? Was ist mir für meine Zukunft wichtig?
- In welche Richtung möchte ich mich weiterentwickeln? Welche meiner Potenziale will ich ausschöpfen?
- Fantasieren Sie, wie Sie in 10/20/30 Jahren leben werden, wenn Sie bis dahin alle Ihre Fähigkeiten und Persönlichkeitseigenschaften optimal einsetzen.

10.6 Persönlichkeitsdiagnostik

Es gibt Tests, die anhand zahlreicher Fragen eine detaillierte Persönlichkeitsanalyse versprechen. Haben Sie eine gute Menschenkenntnis? Wie viel Nähe brauchen Sie? Welche Pflanze, welches Tier sind Sie? Diese Form von Persönlichkeitsbeurteilung, die bloß darauf abzielt zu unterhalten, ist jedoch unseriös.

Unter **seriöser Persönlichkeitsdiagnostik** verstehen wir wissenschaftliche Methoden der Persönlichkeitsmessung, die Persönlichkeitsmerkmale *objektiv* (unvoreingenommen), *reliabel* (verlässlich) und *valide* (gültig) überprüfen (▸ Kap. 1.2). Dies geschieht zu folgenden Zwecken:

Zweck

- **Eignungsüberprüfung:** Das Testergebnis wird mit den Anforderungen für einen bestimmten Beruf verglichen. Es wird überprüft, ob die Fähigkeiten und Qualifikationen der Testperson für die ausgeschriebene Position geeignet sind.
- **Beratung:** Die Ermittlung von Ursachen und Störungen soll der Festlegung einer Behandlungsmethode dienen.

Die Merkmale einer Persönlichkeit können mündlich oder schriftlich ermittelt werden:

Methoden

- **Mündliche Befragung (Interview)**
Bei einer mündlichen Befragung wird die Testperson zu ihrer aktuellen Lebenssituation (z. B. familiäre Situation, Beruf) befragt und es werden Daten zu ihrer bisherigen Lebensgeschichte gesammelt (Anamnese).

- **Schriftliche Befragung (Persönlichkeitstests)**
Es gibt heute über 100 wissenschaftlich anerkannte Persönlichkeitstests, die innerhalb kurzer Zeit ein Persönlichkeitsprofil erstellen. Persönlichkeitstests werden in **faktorenanalytische** und **projektive** Tests unterteilt. Faktorenanalytische Persönlichkeitstests sind strukturierte Fragebögen, die Antwortmöglichkeiten zur Auswahl vorgeben. Projektive Persönlichkeitstests hingegen sind unstrukturiert und lassen mehrere Antwortmöglichkeiten zu.

1. Faktorenanalytische Persönlichkeitstests

Persönlichkeitsfragebögen enthalten Fragen oder Behauptungen, sogenannte **Items**, über Befinden, Verhalten oder Einstellung. Die Testperson schätzt ein, was auf sie zutrifft. Die Items bieten zwei oder mehr Antwortmöglichkeiten und können beispielsweise mit „ja/nein", „trifft vollständig zu/trifft überwiegend zu/trifft eher zu/trifft eher nicht zu/trifft gar nicht zu", mit „stimmt/stimmt nicht/stimmt teilweise" oder „selten/manchmal/oft/sehr oft" beantwortet werden. Die Punkte werden zusammengezählt, wodurch ein **Persönlichkeitsprofil** mit Stärken und Schwächen erstellt wird.

FPI

- Im deutschsprachigen Raum ist das **FPI** (**F**reiburger-**P**ersönlichkeits-**I**nventar) als Persönlichkeitstest weit verbreitet. Das FPI ermittelt folgende Persönlichkeitsfaktoren: Lebenszufriedenheit, soziale Orientierung, Leistungsorientierung, Gehemmtheit, Erregbarkeit, Aggressivität, Beanspruchung, körperliche Beschwerden, Gesundheitssorgen, Offenheit sowie Extraversion und Neurotizismus.

 Einzelarbeit **17** Welche Persönlichkeitsfaktoren sollen mit den folgenden Items aus dem FPI ermittelt werden?

Item	stimmt	stimmt nicht	Persönlichkeitsfaktor
1. Ich habe Spaß an schwierigen Aufgaben, die mich fordern.			
2. Ich bin ungern mit Menschen zusammen, die ich nicht kenne.			
3. Wenn etwas schiefgeht, regt mich das nicht auf.			
4. Ich fühle mich häufig gestresst.			
5. Ich bin immer guter Laune.			

- Das **EPI** (Eysenck-Persönlichkeits-Inventar) umfasst eine Neurotizismus- und Extraversionsskala (▶ Kap. 10.2), die über einen Fragebogen erfasst wird. Die Dimension Extraversion (Extraversion – Introversion) fragt nach Geselligkeit, Lebhaftigkeit, Selbstbehauptung, Abenteuerlust, Aufgeschlossenheit, Dominanz, Aktivität und Sorglosigkeit. Die Dimension Neurotizismus (Stabilität – Labilität) ermittelt Ängstlichkeit, Bedrücktheit, Schuldgefühle, geringe Selbstachtung, Angespanntheit, Schüchternheit, Launen und Gefühle.

Einzelarbeit 18

- Kreuzen Sie in der Neurotizismus- und Extraversionsskala an, was auf Sie persönlich zutrifft!
- Welche Antworten passen zu welchem Typus? Ordnen Sie jeder Antwort E für Extraversion, I für Introversion, S für Stabilität oder L für Labilität zu.

Extraversion (Extraversion – Introversion)	Ja	Nein
Sind Sie abenteuerlustig?		
Gehen Sie gern und häufig aus?		
Neigen Sie dazu, sich viel zu bewegen?		
Sind Sie nachdenklich?		
Neurotizismus (Stabilität – Labilität)	**Ja**	**Nein**
Haben Sie oft Stimmungsschwankungen?		
Würden Sie sich als nervösen Menschen bezeichnen?		
Haben Sie oft Schuldgefühle?		
Sind Sie zuverlässig?		

Gruppenarbeit 19

Stellen Sie sich vor, Sie eröffnen eine Schule oder ein Lokal. Erstellen Sie in Kleingruppen einen Persönlichkeitstest für eine Person, die Sie einstellen wollen.
- Formulieren Sie Items zu Persönlichkeitsmerkmalen, die für die jeweilige Funktion von Bedeutung sind.
- Formulieren Sie die Items situationsspezifisch.

Es gibt allerdings einige Faktoren, die das Ergebnis eines faktorenanalytischen Persönlichkeitstests **verfälschen** können:

Kritikpunkte

- Wir tendieren dazu, uns so einzuschätzen, wie wir **gerne wären**, und nicht, wie wir tatsächlich sind.
- Die Selbstbeurteilung kann je nach **Stimmungslage** vorteilhaft oder aber negativ bewertend sein.
- Persönlichkeitsmerkmale wie z. B. Ungeduld sind oft **situationsabhängig**.
- Wer über die psychologische Bedeutung eines Tests **Bescheid weiß**, neigt dazu, so zu antworten, dass er / sie das gewünschte Ergebnis erhält.
- **Gesellschaftliche Normen** entscheiden, ob eine Eigenschaft als erwünscht oder unerwünscht gilt. Auch das Ergebnis eines Persönlichkeitstests fassen wir nicht objektiv auf.

Wussten Sie, dass ... es eine Software gibt, die auf Basis einer 15-minütigen Sprachaufnahme ein umfassendes **Persönlichkeitsprofil** von Ihnen erstellen kann? Die Software funktioniert nach einem einfachen Prinzip: Via Telefon müssen mehrere Fragen einer aufgezeichneten Stimme (z. B. „Bitte beschreiben Sie den Ablauf eines typischen Sonntags.") beantwortet werden. Anschließend wird die Testperson anhand ihres spezifischen **Sprachmusters** (Sprachrhythmus, Geschwindigkeit, Lautstärke, Stimmhöhe, Betonung, Satzbau, Wortwahl etc.) charakterisiert. Dabei untersucht ein Algorithmus ca. über 500 000 sprachliche Merkmale. Das Testergebnis gibt Auskunft darüber, ob die getestete Person beispielsweise teamfähig ist oder sehr dominant, motiviert oder untätig, stark oder psychisch labil usw. PersonalvermittlerInnen, UnternehmensberaterInnen und Krankenkassen lassen ihre MitarbeiterInnen bereits mit dieser Software analysieren. Diese Technik ist jedoch bei SprachwissenschaftlerInnen sehr umstritten, insbesondere bei Walter Sendlmeier. Der renommierte deutsche Sprachwirkungsforscher bezweifelt, dass bei einem Telefoninterview ein aussagekräftiges Sprachprofil ermittelt werden kann. Sendlmeiers Hauptkritikpunkt: Wir sprechen nicht immer gleich. Unsere Stimmlage verändert sich je nach GesprächspartnerIn, Gemützustand und Thema.

2. Projektive Persönlichkeitstests

Projektive Tests stehen in engem Zusammenhang mit den tiefenpsychologischen Persönlichkeitstheorien, da sie einen **Blick ins Unbewusste** ermöglichen wollen. Bei projektiven Tests werden der Testperson Bilder oder Tintenkleckse vorgelegt, die interpretiert werden sollen, oder die Testperson wird aufgefordert, etwas zu zeichnen, zu ergänzen oder zu beurteilen. Im Interpretationsprozess zeigt die Testperson Persönlichkeitsanteile (Ängste, Wünsche, Vorerfahrungen), die sie in die Bilder projiziert. In jedem Fall wird die Persönlichkeit analysiert und es werden Aussagen über ihr Verhalten, ihre Einstellungen, ihre Vorlieben, Stärken und Schwächen getroffen. In jeder Situation werden auch die Assoziationen sowie das Verhalten der Testperson während der Testsituation gedeutet. An den projektiven Tests wird kritisiert, dass die Deutung je nach GutachterIn unterschiedlich ausfällt und daher nicht dem wissenschaftlichen Kriterium der Objektivität entspricht.

Kritikpunkt

Tintenklecks-Bilder wie bei einem Rorschach-Test

- Beim **Rorschach-Test** – erstellt vom Schweizer Psychiater Hermann RORSCHACH – werden der Testperson Tafeln mit symmetrischen Klecksen gezeigt. Die Testperson soll diese ein- oder mehrfarbigen Tintenklecks-Bilder interpretieren und wird nach ersten Assoziationen beim Betrachten des Tintenklecks-Bildes befragt. Die fantasievollen Vorstellungen werden anschließend nach *Form* (abstrakt/konkret) und *Inhalt* (belebt/unbelebt, Mensch/Tier, positiv/negativ) gedeutet. Die Assoziationen sollen Auskunft über Konflikte und psychische Störungen, aber auch Hinweise auf Kreativität geben. Rorschach-Tests werden nach einem klaren Schema ausgewertet.

- Der US-amerikanische Psychologe Henry MURRAY entwickelte den **Thematischen Apperzeptionstest (TAT)**. Der Testperson werden Schwarz-Weiß-Bilder vorgelegt. Dann wird sie aufgefordert, die mehrdeutigen Bildsituationen zu analysieren, indem sie Geschichten erzählt: Was geht in der Szene vor sich? Welche Gedanken und Gefühle haben die Beteiligten? Wie könnte die Situation entstanden sein? Welche Folgen könnten sich daraus ergeben? Die Testbefunde werden mit der persönlichen Lebensgeschichte der Testperson sowie mit ihrem Verhalten (Mimik, Gestik) in der Testsituation in Zusammenhang gebracht. Ziel des TATs ist, unbewusste Wünsche, Ängste und Konflikte aufzudecken.

Eine Karte aus dem TAT, zu der eine Geschichte erzählt werden soll

- **Zeichentests** verlangen gestalterisches Darstellen. Beim **Baum-Test** nach Karl KOCH wird die Testperson aufgefordert, einen Baum zu zeichnen. *„Die Auswertung von Gestaltungstests wie des Baumtests geschieht anhand subjektiver Kriterien. Im vorliegenden Beispiel könnte man bei den jeweiligen ZeichnerInnen auf eine extravertierte (links) oder eine introvertierte Persönlichkeit (rechts) schließen."* (Brockhaus 2001, S. 67)

Mögliche Zeichnungen aus dem Baum-Test

Beim Wartegg-Test des Psychotherapeuten Ehrig WARTEGG sollen acht Symbol-Kästchen zu Bildern ergänzt werden. Der **Wartegg-Test** misst Gefühl, Verstand, Wille und Fantasie.

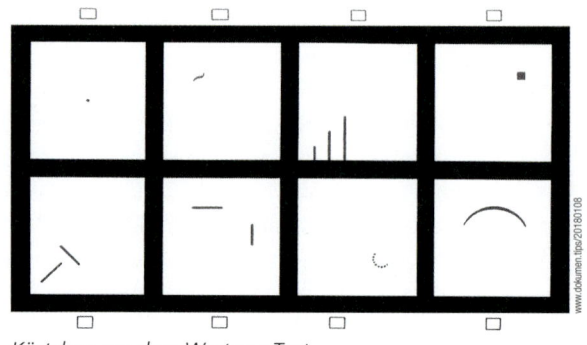

Kästchen aus dem Wartegg-Test

- Der **Scenotest** wird vor allem bei Kindern und Jugendlichen im Bereich der klinischen Psychologie, der Erziehungsberatung, Schulpsychologie, Berufsberatung und forensischen Psychologie angewendet. Er besteht aus standardisiertem Spielmaterial, mit dem eine Szene aufgebaut werden soll. Das Material besteht in der Regel aus biegbaren Puppen, Tieren, Pflanzen, Bäumen, Möbeln sowie Gegenständen aus dem Haushalt. In der Szenengestaltung können das Alltags- und Beziehungsleben, Ängste, Wünsche und Bewältigungsstrategien erkennbar werden. Der Test soll schließlich Zugang zu unbewussten Problemen liefern und dazu verhelfen, sich mit seinen inneren Schwierigkeiten auseinanderzusetzen.

Mit freundlicher Genehmigung des Hogrefe Verlages Bern

Sceno-Test

Gruppenarbeit 20 Neben dem TAT-, Rorschach, Baum-, Wartegg- oder Scenotest gibt es noch weitere wie den Welttest, den Picture-Frustrations-Test (PFT) oder den Lüscher-Farbtest. Wählen Sie in Kleingruppen je einen projektiven Test aus, sammeln Sie Informationen darüber im Internet und präsentieren Sie den Test in der Klasse. Nehmen Sie anschauliche, authentische Beispiele zur Präsentation mit.

Partnerarbeit 21

- Entwerfen Sie einen Test zum Kapitel Persönlichkeitspsychologie, der zehn Aussagen enthält, die entweder richtig oder falsch sind.
- Tauschen Sie diesen Test mit einem Mitschüler bzw. einer Mitschülerin. Lösen Sie den Test und lassen Sie ihn vom Testersteller/von der Testerstellerin korrigieren.

10

Kompetenzcheck

1. „Jeder Mensch ist einmalig und das größte Kunstwerk, das es gibt." (Thomas Bernhard) Stimmen Sie dem zu? Geben Sie eine begründete Stellungnahme zu dieser Aussage ab.
2. Erklären Sie den Unterschied zwischen den Begriffen *Person* und *Persönlichkeit* in eigenen Worten.
3. Unterscheiden Sie die Persönlichkeitstheorien bezüglich ihrer Auffassung von Persönlichkeit.
4. Nennen Sie die Möglichkeiten, die es gibt, Unterschiede und Gemeinsamkeiten von Individuen zu erforschen.
5. Nehmen Sie zu den Typologien von HIPPOKRATES und KRETSCHMER kritisch Stellung.
6. Stellen Sie die Grundaussage von eigenschaftsorientierten und faktorenanalytischen Persönlichkeitstheorien dar.
7. Das Big-Five-Modell wird gerne herangezogen, um beispielsweise anhand von Facebook-Daten die Persönlichkeit der NutzerInnen zu ermitteln. Erörtern Sie mögliche Gefahren, die eine derartige Vorgehensweise mit sich bringen kann.
8. Unterscheiden Sie die Persönlichkeitstheorien von FREUD, ADLER und JUNG.
9. Beurteilen Sie, inwiefern FREUDS Beiträge zur Psychologie heute noch von Bedeutung sind.
10. Vergleichen Sie die humanistischen Persönlichkeitstheorien mit den tiefenpsychologischen Strömungen. Finden Sie mindestens drei Unterschiede.
11. „Anerkennung ist der Sauerstoff für menschliche Beziehungen." Erarbeiten Sie anhand dieses deutschen Sprichworts wesentliche Grundprinzipien der humanistischen Persönlichkeitspsychologie.
12. Wie entwickelt man ein positives Selbstkonzept und unter welchen Umständen wird man zu einer voll funktionierenden Persönlichkeit? Nehmen Sie persönlich dazu Stellung.
13. Beurteilen Sie die Möglichkeiten, die ArbeitgeberInnen haben, um die Persönlichkeitsmerkmale ihrer BewerberInnen zu eruieren.

Textanalyse

” *Tatsächlich sind wir heute nicht mehr wie zur Zeit von Freud mit einer sexuellen, sondern mit einer existenziellen Frustration konfrontiert. Und der typische Patient von heute leidet nicht mehr so sehr wie zur Zeit von Adler an einem Minderwertigkeitsgefühl, sondern an einem abgründigen Sinnlosigkeitsgefühl, das mit einem Leeregefühl vergesellschaftet ist – weshalb ich von einem existenziellen Vakuum spreche. Nehmen wir einen Brief her, den mir ein amerikanischer Student geschrieben hat und aus dem ich hier bloß zwei Sätze zitieren möchte – in deutscher Übertragung: „Ringsum bin ich hier in Amerika umgeben von jungen Leuten meines Alters, die verzweifelt nach einem Sinn ihres Daseins suchen. Einer meiner besten Freunde starb unlängst, weil er eben einen solchen Sinn nicht hatte finden können." (…) Wenn ich gefragt werde, wie ich mir die Heraufkunft dieses existenziellen Vakuums erkläre, dann pflege ich die folgende Kurzformel anzubieten: Im Gegensatz zum Tier sagen dem Menschen keine Instinkte, was er muss, und im Gegensatz zum Menschen von gestern sagen dem Menschen von heute keine Traditionen mehr, was er soll. Nun, weder wissend, was er muss, noch wissend, was er soll, scheint er oftmals nicht mehr recht zu wissen, was er im Grunde will. So will er denn nur das, was die anderen tun – Konformismus! Oder aber er tut nur das, was die anderen wollen – von ihm wollen – Totalitarismus.* ”

(Viktor FRANKL: Das Leiden am sinnlosen Leben. Psychotherapie für heute. Freiburg: Kreuz Verlag in der Herder GmbH 2015, S. 9ff.)

→ Was versteht Frankl unter einem „existenziellen Vakuum"?
→ Wie kommt es zu einem existenziellen Vakuum?
→ Welche Auswege bleiben dem Menschen in dieser Lage?

Projekt

Gestalten Sie eine **Wandzeitung** zum Thema *Persönlichkeit*!

- Sammeln Sie zum Thema *Persönlichkeit* Zeitschriften, Bücher, Zeitungsartikel, Bilder, Comics, Fotos, Karikaturen, Studienergebnisse etc. und legen Sie alle Materialien in der Klasse auf.
- Wählen Sie in Gruppen je einen Bereich aus der Persönlichkeitspsychologie und suchen Sie wissenswerte Materialien dazu heraus.
- Befestigen Sie für die Wandzeitung eine große Rolle Papier entlang der Wand! Jede Gruppe grenzt ihren Bereich für die Bearbeitung ein.
- Verarbeiten Sie die Inhalte zu Ihrem Themenbereich für die Wandzeitung: Verfassen Sie selbst Artikel, dokumentieren Sie Forschungsergebnisse, ergänzen Sie Tests, Tipps, zeichnen und malen Sie. Gestalten Sie die Wand informativ, kreativ und unterhaltsam.
- Gliedern Sie die Wandzeitung mit Überschriften. Achten Sie auf einen klaren Aufbau und eine logische Struktur.

> *Wir können nicht allein leben.*
> *Unser Leben ist von Tausenden unsichtbarer Fäden durchzogen.*
> HERMAN MELVILLE (US-amerikanischer Schriftsteller, 1819–1891)

Walt Handelsman / Ausschnitt

Anfang 1960 wurde in einem Stadtteil von New York City Kitty Genovese, eine 28-jährige Frau in einem Durchgang ihres Apartmenthauses überfallen und ermordet. Der Angriff dauerte fünfundvierzig Minuten. 38 BewohnerInnen gaben später zu, dass sie zum Fenster liefen, als sie die Hilfeschreie hörten. Aber niemand versuchte in irgendeiner Weise einzugreifen, um der Frau zu helfen, und niemand kam auf die Idee, die Polizei zu rufen. (vgl. Aronson 2004, S. 29)

Der Mordfall „Kitty Genovese" regte schließlich Untersuchungen zur unterlassenen Hilfeleistung an – ein psychologisches Phänomen, das als „Zuschauereffekt" oder „Genovese-Syndrom" bekannt wurde – und illustriert, wofür sich die Sozialpsychologie ganz allgemein interessiert: Sie möchte wissen, was in Individuen in bestimmten sozialen Situationen vorgeht und wie sie sich darin verhalten. Im Zentrum des Interesses stehen also Meinungen, Gefühle, Absichten sowie das Handeln und Reagieren von einzelnen Personen und Personengruppen.

Um menschliches Verhalten erklären und **allgemeine Gesetzmäßigkeiten** dafür aufstellen zu können, hinterfragt die sozialpsychologische Forschung, inwiefern uns die momentane Situation oder unser soziales Umfeld beeinflussen. Doch nicht nur das Umfeld wirkt auf den einzelnen Menschen, auch der einzelne Mensch beeinflusst sein Umfeld.

Der Begriff „sozial" (lat. *socialis*: gesellschaftlich, gesellig) bezieht sich auf das menschliche Zusammenleben in der Gesellschaft, und genau damit beschäftigt sich die Sozialpsychologie.
Sie ist die Wissenschaft vom individuellen und kollektiven Erleben und Verhalten.

- Sie untersucht jegliche Formen des **kollektiven** Zusammenlebens unter den unterschiedlichsten gesellschaftlichen Bedingungen.
- Bei der Erforschung des **individuellen** Erlebens und Verhaltens wiederum stellt sie den einzelnen Menschen in den Mittelpunkt und hinterfragt, wie bedeutend zwischenmenschliche Beziehungen für ihn sind. Zu dieser Frage gab bereits ARISTOTELES die Antwort, dass der Mensch ein soziales Wesen (*zóon politikón*) sei, das sich nur in der Gemeinschaft entwickeln könne.

Wir machen uns relativ schnell ein Bild von einer anderen Person: Wie sieht sie aus? Wie tritt sie auf? Egal, ob Freunde/Freundinnen, Bekannte oder fremde Personen auf der Straße, wir beurteilen ständig das Aussehen (▸ Kap. 11.4) und Auftreten anderer Menschen, versuchen ihr Verhalten zu erklären und nach dessen Ursachen zu fragen. Man spricht dabei von **Attribution** (Zuschreibung). Je nachdem, ob wir Personenfaktoren und Umweltfaktoren für das Verhalten verantwortlich machen, handelt es sich um *internale* oder *externale* Attribution: Wenn Sie sich beispielsweise über eine unfreundliche Bedienung in einem Lokal ärgern, können Sie entweder den Pessimismus dieser Person (internal) als Ursache für ihr Verhalten sehen, oder Sie machen momentane Beziehungsprobleme (external) für ihre schlechte Laune verantwortlich (▸ Kap. 11.1).

Wie der **fundamentale Attributionsfehler** (▸ Kap. 11.1) zeigt, tendieren wir dazu, den Einfluss der Persönlichkeitsfaktoren zu überschätzen und den Einfluss der momentanen Situation auf das Verhalten zu unterschätzen.

Wahrnehmungsfehler zeigen schließlich, dass wir über das Erscheinungsbild, Äußerungen und Handlungen einer Person vorschnell auf ihre momentane Stimmung, ihre Absichten, Einstellungen und Charaktereigenschaften schließen (▸ Kap. 11.1). Die Sozialpsychologie erforscht in diesem Zusammenhang, wie Vorurteile und Stereotype entstehen, welche Motive sie haben, wie sie wirken und sich verändern (▸ Kap. 11.2; 11.3).

Die Sozialpsychologie hinterfragt außerdem, welche **Rollen** wir in unterschiedlichen gesellschaftlichen Strukturen einnehmen (▸ Kap. 11.5) und inwieweit gesellschaftliche Normen und Institutionen unser Erleben und Handeln beeinflussen. In Experimenten konnte gezeigt werden, dass Menschen unter bestimmten Bedingungen nicht nur die dringende Hilfsbedürftigkeit anderer ignorieren, sondern sogar Befehlen so weit folgen, dass dabei Menschenleben gefordert werden (▸ Kap. 11.6). Wie wir denken und fühlen, wenn wir mit anderen **interagieren** (▸ Kap. 11.7), und welche Lösungsstrategien zur Bewältigung von **Konflikten** (▸ Kap. 11.8) es gibt, sind weitere Interessensgebiete der Sozialpsychologie.

Einzelarbeit **1** Stellen Sie sich vor, eine Freundin/ein Freund macht Sie auf einer Party mit einem Kollegen/einer Kollegin bekannt. Was wollen Sie von ihm/ihr wissen, um sich ein Bild von seiner/ihrer Persönlichkeit machen zu können? Formulieren Sie mögliche Fragen und stellen Sie diese anschließend in der Klasse vor.

Wie ein Urteil zustande kommt, also wie wir das Verhalten anderer interpretieren, hängt stark von unserer **sozialen Wahrnehmung** (▶ Kap. 3.2) ab. Darunter versteht man einen Prozess, bei dem Informationen über die individuellen Merkmale einer Person gesammelt und interpretiert werden. Sie wird durch bestimmte Faktoren geprägt:

Atmosphäre
- Momentane Stimmung und Atmosphäre: Bei einem gemütlichen, fröhlichen Abendessen mit FreundInnen begegnen wir einer fremden Person sicher positiver, als wenn sie uns in einer überfüllten U-Bahn um halb acht Uhr morgens gegenübersteht.

Erfahrungen
- Unsere bisherigen Erfahrungen: Wir haben im Laufe unseres Lebens gelernt, gewisse Merkmale zu deuten. Zusammengezogene Augenbrauen oder ein stechender Blick bedeuten nichts Gutes. Ein offenes Lächeln dagegen stimmt uns positiv. Aber unsere bisherigen Erfahrungen sind noch viel subtiler und vielschichtiger, denn ohne ersichtlichen Grund kann uns jemand auf Anhieb unsympathisch sein. Möglicherweise erinnert uns irgendein Detail in seinem/ihrem Erscheinungsbild unbewusst an eine Situation, in der wir keine positive Erfahrung gemacht haben. Es dauert dann oft sehr lange, bis wir dieses „falsche" Bild korrigieren. (vgl. Cerwinka 2002, S. 10)

Einstellungen und Werthaltungen
- Unsere Einstellungen und Werthaltungen sind kulturell und sozial geprägt und bestimmen, wie wir andere Personen beurteilen.

Wussten Sie, dass ... Menschen mit Migrationshintergrund eine 25 bis 30 % geringere Chance haben, zu einem **Bewerbungsgespräch** eingeladen zu werden als ÖsterreicherInnen mit vergleichbarer Qualifikation? Eine Studie (2013) des IHS (Institut für höhere Studien) Wien im Auftrag des Sozialministeriums kam zu diesem Ergebnis. Ebenso (unbewusst) benachteiligt werden in dieser ersten Stufe des Bewerbungsverfahrens Frauen mit Kindern sowie ältere Menschen. In Pilotprojekten werden daher **anonyme Bewerbungsverfahren** getestet, das bedeutet, dass die Bewerbungsunterlagen ohne Angaben zu Name, Alter, Geschlecht, Familienstand und Herkunft vermittelt werden. Der Vorteil liegt darin, dass zunächst allen BewerberInnen die gleichen Chancen ermöglicht werden und der Blick auf die fachlichen Qualifikationen gelenkt wird.

Da die Faktoren der sozialen Wahrnehmung sehr subjektiv sind, unterliegen wir bei der Beurteilung anderer Personen häufig Attributions- sowie Wahrnehmungsfehlern und sind anfällig dafür, Vorurteile (▶ Kap. 11.2) und Stereotypen (▶ Kap. 11.3) zu bilden.

Attributionsfehler

Der große Erfolg des Reality-TV beweist, wie weit verbreitet der Wunsch ist, andere Menschen zu verstehen. Wir denken tagtäglich über andere nach, suchen Gründe für ihr Verhalten und bilden schnell Urteile, z. B. in öffentlichen Verkehrsmitteln *(Warum blickt unser Gegenüber so verzweifelt auf sein Handy?),* genauso wie im Klassenzimmer *(Warum lächelt unsere Klassenkollegin?).*

Wenn wir versuchen, eigenes und fremdes Verhalten zu erklären, sprechen wir von **Attribution**. Dabei tendieren wir dazu, sämtliche Ereignisse, die wir beobachten, auf grundlegende Ursachen (u. a. Persönlichkeitsmerkmale, Umweltgegebenheiten) zurückzuführen. Dieser Vorgang ist wichtig, um adäquat auf unser Gegenüber reagieren zu können. Ziel von Attributionen ist es, unsere soziale Umgebung besser zu verstehen sowie gewisse Ereignisse vorhersehbar und kontrollierbar zu machen.

Der österreichische Psychologe Fritz HEIDER unterscheidet zwei Formen der Attribution:
- Bei der **internalen** Attribution machen wir die innere Einstellung und individuelle Persönlichkeitsmerkmale (Personenfaktoren) für ein Verhalten verantwortlich: Unsere Klassenkollegin lächelt, weil sie ein positiver Mensch ist.
- Bei der **externalen** Attribution sehen wir die momentane Situation und äußerliche Umfeldgegebenheiten (Umweltfaktoren) als Ursache für eine Verhaltensreaktion: Unsere Klassenkollegin lächelt, weil sie eine gute Note auf ihre Deutschschularbeit bekommen hat.

REALITY
TV

» Die einen sehen sich die Sendung an, weil sie sich mir ihr identifizieren. Die anderen, weil ihnen hilft, sich abzugrenzen.«
Eva Flicker, Soziologin
(Der Standard, 30.12.2010)

Definition
ATTRIBUTION (lat. *attribuere:* zuschreiben) ist ein psychischer Vorgang, bei dem Ereignisse und Handlungen erklärt werden, indem man diesen Ursache und Wirkung zuschreibt.

Partnerarbeit 2

Besprechen Sie zu zweit, welche externalen Gründe es für folgende Situation geben könnte. Begründen Sie Ihre Auswahl anschließend im Plenum.
a) obdachlos sein; b) zu spät kommen; c) bei Rot über die Kreuzung gehen; d) der Freund/ die Freundin geht nicht ans Telefon

Wir tendieren zu internalen Attributionen, weil die menschliche Wahrnehmung laut Heider personenorientiert ist – wir interessieren uns also generell mehr für den Menschen als für das Umfeld. Wenn wir das Verhalten einer Person rein aufgrund der Persönlichkeitsfaktoren (internal) beurteilen, ohne die Situation zu berücksichtigen, sprechen wir vom **fundamentalen Attributionsfehler**. Ursache dafür ist, dass die interne Attribution schnell und spontan geschieht, während die externe Situation schwer zu erfassen ist und kognitive Anstrengung erfordert. Wir urteilen beispielsweise auch sehr schnell, ob uns eine Person sympathisch ist oder nicht (▸ Kap. 11.4), ohne zu hinterfragen, welchen Einfluss die momentane Situation auf ein bestimmtes Verhalten haben könnte.

Wahrnehmungsfehler

Einzelarbeit 3

Ordnen Sie zu: Wer ist 1) ErfinderIn, 2) PhysikerIn, 3) BankräuberIn, 4) KrankenpflegerIn, 5) MörderIn, 6) FriedensnobelpreisträgerIn?

     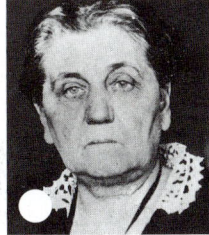

Philosophie
Erkenntnistheorie

Die Beurteilung eines Menschen nach seinem Erscheinungsbild kann zu Wahrnehmungsfehlern führen. Wenn nur wenige Indizien zur Person zur Verfügung stehen, beginnen wir zu interpretieren und greifen auf Klischees zurück. Wir tendieren dann teils bewusst, vorwiegend aber unbewusst dazu, die Wirklichkeit zu verfälschen. Folgende Wahrnehmungsfehler werden unterschieden:

1. Primacy-Effekt

Die erste Information, die wir über eine Person erhalten, prägt den Gesamteindruck am stärksten. Das heißt, dass einerseits negative Merkmale zugunsten eines positiven ersten Eindrucks verdrängt werden und andererseits positive Merkmale, die auf einen negativen ersten Eindruck folgen, weniger wahrgenommen werden. Das Experiment zur Personenwahrnehmung von Solomon ASCH zeigt, dass sich je nach Reihung der Eigenschaften ein völlig anderes Bild der Person ergibt. Typ A wurde im folgenden Fall daher positiver beurteilt:

» You never got a second chance to make the first impression.«
(englisches Sprichwort)

- Typ A: intelligent, fleißig, impulsiv, kritisch, hartnäckig, neidisch
- Typ B: neidisch, hartnäckig, kritisch, impulsiv, fleißig, intelligent

Partnerarbeit 4

Reflektieren Sie zu zweit über folgende Fragen: Worauf achten Sie bei einer Person, die Sie neu kennenlernen, als Erstes? Was fällt Ihnen sofort auf? Auf welche Eigenschaften achten Sie erfahrungsgemäß wenig?

Literaturtipp

MOLCHO, Samy: *Alles über Körpersprache. Sich selbst und andere besser verstehen.* München 2002. Der bekannte Pantomime und Kommunikationsexperte Samy Molcho schreibt über den Einfluss der Körpersprache (Gestik, Mimik) auf die zwischenmenschliche Kommunikation. Er gibt Hinweise, wie wir die Signale unserer GesprächspartnerInnen bewusst erkennen und richtig einschätzen lernen.

Wussten Sie, dass ... unser Urteil bereits nach etwa einer halben Sekunde feststeht, wenn wir eine Person kennenlernen? Außerdem spielen nonverbale Signale wie Mimik, Gestik, Stimmlage, aber auch Gesicht, Frisur, Kleidung eine gewichtige Rolle beim **ersten Eindruck**: „Meinungen über die Gefühle und Einstellungen eines Gesprächspartners bildet man nicht nur aufgrund der Inhalte seiner Mitteilungen, sondern auch aufgrund von Körperhaltung, Gesten, Gesichtsausdruck, Lautstärke und Tonfall der Stimme usw." (Herkner 2008, S. 278) Der Psychologe Albert MEHRABIAN konnte in einem Experiment nachweisen, dass wir bei Inkonsistenzen (Unstimmigkeiten) dem Inhalt sogar oft misstrauen und uns eher auf andere Aspekte der Interaktion verlassen: Wenn etwa eine inhaltlich freundliche Mitteilung mit abweisendem Gesichtsausdruck vorgebracht wird oder umgekehrt eine distanzierte Mitteilung lächelnd und mit ausgiebigem Blickkontakt, vertraut man am ehesten dem Gesichtsausdruck (55 %), in zweiter Linie dem Tonfall (38 %), dem Inhalt hingegen wird fast keine Bedeutung beigemessen (7 %). (vgl. a.a.O., S. 280)

Literaturtipp

KAHNEMAN, Daniel: *Schnelles Denken, langsames Denken.* München 2016. Wie treffen wir Entscheidungen? Warum ist Zögern ein überlebensnotwendiger Reflex, und was passiert in unserem Gehirn, wenn wir andere Menschen oder Dinge beurteilen? Der Wirtschafts-Nobelpreisträger Daniel Kahneman hat gemeinsam mit Amos Tversky kognitive Verzerrungen (verzerrte Denk- und Wahrnehmungsmuster) in zahlreichen Studien erforscht. Er konnte beweisen, dass unser Denken oft vorgefassten Mustern und Illusionen folgt.

Definition

Der HALO-EFFEKT (griech. *hálos*: Lichthof, Heiligenschein) bedeutet ein „Überstrahlen" der Wahrnehmung einer Person durch einzelne Eigenschaften.

„Je mehr Stoppzeichen die Polizei aufstellt, desto mehr Fahrer werden zu Verkehrssündern, was die Aufstellung weiterer Stoppzeichen ‚notwendig' macht."
(Watzlawick 2009, S.60)

Experiment

Der erste Eindruck beim Vorstellungsgespräch

Ein positiver erster Eindruck spielt auch bei der Bewerbung eine bedeutende Rolle. Erarbeiten Sie in Kleingruppen Faktoren, die bei einem Vorstellungsgespräch wichtig sind, um einen positiven Eindruck zu hinterlassen! Worauf kommt es an?

- Überlegen Sie in der Rolle des Chefs bzw. der Chefin, welche Fragen Sie Ihren BewerberInnen stellen würden. Notieren Sie diese!
- Entwerfen Sie nun eine Interviewsituation zu einem Vorstellungsgespräch nach Wahl (BabysitterIn, KellnerIn, VerkäuferIn etc.). Rolle 1: BewerberIn, Rolle 2: ChefIn, Rolle 3: BeobachterIn. Der Beobachter/Die Beobachterin soll jeweils Rückmeldung über den Eindruck und den Gesprächsverlauf geben: Blickkontakt/Stimme/Verhalten/… Tauschen Sie anschließend die Rollen.

2. Halo-Effekt

Warum wird jemand, der attraktiv aussieht, auch oft für intelligent gehalten? Ein sympathischer Eindruck oder körperliche Attraktivität verdrängt meist negative Merkmale und führt zur Zuschreibung weiterer positiver Eigenschaften (z. B. sozial, intelligent, beliebt). Umgekehrt verdrängt ein negativer Eindruck positive Eigenschaften.

Wenn von einer zentralen Persönlichkeitseigenschaft fälschlicherweise auf weitere Eigenschaften geschlossen wird, spricht man vom **Halo-Effekt**. Der Gesamteindruck einer Person wird durch ein einzelnes, hervorstechendes Merkmal dominiert. Dieser Effekt wirkt auch bei isolierten Handlungen, aus denen vorschnell Verhaltensmuster abgeleitet werden.

3. Erwartungseffekt

Sich selbst erfüllende Prophezeiungen (**Selffulfilling Prophecies**) sind Vorhersagen, die aufgrund unserer Erwartungshaltung schließlich tatsächlich eintreten. Man spricht daher auch vom „Erwartungseffekt". Dieser kann auch zu einer Veränderung des Verhaltens unseres Gegenübers führen: Wir behandeln eine Person meist entsprechend der positiven oder negativen Erwartungen, die wir in Bezug auf ihr Verhalten haben. Die andere Person reagiert darauf und verändert vielleicht ihr Verhalten dahingehend. Findet man sie z. B. unsympathisch und begegnet ihr (unbewusst) kalt, forsch und distanziert, wird man von ihr vermutlich eine entsprechend unfreundliche Reaktion zurückbekommen.

Der Sozialpsychologe Robert ROSENTHAL konnte den Erwartungseffekt in einem klassischen Experiment zeigen: Zufällig ausgewählte SchülerInnen, die den LehrerInnen jedoch als besonders intelligent und leistungsfähig präsentiert wurden, brachten im Vergleich zu den anderen SchülerInnen signifikant größere Leistungsverbesserungen zustande. Weitere Untersuchungen demonstrierten, dass LehrerInnen guten SchülerInnen gegenüber ein freundlicheres und wohlwollenderes Verhalten zeigen, ihnen öfter zulächeln, sie häufiger aufrufen und sie ernst nehmen, verbal mehr verstärken und öfter loben als tadeln. Die Beeinflussung des (Leistungs-)Verhaltens von SchülerInnen durch (Leistungs-)Erwartungen und Vorurteile der Lehrperson bezeichnete Rosenthal als **Pygmalion-Effekt**.

11.2 Vorurteile

Eine **Einstellung** (Meinung, Ansicht, Standpunkt) ist die Bewertung eines Menschen, eines Ereignisses oder einer Idee. Sie kann über unser Verhalten (physiologische Reaktion, verbale Äußerung, Verhaltensabsicht) nach außen transportiert werden.

Die **Einstellungsforschung** interessiert sich dafür, wie Einstellungen entstehen, beeinflusst und verändert werden können. Folgendes konnte dabei herausgefunden werden:

- Wir orientieren uns in erster Linie an den Lebensgewohnheiten und Ansichten unserer Eltern, LehrerInnen und FreundInnen.
- Wir werden aber auch medial geprägt und übernehmen aktuelle, den politischen Zeitumständen entsprechende gesellschaftlich akzeptierte Meinungen.
- Ebenso generalisieren wir persönliche Alltagserfahrungen und beziehen persönliche Bedürfnisse, Hoffnungen und Ängste in unsere Meinungsbildung mit ein.

Videoanalyse 6

▶ **YouTube**

E-Book ◀
ARBEITSBLATT
Mindmap

Sehen Sie sich auf YouTube den Videoclip „Vorurteile – Land der Menschen OÖ" (01:24 Min.) an und bearbeiten Sie die folgenden Arbeitsaufträge:
1. Beschreiben Sie die drei Szenen im Film.
2. Geben Sie die zentrale Aussage des Films wieder.
3. Vervollständigen Sie die Mindmap aus Ihrem E-Book mithilfe der Inhalte des Kapitels 11.2 und beantworten Sie dabei folgende Fragen:
   ▸ Was sind Vorurteile?
   ▸ Wie wirken sie sich aus?
   ▸ Wodurch werden sie verursacht und wie können sie überwunden werden?

Definition

Das VORURTEIL ist eine gelernte, feindselige Einstellung gegenüber einem Zielobjekt (Sachverhalte, Gruppen). Vorurteile beinhalten negative Gefühle (u. a. Abneigung, Angst, Neid) und die Bereitschaft zu diskriminierendem Verhalten (u. a. Ausgrenzung, Benachteiligung).

Das **Vorurteil** ist eine besondere Form der Einstellung. Wir tendieren dazu, voreilig Rückschlüsse zu ziehen und fehlerhafte Verallgemeinerungen aufzustellen, ohne diese überprüft zu haben. Vorurteile sind ungerechtfertigt, da sie unabhängig von unserer Erfahrung gefällt und nicht hinterfragt werden. Niemand kann von sich behaupten, die Welt vollkommen vorurteilsfrei wahrzunehmen. Doch die Spannbreite der Vorurteile ist weit und reicht von eher harmlosen Verallgemeinerungen bis hin zu strafbaren Diskriminierungen.

Dem deutschen Hirnforscher Martin KORTE zufolge sind Vorurteile **Übergeneralisierungen unseres Gehirns**, um bei der Informationsverarbeitung Energie zu sparen. Denn: Je schneller ein Mensch sein Umfeld einordnen kann, desto mehr Kapazitäten bleiben für andere Denkvorgänge und – evolutionär bedingt – für das Erkennen von Gefahren. Das bedeutet: Wir kategorisieren, um die Informationsflut, die laufend auf uns eintrifft, zu reduzieren. Kleidung, Herkunft und Beruf beispielsweise geben vermeintliche Hinweise darauf, ob jemand der eigenen Gruppe angehört oder nicht.

„*Es ist schwieriger eine vorgefasste Meinung zu zertrümmern als ein Atom.*"
(Albert Einstein)

Sind Vorurteile erst einmal fest im Gehirn verankert, ist es schwer, sie wieder loszuwerden. Sie **kontrollieren** unsere **Informationsverarbeitung**, mit dem Ziel, sich immer wieder selbst zu bestätigen: Was mit unseren persönlichen Vorstellungen und Werthaltungen zusammenpasst, sehen wir schneller, gewichten wir stärker und glauben wir eher. Daher ist es wichtig, sich der eigenen Vorurteile bewusst zu werden und daran zu arbeiten, sie abzubauen, indem man z. B. Feindbilder hinterfragt und für ein positives soziales Klima sorgt. Für die bewusste Steuerung von Emotionen, für Analysen und Überlegungen ist ein Teil des Frontallappens (Großhirnrinde) zuständig. Dieser macht es uns möglich, zunächst innezuhalten, zu reflektieren und dann unsere Reaktion angemessen anzupassen. Wer weiß, wie Vorurteile funktionieren und unsere Eindrücke verzerren, kann verantwortungsbewusst mit ihnen umgehen lernen.

Zielobjekt

Das Zielobjekt von Vorurteilen sind meist Sachverhalte oder eine Gruppe von Menschen und ihre Mitglieder. Körperliche, psychische, charakterliche oder soziale Merkmale, die von der allgemein anerkannten Norm abweichen, bieten sich besonders zur Bildung von Vorurteilen an. Solche Merkmale, die als unerwünschte Abweichung vom Erwarteten empfunden werden, nennt man **Stigmata**. Als sogenannte *offensichtliche Stigmata* können etwa Hautfarbe, Geschlecht und Körpergewicht wirken, im Unterschied zu den *verborgenen Stigmata* wie Krankheit, Homosexualität oder Religiosität.
Rassismus (Diskriminierung von Menschen aufgrund ihrer Hautfarbe oder ethnischen Herkunft) und **Sexismus** (Diskriminierung des anderen Geschlechts) haben ihren Ursprung in Vorurteilen.

Auswirkung von Vorurteilen

Vorurteile wirken sich sowohl auf unser Denken als auch auf unser Verhalten aus:

Denken

• Unsere vorgefassten Meinungen **verzerren** unsere Wahrnehmung. Sie bestimmen, wie wir Ereignisse wahrnehmen und interpretieren. Das Vorurteil „Männer sind unsensibel" wird den **Fokus** auf jene Männer richten, die gefühlskalt sind, und sich somit selbst bestätigen.

Verhalten

• Vorurteile fördern negative Gefühle (Abneigung, Furcht) und provozieren die Bereitschaft zu diskriminierendem Verhalten. **Diskriminierung** ist die Benachteiligung einer Person aufgrund ihrer Zugehörigkeit zu einer bestimmten Gruppe. Die feindseligen Gefühle führen so weit, dass die betroffenen Personen gemieden werden oder versucht wird, sie zu kontrollieren, zu dominieren – oder, im Extremfall, gar zu töten.

11

Ursachen von Vorurteilen

Vorurteile können anerzogen sein, durch Gruppenzwang erzeugt werden, sie können auf fehlende Informationen oder auf Desinteresse zurückgeführt werden. Die Ursachen von Vorurteilen können *gesellschaftlicher, kognitiver* oder *emotionaler* Natur sein:

gesellschaftlich
- **Soziale Ungleichheit** gilt als gesellschaftliche Ursache der Vorurteile. Wenn man etwa Geld und Macht hat, muss man sich dafür rechtfertigen. Diejenigen, die das nicht erreichen, werden als faul oder unintelligent abgestempelt, wie folgende Situation zeigt: Ein Bettler mittleren Alters sitzt neben einem Geldautomaten. Ein gut gekleideter Mensch hebt Geld ab und geht achtlos am Bettler vorbei. Als ihm der Bettler „Geizhals" nachruft, dreht sich der Passant um und schimpft „Faulpelz" zurück. (vgl. Myers 2005, S. 19 f)

kognitiv
- „How do you do?", soll der Tiroler Landeshauptmann Günther Platter den österreichischen Fußballstar David Alaba (mit nigerianischen und philippinischen Wurzeln) beim ÖFB-Fußballcamp in Seefeld (Mai 2012) gefragt haben. Dieser entgegnete: „Gut. Danke. Sie können ruhig Deutsch mit mir reden. Ich bin Österreicher." Wir vereinfachen die Welt, indem wir mithilfe von **Kategorien** Gemeinsamkeiten und Unterschiede von Personen hervorheben. Über unser Geschlecht, unsere Hautfarbe, unser Alter und unsere Religion sowie unsere Nationalität gehören wir zwangsläufig bestimmten Gruppen an, wir schließen uns aber auch bewusst Gruppierungen an (Tennisverein, politische Interessensvertretung) und entwickeln auf diese Weise ein Wir-Gefühl.

  Menschen definieren sich über ihre Gruppenzugehörigkeit, und durch die Verbundenheit mit ihrer Gruppe grenzen sie sich von anderen ab: Sie feuern „ihre" nationale Fußball-, Schi- oder Schwimm-Nationalmannschaft an. Studien haben ergeben, dass man Menschen leicht dazu bringen kann, Vorurteile gegenüber Personen aufzubauen, die nicht der „eigenen" Gruppe angehören. Man spricht hier von „sozialer Kategorisierung".

emotional
- Wenn man nicht bereit ist, die Verantwortung für eine unerwünschte Situation (Arbeits- oder Erfolglosigkeit) zu übernehmen, werden Schuldige gesucht. Die Frustration richtet sich dann gegen einen sogenannten Sündenbock (**Sündenbocktheorie**): Man baut sein Selbstwertgefühl wieder auf, indem man anderen die Schuld für das eigene Versagen gibt. Aus diesem Grund sind MigrantInnen häufig Opfer von Diskriminierung.

Überwindung von Vorurteilen

Die Sozialpsychologie versucht diskriminierendem Verhalten entgegenzuwirken, indem sie Gegenmaßnahmen und Bedingungen überlegt, durch die Vorurteile reduziert werden können.

Die **Kontakthypothese** des Sozialpsychologen Gordon ALLPORT beispielsweise besagt, dass der regelmäßige und intensive Austausch mit stigmatisierten Menschen und Gruppen ermöglicht, Vorurteile aufzulösen. Damit dies gelingt, müssen allerdings vier Bedingungen in der Kontaktsituation gegeben sein:

Vorurteile werden durch Kontakt leichter aufgelöst.

- Der **gleiche Status** fördert einen respektvollen Umgang miteinander.
- Ein **gemeinsames Ziel** stärkt das Zusammengehörigkeitsgefühl, das zuvor aufgrund persönlicher Unterschiede nicht gegeben war.
- Das gemeinsame Ziel erfordert **kooperatives Arbeiten**.
- Gemeinsame **soziale Normen**, das heißt ähnliche Ansichten zu dem, was sozial erwünscht ist und was nicht, unterstützen positive Gruppenkontakte.

Der **kognitive Ansatz** in der Sozialpsychologie geht weiters davon aus, dass Vorurteile verringert werden können, wenn wir mehr über die fremden Gruppen erfahren (Informationsbeschaffung). Das Internet und andere Medien dienen dabei als wichtige Aufklärungsmittel.

 Videoanalyse 7

 YouTube

Sehen Sie sich auf YouTube den ca. 10-minütigen Kurzfilm „Schwarzfahrer" an und bearbeiten Sie die vier Arbeitsaufträge:
1. Stoppen Sie den Film bei Minute 6:50 und überlegen Sie zu zweit, wie der Film weitergehen könnte.
2. Sehen Sie sich nun den letzten Teil des Films an und fassen Sie ihn anschließend mündlich zusammen.
3. Waren Sie selbst bereits einmal Zeugin/Zeuge eines rassistischen Vorfalls? Tauschen Sie sich in Gruppen aus.
4. Stellen Sie sich vor, einer der Fahrgäste würde mehr Zivilcourage zeigen. Wie würde sich das Geschehen Ihrer Meinung nach dadurch verändern? Spielen Sie die Szene nach.

AH Seite 50

Einzelarbeit 8

Suchen Sie einen Zeitungsartikel, der eine unreflektierte, feindselige Haltung gegenüber einer bestimmten Person oder Gruppe zum Ausdruck bringt.
Verfassen Sie einen Leserbrief, in dem Sie die diskriminierende Berichterstattung entlarven. Argumentieren Sie sachlich, warum Diffamierungen (Verbreiten übler Nachrede) nichts zur Verbesserung der Beziehungen zwischen ethnischen Gruppen beitragen.

Dein Christus ein Jude
Dein Auto ein Japaner
Deine Pizza italienisch
Deine Demokratie griechisch
Dein Kaffee brasilianisch
Dein Urlaub türkisch
Deine Zahlen arabisch
Deine Schrift Lateinisch
Und Dein Nachbar nur ein Ausländer

Gruppenarbeit 9

Finden Sie drei gängige Vorurteile und unterziehen Sie diese einem Faktencheck (d. h. einer Überprüfung anhand rationaler und objektiver Fakten). Ziehen Sie dazu sachliche Informationsquellen aus dem Internet heran. Präsentieren Sie Ihre Ergebnisse in der Klasse!

11.3 Stereotype

Definition

Als STEREOTYP (griech. *stereós:* fest, hart; *typós:* -artig) bezeichnet man eine übergeneralisierende (verallgemeinernde) Überzeugung über eine Gruppe von Menschen, wobei allen Mitgliedern dieser Gruppe die gleichen Merkmale zugewiesen werden.

Filmtipp

Das Fest des Huhnes (Österreich 1992, Regie: Walter WIPPERSBERG). Die Dokumentation wirft aus der Perspektive afrikanischer EthnologInnen einen parodistischen Blick auf die oberösterreichischen Sitten und Gebräuche. Die Fortsetzung: *Dunkles, rätselhaftes Österreich* (Österreich 1994).

Ein **Stereotyp** ist eng mit dem Klischee (Rede-, Denkschema) und dem Vorurteil verwandt. Im Gegensatz zum Vorurteil, das eine allgemeine ablehnende Haltung bzw. Einstellung ausdrückt, bezieht sich ein Stereotyp jedoch rein auf Personengruppen und muss nicht zwingend negativ sein.

Über Stereotype werden häufig vorkommende Eigenschaften und Besonderheiten einer bestimmten Personengruppe vereinfacht und verallgemeinert. Statt zu differenzieren, werden identische Merkmale auf alle Gruppenmitglieder übertragen: „Alle Cowboys tragen Cowboyhut, Cowboystiefel und reiten auf einem Pferd" oder „Deutsche sind immer pünktlich".
Bei Stereotypen handelt es sich meist um unkritisch übernommene Überzeugungen, Meinungen, Verhaltens- und Denkweisen. Stereotype Bilder entstehen bereits in der Kindheit und werden meist vom Umfeld übernommen.

Stereotype beziehen sich vorwiegend auf Merkmale wie Beruf („eine typische Künstlerin"), Geschlecht, die (politische) Einstellung, eine Eigenschaft oder auf die Nation.
Beim Nationalstereotyp („ein typischer Franzose") wird zwischen *Autostereotyp* und *Heterostereotyp* unterschieden:

- Zum **Autostereotyp** gehören alle identitätsstiftenden Eigenschaften, die sich eine Nation oder Kultur selbst zuschreibt.
- Als **Heterostereotyp** bezeichnet man die Eigenschaften, die einer fremden Nation zugeschrieben werden.

Plenum 10

Sammeln Sie an der Tafel Eigenschaften, Merkmale, Begriffe sowie gängige Klischees zu Österreich und einem Österreicher/einer Österreicherin. Stimmen Sie den Klischees zu? Begründen Sie Ihre Entscheidung.

Gruppenarbeit 11

Bilden Sie drei Gruppen und befassen Sie sich mit den folgenden Stereotypen. Finden Sie Klischees und suchen Sie Fakten, die Ihre Stereotype widerlegen. Präsentieren Sie Ihre Ergebnisse in der Klasse.
Gruppe 1: Analysieren Sie die verschiedenen Berufsstereotype. Diskutieren Sie das Image klassischer Berufe.
Gruppe 2: Ordnungsliebend wie die Deutschen? Temperamentvoll wie die ItalienerInnen? Welche Nationalstereotype kennen Sie?
Gruppe 3: Analysieren Sie Geschlechtsstereotype. Was gilt als typisch männlich/weiblich?

Verbreitung von Stereotypen

Witze sind *eine* Form, Stereotype zu verarbeiten und zu verbreiten. Aber auch **Medien** tragen entscheidend dazu bei, indem sie AusländerInnen für die hohe Arbeitslosigkeit verantwortlich machen, SchwarzafrikanerInnen als DrogendealerInnen und Moslems als TerroristInnen stigmatisieren.
Stereotype haben ebenso wie Vorurteile einen **wahrnehmungsverfremdenden** Effekt. Mittels Stereotypen konstruieren wir unsere eigene soziale Realität, in der wir unsere Aufmerksamkeit ausschließlich auf unsere stereotype Erwartungshaltung ausrichten. Wenn wir der Meinung sind,

Frauen können nicht Auto fahren, werden uns im Sinne der selbsterfüllenden Prophezeiung tatsächlich nur Frauen auffallen, die schlecht Auto fahren, sodass wir uns bestätigt fühlen. Informationen, die den eigenen stereotypen Überzeugungen widersprechen, werden abgewertet, um die eigene Überzeugung aufrechterhalten zu können.

Stereotype können allerdings auch als Orientierungshilfe im Alltag dienen, sie helfen uns, die Umwelt in verständliche Kategorien zusammenzufassen, und fördern den Gruppenzusammenhalt.

Geschlechtssstereotype

RF **Diskussion** 12

φ
Philosophie
Anthropologie: Frau/Mann

Diskutieren Sie in Kleingruppen, die nach Geschlechtern getrennt sind:
- „Typisch Buben! Typisch Mädchen!" Erstellen Sie eine Liste von Eigenschaften!
- Inwiefern verhalten Sie sich (nicht) geschlechtsstereotyp? In welchen gesellschaftlichen Bereichen werden Geschlechtsstereotype geschaffen?
- Halten Sie Ihre Diskussionsergebnisse stichwortartig fest und präsentieren Sie diese abschließend in der Klasse.

RF **Diskussion** 13

Stimmen die folgenden Behauptungen? Kreuzen Sie an und diskutieren Sie im Plenum!

1. Männer sind aggressiv und dominant, während Frauen emotional und einfühlsam sind.	○ richtig	○ falsch
2. Frauen können schlecht einparken.	○ richtig	○ falsch
3. Männer können nicht zuhören.	○ richtig	○ falsch
4. Männer sind zielstrebig, durchsetzungsfähig und für das Einkommen zuständig.	○ richtig	○ falsch
5. Frauen sind fürsorglich und für den Haushalt sowie die Kindererziehung zuständig.	○ richtig	○ falsch
6. Frauen sind besser in Sprachen, Männer in Mathematik.	○ richtig	○ falsch

Definition
Mit GESCHLECHTSSTEREOTYPEN sind bei Männern bzw. Frauen häufig anzutreffende Verhaltensweisen oder Eigenschaften gemeint.

Geschlechtssstereotype umfassen Eigenschaften, die Frauen und Männern aufgrund ihres Geschlechts zugeschrieben werden. Das Bedürfnis, den Unterschied zwischen den Geschlechtern zu ergründen, manifestiert sich in zahlreichen Stereotypen: Frauen können nicht einparken, Männer nicht zuhören. Frauen sind nicht gut in Mathematik, Männer lernen schlecht Sprachen.

Wussten Sie, dass ... es zahlreiche Studien gibt, die belegen, dass Mädchen in **Mathematik gleich begabt** sind wie Buben? Im Rahmen einer Studie überprüfte ein Forscherteam um die Psychologin Janet HYDE die Ergebnisse der Mathematikprüfungen von mehr als sieben Millionen US-amerikanischen SchülerInnen. Dabei konnte festgestellt werden, dass Mädchen und Buben in etwa gleich gut abschnitten. Doch woran liegt es, dass die Mathematik-Leistungen der Mädchen etwa beim Pisa-Test schlechter sind als jene der Jungen? Man ist sich weitgehend darüber einig, dass Mädchen in Bezug auf ihre Mathematik-Fähigkeiten meist ein negativ geprägtes Selbstbild haben und sich dadurch weniger zutrauen. Dass **negative Stereotype** die kognitive Leistungsfähigkeit beeinträchtigen können, bestätigte ein Experiment der SozialpsychologInnen Steven SPENCER, Claude STEELE und Diane QUINN (1999): Studentinnen erreichten in einem Mathematiktest deutlich weniger Punkte, wenn ihnen vorher gesagt wurde, dass Frauen in diesem Test üblicherweise schlechtere Leistungen erbringen als Männer. Ohne diese Ansage schnitten die Studentinnen ähnlich gut ab wie ihre männlichen Kollegen.

Literaturtipp
SCHNERRING, Almut/VERLAN, Sascha: *Die Rosa-Hellblau-Falle. Für eine Kindheit ohne Rollenklischees*. München 2014. Rosa ist für Mädchen, Hellblau für Jungs. Nach diesem Prinzip funktioniert die ganze Produktindustrie und es hält sich hartnäckig in den Köpfen der Betroffenen. Die AutorInnen gehen nun der Frage nach, wo wir im Alltag den Rollenklischees unterliegen und was wir dagegen tun können.

Die **Geschlechterrolle** definiert die gesellschaftliche Erwartungshaltung, die an das Verhalten der Frau bzw. des Mannes gestellt wird. Jedes Geschlecht unterliegt also seiner sozialen, mitunter traditionellen Rolle: Männer sind für das Einkommen, Frauen für den Haushalt zuständig. Eine Untersuchung in den USA zeigte, wie sich die Geschlechtsstereotype und damit einhergehende Rollenbilder bereits im Kindesalter manifestieren: *„Beide Geschlechter finden, dass man als Mann ein Boss wird und den Rasen mäht. Die Jungen allein meinen, man werde Gouverneur, Doktor oder Pilot. Den Frauen schreiben Jungen und Mädchen gleichermaßen zu, dass sie das Haus sauber machen und dass der Beruf der Krankenschwester und der Lehrerin zu ihnen passt. Mädchen erwähnen hier noch, dass es den Frauen zukommt, die Babys zu versorgen, während Jungen dies in Bezug auf das Kochen erwarten."* (Bischof-Köhler 2011, S. 78)

Was spielt nun bei der Herausbildung geschlechtstypischen Verhaltens eine Rolle? Nur noch wenige WissenschaftlerInnen bestreiten, dass Umwelteinflüsse ebenso wie die Veranlagung ihren Teil zu den unterschiedlichen Verhaltensmustern und Fähigkeiten der Geschlechter beitragen. Soziale, psychische und biologische Faktoren stehen in einer ständigen Wechselwirkung zueinander und lassen sich daher nicht voneinander trennen. Uneinig ist man sich allerdings darüber, wie groß der jeweilige Anteil von Umwelt und Veranlagung tatsächlich ist. Es gibt verschiedene Ansätze, die zu erklären versuchen, warum bereits im Kindergarten Buben und Mädchen unterschiedliche Verhaltensrepertoires, Interessen und Beschäftigungsvorlieben haben.

Evolution

Die deutsche Entwicklungspsychologin Doris Bischof-Köhler begründet **evolutionsbiologisch**, warum sich die Geschlechter bereits von Natur aus unterschiedlich verhalten. Sie meint, Wettkampfmotivation, Aggressionskontrolle und Rangordnungen seien im männlichen Geschlecht verankert, fürsorgliches Handeln und persönliche Beziehungen hingegen seien evolutionsbedingt weibliche Eigenschaften. In Studien (u.a. Janet Hyde 2005) konnte jedoch festgestellt werden, dass die geschlechtsspezifischen Unterschiede in Denken, Handeln und Emotionen in Wirklichkeit nicht so groß sind, wie gerne dargelegt wird. Nur in bestimmten sportlichen Bereichen, etwa bei Weitwurf, schnitten Frauen nicht so gut ab wie Männer. Außerdem gab es geschlechtsspezifische Unterschiede im Sexualverhalten und der körperlichen Aggression. Der Biopsychologe Markus Hausmann hält zudem fest, dass es innerhalb der Geschlechter weit größere Unterschiede gibt als zwischen den Geschlechtern. Die Gemeinsamkeiten wiederum sind viel größer als ihre Differenzen. (vgl. Hausmann 2007, S. 106)

Biologie

Die US-amerikanische Neurowissenschaftlerin und Psychiaterin Louann Brizendine erklärt den Unterschied zwischen Männern und Frauen damit, dass das männliche Gehirn bereits vor der Geburt mit Testosteron überschwemmt wird. Die unterschiedliche Funktionsweise führt sie also vorwiegend auf **hormonelle Unterschiede** zurück. Von wissenschaftlicher Seite wurde ihr daraufhin biologischer Reduktionismus (einseitige Betrachtung) vorgeworfen. Das Gehirn befindet sich nämlich in einem ständigen Veränderungsprozess – es hat eine ungeheure Kapazität, sich aufgrund von Aktivierung und neuer Erfahrungen immer wieder neu zu strukturieren. Wie ausgeprägt typisch weibliche oder männliche Eigenschaften sind, hängt also nicht nur von der biologischen Komponente, sondern auch von sozialen Faktoren ab.

Sozialisation

Geschlechtstypisches Verhalten kann auch erworben werden, indem **gleichgeschlechtliche Modelle** beobachtet und nachgeahmt werden. Kinder spiegeln wider, was sie sehen. Vorbilder sind dabei vorwiegend die gleichgeschlechtlichen Bezugspersonen. Durch die Identifikation mit dem gleichgeschlechtlichen Elternteil werden auch Einstellungen und Werthaltungen übernommen.

„ Wir lernen uns in unsere Geschlechterrollen hinein.“
(Lutz Jäncke)

Eltern und Gleichaltrige können geschlechtstypisches Verhalten **bestärken**, indem sie durch Lob und Anerkennung belohnen oder geschlechtsunangemessenes Verhalten missbilligen oder ignorieren. Um sich also die Akzeptanz von Eltern und Gleichaltrigen zu sichern, eignen sich Kinder eine geschlechtsspezifische Rolle an.

Eine Untersuchung der Entwicklungspsychologin Doris Bischof-Köhler belegte, dass bereits einjährige Kinder zu **geschlechtstypischen Spielpräferenzen** tendieren. Buben bevorzugen häufiger Roboter, Autos und Lastwägen. Mädchen spielen lieber mit Plüschtieren und Puppen, verkleiden sich später gerne und haben Spaß am Kneten, Malen und Ausschneiden. Als geschlechtsneutral erwiesen sich Rutschen, Puzzles, Bausteine, Bilderbücher und Ballspiele. (vgl. Bischof-Köhler 2011, S. 84ff) Wie lassen sich diese Spielpräferenzen erklären? Sogenannte „Baby-X-Versuche" konnten zeigen, dass das Geschlecht des Kindes die Art und Weise, wie wir mit ihm umgehen, welche Interessen wir fördern oder behindern, beeinflusst. In den Versuchen wurden Erwachsene mit einem neutral gekleideten Baby konfrontiert. Je nachdem, ob ihnen nun gesagt wurde, dass es sich um einen Jungen oder ein Mädchen handelt, behandelten sie das Kind anders. Bei den vermeintlich männlichen Kindern wählten die Erwachsenen eher ein Auto als Spielzeug, animierten sie zu körperlicher Aktivität und bezeichneten sie als aufgeweckt, groß und stark. Bei den mutmaßlichen Mädchen hingegen wurde eine Puppe als Spielzeug gewählt, der Umgang war fürsorglicher und sie wurden als zart, niedlich und hübsch bezeichnet. Fazit: Je nach Geschlecht erfährt das Kind eine andere Reaktion. Diese wiederum hat Einfluss auf das Verhalten des Kindes.

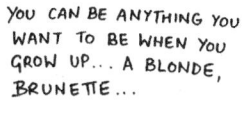

GENDER DIFFERENCES:

YOU CAN BE ANYTHING YOU WANT TO BE WHEN YOU GROW UP...AN ENGINEER, FIREFIGHTER, ASTRONAUT, PILOT...

YOU CAN BE ANYTHING YOU WANT TO BE WHEN YOU GROW UP... A BLONDE, BRUNETTE...

www.CartoonStock.com/Fiona Chadwick

cathy® by Cathy Guisewite

Geschlechtsstereotypisierung

Cathy Guisewite

 **Gruppenarbeit** 14

- Untersuchen Sie aktuelle Spielwarenkataloge bzw. -websites in Bezug auf ihr Angebot. Wie geschlechtsstereotyp sind die Spielsachen, die darin angeboten werden? Präsentieren Sie Ihre Ergebnisse in der Klasse.
- Denken Sie an Ihre Lieblingskinderbücher und -filme. Welche Rollen werden den männlichen und weiblichen AkteurInnen jeweils zuteil? Analysieren Sie die betreffenden Medien und tauschen Sie sich in der Klasse aus.

Konsumwelt und Medien

» *Wir kommen mit einer zartrosa und hellblauen Tönung auf die Welt, erst unsere Erfahrungen, die Kultur, in der wir leben, vertiefen sie dann zu satten Farben.*«
(Kirsten Jordan)

In den vergangenen 15 Jahren hat das **Gender-Marketing** stark zugenommen. Darunter versteht man die Werbung und den Verkauf von Produkten, die jeweils nur auf ein Geschlecht abzielen. Ein prägnantes Beispiel für die zunehmende Stereotypisierung der Produktwelt für Kinder ist Lego: Im Jahr 2000 hat Lego eine eigene Linie für Mädchen auf den Markt gebracht. Lego-Friends zeichnet sich durch Freundinnen aus, die im Traumhaus sitzen, am Strand liegen oder shoppen gehen. Während männliche Legofiguren ständig im Einsatz sind und Abenteuer erleben. Dasselbe gilt für die **mediale Repräsentation** von Geschlechterrollen. Immer noch dominieren hübsch aussehende Prinzessinnen und abenteuerlustige, selbstbewusste Helden die Bilderbücher und Filme für Kinder und tragen so maßgeblich dazu bei, dass klischeehafte Rollenbilder bereits sehr früh verinnerlicht werden.

Diese **Geschlechtertrennung** in Werbung und Verkauf dient vor allem der Wirtschaft, weil alles doppelt gekauft werden muss. Welche Effekte das mit sich bringt, wird nicht bedacht – wir zementieren Rollen und machen es den Kindern schwer, ihre eigenen, individuellen Vorlieben und Stärken zu finden. Immer mehr Initiativen haben sich daher zum Ziel gesetzt, gegen Produkte, Werbe- und Medieninhalte zu agieren, die Kindern eine limitierende Geschlechterrolle zuweisen.

Wussten Sie, dass … selbst über die Aufdrucke von Kinder-T-Shirts häufig **geschlechtsspezifische Stereotype** vermittelt werden? Im Rahmen einer Studie des Zentrums für Interdisziplinäre Frauen- und Geschlechterforschung wurden 501 T-Shirts für Buben und Mädchen von unterschiedlichen Marken und in unterschiedlichen Preissegmenten mit einzelnen Worten und kurzen Sprüchen analysiert. Das Ergebnis: Die häufigsten Adjektive auf Mädchen-Kleidung waren: *little, sweet, happy, cute, lovely;* bei den Substantiven lagen *love, girl, star, princess* ganz vorne. Bei den T-Shirts für Buben hingegen dominierten die Adjektive *crazy, cool, wild, strong* und bei den Substantiven *life, team, king, rebel.* So gelangt die stereotype Vorstellung davon, wie Buben und Mädchen zu sein haben, in die Köpfe der Kinder und beeinflusst deren Selbstwahrnehmung. Die Soziologin und Leiterin der Studie Petra LUCHT meint, dass uns Geschlechtsstereotype auf diese Weise „übergestreift werden wie eine zweite Haut" (ZIFG TU Berlin). Aber vielleicht wollen Mädchen ohnehin keine Superheldinnen und Buben gar nicht süß sein? Lucht entgegnet dem, dass Männer in unserer Gesellschaft gar nicht süß sein dürfen, „solange es die geschlechtsbezogenen Rollenbilder nicht vorsehen" (ZIFG TU Berlin). Sie appelliert daher an die Mitverantwortung der Unternehmen, die diese Produkte vertreiben.

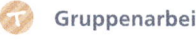 **Plenum** 15

Finden Sie Strategien, um den traditionellen Geschlechterrollen etwas entgegenzusetzen. Tauschen Sie im Plenum konkrete Ideen aus.

11.4 Sympathie und interpersonale Attraktion

Eine Befragung verschiedener Altersgruppen – durchgeführt von der US-amerikanischen Sozial-psychologin Ellen BERSCHEID – ergab die erwartbare Erkenntnis, dass es allgemein glücklich macht, Freundschaften zu schließen und zu erhalten sowie positive, warmherzige Beziehungen zu führen. Die **Sympathie** (griech. *sympatheía:* Mitempfinden) bzw. **interpersonale Attraktion** (zwischenmenschliche Anziehung) spielt dabei eine entscheidende Rolle.

Einzelarbeit 16 Nach welchen Kriterien suchen Sie sich Ihre Freunde/Freundinnen aus? Sammeln Sie verschiedene Kriterien und ordnen Sie diese nach ihrer Wichtigkeit.

Verschiedene Umstände begünstigen, dass wir einer anderen Person gegenüber positiv eingestellt sind (d.h. ihr Sympathie entgegenbringen) und eine Beziehung zu ihr aufbauen. Diese Umstände werden als folgende vier entscheidende Faktoren bzw. **Determinanten für interpersonale Attraktion** unterschieden (vgl. Aronson 2004, S. 360ff):

Nähe und Bekanntheit
Äußere Erscheinung
Ähnlichkeit
Reziprozität

1. Wir mögen Personen, die wir gut kennen und die uns **nahe stehen**.
2. Wir mögen Personen, die wir körperlich **attraktiv** finden.
3. Je **ähnlicher** uns eine Person ist, desto sympathischer finden wir sie.
4. **Wechselseitigkeit**: Wir mögen Menschen, die uns mögen.

 **Partnerarbeit 17** Ordnen Sie Ihre Kriterien aus Arbeitsauftrag 16 den Determinanten für Sympathie zu!

1. Nähe und Bekanntheit

Der **Mere-Exposure-Effekt** (Effekt des bloßen Ausgesetztseins) besagt, dass allein durch häufiges Interagieren mit Menschen die Wahrscheinlichkeit der positiven Einstellung zu ihnen steigt. Eine Studie zeigte Folgendes: Zwischen Studierenden, die im selben Gebäudekomplex wohnten, entwickelten sich signifikant mehr Freundschaften als zwischen Studierenden, die in unterschiedlichen Gebäuden lebten. Auch in anderen Alltagssituationen lässt sich nachweisen, dass Freundschaften durch Nähe und Vertrautheit entstehen – z.B. mit KollegInnen, die im Klassenzimmer in der Nähe sitzen.

 **Partnerarbeit 18**
- Überlegen Sie, welche Orte eine wichtige Rolle für Freundschaftsbildung spielen!
- Stellen Sie einen Zusammenhang her zwischen der Beziehung zu Ihren FreundInnen und den Orten, an denen Sie gemeinsam regelmäßig Zeit verbringen. Analysieren Sie, inwiefern der Mere-Exposure-Effekt auf Ihre Freundschaften (nicht) zutrifft.

Philosophie
Ästhetik

2. Äußere Erscheinung

Die äußere Erscheinung spielt beim ersten Eindruck eine entscheidende Rolle. Attraktiven Personen werden eher sozial erwünschte Eigenschaften zugeschrieben: Sie werden als gesünder, glücklicher, erfolgreicher, kompetenter und aufgeschlossener wahrgenommen. Bei der Annahme „Was schön ist, ist gut" handelt es sich um einen kulturunabhängigen Attributionsfehler.

Was aktuell als attraktiv gilt, ist prinzipiell von Trends und der jeweiligen Kultur abhängig. Es gibt aber auch Schönheitsstandards, die überall auf der Welt gelten: Bei Frauen ist es jugendliches Aussehen und bei Männern ein gesunder, reifer, dominanter und wohlhabender Eindruck.

Bill Watterson

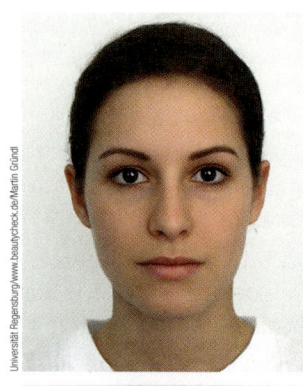

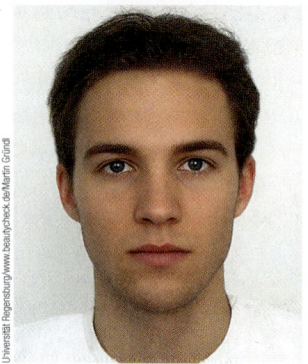

Finden Sie diese Gesichter schön?

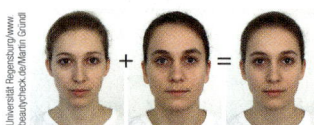

Kreuzt man durch „Morphing" das linke Gesicht mit dem mittleren Gesicht, ergibt sich daraus das neue Gesicht (rechts).

Für eine empirische Untersuchung an der Universität Regensburg wurden mithilfe eines Morphing-Computerprogramms ähnlich attraktive Gesichter zusammengesetzt bzw. gemorpht (gekreuzt). Das **Morphing** ist ein Verfahren, bei dem aus zwei oder mehr Gesichtern ein neues erzeugt wird. Die beiden Beispiel-Gesichter links wurden aus jeweils vier attraktiven Originalgesichtern berechnet. Sie gelten als Prototypen für ein sehr attraktives weibliches und ein sehr attraktives männliches Gesicht. Die Beurteilung der Attraktivität hängt natürlich von der Attraktivität der Originalgesichter ab. Generell ließ sich aber feststellen: Je mehr Originalgesichter in einem gemorphten Gesicht enthalten sind, desto attraktiver wurde es eingestuft. Das hat folgende Ursachen:

- Die Mittelwertsbildung beim Morphing gleicht unschöne Asymmetrien und Unregelmäßigkeiten aus.
- Fältchen und Hautunreinheiten verschwinden. Dadurch erscheint die Haut jünger und makelloser.

In weiteren Untersuchungen an der Universität Regensburg konnte nachgewiesen werden, dass Männer und vor allem Frauen dann als besonders attraktiv beurteilt wurden, wenn ein erheblicher Anteil an kindlichen Merkmalen in ihren Gesichtszügen und -formen erkennbar war. Der Verhaltensforscher Konrad LORENZ entdeckte, dass wir auf Körper- und Verhaltensmerkmale, die für ein Kind charakteristisch sind **(Kindchenschema)**, besonders ansprechen, weil die kindlichen Proportionen fürsorgliches Verhalten in uns auslösen. Dieser angeborene Mechanismus gewährleistet das Überleben der Babys – auch in der Tierwelt. Zu den **Verhaltensmerkmalen** zählt beispielsweise tollpatschiges Verhalten, zu den **Körpermerkmalen** zählen große, runde Augen, eine hohe, gewölbte Stirn sowie kleine Nase und Kinn. Stofftiere und Puppen werden nach diesem Schema produziert und auch die Film- und Werbeindustrie berücksichtigt diese Schlüsselreize.

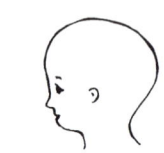

Kindchenschema

Sobald wir eine Person regelmäßig sehen und beginnen, Sympathien aufzubauen, können sich Gefühle entwickeln, die körperliche Unvollkommenheiten bedeutungslos machen und die Person attraktiv erscheinen lassen. Helena in Shakespeares *Sommernachtstraum* sagt über die Liebe: „Sie sieht mit dem Gemüt, nicht mit den Augen." (Shakespeare 1891, S. 642)

Walt Disney
Kindchenschema bei Disney

3. Ähnlichkeit

 **Diskussion** 19

Stimmen Sie dem Konzept der Ähnlichkeit „Gleich und gleich gesellt sich gern" zu oder befürworten Sie eher das Konzept der Komplementarität „Gegensätze ziehen sich an"? Diskutieren Sie die Frage im Plenum und berechnen Sie den Prozentsatz, zu dem jede der Anschauungen in der Klasse vertreten wird.

Haben wir aufgrund der räumlichen Nähe Kontakt zu einer Person aufgenommen und finden sie obendrein auch noch attraktiv, entscheidet das Ausmaß an Ähnlichkeit, ob wir uns weiter für sie interessieren. Freunde/Freundinnen und Paare haben mit einer großen Wahrscheinlichkeit die gleichen Einstellungen, Meinungen und Interessen und weisen eher Übereinstimmungen in Bezug auf Alter, Religion, Hautfarbe, Bildung oder Intelligenz auf als zufällig gebildete Paare. Ähnlichkeit macht zufrieden. Je ähnlicher man einander ist und je mehr Dinge man gemeinsam mag, desto länger bleiben Sympathien bestehen.

Ähnlichkeit bringt Sympathiewerte.

 Einzelarbeit 20

- Legen Sie eine Liste an: Was haben Sie mit Ihren FreundInnen gemeinsam? Haben Sie ähnliche Interessen und Ansichten? Welche Unterschiede bestehen?
- Zeichnen Sie jeweils ein passendes Bild zu den folgenden Definitionen von Freundschaft: „Freundschaft: Eine Seele in zwei Körpern" (Aristoteles) (zit. n. Adomeit 1992, S. 24) – „Dauernde Freundschaft kann nur zwischen Menschen mit gleichem Wert bestehen" (Marie von Ebner-Eschenbach). (Ebner-Eschenbach 1982, S. 16)
- Was bedeutet Freundschaft für Sie? Schreiben Sie eine Definition des Begriffs.

Wussten Sie, dass ... es einen Zusammenhang zwischen unserem Immunsystem und unserer **PartnerInnenwahl** gibt? Wir bevorzugen PartnerInnen mit einem Immunsystem, das sich von unserem eigenen unterscheidet. So kann beim Nachwuchs nämlich garantiert werden, dass die eigene genetische Ausstattung optimal ergänzt wird. Außerdem wird der Nachwuchs so bestmöglich vor Infektionen geschützt. Das Immunsystem unseres Gegenübers erfassen wir olfaktorisch über die Duftstoffe, die sie/er aussendet.

4. Reziprozität (Wechselseitigkeit)

Wir mögen es, gemocht zu werden. In einem Experiment konnten die Psychologinnen Kim MILLER und Rebecca CURTIS herausfinden, dass die reziproke (wechselseitige) Zuneigung für eine erste positiv verlaufende Interaktion wichtiger ist als Ähnlichkeit. In dem Experiment bekam jedes Mitglied eines Paares nach einer ersten Gesprächsrunde entweder die Information „Ihr Gesprächspartner/Ihre Gesprächspartnerin mag Sie" oder „er/sie mag Sie nicht". Versuchspersonen, die annahmen, gemocht zu werden, begegneten ihrem Gesprächspartner/ihrer -partnerin in weiterer Folge gegenüber freundlicher und wärmer. Er/Sie wurde infolgedessen auch lieber gemocht. Jene Versuchspersonen, die annahmen, sie würden nicht gemocht, verhielten sich hingegen distanziert bis abweisend und bekamen auch eine entsprechende Rückmeldung ihrer GesprächspartnerInnen. Die (neurologisch bedingte) Tendenz, Verhaltensweisen unseres Gegenübers zu spiegeln (▶ Kap. 2.3) (vgl. Aronson 2004, S. 365), entfaltet also umfassende Auswirkungen in unserem Leben.

Philosophie
Politische Philosophie

11.5 Die Gruppe

Sobald wir mit Menschen über einen längeren Zeitraum interagieren, uns gegenseitig beeinflussen und ein gemeinsames Ziel verfolgen, beginnen wir, unsere Beziehungen zu strukturieren. Es entstehen soziale Gebilde: Überall auf der Welt leben wir Menschen daher in Gruppen. (vgl. Marmet 1999, S. 23) Eine Gruppe definiert sich über folgende Merkmale: Interaktion, Zugehörigkeit, Homogenität, Rollen und Normen.

Interaktion

- **Interaktionsmöglichkeiten:** Eine Gruppe bietet die Möglichkeit, sich auszutauschen und untereinander zu kommunizieren. Sie dient als Informationsquelle.

Zugehörigkeit

- **Zugehörigkeitsgefühl:** Wir identifizieren uns mit anderen und fühlen uns als Gruppenmitglied. *„Der einzelne Mensch wird in der Gruppe Teil eines neuen Ganzen, dessen Charakter von den Eigenschaften aller Gruppenteilnehmer bestimmt wird. Jedes Ich in der Gruppe nimmt etwas vom anderen und gibt etwas her."* (a.a.O.)

Ähnlichkeit

- **Homogenität** (Gleichartigkeit): Die Gruppenmitglieder weisen meist Ähnlichkeiten in Bezug auf Alter, Geschlecht, Überzeugungen oder Bedürfnisse auf.

Rollen

- **Soziale Struktur:** Wenn eine Gruppe sich kennenlernt, suchen alle Beteiligten einen Platz in der Gruppe, und Erwartungen entwickeln sich. Jede Person übernimmt eine bestimmte Aufgabe und spielt eine bestimmte Rolle. **Rolle** nennt man die Gesamtheit der Erwartungen, die an eine Person herangetragen werden; die Rolle kann *gesellschaftlich* durch das Geschlecht oder den Beruf vorgegeben sein oder sich *gruppenintern* durch individuelle Persönlichkeitsmerkmale entwickeln. Wir übernehmen oft mehrere Rollen gleichzeitig (z.B. die Rolle der Tochter, der Freundin, der Schülerin). Eine Rolle ist immer mit verschiedenen Rechten und Pflichten verbunden. Will man allen Rollen gleichzeitig entsprechen, ergibt sich ein Rollenkonflikt. Rollenzuschreibungen führen immer zu einer Verhaltenserwartung: Die ganze Gruppe wartet z.B. darauf, dass – wie gewohnt – „das aktive Gruppenmitglied" die Party organisiert.

> *„Die ganze Welt ist Bühne. Und alle Frau'n und Männer bloße Spieler. Sie treten auf und gehen wieder ab, sein Leben lang spielt jeder manche Rollen."*
> (Shakespeare 1841, S. 277f)

Plenum 21 Welche gesellschaftlichen Erwartungen muss (1) der Schüler/die Schülerin, (2) die Lehrperson erfüllen? Nennen Sie im Plenum mehrere Erwartungshaltungen.

11

Normen

- **Geteilte Normen:** In Gruppen werden bestimmte Normen aufgestellt, die das Verhalten in der Gruppe und der Gesellschaft steuern. Um akzeptiert zu werden, halten wir Menschen uns grundsätzlich an Verhaltensnormen, d.h. wir passen uns in allen Lebensbereichen den jeweiligen sozialen Normen an (z.B. kleiden wir uns dem Anlass entsprechend). *Kollektive Normen*, die für alle gelten, manifestieren sich in Regeln, Vorschriften und Verboten: „Rechts vor links!", „Hunde an die Leine!", „Rauchen verboten!" Damit sie eingehalten werden, wird ihre Verletzung z.B. mit Geldstrafen oder Anzeigen sanktioniert. Normen bieten Orientierung, denn ohne sie müssten wir für jede Situation neue Regeln und Handlungsweisen entwerfen.

Diskussion 22 Diskutieren Sie folgende Fragen zu zweit: Welche Normen liegen in Ihrem Freundeskreis vor? Welches Verhalten wird akzeptiert bzw. verurteilt? Wie werden die Normen gelebt?

 Gruppenarbeit 23 Eine Gruppe erstellt eine Liste mit den Vorteilen, die andere mit den Nachteilen normkonformen (an die Norm angepassten) Verhaltens. Beginnen Sie anschließend eine Diskussion, in der jede Gruppe ihre Pro- und Kontra-Argumente vorbringt.

Menge und Masse

Im Gegensatz zur Gruppe ist eine Menge oder Masse unbeständig: Die **Menge** zeichnet sich durch das zufällige Aufeinandertreffen von mehreren Personen zur gleichen Zeit am gleichen Ort aus (z. B. an der Bushaltestelle, im Theater). Wird diese Menge nun durch das Einwirken äußerer Umstände zu gemeinschaftlichem Handeln bewegt (z. B. Menschen in Panik), entsteht eine aktivierte Menge, die man **Masse** nennt.

Das Soziogramm

Der Psychiater Jakob Levy MORENO entwickelte das **Soziogramm**. Es stellt Beziehungen zwischen Menschen innerhalb einer definierten Gemeinschaft grafisch dar und analysiert sie. Meist symbolisieren Pfeile die Beziehung. An einem Soziogramm lassen sich z. B. AußenseiterInnen rasch erkennen, indem wenige oder gar keine Pfeile auf sie gerichtet sind.

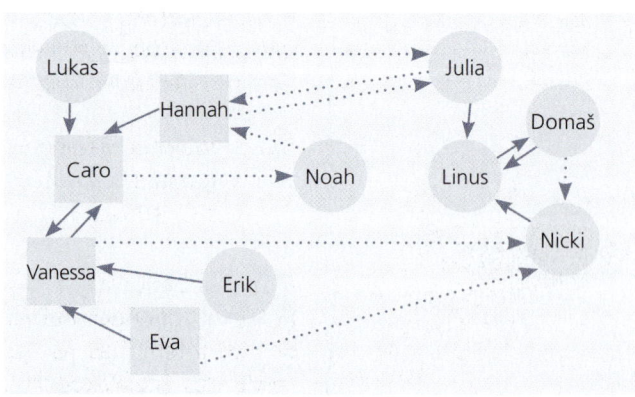

Soziogramm aufgrund der Frage „Neben wem möchtest du sitzen?"

Ⓣ Gruppenarbeit 24   Finden Sie sich in Gruppen entsprechend Ihrer Lieblingsfernsehserie zusammen und analysieren Sie die gruppendynamischen Strukturen der Serie in Form eines Soziogramms.

Die Psychodynamik in der Gruppe

Jede Gruppe weist eine typische innere Dynamik (bestimmte Abläufe und Verhaltensmuster) auf. Der österreichische Psychotherapeut Raoul SCHINDLER untersuchte die Grundprinzipien der *Psychodynamik in der Gruppe* und stellte Folgendes fest: Sobald wir in eine Gruppe eintreten, nehmen wir eine von vier Positionen ein und spielen die entsprechende Rolle.
Schindler nennt folgende Gruppenpositionen:

RepräsentantIn
- Die **Alpha-Position (α)** wird vom Gruppenführer/von der Gruppenführerin vertreten. Dieser/Diese repräsentiert die Gruppe nach außen hin. Die Gruppe identifiziert sich mit dieser Alpha-Persönlichkeit und macht deren Ziele zu Zielen der Gruppe. Sie kann charismatisch, heroisch oder eifrig sein, sie diskutiert nicht, sondern agiert.

Fachmann/-frau
- Die **Beta-Position (β)** wird vom Berater/von der Beraterin der Gruppe eingenommen. Aufgrund kompetenten Fachwissens und überzeugender Argumente bleibt die Autorität der Beta-Persönlichkeit unangefochten, sie wird als Autorität akzeptiert. Im Gegensatz zur Alpha-Persönlichkeit legitimiert sich die Beta-Persönlichkeit durch ihr Können.

MitläuferIn
- Das anonyme Mitglied wird in der **Gamma-Position (γ)** repräsentiert. MitläuferInnen, die keine eigene Verantwortung tragen, der Alpha-Persönlichkeit blind folgen und sich mit ihr identifizieren, befinden sich in dieser Position.

ProvokateurIn
- Die **Omega-Position (Ω)** drückt den Feind/die Feindin der Gruppe aus. Dieser/Diese ist am Rand der Gruppe positioniert (die Neue, der Unsichere, die Minderbegabte), widersetzt sich der Gruppe und auch der Alpha-Persönlichkeit – bewusst provozierend oder unausweichlich, weil er/sie anders ist –, und trägt einen entscheidenden Teil zur Gruppendynamik bei.

In einer Gruppe übernimmt jede Person eine eigene Position.

Die Übernahme von sozialen Rollen bewirkt, dass zwischenmenschliche Beziehungen und kooperatives Verhalten intensiviert werden. Allerdings können wir uns durch Machtstrukturen eingeengt oder zu konformem Verhalten gezwungen fühlen. Wenn wir eine Rolle übernehmen, die sozial anerkannt ist, tendieren wir dazu, Macht auszuüben. Vertreten wir eine Rolle, die sozial weniger anerkannt ist, tendieren wir zu Unterwürfigkeit und Inaktivität. Beide Tendenzen konnten durch Experimente bestätigt werden (▸Kap. 11.6).

Filmtipp ◂

Das radikal Böse (Deutschland/Österreich 2013, Regie: Stefan RUZOWITZKY). Wie werden aus psychologisch unauffälligen, jungen Männern Massenmörder? Auf der Suche nach der Ursache des Bösen, erzählt der Film von den systematischen Erschießungen jüdischer Zivilisten durch deutsche Einsatzgruppen in Osteuropa, lässt renommierte Forscher zu Wort kommen (u. a. Christopher Browning, Patrick Desbois, Robert Jay Lifton) und rekonstruiert die Ergebnisse sozialpsychologischer Experimente.

11.6 Macht, Autorität und Gehorsam

„Ich habe nur Befehle ausgeführt", rechtfertigte Adolf Eichmann 1961 das Organisieren der Deportation von Millionen Juden und Jüdinnen ins Konzentrationslager. Die Philosophin Hannah ARENDT erklärte ein solches Handeln damit, dass die meisten am Holocaust Beteiligten *„keine gewöhnlichen Verbrecher"* waren, *„sondern ganz normale Zeitgenossen, die mit mehr oder weniger Enthusiasmus Verbrechen begangen hatten, einfach weil sie das taten, was man von ihnen verlangt hatte."* (Arendt 2007, S. 23) Arendt spricht von der „Banalität des Bösen" und meint damit den Zwang zu Gehorsam gegenüber einer autoritären sozialen Norm, die sogar Töten als richtiges Verhalten zulassen kann.

RF Diskussion 25

Unter welchen Bedingungen gehorchen Menschen Befehlen und unter welchen verweigern sie Gehorsam? Diskutieren Sie die Fragestellung anhand der Karikatur. Welche Möglichkeiten hat der Chauffeur? (Myers 2005, S. 629)

Mel Yauk

„Fahren Sie die Klippen hinunter, James, ich möchte mich umbringen."

Offenbar begünstigen bestimmte Umstände, dass man sich einer Autorität beugt und unmenschliche Anordnungen befolgt. Gibt es Situationen, in denen jeder Mensch sogar bereit wäre, jemanden zu töten? Das Asch-Experiment, das Milgram-Experiment, das Stanford-Prison-Experiment sowie das Sozialexperiment „Die Welle" zeigen, in welchem Ausmaß sich Menschen konform (angepasst) verhalten und wie weit sie unter sozialem Druck bereit sind zu gehen.

RP Gruppenarbeit 26

Teilen Sie sich in vier Gruppen auf! Jede Gruppe bereitet ein Referat über eines der folgenden Experimente (S. 175–178) vor.

1. Das Asch-Experiment zur Gruppenkonformität

Welche der Linien A, B und C entspricht der Ausgangslinie? Zweifellos werden Sie C angeben. Doch wie würden Sie antworten, wenn alle anderen in Ihrer Gruppe anderer Meinung sind? Unter dem Vorwand eines psychologischen Experiments zur visuellen Wahrnehmung wurden diese Linien mehreren Versuchspersonen präsentiert.

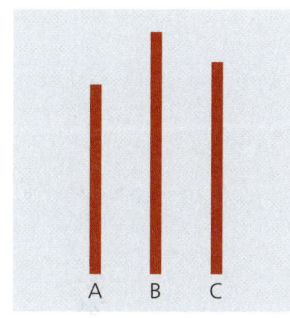

Ausgangslinie   *Vergleichslinien*

Die in das Experiment eingeweihten Versuchspersonen wurden angewiesen, einstimmig falsche Antworten zu geben. Nur eine Person war nicht instruiert worden. Es wurde untersucht, wie sich diese Person verhält, ob sie ihrem Sinneseindruck entsprechend richtig antwortet oder ob sie dem Gruppendruck unterliegt. Wurde die Frage nach der Linienlänge von dieser Versuchsperson alleine beantwortet, betrug die Fehlerquote weniger als 1 %.

Der Versuchsteilnehmer in der Mitte zeigt sich irritiert über die Antwort der anderen.

„In 31,8 % der Fälle ließ sich die unwissende Versuchsperson von den falschen Aussagen ihrer Gruppe (3 Personen oder mehr) beeinflussen und übernahm deren Urteil. Mangelndes Vertrauen in die eigene Urteilsfähigkeit sowie Bedenken, das Ergebnis des Versuchsleiters in eine falsche Richtung zu lenken, wurden als Gründe für die konformen Reaktionen angegeben. Bei den Versuchspersonen, die sich nicht dem Urteil der Mehrheit anschlossen, konnte hingegen großes Vertrauen in die eigene Urteilsfähigkeit festgestellt werden bzw. meinte ein Teil, dass sie ehrlich angeben sollten, was sie sehen, und sich daher nicht von der Mehrheit beeinflussen ließen." (Aronson 2004, S. 242)

Das Experiment vom Sozialpsychologen Solomon ASCH (1951) zeigt, dass der gesellschaftliche Einfluss sehr groß ist: Unter bestimmten Umständen stimmen wir mit dem Urteil der Gruppe überein, selbst wenn dieses eindeutig falsch ist. Wir verhalten uns **konform**, weil wir nach Anerkennung streben und vermeiden wollen, zurückgewiesen zu werden.

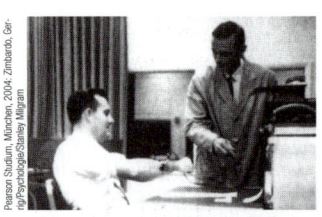

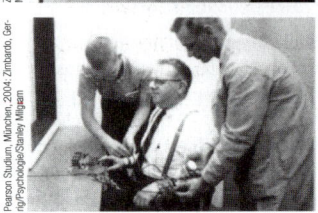

*"Lehrer" und Versuchsleiter,
Schockgenerator, "Schüler"*

Unter welchen Bedingungen handeln wir eher konform? Kreuzen Sie die richtige(n) Aussage(n) an und diskutieren Sie anschließend Ihre Ergebnisse im Plenum!
Wir verhalten uns eher konform,
a) wenn wir Status und Attraktivität der Gruppe hoch einschätzen.
b) wenn wir uns selbst im Vergleich zur Gruppe inkompetent und unsicher fühlen.
c) wenn sich der Rest der Gruppe einig ist.
d) wenn es wichtig ist, ein gutes Ergebnis oder die richtige Antwort zu erzielen.

Die Fähigkeit zu Konformität im Sinne von gebündelter Kooperation war in früheren Zeiten der menschlichen Evolution überlebensnotwendig. Anpassungsbereitschaft und Anerkennungsstreben müssen jedoch im richtigen Moment mit dem richtigen Maß eingesetzt werden.

2. Das Milgram-Experiment

Der US-amerikanische Psychologe Stanley MILGRAM führte 1961 ein Experiment durch, in dem angeblich der Einfluss von Bestrafung auf das Lernen untersucht werden sollte. Versuchspersonen in der Rolle des „Lehrers" sollten „Schüler", die einen Fehler machten, bestrafen. Der Lehrer wurde vom Versuchsleiter aufgefordert, dem Schüler (in Wahrheit eine Vertrauensperson des Versuchsleiters) elektrische Schläge von 15 Volt („leichter Schock") bis 450 Volt („Gefahr: bedrohlicher Schock") zu verabreichen. Der vermeintliche Schüler war im Nebenraum auf einem Stuhl festgeschnallt und reagierte mit Seufzen, Schmerzensschreien und wildem Klopfen. Der Versuchsleiter spornte den Lehrer an, den Versuch weiterzumachen, und betonte die Wichtigkeit der Ergebnisse, wenn ein Schüler schrie: „Holen Sie mich hier raus! Ich mache nicht mehr weiter!" Schließlich insistierte er: „Sie müssen weitermachen!" Die Proteste des Schülers entwickelten sich zu Angstschreien. Nach der 330-Volt-Stufe weigerte sich der Schüler zu antworten und wurde plötzlich still.

RF Einzelarbeit 28

Welche Ergebnisse, glauben Sie, brachte das Experiment? Geben Sie zuerst eine Schätzung ab und vergleichen Sie diese anschließend mit der Lösung auf S. 260.
a) 72 % der Versuchspersonen brachen ab, wenn der Schüler bei 180 Volt zu schreien anfing.
b) 63 % der Versuchspersonen gingen bis zum Ende der Voltskala (450 Volt).
c) In erweiterten Ausführungen des Milgram-Experiments wurde ein signifikantes (deutliches) Maß an Gehorsam bei den Versuchspersonen festgestellt.

RF Diskussion 29

Diskutieren Sie im Plenum folgende Frage: Warum haben nur so wenige der Autorität widersprochen, obwohl bei Widerstand keine Sanktionen zu erwarten waren? Halten Sie Ihr Diskussionsergebnis stichwortartig an der Tafel fest und vergleichen Sie es mit den folgenden Aussagen der Versuchspersonen aus den Abschlussgesprächen.

Nach dem Experiment rechtfertigten die Versuchspersonen ihr Verhalten folgendermaßen:

- „Dann wäre er eben tot gewesen. Ich habe nur meine Pflicht getan." (Milgram 1992, S. 108)
- Der Versuchsleiter trägt „den größten Teil der Verantwortung. Ich machte ja nur weiter. … Man befahl mir weiterzumachen, und ich bekam keinen Hinweis, dass ich aufhören sollte." (a. a. O., S. 67)
- „… und im Interesse der Wissenschaft macht man weiter bis zum Ende." (a. a. O., S. 71)
- „Und dann kriege ich von ihm keine Antwort mehr, kein Seufzen und kein gar nichts. Ich sagte mir: ‚Lieber Gott, jetzt ist er tot; also schön, bringen wir ihn ganz um.' Und ich machte einfach weiter bis zu 450 Volt." (a. a. O., S. 107)

Spätere Versuche MILGRAMS zeigten, dass Personen unter folgenden Umständen am meisten gehorchten:

- Die befehlsgebende Versuchsleitung wurde als legitime **Autoritätsperson** wahrgenommen.
- Die Autoritätsperson war ganz in der **Nähe**.
- Die Autoritätsperson wurde mit einer **namhaften Institution** in Verbindung gebracht.
- Das Opfer – der „Schüler" – wurde **depersonalisiert**, d. h. er war weiter entfernt und wurde gar nicht gesehen.
- Auch sonst widersetzte sich niemand dem Versuchsleiter / der Versuchsleiterin (**fehlende Vorbilder** des Widerstands).

3. Das Stanford-Prison-Experiment

Wärter und Gefangene

Filmtipps

Das Experiment (Deutschland 2001, Regie: Oliver HIRSCHBIE-GEL); *The Experiment* (USA 2010, Regie: Paul SCHEURING). Das Stanford-Prison-Experiment lieferte die Grundlage für die Drehbücher zu diesen Filmen.

Inwiefern beeinflussen soziale Gruppensituationen das menschliche Verhalten und die psychische Befindlichkeit? So lautete die Forschungsfrage des US-amerikanischen Psychologen Philip ZIMBARDO im Jahr 1971. Als er Versuchspersonen für sein Gefängnisexperiment suchte, meldeten sich zahlreiche Freiwillige. 24 Collegestudenten entsprachen den Auswahlkriterien: Sie waren emotional stabil, psychisch gesund, schnitten durchschnittlich gut bei den Persönlichkeitstests ab und konnten eine Vergangenheit ohne Vorstrafen, Gewalttaten und Drogenmissbrauch vorweisen. Die Studenten sollten zwei Wochen unter realistischen Bedingungen in einer simulierten Gefängnissituation leben. Sie wurden nach dem Zufallsprinzip in Wärter und Gefangene eingeteilt. Die Teilnehmer nahmen ihre Rollen unerwartet ernst: Die Wärter nutzten ihre totale Weisungsbefugnis über die Gefangenen aus, verhielten sich aggressiv und sadistisch.

Wenn ihre Regeln nicht eingehalten wurden, bestraften sie die Gefangenen beispielsweise mit Essensentzug, stundenlanger Isolationshaft oder Toilettenreinigung mit bloßen Händen. Im normalen Leben zeigten die Wärter keine psychologischen Auffälligkeiten, in der simulierten Gefängnissituation entwickelten sie trotzdem zahlreiche Strategien, um die Gefangenen zu erniedrigen. In bemerkenswert kurzer Zeit provozierte das Machtgehabe der Wärter wachsende Abhängigkeit, Nachgiebigkeit und Hilflosigkeit bei den Gefangenen. Die Opfer verhielten sich durch die entwürdigende Behandlung und die ständigen Strafen passiv und resignierten. Nach weniger als 36 Stunden musste der erste Gefangene aufgrund depressiver Symptome entlassen werden. Vier weitere Versuchspersonen folgten. Nach sechs Tagen musste das Experiment vorzeitig abgebrochen werden. Die Macht der simulierten Gefängnissituation hatte im Denken der Wärter und ihrer Gefangenen eine neue soziale Realität geschaffen, der sie nicht gewachsen waren. Das Stanford-Prison-Experiment gilt aufgrund der psychischen und körperlichen Belastungen der Teilnehmer als sehr umstritten. Besonders kritisiert wurde auch der späte Abbruch des Experiments. Derartige Studien wurden wegen zahlreicher ethischer Bedenken nicht wiederholt.

Literaturtipp

SIMON, Fritz: *Tödliche Konflikte. Zur Selbstorganisation privater und öffentlicher Kriege*. Heidelberg 2004. Unter Berücksichtigung biologischer, psychoanalytischer und soziologischer Erkenntnisse analysiert der Autor die Entstehungsbedingungen für Krieg und Gewalt. Als Ursachen nennt er Ehre, Stolz und Status.

Folgende Faktoren trugen zum Überlegenheitsgefühl der Wärter bei:
- Die Gefangenen mussten sich an **Regeln** halten, die die Wärter in ihrem machtvollen Dasein stärkten und gleichzeitig die Gefangenen degradierten (erniedrigten). Regel 16 lautete, dass das Nichtbefolgen der Regeln bestraft werden kann.
- Die Wärter bekamen Uniformen, trugen Silber-Reflektoren-Sonnenbrillen und mussten mit „Herr Strafvollzugsbeamter" angeredet werden. Diese Umstände stärkten die **Gruppenidentität** unter den Wärtern und ließen Individualität und Menschlichkeit vergessen. Machtsymbole in Form von Trillerpfeifen, Handschellen und Schlüsseln zu den Zellen und zum Haupttor verschafften zusätzlich Autorität.
- Für viele Wärter rechtfertigte der **gehobene Status** missbräuchliches autoritäres Verhalten. Die Möglichkeit, zu belohnen und zu bestrafen, verlieh ihnen Macht.

(RF) Diskussion `30`

Diskutieren Sie folgende Fragen in der Klasse und halten Sie die Diskussionsergebnisse stichwortartig fest:
a) Wo lassen sich beim Stanford-Prison-Experiment Parallelen zum Milgram-Experiment erkennen? In welchen Situationen tendiert der Mensch zu destruktiven Verhaltensmustern?
b) Wo sind die fatalen Folgen des Autorität-Gehorsam-Phänomens im vergangenen und aktuellen Weltgeschehen bemerkbar? Sind die Experimente auf die Realität übertragbar?

(RF) Einzelarbeit `31`

Verfassen Sie aus der Sicht a) eines Gefangenen oder b) eines Wärters des Stanford-Prison-Experiments einen Zeitungsbericht, in dem er seine Erlebnisse während der Inhaftierung schildert. Ziel des Textes ist es, die Öffentlichkeit aufzuklären und vor vergleichbaren Situationen zu warnen. Verarbeiten Sie darin Ihre Diskussionsergebnisse aus den vorigen Fragestellungen.

4. Die Welle

Aus dem Film „Die Welle"

Ron JONES, Geschichtslehrer an einer kalifornischen Highschool, hatte seine SchülerInnen einst Geld sammeln und verteilen lassen, um ihnen Sozialismus näher zu bringen, und Waren mitbringen und verkaufen, um Kapitalismus greifbar zu machen. Als seine SchülerInnen sich überzeugt davon zeigten, dass eine Diktatur, wie sie während der nationalsozialistischen Zeit in Deutschland herrschte, heute nicht mehr möglich sei, versuchte er, seinen SchülerInnen die Entstehung einer Diktatur vorzuführen.
Anschaulich brachte Ron Jones seinen SchülerInnen die Leitgedanken einer Diktatur näher. Die SchülerInnen sollten erleben, wie es ist, sich als Teil der Gemeinschaft zu fühlen. Er ließ sie ge-

meinsam marschieren, stellte Regeln auf, die von allen Gruppenmitgliedern zu befolgen waren, gab der Gruppe einen Namen und ein Symbol und nannte diktatorische Prinzipien, die er permanent wiederholen ließ: Macht durch Disziplin! Macht durch Gemeinschaft! Macht durch Handeln! Das Experiment entwickelte sich rasch zu einer Bewegung: *Die Welle. Die Welle* begann sich unbeabsichtigt zu verselbstständigen. Bereits am dritten Tag grenzten SchülerInnen andere aus und wendeten Gewalt an. Als die Situation nach fünf Tagen eskalierte, brach der Lehrer das Experiment ab. Es zeigte, dass wir alle anfällig für faschistisches Denken und Handeln sind. Ron Jones meint in einem TV-Interview rückblickend auf sein Experiment: „Der größte Schock war für mich, dass ich dieses Machtgefühl und diese Art der Anerkennung sehr genossen habe."

Literaturtipp
RHUE, Morton: *Die Welle*. Ravensburg 2018 (deutsche Erstausgabe: 1984). *Die Welle* wurde 2008 vom deutschen Regisseur Dennis GANSEL in Deutschland neu verfilmt.

Die Psychologie der Masse

Der französische Arzt und Physiologe Gustave LE BON begründete die Psychologie der Masse. Er stellte fest, dass die Masse meist von einer starken Persönlichkeit angeführt wird, die an die Gefühle und Hoffnungen der Menschen appelliert und selbst von einer Idee „hypnotisiert" ist. Wenn eine kleine Gruppe erfolgreich von einer Idee beeinflusst wird – das geschieht über stetige Wiederholung der Idee –, erreicht sie (vor allem über digitale Netzwerke) immer mehr Menschen. Das erklärt, warum Massenbewegungen und Revolutionen nach wie vor auch heute möglich sind. Bildlich kann man sich dies wie einen Schneeball vorstellen, der sich zu einer Lawine entwickelt. Le Bon schreibt der Masse folgende Merkmale zu:

Anziehungskraft

- Die Masse übt eine ungeheure **Anziehungskraft** aus. Leichtgläubig unterliegen wir dabei einer psychischen Ansteckung, bei der Gedanken und Gefühle von außen beherrscht und durch Suggestion übertragen werden. Die persönlichen Wünsche werden den Wünschen der Masse „geopfert".

Gemeinschaftsseele

- Die Masse zeichnet sich durch eine geistige Einheit aus. Le Bon spricht von der **„Gemeinschaftsseele"**, die das Zusammenschmelzen von Individuen zu einer Masse ermöglicht. Die Zugehörigkeit gibt Selbstbewusstsein, doch der Druck, mit der Massenmeinung konform zu gehen, führt zu einem Verlust der eigenen Individualität und Kritikfähigkeit. Le Bon vergleicht den Verlust der Individualität mit einem Automaten, über den der Wille die Gewalt verloren hat und dessen Betrieb außer Kontrolle gerät.

Abgeben der Verantwortlichkeit

- Durch den Verlust der Individualität **(Deindividuation)** werden wir zu Handlungen fähig, zu denen wir allein nie imstande wären. Wir fühlen uns für unsere Taten nicht mehr verantwortlich.

RF Diskussion **32**

Diskutieren Sie folgende Fragen im Plenum:
a) Was bewegt Menschen dazu, sich einer Massenbewegung anzuschließen? Welchen Nutzen kann sie einer (1) gelangweilten, (2) orientierungslosen, (3) instabilen, (4) ambitionierten Persönlichkeit bieten?
b) Wie lassen sich Menschen mobilisieren? Welche Mittel erweisen sich als wirkungsvoll, um Inhalte an eine breite Masse zu vermitteln?
c) Was sind die wichtigsten Faktoren, die bei der Mobilisierung einer Masse (z. B. im Fußballstadion) zum Tragen kommen?

Wussten Sie, dass ... Fake News und Social Bots über soziale Netzwerke **massenwirksam** die öffentliche politische Debatte beeinflussen? **Fake News** sind Falschmeldungen (z. B. gefälschte Zitate von PolitikerInnen), die willentlich in sozialen Netzwerken verbreitet werden. Bei den **Social Bots** (Bot ist die Kurzform von engl. *robot*: Roboter) handelt es sich um computergesteuerte Accounts mit einem automatisierten Profil in sozialen Medien, das sich täuschend echt als normaler Nutzer bzw. Nutzerin tarnt. Ein Social Bot kann beispielsweise auf Twitter selbstständig gefertigte Inhalte posten oder sich mit anderen NutzerInnen anfreunden. Aber was wollen Fake News und Social Bots bewirken? Sie werden als Instrumente der Meinungsmache und Verzerrung benutzt mit dem Ziel, die öffentliche Meinung zugunsten einer bestimmten politischen Agenda zu beeinflussen. Eine Untersuchung der IT-Sicherheitsfirma Trend Micro (2017) deckte auf, dass Fake News als Geschäftsmodell gehandelt werden: 55 000 Dollar kostet es, um eine Person zu verleumden. Eine zwölfmonatige Fake-News-Kampagne (Kosten: 400 000 Dollar) soll es sogar schaffen, zahlreiche Personen – deren Wahrnehmung und Einstellung sich mit der erwünschten Agenda der Kampagne decken – anzuziehen. Zum Schutz vor Manipulation ist es wichtig, kritisch an reißerische Nachrichten heranzugehen, sie auf den Wahrheitsgehalt zu überprüfen und die Quelle zu hinterfragen.

Positive Aspekte von Macht

Literaturtipp

BAUER-JELINEK, Christine: *Die helle und die dunkle Seite der Macht.* Salzburg 2009. Ob im Berufsleben oder privat – ständig sind Mechanismen der Macht wirksam. Erst, wenn Macht missbraucht wird, nehmen wir sie zur Kenntnis. Macht ist jedoch erstrebenswert, wenn mit ihr maßvoll umgegangen und sogenannte Macht-Kompetenz entwickelt wird. Das Buch zeigt, wie man bewusst mit Macht umgehen lernt.

Im öffentlichen Bewusstsein überwiegen die negativen Aspekte der Macht. Doch Macht hat laut Wirtschaftscoach und Psychotherapeutin Christine JELINEK-BAUER auch eine positive Seite: *„Nur mit Macht können wir Ziele erreichen, die wir uns gesteckt haben, und ungerechtfertigte Machtansprüche anderer Personen abwehren. Denn erst wenn wir auch die positive Bedeutung der Macht erkennen, werden wir Machtinstrumente sinnvoll und kraftvoll einsetzen können, ohne unsere eigenen ethischen Grundsätze zu verraten. Ob zur Durchsetzung oder zur Abwehr: Ohne Macht geht es nicht!"* (Jelinek-Bauer 2000, S. 20)

Führung in einem Unternehmen wird heute immer weniger mit der Machtfrage verbunden, sondern eher mit behutsamem Eingreifen, um Teamgeist und Motivation zu fördern. In diesem Zusammenhang hat sich der Begriff **Empowerment** etabliert, das MitarbeiterInnen mehr Befugnisse und größere Entscheidungsfreiräume einräumt. (vgl. Neubauer 2006, S. 108) Empowerment (engl.: Ermächtigung) meint Maßnahmen, die auf den Zugewinn von Macht, auf Selbstbestimmung und Lebensautonomie abzielen.

 Gruppenarbeit 33

- Recherchieren Sie im Internet: Welche Möglichkeiten von Empowerment des/der Einzelnen gibt es im Alltag und im Berufsleben?
- Formulieren Sie Beispiele, was Empowerment für Sie konkret im Alltag bedeutet.

11.7 Kommunikation und Interaktion

„Ein Mann will ein Bild aufhängen. Den Nagel hat er, nicht aber den Hammer. Der Nachbar hat einen. Also beschließt unser Mann, hinüberzugehen und ihn auszuborgen. Doch da kommt ihm ein Zweifel: Was, wenn der Nachbar mir den Hammer nicht leihen will? Gestern schon grüßte er mich nur so flüchtig. Vielleicht war er in Eile. Aber vielleicht war die Eile nur vorgeschützt, und er hat etwas gegen mich. Und was? Ich habe ihm nichts angetan; der bildet sich da etwas ein. Wenn jemand von mir ein Werkzeug borgen wollte, ich gäbe es ihm sofort. Und warum er nicht? Wie kann man einem Mitmenschen einen so einfachen Gefallen abschlagen? Leute wie dieser Kerl vergiften einem das Leben. Und dann bildet er sich noch ein, ich sei auf ihn angewiesen. Bloß weil er einen Hammer hat. Jetzt reicht's mir wirklich. – Und so stürmt er hinüber, läutet, der Nachbar öffnet, doch noch bevor er ‚Guten Tag' sagen kann, schreit ihn unser Mann an: ‚Behalten Sie Ihren Hammer, Sie Rüpel!' " (Watzlawick 2009, S. 37f)

 Partnerarbeit 34

Analysieren Sie zu zweit das Verhalten des Mannes in der „Geschichte mit dem Hammer":
- Inwiefern findet hier (k)eine Kommunikation statt?
- Inwiefern beziehen sich die Handlungen der beiden Beteiligten (nicht) aufeinander?

Kommunikation

Jede Art von Beziehung zwischen Menschen wird als **Kommunikation** verstanden. Kommunikation (lat. *communicare:* teilen, mitteilen, vereinigen) ist ein Austausch von Informationen. Kommunikation kann *verbal* (sprachlich), aber auch *nonverbal* – über Mimik, Gestik, Körperhaltung und Gang – stattfinden. Da es gar nicht möglich ist, *keine* Signale über die Körpersprache zu senden, findet Kommunikation immer statt. Passt die Körpersprache mit dem Gesprochenen zusammen, ist sie *kongruent.* *Inkongruent* ist sie, wenn sich verbale und nonverbale Nachrichten widersprechen.

„Man kann nicht nicht kommunizieren."
Paul Watzlawick
(Watzlawick 2007, S. 53)

Interaktion

Von **Interaktion** spricht man, sobald Personen wechselseitig (emotional, intellektuell) in Beziehung stehen. Ihre Handlungen beziehen sich aufeinander, sie steuern, kontrollieren und beeinflussen einander. Eine wichtige Form der Interaktion ist die Verständigung durch sprachliche Kommunikation. Verbale Kommunikation muss aber nicht immer Interaktion sein: Im *Monolog* findet keine Beeinflussung des/der Sprechenden durch sein/ihr Gegenüber statt. Im *Dialog* dagegen werden Standpunkte ausgetauscht.

Partnerarbeit 35

- Füllen Sie den Fragebogen (Selbsteinschätzung; S. 180) zu Ihrem Kommunikations- und Interaktionsverhalten aus: 1 = niemals, 2 = manchmal, 3 = häufig, 4 = fast immer.
- Verdecken Sie Ihre Antworten und lassen Sie sich von Ihrem Sitznachbarn bzw. Ihrer Sitznachbarin einschätzen (Fremdeinschätzung).
- Entspricht Ihre eigene Einschätzung in etwa der Fremdeinschätzung? Vergleichen Sie Ihre Ergebnisse.

	Selbstein-schätzung			Fremdein-schätzung		
Tendieren Sie dazu, einen Monolog zu halten?	1 2 3 4			1 2 3 4		
Reden Sie, ohne auf die Gefühle und Reaktionen am Gespräch Beteiligter zu achten?	1 2 3 4			1 2 3 4		
Unterbrechen Sie Ihre GesprächspartnerInnen?	1 2 3 4			1 2 3 4		
Verlieren Sie in Gesprächen den Faden?	1 2 3 4			1 2 3 4		
Werden Sie in Gesprächen emotional?	1 2 3 4			1 2 3 4		
Ärgern Sie sich, wenn andere nicht Ihrer Meinung sind?	1 2 3 4			1 2 3 4		
Versuchen Sie, anderen Ihre Meinung aufzudrängen?	1 2 3 4			1 2 3 4		
Korrigieren Sie Ihre GesprächspartnerInnen?	1 2 3 4			1 2 3 4		
Geben Sie häufig die Gesprächsthemen vor?	1 2 3 4			1 2 3 4		
Reden Sie, bevor Sie denken?	1 2 3 4			1 2 3 4		

In alltäglichen Gesprächssituationen kann der Gedankenaustausch zwischen den Beteiligten entweder gefördert oder behindert werden, je nachdem, welches Bild die GesprächspartnerInnen voneinander haben und welche Erwartungen oder Wünsche sie in das Gespräch legen.

Gesprächsfördernde Faktoren umfassen alle Verhaltensweisen, die Interesse an der anderen Person und an dem, was sie sagt, bekunden:

Zuhören
- **Zuhören** besteht darin, dass dem Gegenüber die Möglichkeit gegeben wird, sein Anliegen ohne Unterbrechungen zu erzählen. Indem man als Zuhörer/Zuhörerin beispielsweise nickt, signalisiert man dem Gegenüber, dass man der Erzählung folgen kann und sie versteht. **Nachfragen** bei Unklarheiten signalisiert ebenso Aufmerksamkeit.

Wiederholen
- Durch **Wiederholung** des Gesagten kann der/die Zuhörende sich vergewissern, ob er/sie alles richtig verstanden hat.

Zusammenfassen
- Indem der Sprecher/die Sprecherin das Gesagte noch einmal **zusammenfasst**, kann er/sie das Wesentliche nochmals hervorheben, Widersprüche und Missverständnisse werden beseitigt.

Denkanstoß geben
- Weiterführende **Denkanstöße** helfen dem Gesprächspartner/der Gesprächspartnerin, in seinem/ihrem Anliegen weiter zu denken, Lösungen zu suchen und Entscheidungen zu konkretisieren. Dabei sollte man sich mit der eigenen Meinung zurückhalten und nicht bewerten.

Gefühle
- Über Mimik oder Gestik sollte dem Gegenüber signalisiert werden, dass man versucht, seine/ihre **Gefühle** zu erfassen, und im Gespräch mitfühlt. Förderlich ist es auch, die Gefühle des Gesprächspartners bzw. der Gesprächspartnerin anzusprechen.

Folgende **hemmende Verhaltensweisen** können ein konstruktives Gespräch behindern:

Egozentrismus
- Wenn man sich **selbst in den Mittelpunkt stellt** und nur darauf wartet, die eigenen Ansichten mitzuteilen, anstatt zuzuhören und auf das Anliegen des/der anderen einzugehen, wird sich das Gegenüber nicht berücksichtigt, sondern übergangen fühlen.

Bewertungen
- Durch **Bewertung** der Situation und persönliche Stellungnahmen wird das Gegenüber unter Druck gesetzt. Er/Sie kann sich kritisiert oder belehrt fühlen und gerät in Rechtfertigungszwang.

Ratschläge
- Indem voreilig Vorschläge gemacht und **Ratschläge** erteilt werden, nimmt man dem Gegenüber die Möglichkeit, eigene Lösungen zu entwickeln.

Vorwürfe
- Bei **Vorwürfen** wird sich das Gegenüber unverstanden fühlen und verschließen.

Herunterspielen
- Ebenso unverstanden wird sich der Gesprächspartner/die Gesprächspartnerin fühlen, wenn man sein/ihr Anliegen **nicht ernst nimmt**.

Bestandteile der Kommunikation

Kommunikation besteht immer aus **SenderIn**, **Nachricht** und **EmpfängerIn**:

Sender/Senderin
- Bei einem Gespräch wird der/die SenderIn zum/zur EmpfängerIn und umgekehrt. Jeder Sender/Jede Senderin ist also auch EmpfängerIn.

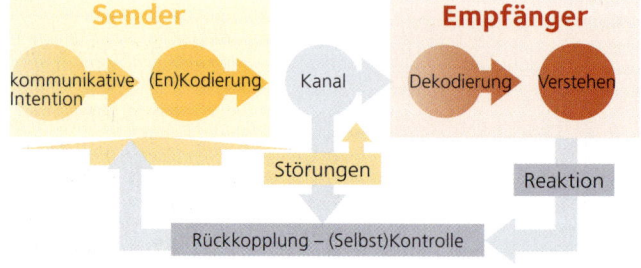

Nachricht	• An der Kommunikation sind mehrere **Übertragungskanäle** beteiligt, die sich gegenseitig beeinflussen: Sprache, Gestik, Töne, Mimik, Symbole, Schrift. In diesem Bereich kann es bei der Nachrichtenübertragung zu Störungen von außen (z. B. durch Rauschen am Telefon) kommen. Die **Kodierung** ist oft mehrdeutig: Ein Zeichen kann mehrere Bedeutungen haben (z. B. Bank) oder es sind mehrere Zeichen für eine Bedeutung möglich (z. B. Abendveranstaltung, Fest, Party, Fete).
Empfänger / Empfängerin	• Er / Sie dekodiert die Nachricht und gibt eine entsprechende **Reaktion**.

Grundgesetze der Kommunikation (Watzlawick)

Der österreichische Kommunikationswissenschaftler und Psychologe Paul WATZLAWICK formulierte fünf Grundgesetze (**Axiome**) der Kommunikation.

Mitteilungscharakter

1. **Man kann nicht nicht kommunizieren.** Selbst wenn man nichts sagt, signalisiert das dem Gegenüber etwas: „Ich will nicht mehr reden" oder „Ich bin betroffen". Jedes Verhalten hat Mitteilungscharakter.

Inhalts- / Beziehungsaspekt

2. Jede Kommunikation hat einen **Inhalts- und einen Beziehungsaspekt:** Der Inhaltsaspekt soll sachlich informieren, der Beziehungsaspekt sagt etwas über die Beziehung zwischen SenderIn und EmpfängerIn aus.

Interpunktion

3. Jeder Gesprächspartner / Jede Gesprächspartnerin setzt in der Kommunikation einen subjektiven Anfangspunkt, eine sogenannte **Interpunktion**. Beispiel: Die nörgelnde Ehefrau führt ihr Nörgeln auf das zurückgezogene Verhalten des Ehemannes zurück. Dieser macht jedoch das Nörgeln der Ehefrau für seinen Rückzug verantwortlich.

digital / analog

4. In der menschlichen Kommunikation gibt es **digitale** (z. B. verbale) und **analoge** (z. B. Körpersprache oder Tonfall) Modalitäten.

symmetrisch / komplementär

5. Kommunikationsabläufe sind entweder **symmetrisch** (gleichrangige Position der GesprächspartnerInnen) oder **komplementär** (hierarchisch ungleiche PartnerInnen).

Die vier Seiten einer Nachricht (Schulz von Thun)

Der Kommunikationswissenschaftler Friedemann SCHULZ VON THUN geht davon aus, dass eine Nachricht nicht nur einen Inhalts- und einen Beziehungsaspekt hat, wie Watzlawick in seinem zweiten Axiom definiert, sondern viele Botschaften enthält. Er beleuchtet den Vorgang der zwischenmenschlichen Kommunikation von vier Seiten:

1. **Sachinhalt:** Worüber ich informiere.
2. **Selbstoffenbarung**: Was ich von mir selbst kundgebe.
3. **Beziehung:** Was ich von dir halte und wie wir zueinander stehen.
4. **Appell:** Wozu ich dich veranlassen möchte.

Laut Schulz von Thun ist der Empfänger mit nur zwei Ohren biologisch schlecht ausgerüstet. Er brauche im Grunde vier Ohren: ein Ohr für jede Seite. (Schulz v. Thun 2006, S. 44)

Einzelarbeit 36 Tragen Sie die vier Seiten der Kommunikation (Sachinhalt, Selbstoffenbarung, Beziehung, Appell) passend zur Fragestellung in die Grafik ein.

Was ist das für einer?
Was ist mit ihm?

Wie redet der mit mir?
Wen glaubt er vor sich zu haben?

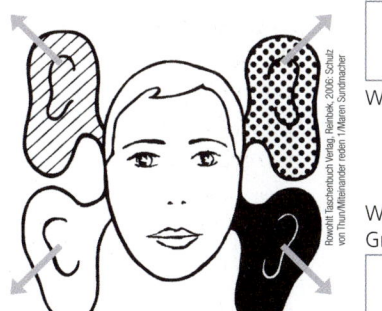

Rowohlt Taschenbuch Verlag, Reinbek, 2006: Schulz von Thun/Miteinander reden I /Maren Sundmacher

Wie ist der Sachverhalt zu verstehen?

Was soll ich tun, denken, fühlen auf Grund seiner Mitteilung?

Maren Sundmacher

Bei verbaler Kommunikation kann es zu Missverständnissen kommen. Der / Die SenderIn schickt eine Nachricht verschlüsselt (kodiert) zum / zur EmpfängerIn, dieser / diese entschlüsselt (enkodiert) sie. Verbinden SenderIn und EmpfängerIn unterschiedliche Vorstellungen mit der Nachricht, kann es zu Kommunikationsschwierigkeiten kommen: *„Der Empfänger kann prinzipiell frei wählen, auf welche Seite der Nachricht er reagieren will."* (Schulz v. Thun 2006, S. 45) Diese freie Auswahl führt zu Störungen, wenn sich ein / eine EmpfängerIn auf eine Seite der Nachricht bezieht, auf welche der / die SenderIn gar nicht hinauswollte.

11

Ergänzen Sie die folgende Tabelle! (vgl. Schulz v. Thun 2006, S. 62, S. 31)
- Welche Seite der Nachricht A wird über die Aussagen jeweils explizit formuliert?
- Wie könnte man die jeweiligen Seiten der Nachricht B als Aussage formulieren?

Nachricht A: „Was ist das Grüne in der Sauce?"	
Aussage	**Seite der Kommunikation**
Da ist was Grünes.	
Lass' nächstes Mal das Grüne weg.	
Mir schmeckt das nicht.	
Du bist eine schlechte Köchin/ein schlechter Koch.	
Nachricht B: „Du, da vorne ist grün!"	
	Beziehung
	Sachinhalt
	Selbstoffenbarung
	Appell

Metakommunikation

Schulz von Thun nennt als Maßstab für gelungene Kommunikation **Klarheit** und **Stimmigkeit**. Die Kommunikation muss mit der inneren Verfassung, den Zielen und Werten, aber auch mit der Verfassung des Gegenübers und der Situation übereinstimmen. Als aussichtsreiches Hilfsmittel gegen eine gestörte Kommunikation nennt er die **Metakommunikation**. Damit meint er die *„Kommunikation über die Kommunikation, also eine Auseinandersetzung über die Art, wie wir miteinander umgehen, und über die Art, wie wir die gesendete Nachricht gemeint und die empfangenen Nachrichten entschlüsselt und darauf reagiert haben. (…) Sender und Empfänger machen die Art, wie sie miteinander umgehen, zum Gegenstand des Gesprächs. (…) Gute Metakommunikation verlangt einen vertieften Einblick in die eigene Innenwelt und den Mut zur Selbstoffenbarung. Mut insofern, als das Thema ‚Was geht – hier und jetzt – in mir vor – wie erlebe ich dich und was spielt sich zwischen uns ab?' eine meist vermiedene direkte Konfrontation mit der oft als peinlich erlebten Realität darstellt."* (a. a. O., S. 91 f) Über eine objektive Betrachtungsweise kann es gelingen, sich von der Spannung zu befreien und aus der Störung herauszukommen.

Einzelarbeit 38

Metakommunikation kann geübt werden. Reflektieren Sie beim nächsten Gespräch, aus dem Sie unbefriedigt herausgehen, schriftlich folgende Fragen (vgl. Schulz v. Thun 2006, S. 94):
- Wie habe ich mich während des Gesprächs gefühlt?
- Was hat diese Gefühle ausgelöst?
- War mir klar, welche Anliegen bzw. welche Botschaft ich vermitteln wollte?
- Ist es gelungen, die Botschaft zu vermitteln?
- Was hätte ich im Klartext am liebsten gesagt?
- Was hat mich daran gehindert?
- Was würde ich nach dem Gespräch noch gerne loswerden?
- Welche Notizen würde sich mein Gegenüber nach dem Gespräch machen?

Kommunikationsstile

Mit LehrerInnen kommunizieren wir anders als mit KollegInnen, mit FreundInnen anders als mit den Eltern. Der Kommunikationsstil beschreibt die Art und Weise, „mit anderen Menschen in Kontakt zu treten, zu sprechen und die Beziehung zu gestalten." (Schulz v. Thun 2006, S. 57) Wir tragen unsere innere Verfassung (Bedürfnisse, Gefühle, Stimmung, Absicht) mit dem jeweiligen Kommunikationsstil nach außen. Schulz von Thun unterscheidet acht Kommunikationsstile, in denen unterschiedliche Persönlichkeitsanteile sichtbar werden. Es können sich auch mehrere Stile verbinden:

„Ich bin schwach und hilflos!"

1. Über den **bedürftig-abhängigen Stil** kommunizieren wir, dass wir Hilfe brauchen. Über diesen Kommunikationsstil zielen wir darauf ab, uns selbst als hilflos oder überfordert darzustellen. Damit geben wir der anderen Person das Gefühl, uns helfen zu müssen.

„Ich will gebraucht werden!"

2. Über den **helfenden Stil** unterstützen wir andere, indem wir gut zuhören und Verständnis signalisieren. Wir strahlen Stärke und Souveränität aus, vermitteln Zuversicht und geben dem/der anderen zu verstehen, dass sich alles zum Positiven wenden wird.

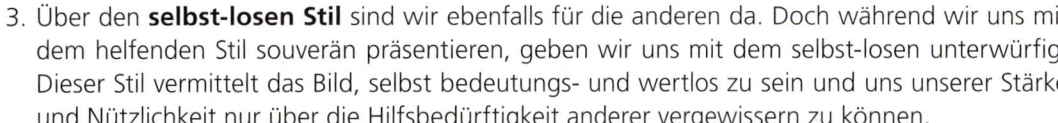

3. Über den **selbst-losen Stil** sind wir ebenfalls für die anderen da. Doch während wir uns mit dem helfenden Stil souverän präsentieren, geben wir uns mit dem selbst-losen unterwürfig. Dieser Stil vermittelt das Bild, selbst bedeutungs- und wertlos zu sein und uns unserer Stärke und Nützlichkeit nur über die Hilfsbedürftigkeit anderer vergewissern zu können.

4. Wenn wir andere herabsetzen oder erniedrigen, kommunizieren wir mit **aggressiv-entwertendem Stil**. Von außen wirkt dieser Stil aggressiv, bösartig, verächtlich und überkritisch, innerlich sind wir jedoch verletzlich und verzweifelt. Schulz von Thun führt die Entwicklung zu diesem Stil auf Erfahrungen mit Herabsetzungen, Demütigungen und Gewalt zurück. Diesem Stil liegt die Angst zugrunde, von anderen hintergangen und gnadenlos verachtet zu werden.

5. Über den **sich beweisenden Stil** bringen wir zum Ausdruck, wie gut, kompetent und geachtet wir sind. Der Selbstwert hängt hier von den herzeigbaren Leistungen ab. Je größer der Selbstzweifel, desto weniger Fehler erlauben wir uns.

6. Mit einem **bestimmend-kontrollierenden Stil** geben wir vor, zu wissen, was gut und richtig ist. Das Bedürfnis, die Dinge so zu lenken und zu korrigieren, dass sie unter Kontrolle bleiben, führt zu moralischen Aussagen, zu Ritualen, starren Normen und Prinzipien. Darin zeigt sich also Angst vor Veränderungen und Kontrollverlust.

7. Der **sich distanzierende Stil** wirkt arrogant und abweisend. Über eine förmliche und unpersönliche Art versuchen wir Distanz herzustellen. Unser Gesprächspartner / unsere Gesprächspartnerin hat das Gefühl, nur schwer an uns heranzukommen. Dieser Stil zeigt Angst davor, in eine Abhängigkeit zu geraten, in der man jeder Verletzung preisgegeben ist.

8. Wenn wir wahrgenommen werden möchten und redselig sind, kommunizieren wir über den **mitteilungsfreudig-dramatisierenden Stil**. Über Selbstdarstellung und starken Gefühlsausdruck machen wir auf uns aufmerksam. Das Wichtigste ist, wahrgenommen zu werden, egal mit welchen Mitteln. Oft steckt dahinter die Überzeugung, dass andere sich nicht dafür interessieren, wie einem zumute ist.

„Ich selbst bin unwichtig, nur im Einsatz für andere nützlich!"

„Wehe, jemand merkt es, dass ich nicht in Ordnung bin!"

„Ich selbst bin nicht liebenswert – nur über meine Leistungen."

„Ich bin voller chaotischer Impulse – nur durch strenge Regeln bleibe ich anständig."

„Wenn ich jemanden an mich heranlasse, begebe ich mich in große Gefahr."

„Ich werde nur beachtet, wenn ich mich in den Vordergrund spiele."

Einzelarbeit 39 Ordnen Sie die Kommunikationsstile den jeweiligen Bildern mit der entsprechenden Nummer zu.

Themenzentrierte Interaktion (Cohn)

Die Psychoanalytikerin Ruth Cohn entwickelte die Methode der **themenzentrierten Interaktion (TZI)**, in der vor allem folgende drei Faktoren die Gruppeninteraktion bestimmen: das *Ich* (die Persönlichkeit), das *Wir* (die Gruppe) und das *Es* (das Thema). Diese drei Faktoren sind im sogenannten **Globe** (Umfeld der Gruppe, z.B. Zeit und Ort des Geschehens) vorhanden. In der TZI wird eine dynamische Balance von persönlichen Bedürfnissen, Gruppengeschehen und Aufgabe angestrebt, denn Kommunikation kann nur gelingen, wenn diese drei Faktoren im Gleichgewicht sind.

Cohn formulierte **Regeln**, die im Gruppengespräch den Interaktionsstil fördern sollen, indem sie den ganzen Menschen mitsamt seinen Gefühlen und Gedanken berücksichtigen. Einige davon lauten:

Gesprächsregeln

- Es kann immer nur **eine / einer sprechen**. Wollen mehrere gleichzeitig ihre Meinung kundtun, muss die Reihenfolge der SprecherInnen bestimmt werden. Sprich nicht zu lange zu einem Thema.
- Sprich in der **Ich-Form**. Versteck dich nicht vor der individuellen Verantwortung und vertritt dich selbst in deinen Aussagen. Anstatt von „wir wollen, man möchte": „ich will, ich möchte".
- Teile deine **persönlichen Gedanken** und Erfahrungen mit. Mach persönliche Aussagen und stelle Fragen nur dann, wenn du wirklich Informationen einholen willst.
- Übernimm **Verantwortung** für dich selbst. Bestimme selbst, wann du etwas sagen oder schweigen willst.
- Sei **authentisch** und selektiv. Mach dir bewusst, was du denkst und fühlst und was du davon mitteilen möchtest.
- Unterbrich das Gespräch, wenn du **unkonzentriert** bist, weil du müde oder verärgert bist.
- **Nebengespräche stören**. Bring dein Anliegen in die Gruppe ein.

11

11.8 Konflikt und Konfliktlösung

Definition
Der Begriff KONFLIKT (lat. *conflictus:* Zusammenstoß, Kampf) bezeichnet ein Zusammentreffen unvereinbarer Zielsetzungen oder Wertvorstellungen.

Stellen Sie sich vor, zwei Züge rasen auf demselben Gleis aufeinander zu. Dasselbe geschieht bei einem Konflikt: *„Konflikte entstehen überall, wo verschiedene Bedürfnisse, Meinungen, Interessen, Normen und Werte zusammentreffen."* (Marmet 1999, S. 102) Meist kommt es zum Konflikt, weil sich mindestens eine der Konfliktparteien im Verfolgen oder Erreichen ihrer Ziele eingeschränkt fühlt. Konflikte sind im menschlichen Leben und Handeln allgegenwärtig.

- **Intrapersonelle** Konflikte sind meist Krisen, die einen persönlich betreffen (lat. *intra:* innerhalb): Entscheide ich mich für eine Lehre oder für die weiterführende Schule? Welche Rolle nehme ich in meinem Freundeskreis ein?
- **Interpersonelle** Konflikte hingegen entstehen auf der zwischenmenschlichen Ebene (lat. *inter:* zwischen) und beziehen mehrere Personen mit ein: Kann ich nach 22:00 Uhr noch laut Musik spielen oder störe ich damit meine NachbarInnen?

Eskalationsstufen eines Konflikts

Der österreichische Konfliktforscher Friedrich GLASL stellte die Eskalation eines Konfliktes in neun Stufen dar, die einen Abstieg zu immer unmenschlicheren Formen der Auseinandersetzung beschreiben.

win–win

Verhärtung

Ebene 1: Beide Konfliktparteien können noch gewinnen (**win-win**):
- Stufe 1: Die Standpunkte **verhärten** sich, aber noch besteht die Überzeugung, dass der Konflikt durch Gespräche lösbar ist.

Polarisation & Debatte
- Stufe 2: Meinungsverschiedenheiten führen zu Streit, auf den anderen/die andere wird **Druck** ausgeübt.

Aktionen
- Stufe 3: Gespräche werden abgebrochen, der/die andere wird vor **vollendete Tatsachen** gestellt.

win–lose

Images/Koalitionen

Ebene 2: Nur noch eine der Parteien kann gewinnen (**win-lose**):
- Stufe 4: Man sucht **Verbündete**, der Konflikt soll allein schon des Gewinnes wegen gewonnen werden.

Gesichtsverlust
- Stufe 5: Es kommt zu direkten (verbalen) Angriffen, die den Gegner/die Gegnerin vernichten sollen. Dadurch geht jedoch auch die eigene moralische **Glaubwürdigkeit** verloren.

Drohstrategien
- Stufe 6: **Drohungen** und Gegendrohungen nehmen zu. Durch das Aufstellen von Ultimaten wird die Konflikteskalation beschleunigt.

lose–lose

begrenzte Vernichtungs-schläge

Ebene 3: Jede der Parteien kann nur noch verlieren (**lose-lose**):
- Stufe 7: Ein begrenzter eigener **Schaden** wird bereits als Gewinn bewertet, wenn der des Gegners/der Gegnerin größer ist.

Zersplitterung
- Stufe 8: Die **Zerstörung** und Auflösung des Gegners/der Gegnerin wird als Ziel intensiv verfolgt.

gemeinsam in den Abgrund
- Stufe 9: Die **Vernichtung** des Gegners/der Gegnerin wird zum Preis der Selbstvernichtung in Kauf genommen.

Deeskalationsstrategien

RF **Partnerarbeit** **40** Ersetzen Sie folgende Verhaltensreaktionen durch geeignete Deeskalationsstrategien!

Verhaltensreaktion		Deeskalationsstrategie
Anstatt Druck auszuüben …	→	… versuchen zu überzeugen.
Anstatt persönlich anzugreifen …	→	
Anstatt die Beherrschung zu verlieren …	→	
Anstatt gewinnen zu wollen …	→	
Anstatt zu früh zu urteilen …	→	
Anstatt sich auf eine Position festzulegen …	→	
Anstatt immer nur die eigene Sichtweise zu sehen …	→	
Anstatt um das Problem herumzureden …	→	

Ein Konflikt hat aber nicht ausschließlich negative Auswirkungen. Konflikte können auch Probleme aufzeigen und, wenn wir sie lösen, klärend wirken. Der Konfliktforscher Gerhard SCHWARZ beschreibt vier **positive Aspekte** eines Konflikts:

- Konflikte erzeugen **Lösungsdruck:** Sie bieten die Chance, die Situation positiv zu verändern.
- Ein konstruktiver Umgang mit Konflikten führt dazu, abweichende Meinungen als **bereichernd** zu erleben.
- Wenn Konflikte erfolgreich bewältigt werden, stärken sie die **Zusammengehörigkeit**.
- Konflikte ermöglichen **neue Entwicklungen**, wenn sie zugelassen werden.

Ein Konflikt kann positiv bewältigt werden, wenn die Konfliktparteien entsprechend den *Stufen der kooperativen Konfliktlösung* vorgehen und sich an *Verhaltens-Grundregeln* halten.

Stufen der kooperativen Konfliktlösung

Problem definieren

1. Konfliktdiagnose

- Worum genau geht es? Was ist der eigentliche Streitpunkt? Geht es um die Position (einen „Justament-Standpunkt") oder ein echtes Bedürfnis?
- Wer ist am Konflikt beteiligt? Wer arbeitet gegen wen?
- Wie äußert sich der Konflikt?
- Wie hat sich der Konflikt bisher entwickelt?
- Was hat der Konflikt bisher gebracht?

klare Botschaften übermitteln

2. Mit dem Problem auseinandersetzen

Wenn man sich mit dem Problem selbst auseinandersetzt, sollten bestimmte Voraussetzungen gegeben sein, damit offen miteinander kommuniziert werden kann (Ärger kontrollieren, Vertrauen aufbauen). Die unterschiedlichen Standpunkte werden dargelegt, ohne anzuklagen; dem/der anderen soll jeweils aktiv zugehört werden. **Aktives Zuhören** bedeutet in der zwischenmenschlichen Kommunikation, dem Gesprächspartner/der Gesprächspartnerin einfühlsam zu begegnen – entweder mit nonverbalen Reaktionen (z.B. zustimmendem Nicken) oder mit sprachlichen Äußerungen (z.B. „Aha"). Es sollen in der Auseinandersetzung mit dem Problem immer auch die eigenen Wünsche und Bedürfnisse deutlich angesprochen werden.

Lösungsideen sammeln, dann diskutieren

3. Lösungsmöglichkeiten sammeln

Eine kritische Auseinandersetzung mit dem Konflikt ermöglicht es, Lösungen zu suchen. Dafür werden idealerweise mehrere Lösungsvorschläge eingebracht, also Ideen gesammelt und erst in einem weiteren Schritt bewertet.

auf eine Lösung einigen

4. Lösungsfindung

In einer letzten Stufe soll eine Lösung gefunden werden, die für beide Parteien annehmbar ist. An der Lösungsfindung sollen beide Parteien beteiligt sein, nur dann werden sie auch bereit sein, die getroffene Entscheidung mitzutragen. Wichtig ist es, sich auf Kriterien zu einigen, die das Einhalten der Lösung überprüfen lassen.

Literaturtipp

THIELE, Albert: *Argumentieren unter Stress. Wie man unfaire Angriffe erfolgreich abwehrt.* München 2016. Der Autor sensibilisiert für subtile Machtspiele, die der Einschüchterung dienen, und erläutert Reaktionsmöglichkeiten auf aggressive und unsachliche Auseinandersetzungen. Im Zentrum steht die Frage, wie man unsachliche Spielarten früh erkennt, geschickt abwehrt und gleichzeitig den Dialog aufrechterhält. Das Buch enthält einen umfangreichen Übungsteil zu Reaktionsmöglichkeiten und den besten Abwehrstrategien in Stresssituationen.

Verhaltens-Grundregeln für eine konstruktive Konfliktbewältigung

Während man die Stufen der Konfliktbewältigung durchläuft, sollte man sein Verhalten reflektieren (vgl. Marmet 1999, S. 106ff):

- **Eigene Verhaltenstendenzen erkennen:** Frühe Erfahrungen prägen unseren Umgang mit Konflikten. Erkennen wir unsere Verhaltenstendenzen, können wir sie bewusst ändern und andere ausprobieren.
- **Verschiedenheit akzeptieren:** Wenn wir die Gegenpartei akzeptieren, wie sie ist, und nicht mehr den Drang verspüren, sie umerziehen zu müssen, sind wir konfliktfähiger.
- **Auf Machtanwendung verzichten:** Die Versuchung, Machtmittel wie Strafen anzuwenden, ist groß, weil Konflikte auf diesem Weg schnell „bewältigt" werden. Konflikte werden durch Machtanwendung aber nur unterdrückt und nicht gelöst. Das bedeutet, dass man eine Lösung suchen sollte, die beiden Seiten gerecht wird.

Gruppenarbeit 41

Wählen Sie eine Konfliktsituation in einer Paarbeziehung und entwickeln Sie im **Rollenspiel** ein Konfliktlösungsgespräch, das auf die Zufriedenheit beider Parteien abzielt!

- Lösen Sie das Problem nach den Stufen der kooperativen Konfliktbewältigung und berücksichtigen Sie dabei die Verhaltensregeln.
- Reflektieren Sie, a) wie die funktionierende Gesprächssituation wieder hergestellt werden konnte und b) welche Einigung im Gespräch erzielt wurde.

Gewaltfreie Kommunikation

Literaturtipp
Rosenberg, Marshall B.: *Gewaltfreie Kommunikation. Eine Sprache des Lebens.* Paderborn, 12. überarb. u. erw. Aufl. 2016. Mit Geschichten, Erlebnissen und beispielhaften Gesprächssituationen macht Marshall Rosenberg in seinem Werk deutlich, wie sich mithilfe der Methode der Gewaltfreien Kommunikation selbst komplexe Kommunikationsprobleme lösen lassen.

Definition
Im Rahmen der Gewaltfreien Kommunikation sollen Anliegen aufgespürt sowie die Bedürfnisse und Gefühle aller am Konflikt Beteiligten berücksichtigt werden.

Definition
Mobbing (engl. *to mob*: angreifen, anpöbeln) allgemein bedeutet Schikanieren oder Quälen durch eine oder mehrere Personen. Es handelt sich dabei um psychische Gruppengewalt.

» Mobbing ist eine Form von Gewalt und damit ein eigentlicher Missbrauch von sozialen Beziehungen. Mobbing wird heute weltweit als eine ernsthafte Entwicklungsbehinderung erkannt. Mobbing hat viele Gesichter, je nach Alter, Geschlecht und Kultur. Auch moderne Technologien werden mitunter für Mobbing missbraucht.«
(Kandersteger Deklaration gegen Mobbing 2007)

Literaturtipp
Alsaker, Françoise D.: *Mutig gegen Mobbing in Kindergarten und Schule.* Göttingen 2017. Die Mobbing-Expertin legt in ihrem Buch den heutigen Kenntnisstand umfassend dar. Sie präsentiert ein wissenschaftlich fundiertes sowie in der Praxis erprobtes Programm gegen Gewalt in Kindergärten und Schulen, damit präventiv gegen Mobbing vorgegangen und erfolgreich interveniert werden kann.

Wir alle wissen, wie schwierig es ist, Konflikte auszutragen, ohne sich gegenseitig zu verletzen. Die Kommunikation spielt dabei eine bedeutende Rolle. Ein aggressiver Sprachstil kann dazu führen, dass sich der/die GesprächspartnerIn schlecht fühlt, sich wehrt oder ausweicht. Wenn uns jemand verbal angreift (z. B. „Wenn du nicht sofort, dann …"), tendieren wir häufig reflexartig dazu, uns zu verteidigen und mit einem Gegenangriff zurückzuschlagen.

Mit unseren Anliegen ernst genommen und verstanden zu werden hingegen, erhöht die Bereitschaft zu Kooperation und fördert gegenseitigen Respekt. Zu dieser Erkenntnis kam auch der US-amerikanische Psychologe Marshall B. Rosenberg und er entwickelte daraufhin eine **Kommunikations- und Konfliktlösungsmethode**, die es ermöglichen soll, bewusster zuzuhören und unserem Gegenüber respektvolle Aufmerksamkeit zu schenken. Dabei wird auf verbale Angriffe verzichtet und auf die eigenen Gefühle und Bedürfnisse gehört.

In der Gewaltfreien Kommunikation richtet sich die Aufmerksamkeit auf folgende vier Komponenten:
1. Zuerst teilen wir unsere **Beobachtungen** mit. Dabei beschreiben wir, was wir beobachten, ohne zu beurteilen oder zu bewerten.
2. Als Nächstes sprechen wir aus, wie wir uns fühlen, wenn wir die Handlung beobachten (**Gefühle**): „Ich bin frustriert …"
3. Im dritten Schritt kommunizieren wir unsere **Bedürfnisse**, die hinter unseren Gefühlen stehen: „Es wäre angenehmer für mich …"
4. In einem letzten Schritt formulieren wir eine spezifische **Bitte**.

Ein Konflikt, der nicht bearbeitet und bewältigt wird, kann Auslöser für Mobbingaktivitäten sein:

Mobbing

Der deutsche Psychologe Heinz Leymann gilt als Wegbereiter der Mobbingforschung. Er prägte den Begriff Mobbing und versteht darunter *„negative Handlungen, die gegen eine Person gerichtet sind (…) und die sehr oft und über einen längeren Zeitraum hinaus vorkommen und damit die Beziehung zwischen Täter und Oper kennzeichnen."* (Leymann 2002, S. 21)
Leymann klassifizierte 45 Mobbinghandlungen in fünf Gruppen (vgl. Leymann 2002, S. 23 ff.):
1. **Angriffe auf die Möglichkeit, sich mitzuteilen:** u. a. Drohungen, Gesprächsunterbrechungen
2. **Angriffe auf die sozialen Beziehungen:** u. a. Ignorieren sowie Verbote, mit dem/der Betroffenen zu sprechen
3. **Angriffe auf das soziale Ansehen:** u. a. Beschimpfungen, Demütigungen, Angriffe gegen die politische oder religiöse Einstellung
4. **Angriffe auf die Qualität der Berufs- und Lebenssituation:** u. a. Erteilen von Arbeitsaufgaben, die sinnlos sind, die eigene Qualifikation übersteigen oder unterfordern
5. **Angriffe auf die Gesundheit:** u. a. körperliche Misshandlung, sexuelle Handgreiflichkeiten

Wir sprechen von Mobbing, wenn negative Handlungen – „ob nun körperliche, verbale oder subtilere Angriffe – immer wieder dasselbe Kind treffen, und wenn gleichzeitig andere Kinder die Angreifer in ihren Handlungen unterstützen." (Alsaker 2017, S. 13–14)

Wussten Sie, dass … die Schule mehrere bewährte Möglichkeiten hat, **gegen Mobbing** vorzugehen? Bei der **Farsta-Methode** wird der Täter/die Täterin ohne Vorankündigung aus der Unterrichtsstunde geholt und sachlich mit seinen/ihren Taten konfrontiert. Im Gespräch rückt die Frage, wie sich dem/der von Mobbing Betroffenen helfen ließe, immer mehr in den Fokus, mit dem Ziel, dass der Täter/die Täterin mit dem/der Betroffenen zusammenarbeitet. Der **No Blame Approach** wiederum ist eine lösungsorientierte Vorgehensweise, bei der Mobbing ohne Schuldzuweisungen und Bestrafung beendet werden kann. Zunächst werden Gespräche mit dem/der Betroffenen geführt und anschließend Lösungen mit der Unterstützungsgruppe (TäterInnen, MitläuferInnen etc.) gesucht. Es werden laufend Nachgespräche geführt. Es gibt aber auch zahlreiche Maßnahmen, mit deren Hilfe Mobbing vorgebeugt werden kann. Beispiele dafür sind eine gezielte Aufklärung über Mobbing, ein wertschätzender Umgang miteinander (z. B. über Verhaltensvereinbarungen), ein geregelter Umgang mit Handy und Internet sowie eine allgemeine Stärkung des Selbstbewusstseins von SchülerInnen.

 **Gruppenarbeit** `42`

- Formulieren Sie Klassengemeinschaftsregeln, die für eine konfliktfreie Klassengemeinschaft wichtig sind.
- Gestalten Sie ein Plakat, auf dem Sie die Regeln nach einer Abstimmung hierarchisch ordnen.

Cyber-Mobbing

Videoanalyse: ▶ YouTube

Sehen Sie sich den einminütigen Videoclip „Wehr dich gegen Cybermobbing" auf YouTube an und machen Sie sich einen Eindruck davon, was Cyber-Mobbing ist. Besprechen Sie Ihre Eindrücke anschließend im Plenum.

Was bedeutet Cyber-Mobbing?

Der Begriff **Cyber-Mobbing** bezeichnet das bewusste Beleidigen, Bedrohen, Bloßstellen, Belästigen oder Ausgrenzen über elektronische Kommunikationsmittel. Im Internet findet Cyber-Mobbing vorwiegend über Foto- und Videoplattformen (z. B. YouTube, snapchat, instagram) sowie soziale Netzwerke (z. B. Facebook, Ask.fm, tellonym), aber auch via Handy (SMS, lästige Anrufe, WhatsApp) statt. Betroffene und TäterInnen kennen sich meist über das soziale Umfeld (z. B. über die Schule oder die Nachbarschaft).

Welche Motive können hinter den Angriffen stehen?

- **Persönliche Krisen:** eine familiär belastende Situation, gekränkte Liebesbeziehungen, zerbrochene Freundschaften
- **Eigene Minderwertigkeitsgefühle:** Neid-, Hass- oder Rachegefühle ev. aufgrund eigener vorausgehender Mobbingerfahrungen
- **Machtdemonstrationen:** das Bedürfnis, Stärke zu zeigen, Kontrolle auszuüben und zu manipulieren
- **Gruppengefühl:** Bedürfnis nach Anerkennung und Zugehörigkeit; das Bedürfnis, sich Geltung, Einfluss sowie Prestige zu verschaffen
- **Angst:** Um nicht selbst zum/zur Betroffenen von Mobbing zu werden, schließt man sich lieber einer aktiven, vermeintlich starken Gruppe an.
- **Langeweile:** „Aus Spaß" wird unachtsam ein Foto von jemandem negativ bewertet, meist unter dem Deckmantel der Anonymität.
- **Interkulturelle Konflikte:** Auseinandersetzungen aufgrund unterschiedlicher Nationalitäten, Sprachen oder abweichenden Aussehens

Welche Folgen hat Cyber-Mobbing?

Von Cyber-Mobbing Betroffene fühlen sich hilflos. Ihr Selbstwertgefühl kann für einen längeren Zeitraum beschä-

digt sein, was sie auch in ihrer Handlungsfähigkeit stark einschränkt. Psychosomatische Beschwerden (Kopf- und Bauchschmerzen), Schulangst und damit verbundene Fehlzeiten und Leistungsabfall, Rückzug oder Aggression, soziale Isolierung, Stress sowie psychische Probleme bis hin zum Suizid können die Folge sein. *„Am dramatischsten ist es, wenn es um Selbstmordgedanken geht, wenn man sich selbst und sein weiteres Leben so sehr infrage stellt, dass man nicht mehr einen Blick in die Zukunft wagen kann. Also Suizidalität – ein wichtiges Thema. Auftauchen tut es auch im Rahmen von Essstörungen. Es gibt dann auch Jugendliche, die mit Amokdrohungen kommen – es gibt depressive Bilder, einfach Rückzug und sicherlich das Häufigste ist das Vermeiden der Bereiche, wo man mit anderen Kindern in Verbindung kommt, sprich Schule, Verweigerung, Schulvermeidung aus Angst, sich zu stellen."* (Joachim Walter, Leiter der Kinder- und Jugendpsychiatrie Hamburg) (Aus: Lundgren, www.deutschlandfunk.de [Stand: 18.4.2018])

Wie kann ich mich gegen Cyber-Mobbing wehren?

- **Informationen einholen:** Saferinternet unterstützt bei der sicheren Nutzung des Internets und liefert hilfreiche Tipps (www.saferinternet.at).
- Jene **NutzerInnen**, die einen belästigen, **blockieren**.
- **Sofort reagieren:** Was genau ist vorgefallen? Welche Personen sind beteiligt? Wie schwer ist das Delikt?
- **Probleme melden:** Belästigungen nicht hinnehmen, sondern umgehend die BetreiberInnen der Webseite kontaktieren.
- **Rat und Rückendeckung** bei vertrauten Personen einholen.
- Unterstützung bei **schulpsychologischen Mobbing-Beratungsstellen** suchen.
- **Über die eigenen Rechte informieren:** Beweise sichern und gegebenenfalls rechtliche Schritte einleiten.

Portfoliotipp

ePOP (ÖZEPS, 2017: http://www.epop.at/) ist ein persönlichkeitsorientiertes Portfolio, das Jugendliche mit Lernimpulsen, Übungen und Aufgaben in ihrer Selbst- und Sozialkompetenz stärkt.

Was sagt das Gesetz?

Seit 1.1.2016 ist Cyber-Mobbing in Österreich strafbar (§107c StGB-Strafgesetzbuch): *„Wegen ‚Cyber-Mobbings' strafbar macht sich, wer im **Wege einer Telekommunikation oder unter Verwendung eines Computersystems** in einer Weise, die geeignet ist, eine Person in ihrer Lebensführung unzumutbar zu beeinträchtigen, **eine längere Zeit hindurch fortgesetzt***

- *eine Person für eine größere Zahl von Menschen wahrnehmbar an der Ehre verletzt oder*
- ***Tatsachen oder Bildaufnahmen** des höchstpersönlichen Lebensbereiches einer Person **ohne deren Zustimmung für** eine größere Zahl von Menschen wahrnehmbar macht."*

Kompetenzcheck

1. Beschreiben Sie das Interessensgebiet der Sozialpsychologie.
2. Unterscheiden Sie die Sozialpsychologie in ihren Forschungsschwerpunkten von der Persönlichkeitspsychologie.
3. Analysieren Sie die Wahrnehmungsfehler, denen wir unterliegen, wenn wir uns ein Urteil über andere Menschen bilden.
4. Stellen Sie dar, was an Vorurteilen und Stereotypenbildung so problematisch ist. Diskutieren Sie anschließend, was zur Überwindung von Vorurteilen getan werden kann.
5. „Homo homini lupus est. – Der Mensch ist dem Menschen ein Wolf." (Thomas Hobbes) Beziehen Sie kritisch Stellung zu diesem Menschenbild. Erörtern Sie, was Asch, Milgram, Zimbardo und Jones antworten würden.
6. Geben Sie wieder, welche Bedeutung Le Bon der Masse zuschreibt. Erörtern Sie anschließend, inwiefern Massenbewegungen unser Denken und Handeln beeinflussen.
7. Arbeiten Sie Gemeinsamkeiten zwischen Watzlawicks Axiomen und Schulz von Thuns Kommunikationsmodell heraus.
8. Stellen Sie sich vor, Sie haben Streit mit einer Freundin/einem Freund. Entwickeln Sie Strategien, die dazu beitragen, den Konflikt zur Zufriedenheit beider Seiten zu bereinigen.
9. Definieren Sie den Begriff Mobbing. Beschreiben Sie, wie sich Mobbing äußern kann und beurteilen Sie die Interventionsmöglichkeiten.

Textanalyse

" *Solange man der Macht des Staates, der Kirche, der öffentlichen Meinung gehorcht, fühlt man sich sicher und behütet. Tatsächlich macht es kaum einen Unterschied, welcher Macht man im Einzelnen gehorcht. Es handelt sich stets um Institutionen oder um Menschen, die sich auf die eine oder andere Art der Gewalt bedienen – und die arglistig Allwissenheit und Allmacht für sich in Anspruch nehmen. Mein Gehorsam gibt mir Anteil an der Macht, die ich verehre, und daher fühle ich mich stark. Ich kann gar keinen Fehler machen, denn sie trifft ja die Entscheidung für mich; (…) Um ungehorsam zu sein, muss man den Mut haben, allein zu sein, zu irren und zu sündigen. Die Fähigkeit zum Mut hängt aber vom Entwicklungsstadium des Betreffenden ab. Nur wenn ein Mensch sich vom Schoß der Mutter und den Geboten des Vaters befreit hat, nur wenn er sich als Individuum ganz entwickelt und dabei die Fähigkeit erworben hat, selbständig zu denken und zu fühlen, nur dann kann er den Mut aufbringen, zu einer Macht nein zu sagen und ungehorsam zu sein. Ein Mensch kann durch den Akt des Ungehorsams, dadurch dass er einer Macht gegenüber nein sagen lernt, frei werden; (…) Wenn ich vor der Freiheit Angst habe, kann ich nicht wagen, nein zu sagen, kann ich nicht den Mut aufbringen, ungehorsam zu sein. (…) Es gibt noch einen anderen Grund, weshalb es so schwer ist, ungehorsam zu sein und zur Macht nein zu sagen. In der Geschichte des Menschen wurde meistens Gehorsam mit Tugend und Ungehorsam mit Sünde gleichgesetzt. (…) Der Kampf gegen die Autorität im Staat wie auch in der Familie war oft geradezu die Basis für die Entwicklung einer unabhängigen und wagemutigen Persönlichkeit. Der Kampf gegen die Autorität war nicht zu trennen von der intellektuellen Stimmung, die für die Philosophen der Aufklärung und für die Naturwissenschaftler kennzeichnend war. Dieser „kritische Geist" glaubte an die Vernunft und zweifelte gleichzeitig an allem, was gesagt oder gedacht wurde, wenn es sich auf Tradition, Aberglaube, Sitte oder Macht gründete. Die Grundsätze sapere aude und de omnibus est dubitandum („Wage zu wissen" und „Zweifle an allem") waren charakteristisch für eine Einstellung, welche die Fähigkeit, nein zu sagen, zuließ und förderte. Wie sieht es heute mit der Autorität aus? (…) Der Organisationsmensch hat die Fähigkeit zum Ungehorsam verloren, er merkt nicht einmal mehr, dass er gehorcht. An diesem Punkt der Geschichte könnte möglicherweise allein die Fähigkeit zu zweifeln, zu kritisieren und ungehorsam zu sein, über die Zukunft für die Menschheit oder über das Ende der Zivilisation entscheiden.* "

(Erich Fromm: Über den Ungehorsam. München: Deutscher Taschenbuch Verlag 1995, S. 14ff.)

→ Was versteht Fromm hier unter „Ungehorsam"?
→ Worauf beruht laut Fromm die Bereitschaft des Menschen zu gehorchen?
→ Weshalb fällt es so schwer, ungehorsam zu sein? Welche Argumente nennt Fromm?
→ Was versteht Fromm unter „Organisationsmensch"?

Projekt

Welche Möglichkeiten haben wir, Vorurteile zu entkräften bzw. zu überwinden? Erarbeiten Sie in Gruppen ein **Anti-Diskriminierungsprojekt**, das einen Beitrag zum Abbau von Vorurteilen leistet!
Projektideen: ein Werbeplakat gestalten, einen Comic entwerfen, einen Videoclip erstellen, einen Appell an die heimische Politik verfassen, ein Parteiprogramm mit grundsätzlichen Forderungen, Zielen und Werten einer fiktiven Partei entwickeln, einen Anti-Rassismus-Workshop in der Schule anbieten etc.

» *Wenn die Arbeit ein Vergnügen ist, wird das Leben zur Freude.* »
MAXIM GORKI (russischer Schriftsteller, 1868–1936)

„Was denkst du … sollten wir jetzt mit der Motivations-
forschung anfangen oder nicht?"

1 **Eckenspiel:** Stimmen Sie in der Klasse über folgende Präferenzen ab, indem Sie sich in die jeweilige Ecke
des Klassenraums stellen. Diskutieren Sie anschließend
jeweils die Gründe für Ihre Wahl.
1. Familie *(Ecke A)* oder Karriere *(Ecke B)*?
2. Geld ausgeben *(Ecke A)* oder Geld sparen *(Ecke B)*?
3. Kulturreise *(Ecke A)* oder Sporturlaub *(Ecke B)*?
4. Auto *(Ecke A)* oder Fahrrad *(Ecke B)*?

Legen Sie Wert auf ein sportliches Mountainbike, das andere beeindruckt? Oder wünschen Sie ein Citybike mit
Korb für den Transport von Einkäufen? Die Fahrradhändle-
rin wird versuchen herauszufinden, welches Motiv, welcher
innere Beweggrund hinter Ihrem beabsichtigten Fahrrad-
kauf steht. Der Begriff **Motiv** (lat. *movere:* bewegen) ist ein
Sammelbegriff für Trieb, Drang, Streben, Wollen oder Bedürfnis. Motive spielen in allen Lebensbereichen eine große
Rolle: beim Einkaufen, bei der Studienwahl und in allen anderen Wahl- und Entscheidungssituationen. Ein Motiv setzt
eine zielgerichtete Handlung in Gang, löst also menschliches Verhalten aus und erklärt es. Die Gesamtheit von Motiven, die einen Menschen zu einer bestimmten Handlung
bewegt, nennt man **Motivation**. Durch sie lenken wir unsere Energie, die aufgrund von Bedürfnissen entstanden ist,
auf ein erwünschtes Ziel hin.

Nach D. C. MCCLELLAND haben **drei dominante Grund-
motive** besonderen Einfluss auf unser Verhalten:
1. Das **Zugehörigkeitsmotiv** äußert sich durch das Bedürfnis nach Sicherheit, Geborgenheit und Freundschaft.
2. Das **Machtmotiv** macht sich über Kontrolle, Dominanz,
Status, Einfluss, Kampf und Wettbewerb bemerkbar.
3. Das **Leistungsmotiv** drückt sich über Erfolg, Fortschritt,
Kreativität, Abwechslung, Neugier und Fantasie aus.

2 **Einzelarbeit:** Notieren Sie, welche Motive folgenden Aktivitäten zugrunde liegen können:
- nach der Schule ein Studium beginnen
- für ein Jahr bei einem Schüleraustausch mitmachen
- auf eine Party gehen
- einen Blog schreiben

Wir müssen uns bewusst machen, was wir im Leben brauchen, um glücklich zu sein: Was motiviert mich? Was kann
ich besonders gut, was weniger? Wenn wir wissen, was uns
im Leben antreibt (*motiviert*), und wenn wir erkennen, welche Bereiche und Werte für uns bedeutend sind, können
wir unser Leben dementsprechend gestalten und werden
zufriedener sein.

3 **Partnerarbeit:** Welche Ziele haben Sie sich für die
nächsten Jahre gesetzt? Schreiben Sie auf, wovon Sie
1) träumen und 2) was Sie sich aus der Position des
Realisten bzw. der Realistin vornehmen. Nennen Sie die
Motive Ihrer Zielsetzungen.

Die Frage nach der Motivation ist die Frage nach den
Gründen für ein bestimmtes Verhalten:
Wenn ein angestrebtes Ziel erkennbar ist (z.B. die Matura
zu bestehen), fragt die Motivationspsychologie nach den
Gründen für dieses zielgerichtete Verhalten. Sie interessiert
sich dafür, wie engagiert wir Ziele verfolgen, warum wir
manche Ziele enthusiastisch in Angriff nehmen und bei anderen erst gar nicht versuchen, sie zu erreichen. Verschiedene **Motivationstheorien** versuchen herauszufinden, was
Motivation verursacht. Sie fragen danach, inwiefern *Situati-
onsfaktoren* (Umweltreiz, äußere Umstände, Kultur) und
inwiefern *personenspezifische Faktoren* (innere Zustände,
Fähigkeiten, Bedürfnisse) unsere Motivation beeinflussen.

Die Motivationstheorien haben ein unterschiedliches Verständnis vom Begriff **Motivation**:
- Abraham MASLOW begründet seine Motivationstheorie
auf einer hierarchischen Anordnung unserer **Bedürfnisse** (▸ Kap. 12.1). Er unterscheidet zwischen dringlichen
Grundbedürfnissen und Wachstumsbedürfnissen, die
auf unsere persönliche Weiterentwicklung gerichtet sind.
- Steven REISS definiert 16 **Lebensmotive**, die unser tägli-
ches Handeln beeinflussen und die maßgeblich für unser
Zufriedenheitsgefühl sind (▸ Kap. 12.2).
- Die Triebreduktionstheorie geht von einer rein physiologisch bedingten Motivation aus, bei der unser Verhalten
durch unsere **Triebe** (Hunger, Durst, Sexualität) biologisch reguliert wird (▸ Kap. 12.3).
- Ein weiteres Konzept geht davon aus, dass Handlungen
extrinsisch über äußere Anreize (z.B. Geld) oder **intrinsisch** über interne Reize (z.B. Interesse) motiviert sein
können (▸ Kap. 12.4).
- Mihály CSIKSZENTMIHALYI nennt Bedingungen, die gegeben sein müssen, um **Freude** an der Arbeit haben zu
können (▸ Kap. 12.5).

Welche Rolle **Motivation** bei **sportlicher Betätigung** –
und in diesem Zusammenhang insbesondere bei mentalem
Training – spielt, soll das Interview mit einem Sportpsychologen zeigen (▸ Exkurs).

Plenum/Einzelarbeit 4

- Was brauchen wir zum Leben? Notieren Sie, wonach wir Bedürfnisse entwickeln.
- Reihen Sie nun für sich die Vorschläge Ihren persönlichen Bedürfnissen entsprechend: Was ist Ihnen besonders wichtig? Worauf könnten Sie hingegen verzichten?

Motive stehen immer für ein individuelles Bedürfnis, das wir befriedigen wollen: Verlangen nach Nahrung, Sehnsucht nach Intimität, Bedürfnis nach Zugehörigkeit oder Wunsch nach Erfolg. Dieses Bedürfnis löst eine Handlungsreaktion (Verhalten) aus. Vor allem das Lustgefühl ist eine starke Antriebskraft. Verhaltensweisen, die mit einem befriedigenden Gefühl verbunden sind, will man erneut herbeiführen, da die Befriedigung als Belohnung erlebt wird. Motivation steht also für die Handlungsbereitschaft, Bedürfnisse (z. B. Hunger, Durst) zu befriedigen.

Motive haben eine unterschiedliche Herkunft:

angeborene Motive

- **Primäre** Motive verfolgt der Mensch instinktiv. Sie umfassen alle angeborenen, körperlichen Befindlichkeiten und physiologischen Druck (Hunger, Durst).

erworbene Motive

- **Sekundäre** Motive sind umweltbedingt, also kulturabhängig erlernt, wie das Streben nach Macht oder Prestige.

Was wäre Ihre Hierarchie der Bedürfnisse bei einer Inselstrandung?

Stellen Sie sich vor, Sie stranden nach wochenlanger Irrfahrt auf dem Meer auf einer einsamen Insel. Was werden Sie als Erstes tun? Sich die Sonne auf den Bauch scheinen lassen? Über den Sinn des Lebens philosophieren? Vermutlich würden Sie zunächst Hunger und Durst stillen, ehe sie nach Selbstverwirklichung streben.

Abraham Maslow, Mitbegründer der Humanistischen Psychologie, unterscheidet in seiner Motivationstheorie genauer zwischen *Grundbedürfnissen* und *Wachstumsbedürfnissen*.

Grundbedürfnisse

- Zu den **Grundbedürfnissen** (Defizitbedürfnissen) bzw. **niedrigen Motiven** zählt Maslow physiologische und soziale Bedürfnisse, das Sicherheitsbedürfnis und das Bedürfnis nach Anerkennung. Nicht-Befriedigung dieser Grundbedürfnisse führt zu einem Mangelzustand (Defizit). Grundbedürfnisse müssen für die körperliche und psychische Gesundheit immer in bestimmtem Ausmaß befriedigt sein, bevor uns etwas anderes motivieren kann: Solange unser Bedürfnis nach Wasser nicht befriedigt ist, wird beruflicher Erfolg für uns absolut nebensächlich sein. Fehlende Luft zum Atmen wiederum würde uns unseren Durst vergessen lassen. Maslow geht davon aus, dass zuerst unsere grundlegenden Bedürfnisse erfüllt sein müssen, ehe wir den Drang verspüren, unsere Wachstumsbedürfnisse zu befriedigen.

Wachstumsbedürfnisse

Definition

Transzendenz (lat. *transcendentia:* das Übersteigen) bedeutet das Überschreiten der Grenzen von Erfahrung und Bewusstsein.

- Die **Wachstumsbedürfnisse** bzw. **höheren Motive** umfassen das Bedürfnis nach Selbstverwirklichung und die Transzendenz. Diese Bedürfnisse sind notwendig für unsere psychische Gesundheit und die Weiterentwicklung, bei der wir unsere Fähigkeiten ausbilden. Wir wollen unser Potenzial verwirklichen und erreichen dadurch immer mehr Selbstverwirklichung. Maslow nennt einige Merkmale, die einen erfüllten Menschen auszeichnen: Wahrnehmung der Realität, Selbstakzeptanz, Kreativität, Spontaneität und tiefgehende zwischenmenschliche Beziehungen.

▶ **AH** Seite 54

Maslow erstellte eine Pyramide, in der er fünf menschliche Bedürfnisse hierarchisch anordnete. Die sechste und oberste Stufe „Transzendenz" ergänzte er erst kurz vor seinem Tod. Die Hierarchie verläuft stufenweise nach Dringlichkeit ihrer Befriedigung: Die nächsthöhere Bedürfnisstufe wird jeweils dann angestrebt, wenn die Bedürfnisse der vorangegangenen Stufe befriedigt wurden.

Wachstumsbedürfnisse		6. Transzendenz	Sinnerfahrung, das Streben nach einer höheren Bewusstseinsebene, die Suche nach Gott
		5. Selbstverwirklichungsbedürfnis	Entfaltung aller persönlichen Fähigkeiten: malen, schreiben, dichten, etwas wissen
Grundbedürfnisse		4. Anerkennungsbedürfnis	Geltung, Ansehen, Prestige, Status, Macht, Karriere, Leistung
		3. Soziale Bedürfnisse	Zugehörigkeit, Geborgenheit, Partnerschaft, Zuneigung, Liebe
		2. Sicherheitsbedürfnisse	Schutz, Schmerzvermeidung, Ruhe, Zukunftsvorsorge, Wohnung, Beruf, Gesetze, Ordnung
		1. Physiologische Bedürfnisse	Atmen, Hunger, Durst, Schlaf, Sexualität

Maslows Bedürfnispyramide

Einzelarbeit 5
Ordnen Sie folgende Bedürfnisse einer entsprechenden Pyramiden-Stufe zu:
Hauskauf, Matura, sexuelle Befriedigung, Jobwechsel zugunsten einer Karrierelaufbahn, Freundeskreis, Pensionsvorsorge, Gemälde malen, Partnerschaft, Vereinstätigkeit, Versicherung (Auto, Wohnung, Leben)

Individuelle Bedürfnishierarchie

MASLOW geht davon aus, dass seine Rangordnung der Bedürfnisse nicht für alle Menschen in gleicher Weise gilt. Jeder Mensch zeichnet sich durch eine individuelle Hierarchie der Bedürfnisse aus und führt sein Leben nach individuellen Wünschen und Vorstellungen. Ebenso subjektiv ist, unter welchen Umständen eine Stufe als ausreichend befriedigt angesehen wird, und ab wann die nächsthöhere Stufe angestrebt werden kann.

Plenum 6
Vergleichen Sie Ihre in Aufgabe 4 hierarchisch gelisteten Bedürfnisse mit Maslow! Entspricht Ihre Reihenfolge der Maslow'schen Bedürfnispyramide oder sind für Sie andere Bedürfnisse dringlicher bzw. weniger bedeutend? Vergleichen Sie Ihre Ergebnisse im Plenum.

Einzelarbeit 7
Welche Bedürfnisse motivieren den Titelhelden des Romans *Robinson Crusoe* von Daniel Defoe? Nennen Sie die jeweilige Stufe der Maslow'schen Bedürfnispyramide.
Der schiffbrüchige Abenteurer Robinson Crusoe strandet auf einer einsamen Insel. Zunächst sorgt er dafür, seinen Hunger und Durst zu stillen, um wieder zu Kräften zu kommen (a).
Anschließend baut er eine kleine Hütte, um sich vor wilden Tieren und Unwetter zu schützen (b).
Erst dann sehnt Robinson sich nach Gesellschaft und freut sich über die Bekanntschaft mit seinem Gefährten namens Freitag (c).
Schließlich beginnt Robinson sich mit Flora und Fauna der Insel auseinanderzusetzen, lernt die Arten voneinander zu unterscheiden und unterrichtet Freitag (d).
Ist dies erreicht, beginnt er seine Fähigkeiten voll zu entfalten, schreibt und dichtet (e).
Schließlich findet er zum Glauben an Gott (f).

Gruppenarbeit 8
Entwerfen Sie ein Konzept für eine motivationsfördernde Schule!
a) Bilden Sie ExpertInnengruppen mit folgenden Rollen: SchülerIn, Eltern, DirektorIn, LehrerIn, Schulpsychologe/-psychologin.
Überlegen Sie aus Ihrer Position heraus, mit welchen Mitteln in einem Schulbetrieb alle menschlichen Bedürfnisse entsprechend der Maslow'schen Bedürfnispyramide abgedeckt werden können. Welche Möglichkeiten gibt es?
b) Suchen Sie nun in den Gruppen Antworten auf folgende Fragen: Wie äußert sich mangelnde Lern- und Arbeitsmotivation in der Schule? Was sind die Ursachen? Wie kann in einer Schule die Lern- und Arbeitsmotivation gefördert werden?
c) Präsentieren Sie Ihre Gruppenergebnisse in Form eines Plakats.
d) Wie lassen sich Fähigkeiten wie Impulskontrolle, Frustrationstoleranz, Selbstmotivation und Selbstberuhigung fördern? Inwieweit kann man trainieren, Bedürfnisbefriedigung aufzuschieben und Spannungen auszuhalten? Inwiefern ist dies in der Schule notwendig?

12

12.2 Die 16 Lebensmotive

Der US-amerikanische Psychologe Steven Reiss führt jedes menschliche Verhalten auf insgesamt 16 nicht-hierarchisch angeordnete Lebensmotive zurück, die er nach einer umfassenden empirischen Untersuchung definierte. Diese Lebensmotive steuern unsere Lebensgestaltung und treiben uns voran, da wir nach ihrer Erfüllung streben. Sie sind bei jedem Menschen unterschiedlich gewichtet, wodurch sich ein individuelles Motivationsprofil ergibt. (vgl. Reiss 2009, S. 47f)

Einzelarbeit 9   Erstellen Sie mit den 16 Lebensmotiven nach Reiss Ihr individuelles Motivprofil! Markieren Sie bei jedem Motiv den Punkt bei der entsprechenden Punktezahl, je nachdem, welche Rolle das Motiv in Ihrem Leben derzeit spielt (1 = niedrigste Priorität, 10 = höchste Priorität). Verbinden Sie anschließend die Punkte mit einer Linie.

	1	2	3	4	5	6	7	8	9	10	
1. Macht	.	.	.	.	.	.	.	.	.	.	Bedürfnis nach Erfolg, Führung und Einfluss
2. Unabhängigkeit	.	.	.	.	.	.	.	.	.	.	Bedürfnis nach Freiheit und Selbstständigkeit
3. Neugier	.	.	.	.	.	.	.	.	.	.	Bedürfnis nach Wissen und Erkenntnis
4. Anerkennung	.	.	.	.	.	.	.	.	.	.	Bedürfnis nach sozialer Akzeptanz, Zugehörigkeit und positivem Selbstwert
5. Ordnung	.	.	.	.	.	.	.	.	.	.	Bedürfnis nach Stabilität, Klarheit und guter Organisation
6. Sparen	.	.	.	.	.	.	.	.	.	.	Bedürfnis nach Anhäufung materieller Güter und Eigentum
7. Ehre	.	.	.	.	.	.	.	.	.	.	Bedürfnis nach Loyalität und charakterlicher Integrität
8. Idealismus	.	.	.	.	.	.	.	.	.	.	Bedürfnis nach Fairness und sozialer Gerechtigkeit
9. Beziehungen	.	.	.	.	.	.	.	.	.	.	Bedürfnis nach Freundschaft
10. Familie	.	.	.	.	.	.	.	.	.	.	Bedürfnis nach Familienleben und eigenen Kindern
11. Status	.	.	.	.	.	.	.	.	.	.	Bedürfnis nach Prestige, Reichtum, Titeln und öffentlicher Aufmerksamkeit
12. Rache	.	.	.	.	.	.	.	.	.	.	Bedürfnis nach Konkurrenz, (Wett-)Kampf, Aggressivität und Vergeltung
13. Eros	.	.	.	.	.	.	.	.	.	.	Bedürfnis nach einem erotischen Leben, Sexualität und Schönheit
14. Essen	.	.	.	.	.	.	.	.	.	.	Bedürfnis nach Nahrung
15. Körperliche Aktivität	.	.	.	.	.	.	.	.	.	.	Bedürfnis nach Fitness und Bewegung
16. Ruhe	.	.	.	.	.	.	.	.	.	.	Bedürfnis nach innerem Frieden

Das Reiss-Profil

Reiss entwickelte ein standardisiertes Testverfahren mit 128 Fragen, das die individuelle Ausprägung der einzelnen Lebensmotive ermittelt und ein persönliches Profil erstellt. Das Reiss-Profil zeigt, welche Motive und Werte beruflich und privat vorrangig sind, welche Ziele zur persönlichen Lebenszufriedenheit beitragen und was man im Umgang mit anderen Personen beachten sollte. Eine weitgehende Übereinstimmung der Lebensführung – beruflich und privat – mit den persönlich wichtigen Lebensmotiven geht mit hoher Motivation und Zufriedenheit einher und trägt zur individuellen Sinnfindung bei. Falls die Lebensmotive nicht mit privaten oder beruflichen Tätigkeiten einhergehen, kommt es zu Demotivation und Unzufriedenheit.

 Diskussion 10   Analysieren und vergleichen Sie nun Ihre Diagramme in der Klasse:
- Worauf legen Sie besonderen Wert? Was ist Ihnen weniger wichtig?
- Vergleichen Sie die weiblichen und männlichen Motivationsprofile in Ihrer Klasse. Bei welchen Lebensmotiven gibt es Unterschiede?
- Inwiefern gelingt es Ihnen (nicht), die wichtigsten Werte und Ziele in der Schule und in der Freizeit zu verwirklichen? Was hindert Sie an der Realisierung der Motive?
- Fehlt Ihnen in Reiss' Profil ein Lebensmotiv? Wenn ja, welches?

12.3 Die Triebreduktionstheorie

Definition
Ein TRIEB ist die Antriebskraft, die einen inneren Spannungszustand auflösen möchte.

Die Triebreduktionstheorie vertritt einen biologischen Ansatz, um die Ursache für Motivation zu erklären: Sie geht davon aus, dass ein physiologisches Bedürfnis (z. B. nach Nahrung) einen inneren Spannungszustand (z. B. Hunger) erzeugt und damit den **Trieb** zu einem bestimmten Verhalten (z. B. essen) entstehen lässt. Durch dieses Verhalten kann der Trieb reduziert werden.

Definition
Die HOMÖOSTASE beschreibt unsere Tendenz, einen stabilen inneren Zustand aufrechtzuerhalten.

Das physiologische Ziel der Triebreduktion ist die **Homöostase**, die Erhaltung eines stabilen inneren Zustandes. Eine Veränderung des internen Milieus – eine Störung des physiologischen Gleichgewichts (wie etwa durch Hunger, Durst, Kälte oder Hitze) – veranlasst den Organismus zu Aktivität, um das Gleichgewicht wiederherzustellen. Das bedeutet, dass die Homöostase alle Bereiche der Körperchemie reguliert. Sie sorgt beispielsweise dafür, dass der Blutzucker auf einer bestimmten Höhe bleibt. Ebenso reguliert sie die Temperatur des Körpers: *„Blutkörperchen verengen sich, um Wärme zu speichern, und wir fühlen das Bedürfnis, mehr anzuziehen oder uns in eine wärmere Umgebung zu begeben. Ähnlich ist es auch, wenn wir durstig werden: Das Flüssigkeitsniveau in unseren Zellen sinkt, Sensoren entdecken ein Bedürfnis nach Wasser und wir empfinden Durst."* (Myers 2005, S. 498)

Hunger aus physiologischer Sicht

Hunger wird durch innere und äußere Wahrnehmung ausgelöst und kann durch Nahrungsaufnahme befriedigt werden. Der Körper ist mit einer Reihe von Mechanismen ausgestattet, die unser Hungergefühl kontrollieren und die Aufnahmemenge an Nahrungsmitteln regulieren:

- **Magenknurren** werten wir als Hungersignal. Es entsteht, wenn bei Bewegungen der Magenwände Luft und Magensaft im leeren Magen verwirbelt werden und der Magen sich zusammenzieht. Ein Mensch, dessen Magen entfernt wurde, kann trotzdem Hunger empfinden. Das liegt an den chemischen Prozessen:
- **Chemische Prozesse** in unserem Körper verstärken oder verringern unseren Hunger. Appetithormone, die dem Gehirn melden, dass wir hungrig oder satt sind, übernehmen dabei eine wichtige Funktion. Auf diese Erkenntnisse stützt sich die Diätforschung: Pillen hemmen die Hunger auslösenden Hormone (Orexin, Ghrelin) oder übernehmen die Funktion Sättigung signalisierender Hormone (PYY, Leptin).
- Magen, Darm und Leber signalisieren dem **Gehirn**, ob genügend Glukose vorhanden ist und wann gegessen werden soll. Diese Signale werden im Hypothalamus verarbeitet. Der Hypothalamus überwacht unseren Blutzuckerspiegel und reguliert unser Körpergewicht, indem wir Hunger oder Sättigung verspüren. Er steuert aber auch unsere Körpertemperatur.

Hunger aus psychologischer Sicht

Nicht nur physiologische Prozesse regulieren unsere Nahrungsaufnahme, Hunger wird auch psychisch gesteuert:

- Unser **Erinnerungsvermögen** spielt eine Rolle: Ist seit der letzten Mahlzeit eine gewisse Zeit vergangen oder wissen wir, dass es bald wieder Essen gibt, werden wir hungrig.
- Unser Appetit kann sich steigern, wenn ein **äußerer Anreiz** (z. B. Essensgeruch) gegeben ist. Diese Erkenntnis wird auch werbestrategisch eingesetzt.
- **Kulturelle Normen** und Gewichtsvorgaben beeinflussen unser Essverhalten, wenn wir essen, ohne hungrig zu sein, oder nicht essen, obwohl wir hungrig sind. Das Motiv dafür kann z. B. soziale Akzeptanz sein.

 Plenum **11** Mit welchen physiologischen und psychologischen Folgen muss man rechnen, wenn man nicht ausreichend isst? Äußern Sie sich spontan zu dieser Frage.

Der US-amerikanische Wissenschaftler Ancel KEYS führte eine Untersuchung durch, in der die Nahrungsration der Versuchspersonen über 6 Monate lang halbiert wurde, was unterschiedliche Auswirkungen hatte.

- **Physiologische Folgen:** Das Körpergewicht der Versuchspersonen sank zu Beginn schnell und pendelte sich bei ungefähr 75 % des Ausgangsgewichts ein, darüber hinaus traten häufig Schwindelgefühle auf.
- **Psychologische Folgen:** Die Versuchspersonen wurden lustlos und apathisch, außerdem ging ihr Interesse an Sex und sozialen Aktivitäten verloren. Sie beschäftigten sich ständig mit Essen, indem sie darüber redeten, fantasierten, Rezepte sammelten oder Kochbücher lasen.

Optimale Erregung

Es geht nicht immer nur darum, ein physiologisches Bedürfnis zu befriedigen bzw. einen Spannungszustand zu reduzieren. Motivierte Verhaltensweisen zielen oft auch darauf ab, einen Erregungszustand zu verstärken – wenn wir z. B. mit der Achterbahn fahren. Meist versuchen wir, unsere Erregung jedoch auf einem optimalen Niveau zu halten. Das bedeutet, dass wir bei sensorischer Deprivation (Reizentzug) einen Drang nach Stimulation verspüren, bei zu starker Stimulation hingegen das Bedürfnis nach Ruhe.

12.4 Extrinsische und intrinsische Motivation

Motivation kann auch als Wechselwirkung von inneren Reizen (intrinsisch) und äußeren Anreizen (extrinsisch) verstanden werden. Ob wir *intrinsisch* oder *extrinsisch* motiviert sind, hängt davon ab, was uns zu unserem Verhalten bewegt:

Extrinsische Motivation

Ist unser Verhalten durch äußere Faktoren bedingt, sind wir **extrinsisch** motiviert. Extrinsische Motivation ist zweckgebunden, weil sie immer mit einer Belohnung oder einem Ziel verbunden ist, das außerhalb der Person liegt – Macht, Anerkennung, Status, Geld, eine gute Note.

Intrinsische Motivation

Wenn uns interne Faktoren (Neugier, Wissensdrang, Interesse) zu einem bestimmten Verhalten drängen, sprechen wir von **intrinsischer** Motivation. Auch Erfolgserlebnisse, eine erfüllende Aufgabe sowie die Möglichkeit, uns zu verändern oder persönlich zu wachsen, motivieren uns intrinsisch. Die Motivation bezieht sich auf das Tun selbst und nicht auf etwaige belohnende Folgen oder andere äußere Faktoren. Intrinsische Motivation geht meist mit selbstbestimmtem Verhalten einher, ist von längerer Dauer und daher effektiver als extrinsische Motivation.

 Einzelarbeit 12 Notieren Sie, in welchen Bereichen Sie persönlich extrinsisch und in welchen intrinsisch motiviert sind.

negative Effekte Was passiert nun, wenn man für eine Tätigkeit belohnt wird, für die man ohnehin intrinsisch motiviert ist und die man daher gern und freiwillig ausführt? Dieser Frage gingen LEPPER, GREENE und NISBETT nach. In einem **Experiment** untersuchten sie Kinder, die gerne malten. Diese Kinder wurden in drei Gruppen eingeteilt:
1. Der ersten Gruppe wurde eine *Belohnung* für das Malen mit neuen Stiften versprochen.
2. Die zweite Gruppe wurde nach dem Malen mit einer *unerwarteten Belohnung* überrascht.
3. Die dritte Gruppe bekam *keine Belohnung*.
Nach zwei Wochen wurden wieder Stifte ausgeteilt. Diesmal bekam keine der Gruppen eine Belohnung. Es konnte beobachtet werden, dass die Kinder der ersten Gruppe weniger Zeit mit dem Malen verbrachten als die Kinder der beiden anderen Gruppen.

Definition
KORRUMPIERUNG (lat. *corrumpere:* verderben) bedeutet das Verdorben-/Bestochenwerden.

Aus dem Experiment lässt sich schließen, dass es zu einem **Korrumpierungseffekt** (Verdrängungseffekt) kommt, wenn wir für eine Tätigkeit belohnt werden, die wir ohnehin gerne ausführen: Unsere intrinsische Motivation wird dann durch extrinsische Motivation verdrängt. Außerdem konnte Folgendes festgestellt werden:
- Materielle Belohnung beeinträchtigt die intrinsische Motivation mehr als symbolische oder verbale Belohnung.
- Erwartete Belohnungen korrumpieren stärker als unerwartete.

positive Effekte Extrinsische und intrinsische Motivation beeinflussen einander jedoch **nicht zwingend negativ**. Man kann auch intrinsisch seiner Arbeit nachgehen und extrinsisch motiviert werden, weil man dafür entlohnt wird. Ein Beispiel: Sie bereiten sich auf eine Prüfung vor; Sie sind intrinsisch motiviert, wenn Sie sich sehr für den Lernstoff interessieren und es Ihnen große Freude bereitet, sich neues Wissen anzueignen. Gleichzeitig motiviert Sie die Aussicht auf eine gute Note oder Anerkennung extrinsisch.

Interview: Motivation im Sport

Geo: Weshalb fällt es so vielen Menschen so schwer, sich zur Bewegung zu motivieren, obwohl sie das Gefühl haben, dass sie eigentlich Sport treiben sollten?

Jens Kleinert: Ganz einfach – weil es den meisten Menschen keine Freude macht, sich körperlich anzustrengen. Wir fühlen uns stets am stärksten motiviert, diejenigen Dinge zu tun, die positive Gefühle hervorrufen. (…) Handlungen, die wir allein tun, um sie zu tun. Ohne Ziel, nur zum Selbstzweck. In der Psychologie sprechen wir von intrinsischer, also im Tun liegender Motivation, die wie von selbst aus dem tiefsten Inneren hervorgeht.

Was tun Menschen aus einer solchen intrinsischen Motivation heraus?

Sie gehen beispielsweise ins Kino. Nicht, weil sie damit ein Ziel verfolgen, das über diesen konkreten Besuch hinausgeht, sondern um den Film während der Vorführung zu genießen. (…) Manchen Menschen geht es auch beim Sport so: Die sind intrinsisch motiviert, die bewegen sich allein schon deshalb, weil sie sich dabei wohlfühlen. (…)

Was ist mit all den anderen, die sich zum Sport aufraffen müssen und die Bewegung nicht genießen können? Sind solche Menschen überhaupt nicht motiviert?

Doch. Denn es gibt noch eine zweite Art von Motivation, die neben der intrinsischen existiert: die extrinsische. Extrinsisch tut jemand etwas, weil er dadurch ein bestimmtes Ziel erreichen will – die Handlung ist dann Mittel zum Zweck. Die meisten Menschen sind beim Sport eher extrinsisch motiviert: Sie wollen etwa abnehmen, gesund bleiben, eine attraktive Figur bekommen. (…)

Was raten Sie all jenen, die keine rechte Lust am Sport haben, sich aber wünschen, motivierter zu sein? Und sich nicht immer zwingen wollen?

(…) Es gibt niemanden, der ausschließlich intrinsisch motiviert ist, und niemanden, der allein zweckorientiert, also

extrinsisch angetrieben wird. Jedes Verhalten kann von mehreren verschiedenen Motivationen ausgelöst werden. Es kann zugleich intrinsisch motiviert sein – ich mache etwas, weil es mir größte Freude bereitet – und extrinsisch – ich mache es auch, weil ich das Gefühl habe, dass ich es tun soll, etwa weil ich ein bestimmtes Ziel erreichen will. Und ich würde als Psychologe im Gespräch mit diesem Hobbysportler immer versuchen, vor allem die intrinsischen Anteile in den Mittelpunkt zu rücken.

Wie läuft dieser Gesprächsprozess ab?

Er beginnt mit einer Suche. Im Dialog versuchen wir zu ergründen, ob es nicht doch etwas gibt, was dem Betreffenden während der Bewegung Freude macht. Das ist eine Technik, die prinzipiell auch im Selbstgespräch funktioniert. Anfangs kommen dem Betroffenen vermutlich nur negative Gedanken: Morgens ist es mir immer viel zu kalt für den Sport, ich bin doch noch müde, es ist unangenehm. Aber schließlich fällt ihm vielleicht doch etwas Schönes ein: die Stille am Morgen, die frische Luft, das Geräusch der Schritte, ein angenehmes Gefühl des Stolzes, dass man es doch geschafft hat, sich aufzuraffen. (…) Es geht also nicht darum, mir selbst etwas zu beweisen, sondern es geht um das Erlebnis, mir etwas bewiesen zu haben. (…) Das Gleiche gilt für jemanden, der nur das Ziel vor Augen hat, eine Medaille zu gewinnen. Das ist zunächst ja eine überaus extrinsische Motivation. Doch in dem Augenblick, wo ein Mensch die erwünschte Medaille erhält, stellt sich ein inneres Hochgefühl ein.

Und das ist intrinsisch geprägt?

In dem Moment, wenn er die Medaille in Händen hat: ja. Und fast ebenso stark motiviert ihn, dieses euphorische Gefühl schon lange vor dem Sieg im Kopf zu haben – es gleichsam zu erleben, bevor es da ist. Das heißt konkret: Nicht das schnöde Ziel, eine Medaille zu gewinnen, treibt ihn, sondern die Vorstellung, die Medaille bereits in den Händen zu halten. Und solche Dinge trainieren wir mit Menschen, die wir motivieren wollen. Wir versuchen, Situationen vorstellbar zu machen, bevor sie der Betreffende erlebt. Das ist übrigens etwas, was ein Mensch kann, ein Tier dagegen vermutlich nicht. Wir vermögen Erlebnisse zu antizipieren und können uns so fühlen, als ob die Situation schon eingetreten wäre. Wenn sich darin dann ein intrinsisches oder wenigstens ein stark verinnerlichtes Gefühl versteckt, haben wir Zugang zur höchsten Motivationsebene.

Das klingt gewissermaßen nach einer simulierten Belohnung.

Genauso ist es. Hirnphysiologisch laufen hier ähnliche Prozesse ab wie bei einer echten Belohnung. Ein Beispiel: Stellt sich ein Mensch, der morgens nicht aus dem Bett aufstehen mag, so plastisch wie möglich vor, wie er durch den Wald läuft und die Stille genießt, führt allein die Imagination zu neuropsychologischen Veränderungen, zu einem Belohnungsprozess. Das Hirn schüttet Botenstoffe aus, die ein Gefühl des Wohlseins hervorrufen.

(Interview: Motivation. Wie überwindet man den „inneren Schweinehund"? Ein Gespräch mit dem Sportpsychologen Prof. Dr. Jens Kleinert. Geokompakt Nr. 34, 03/13 – Sport und Gesundheit)

12.5 Das Flow-Erlebnis

Literaturtipp
CSIKSZENTMIHALYI, Mihaly: *Das flow-Erlebnis. Jenseits von Angst und Langeweile: im Tun aufgehen.* Stuttgart 2010. Unter welchen Umständen sind wir motiviert, Tätigkeiten um ihrer selbst willen auszuführen? Csikszentmihalyi geht dieser Frage nach und untersucht das Flow-Erlebnis bei Tätigkeiten wie Schachspielen, Klettern und Tanzen sowie bei der Arbeit.

Es gibt Situationen, in denen wir alle zwei Minuten auf die Uhr schauen. Es gibt aber auch Situationen, die uns so einnehmen, dass wir weder Kälte noch Hunger spüren und nichts anderes wahrnehmen als das, was uns gerade fesselt. Wir verschmelzen mit unserer Aktivität; unser Fühlen, Wollen und Denken sind im absoluten Einklang, sodass die Zeit keine Rolle spielt. Einen solchen Zustand können wir in jedem Lebensbereich erleben: in der Arbeit, beim Ausüben eines Hobbys oder in unserer Partnerschaft und im Freundeskreis.

Beim beschriebenen Zustand handelt es sich um das sogenannte **Flow-Erlebnis**. Der Begriff **Flow** stammt vom ungarischen Psychologieprofessor Mihály CSIKSZENTMIHALYI (sprich: tschiksent-mihaji) und steht für das völlige Aufgehen in einer Tätigkeit. Da die Tätigkeit um ihrer selbst willen ausgeführt wird, ist das Flow-Erlebnis ein Phänomen der intrinsischen Motivation und somit der Schlüssel zum Lernen und zur Motivation.

Csíkszentmihályi formulierte folgende **Komponenten**, die ein Flow-Erlebnis charakterisieren:

Einssein mit der Tätigkeit
Konzentration

- Das Ich und das Handeln werden als Einheit erlebt.
- Unsere Konzentration richtet sich ausschließlich auf das momentane selbstbestimmte Tun. Wir hinterfragen die Aktivität nicht und lassen uns nicht ablenken. Gedanken, die nicht unmittelbar auf die Tätigkeit gerichtet sind, werden ausgeblendet.

Selbstvergessenheit

- Andere Lebensaspekte geraten in Vergessenheit. Körpersignale, Bedürfnisse und Wahrnehmungen, die nicht auf das momentane Tun gerichtet sind, blendet man vollkommen aus. Selbst physiologische Bedürfnisse (Hunger) und Sorgen des Alltags (Beziehungsprobleme) sind aus dem Bewusstsein gedrängt. Es gibt keinen Raum zur Selbsterforschung.

verändertes Zeitempfinden

- Durch das Aufgehen in der Tätigkeit haben wir das Gefühl, dass die Zeit schneller vergeht, oder wir entwickeln ein Gefühl der Zeitlosigkeit.

Klares Ziel

- Die Aktivität hat klar definierte Ziele: Wir wissen, was wir tun müssen, um das Ziel zu erreichen. Wir fühlen uns der Herausforderung gewachsen.

unmittelbare Rückmeldung

- Wir erfahren unmittelbar durch die Aktivität, was wir richtig machen und wann uns ein Fehler unterläuft.

Kontrolle
selbstbestimmtes Arbeiten

- Wir haben Situation und Geschehen (die Handlung und unsere Umwelt) unter Kontrolle.
- Die Tätigkeit hat ihre Zielsetzung in sich selbst. Wir üben sie um ihrer selbst willen aus.

Csíkszentmihályi geht davon aus, dass ein Flow-Erlebnis nur dann möglich ist, wenn es uns gelingt, Unlust und Desinteresse zu vermeiden und stattdessen Befriedigung, Freude, Vergnügen und Glück zu empfinden. Über Aufmerksamkeit, Konzentration und individuelle Herausforderung muss man sich das Flow-Erlebnis jedoch erst erarbeiten.

Voraussetzung für ein Flow-Erlebnis ist, dass wir der Tätigkeit gewachsen sind, das heißt, dass unsere Fähigkeiten vollkommen den Erfordernissen des Augenblicks entsprechen. Diese optimale Beanspruchung führt uns zu Erfolgen, wir werden daher weiterarbeiten und neue Herausforderungen suchen: Wir befinden uns in der sogenannten **Flowspirale**. Unterforderung kann dagegen Langeweile hervorrufen, Überforderung wiederum Unruhe, Nervosität und Angst.

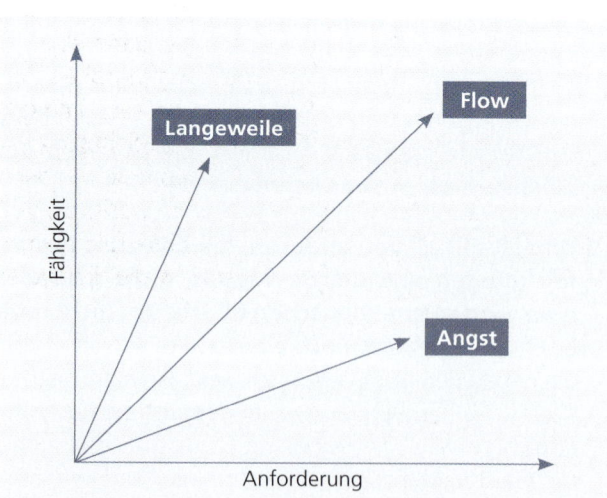

Flow: Balance zwischen Fähigkeit und Anforderung

Einzelarbeit 13 Überlegen Sie, bei welchen Tätigkeiten Sie unterfordert und gelangweilt sind, welche Tätigkeiten bei Ihnen ein Flow-Erlebnis und Selbstvergessenheit auslösen und welche Sie überfordern sowie ein Gefühl der Angst bewirken! Tragen Sie die Tätigkeiten in die folgende Tabelle ein. Besprechen Sie Ihre Ergebnisse anschließend in Kleingruppen.

Erleben	Auswirkung	Tätigkeiten
Unterforderung	Langeweile	
Flow	Selbstvergessenheit	
Überforderung	Angst	

Partnerarbeit 14 Diskutieren Sie folgende Fragen zu zweit:

- Wie müssen Tätigkeiten für Sie beschaffen sein, damit sie Ihnen Freude bereiten? Was macht Aktivitäten interessant?
- Das Leben besteht nicht nur aus Flow-Erlebnissen. Wie motivieren Sie sich in Situationen, in denen Sie beispielsweise nicht lernen wollen?

▶ **AH** Seite 52

»Spaß stellt sich ein, wenn man etwas kann, und zwar ganz von allein. Das Lernen selbst ist keineswegs immer spaßig, sondern oft mühsam und anstrengend. Aber wenn ein Schüler aus Erfahrung weiß, dass er Spaß haben wird, wenn er etwas kann, dann hat er einen Anreiz, auch wenn der Weg dahin manchmal etwas schwierig ist.«
(Stern, in: Sonnenmoser, 2004, S. 31)

Möglichkeiten der Selbstmotivation

Selbstmotivation ist die Fähigkeit, aus eigenem Antrieb Handlungen zu setzen, die uns zum gewünschten Ergebnis führen. Es gibt mehrere Strategien, die dabei helfen, die Motivation zu steigern:

- sich bewusst für die Aufgabe **entscheiden**, wenn sie getan werden muss, und sie tun
- herausfinden, was einen persönlich **motiviert** (Anerkennung, mit FreundInnen zusammen sein …), und dieses Wissen nutzen, indem man die Aufgabe danach gestaltet (z. B. gemeinsam lernen)
- sich sagen, dass die Aufgabe **leicht** zu erledigen ist und man sich gut konzentrieren kann
- sich selbst eine **Belohnung** für die Erfüllung der Aufgabe aussuchen – und sich daran halten
- sich selbst eine **Deadline** setzen
- längere Vorhaben überschaubar machen durch **Pläne** mit Maßnahmen und Deadlines
- für jeden Tag einen **konkreten Arbeitsplan** schreiben (und erfüllte Aufgaben durchstreichen)
- die eigenen Leistungen **anerkennen** und wertschätzen
- wenn einmal gar nichts weitergeht, etwas **ganz anderes** tun und die Zeit für sich nutzen
- sich genau **vorstellen**, wie man die Aufgabe mit Freude erledigt und wie man sich fühlt, wenn man sie erfüllt hat

Wussten Sie, dass … die Fähigkeit, sich selbst zu **motivieren** wesentlicher Bestandteil von **sportlichen Erfolgen** ist? Dabei spielt das mentale Training eine bedeutende Rolle. Hier geht es darum, ein inneres positives Bild im Kopf zu entwickeln, das richtige Gespräch zu führen und ganz allgemein auf das Angenehme und Positive zu fokussieren. Da jede Art von Leistung in hohem Maße mit psychischer Kompetenz zusammenhängt, sind rein gedankliche Prozesse auch immer verbunden mit einem körperlichen Vorgang: „Das Schlimmste, was ein Elf-Meter-Schütze denken kann, ist: Jetzt bloß nicht verschießen. Stattdessen sollte er sich sagen: Ich hole mir den Torwart nach rechts rüber und schieße dann oben in die linke Ecke. Er muss ein positives, ganz klar erfolgsorientiertes Ziel verfolgen, er darf seine Gedanken nicht auf den Misserfolg richten", so der Sportpsychologe Jens Kleinert. Die Fähigkeit, im richtigen Augenblick die richtige Vorstellung abzurufen, ist also wesentlicher Bestandteil von Erfolg.

12

Kompetenzcheck

1. Formulieren Sie Fragen, mit denen sich die Motivationspsychologie auseinandersetzt.

2. Skizzieren Sie die Hierarchie der Bedürfnisse nach MASLOW.

3. Das Reiss-Profil ist in gängiges Instrument, um die Persönlichkeit eines Bewerbers / einer Bewerberin zu messen. Was denken Sie: Inwiefern ist dieses Profil (k)ein aussagekräftiger Indikator für beruflichen Erfolg? Begründen Sie Ihre Meinung.

4. Während einer langen Radtour knurrt Ihr Magen vor Hunger. Sie bleiben daher beim nächsten Gasthaus stehen, um etwas zu essen. Benennen Sie den Ansatz der Motivationspsychologie, der dieses Verhalten am besten erklären kann. Erklären Sie das Prinzip, das diesem Verhalten zugrunde liegt.

5. Stellen Sie dar, wie a) sexuelle Motivation und b) unser Bedürfnis nach Zugehörigkeit durch die Triebreduktionstheorie erklärt werden kann.

6. Erklären Sie, inwiefern Hunger psychologisch gesteuert wird.

7. Unterscheiden Sie die extrinsische von intrinsischer Motivation.

8. Beschreiben Sie das Flow-Erlebnis nach CSIKSZENTMIHALYI anhand persönlicher Beispiele.

9. Vergleichen Sie den Motivationsbegriff bei MASLOW, REISS, CSIKSZENTMIHALYI mit der Triebreduktionstheorie. Erarbeiten Sie Unterschiede sowie Gemeinsamkeiten.

Textanalyse

"*Immer wieder wird die Frage gestellt, wie man es denn schaffe, Motivation zu erzeugen. (…) Menschen sind von Natur aus motiviert, sie können gar nicht anders, denn sie haben ein äußerst effektives System hierfür im Gehirn eingebaut. Hätten wir dieses System nicht, dann hätten wir gar nicht überlebt. Dieses System ist immer in Aktion, man kann es gar nicht abschalten, es sei denn, man legt sich schlafen. Die Frage danach, wie man Menschen motiviert, ist daher etwa so sinnvoll wie die Frage: „Wie erzeugt man Hunger?" Die einzig vernünftige Antwort lautet: „Gar nicht, denn er stellt sich von alleine ein." Mit unserer Motivation verhält es sich damit ähnlich wie mit unserem System der Regulierung der Nahrungsaufnahme (und beides ist sogar nicht ganz unabhängig voneinander). Geht man den Gründen für die Frage zur Motivationserzeugung nach, so stellt sich heraus, dass es letztlich um Probleme geht, die jemand damit hat, dass ein anderer nicht das tun will, was er selbst will, dass es der andere tut. In solchen Fällen wird vermeintlich Motivation zum Problem. Jemand muss, so scheint es, einen anderen motivieren. Das ist etwa so, wie wenn man jemandem Hunger beibringen wollte. Gewiss, man kann jemandem Appetit machen, aber auch nur gleichsam auf dem Rücken von Hunger. Ganz ohne Hunger geht es nicht! Und der wiederum ist täglich mehrfach da, und bei Menschen, die chronisch zu wenig zu essen hatten (unter diesen Bedingungen entstand die Art Mensch), ist er immer du. Denkt man weiter, so wird Folgendes klar. Die Frage lautet nicht: „Wie kann ich jemanden motivieren?" Es stellt sich vielmehr die Frage, warum viele Menschen so häufig demotiviert sind! Und hier kann man sehr effektiv ansetzen, denn wir führen – meist ohne es zu wissen und zu wollen – sehr oft regelrechte Demotivationskampagnen durch. Unsere Gesellschaft ist voll davon: Nicht die Leistung und der Einsatz eines Menschen regelt sein Gehalt, sondern der (hoffnungslos unflexible) Bundesangestelltentarif. Wir verleihen Preise an den Besten (der ja ganz offensichtlich keine Motivationsprobleme hat) und demotivieren alle anderen Bewerber (Preise sollten nie durch Bewerbungsverfahren vergeben werden. Wenn dies geschieht, sind sie höchst demotivierend für alle bis auf einen; je mehr sich bewerben, desto mehr demotivieren sie. Die einzige Lösung: keine Bewerbungen bei Preisen!). An den Universitäten haben wir in vielen Fächern (vielleicht allen voran die Medizin) Curricula, die den primär sehr motivierten Studenten gerade nicht entgegenkommen, und in den Medien werden wir bombadiert mit Geschichten von Menschen, die ohne etwas zu tun reich werden.*"

(Manfred SPITZER: Lernen. Gehirnforschung und die Schule des Lebens. München: Elsevier Spektrum Akademischer Verlag, S. 192f.)

→ Inwiefern stehen Hunger und Motivation in Zusammenhang?

→ Wie erzeugt man Motivation? Wie müsste die Frage richtig lauten?

→ Welche gesellschaftlichen Ereignisse führen laut Spitzer zu Demotivation?

Projekt

Führen Sie eine **Umfrage** zur Motivation durch!

- Wählen Sie ein Thema, z. B. Schulmotivation, Arbeitsmotivation, Motivation in der Freizeit etc.
- Arbeiten Sie in Kleingruppen fünf konkrete Fragen zum gewählten Thema aus. Z. B.: Welche Freizeitaktivitäten bereiten Ihnen/dir am meisten Freude und warum?

- Befragen Sie verschiedene Menschen auf der Straße und in der Schule sowie Bekannte und Verwandte.
- Halten Sie Ihre Antworten stichwortartig fest.
- Werten Sie die Interviews nach Alter, Geschlecht und inhaltlichen Aspekten in Form einer Tabelle aus.
- Präsentieren Sie Ihre Ergebnisse in der Klasse.

> *"Das Gesicht verrät die Stimmung des Herzens."*
> Dante Alighieri (italienischer Dichter und Philosoph, 1265–1321)

1 **Einzelarbeit:** Überlegen Sie: Wie würden Sie einem kleinen Kind den Begriff *Emotion* erklären?

Warum lachen wir, wenn wir uns freuen? Haben wir zu lachen gelernt oder ist Lachen eine angeborene, kulturunabhängige Reaktion? (▸ Kap. 13.1) Reagiert überhaupt jeder/jede physiologisch gleich – nämlich mit Lachen auf Freude? Verschiedene **Emotionstheorien** gehen diesen Fragen nach und versuchen zu erklären, was Emotionen verursacht, wie sie entstehen und wirken (▸ Kap. 13.2).

Menschen lieben und hassen. Sie sind glücklich und traurig, begeistert und zornig. „Emotionen stürzen uns in Verzweiflung oder versetzen uns in Ekstase, sie begleiten oder verursachen unsere Erfolge wie unsere Niederlagen." (Lelord 2007, S. 5) Eine Emotion ist jedoch viel komplexer als die einfache Beschreibung unseres Gemütszustandes: Während ein **Gefühl** nur im subjektiven Erleben einer Emotion besteht (sich also durch die individuelle Interpretation einer jeweiligen Situation definiert), sind Emotionen beobachtbar. Denn **Emotionen** werden als komplexe Reaktionen unseres gesamten Organismus auf eine Situation, einen äußeren Reiz oder ein inneres Geschehen definiert. Emotionen äußern sich über Begleiterscheinungen und sind auch anhand von Mimik und Gestik sichtbar. Eine Emotion bzw. emotionales Erleben (Freude, Trauer) wird immer von folgenden **drei Komponenten** begleitet:

1. **Physiologische Erregung:** Körperliche Begleiterscheinungen wie Herzklopfen, Schweißausbruch, Erröten.

2. **Kognitive Prozesse:** Gedankenabläufe wie Erinnerungen an ähnliche Situationen, Erfahrungen, Abwägen der Konsequenzen finden statt.

3. **(Motorisches) Ausdrucksverhalten:** Verhaltensreaktionen wie Mimik, Gestik, Annäherungs- oder Fluchtreaktion machen Emotionen beobachtbar.

Filmtipp

Alles steht Kopf (USA 2015, Regie: Pete Docter, Ronaldo del Carmen). Die Emotionen Wut, Angst, Freude, Ekel und Kummer kämpfen in der Schaltzentrale des Gehirns der 11-jährigen Riley um die Vorherrschaft.

2 **Partnerarbeit:**
- Beschreiben Sie die nebenstehenden Fotos und definieren Sie anschließend die Emotionen.
- Versuchen Sie, sich in die jeweilige Situation einzufühlen. Wie könnte sich Ihr emotionales Erleben darin (1) körperlich, (2) kognitiv und (3) im Verhalten bemerkbar machen?

3 **Plenum:** Eine Emotion geht mit deutlich sichtbaren körperlichen Begleiterscheinungen einher. In Redewendungen werden diese entsprechend umschrieben. Sammeln Sie solche Redewendungen (z. B. „vor Wut kochen") und interpretieren Sie diese!

Emotionen unterscheiden sich in ihrer Intensität. Bei einer schwach ausgeprägten, aber lang anhaltenden Emotion, die sich auf das ganze Erleben überträgt, spricht man von **Stimmung**. Ein **Affekt** hingegen ist eine besonders heftige und intensive Gefühlsregung, die meist plötzlich auftritt, nicht kontrollierbar ist, zu einer unüberlegten Handlung führen kann und schnell wieder abklingt.

Ohne die Fähigkeit des emotionalen Erlebens könnten wir zwar Frustrationen, aggressives und gewalttätiges Verhalten verhindern (▸ Kap. 13.3), wären aber auch zu keiner Glücksempfindung fähig (▸ Kap.13.4). Emotionen haben zahlreiche **wichtige Funktionen**:

- Emotionen regulieren die zwischenmenschlichen Beziehungen, erfüllen also eine **soziale Funktion**. Es wurde beispielsweise nachgewiesen, dass eine positive Stimmung das Vertrauen zwischen Personen erhöht, eine negative es hingegen reduziert.
- Emotionen **informieren**, ob Situationen, Ereignisse, Objekte oder Handlungen als vorteilhaft oder nachteilig empfunden werden.
- Über unseren emotionalen Ausdruck (Mimik, Gestik, Körperhaltung) **kommunizieren** wir über unsere individuelle Gefühlslage (▸ Kap. 13.1).
- Emotionen haben eine **motivationale Funktion**, indem sie uns zu bestimmten Handlungen anregen.
- Emotionen spielen bei der **kognitiven Informationsverarbeitung** eine bedeutende Rolle. Positive Emotionen fördern u. a. unsere Kreativität und Problemlösefähigkeit.
- Positive Emotionen während eines Lernprozesses erleichtern das spätere **Abrufen von Gedächtnisinhalten**, negative hingegen können es blockieren.
- Emotionen helfen uns (z. B. in Stresssituationen), unsere **Reaktionsbereitschaft** zu erhöhen.
- Positive Emotionen fördern den allgemeinen **Gesundheitszustand** und den Heilungsprozess.

4 **Einzelarbeit:** Notieren Sie zehn Emotionen! Vergleichen Sie diese mit den Basisemotionen, die im Kapitel 13.1 erläutert werden.

Gruppenarbeit 5

Wählen Sie je eine Emotion aus und erarbeiten Sie diese anhand folgender Punkte:
- Stellen Sie die Emotion zunächst symbolisch-zeichnerisch dar (z. B. als Smiley).
- Drücken Sie die Emotion nun pantomimisch in Form eines Standbildes (mit allen Gruppenmitgliedern) aus.
- Berücksichtigen Sie bei der Darstellung den mimischen Ausdruck und die körperliche Reaktion.
- Gestalten Sie auch die Situation bzw. das Umfeld der Emotion entsprechend.
- Fotografieren Sie das Standbild.
- Präsentieren Sie nach der Vorbereitung Ihre Ergebnisse in der Klasse! Erraten die anderen Gruppen, welche Emotion Sie darstellen?
- Suchen Sie abschließend gemeinsam eine Definition für die Emotion.

Angeboren oder erworben?

» Willst du wissen, was das Herz denkt, dann frag das Gesicht.«
(Sprichwort aus Guinea)

» Wir verspüren Emotionen, weil sie Teil unserer Kultur sind.«
(Lelord 2007, S. 19)

Die Mimik verrät viel über die Persönlichkeit eines Menschen und liefert in der nonverbalen Kommunikation wichtige Hinweise auf unsere Gefühle. Dabei stellt sich allerdings die Frage, ob Emotionen – vor allem ihr mimischer Ausdruck – angeboren oder kulturspezifisch erworben sind. Zwei konträre Anschauungen versuchen eine Antwort:

- Die **KulturrelativistInnen** argumentieren, dass wir *gelernt* haben, uns zu freuen, wenn wir z. B. eine Gehaltserhöhung bekommen oder unsere favorisierte Fußballmannschaft die Meisterschaft gewinnt. Sie behaupten, dass unser kulturelles Umfeld und unsere sozialen Rollen bestimmen, wie wir uns emotional verhalten. Ein bekanntes Experiment (Ekman 1972) *„illustriert die kulturellen Unterschiede beim Ausdrücken von Emotionen: Man führte amerikanischen und japanischen Studenten einen Film vor, der einen schweren chirurgischen Eingriff zeigt. Die Studenten beider Länder drückten mit ihrer Mimik auf ähnliche Weise Angst- und Ekelgefühle aus. Dann wiederholte man das Experiment mit zwei anderen Studentengruppen, diesmal aber im Beisein eines älteren Professors. Die Mimik der amerikanischen Studenten war genauso expressiv wie im ersten Versuch, während die japanischen Studenten eine ungerührte Miene aufsetzten oder sogar lächelten."* (Lelord 2007, S. 20)

» Wir verspüren Emotionen, weil es in unseren Genen steckt.«
(a. a. O., S. 14)

- Die **EvolutionspsychologInnen** vertreten hingegen den Standpunkt, Emotionen seien ein *angeborenes* Phänomen. Schon DARWIN ging davon aus, dass bestimmte emotionale Ausdrücke angeborene Komponenten unseres evolutionären Erbes sind. Als Argument dient hier oft die lebensrettende Funktion von Emotionen: Wenn wir Angst haben, laufen wir davon. Folgende Forschungsergebnisse sollen belegen, dass der emotionale Ausdruck angeboren ist:
  - ► Auch **Schimpansen** verfügen über ein intensives Gefühlsleben. *„Ihre Bündnisse, Konflikte, Rivalitäten und auch Versöhnungen geben ein verblüffendes Spiegelbild unserer alltäglichen Emotionen ab."* (a. a. O., S. 14)
  - ► **Säuglinge** verfügen bereits ab der Geburt über die Fähigkeit, Emotionen zu erkennen und einen emotionalen Ausdruck zu imitieren, weil ihre Gesichtsmuskulatur dafür bereits ausreichend differenziert ist. Außerdem sind sie in der Lage, die Gesichtsausdrücke anderer Menschen zu interpretieren: Sie reagieren auf ein Lächeln positiver als auf ein ärgerliches Gesicht, und wenn eine Bezugsperson sich ihnen zuwendet, lächeln sie.
  - ► Die Mimik von **blind Geborenen** unterscheidet sich nicht von der Mimik Sehender. Einer Studie des Psychologen David MATSUMOTO zufolge lachten blinde GewinnerInnen einer Goldmetaille ebenfalls mit dem gesamten Gesicht, also mit dem Mund, den Wangen und den Augen. Sie aktivieren demzufolge die gleichen Gesichtsmuskeln wie sehende GewinnerInnen.
  - ► Menschen bringen auf der ganzen Welt, unabhängig von kulturellen Unterschieden, **ethnischer Zugehörigkeit**, Geschlecht oder Erziehung, grundlegende Emotionen in nahezu gleicher Weise zum Ausdruck. (vgl. Zimbardo 2004, S. 550).

Shotshop.com/Marcus

Sehr kleine Babys können schon Gesichtsausdrücke nachahmen.

ingimage.com

Kulturelle Universalität: Freude wird auf der ganzen Welt mit einem Lächeln ausgedrückt.

Sieben Basisemotionen nach EKMAN

Aufgrund der Beobachtung, dass bestimmte Emotionen universell sind, definierte der Psychologe Paul EKMAN sieben sogenannte Basisemotionen:

Freude, Trauer, Überraschung, Ärger, Ekel, Angst, Verachtung

Basisemotionen

Basisemotionen zeichnen sich dadurch aus, dass sie weltweit und kulturunabhängig in gleicher Weise intuitiv erkannt und mimisch ähnlich ausgedrückt werden.

1 2 3 4 5 6 7

Einzelarbeit 6

Ordnen Sie den Fotos die jeweilige Basisemotion zu!

Gruppenarbeit 7

Wählen Sie eines der folgenden Gefühle aus: Sehnsucht, Liebe, Lustlosigkeit, Verlegenheit, Begeisterung, Eifersucht, Langeweile.
- Versuchen Sie nun schriftlich eine Definition für dieses Gefühl zu formulieren.
- Welche Basisemotion steht mit Ihrem ausgewählten Gefühl jeweils in enger Verbindung?

Primär- und Sekundäremotionen

Der Emotionsforscher Robert PLUTCHIK wiederum spricht von **acht Primäremotionen**, die eine genetische Grundlage haben: Trauer – Freude, Erwartung – Überraschung, Wut – Angst, Ekel – Akzeptanz. Aus der Kombination dieser Primäremotionen ergeben sich die **Sekundäremotionen**. Beispiel: Die beiden Primäremotionen *Überraschung* und *Trauer* ergeben die Sekundäremotion *Enttäuschung*. *Ekel* und *Wut* führen zu *Hass*, *Liebe* wiederum ist eine Kombination aus den Emotionen *Freude* und *Akzeptanz*. Sekundäremotionen sind individuell und kulturell verschieden. Sie werden erlernt und kognitiv bewertet.

13.2 Emotionstheorien

Einzelarbeit 8

Erinnern Sie sich an eine Situation, in der Sie Freude empfunden haben. Verfassen Sie einen kurzen Text, in dem Sie die folgenden Fragen beantworten.
- Beschreiben Sie die Situation.
- Beschreiben Sie das Gefühl der Freude.
- Was passierte mit Ihrem Körper?
- Was dachten Sie?
- Mit welchem Verhalten reagierten Sie?

Emotionen ergeben sich aus dem Zusammenspiel von physiologischer Erregung, kognitiver Verarbeitung und Verhaltensreaktionen. Die Reihenfolge ist jedoch ungeklärt:
Folgt die physiologische Reaktion auf das emotionale Empfinden oder ist das emotionale Empfinden die Konsequenz auf die physiologische Reaktion? Spüren wir also Angst und bekommen wir daraufhin Herzklopfen oder löst unser Herzklopfen Angst in uns aus?
Ebenso ungeklärt ist das Zusammenspiel von Kognition und Emotion: Analysieren wir eine Situation und entscheiden uns je nach kognitiver Bewertung für eine entsprechende Emotion?
Emotionstheorien versuchen die Beziehung zwischen physiologischen, kognitiven und psychischen Aspekten des emotionalen Erlebens zu erklären.

„Ich singe nicht, weil ich glücklich bin. Ich bin glücklich, weil ich singe."

JAMES-LANGE-Theorie der Körperreaktion

Der US-amerikanische Psychologe William JAMES und der dänische Physiologe Carl LANGE nehmen an, dass wir Emotionen fühlen, nachdem wir unsere **physiologische Reaktion** wahrgenommen haben. *„Wenn wir spüren, dass wir zittern, bekommen wir Angst, und wenn wir weinen, macht uns das traurig."* (Lelord 2007, S. 16) Wenn wir beim Autofahren nur knapp einer Kollision entgehen, verhält es sich ähnlich: *„Häufig verspüren wir die Angst nach dem Ereignis, während unser Körper innerhalb von Sekundenbruchteilen mit einem Adrenalinausstoß und einer Beschleunigung der Herzfrequenz reagiert hat."* (a. a. O., S. 17)

Bedrohung
↓
Herzklopfen
↓
Angst (Emotion)

13

Wussten Sie, dass ... Körperhaltung und Gesichtsausdruck unser emotionales Erleben beeinflussen, auch wenn sie künstlich herbeigeführt werden? Das besagt die sogenannte **Facial-Feedback-Hypothese**. Der US-amerikanische Psychologe Gordon ALLPORT und andere Emotionsforscher widmeten sich dazu der folgenden Frage: Was geschieht, wenn man lächelt, selbst wenn einem nicht nach Lächeln zumute ist? Sie fanden schließlich heraus, dass unsere Mimik Einfluss auf die Emotionserzeugung im Gehirn hat: Selbstbewusstsein kann nachweislich dadurch verstärkt werden, dass man sich aufrichtet und einen ernsten Gesichtsausdruck zeigt. Schlechte Laune lässt sich verbessern, indem man ein freundliches Gesicht aufsetzt, ein zorniger Gesichtsausdruck kann dagegen aggressive Gefühle noch weiter steigern. (vgl. Maderthaner 2008, S. 312) Dieses Phänomen, unter dem Begriff Facial Feedback bekannt, ist dadurch erklärbar, dass die Gesichtsmuskeln dem Gehirn Feedback geben und damit die Intensität des Gefühls verstärken. Die Facial-Feedback-Hypothese besagt folglich, dass Körperhaltung und Gesichtsausdruck unser emotionales Erleben beeinflussen, auch wenn sie künstlich herbeigeführt werden.

Versuch 9

Versuchen Sie folgendes Experiment (nach STRACK, MARTIN und STEPPER). Beschreiben Sie jeweils Ihr Gefühl. In welcher Situation fühlen Sie sich wohler? Erklären Sie, warum!
- Nehmen Sie einen Stift zwischen die Zähne.
- Nehmen Sie nun einen Stift zwischen die Lippen.

Versuch 10

Übungen zur Facial-Feedback-Hypothese:
- Versuchen Sie, an etwas Trauriges zu denken. Stellen Sie sich die Situation genau vor!
- War Ihre Körperhaltung eher gedrückt, mit hängenden Schultern und hängendem Kopf? Der Blick nach unten gerichtet?
- Versuchen Sie, als Gegenprobe, sich aufrecht hinzusetzen, den Blick nach oben zu richten und sich die Situation nochmals vorzustellen – können Sie sich mit dieser Körperhaltung gleich gut in eine traurige Stimmung versetzen?

 Herzklopfen ⟷ Angst

CANNON-BARD-Theorie der zentralen neuronalen Prozesse

Die US-amerikanischen Physiologen Walter CANNON und Philip BARD meinen, dass wir unsere Emotionen **gleichzeitig** mit der physiologischen Reaktion unseres Körpers empfinden. Unser Herz beginnt zu schlagen und zur selben Zeit empfinden wir Angst. Die Cannon-Bard-Theorie sieht die Emotion als Vermittlungsprozess zwischen Reizen und Reaktionen, die vom Thalamus ausgehen. Angst ist die Folge von neuronalen Veränderungen im Gehirn.

Herzklopfen
↓
Bewertung
„Ich habe Angst"
↓
Angst (Emotion)

SCHACHTERS Zwei-Faktoren-Theorie

Der US-amerikanische Sozialpsychologe Stanley SCHACHTER vertritt die Ansicht, dass Emotionen aus zwei Komponenten bestehen: aus **physiologischer Erregung** und **kognitiver Bewertung**. Er meint, dass erst die kognitive Bewertung der gefühlten physiologischen Erregung die Emotion auslöst. Unsere emotionale Reaktion richtet sich folglich nach unserer kognitiven Bewertung bzw. Interpretation einer Situation oder eines Erregungszustandes: Herzklopfen kann je nach kognitiver Bewertung die emotionale Reaktion Angst (kognitive Bewertung: Ich habe Angst) oder Freude (kognitive Bewertung: Ich freue mich) auslösen. *„Wir verspüren Emotionen, weil wir denken."* (Lelord 2007, S. 18)

Der US-amerikanische Psychologe Richard LAZARUS meint ebenso, dass viele Gefühle durch Bewertung entstehen: *„Ob wir auf eine schlechte Note ärgerlich oder deprimiert reagieren oder sie einfach hinnehmen, hängt davon ab, ob wir unser Versagen mit einer unfairen Prüfung, Pech oder der eigenen Unfähigkeit erklären oder einfach mit ungenügender Vorbereitung."* (Myers 2005, S. 536) Er meint, dass unsere kognitive Bewertung auch von gespeicherten Erinnerungen und Vorerfahrungen abhängt und unbewusst ablaufen kann. Wenn sich ein Freund/eine Freundin nicht meldet, sind wir entweder beunruhigt, weil ihm/ihr etwas zugestoßen sein könnte, oder wir ärgern uns, weil er/sie sein/ihr Versprechen nicht hält, oder wir sind enttäuscht, weil er/sie uns nicht sehen will, je nachdem, ob wir gewohnt sind, dass unser Freund/unsere Freundin sich meldet oder nicht.

Partnerarbeit 11 Wenn unsere Gedanken tatsächlich über unsere Gefühle entscheiden – was lässt sich dann aus dieser Erkenntnis schlussfolgern? Diskutieren Sie zu zweit über diese Fragestellung.

Einzelarbeit 12 Welcher Emotionstheorie entspricht die Karikatur auf S. 201? Analysieren und begründen Sie.

Einzelarbeit 13 Ordnen Sie die folgenden Aussagen einer Emotionstheorie zu:
a) *„Wenn ich einem Freund etwas auf den Anrufbeantworter gesprochen habe, und er ruft nicht zurück, wird meine Emotion davon abhängen, ob ich denke, dass er mich nicht mehr sehen will (Traurigkeit), dass er gerade bis über beide Ohren verliebt ist (ich freue mich für ihn oder bin neidisch) oder dass ihm vielleicht etwas zugestoßen ist (Sorge)."* (Lelord 2007, S. 18)
b) *„Wenn wir spüren, dass wir zittern, bekommen wir Angst, und wenn wir weinen, macht uns das traurig. (…) Es gibt (…) Situationen, in denen unsere körperliche Reaktion schon ausgelöst wird, ehe sich die Emotion im Ganzen einstellt."* (a. a. O., S. 16)

Literaturtipp
Storch, Maja/Cantieni, Benita/Hüther, Gerald/ Tschacher, Wolfgang: *Embodiment. Die Wechselwirkung von Körper und Psyche verstehen und nutzen.* Bern 2017. Der Körper ist die Bühne der Gefühle und gestaltet unsere psychischen Prozesse mit. Die Wirkung des Körpers auf das Denken, Fühlen und Handeln wird aus der Sicht einer Psychotherapeutin, eines Hirnforschers, einer Physiotherapeutin und eines Klinischen Psychologen analysiert.

14 Partnerarbeit:
Analysieren Sie als EmotionsforscherInnen die Herkunft von *Angst in einer Prüfungssituation* entsprechend der drei theoretischen Modelle. Stellen Sie das Ergebnis anschaulich dar.

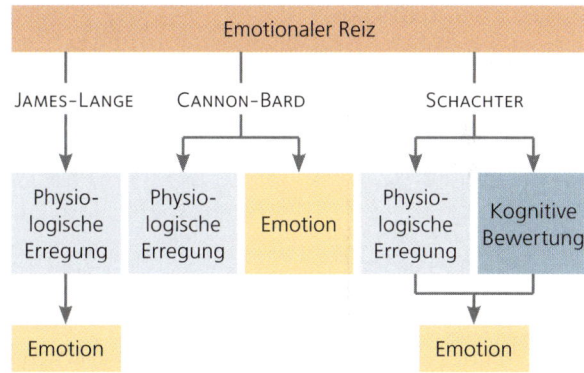

Weder die James-Lange- noch die Cannon-Bard- sowie die Schachter-Theorie konnten als allein gültige empirische Theorie bestätigt werden. Es ist vor allem nicht zielführend, die exakte Abfolge jener Prozesse, die für die Entstehung von Emotionen verantwortlich sind, zu diskutieren. Die Theorien greifen allerdings jeweils einen wichtigen Erklärungsfaktor auf. Man ist sich einig, dass folgende Faktoren wesentlich am Erleben von Emotionen beteiligt sind:
- die Wahrnehmung eines Ereignisses (Situation, Person, Objekt),
- die kognitive Bewertung
- und schließlich die emotionale und physiologische Reaktion.
Diese Faktoren stehen in einem wechselseitigen Zusammenhang und beeinflussen einander.

Neurowissenschaftliche Theorien

Moderne Emotionstheorien versuchen die Entstehung von Emotionen **neurowissenschaftlich** zu erklären. Im Mittelpunkt der Forschung steht das limbische System. Dieses besteht aus Hippocampus, Amygdala (Mandelkern) und Hypothalamus (► Kap. 2.2). Das limbische System spielt eine wichtige Rolle bei der Entstehung von Emotionen, denn es hat die Funktion, unsere Erlebnisse zu bewerten und unser Verhalten zu regulieren, uns also zu Reaktionen zu veranlassen.

Unabhängig von allen Emotionstheorien ist die entscheidende Tatsache, dass wir die Auswirkung von Gefühlen beeinflussen können. Wir sind unseren Gefühlen nicht ausgeliefert, sondern können durch Selbstbeherrschung und Willensanstrengung unsere Handlungen weitestgehend steuern.

Literaturtipp
Gigerenzer, Gerd: *Bauchentscheidungen. Die Intelligenz des Unbewussten und die Macht der Intuition.* München 2008. Jede emotionale Erfahrung, die wir machen, wird mit einer körperlichen Reaktion verbunden, verarbeitet und gespeichert. In ähnlichen Situationen bestimmt daher das Körpergefühl: Intuitive Entscheidungen basieren auf bisher (unbewusst) gemachten Erfahrungen und einem Wissen, das nicht über den Verstand abrufbar ist.

Philosophie
Anthropologie: Der gefährliche Mensch

13.3 Frustration, Aggression und Gewalt

Gruppenarbeit 15 Was unterscheidet Frustration, Aggression und Gewalt? Grenzen Sie in Kleingruppen die Begriffe voneinander ab und halten Sie Ihr Ergebnis schriftlich fest.

Frustration

Wenn Erwartungen enttäuscht, Wünsche oder Bedürfnisse nicht erfüllt oder angestrebte Ziele nicht erreicht werden, ist **Frustration** (lat. *frustratio:* Täuschung einer Erwartung) die Folge. Frustration ist also das Resultat, wenn ein zielgerichtetes Verhalten verhindert oder gestört wurde. Es gibt äußere und innere Frustrationsquellen, die zu Enttäuschungen führen:

- **Äußere Frustrationsquellen:** vergebliche Anstrengungen (z. B. eine trotz hohen Lernaufwandes nicht bestandene Prüfung), versäumte Chancen, ein nicht erfüllter Wunsch

- **Innere Frustrationsquellen:** berufliche Über- oder Unterforderung, ausbleibende Anerkennung, unzureichende Kooperation, eine belastende Vergangenheit

Frustration wird aber nicht immer negativ bewertet. Manche vorübergehenden Frustrationserlebnisse suchen wir sogar, weil ihre Überwindung für uns ein Erfolgserlebnis darstellt (z. B. beim Versuch, ein Rätsel zu lösen). Das befriedigende Gefühl überwiegt. Frustration kann unsere Kreativität wecken, indem wir neue Lösungswege suchen müssen, sie kann neue Lernprozesse einleiten und unsere Handlungskompetenzen erweitern. Frustrationserfahrungen sind außerdem wichtig, um damit umgehen zu lernen: Wenn es uns gelingt, uns konstruktiv mit Frustration auseinanderzusetzen, entwickeln wir **Frustrationstoleranz**.

Frustration kann **positiv bewältigt** werden, indem wir
- unser Streben intensivieren und uns mehr anstrengen,
- unser Ziel und unsere Erwartungen ändern/herabsetzen,
- Sport treiben, uns mit jemandem aussprechen, Musik hören oder Tagebuch schreiben (konstruktives Verhalten erleichtert den Umgang mit Frustration) sowie
- uns in andere einfühlen und Lösungen überlegen, anstatt nach dem/der Schuldigen zu suchen.

Wir können unsere Frustrationstoleranz **gezielt erhöhen**, indem wir beispielsweise
- unbequeme Situationen aushalten lernen und
- hilfreiche Einstellungen einüben:
  - Akzeptieren, dass es für manche Ziele notwendig ist, negative Gefühle zu verspüren.
  - Ertragen können, wenn andere Menschen sich nicht nach meinen Vorstellungen richten.
  - Akzeptieren können, wenn mir nicht alles gelingt.

Eine **geringe Frustrationstoleranz** hat Auswirkungen auf unsere Leistungsfähigkeit, unsere seelische Verfassung und unsere körperliche Gesundheit. Sie führt zu unangemessenen und heftigen Reaktionen wie unkontrollierten Gefühlsausbrüchen, unsozialem, depressivem oder aber aggressivem Verhalten.

 Einzelarbeit/Partnerarbeit 16 | Reflektieren Sie Ihre eigene Frustrationstoleranz anhand der folgenden Fragen und machen Sie sich dazu Notizen:
- Wie fühlen Sie sich, wenn etwas nicht sofort klappt? Wie reagieren Sie?
- Wem schreiben Sie die Schuld für Ihr „Versagen" zu?
- Wann sind Sie versucht, aufzugeben?
- Welche „kleinen Fluchten" (z. B. lieber eine SMS schreiben als lernen) verwenden Sie, um Ihre Frustration zu verdrängen?
- Bei wem suchen Sie Hilfe?
- Wie belohnen Sie sich bei Erfolg?
- Vergleichen und besprechen Sie nun Ihren Umgang mit Frustration mit jenem Ihrer Sitznachbarin/Ihres Sitznachbarn.

Aggression

Unter **Aggression** (lat. *aggressio:* Angriff) versteht man Verhaltensweisen, die einer anderen Person psychischen Schaden (z. B. Kränkung) oder körperlichen Schaden (z. B. Körperverletzung) zufügen.

Der US-amerikanische Psychologe John DOLLARD meint, dass Aggression als Reaktion auf Frustration entsteht. Seine **Frustrations-Aggressions-Hypothese** war jedoch nicht haltbar, denn zahlreiche Experimente kamen zu anderen Ergebnissen:

- Annahme: Frustration führt zu einer Form von Aggression.
  - Frustration erhöht zwar die Bereitschaft zu aggressivem Verhalten, aber nicht jede Frustration führt zwangsläufig zu Aggression. Andere mögliche Folgen der **„Frustrationsbewältigung"** sind Ängste, Depressionen, Passivität, Rückzug in Tagträume oder die Flucht in frühe Entwicklungsstufen. Möglicherweise hat man gelernt, konstruktiv auf Frustration zu reagieren.

- Annahme: Aggression ist die Folge einer vorausgehenden Frustration.
  - ▸ Nicht jedes aggressive Verhalten kann auf Frustration zurückgeführt werden. Auch **andere aversive Reize** können Aggression verursachen, etwa körperliche Schmerzen, persönliche Beleidigungen und sogar hohe Temperaturen. Wenn Menschen heiß ist, denken, fühlen und handeln sie aggressiver.

Erklärungsansätze

1. **VerhaltensforscherInnen** gehen davon aus, dass wir alle Aggressionspotenzial in uns tragen. Aggression wird als angeborener Instinkt bzw. **arterhaltender Trieb** angesehen. Aufgrund dieses biologisch vorgegebenen Reaktionsmechanismus reagieren wir auf aversive (Ablehnung auslösende) Reize mit aggressivem Verhalten.

Literaturtipp
BAUER, Joachim: *Schmerzgrenze. Vom Ursprung alltäglicher und globaler Gewalt.* München 2013. Der Neurobiologe Joachim Bauer erklärt in seinem Werk, nach welchen Gesetzmäßigkeiten sich zwischenmenschliche Aggression entwickelt. Seine These: Aggressionen stehen im Dienste der Verteidigung sozialer Bindungen. Nur Achtsamkeit, Fairness und Kooperation können tatsächlich schützen.

2. Der **neurobiologische Ansatz** versteht Aggression als *„evolutionär entstandenes,* **neurobiologisch verankertes Verhaltensprogramm,** *welches den Menschen in die Lage versetzen soll, seine körperliche Unversehrtheit zu bewahren und Schmerz abzuwehren. Die neurobiologischen Schmerzzentren des menschlichen Gehirns reagieren jedoch nicht nur auf körperlichen Schmerz, sondern werden auch dann aktiv, wenn Menschen ausgegrenzt oder gedemütigt werden. Nach dem Gesetz der Schmerzgrenze wird Aggression nicht nur durch willkürlich zugefügten Schmerz, sondern auch durch soziale Ausgrenzung hervorgerufen. Nicht ausgegrenzt zu sein, sondern befriedigende Beziehungen zu anderen zu pflegen, zählt zu den menschlichen Grundmotivationen. Wer Menschen von Beziehungen abschneidet, indem er sie ausgrenzt und demütigt, tangiert die physische und psychische Schmerzgrenze und wird Aggression ernten. (…) Die Grundregeln der Aggressionserzeugung gelten nicht nur für einzelne Personen, sondern auch für Menschengruppen oder Nationen.“* (Bauer 2013, S. 192–193)

3. Der **lerntheoretische Ansatz** wiederum geht davon aus, dass Aggression ein erworbener, also **erlernter Trieb** ist. Demzufolge erhält die **frühkindliche Erziehung** besondere Bedeutung:
- Kinder, die mit aggressivem Verhalten andere Kinder erfolgreich einschüchtern, werden noch aggressiver. Sie lernen, dass sie mit aggressivem Verhalten genau das erreichen, was sie wollen. Ihr Verhalten wird **verstärkt** (▸ Kap. 5.3). Wichtig wäre jedoch, im Sinne des operanten Konditionierens sensibles und kooperatives Verhalten zu belohnen.
- Kinder imitieren aggressive Verhaltensweisen, die sie an einem **Modell** beobachten (▸ Kap. 5.4). Sie speichern aggressives Verhalten als „Problembewältigungsstrategie". Eltern sollten ihren Kindern jedoch positive Frustbewältigungsstrategien vorleben und müssen sich bedingungslos von Gewaltakten distanzieren.

Alamy Stock Photo/Markus Wegmann

Frühkindliche Aggressionsbewältigung

Durch folgende **Erziehungsmaßnahmen** können Eltern angemessen auf aggressives Verhalten ihres Kindes reagieren und gleichzeitig das Kind dazu erziehen, konstruktiv mit der eigenen Aggression umzugehen:

gelassen bleiben
- Aggression in Form von Wutanfällen **nicht zu viel Aufmerksamkeit** schenken. Dem Kind aber auf jeden Fall signalisieren, dass man jederzeit **gesprächsbereit** ist, wenn es sich wieder beruhigt hat. Richtet sich die Aggression aber gegen andere Kinder, muss sofort interveniert und die Situation abgeklärt werden.

Situation analysieren
- Sobald sich das Kind beruhigt hat, unbedingt mit ihm **über den Vorfall reden**. Die Situation, die das aggressive Verhalten ausgelöst hat, und die Gründe für das aggressive Verhalten gemeinsam analysieren.

Alternativen überlegen
- Dem Kind **Verständnis für sein Gefühl** entgegenbringen, aber nicht für das Verhalten selbst. Mit dem Kind gemeinsam nach **alternativen Verhaltensweisen** suchen, damit sich die Situation nicht wiederholt.

Gefühle artikulieren helfen
- Dem Kind beim **Formulieren seiner Wünsche** helfen. Oft ist es nicht in der Lage, seine Gefühle zu artikulieren. Es reagiert dann mit Aggression, um seinen Unmut zu äußern.

Geduld und Respekt
- Dem Kind viel **Zuwendung** schenken und die Ursachen für die Belastungen ergründen. Gesprächsbereitschaft signalisieren und dem Kind viel Geduld entgegenbringen, freundlich mit ihm reden und dabei die eigenständige Persönlichkeit des Kindes respektieren.

Vorbild sein
- Mit **gutem Beispiel** im Umgang mit Problemen vorangehen. Kinder übernehmen die Verhaltensweisen von Erwachsenen.

„Austoben" ermöglichen
- Dem Kind Möglichkeiten bieten, seine **Energien abzubauen**, z.B. durch Bewegung.

Partnerarbeit 17 Blättern Sie eine Tageszeitung nach folgenden Gesichtspunkten durch und notieren Sie:
- Wie viele Schlagzeilen handeln vom Verhalten eines Menschen, der jemand anderem psychischen oder körperlichen Schaden zufügt?
- Welche Formen kann Aggression annehmen?

13

Gewalt

Eine extreme und sozial nicht vertretbare Form der Aggression ist **Gewalt**. Im soziologischen Sinn ist Gewalt ein Mittel, um Macht auszuüben oder Macht zu erhalten. Gewalt äußert sich als destruktives Verhalten anderen Personen gegenüber.

- **Physische Gewalt** geschieht über körperliche Schädigungen und Verletzungen.
- **Psychische Gewalt** ist die häufigste Form der Gewaltanwendung. Das Opfer wird verbal herabgewürdigt, diskriminiert, bedroht, beschimpft, belogen oder erpresst.

Wussten Sie, dass ... 91 Prozent der 14- bis 24-Jährigen bereits mit **Hassbotschaften** in sozialen Netzwerken, Internetforen und Blogs konfrontiert wurden? Das besagt eine Onlinebefragung (2016) der Forsa Gesellschaft für Sozialforschung und statistische Analysen im Raum Deutschland. Das Fazit: Die Hassrede (engl. Hate Speech) ist zu einem gesamtgesellschaftlichen Problem geworden. Vor allem in den sozialen Netzwerken ist der unterschwellige Hass, der Mangel an Empathie, die Bereitschaft zu Untergriffigkeit und zur Überschreitung von Grenzen spürbar. Extremistische Ansichten lassen sich schnell, problemlos und vor allem anonym äußern. Kontrollmechanismen funktionieren nur bedingt und hinken der Verbreitungsgeschwindigkeit hinterher. Initiativen auf politischer Ebene setzen sich für eine respektvolle Diskussionskultur ein, sie wollen die digitale Zivilcourage fördern und so den Hasskommentaren im Internet entgegentreten. Ein Beispiel hierfür ist die Website www.hass-im-netz.info, die von der deutschen Bundeszentrale für politische Bildung betrieben wird.

Definition
Der Begriff HATE SPEECH (dt. *Hassrede*) bezeichnet sprachliche Ausdrucksweisen, die von Hass geprägt sind und das Ziel verfolgen, bestimmte Personen oder Personengruppen herabzusetzen, zu beleidigen und auszugrenzen.

Ursachen von Gewalt

Für extrem aggressives Verhalten gibt es zahlreiche Ursachen. Meist führt erst das Zusammenspiel mehrerer Faktoren zu gewalttätigem Verhalten:

- **Frühkindliche Entwicklungsverletzungen:** Ablehnung, Missbrauch, Misshandlung, Verstoßung, Gewaltanwendung.
    Erleben von Gewalt
- **Erziehung:** keine Normvermittlung, inkonsequente Erziehung, Unterdrückung, fehlende menschliche Wärme. Hinter vielen aggressiven körperlichen Annäherungen und Raufereien von Kindern versteckt sich der Wunsch nach Geborgenheit und Nähe.
    mangelnde „Nestwärme"
- **Familiäre Belastungen:** akute Trennungs- und Scheidungskonflikte, chronische Beziehungskrisen, Arbeitslosigkeit.
    familiäre Probleme
- **Aktuelle Entwicklungsprobleme:** Pubertät, schulischer Misserfolg, Versagensängste, schlechte Zukunftschancen des/der Jugendlichen selbst, Orientierungslosigkeit, misslungene Identitätssuche, Ablehnung durch Gleichaltrige, negative Gruppeneinflüsse, mangelnde Selbstkontrolle.
    Probleme in der Entwicklung
- **Schule:** Über- oder Unterforderung, Kränkung, Mangel an Umgangsregeln, keine Normverdeutlichung oder Grenzziehung.
    Probleme in der Schule
- **Reale Gewaltmodelle:** gewalttätige Eltern, Geschwister oder Freunde/Freundinnen.
    „Vorbilder"
- **Mediale Gewaltmodelle:** gewaltverherrlichende Filme oder Computerspiele, Gewaltdarstellungen in digitalen Medien, Hasskommentare in sozialen Netzwerken.
    Medien
- **Gesellschaftliche Faktoren:** Sündenbockdenken (► Kap. 11.2), ökonomische Krise, soziale Brennpunktgebiete, Krieg.
    gesellschaftliche Probleme

Plenum 18 Welche Möglichkeiten gibt es in der Schule, der Gewalt präventiv entgegenzuwirken? Sammeln Sie Vorschläge im Plenum.

Maßnahmen gegen Gewalt

Vor allem 14- bis 21-jährige männliche Jugendliche sind Täter und Opfer von vorwiegend physischer Gewalt. Häufig sind sie Einzelgänger oder Mitglied bestimmter Cliquen. Besonders in der Schule können Initiativen zur Gewaltvermeidung sowie Maßnahmen für eine positive Konfliktkultur umgesetzt werden:

- Klassen- und Kommunikationsregeln aufstellen, regelmäßige Klassengespräche führen, aktuelle Konflikte lösen, Bedürfnisse artikulieren, offen reden, zuhören, wechselseitiges konstruktives Feedback, Umgang mit Kritik lernen.
    soziales Lernen
- Feste, Projekte, Exkursionen, Aktivitäten.
    Gemeinschaft fördern

Aufklärung betreiben

- Für einen verantwortungsvollen und kritischen Umgang mit Medien und sozialen Netzwerken sensibilisieren.

Projekte
- Workshops zur Gewaltprävention und Gewaltdeeskalation, Streitschlichtseminare.

Praktikum / Schulsozialarbeit
- Teilnahme an sozialen Projekten, Kooperation mit sozialen Einrichtungen.

Aufbau eines Helfersystems
- Schulmediation, Beratung bei Lebensproblemen.

 Projekt 19

Initiieren Sie in Ihrer Schule einen Projekttag zum Thema „Gewalt und Gewaltprävention in der Schule"! Bitten Sie interessierte LehrerInnen, mit ausgewählten Klassen einen fachspezifischen Beitrag zum Tag in Form eines Experiments, eines Workshops, eines Theaterstücks o. Ä. zu leisten. Laden Sie SchulpsychologInnen, SozialarbeiterInnen etc. als Vortragende ein. Ziel des Tages soll sein, das Problembewusstsein zu schärfen und über mögliche präventive Maßnahmen und Bewältigungsmethoden aufzuklären.

 Gruppenarbeit 20

Trotz der Risiken und Gefahren, die das Internet birgt, ist es weder möglich noch sinnvoll, Kinder und Jugendliche vor digitalen Medien abzuschirmen. Diese bieten nicht nur vielfältige Chancen, sondern sind mittlerweile auch ein unabkömmliches Hilfsmittel bei der Bewältigung vieler (schulischer) Aufgaben. Doch wie kann man Kinder und Jugendliche zu einem kritischen, differenzierten und verantwortungsbewussten Umgang mit (neuen) Medien erziehen? Formulieren Sie in Gruppen Tipps und stellen Sie diese anschließend im Plenum vor.

▶ **AH** Seite 57

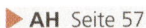 **Philosophie**
Ethik: Glück

13.4 Positive Psychologie und Glücksforschung

Andreas McMeel Publishing, Kansas City, 2006: Watterson/The complete Calvin and Hobbes: Book One/Bill Watterson

Bill Watterson

Videoanalyse 21
 **YouTube**

Sehen Sie sich auf YouTube den Videoclip „Himmel auf" (offizielles Musikvideo, 2012) von Silbermond an.
1. Notieren Sie, wie in den Beiträgen Glück definiert wird und was Glück ausmacht.
2. Wann sind Sie glücklich? Überlegen Sie drei Faktoren, die Ihre persönliche Lebenszufriedenheit steigern. Ordnen Sie Ihre Werte hierarchisch (1 = sehr wichtig, 2 = wichtig, 3 = relativ wichtig) und vergleichen Sie diese mit jenen Ihres Sitznachbarn / Ihrer Sitznachbarin.

Literaturtipp
LELORD, François: *Hectors Reise oder die Suche nach dem Glück*. München 2011. Hector, ein junger Psychiater, begibt sich auf eine Weltreise, in der Hoffnung, das Geheimnis des Glücks zu entdecken. Am Ende seiner Abenteuer hat er dreiundzwanzig Antworten und erkennt: Nichts ist einfacher, als wahres Glück zu finden.

Die Matura bestehen, das Neugeborene im Arm halten oder frisch verliebt sein ... Es gibt viele Formen des Glücks. Die **Positive Psychologie** fragt, wie sich der individuelle Glückspegel steigern lässt und welche Faktoren den Glückszustand besonders beeinflussen. Sie möchte Glück und Wohlbefinden fördern und setzt sich mit Themen auseinander, die den Menschen stärken und das Leben lebenswert machen. Die Positive Psychologie ist *ressourcenorientiert* (frz. *ressource:* Quelle) und nicht mehr *defizitorientiert* wie die bisherige Psychologie, die ihre Schwerpunkte auf psychische Störungen und Mängel setzte.

Wir sind bestrebt, unser individuelles Wohlbefinden zu erhöhen. Das subjektive Wohlbefinden ist das wichtigste Maß für Glück. Je vorteilhafter man das eigene Leben sieht, desto glücklicher ist man. Folgende Lebensbedingungen gehen mit dem Glücklichsein einher:

- **Sozioökonomischer Status:** materieller Wohlstand und gesellschaftlicher Status
- **Soziale Integriertheit:** stabile soziale Beziehungen und feste Partnerschaft
- **Positive Lebensereignisse:** Belastungen vermeiden, Abwechslung, Weiterentwicklung
- **Gesundheit:** physisches Wohlbefinden
- **Religiosität und Weltanschauungen**

Glücklichsein steht jedoch in keinem Zusammenhang mit dem Alter, dem Geschlecht, dem Bildungsgrad, der Elternschaft (ob man Kinder hat oder nicht) oder physischer Attraktivität. (vgl. Myers 2005, S. 562)

13

Liza Donnelly

"Fun can happen to adults, too."

Aristoteles: Eudaimonia

Stoa: Seelenruhe

Epikur: Lebensfreude

Die Auswirkungen von Glück bestehen z. B. darin, dass glückliche Menschen eher *„ein hohes Selbstwertgefühl haben. Optimistisch sind, aus sich herausgehen (…). Enge Freundschaften haben oder glücklich verheiratet sind. Eine Arbeitsstelle und Hobbys haben, bei denen sie ihre Fähigkeiten einsetzen können. Einen Sinn stiftenden religiösen Glauben haben. Gut schlafen und sportlich sind."* (a. a. O.) Es gibt weitere unterschiedliche Theorien, die sich mit dem Glücksbegriff auseinandersetzen und Umstände nennen, die unsere Stimmung verbessern und unsere Lebenszufriedenheit steigern lassen:

Der philosophische Glücksbegriff

Die Beschäftigung mit dem Glück reicht weit in die Philosophiegeschichte zurück. Auch vor 2300 Jahren hatte man unterschiedliche Auffassungen von Glück.

Eudaimonia (griech.: einen guten Dämon habend) meint in der Philosophie *Glückseligkeit und seelisches Wohlbefinden.* Der Begriff stammt von Aristoteles und gilt als höchstes Ziel der menschlichen Existenz.

Für die philosophische Schule der Stoa bedeutet Glück einen *Zustand der Seelenruhe,* der nur über Tugend, Vernunft und in Einklang mit der Natur erreicht werden kann. Durch Lust, Leidenschaft und Begierde wird die Tugend geschwächt.

Der griechische Philosoph Epikur (341–271 v. Chr.) begründete die „Lehre vom lustvollen Streben nach Glück". Glück bedeutet für Epikur das Empfinden höchster Lust. Sein Lustbegriff darf jedoch nicht mit dem Genuss weltlicher Güter verwechselt werden, denn Epikur versteht unter Lust die *Abwesenheit von Schmerz, Furcht und Begierden.* Der Mensch soll ein Leben lang darauf bedacht sein, Schmerz, Furcht und Begierden zu vermeiden. Er soll sich auf die wirklich notwendigen Bedürfnisse, zu denen auch die Freundschaft zählt, konzentrieren. Nur dann kann sich Lust – im Sinn von Lebensfreude – ausbilden. Auf diesen Gedanken gründet der **Hedonismus**, eine philosophische Richtung, die das Streben nach Lust und Genuss zum höchsten menschlichen Prinzip erklärt.

Videoanalyse 22

▶ **YouTube**

Sehen Sie sich auf YouTube den Videoclip „Philosophisches Kopfkino: Was ist Glück?" (01:55 Min.) an und bearbeiten Sie anschließend folgende Arbeitsaufträge:

- Welche philosophischen Theorien zum Thema Glück werden im Beitrag genannt? Ergänzen Sie die oben bereits genannten Theorien.
- Welches der philosophischen Glückskonzepte teilen Sie am ehesten? Begründen Sie.

Glückskonzepte

Der Professor für Methodenlehre Philipp Mayring unterscheidet zwischen subjektiven, kognitiven, affektiven, handlungsbezogenen und persönlichkeitspsychologischen Glückskonzepten (Mayring 1991, S. 79 ff.):

- Das **subjektive Empfinden** bestimmt, ob wir uns als glücklich erachten oder nicht. Es kann vorkommen, dass man sich in einer objektiv betrachtet positiven Situation schlecht *(Unzufriedenheitsdilemma)* und in einer von außen negativ wahrgenommenen Situation gut fühlt *(Zufriedenheitsparadox).*
- **Kognitive Faktoren** (Gedanken, Erinnerungen, Vorstellungen, Vermutungen, Erwartungen) beeinflussen das Glücksempfinden. Die **Niveauanpassungstheorie** nach Brickman besagt, dass Glück relativ zum eigenen Standard beurteilt wird: Positive Erfahrungen heben den Standard. Negative Erfahrungen senken den Standard, machen dafür aber auch wieder neue Glückserfahrungen wahrscheinlich. Je mehr wir uns an positive, glücksbringende Lebensbedingungen gewöhnen, desto weniger glücksbringend wirken sie. Wenn ursprünglich glückserzeugende Bedingungen ihre Wirkung verlieren, sprechen wir von einer „hedonistischen Tretmühle".
- **Affektive Glückskonzepte** verstehen das Glücksgefühl als eine intensiv erlebte positive Emotion. Die Definitionen reichen von „Harmonie" und „Spannungslösung" bis zu „großer Freude" oder „frei sein von Schmerz". (Freud, Epikur)
- **Handlungsbezogene Ansätze** untersuchen die Beziehung zwischen Glück und Aktivitäten. Mihály Csikszentmihalyi beschreibt Glück mit einem Flow-Erlebnis. (► Kap. 12.5) Intrinsisch motivierte Aktivitäten werden von Glück begleitet. Maslow beschreibt Glück mit Höhepunkterlebnissen und ekstatischen Momenten. Fromm setzt Glück mit der Realisierung eigener Potenziale gleich.
- **Persönlichkeitspsychologische Konzepte** untersuchen die Beziehung zwischen Glück und Persönlichkeitseigenschaften: Harmonie und Ausgeglichenheit, soziale Eingebundenheit, geringe Ängstlichkeit, hohes Selbstwertgefühl und ein positives Selbstbild helfen, Lebensglück aufzubauen.

»Die meisten Menschen sind unglücklich, weil sie, wenn sie glücklich sind, noch glücklicher werden wollen.«
Ingrid Bergman,
Schauspielerin
(Harenberg 2004, S. 122)

»Du musst ganz in der Arbeit sein und sie ganz bei dir. Du gehst völlig in ihr auf und sie völlig in dir.«
Louis Nevelson, Bildhauerin
(Goleman 2003, S. 18)

Literaturtipp ◀

SELIGMAN, Martin: *Der Glücks-Faktor. Warum Optimisten länger leben.* Köln 2010. Das Buch bietet Ratschläge, wie wir unsere eigenen Stärken erkennen und entwickeln können.

Der Glücksfaktor nach Martin SELIGMAN

Die Positive Psychologie geht davon aus, dass es nicht reicht, belastende Gefühle wie Angst oder Niedergeschlagenheit zu vermeiden, um glücklich zu sein. Menschen wollen mehr, als nur ihre Schwächen korrigieren. Sie wollen ihre Stärken ausbauen und ein erfülltes Leben führen.

Der US-amerikanische Begründer der Positiven Psychologie Martin SELIGMAN nimmt an, dass positive Gemütszustände *aktiv* gefördert werden müssen. Das ist möglich, indem man die eigenen Stärken und Fähigkeiten betont und den Schwächen nicht zu viel Aufmerksamkeit schenkt.

Die eigenen Stärken herauszufinden und sie in möglichst vielen Lebensbereichen einzusetzen ermöglicht laut Seligman, ein zufriedenes und authentisches Leben zu führen.

Seligman formuliert fünf zentrale positive Gefühle, die durch aktive Lebensgestaltung gefördert werden können:

Zufriedenheit • mit der Vergangenheit zufrieden sein

Dankbarkeit • sich der guten Dinge bewusst sein und sie zu schätzen wissen

Vergebung • vergeben können, selbst wenn einem Unrecht getan wurde

Zuversicht • optimistisch in die Zukunft blicken

Freude • angenehme Empfindungen haben (z. B. körperliche Vergnügungen in der Gegenwart), „einen schönen Tag haben"

Seligman spricht weiters von sechs sogenannten **Tugenden**. Ihnen sind insgesamt 24 Stärken zugeordnet, die wir jederzeit auf- und ausbauen können. Tugenden und Stärken verhelfen uns zu einem glücklichen, sinnerfüllten Leben. Sie helfen außerdem beim Aufbauen seelischer Widerstandskraft.

Literaturtipp ◀

WATZLAWICK, Paul: *Anleitung zum Unglücklichsein.* München 2010. Mit zahlreichen Anekdoten beschreibt Watzlawick auf amüsante und ironische Weise, wie wir uns den Alltag möglichst unerträglich gestalten können.

▶ **AH** Seite 56

Tugend	Stärken – die Determinanten des „guten Lebens"
Weisheit und Wissen	Kreativität, Neugier, geistige Aufgeschlossenheit (kritisches Denken, Offenheit), Liebe zum Lernen, Weisheit
Mut	Authentizität, Tapferkeit, Ausdauer, Enthusiasmus
Liebe und Humanität	Freundlichkeit, Bindungsfähigkeit, soziale Intelligenz
Gerechtigkeit	Fairness, Führungsvermögen, Teamfähigkeit
Mäßigung	Vergebungsbereitschaft, Bescheidenheit, Vorsicht, Selbstregulation
Spiritualität und Transzendenz	Sinn für das Schöne, Dankbarkeit, Hoffnung, Humor, Spiritualität

 Einzelarbeit **23** Welche Stärken zeichnen Sie aus? Unterstreichen Sie sechs Seligman-Stärken, die Sie persönlich am besten charakterisieren.

 Partnerarbeit **24** Wir können unsere Lebenszufriedenheit selbst beeinflussen. Erstellen Sie aus allen Theorien eine Liste mit Verhaltensweisen, die glücklicher machen.

Wussten Sie, dass ... Essen glücklich machen kann? Aus populärwissenschaftlicher Sicht wird dafür die in bestimmten Lebensmitteln (u. a. Datteln, Käse, Schokolade etc.) enthaltene Aminosäure Tryptophan verantwortlich gemacht. Diese wird von den Hirnzellen in Serotonin umgewandelt. Dennoch hat die über die Nahrung zugeführte Dosis Tryptophan keine glücksfördernden Auswirkungen. Tatsächlich wird der Grund für die **Glücksgefühle** beim oder nach dem **Essen** bestimmter Lebensmittel vor allem auf die sogenannten **Lern-Effekte** zurückgeführt. Das bedeutet, dass wir den Geschmack eines Lebensmittels an eine positive Lebenssituation koppeln. Selbst wenn wir das Lebensmittel in einer anderen Situation zu uns nehmen, rufen wir dieses positive Gefühl automatisch erneut ab, erfüllte Erwartungen stimulieren somit das Gehirn. Wenn wir etwas essen, das wir mögen, schüttet das Belohnungssystem Dopamin aus. Ein Beispiel: Wichtig für das Erleben des Glücksgefühls ist zunächst die individuelle Vorliebe für ein Lebensmittel, wie beispielsweise den süßen Geschmack von Schokolade. Die Gewohnheit, Schokolade in besonderen Situationen zu essen – etwa als Trost oder als Belohnung – lässt die Schokolade schließlich an emotionaler Bedeutung gewinnen. Das Belohnungssystem im Gehirn reagiert mit der Ausschüttung von Dopamin, sobald wir in der entsprechenden Situation Schokolade essen oder auch nur die Aussicht auf Schokolade haben. Nach demselben Prinzip funktionieren besonders teure Lebensmittel, die wir uns nur in besonderen Situationen gönnen. Es ist also die Tatsache, dass wir Lebensmittel mit besonderen Situationen und Stimmungen assoziieren, die die Glückswirkung erhöhen lässt.

13

Kompetenzcheck

1. Charakterisieren Sie anhand eines konkreten Beispiels (z. B. Zorn, Ekel, Freude) die Merkmale einer Emotion. Erklären Sie, wie sie sich äußert und wozu wir sie brauchen.
2. Vergleichen Sie die Annahme der KulturrelativistInnen zum Ursprung von Emotionen mit jener der EvolutionspsychologInnen.
3. Fassen Sie die wesentlichen Kennzeichen der sieben Basisemotionen nach EKMAN zusammen.
4. Unterscheiden Sie die Erkenntnisse der Emotionstheorien voneinander.
5. Begründen Sie mithilfe der Facial-Feedback-Hypothese, warum Körperhaltung und Gesichtsausdruck unser emotionales Erleben beeinflussen.
6. Wie lässt sich die Entstehung von Emotionen neurowissenschaftlich erklären? Fassen Sie die wesentlichen Erkenntnisse dazu zusammen.
7. Stellen Sie dar, inwiefern Frustration, Aggression und Gewalt zusammenhängen.
8. Empfehlen Sie Erziehungsmaßnahmen, die einen konstruktiven Umgang mit aggressivem Verhalten fördern.
9. Ermitteln Sie die Faktoren, die als Ursache für die Entstehung von Gewalt gelten. Vergleichen Sie die Faktoren mit BANDURAS Erkenntnissen (▸ Kap. 5.4).
10. Überlegen Sie, welche Aktionen vonseiten der Schule gesetzt werden könnten, um der Gewalt (präventiv) entgegenzuwirken.
11. Beschreiben Sie das Tätigkeitsfeld der Positiven Psychologie.
12. Welche Auffassung von Glück vertreten die STOIKER, EPIKUR, MAYRING, CSIKSZENTMIHALYI und SELIGMAN? Erarbeiten Sie Gemeinsamkeiten und Unterschiede.

Textanalyse

" *Wann fühlen sich Menschen am glücklichsten? Wenn wir darauf eine Antwort finden, könnten wir vielleicht irgendwann fähig sein, unser Leben so zu gestalten, dass das Glück eine größere Rolle darin spielt. (…) Was ich „entdeckte", war, dass Glück nicht etwas ist, das einfach geschieht. Es ist keine Folge von angenehmen Zufällen. Es ist nichts, was man mit Geld kaufen oder mit Macht bestimmen kann. Es hängt nicht von äußeren Ereignissen ab, sondern eher davon, wie wir diese deuten – Glück ist vielmehr ein Zustand, für den man bereit sein muss, den jeder einzelne kultivieren und für sich verteidigen muss. Menschen, die lernen, ihre inneren Erfahrungen zu steuern, können ihre Lebensqualität bestimmen; dies kommt dem, was wir Glück nennen, wohl am allernächsten.*

Doch wir können das Glück nicht erreichen, indem wir bewusst danach suchen. „Frage dich, ob du glücklich bist", schrieb J.S. Mill, „und du hörst auf, es zu sein." Glück finden wir, wenn wir vollständig eins sind mit jeder Einzelheit unseres Lebens, gleich, ob gut oder schlecht, nicht, indem wir direkt danach suchen. Viktor Frankl, der österreichische Psychologe, fasste es im Vorwort seines Buches Der Mensch auf der Suche nach Sinn zusammen: „Peile keinen Erfolg an – je mehr du es darauf anlegst und ihn zum Ziel erklärst, umso mehr wirst du ihn verfehlen. Denn Erfolg kann wie Glück nicht verfolgt werden; er muss erfolgen … als unbeabsichtigte Nebenwirkung, wenn sich ein Mensch einer Sache widmet, die größer ist als er selbst." (…) Man kann nicht viel an seinem Aussehen, Temperament und der allgemeinen Konstitution ändern. Man kann nicht entscheiden – zumindest bislang nicht –, wie groß oder wie klug man wird. Man kann sich weder die Eltern noch Zeit und Ort seiner Geburt aussuchen, und es liegt weder in Ihrer Macht noch in meiner zu entscheiden, ob es einen Krieg geben wird oder ob wir eine Wirtschaftskrise bekommen. (…) Es überrascht daher nicht, wenn häufig geglaubt wird, das Schicksal würde vornehmlich von äußeren Kräften bestimmt. Doch jeder hat schon erlebt, dass man, statt von anonymen Kräften herumgestoßen zu werden, sich in Kontrolle der eigenen Handlungen, als Herr des eigenen Schicksals fühlt. Bei diesen seltenen Gelegenheiten spürt man ein Gefühl von Hochstimmung, von tiefer Freude, das lange anhält und zu einem Maßstab dafür wird, wie das Leben aussehen sollte. "

(Mihaly CSIKSZENTMIHALYI / Anette CHARPENTIER (Übers.): Flow. Das Geheimnis des Glücks. Stuttgart: Klett-Cotta 2017, S. 16ff.)

→ Was ist für Csikszentmihalyi Glück (nicht)?

→ Inwiefern haben Csikszentmihalyi, John Stuart Mill und Viktor Frankl ähnliche Ansichten von Glück?

→ Wer ist für unser Glück verantwortlich?

Projekt

Zeichnen Sie ihr bisheriges Leben in Form eines **Flusses**. Welche Farbe hat der Fluss? Wer fährt auf dem Fluss? Wie sieht die Uferlandschaft aus? Wohin führt der Fluss? Gibt es Nebenflüsse, Sandbänke, Geröllsperren, Stromschnellen, Wasserfälle, Tümpel, Felsen, Brücken, die beide Uferseiten miteinander verbinden, Seen …?

> *„Alle Persönlichkeiten aus Geschichte, Literatur oder Kunst, denen meine größte Bewunderung gehört: Mozart, Shakespeare, (…) Dostojewski, Emily Brontë: Keiner von ihnen könnte ein günstiges Zeugnis seiner geistigen Gesundheit vorlegen."*
> MADELEINE L'ENGLE (US-amerikanische Autorin, 1918–2007)

Die Frage, wann jemand als gesund oder krank zu bezeichnen ist, beschäftigt sowohl die Medizin als auch die Psychologie. Früher war es üblich, den Zustand von **Gesundheit** auf das Fehlen eines Krankheitszustandes, also das Freisein von Krankheit, Gebrechen oder Schmerz, zu begrenzen. Die Verfassung der Weltgesundheitsorganisation (WHO) vom 22. Juli 1946 hebt schließlich auch allgemeines **Wohlbefinden** als wesentliches Kriterium hervor: *„Gesundheit ist ein Zustand vollkommenen körperlichen, geistigen und sozialen Wohlbefindens und nicht allein das Fehlen von Krankheit und Gebrechen."* Seelische (psychische, geistige) Gesundheit bedeutet demnach, in Balance mit sich und der Umwelt zu sein.

Die Psychologen Peter BECKER und Wolf-Rüdiger MINSEL analysierten verschiedene **historische Ansätze** über seelische Gesundheit (u. a. die Auffassungen von Freud, Erikson, Fromm, Rogers und Maslow) und führten diese in einem eigenen Modell zusammen. Darin betrachten sie seelische Gesundheit nicht nur als momentanen Zustand („state"), sondern auch als relativ stabiles Persönlichkeitsmerkmal („trait"). Auf der Basis ihrer Analyse führen sie sieben Merkmale an, die seelische Gesundheit ausmachen (vgl. Becker 1986, S. 9ff):

1. **Wohlbefinden:** positive Grundstimmung, Freude, Glück
2. **Psychische Energie:** Interessiertheit, Antriebskraft, Aktivität, Unternehmungslust, Ausdauer
3. **Expansivität:** Selbstbehauptung, Selbstverwirklichung, Spontaneität, wenig Ängste, kein Vermeidungsverhalten
4. **Funktions- und Leidensfähigkeit:** Kompetenz, Produktivität, Kreativität, Selbstkontrolle
5. **Selbsttranszendenz:** verstärktes Interesse an der Umwelt, Engagement, Liebesfähigkeit, Generativität (die Fähigkeit, für andere Generationen zu sorgen)
6. **Autonomie:** Selbstständigkeit, persönliche Handlungsfreiheit, kaum Hilflosigkeitsgefühle
7. **Selbstwertgefühl:** erhöhte Selbstachtung, sicheres Auftreten, kaum Minderwertigkeitsgefühle, Bejahung des eigenen Körpers und der eigenen Person

1 **Partnerarbeit:** Notieren Sie für sich die drei Kriterien, die Ihnen für Ihre seelische Gesundheit am wichtigsten sind. Vergleichen Sie anschließend Ihr Ergebnis mit jenem Ihres Sitznachbarn / Ihrer Sitznachbarin und begründen Sie Ihre Auswahl.

Haben Sie sich schon einmal depressiv gefühlt oder starke Angst empfunden? Ansatzweise kennt fast jeder Mensch bestimmte Symptome einer **psychischen Störung**. Die gesundheitsökonomische Studie *Cost of Disorders of the Brain in Europe* (2007) ergab, dass fast ein Viertel aller ÖsterreicherInnen im Laufe eines Jahres unter einer psychischen Störung leidet. Die WHO geht sogar davon aus, dass jeder / jede Dritte einmal im Laufe seines / ihres Lebens an einer psychischen Störung leidet, die behandelt werden muss. In ihrer Studie *Global Burden of Disease,* die die weltweite Belastung durch verschiedene Krankheitsgruppen erhebt, fasst sie zusammen, dass die größte Krankheitslast in Form von verlorener Lebensqualität durch eine psychische Störung bedingt ist. Ein weiteres Ansteigen der psychischen Störungen wird prognostiziert, denn negativer Stress (▶ Kap. 14.2) ist laut WHO die größte Gesundheitsgefahr des 21. Jahrhunderts.

Seelisches Ungleichgewicht kann auftreten, wenn im Leben einschneidende Veränderungen oder belastende Situationen stattfinden – eine **psychische Krise** (▶ Kap. 14.2) kann dadurch ausgelöst werden.
Auf eine Lebenskrise folgt aber nicht zwangsläufig eine **psychische Störung**. Denn auch der subjektive Leidensdruck muss berücksichtigt werden. Wir haben ein individuelles Krankheitserleben und empfinden eine belastende Situation unterschiedlich (▶ Kap. 14.3).

Faktoren, die eine psychische Krise – und in weiterer Folge möglicherweise eine psychische Störung – verursachen können, sind entweder *körperlich* (Erkrankung), *psychisch* (psychische Konflikte) oder *sozial* (Misshandlung, Ausgrenzung). Die klinische Psychologie erforscht, diagnostiziert und definiert psychische Störungen (▶ Kap. 14.4), indem sie die biologischen, psychologischen und sozialen Grundlagen untersucht (▶ Kap. 14.1). Die psychotherapeutischen Verfahren richten ihre Behandlungsmethoden nach einem bestimmten psychologischen Modell aus (▶ Kap. 14.5).

2 **Diskussion:** SENECA (ca. 1–65 n. Chr.) meinte: „Das Leben ist, was du daraus machst." Auch SOPHOKLES (496–406 v. Chr.) behauptete: „Der schlimmste Kummer, den wir haben, ist der, den wir uns selbst zufügen." Überlegen Sie, ob bzw. inwiefern wir selbst dafür verantwortlich sind, was in unserem Leben geschieht.

14.1 Leib-Seele-Problematik

Philosophie
Erkenntnistheorie:
Leib-Seele-Problem

Sind Körper und Seele zwei getrennte Teile oder stellen sie eine Einheit dar? Das Leib-Seele-Problem reicht weit in die Geschichte der Philosophie zurück:

- **Dualistische Auffassungen** verstehen Leib und Seele als eigenständige Prinzipien, wobei der *Interaktionismus* Körper und Geist als getrennte Substanzen auffasst, die sich aber wechselseitig (wie das Verhältnis „Ursache und Wirkung") beeinflussen. Der *Parallelismus* hingegen meint, Körpergeschehen und psychisches Geschehen laufen beide exakt parallel, aber völlig unabhängig voneinander ab.
- **Monistische Auffassungen** (griech. *mónos*: einzig, allein) gehen davon aus, dass alle beobachteten und erlebten Phänomene auf ein einziges Grundprinzip zurückzuführen sind. Der *materialistische Monismus* führt alle geistigen Phänomene auf körperliche Vorgänge zurück, der *idealistische Monismus* wiederum meint, das Materielle sei eine Ausformung des Geistigen.

Die Leib-Seele-Problematik ist für die Psychologie zentral: Inwiefern wirken sich psychologische Faktoren schädigend auf den Körper aus – und inwiefern spielen körperliche Prozesse eine Rolle für unser seelisches Wohlbefinden? Physische und psychische Erscheinungsformen wurden lange Zeit in der Medizin als getrennt angesehen. Dies steht jedoch im Widerspruch zu aktuellen ganzheitlichen Auffassungen von Gesundheit und Krankheit. Das Erforschen des Zusammenhangs von Leib und Seele lässt WissenschaftlerInnen erhoffen, das Entstehen psychischer Störungen erklären zu können. Das Leib-Seele-Problem gilt als Ursprung der Psychosomatik.

Psychosomatik

Definition
Die Psychosomatik (griech. *psyché*: Seele; griech. *sóma*: Leib) ist die Lehre oder Wissenschaft vom Einfluss psychischer Vorgänge auf die Entstehung und den Verlauf von Krankheiten.

Sicherlich kennen Sie Situationen, in denen Sie Aufregung verspüren – vor einer Prüfung etwa oder wenn Sie verliebt sind. Wahrscheinlich erleben Sie dabei auch körperliche Reaktionen wie Verdauungsprobleme, feuchte Hände oder Herzrasen. Was wir in solchen Momenten erleben, nennt man psychosomatische Reaktionen. Die **Psychosomatik** geht davon aus, dass hinter körperlichen Leiden psychische Probleme stecken: Seelische Befindlichkeiten und körperliche Zustände stehen in ständiger Wechselwirkung – ein Prozess, der bewusst oder unbewusst abläuft. Psychosomatische Reaktionen finden sich auch im alltäglichen Sprachgebrauch wieder: wenn man sich „etwas zu Herzen nimmt", wenn sich etwas „auf den Magen schlägt" oder man „einen Kloß im Hals" hat.

Literaturtipp
Servan-Schreiber, Davis: *Die neue Medizin der Emotionen. Stress, Angst, Depression: Gesund werden ohne Medikamente*. München 2015. Der Neurologe und Psychiater Servan-Schreiber berichtet über die neuen Erkenntnisse des Zusammenspiels von Körper und Geist.

Sogenannte **psychosomatische Krankheiten** sind körperliche Krankheiten, die psychische Ursachen haben, z. B. ungelöste Konflikte oder unterdrückte Gefühle. Folgende Leiden werden häufig als psychosomatisch diagnostiziert: Erkrankungen des Immunsystems, Asthma, Hauterkrankungen (Neurodermitis), chronische Erkrankungen des Verdauungstraktes (Entzündungen, Geschwüre), Herz-Kreislauferkrankungen, Rückenschmerzen, Rheuma.
Psychosomatische Krankheiten resultieren aus einem komplexen Wechselspiel körperlicher, psychischer und sozialer Faktoren. Die Psychosomatik als Disziplin der Medizin interessiert sich daher für körperliche Krankheiten mit biopsychosozialem Hintergrund. Letztlich lässt sich wohl jede Krankheit auf psychische Ursachen zurückführen, doch bei den psychosomatischen Krankheiten ist es besonders deutlich, dass einerseits die körperlichen Symptome schulmedizinisch behandelt werden müssen und andererseits die psychische Komponente etwa in Form einer Psychotherapie (▸ Kap. 14.5) verarbeitet werden muss.

In seltenen Fällen liegt bei psychosomatischen Erkrankungen keine feststellbare Organerkrankung vor.
- Beispiel: Ein Kind klagt häufig über Kopfschmerzen, aber durch EEG oder Computertomographie kann ein organisches Leiden ausgeschlossen werden. Dies kann ein Hinweis sein, dass dem Kind etwas Kopfzerbrechen bereitet, was es verbal nicht ausdrücken kann und daher körperlich mitteilt.
- Atembeklemmung und Herz-Kreislaufbeschwerden ohne organischen Hintergrund können einer Form von Angst oder Panik zugeordnet werden.

Das biopsychosoziale Modell

Von den theoretischen Ansätzen, die versuchen, die Beziehung zwischen Leib und Seele zu erklären, gilt das **biopsychosoziale Modell** als das bedeutendste. Dieses Modell geht davon aus, dass *biologische*, *psychologische* und *soziale* Faktoren bei der Entstehung einer psychischen Störung zusammenwirken.

Biologische Faktoren

Genetische und biologische Veranlagung erhöhen jeweils die Anfälligkeit für eine Krankheit:

- **Genetische Veranlagung:** Dazu zählen individuelle Gene und familiäre Vorbelastung (besonders die Erkrankungshäufigkeit Verwandter ersten Grades).
- **Biologische Veranlagung:** Gemeint sind damit Gehirnauffälligkeiten und Veränderung der biochemischen Prozesse und Stoffwechselstörungen von Neurotransmittern im Gehirn. Für Wahnvorstellungen und Halluzinationen ist beispielsweise eine Überaktivität des Dopamins verantwortlich. Bei Lustlosigkeit, Energiemangel, Konzentrationsstörungen und sozialem Rückzug konnte eine Unteraktivität des Dopamins beobachtet werden.

Als Therapie wird häufig die **Psychopharmakotherapie** (Therapie mit Medikamenten) eingesetzt, die die Dauer einer Erkrankung nicht verkürzen, aber die Intensität ihrer Symptome abschwächen kann.

Psychologische Faktoren

Die Anfälligkeit für Krankheiten ist abhängig vom **persönlichen Erleben und Verhalten**, von Stress, Trauma, stimmungsabhängiger Wahrnehmung und Erinnerung, von individuellem Lebensstil und Verhaltensmustern wie z. B. erlernter Hilflosigkeit (▶ Kap. 14.4).

Soziale Faktoren

Folgende **familiäre**, **berufliche** oder **gesellschaftlich-umweltbezogene** Lebensbedingungen können für die Entstehung einer psychischen Störung mitverantwortlich sein: soziokulturelle Faktoren (z. B. Normen und Werte, Rollen und Erwartungshaltungen), soziale Beziehungen, kritische Lebensereignisse (z. B. Tod einer nahestehenden Person, Scheidung, finanzielle Probleme, permanente Überforderung). Auch die Definition von Normalität und Krankheit hat eine Auswirkung.

Als Therapieverfahren werden verschiedene **psychotherapeutische Verfahren** eingesetzt (▶ Kap. 14.5).

Das biopsychosoziale Modell

Das Vulnerabilitäts-Stress-Modell

Das Zusammenwirken der zahlreichen biologischen, psychologischen und sozialen Faktoren wird auch im Vulnerabilitäts-Stress-Modell (auch: Diathese-Stress-Modell, Diathese: Disposition/Anfälligkeit für eine bestimmte Krankheit) veranschaulicht. Dieses Modell geht davon aus, dass bei allen Menschen eine gewisse Anfälligkeit besteht, psychisch zu erkranken. Die Vulnerabilität ist erhöht, wenn Menschen genetisch zu einer psychischen Störung neigen.

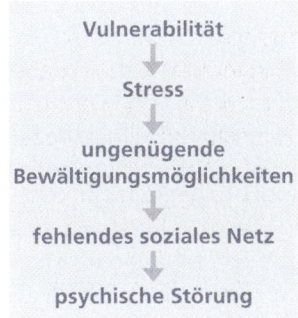

Definition

VULNERABILITÄT (lat. *vulnus*: Wunde) bedeutet „Verletzbarkeit" und beschreibt die Anfälligkeit, zu erkranken.

Das Vulnerabilitäts-Stress-Modell

Es müssen jedoch umweltbedingte **Stressfaktoren** wirksam werden, damit sich das potenzielle Risiko tatsächlich als Störung manifestiert (vgl. Zimbardo 2004, S. 694): Dazu zählen *fordernde Lebensabschnitte* (Pubertät, Schulabschluss) und *kritische Lebensereignisse* (Verlust eines nahestehenden Menschen). Genetisch vorbelastete Menschen reagieren auf solche Situationen empfindlicher. Krankhafte Symptome entwickeln sich aber erst, wenn keine ausreichenden Bewältigungsmöglichkeiten vorhanden sind und es an einem schützenden sozialen Netz mangelt. Bei guter Bewältigungsfähigkeit und gelungener sozialer Einbindung hingegen – also ein gutes soziales Netz aus Familie und FreundInnen – kann die psychische Störung aufgehalten werden.

Die eigene Vulnerabilität hängt aber auch von der subjektiven Bewertung des Gesundheitszustandes ab: „Sogenannte ‚positive Illusionen' sind vor allem bei älteren Menschen zu finden, was sich positiv auf deren tatsächlichen Gesundheitszustand auswirkt. Aber auch schon bei Jugendlichen wird beobachtet, dass das subjektive Wohlbefinden für wichtiger als die tatsächliche körperliche Leistungsfähigkeit erachtet wird." (Oerter 2008, S. 836)

Das Salutogenese-Modell

„Wir sind alle sterblich. Ebenso sind wir alle, solange noch ein Hauch von Leben in uns ist, in einem gewissen Ausmaß gesund." (Antonovsky 1997, S. 23) Laut dem Medizinsoziologen Aaron ANTONOVSKY ist Gesundheit kein Zustand, sondern ein Prozess. Der Mensch bewegt sich ständig auf einem **Kontinuum** zwischen den zwei entgegengesetzten Polen Gesundheit und Krankheit. Antonovsky zufolge hat jeder gesunde Mensch auch kranke Anteile

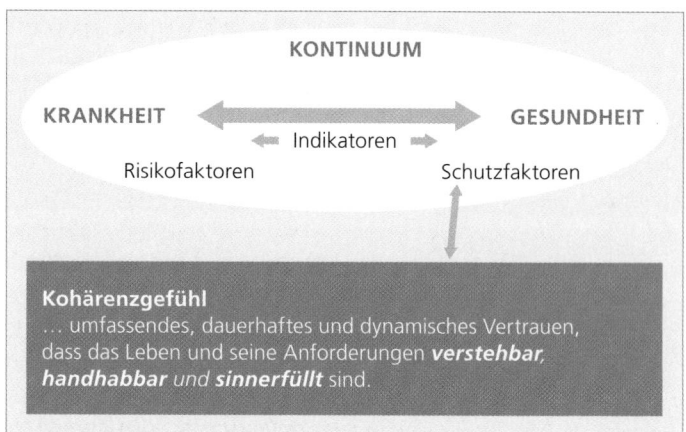

Das Salutogenese-Modell (stark vereinfachte Darstellung)

und umgekehrt hat jeder kranke Mensch auch gesunde Anteile. Die Frage ist daher nicht, ob jemand gesund oder krank ist, sondern wo genau sich jemand auf diesem Kontinuum befindet. Das wird durch die Wechselwirkung von Risikofaktoren (Stressoren) und Schutzfaktoren (Widerstandsquellen) bestimmt, die innerhalb des Kontinuums auf unseren Gesundheitsstatus einwirken. Mit der **Salutogenese** beschreibt Antonovsky den Prozess, der dazu beitragen soll, Gesundheit entstehen zu lassen und aufrechtzuerhalten. Schutzfaktoren sollen aufgespürt werden, um die Entwicklung zum gesunden Pol des Kontinuums zu begünstigen. Ein zentraler Faktor für Gesundheit ist dabei das **Kohärenzgefühl** (positive Lebenseinstellung). Dieses ist wichtig, um Anforderungen und Belastungen bewältigen sowie Gesundheit erhalten zu können. Es setzt sich aus den folgenden Komponenten zusammen:

- **Verstehbarkeit:** Ereignisse werden als kontrollierbar wahrgenommen.
- **Handhabbarkeit:** Wir haben ein optimistisches Vertrauen darauf, Lebensaufgaben mit der Hilfe von geeigneten Ressourcen bewältigen zu können.
- **Sinnhaftigkeit:** Wir sind überzeugt davon, dass das Leben einen Sinn hat. Anforderungen im Leben werden als Herausforderungen gesehen und mit Engagement angenommen.

Resilienz

Die **Resilienzforschung** untersucht, wie es gelingt, trotz traumatischer Ereignisse oder extremer Belastungen (Misshandlung, Krieg) seelisch stabil zu bleiben. Sowohl individuelle als auch soziale Faktoren sind dafür verantwortlich.

Der wichtigste Faktor für die Entwicklung von Widerstandsfähigkeit (und infolgedessen für psychische Gesundheit) ist laut dem griechischen Entwicklungspsychologen Wassilios FTHENAKIS eine Familie, an die man sicher gebunden ist, die einem Wertschätzung und Anerkennung entgegenbringt und es ermöglicht, ein gesundes Selbstwertgefühl aufzubauen. Im Mittelpunkt der elterlichen und schulischen Erziehung sollte daher die Stärkung der kindlichen Entwicklung und Kompetenzen stehen, damit eine stabile Persönlichkeit ausgebildet werden kann. Resilientes Verhalten kann gefördert werden, indem man lernt, sich auf die *eigenen Stärken* zu konzentrieren, es versteht, diese zu mobilisieren und belastende Ereignisse als Lerngelegenheit annimmt. Wir können ein ganzes Leben lang Widerstandskräfte entwickeln.

„Was mich nicht umbringt, macht mich stärker."
(Friedrich Nietzsche)

14.2 Psychische Krisen

Eine **psychische Krise** wird meist durch eine belastende Lebenssituation oder traumatische Erlebnisse ausgelöst und geht mit Stress, Überforderung, Ärger, Verzweiflung oder Traurigkeit einher. Die psychische Krise selbst ist noch kein krankhafter Zustand und kann jeden Menschen in jeder Lebensphase treffen. Sie kann sogar den Anstoß geben, etwas im Leben zu verändern oder sich weiterzuentwickeln. Je nach Dauer und Intensität spricht man von einer *episodischen* (vorübergehenden) oder *chronischen* (andauernden) Krise. Sind die physischen und psychischen Anforderungen weiterhin zu groß, kann sich **Burnout** (chronische Erschöpfung) entwickeln. Bleibt rechtzeitige Unterstützung aus, kann sich in weiterer Folge auch eine **psychische Störung** (▸ Kap. 14.4) ausbilden.

Stress

Außergewöhnliche körperliche oder psychische Belastungen führen zu Stress (Druck, Anspannung).

positiver Stress

- **Eustress** ist notwendig, um sich körperlich und psychisch weiterentwickeln zu können. Beispiele: Vorfreude, sportliche Aktivität, Verliebtsein oder berufliche Herausforderungen. Ohne positiven Stress würden wir uns langweilen und keine Anstrengungen mehr unternehmen.

negativer Stress

- **Disstress** in Form einer dauerhaften Überforderung gefährdet unsere psychische und physische Gesundheit. Disstress entsteht, wenn unsere persönlichen Stressbewältigungs-Ressourcen nicht mehr ausreichen. Im Körper kommt es dann zu Reaktionen, die ihn in ständige Alarmbereitschaft versetzen, weil z. B. die ausgeschütteten Stresshormone (Adrenalin, Noradrenalin, Dopamin und Cortisol) nicht mehr abgebaut werden können. Wir bemerken den negativen Stress, wenn die Anspannung nicht mehr nachlässt.

Je nachdem, auf welchen Lebensbereich einer Person die belastenden Reize einwirken, unterscheidet man zwischen physikalischen, psychischen und sozialen **Stressoren**:

- **Physikalische Stressoren:** Lärm, Hitze, Schmerzen
- **Psychische Stressoren:** Zeitdruck, Leistungsdruck, hohe Verantwortung, geringes Feedback, Überforderungsgefühle, Informationsflut, Ängste durch Partnerverlust oder Bedrohung
- **Soziale Stressoren:** Konkurrenzdruck, zwischenmenschliche Konflikte, Ablehnung durch FreundInnen, Diskriminierung, Streit, Mobbing, Trennung, Verlusterfahrungen

Zu den **kritischen Lebensereignissen** (einschneidenden Lebensveränderungen), die den größten Stress verursachen, zählen der Tod des Partners oder der Partnerin, der Tod eines nahen Familienmitgliedes, schwere eigene Erkrankung, Scheidung, Opfer eines Verbrechens zu werden sowie Kündigung und darauffolgende Arbeitslosigkeit. (vgl. Maderthaner 2008, S. 392) Stresssituationen belasten uns umso mehr, je intensiver sie erlebt werden, je länger sie dauern, je weniger vorhersehbar und je weniger kontrollierbar und beeinflussbar sie erscheinen. (a. a. O., S. 394)

Mögliche Reaktionen auf Stress können körperlicher, gesundheitlicher und/oder psychischer Natur sein:

körperlich

- **Physiologische Stressreaktionen**
Kloß im Hals, trockener Mund, flaues Gefühl im Magen, Zittern, gesteigerte Herztätigkeit, Schwitzen, Atembeschwerden, Schwächegefühl, Muskelverspannungen, Bluthochdruck, Spannungskopfschmerzen, geringe Belastbarkeit, Verdauungsstörungen, Harndrang.

gesundheitlich

- **Somatische Stressreaktionen**
Langzeitfolgen von Stress gehen mit einer deutlichen Schwächung des Immunsystems einher. Das bedeutet, dass die Krankheitsanfälligkeit, vor allem für psychosomatische Erkrankungen, zunimmt.

psychisch

- **Psychische Stressreaktionen**
Nervosität, Denkblockaden, Konzentrationsschwäche, Konfusion, Gefühlsschwankungen, Gedächtnisstörungen, Kreativitätsmangel, Gereiztheit, Unzufriedenheit, Antriebslosigkeit, Angst, depressive Verstimmungen, Hoffnungslosigkeit, Schlafstörungen, Erschöpfungsgefühl. Eine Langzeitfolge von Stress ist Burnout.

Burnout

Von **Burnout** spricht man, wenn permanente Überforderung und lang anhaltende Belastungen – vor allem im Arbeitsumfeld – die eigenen Ressourcen abbauen und schließlich zur völligen Erschöpfung führen. Man hat keine Energie mehr, fühlt sich völlig erschöpft und sieht keinen Sinn mehr in der Arbeit.

14

Wie schnell jemand ein Burnout-Syndrom entwickelt, hängt unter anderem von inneren Glaubenssätzen ab, die er/sie in der Kindheit gelernt hat. Der Hang zum Perfektionismus, das Gefühl, alles alleine bewältigen zu müssen, sowie das Bedürfnis, Anerkennung über Leistung zu bekommen, sind wesentliche Voraussetzungen dafür.

Burnout ist ein schleichender Prozess, der sich über Monate oder Jahre entwickelt. Am Anfang stehen immer besonderer Idealismus, Leistungswille und überdurchschnittliches Engagement. Mit der Zeit werden Probleme immer mehr geleugnet, körperliche Beschwerden ignoriert und die persönlichen Bedürfnisse zunehmend vernachlässigt.

Auslösefaktoren

Innere Auslösefaktoren: Subjektiv wird die Situation als belastend empfunden.

Äußere Auslösefaktoren: Stress, Überlastung, Zeitdruck, mangelnde Mitbestimmung, unfaire Behandlung, Mobbing, mangelndes Feedback, mangelnde Anerkennung, fehlende Gemeinschaft, geringe oder keine Entlohnung.

Formen der Erschöpfung

Die Erschöpfung kann sich auf verschiedenen Ebenen äußern:
- **Emotionale Erschöpfung:** Emotionen verflachen (keine Höhen, keine Tiefen), nichts hat mehr Bedeutung, Gefühl der inneren Leere, Leidenschaftslosigkeit, Gleichgültigkeit, Frustration, Depression.
- **Psychische Erschöpfung:** Zweifel an der eigenen Leistungsfähigkeit, Motivation und Kreativität nehmen ab, Verlust des Idealismus, negative Einstellung gegenüber Arbeit und Leben, Ohnmacht und Hoffnungslosigkeit.
- **Soziale Erschöpfung:** Sozialer Rückzug, Gefühl der Einsamkeit, Beziehungsprobleme.
- **Körperliche Erschöpfung:** Herzbeschwerden, Verdauungsstörungen, Bluthochdruck, Nervosität, andauernde chronische Müdigkeit, Energiemangel, Schlafstörungen, Muskelverspannungen, geschwächtes Immunsystem.

Maßnahmen, um dem Burnout-Syndrom vorzubeugen, werden auch unter dem Begriff Stressmanagement zusammengefasst:

Stressmanagement

Partnerarbeit 3

Besprechen Sie folgende Fragen mit Ihrem Sitznachbarn bzw. Ihrer Sitznachbarin:
- In welchen Situationen bzw. unter welchen Umständen geraten Sie besonders leicht in Stress?
- Was unternehmen Sie, wenn Sie gestresst sind? Sammeln Sie Strategien, die sich bei Ihnen bereits bewährt haben, um Alltagsstress abzubauen.
- Ordnen Sie nun Ihre Strategien den folgenden Maßnahmen zu bzw. ergänzen Sie diese.

Nachdem sich Stressoren nicht vermeiden lassen, müssen wir Strategien entwickeln, mit Stress umzugehen (**Coping**). Stressmanagement umfasst nun verschiedene Maßnahmen, die dazu dienen, Stress zu bewältigen:

Definition

COPING (engl. *to cope with:* bewältigen) bezeichnet das Bewältigen von belastenden Ereignissen und den damit verbundenen Emotionen.

- **Persönliche Ressourcen**

Wir erleben belastende Ereignisse sehr unterschiedlich. Wie stark Stress empfunden wird, hängt von der eigenen Widerstandsfähigkeit (Resilienz) ab. Während eine Prüfung bei den einen Stress auslöst, nehmen andere diese sehr gelassen hin. Subjektive Belastungen können jedoch durch eine unbeschwerte Lebenseinstellung, Optimismus sowie durch Selbstwirksamkeitserwartung reduziert werden. Auch Lachen reduziert Stress und verbessert die Atmung und den Kreislauf, während es die Produktion von stressfördernden Hormonen unterdrückt (▸ Kap. 14.5).

Definition

Unter SELBSTWIRKSAMKEIT versteht man die Überzeugung einer Person, schwierige Situationen im alltäglichen Leben aus eigener Kraft erfolgreich bewältigen zu können.

Der US-amerikanische Psychologe Richard LAZARUS schreibt dem Menschen eine aktive Rolle im Entstehungsprozess von Stress zu. Das Ausmaß der vom Stressor ausgelösten emotionalen Reaktion hängt seiner Auffassung nach vom Ergebnis unserer kognitiven Bewertung ab. Denn: Nicht die Situation selbst löst den Stress aus, sondern unsere individuelle Bewertung der Situation. Stressresistent sind vor allem jene Personen, die Probleme nicht als Belastung, sondern als Herausforderung interpretieren.

- **Soziale Unterstützung**

Die soziale Integration sowie das Zugehörigkeitsgefühl haben einen positiven Einfluss auf die Gesundheit und die Lebenserwartung. Das Halten von Haustieren (Hunde, Katzen) kann dabei als Ersatz für soziale Kontakte dienen und Entspannung bieten. Isolation und Einsamkeit hingegen können Stress verursachen.

Coaching, eine Form der Beratung, kann helfen, die eigenen Ziele zu definieren, zu planen und schließlich umzusetzen.

Supervision hilft, das eigene Handeln auf persönlicher und beruflicher Ebene zu reflektieren, und bietet Unterstützung bei konfliktgeladenen oder belastenden Arbeitssituationen.

- **Entspannungsverfahren**

Entspannungstechniken wie Yoga oder autogenes Training unterstützen die Erholung. Meditative Entspannungsübungen lindern außerdem Kopfschmerzen, Bluthochdruck, Ängste und Schlaflosigkeit. Ebenso wichtig ist ein Ort, der Entspannung bietet, und das Berücksichtigen von Tipps, wie man den Arbeitsplatz stressfrei gestalten kann (u. a. Lärm und Termindruck vermeiden, regelmäßig Pausen einplanen, Aufgaben und Arbeiten ohne Schuldgefühle an andere delegieren). Der Begriff Work-Life-Balance steht für ein ausgewogenes Verhältnis von Arbeit und Freizeit. Arbeits- und Entspannungsphasen sollten sich demnach abwechseln, das bewusste Nehmen von Zeit und Raum soll dazu beitragen, sich zu erholen und die eigenen Ressourcen wieder stärken. Führungskräfte, die in einem Versuch an einem Entspannungstraining teilnahmen, zeigten sich stressresistenter als die Vergleichsgruppe ohne Entspannungstraining.

- **Gesundheits- und Bewegungsförderung**

Weitere Komponenten, die nachweislich Stress reduzieren, sind: ausreichend schlafen, sich ausgewogen ernähren (abwechslungsreich, regelmäßig kleine Portionen, Obst und Gemüse), ein geregelter Tagesablauf und sich regelmäßig (bei Tageslicht) bewegen. Denn wer regelmäßig Sport treibt, fühlt sich wohler, lebendiger, seltener erschöpft und gewinnt mehr Selbstvertrauen. Körperliche Betätigung reduziert nachweislich Stress, Ängste und Depressionen, weil durch die Bewegung Stresshormone abgebaut werden. Bewegung steigert außerdem die Serotoninaktivität im Gehirn, was sich wiederum positiv auf unsere Emotionen auswirkt.

Gesundheitsförderung

Unter Gesundheitsförderung versteht man Strategien, die eingesetzt werden, um Krankheiten vorzubeugen und das Wohlbefinden zu steigern. Programme zur Gesundheitsförderung würden Forschungen zufolge deutlich weniger kosten, als viele Länder derzeit für die Behandlung von Krankheiten ausgeben. (vgl. Myers 2005, S. 696)

„Viele sowohl gesundheitsfördernde als auch gesundheitsschädigende Verhaltensweisen beginnen in der Adoleszenz und setzen sich im Erwachsenenalter fort, so dass das Jugendalter eine besonders kritische Phase für die Förderung gesundheitsbezogener Einstellungen und Verhaltensweisen darstellt." (Oerter 2008, S. 836)

Folglich sollte Gesundheitsförderung *„bereits in der Schule bzw. im Jugendalter beginnen und dann sowohl die verschiedenen Lebensphasen als auch Geschlechtsunterschiede berücksichtigen. Dabei stehen heute nicht mehr ‚krankheitsvermeidende', sondern vielmehr ‚gesundheitsfördernde' Maßnahmen – wie die Vermittlung des Glaubens an die eigene Kompetenz – im Vordergrund."* (a. a. O.) Vorbeugende gesundheitsfördernde Maßnahmen können gesetzt werden bei Ernährung, körperlicher Aktivität und Sport sowie einer adäquaten Auseinandersetzung mit Belastungen. Sowohl das familiäre als auch das soziale Umfeld haben massiven Einfluss auf diese Faktoren. (a. a. O.) Gesundheitsförderung muss sich *„darauf konzentrieren, die reflexive Selbstaufklärung von Menschen zu unterstützen und sie zu verantwortlicher Beteiligung an grundlegenden Entscheidungen, die ihren Lebenszusammenhang bestimmen, befähigen. (…) Menschen sollen befähigt werden, möglichst viel Einfluss auf die Erhaltung und Verbesserung der eigenen Gesundheit auszuüben und Eigenverantwortung für ihre Gesundheit und die anderer zu übernehmen."* (Ottawa Charta zur Gesundheitsförderung 1986, zit. n. BMUKK 2005, S. 20)

Gruppenarbeit 4 Welche Möglichkeiten der Gesundheitsförderung hat die Schule? Formulieren Sie in Kleingruppen Maßnahmen in den Bereichen Stressmanagement, Ernährung, Rauchen, Alkohol und Bewegung. Versuchen Sie anschließend, eine Ihrer Ideen in der Schule umzusetzen!

Diskussion 5 Diskutieren Sie in der Klasse über folgende Kampagne: 41 % der acht Millionen ÖsterreicherInnen leiden an Übergewicht (Body-Mass-Index über 25). Jedes vierte Kind in Österreich ist übergewichtig. Im Vergleich dazu: 50 % der 80 Millionen deutschen StaatsbürgerInnen leiden an Übergewicht. Jedes fünfte Kind ist übergewichtig. Eine höhere Steuer auf besonders fette und süße Lebensmittel soll dem Trend zu ungesundem Essverhalten und vermehrt auftretenden Fällen von Adipositas (Fettsucht) entgegensteuern.

- Was halten Sie vom Vorstoß Deutschlands im Mai 2007, eine Kaloriensteuer auf zu fettes Essen zu setzen? Welche Alternativmaßnahmen gäbe es?

Gruppenarbeit 6 Erstellen Sie einen Gesundheitsfragebogen. Welche Fragen könnte man stellen, um die Gesundheit einer Person zu eruieren? Präsentieren Sie anschließend Ihren Fragebogen in der Klasse.

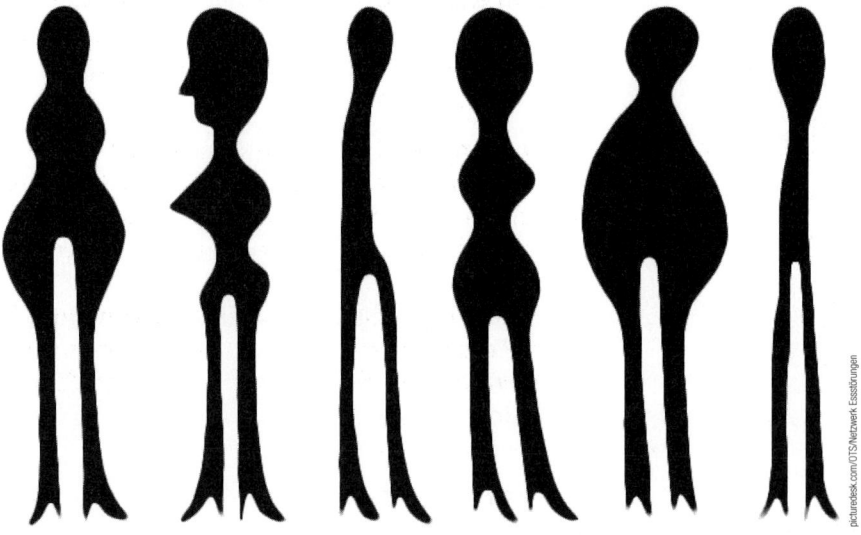

Normalität ist subjektiv

Der ehemalige deutsche Bundespräsident Richard von Weizsäcker meinte: *„Es ist normal, verschieden zu sein. Es gibt keine Norm für das Menschsein."* (Rede am 1. 7. 1993 in Bonn) Wir sind verschieden und eben das ist normal. Ob ein Zustand als normal oder abnormal bezeichnet wird, hängt davon ab, was als Maßstab verwendet wird. Dabei werden objektive von subjektiven Normen unterschieden:

- **Objektive Normen:**
  - ▸ *Statistische Normen:* Normal ist das, was am **häufigsten** vorkommt.
  - ▸ *Idealnorm:* Normal ist die **gesellschaftlich** wünschenswerte Norm.

- **Subjektive Normen:**
  - ▸ *Subjektive Betrachternorm:* Was als normal gilt, hängt von der **eigenen Erfahrung** und der **persönlichen** Idealform ab.
  - ▸ *Funktionale Norm:* Normal ist all das, was den **individuellen Zielsetzungen** und Leistungen des/der Einzelnen entspricht.

In der medizinischen und psychologischen Praxis wird meist die subjektive Betrachternorm herangezogen, um zu bestimmen, ob ein Zustand normal oder abnormal (krank) ist. Um einen Zustand als krank diagnostizieren zu können, wird untersucht, wie intensiv und wie häufig das auffallende Verhalten zum Vorschein kommt.

Psychiatrische Diagnosen

Am 7.4.2005 wurde im Meer im Südosten Englands ein gestrandeter Mann aufgegriffen, der sich scheinbar an nichts mehr erinnern konnte. Der deutsche „Piano-Man" wirkte verwirrt, sprach nichts und wurde von den ÄrztInnen schließlich als psychisch krank eingestuft. In Wirklichkeit hielt er mit seinen vorgetäuschten Erinnerungslücken alle zum Narren. Diese Geschichte zeigt, wie schwierig es ist, die Trennlinie zwischen normal und krank zu ziehen.

Ebenso demonstrieren die Experimente des US-amerikanischen Psychologen David ROSENHAN, wie schwierig die zuverlässige Ermittlung psychiatrischer Diagnosen ist:

Definition
PSEUDOPATIENTEN/
-PATIENTINNEN geben sich
(für Versuchszwecke) als
PatientInnen aus, sind aber in
Wahrheit gesund.

- Rosenhan und sieben weitere gesunde ProbandInnen täuschten Halluzinationen vor und ließen sich als **PseudopatientInnen** in verschiedene psychiatrische Kliniken einweisen. Bei allen wurde Schizophrenie (▸ Kap. 14.4) oder eine bipolare Störung (▸ Kap. 14.4) diagnostiziert. Während des Klinikaufenthaltes wurden die PseudopatientInnen vom Personal nicht als gesund entlarvt, obwohl sie sich vollkommen normal verhielten und erklärten, dass sie sich wohl fühlten und keine Symptome mehr hätten. Die Entlassung nach drei Wochen war schließlich nur mit Unterstützung der EhepartnerInnen und KollegInnen möglich.
- In einer weiteren Untersuchung kündigte Rosenhan einer Klinik an, dass in den nächsten drei Monaten PseudopatientInnen eingewiesen werden würden. In diesem Zeitraum wurden 193 PatientInnen aufgenommen. 41 von ihnen wurden von mindestens einem Mitglied des Klinikpersonals als Pseudopatient/Pseudopatientin „entlarvt". In Wahrheit wurde aber kein einziger Pseudopatient bzw. keine einzige Pseudopatientin eingeliefert.

Mihail Chemiakin

Filmtipp

Einer flog übers Kuckucksnest
(USA 1975, Regie: Miloš
FORMAN). Der Kleinkriminelle
McMurphy lässt sich in eine
psychiatrische Anstalt ein-
liefern, um einer Gefängnis-
strafe zu entgehen. Dort
findet er ein unmenschliches
System vor, in das er sich nicht
einfügen möchte. Sein Unwille,
sich anzupassen, wird bestraft.

▶ **AH** Seite 61

Definition

SELFFULFILLING PROPHECIES sind
Voraussagen, die Realität werden, nur weil sie vorausgesagt
wurden.

Definition

PSYCHIATRIE (griech. *psyché:*
Seele; *iatrós:* Arzt) ist die medizinische Fachdisziplin, die sich
mit seelischen Erkrankungen
beschäftigt.

Philippe Pinel

Derartige Experimente zeigen, dass die Grenze zwischen normal und psychisch krank so vage ist, dass Gesunde für krank und psychisch Kranke für gesund gehalten werden können. Es ist schwierig, die Kriterien festzulegen, nach denen entschieden wird, was (nicht) der Norm entspricht – denn Urteile über Normabweichungen sind, wie Rosenhans Experimente zeigten, sehr subjektiv und oft auch situations- und gesellschaftsabhängig. Nicht alle Kulturen stufen dieselben Verhaltensweisen als normal oder abweichend ein:

- **Halluzinationen** beispielsweise gelten bei uns als Zeichen einer psychischen Störung, in anderen Kulturen stehen sie jedoch für mystische Visionen oder spirituelle Kräfte (z. B. eines Schamanen/einer Schamanin). Man muss jedoch bedenken, dass SchamanInnen sich willentlich in diese Zustände begeben können, während psychisch Kranke diesen Zuständen ausgeliefert sind.
- Die Bedeutung des **gesellschaftlichen Kontextes** für die Beurteilung von Verhalten zeigt das Beispiel des Künstlers Mihail Chemiakin. Dieser *„wurde als geisteskrank erklärt, da er sich weigerte, in der von der Regierung gebilligten Form des sozialistischen Realismus zu malen."* (Zimbardo 2004, S. 656)

Die Grenze zwischen Normalität und Krankheit

Es ist schwer zu beurteilen, ob eine Person nur exzentrisch oder bereits manisch, ob sie angeschlagen oder bereits depressiv, ob sie kreativ oder halluzinierend ist. Der US-amerikanische Schriftsteller Herman Melville verglich die Grenze zwischen psychischer Normalität und Krankheit mit einem Regenbogen: *„Wer könnte wohl in einem Regenbogen genau die Linie angeben, wo das Violett aufhört und das Orange beginnt? Wir sehen zwar deutlich die verschiedenen Farben, aber nicht den genauen Ort, wo die eine in die andere übergeht. So ist es auch mit Vernunft und Wahnsinn."* (Melville 1981, S. 60f) Dennoch ist es Ziel der Forschung, eine psychische Störung und abweichendes Verhalten objektiv zu erfassen.

Stigmatisierung psychisch erkrankter Menschen

Personen, die von einer psychischen Erkrankung betroffen sind, werden meist abgelehnt und gemieden. Familien verdrängen u. U. das psychische Leiden eines Mitglieds oder versuchen es zu verheimlichen. Wird eine Person aufgrund ihrer psychischen Erkrankung negativ bewertet oder ausgegrenzt, spricht man von **Stigmatisierung**. Die negative Einstellung der Gesellschaft gegenüber psychisch kranken Menschen kann sich auch über Witze und Redensarten („Hier geht es zu wie im Irrenhaus!") äußern. Die Betroffenen verinnerlichen schließlich die Erwartungshaltung, dass sie abgelehnt werden, und das provoziert – nach dem Prinzip der **Selffulfilling Prophecies** (▶ Kap. 11.1) – negative Interaktionen. Ein toleranter Umgang mit psychisch erkrankten Personen hilft diesen, ihre Krankheit zu akzeptieren und eine adäquate Behandlungsmethode zu finden, um ihre Lebensqualität wieder steigern zu können. Personen, die mit psychisch Kranken zu tun haben, neigen übrigens weniger dazu, diese zu stigmatisieren.

Psychiatrie

Wo beginnt die Krankheit, die es einem Menschen unmöglich macht, seine/ihre Handlungsfolgen einzuschätzen? PsychiaterInnen müssen abschätzen, wie groß die Funktionsbeeinträchtigung durch die psychische Störung tatsächlich ist. Sie untersuchen, ob die kognitiven Funktionen hinreichend sind, um das Unrecht einer Handlung zu begreifen.

Das weltweit erste Spezialinstitut für „Geisteskranke", wie psychisch Kranke damals genannt wurden, entstand im 18. Jahrhundert in Österreich. Der sogenannte Narrenturm wurde 1784 unter Kaiser Joseph II. in Wien errichtet. Die Fenster und Türen der Zellen waren vergittert, an den Wänden waren eiserne Ringe, an denen unbändige psychisch Kranke angekettet wurden.

Psychisch kranke Menschen wurden bis zum 19. Jahrhundert noch in psychiatrische Anstalten weggesperrt. Der französische Arzt Philippe PINEL reformierte um 1792 schließlich die Psychiatrie, machte sie zu einer medizinischen Teildisziplin und setzte sich für humanere Behandlungsmethoden ein. Dennoch sorgten die Methoden in den psychiatrischen Anstalten immer wieder für Negativschlagzeilen. 1938 wurde erstmals die Elektroschockbehandlung als Disziplinierungsmaßnahme der PatientInnen eingesetzt. Auch heute noch werden die Zustände und Methoden in den psychiatrischen Einrichtungen häufig kritisiert.

14

14.4 Psychische Störungen

Eine **psychische Störung** wird dadurch ausgelöst, dass innere Konflikte ein so großes Ausmaß erreichen, dass der/die Betroffene den üblichen Lebensanforderungen nicht mehr gewachsen ist. Die Person „funktioniert" nicht mehr wie sonst – die Störungen können emotional, kognitiv, im Verhalten, im zwischenmenschlichen Bereich und/oder körperlich auftreten. Dies äußert sich über ein verändertes emotionales Empfinden, irrationale Denkprozesse sowie ein atypisches, unangepasstes, von der Norm abweichendes Erleben und Verhalten.

Psychische Störungen beeinträchtigen das Leben der betroffenen Person, indem sie persönlichen Leidensdruck erzeugen und die Fähigkeit, wichtige Ziele zu erreichen, blockieren. Eine psychische Störung kann durch den momentanen krisenhaften Lebenszyklus und durch mangelnden sozialen Rückhalt ausgelöst werden: *„Ich war gerade vom Dorf in die Stadt gezogen, mein Bafög* (Anm.: Bundesausbildungsförderungsgesetz) *war abgelehnt worden, eine schmerzhafte Trennung lag hinter mir. Meine besten Freunde verdächtigte ich, Böses gegen mich zu planen. Ich verlor die Orientierung."* (Bock 2005, S. 9f)

Abweichende Verhaltensweisen

Ab wann und unter welchen Umständen sprechen wir von einer **psychischen Störung**?
- Wann eine einfache Krise als psychische Störung empfunden wird, ist individuell verschieden und vom subjektiven Leidensdruck sowie der Resilienz (▶ Kap. 14.1) abhängig. Während sich manche schnell beeinträchtigt fühlen, sind andere relativ belastbar.
- Ob wir jemanden als psychisch krank oder abweichend einstufen, hängt davon ab, wie wir sein/ihr Verhalten beurteilen. Um von einer psychischen Störung reden zu können, müssen bestimmte Auffälligkeiten im Erleben und Verhalten einer Person gegeben sein. ROSENHAN und SELIGMAN entwickelten sieben Kriterien, die helfen sollen zu bestimmen, welche Verhaltensweisen als abweichend verstanden werden können. (Seligman 2001, S. 20ff, Zimbardo 2004, S. 653f) Folgende Kriterien können dazu dienen, eine psychische Störung zu dignostizieren:

Kriterien für psychische Störungen

1. **Leidensdruck oder Behinderung:** Wenn die Erfordernisse des alltäglichen Lebens nicht mehr bewältigt werden können (z. B. die Kraft fehlt, zur Arbeit zu gehen), man sich in den eigenen Lebensmöglichkeiten behindert fühlt und einfache Aufgaben nicht mehr uneingeschränkt ausgeführt werden können, spricht man von *psychosozialer* Beeinträchtigung (Dysfunktionalität).

2. **Fehlanpassungen**: Man wird den Bedürfnissen der Gesellschaft nicht gerecht, passt sich schlecht an oder hindert sich am Erreichen der eigenen Ziele (wenn eine Person zum Beispiel so viel Alkohol trinkt, dass sie ihren Beruf nicht mehr ausüben kann).

3. **Irrationalität:** Man verhält sich irrational und wird von anderen nicht verstanden (z. B. eine Person, die auf Stimmen antwortet, die nur sie hört).

4. **Unberechenbarkeit:** Dazu zählen unkontrolliertes, sprunghaftes Verhalten ohne erkennbaren Grund (z. B. ein plötzlicher Schreikrampf).

5. **Außergewöhnlichkeit und statistische Seltenheit:** Hierzu zählen Verhaltensweisen, die statistisch gesehen selten vorkommen und nicht dem sozial Wünschenswerten entsprechen (z. B. geminderte Intelligenz).

6. **Unbehagen bei BeobachterInnen:** Verhalten, das bedrohlich wirkt oder Unbehagen bei anderen auslöst (z. B. eine Person, die aggressiv fluchend die Straße auf und ab rennt) oder die eigene bzw. die Sicherheit anderer bedroht (Selbst- oder Fremdgefährdung), dient als weiteres Kriterium für abweichendes Verhalten.

7. **Verletzung moralischer und gesellschaftlicher Normen:** Wenn Menschen sich nicht gesellschaftskonform verhalten (wenn jemand nicht arbeiten gehen will, obwohl er/sie dazu in der Lage wäre), d. h. von den gesellschaftlichen Normen und Wertvorstellungen abweichen oder diese massiv verletzen, wird dies ebenfalls als psychisch auffälliges Verhalten gewertet.

„Die jeweilige Ausprägung dieser ‚Komponenten der Abnormität' kann individuell sehr unterschiedlich gewichtet sein, vielfach stehen sie miteinander in Wechselwirkung." (Kastner-Koller 2007, S. 164) Ein einzelnes Kriterium erweist sich noch nicht als ausreichend, um eine psychische Störung diagnostizieren zu können. Je mehr Indikatoren vorherrschen und je extremer sie vorkommen, desto eher kann man von einer psychischen Störung ausgehen.

Neurose und Psychose

Worin unterscheidet sich eine Neurose von einer Psychose?

Bei einer **Neurose** handelt es sich um eine störende psychische Einstellung oder Verhaltensgewohnheit (z. B. Angst, Zwang), die nicht auf einer Erkrankung des Nervensystems beruht, also keine nachweisbare organische Ursache hat. Eine Neurose kann durch ein nicht bewältigtes, einschneidendes Erlebnis ausgelöst werden. Die Betroffenen sind sich ihrer Störung bewusst.

Psychose ist eine zusammenfassende Bezeichnung für Erkrankungen, bei denen wichtige psychische Funktionen (Denken, Wahrnehmen) erheblich gestört sind. Das Krankheitsbild zeichnet sich durch abweichendes Erleben und Verhalten aus (z. B. wahnhafte Vorstellungen) und eine Veränderung der Persönlichkeit. Im akuten Stadium haben die Betroffenen keine Krankheitseinsicht, da sie meist nicht sich selbst, sondern ihre Umgebung als verändert wahrnehmen.

Betroffene, die eine Psychose mit Sprachbildern greifbar zu machen versuchen, vergleichen sie mit einem „Albtraum in einem Spinnennetz", einem „Fallschirm ohne Seil am Korb" oder dem „Gehen auf spitzen Steinen". Die Psychose ist eine Flucht vor der Realität.

	Neurose	Psychose
Symptome	Übertriebene Ängste, Angst-, Zwangsstörungen, die im Laufe des Lebens erworben wurden, also nicht organisch bedingt sind. Betroffene sind gesellschaftsfähig und in der Lage, rational zu denken.	Betroffene haben einen gestörten Realitätsbezug, veränderte Gefühlsreaktionen, Wahnvorstellungen, Halluzinationen und denken irrational.

Klassifikation psychischer Störungen

Die Klinische Psychologie klassifiziert die verschiedensten Formen der psychischen Störungen und sucht adäquate Behandlungsmethoden.

Es gibt zwei Systeme, die psychische Störungen klassifizieren und definieren. Diese beiden Klassifikationssysteme bilden eine entscheidende Grundlage für Fachpersonen (PsychiaterInnen, PsychologInnen, PsychotherapeutInnen), um psychische Störungen und Krankheiten offiziell definieren und diagnostizieren zu können.

Weil sich im Laufe der Zeit verändert, was als Störung definiert wird, werden die Systeme laufend aktualisiert.

DSM-5

- Das **DSM-5** ist die 5. Auflage (2013) des diagnostischen und statistischen Leitfadens psychischer Störungen (Diagnostic and Statistical Manual of Mental Disorders). Es ist das psychiatrische Klassifikationssystem in den USA und wird seit 1952 von der Amerikanischen Psychiatrischen Gesellschaft herausgegeben. Es listet psychische Störungen auf und wird im Rahmen von ExpertInnenbegutachtungen laufend aktualisiert. Homosexualität wurde beispielsweise bis 1973 als psychische Störung angeführt, schließlich aber aus der Liste entfernt.

ICD-11

- Das **ICD-11** (International Statistical Classification of Diseases and Related Health Problems) gibt es seit 2018 in der 11. Auflage. Es handelt sich dabei um das internationale Klassifikationssystem der Weltgesundheitsorganisation (WHO), das psychische Krankheiten auflistet und – im Gegensatz zum DSM – auch sämtliche körperliche Krankheiten umfasst. Die erste Version wurde 1853 veröffentlicht, daraufhin entstand alle 10 bis 15 Jahre eine Neuauflage. Homosexualität wurde erst 1992 aus dem veröffentlichten ICD-10 entfernt.

Definition
Die WHO (World Health Organization) ist eine internationale Organisation im Rahmen der UNO, die 1946 gebildet und 1948 formell eingerichtet wurde. Sie hat ihren Sitz in Genf. Seit die WHO gegründet wurde, entwickelt sie das ICD laufend weiter.

Diagnosekategorie der Störung	Beispiele für Störungen
Affektive Störungen	Depression, bipolare Störung
Neurotische, Belastungs- und somatoforme Störungen	Angststörungen, Phobien, Zwangsstörung, posttraumatische Belastungsstörung, dissoziative Identitätsstörung
Schizophrene Störungen	Schizophrenie
Persönlichkeitsstörungen	Borderline-Syndrom, antisoziale Persönlichkeitsstörung
Essstörungen	Anorexie, Bulimie, Essattacken
Störungen durch psychotrope Substanzen	Abhängigkeit, Missbrauch, Entzug

14

Wussten Sie, dass ... aktuell 23,93 Prozent, also fast **ein Viertel** aller Jugendlichen in Österreich an einer **psychischen Erkrankung** leidet? Das ist das Ergebnis der österreichweiten Studie zur epidemiologischen Prävalenz (Krankheitshäufigkeit) von psychischen Erkrankungen in Österreich (2017), die unter der Leitung von Andreas Karwautz und Gudrun Wagner an der Universitätsklinik für Kinder- und Jugendpsychiatrie der MedUni Wien durchgeführt wurde. 340 österreichische Schulen nahmen an der Studie teil. 4 000 Jugendliche zwischen 10 und 18 Jahren in ganz Österreich wurden befragt. Am häufigsten kommen Angststörungen vor, gefolgt von Störungen der psychischen und neuronalen Entwicklung und depressiven Störungen. Während die männlichen Jugendlichen fast drei Mal so häufig an Störungen der psychischen und neuronalen Entwicklung (z. B. ADHS-Syndrom / Aufmerksamkeitsdefizits- und Hyperaktivitätssyndrom) leiden als Mädchen und sechsmal so häufig an Verhaltensstörungen (z. B. Impulskontrolle), leiden doppelt so viele weibliche Jugendliche an Angststörungen und sogar zehn Mal so häufig an Essstörungen als Buben. Nicht einmal die Hälfte dieser Jugendlichen nimmt Hilfe beim / bei der Kinder- oder JugendpsychiaterIn in Anspruch. Grund dafür ist Karwautz zufolge die immer noch bestehende Stigmatisierung und eine damit verbundene Hemmschwelle, sich einem Arzt bzw. einer Ärztin anzuvertrauen, sowie die zu niedrige Anzahl an Kinder- und JugendpsychiaterInnen und dementsprechenden Einrichtungen in Österreich. Karwautz appelliert, bei psychischen Erkrankungen möglichst bald fachgerechte Hilfe in Anspruch zu nehmen, denn: Je früher die Behandlung begonnen wird, desto besser ist die Prognose für die Zukunft.

Im Folgenden werden einzelne Formen psychischer Störungen ausführlicher behandelt.

1. Affektive Störungen

„Depression bedeutet für mich, Landschaften des eigenen Selbst durchwandern müssen, die abgebrannt, tot, niedergetrampelt oder einfach nur leer sind." (Bock 2005, S. 11) Wenn sich die Stimmung, das Lebensgefühl und die Lebensenergie unkontrollierbar verändern und die Betroffenen in emotionale Extremzustände verfallen, spricht man von einer affektiven (emotionalen) Störung. Zu den affektiven Störungen zählen die **Depression** sowie die **bipolare Störung** (*früher:* manische Depression).

Depression

Wir alle kennen die Symptome einer alltäglichen Niedergeschlagenheit, womöglich aufgrund von Versagen oder eines Verlustes. Diese Symptome sind meist situationsbedingt und lösen sich von alleine wieder auf. Sie lassen jedoch bereits erahnen, wie sich eine ernstzunehmende Depression anfühlt.

Der klinische Psychologe Franz Petermann nennt drei Hauptmerkmale, die eine Depression kennzeichnen:
- Die **depressive Verstimmung** beschreibt den Zustand der Traurigkeit, Hoffnungslosigkeit und emotionalen Niedergeschlagenheit.
- **Anhedonie** bedeutet die Unfähigkeit, Freude und Lust zu empfinden. Betroffene haben das Interesse an fast allen Dingen verloren, die grundsätzlich Spaß und Freude bereiten.
- Der **Antriebsmangel** kennzeichnet sich durch die verminderte Kraft, etwas in Angriff zu nehmen, wenig Aktivität und schnelle Erschöpfung.

Symptome

Eine Depression kann sich sehr unterschiedlich äußern. Einerseits ist diese Störung eben durch eine Phase der traurigen Verstimmung, Antriebs- und Hoffnungslosigkeit, Pessimismus und Angst vor der Zukunft gekennzeichnet. Andererseits beschreiben viele Betroffene den Zustand weniger mit Trauer als vielmehr mit einem Erlöschen ihrer Gefühle.
Die Depression beeinflusst nicht nur die Stimmung, sondern schränkt auch die Aufmerksamkeits- und Konzentrationsspanne, das Denken und Handeln sowie die körperlichen Funktionen stark ein und kann eine völlige Leere hinterlassen, wie eine Betroffene berichtet: *„Ich war von einer unsäglichen körperlichen Müdigkeit befallen. (…) Ich war unbeschreiblich nervös. Meine Nerven schienen elektrisch geladene Drähte zu sein. Meine Nächte waren ohne Schlaf. (…) Schließlich war mir jede geistige und körperliche Arbeit unmöglich. Die müden Muskeln versagten den Dienst, mein ‚Denkapparat' weigerte sich zu arbeiten, jeglicher Ehrgeiz war dahin. Ich trat der Welt mit der Haltung ‚Was hat das alles für einen Sinn' entgegen. Ich hatte hart daran gearbeitet, etwas aus mir zu machen, aber der Kampf schien sinnlos. Das ganze Leben schien leer."* (Davison 1998, S. 252)

Um von einer Depression sprechen zu können, müssen diese Symptome über einen Zeitraum von mindestens zwei Wochen täglich (über die meiste Zeit des Tages hinweg) auftreten.

Häufigkeit

Depressionen gehören zu den häufigsten psychischen Krankheiten. Nach Angaben der Weltgesundheitsorganisation leiden etwa 10–20 % aller Menschen im Laufe ihres Lebens mindestens einmal an einer Form der Depression. Frauen sind häufiger betroffen als Männer. Nach einer depressiven Phase liegt das Risiko, erneut an einer Depression zu erkranken, bei etwa 50 %.

Erklärungsansätze

Depressionen entstehen aus einem Zusammenspiel mehrerer Faktoren – wobei nicht alle Ursachen ausreichend erforscht sind. Eine **erbliche Veranlagung**, aber auch **belastende Lebensereignisse** (z. B. Stress, traumatische Erlebnisse) können den Ausbruch einer Depression begünstigen. Auch **biochemische Prozesse** scheinen bei der Entstehung einer Depression eine wesentliche Rolle zu spielen, denn bei den Betroffenen ist der Stoffwechsel im Gehirn verändert. Der Kreislauf von Botenstoffen (u. a. Serotonin), die die Stimmung beeinflussen, ist gestört. Neuere Untersuchungen wiederum vermuten einen Zusammenhang zwischen Entzündungen im Körper und der Entstehung einer Depression.

Definition
ERLERNTE HILFLOSIGKEIT bedeutet, dass man bei schmerzlichen Erlebnissen oder drohender Gefahr passiv bleibt, anstatt das Beste aus der Situation zu machen.

Das **psychologische Konzept** der erlernten Hilflosigkeit nach Martin SELIGMAN bietet einen weiteren Erklärungsansatz zur Entstehung von Depression (aber auch von Ängsten): Wenn Betroffene in wichtigen Lebensphasen die Erfahrung gemacht haben, dass sie die Konsequenzen von Ereignissen durch eigenes Bemühen nicht aktiv beeinflussen und kontrollieren können, ist ein Gefühl der Hilflosigkeit die Folge. Sie verhalten sich infolgedessen im Umgang mit Problemen sehr passiv, da sie daran zweifeln, selbstwirksam das eigene Leben positiv beeinflussen zu können. Misserfolge werden meist der eigenen Unfähigkeit zugeschrieben und eigene Entscheidungen als irrelevant wahrgenommen. Diese **negativen Denkmuster**, die in der Kindheit erworben wurden und mit einem negativen Selbstbild einhergehen, führen erst recht zum Rückzug, der wiederum soziale Ängste fördert.

Wesentliche Merkmale einer Depression sind Traurigkeit, Interessensverlust und Antriebsmangel

Selbstmord (Suizid)

Nahezu alle Menschen mit depressiver Störung haben zeitweilig suizidale Gedanken. *„Depressive Menschen haben ein mindestens 5-mal höheres Selbstmordrisiko als die Allgemeinbevölkerung."* (Myers 2005, S. 739) Die WHO spricht weltweit von etwa einer Million Menschen, die jährlich Selbstmord begehen. Suizid entspricht keinem Racheakt, sondern wird von den Betroffenen meist als letzte irreversible Lösungsmöglichkeit gesehen, unerträgliche Schmerzen auszuschalten. Der österreichische Pionier der Selbstmordforschung Erwin RINGEL errichtete 1948 in Wien das erste Selbstmordverhütungszentrum Europas. Ringel analysierte 745 gerettete SelbstmörderInnen und stellte fest, dass vor der Tat bei allen eine ähnliche seelische Befindlichkeit vorherrschte, die er mit dem Begriff **präsuizidales Syndrom** zusammenfasste (vgl. Ringel 2008, S. 104 ff):

Einengung
- Von **Einengung** spricht RINGEL, wenn die Lebensumstände als bedrohlich und unüberwindbar empfunden werden. Man strebt keine Ziele mehr an, entwertet zwischenmenschliche Beziehungen, fühlt sich wertlos und isoliert sich.

Aggression
- Die durch eine quälende Situation (z. B. Trennung) entstandene **Aggression** kann lang zurückgehalten werden, sich aber dann durch einen scheinbar unbedeutenden Anlass gegen die eigene Person richten.

Irrealität
- Die Betroffenen bauen sich eine Scheinwelt auf und verlieren sich in Vorstellungen wie z. B. **Selbstmordfantasien**. Diese sind noch nicht krankhaft, wenn sie gelegentlich auftreten. Je häufiger und intensiver sie jedoch werden, desto schwerer gelingt die Rückkehr in die Realität. Ringel unterscheidet drei **Stufen** von Selbstmordfantasien:
  1. Zunächst hegt der/die Gefährdete den Wunsch, tot zu sein.
  2. In weiterer Folge entsteht die Vorstellung, sich selbst zu töten.
  3. Schließlich werden Überlegungen angestellt, wie der Selbstmord begangen werden kann. In dieser dritten Phase kann bereits der kleinste Anstoß die Tat einleiten.

Das präsuizidale Syndrom führt nicht zwangsläufig zum Selbstmord. Auf die entsprechenden Befindlichkeiten muss jedoch geachtet werden, denn Gefährdung ist in jedem Fall gegeben und *„diese seelischen Kräfte können ganz plötzlich und unerwartet eine unvorstellbare Schubkraft*

14

entwickeln." (Glatz 2006, S. 89)

Wenn eine Person sich aus dem sozialen Geschehen zurückzieht, Verzweiflung und Ausweglosigkeit signalisiert und sich intensiv mit dem Thema Tod auseinandersetzt (80 % der Betroffenen, die einen Suizidversuch begehen, kündigen diesen vorher an), muss man auf jeden Fall zuhören und ihr professionelle Hilfe empfehlen (▸ Kap. 14.5).

Bipolare Störung

Menschen mit einer bipolaren Störung (veralteter Begriff: manische Depression) erleben abwechselnd eine depressive und eine manische Phase.

In Ansätzen kennen wir alle den Zustand der **Hypomanie**, einer weniger stark ausgeprägten Form der Manie, etwa nach einer bestandenen Prüfung, nach einer durchgemachten Nacht oder wenn wir uns verlieben. Die krankhafte Manie ist jedoch durch einen *unbegründeten* emotionalen Höhenflug gekennzeichnet, gefolgt von Hyperaktivität, übertriebenem Optimismus und unnatürlich gesteigertem Selbstvertrauen, wie ein Betroffener schildert: *„Wenn ich manisch werde, habe ich plötzlich ein leichtes Gefühl, wie ein Überflieger. Alle Skrupel verlassen mich. Ich beginne dann, andere zu provozieren. Diese Haltung kann sich dann auch verselbstständigen und die Provokation zu einem Selbstgänger werden. Ich bin dann immer auf der Suche nach Grenzen."* (Bock 2004, S. 19)

- Erlöschen der Gefühle (Fähigkeit zur Freude, oft auch zu Trauer ist abhanden gekommen)
- Stark niedergedrückte Stimmung, Traurigkeit und Trauer
- Antriebslosigkeit und Verlust an sämtlichen Interessen, Unentschlossenheit
- Schlafstörungen: Durchschlafprobleme und frühes Erwachen
- Leistungsunfähigkeit, erhöhte Ermüdbarkeit
- Konzentrations- und Aufmerksamkeitsschwierigkeiten: Denken wird als mühsam empfunden.
- Gefühl der Wertlosigkeit, Schuldgefühle, mangelndes Selbstwertgefühl
- Pessimistische Zukunftsperspektive
- Selbstmordgedanken bis hin zu Suizidversuchen

- Unangemessen intensives Hochgefühl
- Übersteigerte, meist unbegründet gute Laune
- Unruhe, weit überhöhte Aktivität, Tatendrang und Sprunghaftigkeit im Handeln: Viele Dinge werden begonnen, aber nicht zu Ende geführt.
- Geringes Schlaf- und Erholungsbedürfnis
- Subjektives Gefühl erhöhter persönlicher Leistungsfähigkeit: Die Betroffenen empfinden sich als außergewöhnlich energiegeladen, kreativ und schöpferisch.
- Selbstüberschätzung bis hin zum Größenwahn
- Distanzlosigkeit und Rededrang
- Beschleunigtes Denken und Gedankensprünge
- Weniger Hemmungen in verschiedenen Bereichen, z. B. exzessiver Kaufrausch (weit über die finanziellen Möglichkeiten hinaus)
- Probleme werden geleugnet.

Die Pole der bipolaren Störung

2. Neurotische, Belastungs- und somatoforme Störungen

Die Störungen, die unter dieser Kategorie zusammengefasst werden, variieren stark im Krankheitsbild. Sie sind durch jeweils typische Schwerpunktsymptome gekennzeichnet (z. B. Panik, phobische Ängste oder Zwangssymptome) oder die Reaktion auf ein außergewöhnlich belastendes Lebensereignis, das eine akute Belastungsreaktion hervorruft (posttraumatische, dissoziative Störung).

Drei Komponenten der Angst

Körper (physiologisch):
z. B. Herzrasen, Schwitzen, Erbleichen

Denken/Fühlen (kognitiv):
z. B. „Es wird etwas Schlimmes geschehen, ich muss hier raus, ich bin verzweifelt"

Verhalten (behavioral):
z. B. vermeiden, flüchten

Angststörungen

Im täglichen Leben werden wir oft mit dem Gefühl der Angst konfrontiert: Wir empfinden Angst, wenn wir in einen Unfall verwickelt werden oder Feuer ausbricht. Ängste sind im Allgemeinen eine Reaktion auf echte Gefahren bzw. Ereignisse. Angst hat eine nützliche Seite, wenn sie uns warnt, uns Gefahren erkennen lässt, uns vorsichtig macht und unsere Reaktionen beschleunigt. Unnatürliche, unangemessen starke Angst hingegen schränkt ein und lähmt. *„Angst macht krank, wenn sie der Situation unangemessen, zu stark und zu häufig auftritt, zu lange andauert und zur Vermeidung wichtiger Alltagsaktivitäten führt."* (Wittchen 1999, S. 20, S. 24) Es gibt drei Komponenten der Angst, die aber nicht unbedingt gleichzeitig oder gleich intensiv auftreten: physiologisch (Körper), kognitiv (Denken, Fühlen) und behavioral (Verhalten).

Die **Panikstörung** ist eine Episode intensiver Angst, die plötzlich und unerwartet auftritt, einige Minuten andauern und Todesängste auslösen kann. Körperliche Symptome sind Schmerzen im Brustkorb, Erstickungsgefühl, Schwindel, Herzklopfen, feuchte Hände oder Klingelgeräusche im Ohr. Bei einer Panikattacke gibt es meist keinen objektiv sichtbaren Auslöser. Sie ist die Reaktion auf eine erhöhte körperliche, psychische oder soziale Stressbelastung. Bei den meisten Betroffenen wurden vor der ersten Panikattacke kritische Lebensereignisse festgestellt: Verlust durch Tod, Scheidung oder Trennung, plötzliche Erkrankung, Schwangerschaft oder Geburt, Arbeitsplatzverlust. Das Angsterleben kann sich aufgrund kognitiver Prozesse zu einer permanenten Angst vor einer Panikattacke (Erwartungsangst) entwickeln.

Phobische Störungen

Definition
PHOBIE (griech. *phobía:* Furcht, Angst) bezeichnet eine krankhafte, objektiv gesehen unbegründete Angst vor etwas.

Auslöser für eine phobische Störung bzw. Phobie sind bestimmte Situationen oder Objekte. Man spricht von einer Phobie, wenn Angst durch eine eindeutig definierte, eigentlich ungefährliche Situation oder ein spezifisches Objekt hervorgerufen wird. Eine phobische Störung äußert sich durch Herzklopfen, Schwächegefühl bis hin zu Todesängsten. Die gefürchteten Situationen und Objekte werden infolgedessen vermieden. Diese irrationalen Ängste beziehen sich in erster Linie auf Tiere oder Insekten, auf Höhen, Blut, geschlossene Räume, Wasser oder Gewitter. Bei der Ursachenforschung hat sich vor allem das lerntheoretische Erklärungsmodell durchgesetzt: Man geht davon aus, dass die Angstreaktion auf ein Objekt oder eine Situation erlernt wurde. Festgestellt wurde auch gehäuftes Auftreten von Phobien innerhalb einer Familie.

 Einzelarbeit **7** Welche Ängste sind unter Erwachsenen am meisten verbreitet? Ordnen Sie die soeben genannten Gegenstände der Angst (Tiere, Höhe, Blut, geschlossene Räume, Wasser, Gewitter) dem Anteil der Personen, die an Angst davor leiden, zu.
a) 8,7 %, b) 9,4 %, c) 11,9 %, d) 13,9 %, e) 20,4 %, f) 22,2 %

Zwangsstörung

Literaturtipp
LEPS, Felix: *Zange am Hirn. Geschichte einer Zwangserkrankung.* Frankfurt 2017. Am Anfang sind es kleine Gewohnheiten, später bestimmte Rituale und schließlich ein Zwangsdelirium, das das ganze Leben beherrscht. Das Buch zeigt einen Weg der Heilung und gibt Tipps für den Umgang mit der Zwangserkrankung.

In der US-Krimiserie *Monk* werden genauso wie im Film *Besser geht's nicht* Zwangsneurotiker parodistisch dargestellt. Alles muss an seinem Platz sein, Bilder dürfen nicht schief hängen, Stifte werden nach der Länge und Heftklammern nach der Farbe sortiert.

Ansatzweise kann harmloses zwanghaftes Verhalten auch im Alltag auftreten: wenn wir z. B. dreimal überprüfen, ob die Haustüre auch wirklich abgesperrt ist. Als krankhaft wird zwanghaftes Verhalten dann bezeichnet, wenn es sich nicht mehr steuern lässt und bereits groteske Formen annimmt: Vorstellungen, die sich ständig aufdrängen und immer wiederkehren, Was-wäre-wenn-Gedanken und Verhaltensweisen wie exzessives Händewaschen oder andere sich wiederholende Rituale. Werden Zwangshandlungen unterdrückt, verstärkt sich die Angst. Die Ursachen für Zwangsstörungen sind noch nicht eindeutig geklärt, dürften aber als neurobiologische Grundlage ein Kommunikationsproblem zwischen Frontalhirn und den Basalganglien (tieferen Gehirnstrukturen) haben: Bei ZwangspatientInnen liegt ein Mangel an dem chemischen Botenstoff Serotonin vor, den diese Gehirnbereiche verwenden. Aber nicht nur eine Stoffwechselstörung im Gehirn, auch psychologische Faktoren spielen bei der Entstehung von Zwängen eine Rolle: wenn etwa plötzlich auftretenden unangenehmen Gedanken sehr viel Aufmerksamkeit geschenkt wird.

Die posttraumatische Belastungsstörung

Definition
Als TRAUMA bezeichnet man eine starke psychische Erschütterung, die länger anhält.

Dramatische Erlebnisse mit außergewöhnlicher Bedrohung oder katastrophenartigem Ausmaß (z. B. schwere Unfälle, Opfer von Vergewaltigung, Folter, Terrorismus oder anderen Verbrechen, Krieg, Naturkatastrophen) lösen bei fast jedem tiefe Verzweiflung hervor. Viele Betroffene leiden nachhaltig an derartigen Ereignissen und entwickeln eine posttraumatische Belastungsstörung. Typische Merkmale sind das wiederholte Erleben des Traumas in sich aufdrängenden Erinnerungen (Flashbacks), Träumen oder Albträumen. Aktivitäten und Situationen, die Erinnerungen an das Trauma wachrufen könnten, werden vermieden. Eine emotionale Übererregung, die sich in erhöhter Schreckhaftigkeit und Schlafstörungen zeigt, aber auch Teilnahmslosigkeit und Freudlosigkeit können die Folge sein.

14

Definition

Die DISSOZIATION (lat. *disas-sociare:* trennen, scheiden) beschreibt eine Bewusst-seinsspaltung, die meist in Zusammenhang mit einem traumatischen Erlebnis steht. Betroffenen gelingt es nicht, Erinnerungen, Gedanken, Gefühle und Verhaltensweisen in ihre Gesamtpersönlichkeit zu integrieren, da diese als fremd empfunden werden und nicht als Teil ihres Selbst/ihrer Identität.

Die dissoziative Identitätsstörung (Multiple Persönlichkeitsstörung)

Ursache für eine dissoziative Identitätsstörung ist häufig sexueller Missbrauch über einen längeren Zeitraum in der Kindheit. Wenn der Stress zu groß wird, versucht das Bewusstsein sich von früheren schmerzhaften Erinnerungen, Gedanken, Gefühlen und selbst vom Identitätsbewusstsein abzuspalten. Die dissoziative Identitätsstörung beschreibt eine solche Abspaltung von psychischen Funktionen. Die betroffene Person flüchtet vor der traumatischen Situation in den dissoziativen Zustand. Die Flucht gilt als Angstbewältigung. Die Betroffenen schützen ihr Ich durch den Aufbau stärkerer innerer Charaktere, um eine traumatische Situation bewältigen zu können. Verschiedene Identitätszustände übernehmen wiederholt Kontrolle über das Verhalten der betroffenen Person. Die dissoziative Identitätsstörung ist besser bekannt unter „multipler Persönlichkeitsstörung" und wird fälschlicherweise oft mit Schizophrenie verwechselt, bei der allerdings keine Flucht in einen anderen Identitätszustand, sondern in erster Linie Störungen im Denken und in der Wahrnehmung vorliegen.

Filmtipp

A Beautiful Mind. Genie und Wahnsinn (USA 2001, Regie: Ron HOWARD, mit Russell Crowe). Der Film erzählt die wahre Lebensgeschichte des genialen Mathematikers John Forbes Nash, der gegen seine Erkrankung der paranoiden Schizophrenie ankämpft.

3. Schizophrene Störungen

Einer von hundert Menschen leidet an einer schizophrenen Störung bzw. an **Schizophrenie**. Weltweit leiden somit etwa 24 Millionen Menschen an dieser Störung, die durch Denkstörungen, Sinnestäuschungen, Wahnvorstellungen und Emotionsverflachung gekennzeichnet ist. (vgl. Myers 2005, S. 747) Sie tritt in der Regel beim Eintritt in das Erwachsenenalter auf. Ihre Ursachen sind nach wie vor nicht restlos geklärt. Schizophrenie wird als eine Erkrankung des Gehirns angesehen, der psychologische und soziale Faktoren (z. B. psychosozialer Stress, Drogenmissbrauch), genauso wie biologische Faktoren zugrunde liegen. Untersuchungen belegen, dass eine Prädisposition (Veranlagung) dafür genetisch weitergegeben wird. (vgl. Davison 2007, S. 378) Als weitgehend erwiesen gilt außerdem, dass bei Betroffenen der Dopaminhaushalt im Gehirn beeinträchtigt ist. Aktuell bemüht man sich, mittels bildgebender Verfahren Veränderungen im Gehirn, die Schizophrenie auslösen, nachzuvollziehen. Die Ursachenforschung ist jedoch noch längst nicht abgeschlossen.

Definition

SCHIZOPHRENIE (griech. *s'chízein:* abspalten; *phrénos:* Geist, Gemüt) bezeichnet verschiedene krankhafte Störungen der Wahrnehmung, des Denkens und der Gefühlsregungen.

Schizophrenie bedeutet wörtlich „gespaltenes Gemüt" – die Gespaltenheit bezieht sich auf Zerrissenheit im Denken und Fühlen, eine veränderte Wahrnehmung und Unangemessenheit der Sprache, die auf die Abspaltung von der Realität hindeutet. *„Auf die simple Frage ‚Was haben Sie heute gegessen?' können paradoxe Antworten folgen wie ‚Ich kann ja nicht französisch.'"* (Bondy 1997, S. 20) Ein Betroffener verglich sein schizophrenes Erleben mit Träumen: *„Wenn mich jemand bittet zu erklären, was Schizophrenie ist, sage ich: Du weißt doch, wie das mit den Träumen ist. Manchmal bist du richtig drin in deinen Träumen, und manche sind die reinsten Albträume. Als ich schizophren war, hatte ich das Gefühl, durch einen Traum hindurch zu gehen. Aber um mich herum war alles real. Manchmal kommt mir die Welt so langweilig vor, dass ich denke, ich würde gern in meine schizophrene Traumwelt zurückkehren. Aber dann fallen mir alle die furchterregenden und schrecklichen Erfahrungen wieder ein."* (Myers 2005, S. 750)

Zentrale Symptome, die eine schizophrene Störung begleiten können:

desorganisiertes Denken

- **Unzusammenhängende Gedankengänge**, absurde Wortneuschöpfungen:
Stellen Sie sich vor, Sie erhalten diesen Brief: *„Zur Zeit des Neumondes steht Venuß am August himmel und erleuchtet mit seinen Lichtstrahlen, die Kauffahrtheihäfen, Suez, Kairo und Alexandria. In dieser historisch berühmten Kalifenstadt, befindet sich das Museum assyrischer Denkmäler von Makedonien. Dort gedeihen neben Pisang Maiskolunen, Hafer, Klee und Gerste auch Bananen, Feigen, Citronen, Orangen und Oliven. Das Olivenöl ist eine arabische Liqeur Sauce, mit welcher die Afghanen, Mauren und Moslemiten die Straußenzucht betreiben ..."* (Bondy 1997, S. 19) Auf den ersten Blick mag der Brief recht poetisch erscheinen, bei genauerer Betrachtung bemerkt man allerdings die sprunghaften, unlogischen Gedankengänge und die sprachliche Inkohärenz – Merkmale für desorganisiertes Denken.

gestörte Wahrnehmung

- **Halluzinationen:**
Unter Halluzinationen versteht man generell Wahrnehmungen, die ohne objektiv vorhandene Reize auftreten. Der/Die Betroffene nimmt Anblicke, Gerüche oder Geräusche wahr, die nicht real sind. Besonders häufig treten akustische Halluzinationen auf: Die Stimmen kommen entweder aus dem eigenen Körper oder aus Kleidern, Wänden und Möbeln. Meist sind die Stimmen unfreundlich und anklagend, erteilen (unsinnige) Befehle oder kommentieren Handlungen. (Bondy 1997, S. 30)

Wahnvorstellungen

- **Größenwahn, Verfolgungswahn, Kontrollwahn:**
Unter Wahnvorstellungen versteht man irrationale oder falsche Überzeugungen. In einem Moment des *Größenwahns* sind schizophrene Personen der festen Überzeugung, sie seien die Rein-

unangemessene Emotionen und Handlungen

Teilnahmslosigkeit

karnation Napoleons, ein Prophet/eine Prophetin oder Gott. Von *Verfolgungswahn* (Paranoia) Betroffene wiederum fühlen sich oft verfolgt: Vorbeifahrende Autos gehören dem Geheimdienst an und die Nachbarin plant einen Lauschangriff. Um ihren Argwohn zu beseitigen, laufen sie mitunter von Tür zu Tür, blicken Fremden forschend ins Gesicht und murmeln gereizt vor sich hin. *„Die Realität stellt sich für Schizophrenieerkrankte anders dar, weil alle Außenreize ungefiltert auf sie treffen. Das heißt, sie können nicht zwischen wichtigeren und weniger wichtigen Reizen differenzieren. Fleischhacker [Anm. Experte für Schizophrenie] erklärt dies anhand einer Straßenkreuzung. Überquert ein Schizophrenieerkrankter den Zebrastreifen, so prasseln das grüne Licht der Ampel, der Verkehrslärm, die Gespräche der nebenstehenden Menschen, der Blinker eines Autos und sämtliche Reize der Umgebung ungeordnet mit derselben Intensität auf ihn ein und geben Anlass zu wahnhaften Fehlinterpretationen."* (Der Standard, 04. 03. 2017)

- **Unangemessenes Verhalten:**

Wenn die Affekte verflachen und das eigene Fühlen zerrissen ist, handelt man in Situationen emotional unangemessen. Betroffene verbreiten nach dem Tod eines Freundes/einer Freundin Fröhlichkeit oder weinen, wenn andere lachen. Diese mit der Realität nicht zusammenpassenden Gefühlsäußerungen haben eine Kontaktstörung zu anderen Menschen zur Folge und führen zu sozialer Isolation. Auf die Umwelt reagieren Schizophrene kaum. Anweisungen widersetzen sie sich häufig. Auch ihr motorisches Verhalten ist zum Teil sehr unangemessen, sie schneiden Grimassen, sind motorisch übermäßig aktiv oder aber erstarrt (Katatonie).

- **Negativsymptome:**

Diese Symptome sind einerseits gekennzeichnet durch Antriebslosigkeit. Charakteristisch dafür sind meist stundenlanges Dasitzen und mangelndes Interesse an der Umwelt. Andererseits äußern sich die Negativsymptome durch die Schwierigkeit, sich sozial zu integrieren oder zu kommunizieren. Dies zeigt sich meist in einer deutlich eingeschränkten Mimik. Betroffene haben Probleme, die Emotionen anderer richtig zu erkennen und die eigenen richtig zu erleben.

Manche Menschen erleben nur wenige akute Phasen der Schizophrenie, können wieder gesund werden und ein normales Leben führen. Chronisch Schizophrene hingegen erleben akute Phasen mit nur kurzen Unterbrechungen.

4. Persönlichkeitsstörungen

Der Begriff Psychopathie wurde mit Einführung des DSM-III (1980) aus dem internationalen Diagnosesystem für psychische Störungen entfernt und durch den Begriff **Persönlichkeitsstörung** ersetzt. Eine Persönlichkeitsstörung äußert sich durch unangemessene Verhaltensmuster und von der Norm abweichendes Wahrnehmen, Denken und Fühlen: Skrupellosigkeit, Allmachtsfantasien oder Perfektionswahn beeinträchtigen die betroffene Person persönlich und sozial.

In den meisten Fällen treten Persönlichkeitsstörungen nicht isoliert, sondern in Kombination mit anderen Problemen (Essstörungen, Phobien, Depressionen) auf. Schätzungen zufolge leiden 3–10 % der Bevölkerung an einer Persönlichkeitsstörung. Die Störung beginnt bereits im Jugendalter oder frühen Erwachsenenalter. Die Symptome müssen etwa ein Jahr andauern, bevor die Diagnose gestellt werden kann. Die Verhaltensmuster äußern sich, je nach Typ der Persönlichkeitsstörung, unterschiedlich: Eine extrem gehemmte Person, die keine Nähe erträgt und sich in der Wohnung zurückzieht (**schizoide Persönlichkeitsstörung**), kann genauso von einer Persönlichkeitsstörung betroffen sein wie eine Person, die ständig auf der Suche nach aufregenden Erlebnissen und Aktivitäten ist, in denen sie im Mittelpunkt der Aufmerksamkeit steht (**histrionische Persönlichkeitsstörung**). Im Folgenden sollen die **emotional instabile** sowie die **dissoziale Persönlichkeitsstörung** näher erläutert werden:

Emotional instabile Persönlichkeitsstörung (Borderline)

Etwa 80 % der **Borderline**-PatientInnen berichten über schwere traumatische Erlebnisse in ihrer Lebensgeschichte. Meist wurden sie sexuell oder körperlich missbraucht und Opfer extremer häuslicher Gewalt. In vielen Fällen ist der misshandelnde Täter/die Täterin eine wichtige Bezugsperson. Aus dem Erlebnis, dass eine geliebte Person, die schützen sollte, identisch ist mit der Person, vor der man Schutz braucht, entwickeln die Betroffenen stark widersprüchliche Gefühle.

Borderline-PatientInnen werden durch folgende Verhaltensweisen charakterisiert:

Stimmungsschwankungen

- Betroffene haben Schwierigkeiten, ihre **Gefühle zu regulieren**, und neigen zu starken emotionalen Reaktionen (z. B. extreme Niedergeschlagenheit, Panikattacken, Hassgefühle). Die Welt teilen sie ausschließlich in Schwarz und Weiß, Gut und Böse.

14

- Borderline-PatientInnen haben **häufig wechselnde**, aber sehr intensive zwischenmenschliche **Beziehungen**.

- Die unbeständigen sozialen Beziehungen der Betroffenen führen z. B. zu einem **chronischen Gefühl der Leere**, unkontrollierbaren Ängsten oder übermäßigen Bemühungen, nicht verlassen zu werden.

- Die Betroffenen haben ein **negatives Selbstbild** verinnerlicht, verletzen sich selbst und drohen mit Selbstmord.
- Sie tendieren zu **impulsiven Handlungen** in potenziell selbstschädigenden Bereichen, ohne die Konsequenzen zu berücksichtigen. Sie geben beispielsweise übertrieben viel Geld aus, neigen zu Drogenmissbrauch oder Essstörungen.

- Wenn sie in ihrer Impulsivität kritisiert werden, kann es bei Borderline-PatientInnen zu **unangemessen starken Gefühlsausbrüchen** (Wutanfälle, Verzweiflungsattacken) bis hin zu gewalttätigen Auseinandersetzungen kommen.

Die dissoziale Persönlichkeitsstörung (antisoziale Persönlichkeitsstörung)

Die Ursachen für das Entstehen einer dissozialen Persönlichkeit (auch: antisoziale Persönlichkeit) sind sowohl genetischer Natur (Neigung zu Impulsivität und Kriminalität) als auch umweltbedingt (Mangel an Zuwendung). Schwierige Familienverhältnisse, gekennzeichnet durch Missbrauch, Gewalt und Vernachlässigung, sowie ambivalente Erziehungsmaßnahmen führen zu Orientierungslosigkeit und erschweren es, soziale Fähigkeiten zu entwickeln.

Für eine dissoziale Persönlichkeit sind destruktive Verhaltensweisen charakteristisch:

- Sie kann **Regeln nicht verinnerlichen** und ist unfähig, sich an herrschende soziale Normen anzupassen.

- Aufgrund des fehlenden Verantwortungsgefühls **verletzt** sie häufig rücksichtslos die **Rechte anderer** und missachtet soziale Verpflichtungen.

- **Destruktive Verhaltensweisen**, die Neigung, andere zu beschuldigen, Geringschätzung anderer, mangelndes Schuldbewusstsein, ausgeprägte Gewissenlosigkeit und Empathiemangel haben extreme Störungen im Beziehungsleben und Sozialverhalten zur Folge.

- Es besteht eine **geringe Frustrationstoleranz** sowie ein niedrige Schwelle für aggressives und gewalttätiges Verhalten.

- Sie empfindet **keine Angst**. Die starke Gefühlsarmut ist bei filmischen Gewaltszenen und anderen Angst erregenden Situationen, in denen sie nur geringe körperliche und emotionale Reaktionen zeigt, erkennbar. Folglich empfindet sie emotionale Gleichgültigkeit auch gegenüber Mitmenschen oder Gefahren.

5. Essstörungen

Magersucht, Ess-Brechsucht und Binge-Eating-Störung sind Krankheiten, die sich durch auffällige Abweichungen vom normalen Essverhalten bemerkbar machen. Über die gezielt beeinflusste oder aber unkontrollierte Nahrungsaufnahme versuchen die Betroffenen, mit psychischen Problemen wie Stress oder Anpassungsschwierigkeiten fertig zu werden. 200 000 ÖsterreicherInnen leiden zumindest einmal im Laufe ihres Lebens an einer Essstörung. Da in der Gesellschaft vor allem Frauen an übertriebenen Schlankheitsidealen gemessen werden, sind etwa 95 % der Betroffenen Frauen.

Anorexia nervosa (Magersucht)

„Die 24-jährige Lydia wurde in ein Krankenhaus zur Behandlung ihrer ‚Magersucht' aufgenommen. Sie selbst glaubte zwar nicht, dass ihr etwas fehlte; ihr Freund und ihre Eltern hatten jedoch einen Arzt konsultiert, wonach sie vor die Wahl gestellt wurde, entweder freiwillig ins Krankenhaus zu gehen oder dazu gezwungen zu werden. Bei der Aufnahme wog Lydia bei einer Körpergröße von 1,64 Meter nur noch etwa 36 Kilo. Seit drei Jahren hatte sie keine Menstruation mehr und litt an verschiedenen Störungen: niedrigem Blutdruck, unregelmäßigem Herzschlag und abnormal niedrigen Kalium- und Kalziumwerten.
Lydia hatte mehrere Phasen mit drastischem Gewichtsverlust hinter sich. Diese setzten im Alter von 18 Jahren ein, als ihre erste Beziehung auseinander ging. Keine der

Pat Byrnes

„I'm so hungry I could eat half a sandwich."

frühen Phasen war jedoch so gravierend, und sie hatte sich deshalb nie in Behandlung begeben. Sie hatte große Angst davor, dick zu werden; und obwohl sie nie übergewichtig war, glaubte sie (auch als sie nur noch 36 Kilo wog), ihr Bauch und ihr Po seien viel zu dick. In den Phasen, in denen sie so stark abnahm, aß sie sehr wenig und nahm große Mengen an Abführmitteln. Gelegentlich hatte sie Fressanfälle, nach denen sie absichtlich erbrach, um eine Gewichtszunahme zu verhindern." (Davison 2007, S. 281)

In Österreich leiden laut österreichischem Frauengesundheitsbericht 2010/11 mindestens 2 500 Mädchen im Alter von 15–20 Jahren an Magersucht. Jährlich gibt es rund 600 neue Fälle. Am häufigsten ist die Störung bei heranwachsenden Mädchen und jungen Frauen. Je früher Magersucht behandelt wird, desto besser ist die Prognose.

Das ICD gibt folgende **Kriterien** an, die bei der Diagnose von Magersucht erfüllt sein müssen:

Definition
Der BMI (Body-Mass-Index) ergibt sich aus Körpergewicht in kg geteilt durch die Körpergröße in Meter zum Quadrat.

- Das tatsächliche Körpergewicht liegt mindestens 15 % unter dem zu erwartenden Gewicht oder (bei Erwachsenen) ein BMI (Body-Mass-Index) bis 17,5 Punkten (= kg/m²).
- Der Gewichtsverlust ist selbst herbeigeführt durch Vermeidung von energiereicher Nahrung und zusätzlich mindestens einer der folgenden Möglichkeiten: selbstinduziertes Erbrechen oder Abführen, übertriebene körperliche Aktivität, Gebrauch von Appetitzüglern.

Da einem starken und schnellen Gewichtsverlust aber auch andere (organische) Krankheiten zugrunde liegen können (z. B. eine Schilddrüsenerkrankung), muss zur eindeutigen Ermittlung auf jeden Fall eine ärztliche Diagnose eingeholt werden.

Literaturtipp
HORNBACHER, Marya: *Alice im Hungerland. Leben mit Bulimie und Magersucht.* Berlin 2014. Dies ist keine emotionale Krankheitsgeschichte, sondern eine realistische Darstellung der Sichtweise von bulimiekranken und magersüchtigen PatientInnen.

Hungern gilt für die an Magersucht Leidenden als täglicher, sichtbarer Beweis von Leistung, Stärke und Macht über den eigenen Körper. Die Nahrungsaufnahme wird eingeschränkt oder ganz verweigert, der Hunger wird verleugnet. Bei Magersucht handelt es sich um eine **Körperschemastörung**. Das bedeutet: Trotz Abmagerung bis zum extremen, lebensbedrohlichen Gewichtsverlust fühlen sich Magersüchtige durch ihr verzerrtes Körperbild dennoch zu dick und haben Angst, zuzunehmen. Eine Patientin berichtet: *„Ich habe Schuldgefühle, wenn ich etwas esse, besonders wenn es kalorienhältige Speisen sind. Nach dem Essen fühle ich mich böse, ordinär, minderwertig, von mir selbst abgestoßen. Auch wenn ich normal esse, habe ich das Gefühl, mich überfressen zu haben. Dann weine ich, um meine Schuldgefühle loszuwerden, und halte mich für durch und durch schlecht."* (Bruch 1998, S. 102)

Weite Verbreitung finden mittlerweile sogenannte **Pro-Ana-Gruppen** (Pro Anorexie-Gruppen). Darunter versteht man eine Bewegung von Magersüchtigen im Internet. In Blogs, Foren oder via Messenger bestärken sie sich, mit allen Mitteln abzunehmen, tauschen Ratschläge aus und teilen Bilder. Magersucht wird in diesen Gruppierungen als Lebensstil verherrlicht und deren fatale Folgen verharmlost.

Da Magersüchtige ihren Zustand nicht als krankhaft empfinden und ihre Probleme verleugnen, stehen sie einer Behandlung ablehnend gegenüber. Sie bleiben bei ihrer entschiedenen Entschlossenheit, immer dünner zu werden. Das Hungern hat schließlich massive **Auswirkungen** auf das körperliche und seelische Gleichgewicht der Betroffenen: Ausbleiben der Regelblutung bei Frauen (Amenorrhoe), ungewöhnliche Kälteempfindlichkeit, depressive Verstimmungen, Gereiztheit, sozialer Rückzug, Perfektionismus, Ermüdungserscheinungen, Schwäche. Weitere Langzeitschäden als Folge der Mangelernährung können Muskelschwund, Osteoporose (Knochenschwund) und Unfruchtbarkeit sein.

erbliche Disposition

Bei der Entstehung von Magersucht scheinen genetische Faktoren eine wesentliche Rolle zu spielen, da die Krankheit gehäuft in Familien auftritt. Genetische Untersuchungen an eineiigen Zwillingen haben ergeben, dass die Gene zu etwa 60 % verantwortlich sind.

individuelle Faktoren

Betroffene leiden an einem mangelnden Selbstwertgefühl. Die scheinbare Kontrolle über den eigenen Körper macht sie stärker und selbstbewusster. Zu Beginn der Pubertät besteht ein erhöhtes Risiko, an Magersucht zu erkranken. Die Angst vor dem Dickwerden kann bei den weiblichen Betroffenen nämlich auch als Angst vor dem Heranreifen zur Frau verstanden werden. Hintergrund des Problems ist ein unzureichend entwickeltes Autonomie- und Identitätsgefühl. Es fällt den Betroffenen schwer, sich als selbstständig und unabhängig zu erleben.

familiäre Faktoren

Von Magersucht Betroffene kommen meist aus leistungsorientierten Familien, in denen Vernunft, extreme Disziplin, Ordnung und Perfektionismus wichtige Werte darstellen. Sie haben sich als Kind häufig stark an die Forderungen ihrer Umwelt angepasst und sich zu Musterkindern entwickelt. Die Nahrungsverweigerung kann in Konfliktsituationen auch als Machtinstrument gegenüber den Eltern verwendet werden. Es kann sein, dass die Nahrungsverweigerung bereits im frühkindlichen Stadium erfolgreich eingesetzt wurde, um die Umgebung zu kontrollieren und zu manipulieren.

14

kulturelle Faktoren

Eine weitere mögliche Ursache ist das westlich geprägte Schönheitsideal, das einen unnatürlich schlanken Körper propagiert. Über Werbung, Zeitschriften, Filme und Mode werden Körpervorstellungen vermittelt, die viele junge Frauen und Männer aufgrund ihrer Konstitution gar nicht erreichen können. Dennoch gilt: Selbst, wenn der gesellschaftliche Druck zwar groß ist, er kann niemals als alleiniger Faktor für die Entstehung einer Essstörung stehen.

Twiggy (twiggy – „dünner Zweig") war der Spitzname des britischen Models und Idols der 1960er-Jahre, das als Auslöser für den bis heute bestehenden Schlankheitskult gilt.

Internetrecherche **8**

Recherchieren Sie in Kleingruppen neuere Studien und Erkenntnisse über den Einfluss, den Medien und das gesellschaftliche Schlankheitsideal auf die Entstehung von Essstörungen haben!

Plenum **9**

Diskutieren Sie, welche Wirtschaftszweige besonders vom Bestreben, schlank und fit zu sein, profitieren.

Einzelarbeit **10**

Fassen Sie die Kennzeichen für Magersucht, die im Text genannt werden, in Form einer strukturierten Liste unter dem Titel „Warnsignale für Magersucht" zusammen.

Bulimia nervosa (Ess-Brechsucht)

Als Julia *„in die Pubertät kam, begann sich ihr Körper zu runden, und sie fing an, sich über die Folgen ihrer Gewichtszunahme für ihre sportlichen Leistungen Sorgen zu machen. So begann sie, die Nahrungsaufnahme einzuschränken, verlor jedoch nach ein paar Tagen des Hungerns die Kontrolle und fraß sich wieder voll. Dieses abwechselnde Hungern und übermäßige Essen dauerte mehrere Monate an; und Julias Angst, dick zu werden, wurde immer größer. Mit 13 fand sie dann die Lösung in selbst herbeigeführtem Erbrechen. Danach hatte sie Zeiten, in denen sie sich drei- bis viermal pro Woche voll fraß und wieder erbrach. Eine Zeitlang konnte sie dieses Verhalten geheim halten, irgendwann entdeckten es ihre Eltern jedoch und schickten sie daraufhin in Behandlung."* (Davison 2007, S. 284f.)

Definition

Die BULIMIA NERVOSA (griech. *boulimía*: Ochsenhunger) bzw. Ess-Brechsucht ist eine Essstörung, bei der auf Heißhungerattacken Ausgleichsmaßnahmen wie Erbrechen, strenge Diäten oder übermäßiger Sport folgen.

Mindestens zweimal wöchentlich kommt es bei der **Ess-Brechsucht** zu wiederkehrenden unkontrollierten Heißhunger- bzw. Fressanfällen, bei denen Essmengen bis zu 12000 Kalorien verzehrt werden. Im Anschluss daran erzwingen die Betroffenen das Erbrechen, nehmen Abführmittel, führen strenge Diäten durch oder treiben exzessiv Sport, um eine Gewichtszunahme zu verhindern. Das erzwungene Erbrechen hat körperliche Beschwerden wie chronischen Durchfall, Verletzungen der Speiseröhre und des Magens, Nierenversagen, Austrocknung und Zyklusstörungen zur Folge. Die übertriebene Sorge um Körperform und Gewicht ähneln den Symptomen der Magersucht. Die Betroffenen sind sich im Gegensatz zu Magersüchtigen aber ihrer Krankheit bewusst. Oft gelingt es ihnen jedoch, ihre Essstörung vor Familie und MitbewohnerInnen jahrelang geheim zu halten. Bulimie-PatientInnen wirken nach außen hin unauffällig und erscheinen oft als Menschen, die ihr Leben im Griff haben, werden in Wirklichkeit jedoch von Minderwertigkeits- und Schuldgefühlen geplagt.

Essattacken (Binge-Eating-Störung)

Die **Binge-Eating-Störung** ist ein relativ neues Phänomen. Die Betroffenen leiden unter Heißhungerattacken. Fallweise kann das übermäßige Essen eine Reaktion auf belastende Ereignisse, wie etwa Trauerfälle, Unfälle und Geburt sein. Innerhalb kürzester Zeit nehmen sie ungewöhnlich große Mengen an Nahrungsmitteln (bis zu 3000 Kalorien) zu sich. Dieser Verlust der bewussten Kontrolle des Essverhaltens und das unangenehme Völlegefühl nach einem Anfall gehen mit starken Ekel-, Schuld- und Schamgefühlen einher. Um von einer Binge-Eating-Störung sprechen zu können, müssen die Heißhungeranfälle mindestens zweimal pro Woche über sechs Monate auftreten.

Behandlung von Essstörungen

Beratungszentren

Verschiedene Beratungszentren – wie beispielsweise **sowhat**, **ZESS** (Zentrum für Essstörungen), **intakt** und **F.E.M.** (Frauengesundheitszentrum) – sind auch telefonisch und anonym erreichbar und bieten Auskunft sowie Unterstützung zu allen Fragen und Anliegen rund um das Thema Essen und Essstörungen. PsychologInnen und ErnährungsberaterInnen informieren dort über Essstörungen und deren Behandlung; es werden Art und Schwere der Essstörung abgeklärt, Betroffenen und Angehörigen wird Hilfestellung im Umgang mit der Störung gegeben und es wird gezielt in weitere stationäre oder ambulante Behandlung vermittelt.

umfassende Behandlung

Je früher Betroffene und ihre Familien bereit sind, **Unterstützung anzunehmen**, desto größer sind die Erfolgsaussichten. Schwere Essstörungen führen nicht nur zu sozialen Problemen, sondern können auch erhebliche gesundheitliche Schäden zur Folge haben. Bei der Behandlung von Essstörungen ist die Zusammenarbeit von PsychotherapeutInnen, FachärztInnen, PsychologInnen und ErnährungsberaterInnen zu empfehlen. Dabei müssen die seelischen, biologisch-genetischen, familiären, geschlechtsspezifischen, psychosozialen und soziokulturellen Faktoren berücksichtigt werden. Es ist sinnvoll – vor allem bei jüngeren KlientInnen –, nicht nur mit dem/der Betroffenen, sondern mit der ganzen Familie und dem sozialen Umfeld zu arbeiten, z. B. in einer Familien- oder Gruppentherapie. Die Therapiemethoden müssen, je nach Gewichtung der Ursachen, für jeden Klienten/jede Klientin individuell zusammengestellt werden. Beim beraterischen und therapeutischen Vorgehen muss in jedem Fall das essstörungsspezifische Verhalten und Erleben berücksichtigt werden: Eine Abwehr gegen eine fachgerechte Behandlung aus Autonomie- und Schamkonflikten heraus sowie ein ambivalenter Umgang mit der Behandlung ist häufig der Fall.

Hinweise zum Umgang mit Betroffenen

Wenn Sie vermuten, dass eine Freundin oder ein Freund an einer Essstörung leidet, ist es hilfreich, folgende Tipps im Umgang mit dem Problem und der/dem Betroffenen zu berücksichtigen:

Informieren

- Holen Sie zunächst Informationen über Essstörungen ein.

Ansprechen

- Sprechen Sie Ihre Freundin bzw. Ihren Freund offen und behutsam auf Ihren Verdacht an.

Zuhören

- Machen Sie Ihr Interesse an ihrem/seinem Befinden und der Situation deutlich. Hören Sie ihr/ihm zu. Vermeiden Sie Schuldzuweisungen und Vorwürfe, aber auch Ratschläge und Vorschläge bezüglich Essverhalten und Gewicht – das erzeugt in der Regel Widerstand.

Hilfe anbieten

- Rechnen Sie mit einer abweisenden Haltung der betroffenen Person. Haben Sie Geduld und zwingen Sie sie nicht zum Reden. Geben Sie ihr jedoch zu verstehen, dass Sie ihr gerne helfen wollen und für sie da sind, wenn sie darüber reden will.

Hilfe holen

- Sprechen Sie mit einer Vertrauensperson über Ihre Sorgen und beraten Sie über die weitere Vorgehensweise. Handeln Sie aber nicht ohne das Wissen der betroffenen Person.

positiv bestärken

- Ermutigen Sie die betroffene Person, Hilfe anzunehmen. Suchen Sie Adressen heraus und bieten Sie an, sie in ein Beratungszentrum oder zur ärztlichen Untersuchung zu begleiten.

Unterstützen

- Geben Sie der/dem Betroffenen Rückhalt und Unterstützung.

Verantwortung abgeben

- Bedenken Sie, dass die Entscheidung für eine Veränderung nur die betroffene Person selbst fällen kann.

Wussten Sie, dass ... es in Bezug auf das Essverhalten zahlreiche Krankheitsbilder gibt, die vom ICD allerdings nicht als Essstörung klassifiziert werden? **Adipositas** (Fettleibigkeit) beispielsweise wird im ICD unter dem Kapitel „Endokrine, Ernährungs- und Stoffwechselkrankheit" geführt. Die WHO spricht ab einem BMI von 30 kg/m^2 von Adipositas, die sich durch starkes Übergewicht äußert. Risikofaktoren sind u. a. die genetische Veranlagung, schlechte Ernährungsgewohnheiten, zu wenig körperliche Bewegung, die ständige Verfügbarkeit von Nahrung, Essstörungen oder Stoffwechselerkrankungen. Psychosozial kann Adipositas durch Stress, Einsamkeit, Depression oder Frustration ausgelöst werden. Durch die vermehrte Einlagerung von Körperfett steigt das Risiko für Herz-Kreislauf-Störungen. Weiters können Atemnot, Schmerzen im Rücken und in den Gelenken, Verdauungsprobleme, Konzentrationsschwäche sowie sinkende körperliche Leistungsfähigkeit die Folge sein. Die Beschwerden, die mit Adipositas einhergehen, hängen jedoch vom Schweregrad der Erkrankung ab.

14

6. Störungen durch psychotrope Substanzen

Psychotrope Substanzen können psychische Prozesse beeinflussen, indem sie durch ihre chemische Zusammensetzung auf das zentrale Nervensystem wirken und damit unser Denken, Fühlen und Handeln verändern. Diese Substanzen können Störungen induzieren (herbeiführen). Eine substanzinduzierte Störung steht also im ursächlichen Zusammenhang mit dem Einnehmen von psychotropen Substanzen, was sich auf die Psyche kurzzeitig meist angenehm, auf Dauer jedoch immer riskant auswirkt: Es besteht hohe Suchtgefahr.

Psychotrope Substanzen werden in Sedativa, Stimulanzien und Halluzinogene unterteilt:

Sedativa

- Beruhigungsmittel (**sedative Wirkung**): z. B. Alkohol, Opiate (Morphium, Heroin)
  Sedativa verändern unsere bewusste Wahrnehmung, indem sie die neuronale Aktivität verringern und die Körperfunktionen verlangsamen. Dadurch wirken sie angst-, krampf- und spannungslösend, schmerzlindernd, leicht stimmungsaufhellend und schlaffördernd. Die Verlangsamung der Körperfunktionen hat jedoch auch zur Folge, dass man verzögert reagiert und Schwierigkeiten hat, seine Bewegungen zu koordinieren, was vor allem im Straßenverkehr fatale Folgen haben kann.

Stimulanzien

- Aufputschmittel (**stimulierende Wirkung**): z. B. Amphetamin, Kokain, Nikotin
  Stimulanzien erhöhen die neuronale Aktivität. Sie beschleunigen die Körperfunktionen wie Herzschlag und Atmung – daher der Name „Speed" für Amphetamin. Man bekommt mehr Energie, gewinnt an Selbstsicherheit und der Appetit verringert sich. Wenn die Stimulation endet, verlangsamt sich alles wieder und der Konsument/die Konsumentin leidet unter Müdigkeit, Kopfschmerzen, Reizbarkeit und Depression.

Halluzinogene

- **Halluzinationen** hervorrufende Substanzen: z. B. LSD, Ecstasy
  Da Halluzinogene lebhafte Vorstellungen bewirken, spricht man auch von psychedelischen (bewusstseinserweiternden) Drogen. Sie verzerren die Wahrnehmung und liefern Bilder ohne sensorischen Input. Halluzinogene rufen euphorische Gefühle hervor und wirken stimmungsaufhellend. Wiederholter Konsum schädigt allerdings jene Nervenzellen, die das Glückshormon Serotonin produzieren.

Wenn regelmäßig psychotrope Substanzen konsumiert werden, führt dies zu sogenannter **Toleranz**: Das Gehirn akzeptiert, dass fremde chemische Substanzen den Nervenzellen die Arbeit abnehmen, eigene Substanzen zu produzieren. Infolgedessen gewöhnt es sich an die Zufuhr und hört irgendwann auf, diese chemischen Stoffe selbst zu produzieren – und es benötigt schließlich immer mehr davon. Endorphine etwa sind körpereigene opiatähnliche Stoffe, die Schmerzen lindern und die Stimmung heben. Ein Gehirn, das laufend mit künstlichen Opiaten versorgt wird, hört auf, selbst natürliche Opiate zu produzieren. Bei einem Drogenentzug sind plötzlich gar keine Opiate mehr vorhanden. Erst nach einiger Zeit fängt das Gehirn wieder an, natürliche Opiate zu produzieren.

Störungen

Drogenkonsum kann psychische Störungen hervorrufen: Depression und Angststörungen, Erregungs- und Angstzustände („Horrortrips") oder Panikattacken. Weitere Auswirkungen können Paranoia, sexuelle Störungen oder Schlafstörungen sein.

Funktionsstörungen durch Drogen sind etwa Störungen der kognitiven Funktionen, Wahrnehmungsstörungen, Gedächtnisstörungen, Konzentrationsstörungen, Sprachstörungen und emotionale Störungen (übermäßig starke Stimmungsschwankungen).

Querverweis
Fragen zum Thema Sucht werden im Exkurs ab Seite 234 beantwortet.

Sucht bzw. Abhängigkeit äußert sich dadurch, dass jemand nicht mehr in der Lage ist, auf eine Substanz zu verzichten (*Unfähigkeit zur Abstinenz*), dass er/sie immer mehr davon braucht (*Toleranzsteigerung*) und dass beim Absetzen Entzugssymptome auftreten (*körperliche Abhängigkeit*). Sobald man aufhört, psychotrope Stoffe zu sich zu nehmen, spricht man von **Entzug**. Entzugssymptome bestehen darin, dass der Körper auf das Fehlen der Substanz reagiert, indem der Konsument/die Konsumentin körperliche Schmerzen und einen starken Drang verspürt, die Droge wieder einzunehmen. Die psychische Abhängigkeit äußert sich über das Verlangen nach der Droge, um negative Gefühle zu mildern.

Psychologische und soziale Einflussfaktoren

In allen Kulturen werden psychotrope Substanzen konsumiert, oft in Gemeinschaftsritualen oder um mystisches Bewusstsein herbeizuführen, oft jedoch auch, um mit psychosozialen Problemen zurechtzukommen (Stress zu entgehen, Versagen zu kompensieren, mit einer Depression fertig zu werden, belastende Lebensereignisse auszublenden oder einer individuell empfundenen Sinnlosigkeit zu entfliehen). Viele Jugendliche, die das Gefühl haben, das eigene Leben sei bedeutungslos, die keine Zukunftsperspektiven haben und orientierungslos sind, flüchten sich in Drogen. Jugendliche nehmen seltener Drogen, wenn sie nicht in Kontakt mit ihnen kommen. Besonders gefahrvoll ist daher die Peergroup, die die Gelegenheit bietet, Drogen zu probieren. Der Gruppendruck ist bei jugendlichem Drogenkonsum nachweislich so stark, dass selbst stabile familiäre Verhältnisse, gute schulische Leistungen oder Religiosität keinen Einfluss darauf haben. Diese Lebensumstände wirken nur dann, wenn eine dazu passende Peergroup gewählt wird. Hier stellt sich jedoch die Frage, die bis heute unbeantwortet ist: Beeinflussen unsere Freunde und Freundinnen uns oder suchen wir sie uns nach unseren Vorlieben aus?

Suchtprävention

Suchtprävention bedeutet einerseits über Sucht zu informieren und aufzuklären und andererseits sogenannte Lebenskompetenzen (Life Skills) zu stärken:

Literaturtipp
BODENMÜLLER, Martina/PIEPEL, Georg: *Streetwork und Überlebenshilfen: Entwicklungsprozesse von Jugendlichen aus Straßenszenen.* Weinheim 2003. Anhand zahlreicher Lebensgeschichten wird geschildert, wie man Überlebenshilfen auf der Straße anbieten kann.

- Eine **sachliche Auseinandersetzung** mit der Suchtproblematik bedeutet, über die Wirkung von Suchtmitteln zu informieren, über Ursachen und Entwicklung von süchtigem Verhalten sowie über kurz- und langfristige soziale, psychische und physiologische Auswirkungen vom Suchtmittelgebrauch aufzuklären. *„Menschen verfallen selten dem Drogenmissbrauch, wenn sie begreifen, welche physischen und psychischen Folgen daraus resultieren, wenn sie sich selbst mögen und zufrieden sind mit ihrem Leben und wenn ihr Umfeld den Drogenkonsum missbilligt."* (Myers 2005, S. 324)

Definition
Die WHO definiert LEBENSKOMPETENZEN als „individuelle kognitive, körperliche sowie soziale Fähigkeiten und Fertigkeiten, die es Menschen ermöglichen, sich effektiv und konstruktiv mit den Anforderungen und Herausforderungen des Alltagslebens auseinanderzusetzen." (Thomasius 2008, S. 383)

- Werden **Lebenskompetenzen** ausgebildet, stärkt dies die individuellen Schutzfaktoren (z. B. Konfliktfähigkeit) und verringert Risikofaktoren (z. B. geringe Frustrationstoleranz). Zu solchen Lebenskompetenzen zählen
  - ▸ die Entwicklung eines **positiven Selbstbildes**,
  - ▸ das Gewinnen von **Lebenssinn und Zuversicht** und
  - ▸ das Setzen **realistischer Ziele** und Lebensvorstellungen.

Ziel der Förderung der Lebenskompetenz ist in erster Linie die Ausbildung von Fähigkeiten, auf die im Fall einer problematischen Lebenssituation (z. B. beim Tod einer nahestehenden Person) zurückgegriffen werden kann. Denn *„eine Person, die über viele verschiedene Problemlösungsstrategien verfügt, wird nicht so leicht auf die Lösung ‚Sucht' verfallen wie jemand, dem kaum Möglichkeiten zur Problembewältigung zur Verfügung stehen."* (Brockhaus 2001, S. 594)

Schöne Momente stärken die persönlichen Lebenskompetenzen.

14

Sucht: Fragen und Antworten

Abhängigkeit und Sucht

Woher kommt der Begriff „Sucht"?

„Das Wort ‚Sucht' ist abgeleitet von dem germanischen Zeitwort ‚siechen'. Wurde der Begriff ursprünglich im Sinne von Siechtum oder Krankheit verstanden (‚Gelbsucht'), so bezeichnete man später auch Charaktereigenschaften (wie ‚Selbstsucht') und Verhaltensweisen (wie ‚Tobsucht') damit. Heute wird neben dem Begriff der Sucht auch die Bezeichnung ‚Abhängigkeit' verwendet." (Brockhaus 2001, S. 592)

Was ist Sucht?

Sucht ist eine schwere chronische Abhängigkeitserkrankung. *Körperlich abhängig* ist man, wenn nach dem Absetzen der Substanz Symptome wie Erbrechen, Schwitzen oder Zittern auftreten („Entzug"). Von *psychischer Abhängigkeit* spricht man, wenn der oder die Betroffene ein starkes, quälendes, zwingendes Verlangen nach einer bestimmten Substanz oder Tätigkeit hat.

Die Weltgesundheitsorganisation (WHO) definiert Sucht als ein „Stadium chronischer oder periodischer Berauschung durch wiederholte Einnahme einer natürlichen oder synthetischen Droge". Zu den typischen Kennzeichen gehören:

- der überwältigende Wunsch oder das Bedürfnis, den Drogengebrauch fortzusetzen und sich die Droge unter allen Umständen zu verschaffen,
- eine Tendenz, die Dosis zu erhöhen,
- eine psychische und/oder physische Abhängigkeit von den Wirkungen der Droge,
- eine zerstörerische Wirkung auf den Einzelnen/die Einzelne und auf die Gesellschaft.

Diese Definition bezieht sich auf **stoffgebundene Süchte**. Stoffgebundene Süchte werden weiters nach legalen (z. B. Zigaretten, Alkohol, Medikamente) und illegalen Drogen (z. B. Cannabis, Heroin, Kokain) unterteilt. Eine Erweiterung des Suchtbegriffs in den 1980er-Jahren berücksichtigt aber auch stoffungebundene bzw. **verhaltensbezogene** Süchte wie beispielsweise Fernsehsucht, Internetsucht, Videospielsucht, Glücksspielsucht, Sexsucht oder Kaufsucht. Bei diesen verhaltensbezogenen Süchten führt eine Tätigkeit und nicht eine bestimmte Substanz zur Abhängigkeit.

Wo liegt die Grenze zwischen Genuss und problematischem Konsum?

In unserem alltäglichen Leben sind wir von vielen Dingen abhängig: von Essen, Schlaf, aber auch von sozialen Beziehungen. Diese Abhängigkeit ist so lange kein Problem, solange man sich von einer Tätigkeit, einem Menschen oder einer Substanz nicht einengen lässt. Von **Einengung** spricht man, wenn eine bestimmte Tätigkeit oder eine Substanz das einzige ist, wodurch jemand seine Energie tankt und seine positiven Gefühle aufbaut, und wenn sie dessen Fähigkeit beeinträchtigt, sich mit anderen Dingen auseinanderzusetzen.

Entstehung von Sucht

Wie entsteht Sucht?

Sucht entwickelt sich über einen längeren Zeitraum und ist von mehreren Faktoren abhängig: vom *Individuum*, vom sozialen *Umfeld* bzw. der Gesellschaft und von der psychotropen *Substanz* (Droge) selbst. Das Suchtverhalten ergibt sich immer aufgrund bestimmter individueller und gesellschaftlicher Faktoren, die zusammenwirken. Eine Rolle spielt auch die Verfügbarkeit der Droge.

In Bezug auf das Entstehen von Sucht gibt es **Risiko- und Schutzfaktoren**, wobei das eine das Gegenteil des anderen darstellt: Ein gutes Familienklima ist demnach ein Schutzfaktor, ein schlechtes Familienklima ein Risikofaktor.

- **Personale Schutzfaktoren:** Lebenskompetenzen wie Selbstwert und positives Selbstbild, Selbstverantwortung, Frustrationstoleranz, aktiver Problembewältigungsstil, Vertrauen in die Fähigkeit, selbst etwas bewirken zu können; Genussfähigkeit, Konfliktfähigkeit, Beziehungsfähigkeit, Gefühl des Verankertseins, positive Ziele und Lebensvorstellungen, Widerstandsfähigkeit gegen Verführungen, keine Traumatisierungen, Hoffnungsbereitschaft, Risikobewusstsein

- **Soziale Schutzfaktoren:** gutes Verhältnis zu den Eltern, emotional günstiges Erziehungsklima, unterstützende, vertrauensvolle Freundschaften, förderliches Klima in der Schule/am Arbeitsplatz, angemessene Anforderungen, Zugang zu Bildung und Informationen (Schule, Weiterbildung, Studium), soziale Lage, befriedigende Perspektiven zu Entwicklung/sozialem Aufstieg, stabile Wohnsituation, von der Umgebung gelebte Werte

- **Substanzbezogene Schutzfaktoren:** schlechte Verfügbarkeit, Illegalität, erschwerte Applikationsform (Art der Einnahme), Grad der Wirkungsweise und des Suchtpotenzials

Risikofaktoren begünstigen das Entstehen von Sucht, während Schutzfaktoren die Gefahr einer Abhängigkeit vermindern.

Welche Risikofaktoren begünstigen den Einstieg in ein Suchtverhalten?

Das sogenannte **Tankmodell** geht davon aus, dass jeder Mensch eine Art „Seelentank" in sich trägt, der mit guten Gefühlen (z. B. Liebe, Freundschaft, Geborgenheit) gefüllt und nicht immer gleich voll ist. Ursachen für die Entstehung von Sucht sind diesem Modell nach zu wenig gute Gefühle, also ein fast leerer Tank. Der Tank leert sich, wenn beispielsweise eine Freundschaft zerbricht oder man von einer geliebten Person durch Tod oder Scheidung getrennt wird. Weitere Risikofaktoren sind: dauerhafte Schwierigkeiten in der Familie oder Partnerschaft, Flucht vor unangenehmen Situationen und Gefühlen, Orientierungslosigkeit, soziale Isolation, schwaches Selbstwertgefühl, Gruppendruck (Suchtverhalten im Freundeskreis), Über- oder Unterforderung in der Schule oder am Arbeitsplatz, Verlust des Arbeitsplatzes, Geldnot, Armut. Nehmen die negativen Gefühle überhand, steigt die Gefahr, sich Ersatzbefriedigung über Genuss- und Rauschmittel zu suchen.

Früherkennung und Intervention

Woran erkenne ich, dass jemand süchtig ist?

Da es unterschiedliche Arten von Drogen gibt, die wiederum unterschiedlich auf die Psyche und die körperliche Verfassung wirken, ist es schwierig, allgemeine Begleiterscheinungen zu nennen. Generell können jedoch folgende Veränderungen Hinweise auf Drogenkonsum geben:

- **Grobe Wesensveränderungen:** starke Stimmungsschwankungen, Rückzug, depressive Verstimmung, merkliche Unruhe, Gereiztheit und Aggressivität, Teilnahmslosigkeit und Gleichgültigkeit, Konzentrationsschwierigkeiten, Entscheidungsunfähigkeit, Delinquenz (Straffälligkeit)
- **Veränderungen der Wünsche und Bedürfnisse:** Vernachlässigung der Körperhygiene, Vernachlässigung der sozialen Kontakte, Nachlassen der Leistung
- **Veränderung des Aussehens:** unnatürliche Pupillenreaktionen, gerötete Bindehäute, Einstichstellen am Körper, Schweißausbrüche, Zittern
- **Schlafstörungen** und unnatürliches Wegschlafen tagsüber, ständige Erschöpfung, Müdigkeit, Nervosität
- **Lallende,** verwaschene Sprache; extremer Redefluss
- **Ablehnung** von Hilfsangeboten
- **Übersteigerte finanzielle** Ausgaben und plötzlich erhöhter Geldbedarf
- Zufällige Funde von **Drogenutensilien** (Spritzen, Pfeifen, verrußte Löffel, unbekannte Tabletten)
- Eine bereits bestehende Abhängigkeit kann auch an den **Entzugssymptomen** erkennbar sein, z. B. Gliederschmerzen und andere grippeähnliche Symptome bis hin zu epileptischen Anfällen.

Viele dieser Hinweise können allerdings auch andere Ursachen haben. Sie können einfach nur die Begleiterscheinung einer Entwicklungsphase (Pubertät) sein oder vielleicht Anzeichen einer psychischen Störung. In jedem Fall muss in einem Gespräch abgeklärt werden, welches Problem vorliegt. Bewiesen werden kann die Suchtmitteleinnahme nur über einen Harntest. Viele Substanzen sind allerdings nur sehr kurze Zeit im Harn nachweisbar.

Mein Freund / meine Freundin nimmt Drogen. Wie soll ich mich verhalten?

Für eine erste Klärung der Situation ist es wichtig, in einer ruhigen Gesprächsatmosphäre wahrgenommene Probleme und begründete Sorgen offen anzusprechen und die eigenen **Gefühle zu artikulieren**. Mit Ich-Botschaften können Ängste (Ich mache mir Sorgen um dich), aber auch Missfallen (Ich will dich nicht treffen, wenn du auf Drogen bist) ausgedrückt werden.

In einem weiteren Schritt ist es wichtig, sich an eine Vertrauensperson zu wenden und bei **ExpertInnen** Unterstützung einzuholen. Hilfe zu suchen und anzunehmen ist keine Schwäche, sondern im Gegenteil ein Zeichen von Stärke: Es zeugt von Problembewusstsein und Verantwortungsgefühl, wenn jemand den Willen zur positiven Veränderung zeigt. In einer Drogen-Beratungsstelle werden gemeinsam mit dem/der Drogenabhängigen Interventionsmaßnahmen und Strategien der Problembewältigung überlegt, Vereinbarungen getroffen und Ziele und Perspektiven erarbeitet.

Unterstützungsangebote

Wo bekomme ich Hilfe? Welche Erst-Anlaufstellen gibt es?

Es gibt zahlreiche Hotlines (z. B. *Rat auf Draht* mit der Nummer 147), bei denen man sich kostenlos und anonym beraten lassen kann. Nach einem Erstgespräch wird man an eine passende Stelle weiterempfohlen. Weiters gibt es zahlreiche Drogen-Beratungsstellen, die ambulante Betreuung und Behandlung anbieten. Kontaktadressen und Telefonnummern sind im Internet oder in Info-Broschüren auffindbar.

Partnerarbeit: Erstellen Sie eine Liste von Drogen-Beratungsstellen in Ihrer näheren Umgebung.

Sogenannte **niederschwellige** Beratungs- und Betreuungseinrichtungen bieten Hilfsmaßnahmen an, die anonym, weitgehend kostenlos und ohne vorherige Terminvereinbarung zur Verfügung gestellt werden. Diese Hilfsmaßnahmen umfassen eine soziale und medizinische Grundversorgung, deren vorrangiges Ziel die Vorbeugung (Prävention, beispielsweise Aids- und Hepatitis-Prävention durch Spritzentausch) und Schadensbegrenzung ist.

Literaturtipp

Das damalige Bundesministerium für Bildung, Wissenschaft und Forschung hat gemeinsam mit dem Institut für Suchtprävention Linz die Publikation *Suchtprävention in der Schule* (2012) erstellt. Die Broschüre (inkl. CD-ROM) bietet einen Überblick über den Stand des Wissens zum Thema Sucht und Suchtentstehung und stellt die verschiedenen Ansatzpunkte und Methoden schulischer Suchtprävention dar. Die Publikation steht in sämtlichen Suchtprävention-Fachstellen und im Internet als Download zur Verfügung.

14.5 Psychotherapien

„Jeder Mensch ist ein Individuum. Die Psychotherapie sollte deshalb so definiert werden, dass sie der Einzigartigkeit der Bedürfnisse eines Individuums gerecht wird, statt den Menschen so zurechtzustutzen, dass er in das Prokrustesbett einer hypothetischen Theorie vom menschlichen Verhalten passt" (also in ein Schema, das nicht passt), meint der Psychotherapeut Milton Erickson. (Schulz-Stübner 2006, S. 5)

Berufsbild

In **Österreich** wird die psychotherapeutische Tätigkeit verstanden als eine *„umfassende, bewusste und geplante Behandlung von psychosozial oder auch psychosomatisch bedingten Verhaltensstörungen und Leidenszuständen mit wissenschaftlich-psychotherapeutischen Methoden … mit dem Ziel, bestehende Symptome zu mildern oder zu beseitigen, gestörte Verhaltensweisen und Einstellungen zu ändern und die Reifung, Entwicklung und Gesundheit des Behandelten zu fördern."* (Kastner-Koller 2007, S. 183) Das Psychotherapeutengesetz in **Deutschland** wiederum definiert Psychotherapie als *„jede mittels wissenschaftlich anerkannter psychotherapeutischer Verfahren vorgenommene Tätigkeit zur Feststellung oder Linderung von Störungen mit Krankheitswert, bei denen Psychotherapie indiziert ist."* (Frieboes 2005, S. 53)
Psychotherapie setzt in jedem Fall wissenschaftlich begründete psychologische Methoden – in Form verbaler oder nonverbaler Interaktion – ein, um psychologische Behandlungsziele zu erreichen. Die Therapiedauer hängt von Art und Schwere der Störung, von der Erfahrung und Spezialisierung der TherapeutInnen sowie von der gewählten Therapiemethode ab.

Ausbildung

Das Psychotherapiegesetz von 1991 regelt die **Ausbildung** der Psychotherapie in Österreich. Die Ausbildung besteht aus dem Propädeutikum und dem Fachspezifikum.
- Das **Propädeutikum** umfasst 765 Stunden, die in die psychotherapeutische Theorie und Praxis einführen, und 550 Praxisstunden in Form von Einzel- und Gruppenselbsterfahrung sowie Praktika.
- Beim **Fachspezifikum** muss man sich für eine Psychotherapiemethode entscheiden, 300 Theoriestunden (u. a. Persönlichkeitsentwicklung, Krankheitslehre, Behandlungstechniken) und 1 600 Praxisstunden absolvieren.

Berufspflichten

Nur wer diese Ausbildung absolviert, darf sich Psychotherapeut / Psychotherapeutin nennen. Die **Berufspflichten** der PsychotherapeutInnen sind in §14–16 des Psychotherapeutengesetzes niedergeschrieben: *„Der Psychotherapeut hat seinen Beruf nach bestem Wissen und Gewissen und unter Beachtung der Entwicklung der Erkenntnisse der Wissenschaft auszuüben. Diesem Erfordernis ist insbesondere durch den regelmäßigen Besuch von in- oder ausländischen Fortbildungsveranstaltungen zu entsprechen."* (Bundesverband 1990, § 14, § 15, § 16) Weiters sind PsychotherapeutInnen *„zur Verschwiegenheit über alle ihnen in Ausübung ihres Berufes anvertrauten oder bekannt gewordenen Geheimnisse verpflichtet."* (a. a. O.) Außerdem dürfen sie nur mit Zustimmung der / des Behandelten oder ihrer / seiner gesetzlichen Vertretung Psychotherapie ausüben und sind verpflichtet, ihre KlientInnen über die Behandlung (Art, Umfang, Kosten) aufzuklären.

Cathy

Cathy Guisewite

Es gibt zahlreiche Gründe, warum psychotherapeutische Hilfe in Anspruch genommen wird:

persönliche Entwicklung
- Manche Menschen fühlen sich gesund, wollen sich aber selbst besser kennenlernen und ihre Persönlichkeit **weiterentwickeln**.

Lebenskrise
- Manche Menschen suchen in **psychosozialen Lebenskrisen** (Trennung, Verlust, berufliche oder private Schwierigkeiten, belastende Umbruchsituationen) konstruktive Hilfe und professionelle Unterstützung.

- Bei **psychosomatischen** Krankheitsbildern hilft eine Psychotherapie, die dem Krankheitsbild zugrunde liegenden psychischen Probleme zu heilen und damit gleichzeitig die körperlichen Symptome zu lindern.
- Bei **psychischen Problemen** wie Ängsten, Depressionen, Konzentrations- oder Schlafstörungen, Magersucht und Bulimie kann meist nur professionelle Unterstützung helfen.

Wie wirksam ist die Psychotherapie?

Literaturtipp

DEGEN, Rolf: *Lexikon der Psycho-Irrtümer. Warum der Mensch sich nicht therapieren, erziehen und beeinflussen lässt.* München 2011. Für jede seelische Notlage gibt es die passende Heilmethode? Stimmt nicht, sagt der Autor: Die Mythen über die Seele dienen vor allem dem kollektiven Selbstbetrug. Unsere Erwartungen an die Formbarkeit des Menschen lassen sich empirisch nicht belegen. Wir können uns nicht ändern.

Der deutsche Psychologe Ulrich GRESCH spricht von der Psychotherapie als Hilfe zur Selbsthilfe. Er meint, dass sich der Klient/die Klientin selbst verändern muss. Jede Heilung der Seele sieht er als Selbstheilung. Der/Die TherapeutIn kann bloß Anregungen geben, Ideen und Wissen einbringen, neue Perspektiven eröffnen und auf blinde Flecken hinweisen, aber nicht heilen. Jede beliebige Person kann seiner Meinung nach die Rolle des Therapeuten/der Therapeutin einnehmen. Wichtig ist nur verständnisvolle Unterstützung. Dieser Meinung ist auch der Wissenschaftsjournalist Rolf DEGEN. Er untersuchte 600 Therapierichtungen und meint, professionelle TherapeutInnen können nicht wirkungsvoller heilen als Laien oder Selbsthilfegruppen. (Degen 2008, S. 49)

„Natürlich bin ich gereift, seit Sie mich therapieren. Sie machen das ja auch schon, seit ich vierzehn bin."

Internetrecherche 11

Holen Sie Informationen ein, inwiefern Menschen mit psychischen Problemen über das Internet geholfen werden kann.
- Welche Möglichkeiten bietet das Internet, eigene Probleme zu kommunizieren?
- Suchen Sie nach psychotherapeutischen Anlaufstellen oder anderen Institutionen, die professionell Hilfe anbieten.
- Halten Sie Ihre Rechercheergebnisse schriftlich fest.

Die Verhaltenstherapeutin und Psychoanalytikerin Eva JAEGGI untersucht in ihrem Buch *Und wer therapiert die Therapeuten?* die psychische Befindlichkeit von PsychotherapeutInnen und zieht den Schluss, dass der *„Beruf des Psychotherapeuten nicht unbedingt der gesündeste ist bzw. nicht unbedingt die gesündesten Menschen anzieht."* (Jaeggi 2004, S. 113)

fünf Wirkfaktoren

Der deutsche Psychotherapieforscher Klaus GRAWE wiederum fasste aufgrund seiner Studienergebnisse **fünf Wirkfaktoren** der Psychotherapie zusammen, die er als notwendige Voraussetzung für das Gelingen von Psychotherapie ansieht:

1. **Ressourcenaktivierung:** Der Therapeut/Die Therapeutin knüpft an bereits vorhandene Ressourcen – also die positiven Seiten und Stärken wie motivationale Bereitschaft, Fähigkeiten und Interessen – des Klienten/der Klientin an.
2. **Therapeutische Beziehung:** Die therapeutische Beziehung ist eine zentrale Ressource, wenn der Klient/die Klientin den Therapeuten/die Therapeutin als unterstützend, aufbauend und in seinem/ihrem Selbstwert positiv bestätigend erlebt. Die Qualität der Beziehung trägt signifikant zu einem besseren oder schlechteren Therapieergebnis bei.
3. **Problemaktualisierung:** Der Therapeut/Die Therapeutin hilft dem Klienten/der Klientin, Probleme, die in der Therapie verändert werden sollen, über therapeutische Techniken (z. B. Erzählen, Rollenspiele) nachzuerleben bzw. zu „aktualisieren".
4. **Klärung:** Die Therapie fördert mit geeigneten Maßnahmen (z. B. Deutungen, Konfrontation), dass der/die KlientIn sich über die Ursprünge oder Hintergründe des problematischen Erlebens oder Verhaltens bewusst wird.
5. **Problembewältigung:** Der Therapeut/Die Therapeutin unterstützt den Klienten/die Klientin aktiv darin, mit bewährten spezifischen Maßnahmen (z. B. Entspannungsverfahren, Kommunikationstraining) positive Bewältigungserfahrungen im Umgang mit vorhandenen Problemen zu machen.

»*Der wichtigste Faktor zu Beginn jedes therapeutischen Gesprächs ist die Herstellung eines guten Rapports – das heißt eines positiven Gefühls des Einverständnisses und der gegenseitigen Achtung zwischen Therapeut und Patient.*« (Erickson 1999, S. 14)

Sicht der Neurowissenschaft

Wie lässt sich die Wirkungsweise von Psychotherapie **neurowissenschaftlich** erklären? Zahlreiche Untersuchungen zur Effektivität von Psychotherapien (u. a. Imel/Wampold 2008) haben ergeben, dass die gängigen Psychotherapien mehr oder weniger dieselbe Effektivität zeigen. 30–70 % der Wirkung scheinen auf einen gemeinsamen Faktor („**Common factor**") zurückzugehen: die therapeutische Allianz. Darunter versteht man das Arbeits- und Vertrauensverhältnis zwischen

14

TherapeutIn und KlientIn, also dem Glauben des Therapeuten/der Therapeutin an die Wirksamkeit seiner/ihrer Methode (welcher Art auch immer) und dem Glauben des Klienten/der Klientin, dass ihm/ihr geholfen wird. Sobald sich die **therapeutische Allianz** gebildet hat, kommt es aufgrund der starken Ausschüttung des Bindungshormons Oxytocin zu einer schnellen und deutlichen Besserung der Befindlichkeit des Klienten/der Klientin. Die Therapie ist also umso wirksamer, je besser es dem Psychotherapeuten/der Psychotherapeutin gelingt, eine emotionale Bindung und ein Arbeitsbündnis zu seinem Klienten/ihrer Klientin aufzubauen. (vgl. Roth 2016, S. 326)

Bei schweren Fällen psychischer Störungen – wenn strukturell-funktionale, meist entwicklungsbedingte Defizite nicht behoben werden können – hat Psychotherapie allerdings keine nachhaltige Wirkung. Sie führt dann nur zu einer vorübergehenden Linderung, aber nicht zu einer langfristigen Verbesserung, wie die hohe **Rückfallquote** bei Depressionen zeigt. In dieser Phase sollen die verfestigten Gewohnheiten, die dem Leiden zugrunde liegen, mit positiven Erfahrungen überschrieben werden. Dieses Einüben neuer Erlebens- und Verhaltensweisen ist ein langwieriger Prozess, bei dem der Therapeut/die Therapeutin unterstützend einwirken kann.

Wussten Sie, dass ... **Placebos** (wirkstofffreie Scheinmedikamente) bei harmlosen Erkrankungen helfen können, gesund zu werden bzw. Beschwerden lindern können? Unter Placebos versteht man Pillen ohne Wirkstoff, wie z.B. Tabletten mit Milchzucker. Sie werden bei einer Kontrollgruppe zu neuen Medikamenten, die klinisch erprobt werden, eingesetzt. Bei rund einem Drittel der Versuchspersonen erzielten Placebos eine heilende Wirkung. Allerdings ist die Wirkung von Placebos noch nicht restlos geklärt. Es wurde jedoch herausgefunden, dass der Körper beispielsweise bei Schmerzen eigene, schmerzhemmende Substanzen (Endorphine) produziert, die er bei einer Scheinbehandlung gegen den Schmerz ausschüttet. Auf dieser Erkenntnis basierend sollen nun neue Therapieformen entwickelt werden, die gezielt die Suggestivkräfte der PatientInnen miteinbeziehen.

Psychotherapeutische Verfahren

Mittlerweile hat sich eine Vielfalt **psychotherapeutischer Verfahren** entwickelt, die darauf abzielt, psychische Störungen zu therapieren oder das seelische Gleichgewicht wiederherzustellen. Psychisches Leid soll durch eine gefühlsbetonte, vertrauensvolle Interaktion zwischen TherapeutIn und KlientIn gelindert werden. Martin SELIGMAN meint, dass zu jeder erfolgreichen Therapie zwei Dinge gehören: *„Sie blickt nach vorn, und sie fordert Selbstverantwortung."* (Myers 2005, S. 787) Folgende Verfahren werden voneinander unterschieden:

1. Tiefenpsychologische Verfahren
2. Verhaltenstherapeutische Verfahren
3. Humanistische Verfahren
4. Systemische Verfahren

Jedes psychotherapeutische Verfahren zeichnet sich durch ein bestimmtes **Konzept** des therapeutischen Prozesses (Diagnostik, Rolle des Therapeuten/der Therapeutin), ein bestimmtes **Therapieziel** und bestimmte **Therapiemethoden** aus.

In Österreich sind derzeit 23 **Methoden** (Therapieformen) anerkannt, die vom Psychotherapiebeirat im Gesundheitsministeriums auf ihre wissenschaftliche Fundierung überprüft wurden. Die Methoden unterscheiden sich hinsichtlich der Auffassung der Persönlichkeitsstruktur des Menschen und der Entstehung psychischer Störungen. Je nachdem, welche Ursache des psychischen Problems der Therapeut/die Therapeutin erkennt und welches Erklärungsmodell er/sie heranzieht, kommen unterschiedliche Methoden zum Einsatz. Sieht er/sie biologische Ursachen als Wurzel der Erkrankung, werden therapiebegleitend möglicherweise Medikamente verschrieben;

bei einer sozialisationsbedingten Erkrankung wird das Umfeld in die **therapeutische Intervention** entsprechend einbezogen. Beim psychoanalytischen Ansatz wird die Kindheit aufgearbeitet. Bei einigen Methoden steht das Gespräch im Vordergrund, andere bieten zusätzlich die Arbeit mit kreativen Mitteln (z.B. Anfertigen von Zeichnungen) an, mit denen der Zugang zum eigenen Erleben und inneren Konflikten unterstützt werden soll. Oft arbeiten TherapeutInnen integrativ, d.h. mit verschiedenen Therapiemethoden gleichzeitig.

therapeutische Intervention

1. Tiefenpsychologische Verfahren

Grundannahme

Tiefenpsychologische Verfahren sehen in unbewussten, **unbewältigten Konflikten** die Ursache für eine psychische Störung. Der Ursprung der Konflikte liegt dieser Theorie zufolge meist in der frühen Kindheit.

Ziel

TherapeutInnen sollen vergangene ungelöste Konflikte, unbewusste Wünsche, Triebe und Motive **aufdecken**, den KlientInnen bewusst machen und ihnen bei der Verarbeitung helfen.

Methoden

Psychoanalyse, Individualtherapie, Analytische Therapie

Psychoanalyse

Die **Psychoanalyse** FREUDS geht davon aus, dass sich ein Problem löst, wenn KlientInnen ihre ungelösten unbewussten Spannungen (Verdrängungen) erkennen (▶ Kap. 10.3). Sie arbeitet mit mehreren Methoden:

- „Sprechen Sie wahllos aus, was Ihnen gerade einfällt!" In der Methode der **freien Assoziation** werden die KlientInnen aufgefordert, unbewusste Inhalte zu verbalisieren. Wird der Fluss der freien Assoziation unterbrochen, spricht man von **Widerstand**. Dieser soll verdrängte Inhalte vom Bewusstsein fernhalten. Wenn Gefühle ausgedrückt werden, die normalerweise verdrängt werden, spricht man von **Katharsis** (Reinigung).
- Die **Deutung** (Interpretation) des Widerstands, aber auch der Träume oder Abwehrmechanismen (▶ Kap. 10.3) durch den Psychoanalytiker/die Psychoanalytikerin soll dem Klienten/der Klientin zur Einsicht verhelfen.
- Wenn KlientInnen Gefühle, die sie eigentlich ihren Eltern oder wichtigen Bezugspersonen aus der Kindheit entgegenbringen, auf den Analytiker/die Analytikerin projizieren, spricht die Tiefenpsychologie von **Übertragung**. Wenn es gelingt, die Übertragung bewusst zu machen, werden die KlientInnen ihre Gefühle besser verstehen und lernen, diese richtig zu deuten.

Individualtherapie

Die **Individualtherapie** ADLERS (▶ Kap. 10.4) übernimmt eine sozialpsychologische Perspektive in der Tiefenpsychologie, indem sie die individuelle Lebensgeschichte betrachtet. Sie geht davon aus, dass verletzte Gefühle aus der Kindheit zu einem Minderwertigkeitsgefühl führen und der Ursprung für seelische Sorgen sind. TherapeutInnen analysieren daher die Stellung in der Geschwisterreihe, Kindheitserinnerungen, Träume und gegenwärtige Konflikte. Mit dieser analytischen Methode erhalten KlientInnen Zugang zu ihrem Unbewussten. Durch gezielte Fragen soll ihr Problem gefunden werden. Die **Lebensleitlinie** – eine zielgerichtete, motivierende Kraft, die unbewusst wirkt und in den ersten Lebensjahren geprägt wird – soll gefunden und umgesetzt werden.

Analytische Therapie

Die **Analytische Therapie** nach JUNG (▶ Kap. 10.4) versteht unter Neurosen „Leiden der Seele, die ihren Sinn nicht gefunden hat". (Jung 1973, S. 358) Jung geht davon aus, dass alle Menschen bestimmte Lebenskonflikte (archetypische Probleme) bewältigen müssen. Im Mittelpunkt seiner analytischen Therapie steht die Arbeit mit Träumen, Fantasien und Imaginationen, die Zugang zu diesen Problemen verschaffen. Heilung verspricht die Therapie durch Individuation – das „Ganzwerden" durch die Bewusstmachung unbewusster Persönlichkeitsanteile.

2. Verhaltenstherapeutische Verfahren

Grundannahme

Verhaltenstherapeutische Verfahren gehen davon aus, dass ein psychisches Problem ein **erlerntes Fehlverhalten** ist, das auch wieder verlernt werden kann. Ängste (Zwangshandlungen), Depression, Aggression sowie Suchtverhalten lassen sich verhaltenstherapeutisch besonders gut behandeln.

Ziel

Früher erworbene Einstellungen, Strategien oder Verhaltensmuster, die krank machen, sollen aufgedeckt und verändert werden. Die Therapie zielt darauf ab, unerwünschtes, gelerntes Verhalten durch **Umlernen oder Verlernen** zu verändern bzw. zu löschen. Fehlverhalten soll abgebaut, angepasstes Verhalten erworben werden.

Methoden

Verhaltenstherapie (u. a. Gegenkonditionierung, kognitive Verhaltenstherapie)

14

Gegenkonditionierung

Bei Phobien hat sich die Methode der **Gegenkonditionierung** bewährt. Bei der Gegenkonditionierung wird eine neue Reaktion „erlernt", die die fehlangepasste Reaktion ersetzen soll. Furcht beispielsweise kann durch Konditionierung (▸ Kap. 5.2) erlernt, aber auch wieder verlernt werden. Die Gegenkonditionierung wendet folgende Techniken an: Systematische Desensibilisierung, Konfrontationstherapien, Aversionskonditionierung.

Systematische Desensibilisierung

Die **Systematische Desensibilisierung** ist eine Therapieform, die vor allem bei Phobien beachtliche Erfolge erzielen konnte. Während die KlientInnen körperlich entspannt sind, werden sie schrittweise mit dem Angst auslösenden Reiz konfrontiert. Die systematische Desensibilisierung erfolgt in drei Schritten:

1. Nachdem das Thema der Angst bestimmt wurde (z. B. Klaustrophobie), **ordnen** die KlientInnen Angst auslösende Reize **hierarchisch** – beginnend mit dem Reiz, der am wenigsten Angst auslöst (z. B. in einem Aufzug stecken bleiben, dann durch einen Tunnel gehen, anschließend unter der Erde eingeschlossen sein etc.).
2. KlientInnen werden mit einer **Entspannungsmethode** (z. B. der progressiven Muskelentspannung) vertraut gemacht und sollen sich in einen entspannten Zustand versetzen, denn Entspannung ist unvereinbar mit Angst.
3. Schließlich beginnt der Prozess der eigentlichen **Desensibilisierung**: Die KlientInnen entspannen sich. Sie stellen sich zunächst den schwächsten Reiz vor. Tritt Angst auf, wird der Vorgang abgebrochen und erst nach neuerlicher Entspannung wiederholt. Können die KlientInnen sich den Angst auslösenden Reiz schließlich entspannt und ohne Unbehagen vorstellen, gehen sie weiter der Liste nach bis zum stärksten Reiz vor.

Ⓣ Partnerarbeit 12 Wie könnte Spinnenangst systematisch desensibilisiert werden? Erstellen Sie eine Angsthierarchie, angefangen beim Entspannungstraining und dem einfachen Vorsagen des Wortes *Spinne* bis zum Berühren der Spinne.

Reiz-Konfrontationstherapie

In der **Reiz-Konfrontationstherapie** werden KlientInnen dem Angst auslösenden Reiz so lange bzw. so oft ausgesetzt, bis die Angst verschwunden ist. Dazu ein Beispiel: *„Einem Patienten, der 30 Jahre lang Angst gehabt hatte, einen Aufzug zu betreten, riet ein Therapeut, sich selbst dazu zu zwingen, 20 Aufzüge pro Tag zu betreten. Innerhalb von 10 Tagen war die Angst des Patienten fast verschwunden."* (Myers 2005, S. 344)

Aversionskonditionierung

Die **Aversionskonditionierung** wird bei Personen angewendet, die sich unerwünschtes Verhalten abgewöhnen wollen. Dabei wird das unerwünschte Verhalten an einen unangenehmen Folgezustand gekoppelt: Zur Behandlung des Nägelkauens kann man beispielsweise die Fingernägel mit einem widerlich schmeckenden Nagellack bestreichen. Es wird also eine Aversion gegen ein Verhalten konditioniert, das der Klient/die Klientin vermeiden möchte. Damit werden allerdings nur die Symptome bekämpft, deren Ursache sich auf eine andere Art ausdrücken wird, wenn sie nicht selbst beseitigt wird.

„Professor Gallagher demonstriert hier seine umstrittene Therapie der gleichzeitigen Behandlung von Höhenangst, Schlangenphobie und Angst vor der Dunkelheit …"

Kognitive Verhaltenstherapie

Die **Kognitive Verhaltenstherapie** geht davon aus, dass die psychische Störung Resultat einer **fehlerhaften Wahrnehmung** und „unbrauchbarer" (dysfunktionaler) Denkprozesse ist. Sie geht von einer Dissonanz (Unstimmigkeit) zwischen der Realität und der Situation, die KlientInnen erleben, aus. Negative Gedanken und Interpretationen, die zu negativen Gefühlen in einer Situation führen, sollen erkannt und verändert werden. Die KlientInnen sollen lernen, sich selbst neu und positiv zu sehen, indem sie das negative Selbstkonzept und selbsterniedrigende Gedanken wie „Ich bin ein Versager" oder „Keiner mag mich" gegen neue Denkprozesse austauschen.

Die **kognitive Umstrukturierung** umfasst vier Komponenten (Wittchen 1999, S. 484):

- Dysfunktionale (verzerrte, negative) Gedanken und Konzepte werden *ermittelt* bzw. bewusst gemacht.
- Dysfunktionale Gedanken und Konzepte werden auf ihre Angemessenheit hin *geprüft.*
- Irrationale Einstellungen werden korrigiert und alternative Gedanken und Konzepte werden *aufgebaut.*
- Neue Gedanken und Konzepte werden *trainiert.*

3. Humanistische Verfahren

Grundannahme
Humanistische Therapien stellen den Menschen mit seinen **Selbstheilungskräften** in den Mittelpunkt. Die therapeutischen Prinzipien bauen daher auf der zwischenmenschlichen Beziehung auf: positive Zuwendung (Wertschätzung), Einfühlung (Empathie) und Ehrlichkeit (Kongruenz) im Umgang mit anderen.

Ziel
Der Mensch sucht in seinem Leben nach Sinn, strebt nach persönlichem Wachstum, Selbstentfaltung, Selbstverwirklichung, individueller Autonomie und Selbsterfahrung. All diese menschlichen **Potenziale** sollen in der Therapie unterstützt und gefördert werden. Therapieziel ist die Selbstexploration, d. h. das Klären der Gefühle, Wünsche und Interessen, und nicht die Behandlung einer bestimmten Störung.

Methoden
Klientenzentrierte Gesprächspsychotherapie, Gestalttheoretische Psychotherapie, Psychodrama, Existenzanalyse und Logotherapie

Klientenzentrierte Gesprächstherapie

Der personenzentrierte Ansatz, also die **Klientenzentrierte Gesprächspsychotherapie**, geht auf Carl R. Rogers zurück. Es handelt sich dabei um eine Therapieform, die im Gespräch auf die aktuellen bewussten Gefühle der KlientInnen eingeht. Folgende Gesprächsvoraussetzungen haben sich für einen günstigen Therapieverlauf besonders bewährt:

- Das **aktive Zuhören** vermittelt Zuwendung und Aufnahmebereitschaft und äußert sich über kurze Ermutigung (*ja*, *gut*), das Signalisieren von Verständnis (*aha*), die Wiederholung der letzten Worte und das Bitten um Konkretisierung oder Beispiele. Nonverbal wird aktives Zuhören über eine natürliche Sitzhaltung, flexiblen Blickkontakt, Nicken und andere authentische Ausdrucksbewegungen unterstützt.

- **Empathie** (einfühlendes Verstehen) bedeutet, sich in die innere Welt der KlientInnen hineinzuversetzen und sich deren Gefühle zu vergegenwärtigen. Empathie heißt vor allem aber auch, die persönliche, emotionale Botschaft innerhalb der sprachlichen Mitteilung zu verstehen. Das Gesagte unterscheidet sich oft vom Gemeinten. Antwortet eine Person auf die Frage nach ihrem Befinden mit „ganz gut", kann das je nach Tonfall heißen, dass es der Person wirklich gut geht, dass es ihr nicht gut geht und sie nicht darüber sprechen will, oder sie möchte signalisieren, dass es ihr nicht gut geht und man weiterfragen soll. Je präziser man die Botschaften des/der Sprechenden intuitiv dem Gemeinten entsprechend erfasst, desto stärker ist das empathische Empfindungsvermögen.

- Ohne zu bewerten und ohne Vorbehalte soll man sein Gegenüber **akzeptieren**, wertschätzen und ernst nehmen.

- Das Verhalten des Therapeuten/der Therapeutin soll offen und echt (**kongruent**) sein, er/sie soll sich nicht hinter einer Fassade verstecken.

Gestalttheoretische Psychotherapie

Friedrich Perls gilt als Begründer der Gestalttherapie, die den Menschen als **Einheit von Körper, Seele und Geist** betrachtet, als ganzheitliches Individuum mitsamt seiner Erfahrungen und seinem sozialen Umfeld. Bei psychischen Problemen sollen Körper, Seele und Geist wieder in Einklang gebracht und Blockaden im Erleben, Wahrnehmen und Handeln aufgelöst werden.
Die Gestalttherapie geht davon aus, dass der Mensch ein Potenzial zu **lebenslangem Wachstum**, zu kreativen Lösungen und zu geistig-seelischer Gesundheit hat. Konflikte werden als Chance gesehen – wenn sie bewältigt werden, kann man an ihnen wachsen. In der Gestalttherapie ist das **Hier und Jetzt** entscheidend. Das bedeutet, dass das unmittelbare Erleben im Mittelpunkt der Therapie steht. Das Hier und Jetzt gibt den Anstoß zu Veränderungen und befreit: Jeder Mensch hat in jedem Moment die Möglichkeit, sein Leben neu zu gestalten.

14

Psychische Gesundheit kann erreicht werden, indem unerwünschte Persönlichkeitsanteile in der Therapie wahrgenommen, intensiv erlebt und schließlich akzeptiert werden. Die **Gestalttherapie** bedient sich verschiedener spielerischer Methoden, damit unangenehme Gefühle, Konflikte oder Erlebnisse ausgedrückt und vergegenwärtigt werden können. Beispiel: Die Therapeutin fordert den Klienten auf, sich die abgelehnte Rolle auf einem leeren Stuhl vorzustellen und mit dieser in einen Dialog zu treten.

Der Gestalttherapeut/Die Gestalttherapeutin fungiert in der Therapiesituation als verständnisvoller Mensch, der in einer dialogischen Haltung die KlientInnen auf einer Selbstentdeckungsreise begleitet. Dabei versucht er/sie die Balance zwischen emotionaler Unterstützung und Konfrontation der KlientInnen mit Frustrationen zu finden. (Beispiel: Der Therapeut deckt Widersprüche in den Aussagen der Klientin auf.)

Psychodrama

Der Wiener Arzt Jakob L. Moreno gilt als Begründer der **Gruppenpsychotherapie**. Er sieht Rollenkonflikte als Ursache für psychische Störungen, die sich in Form geschädigter Handlungs- und Beziehungsmuster zeigen. Moreno entwickelte den psychotherapeutischen Ansatz des **Psychodramas**, ein originelles, integratives Verfahren, das die kreative Lebensgestaltung fördert. Es basiert auf Rollenspielen, in denen ein persönliches Problem szenisch dargestellt wird, um folgende Ziele zu erreichen:
* spielerisch auf den Kern des Problems stoßen,
* Konfliktursachen aufdecken,
* Kommunikationsstörungen erkennen und beheben,
* problematische zwischenmenschliche Beziehungsmuster klären,
* destruktive Rollenmuster abbauen, **neue Verhaltensmuster trainieren**.

Das Rollenspiel fördert Spontaneität, Kreativität und die sozialen Fähigkeiten.

Existenzanalyse

Der österreichische Neurologe und Psychiater Viktor Frankl begründete die **Existenzanalyse**, die durch seine Erfahrungen im Konzentrationslager Ausschwitz beeinflusst wurde. Frankl geht davon aus, dass seelische Konflikte auf Sinndefiziten basieren. Wir haben ein natürliches Bedürfnis, nach Sinn zu streben. Die Existenzanalyse hilft dem Menschen, seinen Sinn im Leben zu finden. Dabei werden seine momentanen Lebensumstände geklärt und analysiert sowie zukünftige Lebensgestaltungsmöglichkeiten überlegt: Welche Belastungen hindern mich derzeit an einem erfüllten Leben? Was fördert mein Lebenskonzept? Welche persönlichen Werte führen mich zu meinem Sinn im Leben?

Logotherapie

Die therapeutische Methode der Existenzanalyse ist die **Logotherapie**: Durch dialogische Offenheit, die im Gespräch mit dem/der Therapierenden entstehen soll, kann der Klient/die Klientin seine/ihre Fähigkeiten zum Ausdruck bringen und z. B. Grundmotivationen erkennen. In dieser Beratungsform wird den Betroffenen nicht erklärt, warum sie leiden, sondern sie lernen, ihr Schicksal in die Hand zu nehmen und aktiv den Sinn im Leben zu finden. Die bekannteste Technik der Logotherapie ist die Methode der **paradoxen Intention**. Dabei sollen KlientInnen genau das zu tun beabsichtigen, wovor sie sich fürchten (z. B. Stottern). Die Symptome, die sie loswerden möchten, finden absichtlich Anwendung. Unter therapeutischer Anleitung soll diese Anwendung humorvoll übertrieben und bis zur Unwirklichkeit verstärkt werden, bis es gelingt, die eigenen Ängste oder Zwänge zunehmend zu belächeln. **Humor** spielt in der therapeutischen Anleitung eine wichtige Rolle. Mit Humor kann Schwäche zu Stärke zu werden: „Wir üben jetzt das Kaffee-Zittern!", „Werden Sie nun bitte so richtig rot!" Diese Therapieform ist gut geeignet für angst- und zwangsneurotische KlientInnen mit Erwartungsängsten, also Angst vor der Angst. Das Ziel dabei ist es, dass KlientInnen Distanz zum Problem bekommen und eine Objektivierung der Lage möglich wird.

Die weltanschauliche Grundlage der Logotherapie ist die **Logo-Theorie**. Sie antwortet auf die Frage, wie sich das Leben mit Sinn erfüllen lässt, mit drei Wertkategorien:
* **Schöpferischer Wert:** Zunächst lässt sich Sinn finden, indem wir eine Tat setzen oder ein Werk schaffen.
* **Erlebniswert:** Wir finden Sinn *„aber auch durch ein Erlebnis, also dadurch, dass wir etwas erleben – etwas oder jemanden, und jemanden in seiner ganzen Einmaligkeit und Einzigartigkeit erleben heißt ihn lieben."* (Frankl 2007, S. 20)
* **Einstellungswert:** Schließlich zählen Haltung und Einstellung – zwei Kategorien, mit denen unausweichliche Schicksalsschläge abgefangen werden – zu den wichtigen Komponenten eines sinnvollen Lebens.

Der Mensch findet seinen Sinn, wenn er sich in eigenen Werken oder in der Liebe verwirklicht und dabei über sich selbst hinauswächst. Wie Untersuchungen belegen, ist die Sinnfindung unabhängig von Alter und Bildungsgrad, ebenso Geschlecht, Religionszugehörigkeit und Intelligenzquotient. Wenn keine eigene Wertorientierung im Leben gelingt, besteht die Gefahr von Konformismus (wir tun, was die anderen tun) und Totalitarismus (wir tun, was die anderen von uns wollen). Die noogene Neurose ist schließlich das Ergebnis einer existenziellen Frustration bzw. Ausdruck des Zweifels an einem Lebenssinn.

Definition

Die NOOGENE NEUROSE (griech. *nous:* Sinn, Geist) ist ein extremes Sinnlosigkeitsgefühl, das z. B. eine existenzielle Krise als Ursache hat.

4. Systemische Verfahren

Grundannahme

Systemische Verfahren sehen vor allem soziale und kulturelle Einflüsse als für die Entstehung einer psychischen Störung verantwortlich. Da soziale Prozesse sich immer auf das Individuum auswirken, formen sie auch die individuelle Lebensgeschichte. Psychische Störungen sind so gesehen das Ergebnis einer **fehlerhaften Kommunikation** in einem **fehlgesteuerten System** (Familie, Partnerschaft). Systemische Verfahren analysieren Rollenmuster in Familienstrukturen und Partnerschaften; sie sind gut geeignet, um Depressionen zu therapieren.

Ziel

Ziel ist es, problematische Verhaltensmuster im sozialen Umfeld zu ermitteln und zu durchbrechen. Damit das gelingt, muss das **System** (das Beziehungs- oder Interaktionsmuster in Partnerschaft, Familie oder Gruppe) verändert werden.

Methoden

Neuro-linguistische Psychotherapie, Systemische Familientherapie

Familientherapie

Die **Familientherapie** geht davon aus, dass Probleme situationsbedingt sind. Veränderungen in der Lebenssituation (z. B. durch Verlust des Arbeitsplatzes oder die Geburt eines Kindes) können Schwierigkeiten und falsche Kommunikationsmuster auslösen.

Die Familientherapie sieht in der **familiären Kommunikation** einen wesentlichen Faktor für psychische Gesundheit, daher wird die ganze Familie in die Therapie mit einbezogen. Die therapeutische Intervention konzentriert sich auf Rollenmuster und die Beziehungen zwischen den Familienmitgliedern. Der Therapeut/Die Therapeutin hilft herauszufinden, wo das Problem konkret liegt. Der Fokus liegt auf der Veränderung bzw. Verarbeitung jener Umweltfaktoren, die das Problem auslösten.

Die TherapeutInnen arbeiten mit den Betroffenen daran, Spannungen zwischen den einzelnen Familienmitgliedern abzubauen, indem positive und negative Aspekte der Beziehung bewusst gemacht werden. Nach der Familientherapeutin Virginia SATIR haben TherapeutInnen dabei mehrere Rollen: Sie sind ÜbersetzerInnen, AufklärerInnen und Einfluss nehmende VertreterInnen sowie SchiedsrichterInnen. Wenn die negativen Strukturen in der Familie aufgelöst werden konnten, hilft der Therapeut/die Therapeutin schließlich dabei, sich auf neue positive Elemente zu konzentrieren.

(Familien-)Aufstellungen

Zu den Methoden der Familientherapie zählen etwa Aufstellungen. Bei **Familienaufstellungen** wird ein Problem mithilfe von Personen räumlich aufgestellt. Der Klient/Die Klientin nennt das Problem und wählt beliebige Personen aus dem Kreis der TeilnehmerInnen stellvertretend für seine/ihre Familienmitglieder aus. Die VertreterInnen werden nun im Raum aufgestellt und anschließend ihr Platz, ihr Empfinden und ihre Beziehungen zueinander analysiert: Wer ist einander zugewandt? Wer steht am Rand? Wie fühlen sich die VertreterInnen in ihrer Rolle körperlich/emotional? Das Standbild wird schließlich so lange verändert, bis sich die VertreterInnen auf ihren Plätzen wohlfühlen. In diesem Prozess des Aufarbeitens können problematische Beziehungsstrukturen behoben und Lösungen gefunden werden. Aufstellungen werden auch immer öfter von Menschen ohne psychotherapeutische Ausbildung angeboten. Dies bringt die Gefahr mit sich, dass Menschen mit den in der Aufstellung ausgelösten psychischen Prozessen allein gelassen werden.

Familienaufstellung

14

Körperpsychotherapie

Die Körperpsychotherapie ist derzeit kein in den Psychotherapierichtlinien anerkanntes Verfahren. Es ist jedoch möglich, dass PsychotherapeutInnen mit Elementen der Körperpsychotherapie arbeiten.

Systematische Körperübungen sowie Entspannungsübungen steigern einerseits die Sensibilität für den eigenen Körper, andererseits mobilisieren sie innere Kräfte, die die Leistung erhöhen und Stress abbauen. Jede Behandlungsmethode, die den Körper entspannt, entspannt auch die Psyche. So lösen Massagen beispielsweise Muskelspannungen und wirken beruhigend. Ein hohes Körperbewusstsein geht schließlich mit psychischer und körperlicher Gesundheit einher.

Die Körperpsychotherapie kann körperliche Beschwerden lindern, die mit einer psychischen Störung einhergehen.

Wussten Sie, dass ... wir sehr stark **beeinflussbar** sind? Stellen Sie sich vor, Ihre Physiklehrerin erklärt Ihnen, dass eine bestimmte Flüssigkeit sehr stark riecht. Dann werden nach einigen Minuten fast alle SchülerInnen davon überzeugt sein, dass es im Klassenzimmer stinkt, selbst wenn es sich bei der Flüssigkeit bloß um gefärbtes Wasser handelt. **Suggestion** ist die wirksame Übertragung oder Beeinflussung von Gefühlen, Gedanken, Überzeugungen oder Wahrnehmungen einer Person durch eine andere. Willensschwache und leichtgläubige Menschen sind besonders leicht beeinflussbar, genauso wie man leichter beeinflussbar ist, wenn man sein Gegenüber als stärker, besser informiert oder selbstsicherer wahrnimmt. Die Beeinflussbarkeit ist aber auch von der aktuellen Situation (z. B. Müdigkeit) abhängig. Generell wird zwischen **Heterosuggestion** (Fremdbeeinflussung) und **Autosuggestion** (Selbstbeeinflussung) unterschieden: Die Heterosuggestion spielt in der Werbung, der Erziehung und in gruppendynamischen Situationen eine besondere Rolle, die Autosuggestion hingegen bei psychotherapeutischen Verfahren, vor allem aber auch bei körperorientierten Methoden wie beispielsweise dem autogenen Training.

autogenes Training

Das **autogene Training** ist ein Verfahren, das körperliche und seelische Beschwerden mittels Entspannungs- und Atemtechniken lindert. Die Übungen intensivieren die Körperwahrnehmung und werden vor allem bei Schlafstörungen, Stress, psychosomatischen Beschwerden und Migräne eingesetzt.

progressive Muskelentspannung

Die **progressive Muskelentspannung** geht auf den US-amerikanischen Arzt Edmund JACOBSON zurück. Es ist ein systematisches Behandlungsprogramm, bei dem spezielle Muskelgruppen von Kopf Richtung Fuß der Reihe nach angespannt und entspannt werden. Die Entkrampfung der Muskulatur bewirkt, dass man sich mental entspannt, und geht schließlich mit einem Gefühl tiefer Erholung einher: Ein entspannter Körper führt zu einem entspannten Geist.

Fantasiereisen

Fantasiereisen können von Musik, Wassergeplätscher, Vogelgezwitscher und anderen beruhigenden Geräuschen begleitet werden. Beliebte Themen sind Orte in der Natur. Zum Beispiel: *Stell dir vor, du erwachst eines Morgens, die ersten Sonnenstrahlen scheinen auf dein Gesicht, du riechst die morgenkühle Luft, du liegst auf weichem Sand, du hörst das Rauschen der Meereswellen, Möwen fliegen über dir.*

Partnerarbeit 13

Überlegen Sie sich einzeln jeweils eine entspannende Fantasiereise. Setzen Sie sich dann locker hin und schließen Sie die Augen, während Ihr Partner bzw. Ihre Partnerin Sie anleitet. Denken Sie daran, ihn/sie am Ende wieder ins Hier und Jetzt zurückzuleiten! Wechseln Sie nach ca. zwei Minuten die Rollen.

Lachtherapie

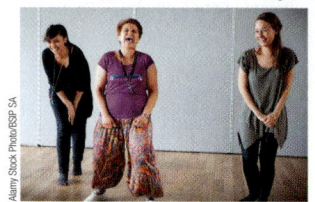

Lachtherapie

„Lachen ist die beste Medizin", lautet ein altes Sprichwort. Doch erst seit Anfang des 20. Jahrhunderts versucht man PatientInnen mit der **Lachtherapie** seelisch zu unterstützen. 1971 entdeckte Hunter „Patch" ADAMS, dass Lachen einen wesentlichen Beitrag zur schnellen Genesung seiner PatientInnen leistete. Er gründete mehrere „Gesundheit! Institutes", sogenannte „Humor-Krankenhäuser", wo er als Clown vor seine PatientInnen trat. Die Geschichte seiner Therapie wurde 1999 verfilmt (*Patch Adams – Ein Doktor mit Herz*). Die ersten Clownprogramme etablierten sich 1986 in den USA und brachten mehr Lachen und Fantasie in den Klinikalltag. 1991 wurde in Österreich am Wiener AKH der Verein „CliniClown" gegründet.

Der Wissenschaftsjournalist Norman Cousins, der an einer schmerzhaften chronischen Entzündung der Wirbelsäule litt, berichtet in seiner Autobiographie *Der Arzt in uns selbst*, wie er mit humorvollen Filmen, lustigen Büchern und Witzen, aber auch einer positiven Grundstimmung seine als unheilbar geltende Krankheit überwinden konnte. Ziel der Lachtherapie ist, die innere Haltung zum Positiven zu verändern. Sie soll das „innere Lächeln" fördern und helfen, mehr Gelassenheit zu entwickeln. Als Begleittherapie kann sie unterstützend wirken.

Die Wissenschaft, die die Auswirkungen des Lachens erforscht, nennt man **Gelotologie** (griech. *gélos:* Gelächter). Sie untersucht die physischen und psychischen Aspekte des Lachens. Der indische Arzt Madan Kataria entwickelte Lachübungen, die auf Yoga basieren, und gründete sogenannte Lachclubs. 15 Minuten lang praktiziert man befreiendes Gemeinschaftslachen: *„Der Lachtrainer hält eine grüne Tafel in die Höhe, auf dieser steht in gelben Buchstaben untereinander ‚Hihihi, Hohoho, Hahaha'. Alle rufen das jetzt laut und klatschen dabei in die Hände. Nach einiger Zeit lachen wir wirklich."* (Nagiller 2004, S. 157)

Die Lachübungen bestehen aus Geräuschen, Mimik, Körperbewegungen und Atemtechniken. Kataria unterscheidet außerdem zwischen mehreren Formen des Lachens. Unter anderem werden in Lachclubs das stille Lachen, das Begrüßungslachen oder beispielsweise auch das Löwenlachen, ein Lachen mit weit herausgestreckter Zunge und Löwengebärde, trainiert. Das zunächst künstliche Lachen wandelt sich bald automatisch zu einem echten Lachen.

Was beim Lachen geschieht:

positive Effekte des Lachens

- Die **Sauerstoffversorgung** im Gehirn steigt an.
- Das sogenannte **Glückshormon** Serotonin und schmerzstillende körpereigene Substanzen werden freigesetzt.
- Durch die verminderte Produktion der Stresshormone Cortisol und Adrenalin wird Stress abgebaut. Dadurch wird auch der **Schlaf** erholsamer.
- Durch die Massage des Magen-Darm-Bereichs mittels Zwerchfell wird die **Verdauung** angeregt.
- Durch den kurzfristigen Anstieg des Blutdrucks wird der **Kreislauf** aktiviert.
- **Immunsystem** und Abwehrkräfte werden gestärkt.
- Die **Gesichtsmuskeln** entspannen sich.

Abschließend zum Schmunzeln:

Ein Mensch fragt in einer fremden Stadt: *„Wo geht's denn hier zum Bahnhof?"*
Es antworten ihm ein/eine …

Gesprächstherapeut	Sie möchten wissen, wo der Bahnhof ist.
Psychoanalytikerin	Sie meinen, diese dunkle Höhle, wo immer etwas Langes rein und raus fährt.
Verhaltenstherapeut	Heben Sie den rechten Fuß! Schieben Sie ihn nach vorne! Setzen Sie ihn auf! Sehr gut! Hier haben Sie ein Bonbon.
Gestalttherapeutin	Du, lass es voll zu, dass du zum Bahnhof willst.
Hypnotherapeut	Schließen Sie die Augen. Ihr Unbewusstes kennt den Weg zum Bahnhof.
Familientherapeutin	Für wen in der Familie ist es besonders wichtig, dass Sie zum Bahnhof gehen?
Systemischer Familientherapeut	Ich frage mich, was Ihre Mutter dazu sagen würde, wenn Ihr Vater ihr diese Frage stellt.
Logotherapeutin (SBZ 1993)	Welchen Sinn macht es, zum Bahnhof zu gehen?

 **Einzelarbeit** 14 Bereiten Sie zusammen mit KlassenkollegInnen einen Zeitschriftentisch vor. Suchen Sie dafür Artikel zum Thema *Seelische Gesundheit und Krankheit* heraus. Setzen Sie sich mit der gewählten Thematik auseinander, indem Sie den Artikel nach folgenden Punkten bearbeiten:
- Unterstreichen Sie die wichtigsten Informationen.
- Finden Sie passende Überschriften zu den Absätzen.
- Fassen Sie die wichtigsten Gedanken strukturiert zusammen.
- Kopieren Sie Ihre Zusammenfassung für Ihre KlassenkollegInnen.

14

Suchen Sie eine psychotherapeutische Einrichtung in Ihrer Nähe auf und verfassen Sie darüber einen Bericht.

- Bereiten Sie für Ihren Besuch Fragen vor und führen Sie ein Interview mit einem Mitarbeiter/einer Mitarbeiterin oder einem Klienten/einer Klientin. Machen Sie Fotos, wenn dies zugelassen wird.
- Verfassen Sie nun aus den gesammelten Informationen einen schriftlichen Bericht. Stellen Sie die Institution vor: Name, Gründung, Adresse, Telefonnummer, Öffnungszeiten, Aufgabenbereich, Therapieform, MitarbeiterInnen etc.

P **Partnerarbeit** 16

Analysieren Sie folgendes Fallbeispiel: *„Als die 15-jährige Julia 1,60 Meter groß war und 50 Kilo wog, entschied sie, sie müsse Gewicht verlieren, um attraktiver zu werden. Nachdem sie nach und nach ihre Nahrungsaufnahme verringert hatte, bis sie täglich nur noch etwas Gemüse aß und ein striktes Sportprogramm einhielt, wiegt sie nur noch um die 40 Kilo. Trotzdem fühlt sie sich noch immer ‚fett' und plant, ihre Diät weiterzuführen. Julia hat Probleme mit dem Schlafen, war schon öfters depressiv und ihre Periode kommt nicht mehr regelmäßig. Sie unternimmt kaum noch etwas mit anderen Menschen, ist aber sehr gut in der Schule. Julia hält sich nicht für krank oder behandlungsbedürftig."*
(Myers 2005, S. 506)

a) Benennen Sie die psychische Störung, die im Fallbeispiel dargestellt wird.

b) Erstellen Sie nun eine Problemanalyse und erarbeiten Sie eine Lösungsstrategie:
   - Wie äußert sich das Problem?
   - Was könnte die Ursache sein?
   - Welche Möglichkeiten haben Sie als Freund oder Freundin, Julia zu helfen?

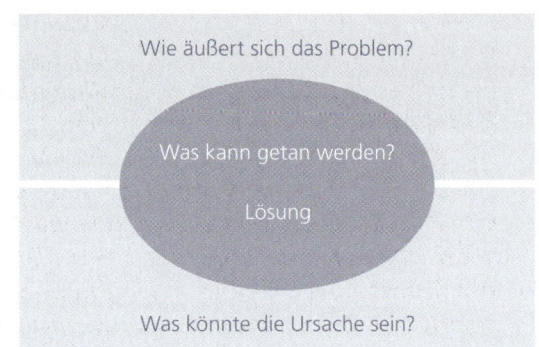

Wie äußert sich das Problem?

Was kann getan werden?

Lösung

Was könnte die Ursache sein?

Kompetenzcheck

1. Formulieren Sie die Kriterien, die erfüllt sein müssen, um von seelischer Gesundheit sprechen zu können.
2. Beschreiben Sie den Erklärungsansatz, den die Psychosomatik für Krankheit und Gesundheit hat.
3. Zählen Sie die Faktoren auf, die das biopsychosoziale Modell als Ursache für Krankheit und Gesundheit sieht.
4. Nehmen wir an, Sie fühlen sich gestresst. Was können Sie in einer solchen Situation zu Ihrer seelischen Gesundheit beitragen? Überlegen Sie geeignete Strategien.
5. Erarbeiten Sie mögliche Schutzfaktoren, durch die sich resiliente Menschen auszeichnen.
6. Entwickeln Sie Kriterien, mit deren Hilfe Sie den Normalitätsgrad einer Person beurteilen. Bewerten Sie, ob es hier einen verlässlichen Maßstab gibt.
7. Zitieren Sie die Experimente, in denen ROSENHAN die Unzuverlässigkeit psychiatrischer Diagnosen aufdeckte.
8. Klassifizieren Sie die psychischen Störungen.
9. Stellen Sie anhand einer psychischen Störung (z. B. Depression, Panikstörung, Schizophrenie …) die Merkmale des Begriffs „psychische Störung" dar.
10. Benennen Sie die vier therapeutischen Verfahren, die in Österreich derzeit anerkannt sind.
11. Beschreiben Sie am Beispiel der Depression die Vorgehensweise des humanistischen Verfahrens.

Textanalyse

„Während meiner Arbeit als Psychotherapeut kamen einmal die Eltern einer zwanzigjährigen Frau zu mir, die sich in psychiatrischer Behandlung befand. Sie war mehrere Monate lang mit Medikamenten, klinischen Aufenthalten und Schocktherapie behandelt worden. Drei Monate bevor ihre Eltern mit mir Kontakt aufnahmen, war sie völlig verstummt. Als sie in meine Praxis gebracht wurde, brauchte sie Hilfe, denn von alleine bewegte sie sich überhaupt nicht mehr. In der Praxis krümmte sie sich zitternd in ihrem Sessel zusammen, die Augen auf den Boden gerichtet. Ich versuchte mit ihren Gefühlen und Bedürfnissen hinter ihrem Ausdruck des Schweigens einfühlsamen Kontakt aufzunehmen und sagte: „Ich spüre, dass Sie Angst haben und gerne sicher wären, dass es ungefährlich ist zu sprechen. Stimmt das?" Sie zeigte keine Reaktion, und so drückte ich mein eigenes Gefühl aus: „Ich mache mir große Sorgen um Sie und möchte Sie bitten, mir zu sagen, ob es etwas gibt, das ich tun kann, damit Sie sich sicherer fühlen." Immer noch keine Antwort. (…) Die nächsten Tage glichen dem ersten Tag. Ich konzentrierte meine Aufmerksamkeit weiterhin auf ihre Gefühle und Bedürfnisse, gab manchmal mit Worten wieder, was ich verstanden hatte, und manchmal auch ohne Worte. (…) Am vierten Tag, als sie immer noch nicht reagierte, lehnte ich mich zu ihr herüber und nahm ihre Hand. Da ich nicht wusste, ob meine Worte ihr meine Sorge vermittelt hatten, hoffte ich, dass es durch den körperlichen Kontakt besser gelingen würde. Bei der ersten Berührung spannten sich ihre Muskeln an, und sie krümmte sich noch mehr in ihrem Sessel zusammen. Ich wollte gerade ihre Hand wieder loslassen, als ich ein leichtes Nachgeben spürte, und so behielt ich ihre Hand; kurz darauf merkte ich, wie sie sich langsam entspannte. Ich hielt ihre Hand eine Weile und sprach dabei mit ihr so wie an den vorangegangenen Tagen. Sie sagte immer noch nichts. Als sie am nächsten Tag kam, schien sie mir noch angespannter zu sein (…), aber etwas war anders: (…) In ihrer Hand war ein zusammengeknüllter Zettel mit folgenden Worten: „Bitte helfen Sie mir auszusprechen, was in mir vorgeht." Ich war sehr glücklich über dieses Zeichen, dass sie mit mir kommunizieren wollte. Nach einer weiteren Stunde der Ermutigung sagte sie schließlich ihren ersten Satz, langsam und voller Angst. (…)
Ich bin nach wie vor erstaunt über die heilende Kraft der Empathie. Immer wieder habe ich miterlebt, wie Menschen aus den lähmenden Folgen seelischer Schmerzen herauswachsen, sobald sie genug Kontakt mit jemandem haben, der ihnen empathisch zuhören kann. Als Zuhörer brauchen wir keine tieferen Einsichten in psychologische Zusammenhänge oder eine psychotherapeutische Ausbildung. Worauf es ankommt ist unsere Fähigkeit, für das präsent zu sein, was sich innen abspielt – für die einzigartigen Gefühle und Bedürfnisse, die ein Mensch gerade jetzt durchlebt."
(Marshall B. ROSENBERG: Gewaltfreie Kommunikation. Eine Sprache des Lebens. Paderborn: Junfermann 2016, S. 122ff.)

→ Welchem therapeutischen Ansatz entspricht der geschilderte Fall?
→ Rosenberg hat eine Zeitlang mit Carl Rogers zusammengearbeitet. Belegen Sie anhand des Textes einige konkrete Faktoren, die den Gesprächsverlauf in dieser Therapieform kennzeichnen.

Projekt

Entwerfen Sie in Gruppen jeweils einen **Folder** zu *Seelischer Gesundheit* und *Seelischer Krankheit!*

- Der Folder zu seelischer Gesundheit soll vorwiegend Aspekte zur Gesundheitsförderung beinhalten. Geben Sie hilfreiche Tipps, wie man den Alltag gesund und stressfrei gestalten kann.
- Der Folder zu seelischer Krankheit soll erste Hilfsmaßnahmen in schwierigen Lebenssituationen umfassen, wie Erste-Hilfe-Anlaufstellen bei psychischen Problemen (z. B. Rat auf Draht), Adressen, Hotlines etc.
- Bereiten Sie beide Folder ansprechend auf, suchen Sie passende Bilder und formulieren Sie Ihre Inhalte prägnant, verständlich und informativ! Zielgruppe ist der/die Jugendliche in einer schwierigen Situation.

Kompetent zur Reife- und Diplomprüfung

Bei der neuen Reifeprüfung (AHS) bzw. Reife- und Diplomprüfung (BHS) steht nicht mehr das Abfragen von auswendig gelernten Inhalten im Vordergrund, sondern das Überprüfen der nachhaltigen Aneignung von Kenntnissen und Fertigkeiten. Das bedeutet, dass Sie als Kandidat/Kandidatin vor allem zeigen sollen, dass Sie anhand der erworbenen Kompetenzen in der Lage sind, auf neue Situationen zu reagieren, Querverbindungen herzustellen und mit ihrem erarbeiteten Wissen weiterzudenken.

Auf den folgenden Seiten erfahren Sie, worin die Kriterien kompetenzorientierter Aufgaben bestehen. Die fünf beispielhaften Aufgabenstellungen im Anschluss können Ihnen bei der Vorbereitung auf die Reifeprüfung in Psychologie behilflich sein.

FAQs zum Ablauf der mündlichen Reife- und Diplomprüfung

1. Wie viele Themenbereiche enthält der Themenpool aus Psychologie und Philosophie?

Jeder Themenpool muss zwei- bis dreimal so viele Themenbereiche enthalten wie Jahreswochenstunden in der Oberstufe unterrichtet werden (insgesamt aber maximal 18). Bei vier Jahreswochenstunden PuP in der AHS und an Höheren Lehranstalten für Humanberufe müssen also 8–12 Themenbereiche vorgelegt werden.

2. Wer entscheidet, zu welchem Themenbereich ich geprüft werde?

Die Kandidatin/Der Kandidat zieht aus dem vollen Themenkorb zwei Themenbereiche (z. B. TB3 „Kognitive Prozesse reflektieren" und TB4 „Fragen der Entwicklung und Erziehung erörtern"). Nachdem die Themenbereiche dem Kandidaten/der Kandidatin gezeigt wurden, entscheidet er/sie sich für einen der beiden und legt den anderen Themenbereich zurück. Zum gewählten Themenbereich weist die Lehrperson dem Kandidaten/der Kandidatin eine kompetenzorientierte Aufgabenstellung zu.

3. Was bedeutet „kompetenzorientierte Aufgabenstellung"?

Das heißt, dass eine Aufgabenstellung aus ca. zwei bis fünf Teilfragen besteht, die jeweils mit einem Operator eingeleitet werden müssen. Zudem decken die Teilfragen die Ihnen bereits bekannten drei Kompetenzbereiche ab: Reproduktion, Transfer und Reflexion. Näheres hierzu wird unter Punkt 2 („Kriterien kompetenzorientierter Aufgabenstellungen") erläutert, beispielhafte Aufgabenstellungen befinden sich auf S. 250–255.

4. Was versteht man eigentlich unter „Kompetenzen"?

Unter Kompetenzen versteht man allgemeine Fähigkeiten und Fertigkeiten, die dabei helfen, unterschiedliche Anforderungssituationen erfolgreich zu bewältigen.

5. Wie lange habe ich Zeit, mich auf die mündliche Prüfung vorzubereiten?

Die Kandidatin bzw. der Kandidat hat mindestens 20 Minuten Zeit, sich auf die mündliche Prüfung vorzubereiten.

6. Und wie lange dauert die Prüfung selbst?
Die Prüfung selbst dauert 10 bis maximal 20 Minuten.

7. Wer beurteilt schließlich meine mündliche Leistung?
Stimmberechtigt sind PrüferIn und BeisitzerIn (diese haben gemeinsam eine Stimme) sowie SchulleiterIn und KlassenkoordinatorIn.

8. Welche Funktion hat dann die bzw. der Vorsitzende?
Die bzw. der Vorsitzende achtet auf den korrekten, dialogischen und kompetenzorientierten Ablauf der Prüfung.

Kriterien kompetenzorientierter Aufgabenstellungen

Was wird von Ihnen als Kandidat/Kandidatin bei der mündlichen Reife- und Diplomprüfung erwartet? Die folgenden Eckpunkte klären, was man unter kompetenzorientiert gestellten Aufgaben versteht und wie sie konzipiert sind.

- Die Aufgaben werden von der jeweiligen **Lehrperson** selbst erstellt.

- Die SchülerInnen wissen im Vorfeld, welche **Aufgabenbereiche** in welchen Themenbereich fallen. Sobald die KandidatInnen die beiden Themenbereiche gezogen haben, werden diese gemeinsam mit der Lehrperson besprochen.

- Jede Aufgabenstellung besteht aus **zwei bis fünf Leitfragen**, mindestens aber zwei.

- Zur Lösung der Aufgabenstellung wird fallweise **Material** zur Verfügung gestellt, z. B. ein Text- oder ein Bildimpuls, Zitate, Zeitungsartikel, Interviews, Diagramme, Statistiken oder Fallbeispiele.

- Die Aufgaben müssen **kompetenzorientiert** gestellt sein. Das bedeutet, dass jede Aufgabenstellung folgende drei Andorderungsbereiche beinhalten muss:

RP **Reproduktion:** Beim Anforderungsbereich Reproduktion wird die Fähigkeit überprüft, grundlegendes Fachwissen (z. B. Fakten) mit eigenen Worten (jedoch unter Verwendung von Fachtermini) wiederzugeben und auf das Wesentliche zu reduzieren bzw. zu beschreiben.

T **Transfer:** Bei der Transferleistung sollen Inhalte in erster Linie selbstständig reorganisiert sowie Zusammenhänge erklärt werden. Diese Leistung setzt voraus, dass man in der Lage ist, unterschiedliche Sachverhalte zu gliedern, zu untersuchen, zu prüfen, zu analysieren oder zu erläutern.

RF **Reflexion:** Der Reflexionsaspekt fordert auf, neue Zusammenhänge, Erkenntnisse oder Problemstellungen zu reflektieren. Hier geht es um die Fähigkeit, Sachverhalte und Probleme zu erörtern, Hypothesen zu entwickeln, persönliche Stellungnahmen abzugeben und zu begründen sowie Schlussfolgerungen zu ziehen.

Kompetenzorientierte Aufgaben für die mündliche Prüfung im Rahmen der Reife- (und Diplom)prüfung

Folgende Beispiele zeigen, wie kompetenzorientierte Aufgabenstellungen bei der mündlichen Reife- und Diplomprüfung aus Psychologie konkret aussehen können[1]. Im Anschluss an die Lösungen zu den Schulbuchaufgaben finden Sie ab Seite 262 den „Erwartungshorizont" bzw. mögliche Antworten. Die Querverweise geben den entsprechenden Bereich im Schulbuch an.

---

[1] Für den BHS-Bereich wurde der Berufsfeldbezug in situativ formulierten Beispielen hergestellt.

Nervenzellen

1. Benennen Sie folgende Elemente einer Nervenzelle:

1. Dendriten
2. Axonale Endigung
3. Axon
4. Neuronaler Impuls
5. Synapse
6. Myelinschicht
7. Zellkörper

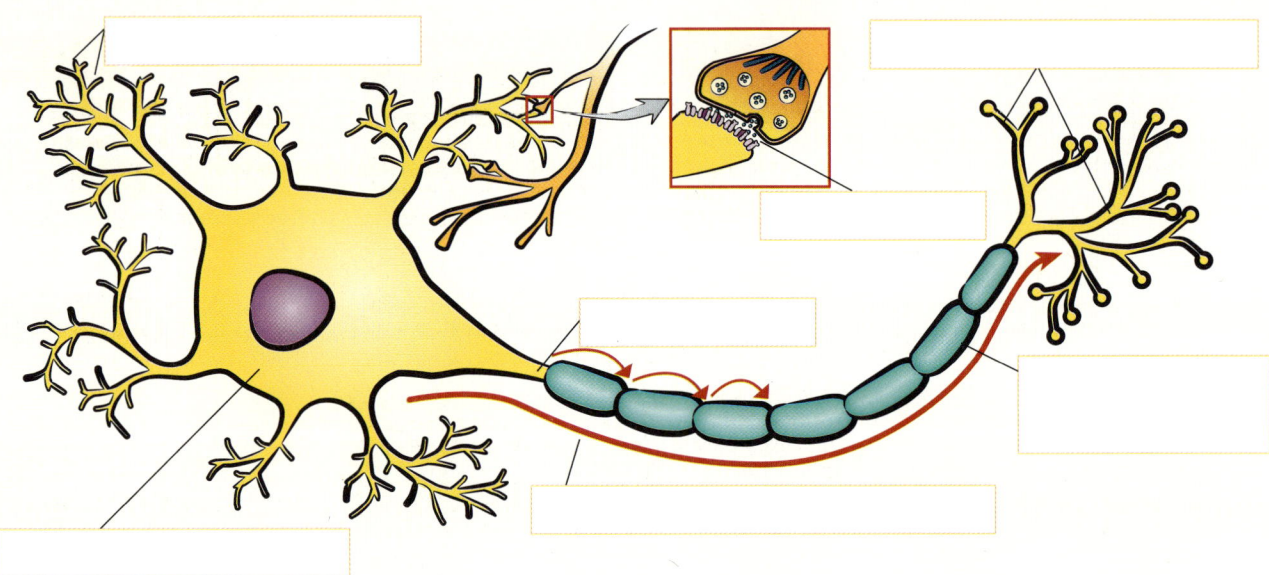

Nennen Sie anschließend die Funktion und beschreiben Sie die Arbeitsweise einer Nervenzelle. *(Reproduktion)*

2. Sie sind Lerncoach und wollen Ihren Schülern und Schülerinnen näherbringen, dass Lernen und Üben positive Effekte mit sich bringen. Begründen Sie dies aus neurowissenschaftlicher Sicht (Stichworte: neuronales Netz, Neurotransmitter) und geben Sie dafür konkrete Beispiele. *(Transfer)*

3. Befassen Sie sich mit folgendem medizinischen Fall und erörtern Sie, wie ein solcher Umstand aus neurowissenschaftlicher Sicht möglich ist. „*Am 9. Februar 2002 wurde in der internationalen medizinischen Fachzeitschrift Lancet der Fall eines 7-jährigen Mädchens publiziert, bei dem im Alter von drei Jahren die linke Gehirnhälfte operativ entfernt wurde, um eine ansonsten tödlich verlaufende chronische Gehirnentzündung mit unbeherrschbaren epileptischen Anfällen zu behandeln. Dem Kind fehlte also eine Großhirnhälfte, noch dazu die linke sprachdominante Hemisphäre, und man würde eine schwerste halbseitige Körperbehinderung sowie das Fehlen sprachlicher Kommunikation erwarten. Das Besondere an dem Fall: Das Kind war mit sieben Jahren praktisch völlig normal und konnte nicht nur eine, sondern zwei Sprachen fließend sprechen.*"[1] *(Reflexion)*

---

[1] Manfred SPITZER: *Lernen. Gehirnforschung und die Schule des Lebens.* München: Spektrum 2007, S. 15

Problemlösen und Kreativität

1. Stellen Sie mithilfe der Karikatur Faktoren dar, die die Problemlösungsfindung behindern bzw. verzögern. Nennen Sie in weiterer Folge Persönlichkeitseigenschaften, die den kreativen Problemlösefindungsprozess fördern. *(Reproduktion)*

»Wenn nicht bald eine Weiche kommt, sind wir verloren.«

2. »*Kennen Sie das? Sie joggen, Sie sind vollkommen gelöst, und ihr Bewusstsein ist leer wie ein unbeschriebenes Blatt. Plötzlich taucht in Ihrem Kopf die Lösung eines Problems auf, über das Sie sich seit Tagen oder Wochen den Kopf zerbrechen. Verblüfft fragen Sie sich, warum Sie nicht früher darauf gekommen sind ...*«[1]

Erläutern Sie das Zitat und ordnen Sie es einer der vier Phasen des kreativen Prozesses während des Problemlösens zu. *(Transfer)*

3. Nehmen wir an, Sie haben Ihren Haustürschlüssel in der Wohnung verlegt. Entwerfen Sie Möglichkeiten, ihn wiederzufinden, indem Sie die beiden Verfahren der Problemlösungsfindung anwenden. *(Reflexion)*

---

[1]   vgl. Daniel GOLEMAN/Paul KAUFMAN/Michael RAY: Kreativität entdecken. München: dtv 2003, S. 13

Humanistische Persönlichkeitstheorien

1. *Situation: Als Sozialpädagoge/Sozialpädagogin sollen Sie vor Jugendlichen ein Impulsreferat über Bedingungen für eine gesunde Identitätsentwicklung halten.*

   Definieren Sie für Ihr Referat die folgenden drei Begriffe: Selbstaktualisierung – Selbstkonzept – Selbstwertgefühl. Zeigen Sie Unterschiede, aber auch etwaige Zusammenhänge dieser Begriffe auf. *(Reproduktion)*

2. **"** *Wenn das Leben keine Vision hat, nach der man strebt, nach der man sich sehnt, die man verwirklichen möchte, dann gibt es kein Motiv, sich anzustrengen.* **"**
   (Erich Fromm)

   Dieser Ausspruch des Psychoanalytikers und Sozialphilosophen Erich Fromm berührt einen wesentlichen Grundsatz der humanistischen Persönlichkeitspsychologie. Erläutern Sie das Zitat, indem Sie das Menschenbild und den Leitgedanken der humanistischen Psychologie herausarbeiten. *(Transfer)*

3. *Situation: Sie werden als Schulsozialarbeiter/-sozialarbeiterin gebeten, einen Beitrag zum Schulprojekt „Persönlichkeitsstärkung" zu leisten. Im Rahmen eines Workshops wollen Sie 15-jährigen Jugendlichen Strategien vermitteln, die den Jugendlichen dabei helfen, vorhandene personale Ressourcen zu nutzen und zukünftig ihre Potenziale zu entfalten.*

   Formulieren Sie Lebensführungsprinzipien (im Sinn von Verhaltensmustern und Einstellungen), die Sie den Jugendlichen zur Förderung in ihrer Entwicklung zu selbstständigen und verantwortungsbewussten Persönlichkeiten mitgeben wollen. *(Reflexion)*

4. *Situation: Sie sind als Erziehungsberater/Erziehungsberaterin im Gespräch mit Eltern und wollen diesen vermitteln, wie Eltern positiv auf die Persönlichkeitsentwicklung ihres Kindes einwirken können.*

   Nennen Sie in diesem Zusammenhang wesentliche Erziehungsprinzipien, die sich an der humanistischen Persönlichkeitstheorie orientieren, um den Eltern zu verdeutlichen, wie sie konkret die Entwicklung der Persönlichkeit ihres Kindes positiv beeinflussen können. Ergänzen Sie diese Prinzipien mit eigenen Grundsätzen. *(Reproduktion + Reflexion)*

Kommunikation

1. Definieren Sie den Begriff Kommunikation und zeigen Sie Unterschiede zur Interaktion auf. *(Reproduktion)*

2. Ein Ehepaar sitzt gemeinsam beim Frühstück. Der Mann wirft einen Blick in die Kaffeekanne und stellt fest: „Es gibt keinen Kaffee mehr."
Analysieren Sie das Fallbeispiel anhand der vier verschiedenen Botschaften einer Nachricht nach Schulz von Thun. Tragen Sie die Botschaften an entsprechender Stelle in das Vier-Ohren-Modell ein. *(Transfer)*

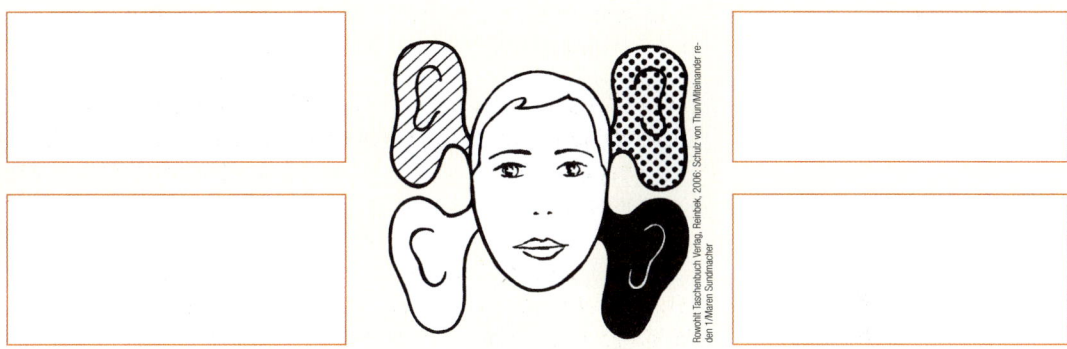

Rowohlt Taschenbuch Verlag, Reinbek, 2006: Schulz von Thun/Miteinander reden 1/Maren Sundmacher

3. Diskutieren Sie, inwiefern es möglich ist, zwischenmenschliche Beziehungen durch Kommunikation zu verbessern. Geben Sie eine fachlich argumentierte Stellungnahme ab. *(Reflexion)*

Emotionen und Ausdruck

1. Definieren Sie den Begriff Emotion aus wissenschaftlicher Sicht. Veranschaulichen Sie dabei auch die drei Komponenten, die ein emotionales Erleben begleiten, anhand der Angst vor einer Prüfungssituation. *(Reproduktion)*

2. Der US-amerikanische Psychologe Paul Ekman folgerte aus zahlreichen Beobachtungen, dass es sieben sogenannte Basisemotionen gibt. Ordnen Sie diese den Gesichtsausdrücken der Kleinkinder entsprechend zu. Führen Sie schließlich wesentliche Eigenschaften einer Basisemotion an und unterscheiden Sie diese von Sekundäremotionen. *(Transfer)*

3. Ist der mimische Ausdruck angeboren oder kulturspezifisch? Erörtern Sie die Fragestellung, indem Sie die Ansichten der KulturrelativistInnen und der EvolutionspsychologInnen darstellen und abschließend eine persönliche Stellungnahme abgeben. *(Reproduktion + Reflexion)*

Stress

1. Fassen Sie zusammen, unter welchen Umständen Stress vorwiegend entsteht. *(Reproduktion)*

2. Lesen Sie folgenden Textauszug des Neurowissenschaftlers Manfred Spitzer. Erklären Sie den Unterschied zwischen akutem und chronischem Stress und unterscheiden Sie diese beiden Stressformen von Eustress und Disstress. Arbeiten Sie anschließend heraus, welche Reaktionen auf chronischen Stress möglich sind. *(Transfer)*

» *Wie die Stressreaktion des Körpers aussieht, kann man sich am besten anhand eines Beispiels verdeutlichen: In der afrikanischen Savanne wurde eine Gazelle von einem Löwen gerissen, konnte jedoch entkommen. Der Löwe ist erneut hinter ihr her. Er hat seit Tagen keine Beute gefunden und ist hungrig. Dennoch muss er alle verfügbare Energie aufbringen, um die Gazelle zu erlegen. Diese wiederum muss alle Energie mobilisieren, um nicht Opfer des Löwen zu werden. Organismen, die bei akuter Gefahr ihren Körper an die Extremsituation anpassen konnten, waren ganz offensichtlich eher in der Lage zu überleben. Daher haben sich im Lauf der Evolution Mechanismen herausgebildet, die auf diese Notfallsituation exakt zugeschnitten sind. Diese Mechanismen fasst man als Stressreaktion zusammen.*

In der akuten Situation sind diese Mechanismen sehr sinnvoll (…). Akuter Stress führt zu einem erhöhten kardiovaskulären Tonus und zu erhöhter kognitiver Leistungsfähigkeit. Zugleich werden Verdauung, Wachstum, Reproduktion und Immunsystem gehemmt, da diese Funktionen in einer akuten Notfallsituation ohne Schaden für den Organismus auf später verschoben werden können.

Die Kehrseite dieser für den Organismus positiven akuten Notfallreaktion sind stressbedingte Langzeitwirkungen der gleichen Art, die sich für den Organismus schädlich auswirken. Langfristiger Stress führt (…) zu chronischer Müdigkeit (…); der chronisch erhöhte kardiovaskuläre Tonus wird zum chronischen Hypertonus, und der kurzfristig vermehrten kognitiven Leistungsfähigkeit entspricht langfristig der neuronale Zelltod. (…) Akuter Stress ist eine biologisch sinnvolle Anpassung an Gefahr im Verzug. Chronischer Stress hingegen ist heute eine der wesentlichen Ursachen von Zivilisationskrankheiten. Während akuter Stress (…) zu verbessertem Lernen führen kann, haben extrem starker und insbesondere chronischer Stress negative Auswirkungen auf das Gedächtnis. (…) Da der Hippokampus zu den aktivsten Strukturen des ZNS gehört, ist er besonders betroffen. Entsprechend konnte gezeigt werden, dass chronischer Stress (…) zu hippokampalen Schäden und entsprechenden Leistungsminderungen hippokampal vermittelter Funktionen führen. Es scheint daher so zu sein, dass chronischer Stress die Neuronen des Hippokampus beständig ‚an den Rand' bringen und damit langfristig zum Zelluntergang führen kann. Stress ist damit ungünstig für das Lernen und das Behalten. Es folgt, dass Lernen mit positiven Emotionen arbeiten sollte. Angst und Furcht können zwar kurzfristig das Einspeichern von neuen Inhalten fördern, führen jedoch langfristig zu den genannten negativen Effekten von chronischem Stress. « [1]

3. Versetzen Sie sich in eine Situation, die in Ihnen Stress auslöst. Welche Maßnahmen können Sie ergreifen, um den Stress abzubauen? Formulieren Sie Strategien. *(Reflexion)*

---

[1] Manfred SPITZER: Lernen. Gehirnforschung und die Schule des Lebens. München: Spektrum 2007, S. 169ff.

Lösungen

1. Einführung

4 a) Sozialpsychologie, b) Allgemeine Psychologie (Intelligenz), c) Entwicklungspsychologie

5 a) Forensische Psych., b) Markt- und Werbepsych., c) Verkehrspsych., d) klinische Psych., e) pädagogische Psych.

7 a) Erstgeborene neigen mehr dazu, … b) EuropäerInnen kommunizieren Emotionen mit ähnlichen Gesichtsausdrücken wie … c) Das Aussehen des Menschen hat einen Einfluss darauf, … d) …, nimmt seine Attraktivität in den Augen anderer zu. e) …, würde sich die Mehrheit nicht weigern.

8

Alltagspsychologie	Wissenschaftliche Psychologie
Aussagen der Alltagspsychologie sind **subjektiv**. Das bedeutet, verschiedene Personen kommen zu unterschiedlichen Ergebnissen.	Aussagen der wissenschaftlichen Psychologie sind **objektiv**. Das bedeutet, verschiedene WissenschafterInnen kommen zu den gleichen Ergebnissen.
Alltagspsychologische Aussagen beruhen meist auf **persönlichen Erfahrungen**.	Wissenschaftliche Aussagen mussten unter Berücksichtigung der grundlegenden Prinzipien (Objektivität, Validität, Reliabilität) **methodisch wissenschaftlich** ausgewertet werden.
Alltagspsychologische Aussagen sind meist **unzulässige Verallgemeinerungen**.	Die wissenschaftliche Psychologie muss **verbindliche, wissenschaftlich fundierte** Aussagen tätigen.
Alltagspsychologische Aussagen beruhen meist auf unserem **gesunden Menschenverstand**.	Die wissenschaftliche Psychologie muss **wissenschaftliche Theorien** entwickeln.
<u>Fazit:</u> Die Alltagspsychologie hält aufgrund fehlender empirischer Erkenntnisse den wissenschaftlichen Kriterien nicht stand.	<u>Fazit:</u> Die wissenschaftliche Psychologie ist verpflichtet, Aussagen empirisch zu überprüfen. Erst dann bildet sie Theorien, liefert generelle Erklärungen und trifft Vorhersagen.

9

Modell	Vertreter	Was wird untersucht?	Methodisches Vorgehen
Behavioristisches Modell	Watson, Skinner, Thorndike, Pawlow	spezifisch gezeigte Reaktionen (= beobachtbares Verhalten)	Reiz-Reaktions-Messung, Laborexperimente
Kognitives Modell	Piaget	mentale, kognitive/geistige Prozesse	Selbstbeobachtung, Befragung
Biopsychologisches Modell	Roth	Prozesse im Gehirn und im Nervensystem	psychophysiologische Messungen (z. B. EEG) sowie bildgebende Verfahren
Tiefenpsychologisches Modell	Freud, Jung, Adler	unbewusste und verdrängte Inhalte, Triebe, Konflikte	Hypnose, Traumdeutung
Humanistisches Modell	Ch. Bühler, Fromm, Rogers, Frankl, Maslow	menschliche Potenziale, Möglichkeiten der Selbstverwirklichung	Gespräch

10 a) tiefenpsychologisches Modell, b) behavioristisches Modell, c) kognitives Modell

11 a) humanistisches Modell, b) tiefenpsychologisches Modell, c) behavioristisches Modell, d) kognitives Modell

2. Biologische Psychologie

1 Der **Zellkern** (lila) befindet sich im Zellkörper. Die **Ranvier'schen Schnürringe** sind die Einkerbungen in der (türkisen) Myelinschicht. Die kleinen roten Pfeile von einem Schnürring zum nächsten kennzeichnen die **saltatorische Erregungsleitung**.

2 Zucker steigert die Konzentration der Aminosäure Tryptophan. Das ist der Grundstoff des Gehirns, um Serotonin produzieren zu können. Serotonin ist der wichtigste Botenstoff für das Glücksempfinden. Um Serotonin im Körper halten zu können, brauchen wir Licht. Daher haben wir im dunklen Winter mehr Lust auf Süßes, um den Serotoninspiegel wieder auszugleichen.
Das Fett der Kakaobutter setzt im Gehirn Endorphine frei. Endorphine dämpfen das Schmerzgefühl und heben die Stimmung.
Der gute Geschmack der Schokolade regt die Bildung der körpereigenen Endorphine an.

4 Gehirnwellen von oben nach unten: ∂, γ, θ, α, β

5 a) richtig, b) falsch, c) falsch, d) richtig

3. Wahrnehmung

1 Mann mit Brille oder Maus (Kippbild)

2 Die linke Hand aus dem kalten Wasser wird sich warm anfühlen; die rechte Hand aus dem warmen Wasser dagegen kalt. Wir nehmen die Temperatur nicht als fixe Größe wahr, sondern im Vergleich zum Ausgangsreiz.

5 Die Fähigkeit, Richtung und Entfernung eines Geräusches festzustellen, ist eingeschränkt, wenn man sich ein Ohr zuhält, und natürlich stark eingeschränkt, wenn man sich beide Ohren zuhält.

8 Die Zahl ist 74.

12 Die Ponzo-Täuschung zählt zur Größenkonstanz (zwei gleich große Balken erscheinen je nach Lage ungleich lang). Sie zählt auch zur optisch-geometrischen Täuschung.

13 Der Rubin'sche Becher ist ein Kippbild bzw. ein zweideutiges Bild. Man erkennt entweder Gesichter oder eine Vase. Er zählt zum Gesetz der Geschlossenheit: Es werden Gesichter wahrgenommen, obwohl nur die Umrisse zu sehen sind.

14 Regenbogen, Fata Morgana, Echo, Himmelblau, Größe des Mondes

15 Gesetz der Geschlossenheit

21 z. B. Film: *The Sixth Sense* (außersinnliche Wahrnehmung); Serie: *X-Factor – das Unfassbare* (diverse paranormale Phänomene); Show: *Der neue Uri Geller* (v. a. Telekinese)

4. Gedächtnis und Lernen

1 z. B.: Unser Gedächtnis ermöglicht uns das Lernen und Erinnern von Informationen.

4 Hannes ist langsamer

5 Markus ist der Größte

7 Die Speicherinhalte setzen sich aus sämtlichen Bereichen der Wahrnehmung, des Denkens und Verhaltens zusammen, z. B. Gefühltes, eigene Adresse (persönliches Wissen), Gesichter, Melodien (Faktenwissen), berufliche Fertigkeiten (verinnerlichte Fähigkeiten)

8 1. Das Gedächtnis besteht aus vielen unterschiedlichen Systemen./Informationen werden gefiltert./Wichtige Informationen gelangen ins Langzeitgedächtnis./Unterschiedliche Systeme im Langzeitgedächtnis: prozedural (verinnerlichte Fähigkeiten), perzeptuell (Regeln, Muster), semantisch (Faktenwissen), autobiografisch (persönliche Erlebnisse)

9 a) semantisches Gedächtnis, b) episodisches Gedächtnis, c) semantisches Gedächtnis, d) perzeptuelles Gedächtnis, e) prozedurales Gedächtnis, f) automatisches Gedächtnis

10

durch Aufmerksamkeit → Kurzzeitgedächtnis; durch Wiederholung → Langzeitgedächtnis

→	Ultrakurzzeitgedächtnis	Kurzzeitgedächtnis	Langzeitgedächtnis
Synonym	sensorisches Gedächtnis	Arbeitsgedächtnis	Wissensgedächtnis
Speicherkapazität	alle Wahrnehmungen	7 (+/−2) Einheiten	10 Milliarden bis 100 Billionen Bits (6 Mrd. Schreibmaschinenseiten)
Speicherdauer	max. ein paar Sekunden	ca. 20 Sekunden	nahezu unbegrenzt
Beispiele	Begrüßen, Sätze	Gespräche	persönliche Erlebnisse, Faktenwissen, Fertigkeiten
Unterteilung	ikonisches/echoisches Gedächtnis	keine	explizites/implizites Gedächtnis

11 Vorteile des Vergessens:
- Vergessen hilft uns, unwichtige Informationen auszusortieren.
- Unangenehme Erlebnisse bleiben nicht für immer präsent, was die Lebensqualität erheblich steigert.
- Vergessen ist notwendig für das Lernen, damit Platz für neue Informationen geschaffen wird.

13 a) die Münze in der 2. Reihe ganz rechts außen, b) Geistesabwesenheit

14 a) assoziative Hemmung, b) assoziative Hemmung, c) Ähnlichkeitshemmung, d) affektive Hemmung,

e) retroaktive/proaktive Hemmung, f) ekphorische Hemmung

16 Lernregel 1: Inhalte so oft wiederholen, bis man sie wirklich beherrscht. (Begründung: Wir vergessen Gelerntes zunächst rascher, nach mehrmaliger Wiederholung zunehmend langsamer.)
Lernregel 2: Inhalte oft wiederholen, damit neues Lernen weniger Zeit in Anspruch nimmt. Lerninhalte dabei anfangs in kurzen, dann in immer längeren Abständen wiederholen. (Begründung: Gedächtnisinhalte können umso leichter wieder aktiviert werden, je öfter man Zugriff auf sie hat.)
Lernregel 3: Den Lernstoff also in kleine Mengen aufteilen und Pausen machen. (Begründung: Wir müssen mehr Zeit aufwenden, wenn wir uns zwölf Vokabeln auf einmal merken wollen, als wenn wir diese auf drei Portionen aufteilen.)

5. Verhaltenslernen

1 c) Blumen: Lernen am Erfolg, Rennfahrer-Hund: Modelllernen, Snoopy: Signallernen

4 Wir unterliegen der operanten Konditionierung, wenn wir am Computer per Zufall ein nützliches Tatstaturkürzel entdecken, das wir daraufhin verwenden.

5 Vermeidungslernen bedeutet, dass durch Androhung einer negativen Konsequenz positives Verhalten aufgebaut wird. Vermeidungslernen ist eine besondere Form der negativen Verstärkung.

6 Der US-amerikanische Psychologe Thomas Gordon meint, man müsse danach streben, in Konfliktsituationen eine Lösung zu finden, die für beide Parteien annehmbar ist. Es ist der Auffassung, man müsse Respekt vor den kindlichen Bedürfnissen zeigen und das Kind an der Lösungsfindung beteiligen: „Ein Mensch ist eher motiviert, eine Entscheidung in die Tat umzusetzen, an deren Entstehung er beteiligt war, als eine Entscheidung, die ihm von anderen aufgezwungen worden ist." (GORDON, Thomas: *Familienkonferenz. Die Lösung von Konflikten zwischen Eltern und Kind.* München: Heyne 2012, S. 238) Gordon empfiehlt in Konfliktsituationen folgende schrittweise Vorgehensweise (vgl. a. a. O., S. 278ff.):
1. **Den Konflikt identifizieren und definieren:** Bedürfnis des Kindes: Das Mädchen möchte sofort Schokolade haben. Bedürfnis des Vaters: Die Tochter soll sich gesund ernähren/vor der Hauptmahlzeit nichts Süßes essen/…
2. **Mögliche Alternativlösungen entwickeln:** Vater und Kind können nun gemeinsam eine Lösung überlegen, z.B. anstelle von Schokolade könnte die Tochter etwas Obst haben; die Tochter darf sich etwas Süßes aussuchen, nachdem sie die Hauptmahlzeit eingenommen hat etc.
3. **Alternativlösungen kritisch bewerten:** Unannehmbare und ungerechte Lösungen werden nun gestrichen, bis schließlich die besten Lösungen übrig bleiben.
4. **Sich für die beste Lösung entscheiden:** Beispiel: Die Tochter darf sich nach der Hauptmahlzeit ein Eis aussuchen.
5. **Die Entscheidung ausführen:** Die Lösung wird umgesetzt. Dabei wird der zeitliche Rahmen (z.B. nach der Hauptmahlzeit) festgelegt und was gebraucht wird, um die Lösung auszuführen (z.B. Geld für das Eisgeschäft).
6. **Nachfolgende kritische Bewertung:** War die Lösung schließlich für alle Beteiligten annehmbar oder sollte in Zukunft modifiziert werden?

7 1. Bei der operanten und instrumentellen Konditionierung wird die Reaktion nicht (wie bei der klassischen Konditionierung) durch einen Reiz ausgelöst, sondern spontan durch Versuch und Irrtum.
2. Während bei der klassischen Konditionierung die **Verbindung zweier oder mehrerer Reize** erlernt wird, wird bei der instrumentellen und operanten Konditionierung eine **Assoziation zwischen Reaktion und verstärkendem oder bestrafendem Reiz** (Konsequenz) erzeugt.
3. Bei der klassischen Konditionierung werden neutrale Reize mit Reizen, die **angeborene** Reaktionen auslösen, gekoppelt – sie erklärt also nicht, wie **neue** (nicht angeborene) Reaktionen erlernt werden können. Mit der instrumentellen und operanten Konditionierung hingegen werden bei positiver Konsequenz **neue** Reaktionen wiederholt und erlernt.

9 Eltern übernehmen – genauso wie Menschen in der Umgebung des Kindes – eine Vorbildwirkung auf das kindliche Verhalten. Will man das Kind zum Lesen ermutigen, sollte man ihm laut Bandura vorlesen und es mit Menschen umgeben, die viel lesen.

6. Denken und Sprache

1 Denken ist ein komplizierter Vorgang, bei dem im Gehirn einlaufende Informationen verarbeitet werden.

2 Tasse Nummer 3

3 Vermutlich haben Sie eine Flasche gezeichnet, die mit Abbildung 1 oder 3 vergleichbar ist. In unserem Alltag kommen alle diese Flaschenformen vor, dennoch dürften wir die Vorstellung **einer typischen Flasche** im Kopf haben.

4 Kategorie: Haustiere, Prototypen: Hunde, Katzen; Kategorie: Fahrzeug, Prototypen: Auto, Bus, Zug

5 um deduktives Schließen, das in diesem Fall ungültig ist

6 Antwortet die Mutter, das Krokodil werde ihr das Kind **zurückgeben**, wird sie das Kind verlieren, weil das Krokodil – als Räuber des Kindes – ja Interesse daran hat, das Kind zu behalten. Antwortet die Mutter, das Krokodil werde ihr das Kind **nicht zurückgeben**, und behält das Krokodil das Kind dann für sich, würde das Krokodil gegen sein eigenes Wort verstoßen. In diesem Fall könnte das Krokodil dann nur noch antworten, dass es sich nicht an sein Wort gebunden fühlt, da ja die Mutter selbst durch ihre Antwort die logische Möglichkeit der Rückgabe ausschließt. Es handelt sich hierbei also um ein logisches Dilemma.

9

Sapir/Whorf	Lévi-Strauss	Pinker	Wygotski
Unsere Sprache beeinflusst unser Denken. (linguistischer Determinismus)	Unser Denken beeinflusst unsere Sprache.	Sprache und Denken laufen getrennt voneinander ab.	Sprache und Denken beeinflussen sich wechselseitig.
Sprache beeinflusst unsere Denkinhalte, unsere Einstellungen und unsere Wahrnehmung von der Welt.	Unsere Denkinhalte prägen unseren Sprachstil.	Denken ist eine eigene wortlose Sprache, die überall auf der Welt existiert: „Mentalesisch".	Das Denken beeinflusst die Sprache, die wiederum das Denken beeinflusst. → zwei sich überschneidende Prozesse
Beispiel: Wenn eine Sprache ausstirbt, gehen auch Kultur und Denkweise, die an diese Sprache gebunden sind, verloren.	Beispiel: Über neue Gedanken entstehen neue Wörter.	Beispiel: Manchmal gelingt es uns nicht, einen Gedanken sprachlich auszudrücken.	Beispiel: Der Gedanke vollzieht sich während des Sprechens.

11 Die angeborene Fähigkeit, grammatische Regeln zu erfassen, ist als Teil des nativistischen Ansatzes von Bedeutung.
Die neuronalen Voraussetzungen für den Spracherwerb sind zentral für den kognitiv-neurowissenschaftlichen Ansatz.
Der interaktionistische Ansatz hebt die Wichtigkeit anderer Personen für den Spracherwerb hervor. Die Lernmechanismen sind für den lernpsychologischen Ansatz maßgeblich.

7. Problemlösen und Kreativität

1 S = Schifahrerin   Y = Yeti   ▶ = Bergfahrt   ◀ = Talfahrt

Talstation	Gondelfahrt	Bergstation
3 Y, 3 S	G 1 ▶ 1 Y, 1 S	1 Y, 1 S
2 Y, 2 S	G 2 ◀ 1 Y	1 S
3 Y, 2 S	G 3 ▶ 2 S	3 S
3 Y	G 4 ◀ 1 S	2 S
3 Y, 1 S	G 5 ▶ 2 Y	2 S, 2 Y
1 Y, 1 S	G 6 ◀ 1 Y, 1 S	1 S, 1 Y
2 Y, 2 S	G 7 ▶ 2 Y	1 S, 3 Y
2 S	G 8 ◀ 1 S	3 Y
3 S	G 9 ▶ 2 S	2 S, 3 Y
1 S	G 10 ◀ 1 S	1 S, 3 Y
2 S	G 11 ▶ 2 S	3 S, 3 Y

2 Ausgangssituation: Menschen, die um einen Tisch mit köstlichem Essen sitzen; Barriere: zu lange Löffel; Zielsituation: Essen bzw. Hunger befriedigen. Überwindung der Barriere/Lösung des Problems: sich gegenseitig mit den langen Löffeln füttern.

3 1. kleinsten Klotz auf Stapel C, 2. mittleren auf Stapel B, 3. kleinsten auf mittleren auf Stapel B, 4. größten KLotz auf Stapel C, 5. kleinsten auf Stapel A, 6. mittleren auf größten Klotz auf Stapel C, 7. kleinsten Klotz auf Stapel C.

4 (siehe Abbildung rechts)

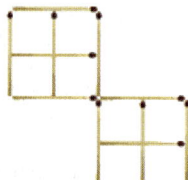

1 Schere als Pendel einsetzen

2 „Welche Antwort würde der andere Wächter geben, wenn ich ihn fragen würde, ob dieses Tor in die Freiheit führt?" Man muss infolgedessen immer die gegenteilige Antwort als richtig betrachten.

3 Neun-Punkte-Problem:

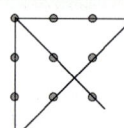

4

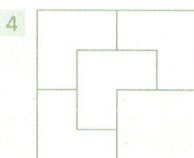

5 Die Landwirtin baut die Ställe so:

6 Es war der Arzt mit grauer Jacke im Arbeitszimmer mit einem Dolch.

Zimmer	Person	Kleidung	Waffe
Schlafzimmer	Butler	schwarze Jacke	Taschenmesser
Arbeitszimmer	Arzt	graue Jacke	Dolch
Wohnzimmer	Buchhalter	grüner Pullover	Gift
Esszimmer	Koch	brauner Pullover	Pistole
Küche	Gärtner	blaue Jacke	Seil

7 Man pinnt die Schachtel an die Wand und befestigt die Kerze mit Wachs darauf. Umdenken: Schachtel als Plattform und nicht als Behälter!

8 Lösung: 9

5 e) Fixationsprobleme: Aufgabe 5, 7, 8, 10; f) Funktionale Fixierung: 5, 10; g) Ausgangssituation: Dunkelheit; Zielsituation: brennende Kerze an der Wand; Schritte: Fixationsproblem muss gelöst werden

6 Synonyme: fantasievoll, ungewöhnlich, originell, außergewöhnlich, ideenreich

7 3-1-2, 2-1-3, 2-3-1

10 3. Phase: Illumination/plötzliche Einsicht

8. Intelligenz

1 Duden-Definition: Intelligenz = Fähigkeit des Denkens, Klugheit

2 z.B.: Dienstag: Den Gesamtpreis aller Produkte, die du heute kaufst, im Kopf ausrechnen.
Mittwoch: Fünf Wörter rückwärts buchstabieren.
Donnerstag: Das Kreuzworträtsel in der heutigen Zeitung lösen.
Freitag: Das Alphabet von A bis Z durchgehen und für jeden Buchstaben eine berühmte Persönlichkeit nennen.
Samstag: Ein Sudoku lösen.
Sonntag: Als RechtshänderIn mit der linken Hand, als LinkshänderIn mit der rechten Hand Zähne putzen.

4 Künstliche Intelligenz (KI), artificial intelligence (AI): Wissenschaft der Simulation menschlicher Intelligenz. Ziel ist es, Maschinen (z.B. Computersysteme, Roboter) zu produzieren, die menschliche Intelligenzleistungen (z.B. Sprechen) vollbringen und menschliche Denkprozesse (wie Problemlösen) nachahmen.

7 1. Fehlschaltung im Gehirn: linke Gehirnhälfte ist sehr klein; es besteht keine Verbindung zwischen rechter und linker Gehirnhälfte. 2. Störungen des Filtermechanismus im Gehirn: Savants können nicht vergessen. 3. Das automatische Gedächtnis: Savants üben ihre Fähigkeiten über das automatische Gedächtnis aus.

9. Entwicklung

1

Periode	Alter	Entwicklungsaufgabe
Pränatal	Empfängnis bis Geburt	Heranwachsen des Fötus
Säugling	0–2 Jahre	wesentliche Entwicklung des Gehirns und motorischer Fähigkeiten, Entstehen erster Bindungen
Frühe Kindheit	2–6	Entwicklung von Denken und Sprache, Bindungen an Gleichaltrige, moralisches Empfinden wird erkennbar
Mittlere Kindheit	6–11	sichtbare Fortschritte in logischen Denkprozessen, Verständnis des eigenen Selbst; Zugehörigkeit zu Peergruppe
Adoleszenz	11–21	sexuelle Reifung setzt ein, Denken wird abstrakter, persönliche Werte und Ziele werden definiert, Unabhängigkeit von Herkunftsfamilie
Frühes Erwachsenenalter	21–40	Eigenständigkeit entwickeln, Ausbildung beenden, Arbeitsleben; Aufbau einer Partnerbeziehung, Gründen einer eigenen Familie oder Entwickeln alternativer Lebensstile
Mittleres Erwachsenenalter	40–65	Höhe der beruflichen Karriere, Unterstützung eigener Kinder, Versorgen eigener Eltern, stärkeres Bewusstwerden der eigenen Sterblichkeit
Spätes Erwachsenenalter	65–Lebensende	Ruhestand, Auseinandersetzen mit dem Nachlassen der Körperkräfte, Bewältigen von Trauer über Tod Nahestehender/Partner, Reflexion über den Sinn des Lebens

(Tabelle in Anlehnung an Berk 2005, S. 9)

2 1. Das „Schiff des Theseus" ist ein Gedankenexperiment, das die Frage diskutiert, ob ein Gegenstand seine Identität verliert, wenn viele oder gar alle seine Einzelteile nacheinander ausgetauscht werden. Es stellt sich die Frage nach der Identität.
2. Die Identität ist das, was uns ausmacht./Die Gesamtheit, die ein Individuum auszeichnet./Die Gesamtheit der Antworten auf die Frage „Wer bin ich?"
Definition „Identität": Die **Identität** (lat. *idem:* derselbe sein) ist all das, was uns ausmacht. Die Identität entwickelt sich über eine angeborene Veranlagung, über das Körper-Ich, über soziale Interaktion und Sprache. Ich konstruiere mich selbst über die Erinnerungen, die ich in mir trage.
• Die **personale Identität** drückt sich u.a. über den eigenen Namen, über Eigenschaften (sportlich, kommunikativ) und soziale Kategorien (Schülerin, Schwester) aus.
• In **sozialen Netzwerken** setzt sich die Identität zusammen aus: FreundInnen, Familie, Interessen, Hobbys etc.
Juristisch betrachtet besteht die Identität aus Name, Alter, Geschlecht, Nationalität, Beruf, Familienstand, Religionsangehörigkeit und Sozialversicherungsnummer.
3. Diskussionspunkte (Quelle: www.srf/ch/myschool):
a. Die Teile des Körpers. → Dieses Kriterium ist nicht zutreffend, weil wir, wie im Film gesagt wird, spätestens nach sieben Jahren komplett aus neuen Zellen bestehen.
b. Dasjenige physische Objekt, das zu einem bestimmten Zeitpunkt an einem bestimmten Ort war, und dessen Bewegung man nachverfolgen kann. → Aber dann müsste es sich um dieselbe Person handeln, wenn man das Bewusstsein des Körpers verändern würde, z.B. indem man das Gehirn verändert.
c. Das Bewusstsein → Aber kann man sagen, dass eine Person, die schläft, dieselbe ist wie jene, die wach ist?
d. Eine Kette von Bewusstseinszuständen: Ich bin dieselbe Person, weil ich mich erinnere, dass ich gestern dieses und jenes getan habe.

4 b) Watson geht davon aus, dass der Mensch – als reines Produkt seiner Umwelt – beliebig geformt werden kann; Schopenhauer hingegen betrachtet den Menschen als unverwechselbares, einzigartiges Geschöpf. Demnach wäre der Mensch nicht wirklich erziehbar, da er sich nie ändert.

6 Mögliche Tipps: 1. Keinen Alkohol trinken! 2. Nicht rauchen! 3. Stress reduzieren! Am besten regelmäßig mit einem guten Buch oder ruhiger Musik entspannen. 4. Regelmäßig und ausgewogen essen! Reichlich Obst und Gemüse, Zucker in Maßen. 5. Regelmäßig bewegen! Gefährliche Sportaktivitäten mit Sturzrisiko meiden. Geeignet: Schwimmen, leichtes Joggen, Yoga und Wandern.

7 Unmittelbar nach der Geburt braucht der Säugling vor allem Wärme, Ruhe und Nähe (Körperkontakt, Geborgenheit der Eltern).

10

	bis 1. Lebensjahr	bis 2. Lebensjahr	bis 6. Lebensjahr
Audrucksform	Körpersprache, Mimik, Gurrlaute, Lallen und erste Worte	Ein- und Zweiwortsätze	Sätze mit differenzierter Grammatik und komplexen Strukturen
Funktion	Bedürfnisse mitteilen	Personen aktiv ansprechen; Gefühle, Absichten und Wünsche mitteilen	Wünsche und Bedürfnisse äußern; Fragen beantworten; Begründungen liefern
Förderung	mit dem Kind viel sprechen, spielen und singen; Blickkontakt zum Kind suchen; einfache Bilderbücher anschauen; Dinge benennen; Fragen stellen	mit dem Kind spielen; alles kommentieren, was man tut; singen; reimen; kontrastreiche Bilderbücher ansehen; Dinge benennen und sich diese vom Kind zeigen lassen; das Kind nicht korrigieren, sondern ein falsches Wort im nächsten Satz richtig wiederholen	eigene Erlebnisse erzählen sowie das Kind von Erlebnissen erzählen lassen; das Kind ermuntern, Geschichten zu erfinden; dem Kind viel vorlesen; vorgelesene Geschichten nacherzählen lassen und nach Details fragen; das eigene Handeln kommentieren und begründen
Behinderung	Negierung aller fördernden Maßnahmen; Fernseher als „Babysitter" einsetzen etc.		

11 Passende Spielsachen sind z. B. Ball, Bauklötze, stilisierte Tiere und Fahrzeuge. Einengung führt zu einer geringeren Beteiligung und Passivität beim spielenden Kind, was die Entwicklung nachweislich hemmt. Erwachsene sollen Kinder nicht zu ihren Förderzielen lenken, denn damit entfernen sie das Kind von dem, was es selber will und worin es sich selbst gerade fördern will. Spielsituationen können zwar geplant sein, die Handlungen sollen aber immer zum Selbstzweck betrieben werden.

12 dem Kind einfühlsam begegnen; auf die kindlichen Bedürfnisse und Wünsche entsprechend eingehen; Schutz, Nähe und Vertrautheit bieten (z. B. über Körperkontakt); dem Kind das Gefühl geben, dass es sich auf den Erwachsenen verlassen kann; sich dem Kind gegenüber nachvollziehbar verhalten; mit dem Kind liebevoll umgehen (z. B. liebkosen, bei Unsicherheiten beruhigen)

13 Zu allen Stufen gibt es mehrere Möglichkeiten! **Stufe 1:** Heinz soll das Medikament nicht stehlen, weil er sonst ins Gefängnis kommen könnte. **Stufe 2:** Heinz soll das Medikament stehlen, weil er damit das Leben seiner Frau rettet, auch wenn er dafür ins Gefängnis kommt. Wichtig ist, dass seine Frau weiterlebt. Die Frau würde dasselbe für ihn tun. **Stufe 3:** Heinz soll stehlen, denn er würde sonst ständig ein schlechtes Gewissen haben, dass er seine Frau sterben ließ. **Stufe 4:** Man verspricht bei der Eheschließung, seine Frau zu lieben. Heinz ist verpflichtet, das Leben seiner Frau zu retten. In gleicher Weise jedoch: Nein, er soll nicht stehlen, denn er ist dem Gesetz, nicht zu stehlen, verpflichtet. **Stufe 5:** Ja, er soll stehlen. Es ist wichtig, die Möglichkeit zu tun, um das Leben anderer zu retten. Das ist ein gesellschaftlicher Wert. **Stufe 6:** Ja, er soll es stehlen. Das menschliche Leben ist mehr wert als Eigentum. Anmerkung: Es gibt aber auch noch andere Möglichkeiten, das Problem zu lösen, z. B. das erforderliche Geld auszuleihen!

14 a) Ein Kind lernt im Durchschnitt mit 15 Monaten ohne Hilfe gehen.
b) Kopffüßler sind die ersten Menschendarstellungen bei ca. 3- bis 5-jährigen Kindern. Sie bestehen aus einem Gesicht und zwei Beinen.
c) Das kindliche Spiel fördert die kreativen, kognitiven und intellektuellen Fähigkeiten sowie Motivation und Ausdauer des Kindes. Beim Spielen lernt das Kind, mit Gefühlen umzugehen (wenn es gewinnt oder verliert). Das Spiel ist für die emotionale Verarbeitung von Ereignissen von Bedeutung und übernimmt im Sinne einer ganzheitlichen Behandlung eine therapeutische Funktion.
d) 8-jährige Kinder haben bereits die Fähigkeit des logischen Denkens ausgebildet und können einfache Rechenaufgaben lösen. 3-jährige Kinder befinden sich noch in der Phase des Egozentrismus und müssen erst lernen, Tatsachen aus der Perspektive einer anderen Person zu sehen.
e) Mit 2 Jahren bildet das Kind die ersten Zweiwortsätze. Es beherrscht in etwa 200 Wörter und ist in der Lage, sich sprachlich gut mitzuteilen.
f) Unter Bindung versteht man die enge emotionale Beziehung zu einer Bezugsperson.
g) Die psychosoziale Entwicklung kennzeichnet sich durch verschiedene Lebensphasen, in denen wir bestimmte Krisen zu bewältigen haben. Die Bewältigung der jeweiligen Krise nennt Erikson Entwicklungsaufgabe.
h) In seinem Modell der moralischen Entwicklung beschreibt Kohlberg, wann wir welche moralischen Ansichten vertreten. Von der präkonven-

tionellen Moral entwickeln wir uns über die konventionelle zur postkonventionellen Moral.

15 Jede künstlerische Betätigung des Kindes positiv annehmen.
Dem Kind Geduld entgegenbringen (z. B. beim Sprechenlernen).
Sich dem Kind liebevoll zuwenden und mit ihm emotional austauschen.
Dem Kind ermöglichen, eine Bindung zu einer festen Bezugsperson aufzubauen.
Bei der Bewältigung von Krisen unterstützend zur Seite stehen.

17 **Wertschätzung** ist nicht gegeben, da der Vater weder auf die 17 des Kindes Rücksicht nimmt noch dem Kind selbst Aufmerksamkeit schenkt, sondern das Gewinnen in den Vordergrund rückt. Echtheit ist nicht gegeben, da der Vater zunächst vortäuscht, das Gewinnen sei nicht wichtig. Der Vater stellt seinen Ehrgeiz über die Bedürfnisse des Kindes, insofern entspricht sein Verhalten nicht der Komponente **„Verstehen"**.
Das Kind könnte ein positives Selbstkonzept entwickeln, wenn der Vater dem Kind glaubhaft zu verstehen gibt, dass das Gewinnen nicht im Vordergrund steht und er seine Liebe zum Kind nicht von äußeren Faktoren abhängig macht.

18 Das Kind entwickelt den Drang, neue Dinge zu entdecken, und bleibt in dieser Phase sich selbst überlassen, anstatt von den Eltern darin gefördert zu werden. Resultat: Das Kind wird für sich möglicherweise zu dem Schluss kommen: „Etwas entdecken wollen ist schlecht". Bestimmte kognitive Fähigkeiten könnten dadurch zurückbleiben.
Möglichkeiten, um dem Kind zu begegnen: 12:30: Mit erkennbarem Ärger „Nein" sagen, den „Kuchen" gemeinsam mit dem Kind wegputzen und dem Kind anschließend eine vergleichbare Spielmöglichkeit (z. B. Sandkiste) anbieten. 14:00: Zur Wandmalerei mit erkennbarem Ärger „Nein!" sagen, dann das Kind mit den Filzstiften auf Papier malen lassen und dies mit erkennbarer Freude begleiten. 19:00: Die Knöpfe mit erkennbarem Ärger entgegennehmen, dann dem Kind freundlich zeigen, wo es etwas aktiv tun darf (z. B. Wäschekluppen von einer Leine ziehen).

19 Hurrellmann: Demokratischer Erziehungsstil. Neill: Laissez-faire-Erziehungsstil.

20 a) **Demokratischer Erziehungsstil:** Die Eltern besprechen gemeinsam mit der Tochter, warum sie nicht wollen, dass sie raucht. Sie erklären die negativen Konsequenzen, die das Rauchen mit sich bringt. Schließlich setzen sie Grenzen, indem sie die Kürzung des Taschengeldes androhen, sollte die Tochter weiterhin das Rauchen versuchen.
b) **Autoritärer Erziehungsstil:** Autoritäre Eltern verbieten u. U. den Kontakt zur Freundin. Weitere mögliche Reaktionen wären ein massives Eingreifen in deren Freiheiten, z. B. werden die Taschen der Tochter nach Zigaretten untersucht, die Freundinnen befragt usw.
Laissez-faire-Erziehungsstil: Permissive Eltern, die ihr Kind beim Rauchen erwischen, verhalten sich „kameradschaftlich", indem sie es gewähren lassen und in die Gewohnheiten des Kindes nicht eingreifen.

30 Regeln für gesundes Älterwerden: gesundheitsbewusst leben – Gesundheit ist keine Frage des Alters, Vorsorgemaßnahmen nutzen, auf das Alter gedanklich vorbereiten, aktiv bleiben, positiv denken; das Alter als Chance begreifen: Es ist nie zu spät, den eigenen Lebensstil positiv zu verändern; Kontakte pflegen, Zärtlichkeiten und körperliche Nähe gönnen, dem Körper etwas zutrauen, Krankheiten nicht einfach hinnehmen, gute Hilfe und Pflege suchen, Mut zur Selbstständigkeit haben; freie Zeit nutzen, um Neues zu lernen

10. Persönlichkeit

1 Die Persönlichkeit ist die Summe aller Merkmale, die einen Menschen ausmachen.

2 von links nach rechts = 2) Phlegmatiker, 3) Choleriker,
1) Sanguiniker 4) Melancholiker

3 Sanguiniker: „The glass is half full!"; Melancholiker: „The glass is half empty"; Phlegmatiker: „Half full. No, wait! Half empty …"; Choleriker: „Hey! I ordered a cheeseburger!"

4 Hexen haben meist Warzen und einen Buckel (Hänsel und Gretel), Tollpatschige und Dümmliche werden prinzipiell sehr korpulent dargestellt (Obelix in „Asterix", Sam in „Der Herr der Ringe"), Heilige und Unschuldige wiederum sehr schlank und eher blass und langgliedrig.

6 Quadrant labil-extravertiert: cholerisch; Quadrant extravertiert-stabil: sanguinisch; Quadrant stabil-introvertiert: phlegmatisch; Quadrant introvertiert-labil: melancholisch.

9

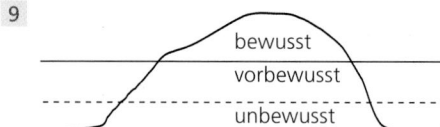

bewusst
vorbewusst
unbewusst

10 Das **Es** drängt zur Party. Alle Überlegungen, die für die Party sprechen (z. B. man möchte nichts versäumen, man möchte Spaß haben), entsprechen der Triebinstanz.
Das **Über-Ich** vertritt die vernünftigen Überlegungen: Es ist besser, zu Hause zu bleiben, um sich noch gewissenhaft auf die Schularbeit vorbereiten zu können. Es ist vernünftiger, sich nicht den Verlockungen, auf die Party zu gehen, hinzugeben.
Das **Ich** wägt ab und kommt zu dem Schluss, dass man für eine Stunde zur Party geht, aber wieder rechtzeitig nach Hause kommt, um noch wesentliche Dinge für die Schularbeit wiederholen zu können.

12 a) Regression, b) Rationalisierung, c) Projektion / Rationalisierung, d) Reaktionsbildung, e) Substitution

13 a) Freud: Verdrängung, Instanzen-Konflikt; b) Adler: Minderwertigkeitsgefühle; c) Jung: unbewusste Komplexe

14 Adler: Lebensstil, Leitlinien; Jung: Individuationsprozesse, Selbst; Frankl: Sinnsuche

17 1. Leistungsorientierung, 2. Gehemmtheit, 3. Erregbarkeit, 4. Beanspruchung, 5. Lebenszufriedenheit

18 Extraversion: Je öfter mit „Ja" geantwortet wurde, desto eher liegt Extraversion vor. Neurotizismus: Je öfter mit „Nein" geantwortet wurde, desto eher liegt Stabilität vor.

11. Sozialpsychologie

2 a) finanzielle Probleme, Arbeitslosigkeit, familiäre Schwierigkeiten; b) der Bus ist ausgefallen; c) Zeitdruck; d) er/sie hat das Handy verloren

3 von links nach rechts:
Gottlieb Daimler (1834–1900): Ingenieur, entwickelte mit Carl Benz das Auto
Bonnie E. Parker (1910–1934): verübte mit ihrem Partner Clyde Raubüberfälle und dabei auch 14 Morde
Florence Nightingale (1820–1910): Krankenpflegerin, reformierte die militärische und zivile Krankenpflege
Fritz Zwicky (1898–1974): Astrophysiker
Eric Harris (1981–1999): Schüler, erschoss zwölf Mitschüler in der Mittelschule von Littleton
Jane Addams (1860–1935): Sozialreformerin, erhielt 1931 den Friedensnobelpreis

6 1. Drei Personen unterschiedlicher Herkunft werden mit negativen Stereotypen ihrer Volksgruppe in Verbindung gebracht.
Szene 1: Sind alle Schwarzen Drogendealer?
Szene 2: Sind alle Moslems Terroristen?
Szene 3: Sind alle Österreicher Nazis?
2. Der Film möchte zeigen, wie Rassismus und Fremdenfeindlichkeit durch die verallgemeinernde Darstellung einer Gruppe (z. B. „die Schwarzen") entstehen. Durch die karikierte Darstellung hinterfragt der Film diese Generalisierungen und zeigt, wie schnell sich Vorurteile bilden, die mit diskriminierendem Verhalten einhergehen.

7 *Interessant zu wissen: Der Film von Pepe Danquart aus dem Jahr 1992 wurde mehrfach ausgezeichnet, u. a. erhielt er 1994 den Oscar für den besten Kurzfilm.*
Der Kurzfilm behandelt das Problem alltäglicher Fremdenfeindlichkeit. Der Titel selbst ist ein Wortspiel um den Begriff Schwarzfahrer. Der Film begleitet einen jungen Schwarzen, der in einer Berliner Straßenbahn von einer älteren, bürgerlichen Frau wegen seiner Hautfarbe beschimpft wird. Der junge Mann zeigt sich von der älteren Dame unbeeindruckt und lässt ihr Gerede über sich ergehen. Die anderen Fahrgäste verfolgen das Geschehen, ohne zu intervenieren. Als ein Kontrolleur zusteigt, nimmt der junge Mann der älteren Frau die Fahrkarte weg und isst sie auf. Bei der Kontrolle kann er eine Fahrkarte vorweisen, während sich die ältere Dame verteidigt, der „Neger" hätte ihre „eben aufgefressen". Der Kontrolleur hält dies für eine „blöde Ausrede" und fordert sie auf, mitzukommen.

10 Der/Die typische ÖsterreicherIn trägt ein Dirndl/einen Steirerhut, isst Wiener Schnitzel und Apfelstrudel, trinkt Bier und Wiener Melange, tanzt Walzer und jodelt.

21 1) Ein Schüler/Eine Schülerin sollte wissbegierig sein, aufmerksam, fleißig, ordentlich, diszipliniert, respektvoll etc. 2) Die Lehrperson hat die Rolle eines Wissensvermittlers/einer -vermittlerin. Es wird von ihr u. a. erwartet, dass sie gerecht ist, kompetent, gut strukturiert und organisiert, einfühlsam, selbstsicher etc.

23 Vorteile nonkonformen Verhaltens: Gefühle der Geborgenheit und Akzeptanz, Identitätsentwicklung und Identifikation, Entwicklung von Gemeinsamkeiten, Stärkung des Wir-Bewusstseins, wenig Konfliktstoff, Erhöhung der eigenen Urteils- und Handlungssicherheit. Nachteile nonkonformen Verhaltens: Einschränkung der Freiheit und Weiterentwicklung, Bestrafung abweichenden Verhaltens, Missbilligung nonkonformen Verhaltens, Intoleranz gegenüber anderen Normen, Anpassungszwang, soziale Ausgrenzung.

27 Wir verhalten uns unter allen genannten Bedingungen konform.

28 richtig: 63 % der Versuchspersonen gingen bis zum Ende; in allen erweiterten Ausführungen konnte ein signifikantes Maß an Gehorsam festgestellt werden.

29 aus Pflichtbewusstsein, weil man einen Dienst an einer Idee zugunsten des wissenschaftlichen Fortschritts leistete, weil man sich auf eine höhere Autorität berufen konnte (Abgeben der Verantwortung an andere), weil das Opfer anonym war, durch Degradierung des Opfers („Warum lernt er auch nicht besser?")

30 a) Das Stanford-Experiment ähnelt dem Milgram-Experiment insofern, als in extremen sozialen Situationen die situativen Einflüsse zur Erklärung eines beobachtbaren Verhaltens schlicht unterschätzt werden. Rollenzuweisungen führen zu Dynamiken, die nicht vorhergesagt werden können. Soziale Extremsituationen bringen destruktive Verhaltensmuster zum Vorschein, die nicht primär im Individuum zu finden sind, sondern durch die situativen Einflüsse erklärbar sind. SozialpsychologInnen „argumentieren, dass die soziale Situation eine signifikante Kontrolle über das individuelle Verhalten ausübt und oft die Persönlichkeit und die Lernerfahrungen, Werte und Überzeugungen aus der Vergangenheit dominiert." (Zimbardo 2004, S. 753)
b) überall, wo Machtstrukturen vorherrschen (Krieg, Gefängnis – z. B. Abu Ghraib)

32 a) Die Massenbewegung liefert (1) der gelangweilten Persönlichkeit Neues, (2) der orientierungslosen ein Ziel, (3) der instabilen Sicherheit und Geborgenheit, (4) der ambitionierten Entfaltungsmöglichkeiten.
b) Menschen lassen sich über die Medien mobilisieren. Über das Fernsehen kann eine Masse hergestellt und mit entsprechend suggestiven Botschaften (z. B. Versprechungen, Hoffnungen) gesteuert werden.
c) Gleichheit und gemeinsame Ziele. Die Gleichheit im Fußballstadion äußert sich z. B. über Parolen (Fanlieder), gleiche Uniformierung (z. B. Fußballdressen, Farben), gleiches Verhalten (Welle bei einem Tor). Gemeinsames Ziel im Fußballstadion: der Sieg der angefeuerten Mannschaft. Die Emotionen, die durch Gleichheit und das angestrebte gemeinsame Ziel entstehen, steuern schließlich das Verhalten der Masse.

34 Ja, es findet einseitige Kommunikation statt. Interaktion aber ist hier nicht gegeben.

36 Was ist das für einer? = **Selbstoffenbarung**. Wie ist der Sachverhalt zu verstehen? = **Sachinhalt**. Wie redet der eigentlich mit mir? = **Beziehung**. Was soll ich tun, denken, fühlen auf Grund seiner Mitteilung? = **Appell**.

37 Nachricht A: Sachinhalt, Appell, Selbstoffenbarung, Beziehung. Nachricht B: „Du brauchst mich, du siehst nicht, dass grün ist!", „Die Ampel ist grün!", „Ich habe es eilig!", „Gib Gas, fahr schneller!"

39 von links nach rechts: 5 – sich beweisend: „Ich bin ohne Fehl und Tadel!", 2 – helfend: „Keine Sorge! Ich bin ganz für dich da! Das werden wir schon hinkriegen!", 4 – aggressiv-entwertend: „Du bist Schuld!", 6 – bestimmend-kontrollierend: „Das macht man so und nicht anders!", 8 – mitteilungsfreudig-dramatisierend: „Hört, hört – so bin ich!", 7 – sich distanzierend: „Die Klugheit gebietet, die Sache nüchtern und ohne Emotionen von einer höheren Warte aus …", 1 – bedürftig-abhängig: „Wie soll ich das denn bloß machen?", 3 – selbst-los: „Lass' mich doch ganz für dich da sein!"

40 Anstatt persönlich anzugreifen, das Problem in den Mittelpunkt stellen. Anstatt die Beherrschung zu verlieren, sachlich bleiben.
Anstatt gewinnen zu wollen, gemeinsame Wege der Problemlösung suchen.
Anstatt zu früh zu urteilen, Problembewältigungsmöglichkeiten überlegen.
Anstatt sich auf eine Position festzulegen, sich für andere Sichtweisen interessieren.
Anstatt immer nur die eigene Sichtweise zu sehen, sich in die Lage der anderen Person versetzen, zuhören und beobachten.
Anstatt um das Problem herumzureden, konkret sagen, was man will.

12. Motivation

2 Studium: Anerkennung, Selbstverwirklichung; Schüleraustausch: Neugier, Unabhängigkeit; Party: Zugehörigkeit, Unterhaltung; Tagebuch schreiben: Entspannung.

5 Hauskauf: 2, Matura: 4, sexuelle Befriedigung: 1/3, Jobwechsel zugunsten einer Karrierelaufbahn: 4, Freundeskreis: 3, Pensionsvorsorge: 2, Gemälde malen: 5, Partnerschaft: 3, Vereinstätigkeit: 3, Versicherung: 2

7 a) physiologische Grundbedürfnisse, b) Sicherheitsbedürfnis, c) soziales Bedürfnis, d) Bedürfnis nach Anerkennung, e) Bedürfnis nach Selbstverwirklichung, f) Bedürfnis nach Transzendenz

11 **Physiologische Folgen:** u.a. Vitaminmangel, Störungen des Elektrolythaushaltes (Elektrolyte sind Mineralstoffe wie z.B. Magnesium und Kalzium, die der Körper nicht selbst produzieren kann und die daher über die Nahrung aufgenommen werden müssen) und infolgedessen Nierenschäden, Stoffwechselstörungen, Kopfschmerzen, Knochenbrüchigkeit, Herz-Kreislauferkrankung, Schlafstörungen.
Psychologische Folgen: u.a. Konzentrationsstörungen, Gereiztheit, Neigung zu Stress, leichte Erregbarkeit, Ruhelosigkeit, Nervosität, Lustlosigkeit, Teilnahmslosigkeit (Apathie), depressive Verstimmung.

13. Emotionen

1 Stell dir vor, deine Oma kauft dir ein Eis. Du freust dich darüber. Diese Freude ist eine Emotion. Stell dir jetzt vor, ein großer Hund läuft auf dich zu und bellt laut. Du fürchtest dich vor ihm und empfindest Angst. Diese Angst ist auch eine Emotion. Emotionen sind also immer das, was du in einem Moment fühlst.

2 Bild 1: (1) schwitzen, erröten, (2) „Lassen Sie mich in Ruhe!", (3) schreien; Bild 2: (1) Herzklopfen, (2) „Ich freue mich so!", (3) umarmen, lachen

3 vor Freude strahlen, vor Neid erblassen, kalte Füße bekommen, Schmetterlinge im Bauch haben, vor Aufregung zittern, auf den Bauch hören, die Haare stehen zu Berge, starr vor Angst sein, große Augen machen, das Herz rutscht in die Hose, überwältigt von Gefühlen sein, zu Tode erschrecken

6 Von links nach rechts: Überraschung, Ärger, Freude, Trauer, Verachtung, Angst, Ekel

7 **Sehnsucht:** starkes Bedürfnis nach etwas (z.B. einer Person, einem Ort), das uns nicht unmittelbar zur Verfügung steht (Basisemotion: Trauer); **Liebe:** sehr starke Zuneigung für ein anderes Wesen (Freude); **Lustlosigkeit:** Unvermögen, Freude an einer Sache zu empfinden (Trauer); **Verlegenheit:** Gefühl der Befangenheit, das meist in Situationen auftritt, die uns peinlich sind (Angst); **Begeisterung:** überschwängliche Freude, die man einer Sache entgegenbringt (Freude); **Eifersucht:** Feindseligkeit einem Rivalen/einer Rivalin gegenüber (Verachtung); **Langeweile:** Gefühl der Leere, basierend auf Desinteresse (Trauer).

9 Nehmen wir den Stift zwischen die Zähne, werden genau die Muskeln aktiviert, die wir zum Lachen brauchen. Das führt zu einer besseren Stimmungslage. Geben wir den Stift hingegen zwischen die Lippen, führt das zu Angeschlagenheit.
Begründung: Der emotionale Gesichtsausdruck und die Körperhaltung beeinflussen unseren emotionalen Zustand.

10 Gemäß der Facial-Feedback-Hypothese fällt es schwerer, sich in einen traurigen Zustand zu versetzen, wenn man aufrecht sitzt und den Blick nach oben richtet.

11 Je positiver unsere Gedanken, desto positiver unsere Grundstimmung.

12 James-Lange-Emotionstheorie: Die physiologische Erregung, die mit dem Singen einhergeht, löst in uns ein Glücksgefühl aus.

13 a) Schachters Emotionstheorie der kognitiven Bewertung
b) James-Lange-Theorie der Körperreaktion

14 James-Lange-Theorie: physiologische Erregung = Herzklopfen mit anschließender Emotion = Angst. Cannon-Bard-Theorie: Physiologische Erregung = Herzklopfen zeitgleich mit Emotion = Angst. Schachter: physiologische Erregung = Herzklopfen zeitgleich mit kognitiver Bewertung „Ich habe Angst", anschließende Emotion = Angst

15 **Frustration** verspürt man, wenn eine Erwartung enttäuscht oder ein angestrebtes Ziel nicht erreicht wird bzw. wenn Wünsche oder Bedürfnisse nicht erfüllt werden. **Aggression** ist ein Verhalten, das einer anderen Person psychischen oder physischen Schaden zufügt (z.B. Kränkung, Körperverletzung). **Gewalt** ist eine extreme und sozial nicht vertretbare Form der Aggression.

18 • Inhalte kritisch beurteilen lernen
• Mögliche Gefahren erkennen
• Wissen, wie man sich schützen kann
• Eltern und Lehrpersonen müssen eine Begleitfunktion übernehmen, zuhören und helfen

24 u.a.: Optimismus bewahren; Freundschaften pflegen; in einer Partnerschaft leben; einen Beruf ausüben; Freizeitbeschäftigungen nachgehen; intrinsisch motivierten Aktivitäten nachgehen; Sport treiben; ein positives Selbstbild pflegen; Selbstwertgefühl aufbauen; positive Erfahrungen fördern, negative meiden; mit einem guten Gefühl an Vergangenes denken; dankbar sein; nicht nachtragend sein

14. Seelische Gesundheit und Krankheit

4 Gesundes Schulbuffet; positive Konfliktkultur im Klassenzimmer leben, indem z.B. Verhaltensregeln aufgestellt werden; Stressbewältigungsfähigkeiten gemeinsam mit dem Klassenvorstand entwickeln; „Kurzturnen" im Unterricht; in den Pausen Bewegung ermöglichen; für Wohlbefinden im Klassenzimmer sorgen (z.B. Klassenzimmer ausmalen und persönlich gestalten, Pflanzen aufstellen etc.); VertrauenslehrerInnen bestimmen; SchülerInnen zu MediatorInnen ausbilden.

5 öffentlich (z.B. über Medien) sachlich und seriös über gesunden Lebensstil und negative Konsequenzen bei ungesundem Essverhalten aufklären; bereits in der Schule mit Gesundheitsförderung beginnen.

6 Mögliche Fragen: Leiden Sie an einer psychischen Erkrankung? Haben Sie körperliche Beschwerden? Nehmen Sie regelmäßig Medikamente ein? Waren Sie in den letzten 5 Jahren länger krank oder in ärztlicher Behandlung? Schlafen Sie gut? Konsumieren Sie Alkohol? Rauchen Sie? Liegen Allergien vor? Treiben Sie mindestens 3-mal pro Woche Sport? Ernähren Sie sich ausgewogen und gesund? Leiden Sie an Konzentrations- und Leistungsstörungen? Fühlen Sie sich mehrmals pro Woche müde und antriebslos?

7 a) Tiere (vor allem Insekten, Mäuse, Schlangen): 22,2%; b) Höhen (Balkone, Leitern): 20,4%; c) Blut (Blut sehen, eine Spritze bekommen, Blutproben machen): 13,9%; d) geschlossene Räume (Fahrstuhl, keine abgeschlossenen Zimmer, fensterlose Räume): 11,9%; e) Wasser (mit dem Kopf unter Wasser geraten; dort schwimmen, wo man nicht mehr stehen kann): 9,4%; f) Gewitter (Donner, Blitze): 8,7%.

9 u.a. Lebensmittelindustrie, Diätbranche, Pharmaindustrie, Werbebranche, Kosmetik-/Schönheitsindustrie (Schönheitskliniken, ästhetische Chirurgie, Kurzentren), Sportindustrie (Fitnesszentren)

10 **Warnsignale für Magersucht:** starker Gewichtsverlust innerhalb kurzer Zeit; Hunger wird verleugnet; Probleme werden verleugnet; Angst vor dem Zunehmen; Schuldgefühle beim Essen; Bestreben, immer dünner zu werden; verzerrtes Körperbild (das Gefühl zu dick zu sein, obwohl offensichtlich Untergewicht vorliegt).
Physiologische und psychische Anzeichen: u.a. Ausbleiben der Regelblutung, besondere Kälteempfindlichkeit, ständige Müdigkeit, depressive Verstimmungen, übermäßige Gereiztheit.

12 1. Das Wort „Spinne" vorsagen. 2. Die Zeichnung einer Spinne ansehen. 3. Das Farbfoto einer Spinne ansehen. 4. Eine Spinne aus der Ferne betrachten. 5. Die Spinne in einem geschlossenen Glas hochnehmen. 6. Die Spinne über den Arm laufen lassen.

16 a) Es handelt sich um Magersucht (Anorexia nervosa).
b) • **Wie äußert sich das Problem?** Verändertes Essverhalten (wenig und ausschließlich kalorienarme Nahrung); übertriebene sportliche Aktivität (striktes Sportprogramm); psychische Veränderungen (Schlafstörungen, depressive Verstimmung, gestörte Körperwahrnehmung, Angst vor einer Gewichtszunahme); physische Veränderungen (Ausbleiben der Periode, starker Gewichtsverlust: 40 Kilo bei 1,60 Meter); sozialer Rückzug (Antriebslosigkeit, keine Unternehmungslust).
• **Was könnte die Ursache sein?** Biologische Einflüsse: genetische Veranlagung; psychologische Einflüsse: bestimmte Verhaltensmuster in der Familie (z.B. Perfektionismus, großer Erwartungsdruck, Überbehütetheit, Konflikte werden nicht offen ausgetragen), Überforderung in einer schwierigen Entwicklungsphase (z.B. in der Pubertät); gesellschaftliche Einflüsse: unerreichbare Schönheits- und Schlankheitsideale.
• **Was kann getan werden?** Selbst wenn Julia keine Krankheitseinsicht hat, Hilfe holen (mit einer Vertrauensperson reden, ins Krankenhaus begleiten); ihr klar machen, dass man sich Sorgen um sie macht; Psychotherapien, die sich bei Magersucht als hilfreich erwiesen haben: Systemische Familientherapie, Gesprächstherapie, Psychodrama, Gestalttherapie; bei akuter Gesundheitsgefährdung: stationärer Krankenhausaufenthalt.

Erwartungshorizont: Nervenzelle

1. Elemente der Nervenzelle:
siehe Buch ▶ S. 24

Funktion: Nervenzellen ermöglichen, dass wir denken, handeln, fühlen und miteinander kommunizieren können. Denn eine Nervenzelle empfängt Informationen, verarbeitet sie und leitet sie an andere Nervenzellen weiter.

Arbeitsweise: Jede Nervenzelle besteht aus einem Zellkörper mit einem Zellkern. Vom Zellkörper gehen die Dendriten (Verästelungen) aus, die Impulse von anderen Nervenzellen (z. B. „Es ist laut.") empfangen. Diese Impulse werden über das Axon an andere Nervenzellen weitergegeben. Die Weiterleitung der Impulse wird über die Myelinschicht eines Axons beschleunigt. Die Verbindungsstelle zwischen der axonalen Endigung (dem Endknöpfchen eines Axons) und dem Dendriten einer anderen Nervenzelle nennt man Synapse.
(▶ S. 24)

2. Nervenzellen neigen dazu, sich im Gehirn mit anderen benachbarten Nervenzellen zu verbinden – so entsteht ein **neuronales Netzwerk**. Positive Lernresultate verstärken die Verbindungen der Nervenzellen in diesen neuronalen Netzwerken: Das Üben einer bereits erlernten Fertigkeit (z. B. Tennisspielen) stärkt vorhandene neuronale Verbindungen; das Erlernen einer neuen Fertigkeit (z. B. Jonglieren) wiederum lässt neue Verbindungen entstehen.

Wenn die Nervenzellen unseres Nervensystems Informationen austauschen, spricht man von neuronaler Kommunikation. Dieser Vorgang findet über **Neurotransmitter** statt. Neurotransmitter sind chemische Botenstoffe, die immer dann über unsere Synapsen ausgestoßen werden, wenn ein Impuls die Endigung einer Nervenzelle erreicht. Sie beeinflussen unser Denken, unsere Motorik, unsere Emotionen, unser Fühlen und Verhalten. Die Neurotransmitterforschung spielt daher bei der Entwicklung neuer Medikamente eine bedeutende Rolle. Medikamente können nämlich erregend wirken, wenn sie die Rolle aktivierender Neurotransmitter übernehmen, sie können aber auch hemmen, indem sie wie blockierende Neurotransmitter wirken. Die Neurotransmitter Dopamin und Noradrenalin beispielsweise fördern unsere Aktivität und Wachsamkeit. Serotonin ist für unsere Stimmung, Hunger und Erregung zuständig, beruhigt und verhilft zu positivem Denken. Endorphin wiederum lindert Schmerzen und hebt die Stimmung.
(▶ S. 25)

3. Dieses Beispiel zeigt, wie flexibel und anpassungsfähig unser Gehirn ist. Man spricht in diesem Zusammenhang auch von der **Plastizität** des Gehirns. Überzählige Verbindungen zwischen Nervenzellen können nämlich Verletzungen kompensieren – vor allem, solange sich das Gehirn noch im Aufbau befindet, am besten also in den ersten Lebensjahren. Das Gehirn bildet dann neue Synapsen und Verschaltungen oder aktiviert nicht benützte. Im Fall des zitierten Beispiels konnte also die rechte Gehirnhälfte sämtliche Funktionen der linken Hälfte übernehmen.
(▶ S. 24)

Erwartungshorizont: Problemlösen und Kreativität

1. Den beiden Männchen in der Karikatur ist es nicht möglich, einen Ausweg aus der Situation zu sehen, da sie aufgrund der sogenannten **Fixierung** (Gebundenheit) nicht in der Lage sind, ihre Fortbewegungsmöglichkeit abseits der Zuggleise zu erfassen.

Es ist die Unfähigkeit, ein Problem aus einem neuen Blickwinkel zu sehen, also von den bisherigen Erfahrungen, die eine Lösungsfindung behindern bzw. verzögern, abweichend zu denken. Eingefahrene Denkgewohnheiten müssen erst überwunden werden, bevor ein Problem gelöst werden kann.

Diese Fixierung kann sich auf Objekte (funktionale Fixierung) oder auf mentale Voreinstellungen (mental sets) beziehen:

- Die **funktionale Fixierung** beschreibt die Schwierigkeit, ein Objekt anders als gewohnt, also auf eine neue Art und Weise, einzusetzen, z. B. einen Autoreifen als Blumenbeet.

- **Mentale Sets** sind erlernte Einstellungen, die entstehen, wenn bewährte Lösungswege auf neue Probleme übertragen werden.
(▶ S. 95)

Persönlichkeitseigenschaften, die kreatives und problemlösungsorientiertes Denken fördern:
Um Lösungswege erarbeiten zu können, muss man bewandert sein: Je mehr man **weiß**, desto eher kann man vernetzt und neuartig denken. Von Vorteil ist außerdem **fantasievolles, divergentes Denken**. Ebenso fördern **Wagemut** (im Sinn von Risikofreudigkeit, Offenheit für neue Erfahrungen und Selbstvertrauen) sowie **Motivation** (im Sinn von Ausdauer und Belastbarkeit bei Misserfolgen) die Fähigkeit, Ideen zu entwickeln und neue Lösungen zu finden.
(▶ S. 98–99)

2. Vier Phasen des kreativen Prozesses beim Problemlösen:

- Die 1. Phase repräsentiert die aktive Phase, in der das Problem formuliert und **vorbereitet** wird. In dieser Phase informieren wir uns, stellen Fragen, nehmen uns Zeit zum Nachdenken und lassen unserer Fantasie freien Lauf.

- In der 2. Phase (**Inkubation**), der passiven Phase, legen wir das Problem ratlos auf die Seite. Unbewusst verarbeiten wir allerdings die gesammelten Informationen und es reift eine – zunächst unstrukturierte – Idee heran, wie das Problem gelöst werden könnte.

- Das Zitat spielt auf das Aha-Erlebnis bzw. die plötzliche Einsicht (**Illumination**) in der 3. Phase des kreativen Prozesses an. Die Lösung erscheint meist unerwartet, wenn man sich entspannt und gelöst ist – im obigen Fall beim Joggen.

- In der 4. Phase (**Verifikation**) gehen wir die konkrete Umsetzung an. Wir bewerten zunächst die Idee, überprüfen, ob sie auch wirklich realisierbar ist, und setzen die Idee schließlich um. Das Ergebnis ist die Problemlösung oder ein kreatives Produkt.
(▶ S. 100)

3.
- Würde man **algorithmisch** vorgehen, würde man die Wohnung systematisch durchsuchen, also Raum für Raum und alle Möbel in einer bestimmten Reihenfolge, bis man schließlich den Schlüssel findet. Algorithmische Verfahren führen immer zur Lösung, können aber ineffizient und zeitaufwendig sein. Sie sind daher nur dann sinnvoll, wenn die Lösungsmöglichkeiten gering sind.

- Geht man **heuristisch** vor, steht das Herausfinden von Strategien, die beim Lösen des Problems hilfreich sein können, im Vordergrund. Wir haben dazu nun mehrere Möglichkeiten, an das Problem der Haustürschlüsselsuche heranzugehen:

  ▸ Wir können ihn zunächst dort suchen, wo wir gewohnt sind, ihn hinzulegen (logisches Schlussfolgern). So kämen wir über konvergentes, also folgerichtiges Denken zur Lösung des Problems.

  ▸ Oder wir ziehen Rückschlüsse aus den Erfahrungen, die wir bisher gemacht haben (Automatisierung). Wir würden in diesem Fall eine Faustregel anwenden, die sich in vergleichbaren Problemsituationen bewährt hat, z. B. zunächst an einer Stelle suchen, wo wir in den letzten Wochen immer wieder andere wichtige Dinge wie die Geldbörse oder das Handy liegen ließen.

  ▸ Eine weitere Möglichkeit wäre, nach dem Versuch-und-Irrtum-Prinzip die Suche nach dem Haustürschlüssel zu starten, indem wir mehrere Lösungswege ausprobieren. In diesem Fall würden wir den Schlüssel plötzlich und zufällig wiederfinden.

  ▸ Kreatives Denken wiederum würde uns dabei helfen, einen neuen Problemlöseweg zu finden. Dabei müsste man sich von bekannten Mustern (Fixationen) lösen, das Vertraute als fremd betrachten, eine neue Perspektive einnehmen und neue Beziehungen zwischen den Dingen herstellen.

  Heuristische Verfahren sind allerdings unsystematisch und daher sehr fehleranfällig. Sie führen nicht zwangsläufig zum Ziel, können aber den Problemlöseprozess verkürzen.
(▶ S. 94–95)

Erwartungshorizont: Humanistische Persönlichkeitstheorien

1. Unter **Selbstaktualisierung** versteht man unser Bedürfnis zu wachsen und unsere Potenziale zu entfalten.

Das **Selbstkonzept** ist das Bild, das wir von uns selbst haben, also alle Gedanken und Gefühle, die aufkommen, wenn wir uns die Frage stellen, wer wir sind. Es umfasst unsere Einstellungen und Werthaltungen, bezieht sich auf unser Verhalten, all unsere Gefühle, Vorlieben, Fähigkeiten und Eigenschaften, die wir uns selbst zuschreiben.

Unter **Selbstwertgefühl** versteht man die Bewertung der eigenen Person. Die Bewertung hängt unter anderem davon ab, wie man seine eigenen Fähigkeiten wahrnimmt. Es wird als Schlüssel für Glück und Erfolg gesehen: Ein negatives Selbstkonzept geht mit einem geringen Selbstwertgefühl einher und führt eher zu Misserfolgen. Ein positives Selbstkonzept hingegen ist mit einem hohen Selbstwertgefühl verknüpft und ermöglicht eher positive Erfahrungen. Das Selbstwertgefühl hat jedenfalls erheblichen Einfluss auf unsere Gedanken, Stimmungen und unser Verhalten.
(► S. 154)

2. Fromm spricht in seinem Zitat einen wesentlichen Grundsatz der humanistischen Psychologie an: das Streben nach Selbstverwirklichung. Mit der Bedeutung, die Fromm in seinem Zitat der Vision beimisst, betont er die notwendige Ziel- und Sinnorientierung des Menschen.
Die humanistische Psychologie vertritt – im Gegensatz zu Freuds Tiefenpsychologie, die sich in erster Linie für den kranken Menschen und dessen traumatische Erlebnisse interessiert – ein positives Menschenbild. Sie sieht den Menschen als autonomes und selbstbestimmtes Wesen, das danach strebt, seine schöpferischen Fähigkeiten zu entfalten und sein eigenes Leistungsvermögen voll auszuschöpfen. Sie geht davon aus, dass in jedem Menschen die Fähigkeit steckt, persönlich zu wachsen und sein volles Potenzial an Wissen, Talenten und Fähigkeiten zu verwirklichen.
(► S. 154)

3.
- Engagement und Eigenaktivität zeigen, den Alltag gestalten und lernen, sich selbst zu beschäftigen
- Für neue Erfahrungen offen sein
- Realistische, erreichbare Ziele setzen
- Dem Leben und dem eigenen Handeln einen Sinn geben
- Optimistische Lebenseinstellung pflegen; mit einer positiven Erwartungshaltung leben, dass sich Dinge gut entwickeln; die Zuversicht entwickeln, Lebensaufgaben bewältigen zu können
- Bei Misserfolgen neues Vertrauen in die Selbstwirksamkeit gewinnen im Sinn von „Das schaffe ich!", „Ich werde mit den Problemen fertig!"
- Anforderungen im Leben als positive Herausforderungen sehen

- Problemen nicht aus dem Weg gehen, sondern einen aktiven Problembewältigungsstil („Coping") entwickeln
- Kritik annehmen und reflektieren
- Kritikfähigkeit und Kommunikationsfähigkeit entwickeln, keine Schuldzuweisungen machen
- Sich ein persönliches Urteil bilden, eigene Überzeugungen vertreten
- Sich selbst achten und so annehmen, wie man ist; ein positives Selbstwertgefühl aufbauen
- Sich selbst realistisch einschätzen, sich seiner eigenen Stärken und Schwächen bewusst sein
- Eigene Potenziale an Wissen, Talenten und Fähigkeiten einsetzen (z. B. Teamfähigkeit, analytische Denkfähigkeit oder Kreativität)
- Kognitive Fähigkeiten (z. B. analytisches, differenziertes Denken, Sprachvermögen und Entscheidungsfähigkeit) trainieren, da sie wesentliche Voraussetzung für die Problembewältigung sind
- Auf die eigenen Bedürfnisse hören; wissen, was einem gut tut; Genuss- und Erlebnisfähigkeit ausbilden
- Vorhandene soziale Ressourcen optimal nutzen und ausbauen (z. B. soziales Netz, familiärer Zusammenhalt etc.)
(► S. 154–155)

4.
- **Authentisch sein**, d. h. keine Fassade aufsetzen, dem Kind keine Rolle vorspielen
- **Einen empathischen Zugang pflegen**, d. h. zuhören, sich in das Kind einfühlen und nicht bewerten, kindliche Gefühle nicht sanktionieren oder unterdrücken, sondern zulassen
- **Dem Kind wertschätzend begegnen**, d. h. seine Bedürfnisse beachten und es altersangemessen in das Aufstellen von Regeln einbeziehen
- **Dem Kind ungeschuldete Liebe entgegenbringen**, d. h. das Kind bedingungslos annehmen und so lieben wie es ist
- **Autonomie gewähren**, d. h. dem Kind vertrauen und in seiner Entwicklung ohne Kontrolle, Zwang und Bevormundung unterstützen
- **Unterstützung und Anregung bieten**, d. h. das Kind in seiner freien Entfaltung unterstützen und Anregungen liefern
- **Dem Kind Sicherheit und Geborgenheit vermitteln**, d. h. die Bezugsperson muss verlässlich für das Kind da sein

Weitere erzieherische Grundhaltungen, die sich förderlich auf die kindliche Persönlichkeitsentwicklung auswirken: dem Kind ein positives Vorbild sein; gemeinsam mit dem Kind Problemlösungsstrategien entwickeln; das Gefühl der Selbstwirksamkeit des Kindes unterstützen (d. h. die Überzeugung des Kindes stärken, selbst mit Anforderungen umgehen zu können)
(► S. 154–155)

Erwartungshorizont: Kommunikation

1.
- **Kommunikation** umfasst jede Art von Beziehung zwischen Menschen. Kommunikation ist der Austausch von Informationen, der verbal (über Worte) oder nonverbal (über die Körpersprache, also Mimik, Gestik, Körperhaltung, Gang) stattfinden kann. Kommunikation findet immer statt.
- Von **Interaktion** spricht man, sobald zwei Personen in direktem, wechselseitigem Kontakt stehen, d. h. Interaktion umfasst (auf sprachlicher Kommunikation basierende) Handlungen zweier oder mehrerer Personen, die aufeinander bezogen sind.
(► S. 179)

2.
- **Sachinhalt** (worüber ich informiere): Der Mann informiert die Frau, dass kein Kaffee mehr da ist. („Es gibt keinen Kaffee mehr.")
- **Selbstoffenbarung** (was ich von mir selbst kundgebe): Der Mann hat Lust auf mehr Kaffee. („Ich möchte Kaffee.")
- **Beziehung** (wie wir zueinander stehen): Der Mann gibt in diesem Fall zu verstehen, dass er von der Frau etwas verlangen kann und dass sie dafür zuständig ist, für Nachschub zu sorgen, also aufzustehen und Kaffee zu holen. („Das Kaffeekochen ist deine Sache.")

- **Appell** (wozu ich dich veranlassen möchte): Der Mann bittet die Frau über seine Botschaft, ihm noch einen Kaffee zu machen. („Mach bitte Kaffee.")
(► S. 181)

3. Folgende Aspekte können in die Stellungnahme miteinbezogen werden:

- Schulz von Thun nennt als Maßstab für gelungene Kommunikation **Klarheit und Stimmigkeit**. Kommunikation muss immer mit der inneren Verfassung, den Zielen und Werten, aber auch mit der Verfassung des Gegenübers und der Situation übereinstimmen. **Metakommunikation**, also die Kommunikation über die Kommunikation, soll bei gestörter Kommunikation helfen: Dabei machen SenderIn und EmpfängerIn die Art und Weise, wie sie miteinander umgehen, zum Thema. Eine objektive Betrachtungsweise kann helfen, die Spannung aufzulösen.
- **Allgemeine gesprächsfördernde Faktoren**: aufmerksam zuhören und bei Unklarheiten nachfragen; das Gesagte wiederholen; durch Zusammenfassen das Wesentliche hervorheben und Missverständnisse beseitigen; Denkanstöße geben, um Lösungen finden oder Entscheidungen konkretisieren zu können; Gefühle erfassen und im Gespräch mitfühlen
(► S. 182)

Erwartungshorizont: Emotionen und Ausdruck

1. Eine Emotion ist eine komplexe Reaktion unseres gesamten Organismus auf eine Situation, einen äußeren Reiz oder ein inneres Geschehen. Sichtbar werden Emotionen über Mimik und Gestik sowie sämtliche Begleiterscheinungen wie z. B. Lachen. Generell wird eine Emotion immer von drei Komponenten begleitet:

- **Physiologische Erregung:** körperliche Begleiterscheinungen wie z. B. Schwitzen, Erröten, Zittern, Herzklopfen.

- **Kognitive Prozesse:** Gedankenabläufe finden statt, wie z. B. „Ich schaffe das nicht." Erinnerungen an ähnliche Situationen, in denen man nicht erfolgreich war.

- **(Motorisches) Ausdrucksverhalten:** Verhaltensreaktionen wie z. B. ängstliche Mimik, zurückhaltende Gestik.

(► S. 199)

2. **Basisemotionen** sind dadurch gekennzeichnet, dass sie weltweit und kulturunabhängig in gleicher Weise intuitiv erkannt und mimisch ähnlich ausgedrückt werden. Zu den Basisemotionen zählen laut Ekman: Überraschung (Bild 1), Ärger (Bild 2), Freude (Bild 3), Trauer (Bild 4), Verachtung (Bild 5), Angst (Bild 6), Ekel (Bild 7).

Sekundäremotionen sind individuell und kulturell verschieden, werden erlernt und kognitiv bewertet und ergeben sich aus der Kombination von Basisemotionen. Beispiele: Aus der Kombination von Überraschung und Trauer ergibt sich die Sekundäremotion Enttäuschung. Trauer kombiniert mit Wut ergibt Rache, Freude kombiniert mit Überraschung führt zu Begeisterung.

(► S. 200–201)

3. **KulturrelativistInnen** sind der Ansicht, dass unser kulturelles Umfeld und unsere sozialen Rollen bestimmen, wie wir uns emotional verhalten. Beispiel: Wir haben gelernt, uns zu freuen, wenn wir eine Gehaltserhöhung bekommen.

Die **EvolutionspsychologInnen** hingegen meinen, Emotionen seien angeboren. Sie begründen diese Ansicht damit, dass auch unsere tierischen Verwandten Emotionen zeigen und selbst Babys schon in der Lage sind, Emotionen zu verspüren und einen Gefühlsausdruck entsprechend deuten. Emotionen können außerdem lebensrettend sein: Wenn wir Angst haben, laufen wir davon.

Folgende Forschungsergebnisse gelten als Beleg dafür, dass der emotionale Ausdruck angeboren ist:

- **Schimpansen** verfügen über ähnliche Emotionen wie Menschen.
- **Säuglinge** sind bereits in der Lage, Emotionen zu erkennen und einen emotionalen Ausdruck zu imitieren. Sie können außerdem den Gesichtsausdruck anderer Menschen bereits entsprechend interpretieren: Sie reagieren auf ein freundliches Gesicht positiver als auf ein ärgerliches.

- **Blinde Kinder** haben denselben mimischen Ausdruck wie sehende Kinder.

- Grundlegende Emotionen werden auf der ganzen **Welt** – unabhängig von kulturellen Unterschieden, ethnischer Zugehörigkeit, Geschlecht oder Erziehung – in ähnlicher Weise ausgedrückt, wie z. B. Freude mit einem Lächeln.

(► S. 200)

Erwartungshorizont: Stress

1. Außergewöhnliche körperliche oder psychische Belastungen führen zu Stress (Druck, Anspannung). Stresssituationen belasten umso mehr, je intensiver sie erlebt werden, je länger sie dauern, je weniger vorhersehbar und je weniger kontrollierbar und beeinflussbar sie erscheinen.

Ereignisse, die Stress auslösen, fasst man mit dem Begriff **Stressoren** zusammen. Sie umfassen alle psychosozialen Belastungsfaktoren, die eine Erkrankungswahrscheinlichkeit erhöhen. Mögliche Stressoren: Lärm, Schmerzen, Hitze, körperliche Anstrengung, Zeitdruck, täglicher Ärger, Überforderung, Informationsflut, hohe Verantwortung, soziale Konflikte, Konkurrenzdruck, Leistungsdruck, geringes Feedback, Diskriminierung, kritische Lebensereignisse (einschneidende Lebensveränderungen wie z. B. der Tod eines nahestehenden Menschen).

(► S. 213–214)

2. **Akuter Stress** führt zu erhöhtem kardiovaskulären Tonus und erhöhter kognitiver Leistungsfähigkeit. Es handelt sich dabei um eine „positive akute Notfallreaktion" – das bedeutet, dass sie für eine stressresistente Anpassung in herausfordernden und kritischen Situationen sorgt.

Langfristiger Stress wirkt sich auf den Organismus schädlich aus: Muskelerkrankungen, chronische Müdigkeit oder Steroiddiabetes können die Folge sein. **Chronischer Stress** kann zum Zelluntergang führen und hat somit negative Auswirkungen auf das Gedächtnis. Stresshormone wirken sich nämlich ungünstig auf die Neuronen des Hippocampus aus.

Unter **Eustress** versteht man positiven Stress, wie z. B. Vorfreude, sportliche Aktivität, Verliebtsein oder berufliche Herausforderungen. Positiver Stress ist notwendig, um sich körperlich und psychisch weiterentwickeln zu können – ansonsten würden wir uns langweilen und uns für ein Ziel nicht mehr anstrengen.

Disstress bezeichnet die Form einer dauerhaften Überforderung, die unsere psychische und physische Gesundheit gefährdet. Wenn unsere persönlichen Ressourcen zur Stressbewältigung nicht mehr ausreichen, kommt es zu erhöhter Anspannung. Die Folge ist, dass unser Körper in ständige Alarmbereitschaft versetzt wird, weil z. B. die ausgeschütteten Stresshormone (Adrenalin, Noradrenalin, Dopamin und Cortisol) nicht mehr abgebaut werden können.

Die Reaktionen auf Stress können **physiologisch** (u. a. Muskelverspannungen, Verdauungsstörungen, Atembeschwerden, Schwächegefühl, Zittern), **somatisch** (erhöhte Krankheitsanfälligkeit) oder **psychisch** (u. a. Antriebslosigkeit, Schlafstörungen, depressive Verstimmungen) sein.

(► S. 215)

3. **Mögliche Antwort:**
Stressoren lassen sich nicht vermeiden. Wir müssen daher Strategien entwickeln, mit Stress umzugehen (Coping). Coping bezeichnet das Bewältigen von belastenden Ereignissen und damit verbundenen Emotionen.

Verschiedene Möglichkeiten, um mit Stress zurechtzukommen:

- Die stressige Situation positiv bewerten
- Probleme als Herausforderung annehmen und nicht als Belastung sehen
- Eine unbeschwerte, optimistische Lebenseinstellung pflegen
- Isolation und Einsamkeit meiden; positive soziale Kontakte pflegen
- Meditative Entspannungsübungen ausführen oder Orte der Entspannung aufsuchen
- Sport treiben

(► S. 216–217)

Abwehrmechanismus: Begriff aus der → Psychoanalyse: Methode des → Ich, um den Ansprüchen des → Es entgegenzutreten, damit keine Konflikte mit dem → Über-Ich entstehen.

Adoleszenz: Jugendalter; Lebensabschnitt zwischen Kindheit und Erwachsenenalter, der mit der → Pubertät anfängt und in dem sich die personale Selbstverantwortung zu festigen beginnt.

Affekt: Starke psychische und körperliche Reaktion auf eine alarmierende Situation, die mit verminderter Verhaltenskontrolle einhergeht.

Affektive Störung: Psychische Erkrankung, die durch krankhafte Veränderung der Stimmung (entweder in Form von → Depression oder Manie) gekennzeichnet ist.

Aggression: Feindseliges, körperlich oder verbal verletzendes Verhalten, das sich gegen Personen oder Gegenstände richtet.

Alltagspsychologie: Psychologische Erklärungen für menschliches Erleben und Verhalten, die nicht wissenschaftlich überprüft wurden.

Altruismus: Einstellung und Verhaltensweise gegenüber Mitmenschen, die nicht auf den eigenen Gewinn abzielt.

Amnesie: Gedächtnisverlust, der – meist nach einem Schock oder einem traumatischen Erlebnis – zeitlich begrenzt oder dauerhaft auftritt.

Analytische Psychologie: → Tiefenpsychologische Richtung, die auf C. G. Jung zurückgeht und die Individuation – die Suche nach dem Sinn des Lebens und das Streben nach Selbstverwirklichung – als menschliches Ziel ansieht.

Anamnese: Krankengeschichte eines Patienten / einer Patientin.

Angststörung: Sammelbegriff für psychische Störungen, die sich durch übersteigerte Angstreaktionen kennzeichnen.

Anlage-Umwelt-Problem: Bezeichnung für die Frage, inwiefern unsere individuellen Unterschiede durch unsere Erbanlagen bestimmt sowie durch Umweltbedingungen geprägt sind.

Anorexia nervosa: Magersucht; Essstörung, bei der die Betroffenen bewusst die Nahrungsaufnahme einschränken, um Gewicht zu verlieren, obwohl dieses bereits weit unter dem Normalbereich liegt.

Anorexie: Appetitlosigkeit.

Attribution: Naiv-psychologisches, im Alltag gängiges Erklären von Ereignissen und Handlungen, indem diesen irgendwelche Ursachen zugeschrieben werden.

Autismus: Psychische Störung, bei der die soziale Interaktion und Kommunikation beeinträchtigt sind, indem z. B. mangelndes Interesse an sozialer Interaktion und mangelndes Verständnis für Gefühlszustände anderer besteht.

Autogenes Training: Methode, die in Form von Konzentrationsübungen hilft, Spannungszustände auszugleichen, Schmerzen zu lindern, Verkrampfungen zu lösen und Schlafstörungen zu beheben.

Aversion: Abneigung gegenüber bestimmten Reizen, Situationen oder Empfindungen.

Behaviorismus: Richtung der Psychologie, die sich mit lernpsychologischen Fragen auseinandersetzt und ausschließlich objektiv beobachtbares Verhalten untersucht.

Bewusstsein: Gesamtheit der unmittelbaren Erfahrungen, die dem Erkennen, Denken und Verhalten zugrunde liegen.

Biologische Psychologie: Forschungsgebiet der Psychologie, das sich für die Prozesse in unserem Nervensystem interessiert.

Biopsychosoziales Modell: Forschungsansatz, der die Zusammenhänge zwischen biologischen, psychologischen und sozialen bzw. soziokulturellen Faktoren bei der Entstehung einer psychischen Störung untersucht.

Bonding: Bindung; Phase der intensiven Gefühls- und Bindungsentwicklung zwischen Eltern und Neugeborenem bei der ersten Kontaktaufnahme nach der Geburt.

Borderline-Störung: Persönlichkeitsstörung, die durch ein instabiles Selbstbild, unkontrollierte Affekte, Angstzustände sowie Denk- und Wahrnehmungsstörungen gekennzeichnet ist. Ursache können schwere Vernachlässigung oder Missbrauch in der Kindheit sein.

Bulimia nervosa: Ess-Brech-Sucht; Essstörung, die sich durch Essanfälle (bis zu zwei Stunden, mindestens zweimal wöchentlich) mit anschließend bewusst herbeigeführtem Erbrechen, übermäßiger Aktivität oder der Einnahme von Abführmitteln äußert.

Bulimie: Heißhunger; krankhaft gesteigertes Essbedürfnis.

Burnout: Zustand chronischer, körperlicher, emotionaler und geistiger Erschöpfung, der u. a. mit verminderter Leistungsfähigkeit, Schlaflosigkeit und Depression einhergeht. Ursachen können Stress, starke Arbeitsbelastung und hohe Leistungserwartungen sein.

Coping: Bewältigungsverfahren; die Art und Weise, wie Menschen versuchen, eine schwierige Lebenssituation zu bewältigen und mit den damit verbundenen Emotionen umzugehen.

Cyber-Mobbing: bewusstes Beleidigen, Bedrohen, Bloßstellen, Belästigen oder Ausgrenzen über elektronische Kommunikationsmittel.

Deduktives Denken: Alle Formen des Denkens, die vom Allgemeinen auf den Einzelfall schließen.

Demenz: Organisch bedingter, fortschreitender Verlust der geistigen Leistungsfähigkeit. Erstes Anzeichen ist eine nachlassende Merkfähigkeit. In fortgeschrittenem Stadium folgen Orientierungslosigkeit und das Unvermögen, vertraute Personen wiederzuerkennen.

Depression: → Affektive Störung, die durch Niedergeschlagenheit, Antriebslosigkeit, chronische Erschöpfung, Zweifel am Sinn des eigenen Lebens und Selbstmordgedanken gekennzeichnet ist.

Diskriminierung: Benachteiligung einer Person aufgrund ihrer Zugehörigkeit zu einer bestimmten Gruppe.

Disstress: Negativer Stress; lang andauernder starker Stress, der die psychische und physische Gesundheit beeinträchtigt.

Diversity Management: Maßnahmen, die Bedingungen schaffen, unter denen die soziale Vielfalt genutzt wird und Menschen in ihrer Individualität anerkannt werden.

Elektroenzephalogramm: EEG; Aufzeichnung von Hirnstromwellen (die über die Oberfläche des Gehirns laufen), um Veränderungen des Gehirns zu diagnostizieren.

Emotion: Komplexe Reaktion des Organismus auf eine Situation, einen äußeren Reiz oder ein inneres Geschehen, die einhergeht mit physiologischer Erregung (z. B. Herzklopfen), kognitiven Prozessen (z. B. Erinnerung an ähnliche Situationen) und motorischem Ausdrucksverhalten (z. B. Mimik).

Emotionale Intelligenz: Fähigkeit eines Menschen, eigene Gefühle und die Gefühle anderer zu verstehen, mit Emotionen situationsangepasst umzugehen sowie → Empathie und Beziehungsfähigkeit zu entwickeln.

Empathie: Einfühlungsvermögen; Fähigkeit, sich in die Gefühlslage einer anderen Person hineinzuversetzen.

Empowerment: Prozess, der Menschen befähigt, ihre eigenen Stärken kennenzulernen und die eigenen Ressourcen zu nutzen.

Entwicklungsaufgaben: Bestimmte Anforderungen, mit denen Menschen in jeder Lebensphase konfrontiert sind.

Erleben: Gesamtheit aller inneren psychischen Vorgänge: Wahrnehmungen, Empfindungen, Vorstellungen, Denken, Gedächtnis, Gefühle, Motive.

Erlebnispsychologie: Modell der Psychologie, das das innere Erleben bei psychischen Vorgängen mittels Introspektion untersucht.

Erlernte Hilflosigkeit: Theorie von Martin Seligman, dass Angst und Depression aus einem Gefühl der Hilflosigkeit heraus entstehen. Die Überzeugung, in einer Situation keine Kontrollmöglichkeit mehr zu haben, ist laut Seligman erlernt.

Eros: Liebes-/Lebenstrieb; Arterhaltungstrieb; sexuelles Verlangen.

Erster Eindruck: Das Bild einer Person, das bei der ersten Begegnung nach kurzer Zeit entsteht und den weiteren Beziehungsverlauf beeinflusst.

Es: In der → Psychoanalyse jene Instanz der Persönlichkeit, die unbewusste, verdrängte und unkontrollierte Triebe, Wünsche und Bedürfnisse enthält.

Eustress: Anregender, stimulierender Stress.

Existenzanalyse: Logotherapie; auf der → Psychoanalyse beruhende Behandlungs- und Forschungsmethode nach Viktor E. Frankl, bei der der menschliche „Wille zum Sinn" im Zentrum steht.

Extinktion: Löschung eines konditionierten Reizes.

Extrinsische Motivation: Von außen kommende Anregungen (z. B. Belohnung, Lob) sind für das gezeigte Verhalten entscheidend. (Gegenteil: → intrinsische Motivation)

False-Memory-Syndrom: Gedächtnistäuschung, bei der Inhalte falsch oder fehlerhaft erinnert werden.

Flow-Erlebnis: Zustand extremen Wohlbefindens, der auftreten kann, wenn man in seiner Tätigkeit vollkommen aufgeht.

Frustration: Zustand infolge des Scheiterns eines zielgerichteten Verhaltens, z. B. durch Enttäuschung von Erwartungen, Nichterfüllung von Wünschen oder Bedürfnissen.

Gefühl: Subjektive innere Gemütsbewegung, die je nach Persönlichkeit unterschiedlich erlebt und ausgedrückt wird.

Geist: 1. Persönliches Bewusstsein eines Menschen von sich und der Welt. 2. Kognitive Fähigkeiten (Verstand). 3. Wird manchmal gleichbedeutend mit „Seele" verwendet.

Gender Mainstreaming: Versuch, die Gleichstellung von Männern und Frauen auf allen gesellschaftlichen Ebenen erfolgreich durchzusetzen.

Halluzination: Sinnestäuschung, die entsteht, ohne dass das entsprechende Sinnesorgan gereizt wird, z. B. das Sehen von Objekten ohne visuelle Stimuli.

Hochbegabung: Intelligenzquotient von 130 oder mehr; überdurchschnittliche Begabung in mindestens einem Fähigkeitsbereich.

Homöostase: Tendenz, einen stabilen inneren Zustand aufrechtzuerhalten. Ein Ungleichgewicht im Körperhaushalt wie z. B. Kälte veranlasst den Körper zu Aktivität.

Hospitalismus: Sammelbegriff für körperliche und psychische Folgeschäden (z. B. Verhaltensauffälligkeiten, Entwicklungsdefizite), die aus Mangel an Zuwendung resultieren und Kinder betreffen, die sich über längere Zeit im Krankenhaus oder Kinderheim aufgehalten haben.

Hospiz: Betreuung und Begleitung Kranker und Sterbender sowie deren Angehöriger.

Hypnose: Veränderter Bewusstseinszustand bzw. Entspannungszustand (Trance), der z. B. durch → Suggestion herbeigeführt wird.

Ich: Jene großteils bewusste Instanz der Persönlichkeit in der → Psychoanalyse, die vermittelt, abwägt, Lösungen überlegt und Entscheidungen trifft.

Imitation: Nachahmung; bewusste oder unbewusste Aneignung von Verhaltensweisen.

Individualpsychologie: → Tiefenpsychologische Richtung nach Alfred Adler, in deren Zentrum das Streben nach Anerkennung (Kompensation eines Minderwertigkeitsgefühls) sowie die Ausbildung eines Gemeinschaftsgefühls stehen.

Induktives Denken: Denkvorgänge, die von Einzelfällen auf allgemeine Prinzipien schließen.

Inselbegabung: Außergewöhnliche Begabung in einem kleinen Teilbereich, v. a. bei Personen mit → Savant-Syndrom.

Instinkt: Angeborenes artspezifisches Verhalten, das bei allen Mitgliedern einer bestimmten Spezies für das Überleben sorgt; z. B. das Saugen des Neugeborenen.

Instrumentelle Konditionierung: Lerntheorie nach Edward Lee Thorndike, bei der über Versuch-Irrtum-Handlungen herausgefunden wird, welche Reaktion zu einem positiven Effekt führt. Das Suchen nach Lösungen wird als Instrument herangezogen, um einen Trieb zu befriedigen.

Intelligenz: Geistige Leistungsfähigkeit, um Informationen zu verarbeiten, sich an neue Situationen anzupassen und Probleme zu lösen.

Intelligenzalter: Begriff, der auf Alfred Binet zurückgeht und die intellektuelle Entwicklung eines Kindes kennzeichnet. Ein Kind, das die Aufgaben seiner und der darunter liegenden Altersgruppe bewältigt, hat ein Intelligenzalter, das seinem Alter entspricht.

Intelligenzquotient: IQ; Maß zur Bestimmung der Intelligenz, das aus Intelligenzalter (IA) und Lebensalter (LA) errechnet wird: $IQ = \frac{IA}{LA} \times 100$. Das Intelligenzalter ergibt sich aus der Anzahl der Aufgaben, die für die jeweilige Altersgruppe als lösbar ermittelt worden waren.

Interaktion: Bezeichnung für jede Art wechselseitiger Beeinflussung von Menschen.

Intrinsische Motivation: Motivation, die aufgrund innerer Faktoren (z. B. Interesse) zu dem gezeigten Verhalten führt. (Gegenteil: → extrinsische Motivation)

Introspektion: Selbstbeobachtung; eine Forschungsmethode der Erlebnispsychologie, bei der das eigene Erleben beobachtet und beschrieben wird.

Kaspar-Hauser-Syndrom: Schwere Form des → Hospitalismus, die sich durch Entwicklungsrückstände und psychische Schäden auszeichnet.

Klassische Konditionierung: Lerntheorie nach Iwan Petrowitsch Pawlow, bei der ein ursprünglich neutraler Reiz (z. B. Glocke) mit einem natürlichen Reiz (z. B. Futter) gekoppelt wird und schließlich auch bei alleiniger Darbietung dieselbe Reaktion (z. B. Speichelfluss) wie der natürliche Reiz auszulösen vermag.

Kodierung: Umwandlung von Inhalten in sinnvolle Einheiten.

Kognition: Sammelbegriff für alle geistigen Funktionen und Prozesse, die mit dem Erkennen und Verarbeiten von Informationen zu tun haben oder neue Denkinhalte produzieren, z. B. Erinnern, Denken, Lernen, Wahrnehmen.

Kognitive Psychologie: Richtung der Psychologie, die sich mit Prozessen der Kognition, der Informationsaufnahme und -verarbeitung auseinandersetzt.

Kommunikation: Verbaler oder nonverbaler Austausch von Information.

Komplex: Vorhandensein von ungelösten seelischen Anliegen, die gefühlsmäßig stark aufgeladen sind und in das persönliche Unbewusste verdrängt wurden.

Konditionierung: Lernvorgang, bei dem eine Verhaltensreaktion mit einem bestimmten Reiz verknüpft wird, sodass dieser Reiz dieselbe Verhaltensreaktion wieder auslöst.

Konflikt: Spannungszustand, der durch zwei gleichzeitig auftretende antagonistische (gegensätzliche) Ereignisse bzw. Motive, Absichten, Bedürfnisse oder Handlungsziele ausgelöst wird.

Konformität: Anpassung; Haltung der Übereinstimmung mit der vorherrschenden Meinung und Anpassung an die vorherrschenden Regeln in einer Gruppe.

Kreativität: Fähigkeit, neuartige und originale Lösungen oder Produkte zu produzieren.

Laissez-faire: Erziehungsstil, bei dem die Eltern dem Kind ungezügelte Selbstentfaltung einräumen.

Life events: Lebensereignisse, die einschneidende Veränderungen zur Folge haben und den Übergang in eine neue Lebensphase darstellen (z. B. Geburt eines Kindes, Scheidung).

Logotherapie: Therapeutische Methode der → Existenzanalyse, die davon ausgeht, dass Menschen durch Sinnfindung geheilt werden.

Mehrkanallernen: Ganzheitliches Lernen; Lernen mit allen Sinnen.

Mobbing: Schikanieren oder Quälen z. B. am Arbeitsplatz oder in der Schule durch eine oder mehrere Personen.

Modelllernen: Lernen durch Beobachtung und Imitation einer Modellperson.

Motivation: Handlungsbereitschaft, ein Bedürfnis (z. B. Hunger, Durst) zu befriedigen oder ein angestrebtes Ziel zu erreichen; innerer Vorgang, der bestimmt, wie intensiv und beständig ein Verhalten verfolgt wird. Unterschieden wird zwischen → extrinsischer und → intrinsischer Motivation.

Nahtod-Erfahrung: Veränderter Bewusstseinszustand, der nach einem lebensbedrohlichen Ereignis bzw. bei klinisch toten Personen auftreten kann.

Neuron: Nervenzelle; grundlegende Einheit des Nervensystems, die dafür zuständig ist, Reize (Informationen) weiterzuleiten und zu verarbeiten.

Neuropsychologie: Teilgebiet der Biologischen Psychologie, das neurologische Störungen, die von einer Gehirnverletzung herrühren, untersucht.

Neurose: Störende Verhaltensgewohnheiten (z. B. übertriebene Ängste) ohne nachweisbare organische Ursachen. NeurotikerInnen sind im Gegensatz zu PsychotikerInnen in der Lage, rational zu denken.

Operante Konditionierung: Lerntheorie nach Burrhus Frederic Skinner, die besagt, dass Verhalten durch eine ursprünglich zufällige Handlung, die belohnende oder bestrafende Konsequenzen hat, gelernt wird.

Optische Täuschung: Illusion; Sinnestäuschung; Wahrnehmung von Reizmustern, die der objektiven Gegebenheit widersprechen.

Panik: Heftiger Angstzustand, der nicht mehr kontrollierbar ist.

Paranormale Phänomene: Erscheinungen, die über die Grenzen dessen hinausgehen, was physikalisch möglich ist.

Parapsychologie: Disziplin, die mithilfe wissenschaftlicher Methoden versucht, → paranormale Erscheinungen zu erklären.

Peergroup: Gruppe von Gleichaltrigen.

Persönlichkeit: Einzigartiges System an Persönlichkeitsmerkmalen, die biografisch bedingt, individuell entwickelt und situativ gesteuert sind.

Phantomschmerzen: Schmerzen oder Empfindungen, die in nicht mehr vorhandenen Gliedmaßen lokalisiert werden.

Phobie: Krankhafte Angst vor bestimmten Orten, Situationen, Menschen oder Objekten; z. B. Spinnenphobie, Klaustrophobie (Angst vor engen Räumen), Agoraphobie (Angst vor großen Plätzen).

Phrenologie: Lehre des 19. Jahrhunderts, die einen Zusammenhang zwischen Schädelform und Charakter herstellt.

physisch: körperlich.

Placebo: Scheinmedikament, das äußerlich einem bestimmten Medikament gleicht, nicht aber dessen Wirkstoffe enthält.

Placeboeffekt: Heilende Wirkung therapeutischer Maßnahmen (z. B. Medikation), obwohl das Medikament keine Wirkstoffe enthält.

Positive Psychologie: Forschungsrichtung, die die positiven Eigenschaften, Stärken und Zielsetzungen des Menschen in den Vordergrund stellt.

Prägung: Das Erlernen von Instinkthandlungen in der → sensiblen Phase.

Proband / Probandin: Wissenschaftlicher Begriff für eine Versuchsperson in einem psychologischen Experiment.

Problemlösen: Denkvorgang, der auf die Lösung bestimmter Probleme gerichtet ist.

Prototyp: Urbild, Muster; typische Merkmale einer Kategorie.

Psyche: Hauch, Atem, Seele; Gesamtheit aller bewussten und unbewussten Erlebens- und Verhaltensweisen.

Psychiatrie: Teildisziplin der Medizin, die sich mit der Diagnose und Therapie psychischer Störungen befasst.

psychisch: Die Seele betreffend; geistig; Gesamtheit der geistigen Vorgänge und psychischen Funktionen des Bewusstseins.

Psychische Krise: Schmerzhafter seelischer Zustand, der durch eine belastende Lebenssituation oder → traumatische Erlebnisse ausgelöst wird und mit Stress, Überforderung, Ärger, Verzweiflung oder Traurigkeit einhergeht.

Psychische Störung: Sammelbezeichnung für Störungen, die mit Beeinträchtigungen der Verhaltens- und Erlebensweisen einhergehen.

Psychoanalyse: 1. Persönlichkeitstheorie nach Sigmund Freud, die all unseren Gedanken und Handlungen unbewusste Motive zuschreibt. 2. Bezeichnung für die von Freud eingeführte Therapieform psychischer Störungen.

Psychodynamik: 1. Kräftegeschehen im seelisch-geistigen Bereich. 2. Theorie, die davon ausgeht, dass die Persönlichkeit von inneren Kräften geformt wird.

Psychologie: Seelenlehre; die wissenschaftliche Untersuchung vom Verhalten und Erleben und den damit verbundenen geistigen Prozessen.

Psychopathie: Persönlichkeitsstörung, die sich in unverantwortlichen, impulsiven Handlungen und Affekten sowie in emotionalen Komponenten, Einstellungen und Verhaltensweisen äußert, die von der Norm stark abweichen.

Psychophysik: Lehre, die die Beziehung zwischen einem physikalischen Reiz und der dadurch ausgelösten Empfindung beschreibt.

Psychose: Sammelbegriff für schwere psychische Krankheitszustände, die sich durch einen gestörten Realitätsbezug, veränderte Gefühlsreaktionen, Wahnvorstellungen, → Halluzinationen und irrationales Denken auszeichnen.

Psychosomatik: Erforschung von Zusammenhängen zwischen psychischen Prozessen und Störungen von Organ- und Körperfunktionen.

Psychosoziale Faktoren: Seelische (psychische) und gesellschaftliche (soziale) Faktoren, die den Menschen beeinflussen.

Psychotherapie: Interventionsverfahren, das in Übereinkunft zwischen Klient / Klientin und Therapeut / Therapeutin geschieht und darauf abzielt, Störungen des Verhaltens und Erlebens abzubauen sowie neues gesundes Verhalten aufzubauen.

Pubertät: Entwicklungsphase, die durch die Erlangung der Geschlechtsreife gekennzeichnet ist.

Reifung: Körperlicher und geistiger Entwicklungsprozess, der durch angeborene Wachstumsimpulse gesteuert wird.

Reiz: Vorgang innerhalb oder außerhalb eines Organismus, der eine Reaktion auslöst.

Reizgeneralisierung: Findet statt, wenn sich konditioniertes Verhalten automatisch auf ähnliche Reize erweitert, wenn z. B. die Angst vor Ratten auf Stofftiere und Pelzmäntel ausgedehnt wird.

Reizschwelle: Absolutschwelle; die untere Reizschwelle gibt die Grenze an, bis zu der gerade eben noch wahrgenommen wird; die obere Reizschwelle begrenzt den Bereich, der gerade noch wahrgenommen wird.

REM-Schlaf: Rapid-Eye-Movement-Schlaf; Schlafphase, die durch rasche Augenbewegungen und lebhafte Traumphasen gekennzeichnet ist.

Resilienz: Seelische Widerstandsfähigkeit; Lebenskrisen können ohne kognitive, emotionale und soziale Beeinträchtigung bewältigt werden.

Savant-Syndrom: Erkrankung, bei der Menschen über eine außergewöhnliche Begabung verfügen, daneben aber an mehr oder minder schweren Behinderungen leiden.

Schizophrenie: → Psychose, die sich durch Störungen im Denken und Wahrnehmen äußert sowie mit → Halluzinationen, Wahnvorstellungen und unangemessenen Emotionen und Handlungen einhergeht.

Seele: Nicht-körperlicher Teil des Menschen, der die psychischen Prozesse und die psychische Grundfunktion enthält → Psyche.

Selffulfilling Prophecy: Sich selbst erfüllende Prophezeiung; Vorhersage, die aufgrund der auf das Ergebnis gerichteten Erwartungshaltung tatsächlich eintritt.

Sensible Phase: Kritische Periode, in der ein Kind besonders empfänglich ist, einen bestimmten Entwicklungsschritt zu machen.

Sensorische Adaption: Abnehmen der Empfindlichkeit eines Sinnes bei gleichbleibendem Reiz (z. B. konstantem Geruch).

Sensorische Deprivation: Entzug von Umgebungsreizen (z. B. optischen Eindrücken).

Sozialisation: Prozess der Eingliederung eines Individuums in die Gesellschaft, in dessen Verlauf Erlebnis- und Verhaltensweisen erworben werden.

Soziogramm: Standardverfahren, bei dem die sozialen Strukturen und Beziehungen in einer Gruppe erforscht und z. B. durch ein Pfeildiagramm bildlich dargestellt werden.

Spiegelneurone: Nervenzellen, die in unserem Gehirn die gleichen elektrischen Impulse wie bei dem von uns beobachteten Gegenüber auslösen. Sie ermöglichen, dass wir Verhaltensweisen nachahmen und uns auf den emotionalen und körperlichen Zustand eines anderen Menschen einstellen können.

Stereotyp: Klischee; starre Sichtweisen und Überzeugungen über Individuen, Gruppen oder Dinge. Klischees sind von vornherein festgelegt und stammen nicht aus einer aktuellen Bewertung.

Stigma: Negatives soziales Zeichen; unerwünschtes Merkmal, das von der gesellschaftlichen Norm abweicht.

Stimmung: Länger andauernder Gefühlszustand, der von der physischen und psychischen Gesamtverfassung abhängig ist und durch äußere Umstände beeinflusst werden kann.

Stress: Erhöhte körperliche und/oder seelische Belastung, die aus der Interaktion eines Individuums mit seiner Umgebung resultieren und mit den zur Verfügung stehenden Bewältigungsstrategien nicht ausgeglichen werden kann.

Sucht: Schwere chronische Abhängigkeitserkrankung.

Suggestion: Prozess der (manipulativen) Beeinflussung der Gedanken einer anderen Person, die sich dieser Veränderungen nicht bewusst ist.

Suizid: Selbstmord.

Synästhesie: Neurologische Vermischung der Sinne; Fähigkeit, verschiedene Sinneseindrücke gleichzeitig zu erleben, obwohl nur ein Sinnesorgan gereizt wird, z. B. das Wahrnehmen von Farben im Zusammenhang mit Buchstaben, Zahlen oder Tönen.

Thanatos: Destruktions-/Todestrieb.

Tiefenpsychologie: Sammelbegriff für alle Theorien, die menschliches Verhalten und Erleben auf unbewusste Vorgänge zurückführen.

Trait: Persönlichkeitseigenschaft; die typische Art zu handeln und zu fühlen.

Trance: Bezeichnung für einen schlafähnlichen Zustand mit eingeschränkter Ansprechbarkeit, der durch → Hypnose hervorgerufen werden kann.

Transzendenz: Streben nach einer höheren Bewusstseinsstufe; die Suche nach Gott.

Trauma: Verletzung; psychische Traumata sind schmerzhafte Erfahrungen eines Individuums, die u. a. durch Krieg, Verlust einer nahestehenden Person, Vernachlässigung oder schwere Krankheit ausgelöst werden können und langfristige Auswirkungen auf die Psyche haben.

Trieb: Biologisch bedingte Handlungsmotivation; Verhaltensweise, die den Organismus dazu bewegt, ein Bedürfnis zu befriedigen.

Typus: Physische und psychische Merkmale, die einer Gruppe von Individuen gemeinsam sind.

Über-Ich: Instanz der Persönlichkeit in der → Psychoanalyse, die alle Normen, moralischen Einstellungen und anerzogenen Wertvorstellungen vertritt.

Unbewusstes: Teil der → Psyche, dessen Inhalte dem Bewusstsein nicht zugänglich sind.

Unterschiedsschwelle: Bezeichnung für den geringsten physischen Unterschied zwischen zwei Reizen, der notwendig ist, um noch einen Unterschied zu erkennen.

Unterschwellige Wahrnehmung: Wahrnehmung von Reizen, die unter der Unterschiedsschwelle liegen und nicht in unser Bewusstsein vordringen.

Verhalten: Aktivität oder Reaktion eines Organismus, die von außen wahrnehmbar ist.

Verstärkung: Erhöhung der Auftretenswahrscheinlichkeit eines Verhaltens.

Vorurteil: Ungeprüfte, ungerechtfertigte, meist feindselige Haltung gegenüber einer Person oder Sache.

Vulnerabilität: Verletzbarkeit; Anfälligkeit für eine Erkrankung bzw. psychische Störung.

Wahn: Krankheitszustand, der durch Wahnideen – subjektiv erlebte Vorstellungen, die nicht auf realen äußeren Umweltgegebenheiten beruhen und trotzdem verteidigt werden – gekennzeichnet ist.

Zwangsstörung: Neurotische Störung, die durch zwanghaft wiederkehrende Gedanken, Impulse und Handlungen charakterisiert ist.

Literaturverzeichnis

Adomeit, Klaus: *Aristoteles über die Freundschaft*. Heidelberg: Hüthig, 1992.

Alsaker, Françoise D.: *Mutig gegen Mobbing in Kindergarten und Schule*. Göttingen: Hogrefe, 2017.

Antonovsky, Aaron: *Salutogenese. Zur Entmystifizierung der Gesundheit*. Tübingen: DGVT 1997.

Appleton, Matthew: *Summerhill: Kindern ihre Kindheit zurückgeben. Demokratie und Selbstregulation in der Erziehung*. Baltmannsweiler: Schneider Verlag Hohengehren, 2003.

Arendt, Hannah: *Über das Böse. Eine Vorlesung zu Fragen der Ethik*. München: Piper, 2007.

Arnold, Wilhelm/Eysenck, Hans Jürgen/Meili, Richard: *Herders Lexikon der Psychologie. 3 Bände*. Freiburg: Herder, 2007.

Aronson, Elliot: *Sozialpsychologie*. München: Pearson Studium, 2004.

Bauer, Joachim: *Schmerzgrenze. Vom Ursprung alltäglicher und globaler Gewalt*. München: Wilhelm Heyne Verlag, 2013.

Bauer, Joachim: *Warum ich fühle, was du fühlst. Intuitive Kommunikation und das Geheimnis der Spiegelneurone*. München: Heyne, 2006.

Becker, Peter/Minsel, Beate: *Psychologie der seelischen Gesundheit. Band 2. Persönlichkeitspsychologische Grundlagen, Bedingungsanalysen und Förderungsmöglichkeiten*. Göttingen: Hogrefe, 1986.

Berk, Laura E.: *Entwicklungspsychologie*. München: Pearson Studium, 2005.

Bischof-Köhler, Doris: *Von Natur aus anders. Die Psychologie der Geschlechtsunterschiede*. Stuttgart: Kohlhammer, 2011.

Bock, Thomas: *Blaue Broschüre: Es ist normal, verschieden zu sein! Verständnis und Behandlung von Psychosen*. Neumünster: Brücke Neumünster, 2005.

Bock, Thomas: *Achterbahn der Gefühle. Mit Manie und Depression leben lernen*. Bonn: Psychiatrie Verlag, 2004.

Boeger, Annette: *Psychologische Therapie- und Beratungskonzepte: Theorie und Praxis*. Stuttgart: Kohlhammer, 2009.

Bondy, Brigitta: *Was ist Schizophrenie?* München: Beck'sche Reihe, 1997.

Bourne, Lyle E./Ekstrand, Bruce R.: *Einführung in die Psychologie*. Eschborn bei Frankfurt am Main: Klotz, 2005.

Brezinka, Wolfgang: *Erziehungsziele, Erziehungsmittel, Erziehungserfolg – Beiträge zu einem System der Erziehungswissenschaft*. München/Basel: Ernst Reinhardt Verlag, 1995.

Bruch, Hilde: *Der goldene Käfig. Das Rätsel der Magersucht*. Frankfurt am Main: Fischer, 1998.

Bruner, Jérôme: *Wie das Kind sprechen lernt*. Bern: Hans Huber, 1997.

Bundesministerium für Wirtschaft, Familie und Jugend (Hg.): *Love, Sex und so … Aufklärungsbroschüre des BMWFJ*, 2012 (6. Aufl.).

Bunk, Ulrich: *Spiel und spieltherapeutische Methoden*. Troisdorf: Bildungsverlag EINS, 2004.

Capelle, Wilhelm (Hrsg.): *Die Vorsokratiker. Die Fragmente und Quellenberichte*. Stuttgart: Kröner, 1968.

Cerwinka, Gabriele/Schranz, Gabriele: *Die Macht des ersten Eindrucks*. Wien: Ueberreuter, 2002.

Csikszentmihalyi, Mihaly: *Flow. Das Geheimnis des Glücks*. Stuttgart: Klett-Cotta, 2017.

Daco, Pierre: *Psychologie für jedermann*. Landsberg am Lech: mvg, 2006.

Davison, Gerald C./Neale, John M./Hautzinger, Martin: *Klinische Psychologie*. Weinheim/Basel: Beltz PVU, 2007.

Degen, Rolf: *Lexikon der Psycho-Irrtümer. Warum der Mensch sich nicht therapieren, erziehen und beeinflussen lässt*. München: Piper, 2008.

Der Brockhaus Psychologie: *Fühlen, Denken und Verhalten verstehen*. Mannheim: Brockhaus, 2001.

Ebbinghaus, Hermann: *Abriss der Psychologie*. Berlin/Leipzig: Walter de Gruyter & Co, 1932.

Ebner-Eschenbach, Marie: *Aphorismen, Parabeln und Märchen*. München: Winkler, 1982.

Eliot, Lise: *Was geht da drinnen vor? Die Gehirnentwicklung in den ersten fünf Lebensjahren*. Berlin: Berlin Verlag, 2001.

Erickson, Milton H./Rossi, Ernest L.: *Hypnotherapie. Aufbau – Beispiele – Forschungen*. Stuttgart: Pfeiffer bei Klett-Cotta, 1999.

Eurostat Statistical Books: *Europe in Figures. Eurostat yearbook 2010*. Luxembourg/Belgium: European Union, 2010.

Feger, Barbara/Prado, Tânia M.: *Hochbegabung. Die normalste Sache der Welt*. Darmstadt: Primus, 1998.

Fiedler, Peter: *Jung, attraktiv, asexuell*. Heidelberg: Spektrum der Wissenschaft, Gehirn&Geist, 4_2008.

Frankl, Viktor: *Theorie und Therapie der Neurosen. Einführung in Logotherapie und Existenzanalyse*. München: Reinhardt, 2007.

Frankl, Viktor E.: *Das Leiden am sinnlosen Leben. Psychotherapie für heute*. Freiburg: Kreuz Verlag in der Herder GmbH, 2015.

Frayn, Michael: *Kopenhagen. Stück in zwei Akten. Mit zwölf wissenschaftsgeschichtlichen Kommentaren. Zusammengestellt von Matthias Dörries*. Göttingen: Wallstein, 2005.

Frieboes, Ralf-Michael/Zaudig, Michael/Nosper, Manfred: *Rehabilitation bei psychischen Störungen*. München: Elsevier Urban & Fischer, 2005.

Freud, Sigmund: *Vorlesungen zur Einführung in die Psychoanalyse. Band 11*. Frankfurt am Main: Fischer, 1999.

Freud, Sigmund: *Zur Psychopathologie des Alltagslebens. Über Vergessen, Versprechen, Vergreifen, Aberglaube und Irrtum*. Frankfurt am Main: Fischer, 2000.

Fromm, Erich: *Über den Ungehorsam*. München: dtv, 1995.

Glatz, Edith: *Die Funktion des literarischen Zitats im psychiatrischen Werk von Erwin Ringel*. Würzburg: Königshausen und Neumann, 2006.

Goleman, Daniel: *Emotionale Intelligenz*. München: dtv, 2017.

Goleman, Daniel/Kaufman, Paul/Ray, Michael: *Kreativität entdecken*. München: dtv, 2003.

Harenberg: *Das Buch der 1000 Frauen: Ideen, Ideale und Errungenschaften in Biografien, Bildern und Dokumenten*. Mannheim: Meyers Lexikonverlag, 2004.

Hausmann, Markus: Kognitive Geschlechtsunterschiede. S. 105–125 In: Lautenbacher, Stefan/Güntürkün, Onur/ Hausmann, Markus: *Gehirn und Geschlecht. Neurowissenschaft des kleinen Unterschieds zwischen Frau und Mann*. Heidelberg: Springer 2007.

Herkner, Werner: *Lehrbuch Sozialpsychologie*. Bern: Hans Huber, 2001.

Hinz, Arnold/Wagner, Rudi F.: *Entwicklung*. In: Wagner, Rudi F./Hinz, Arnold/Rausch, Adly/Becker, Brigitte: *Modul Pädagogische Psychologie*. Bad Heilbrunn: Klinkhardt, 2009.

Hobmair, Hermann (Hrsg.) et al.: *Psychologie*. Köln: Bildungsverlag EINS, 2013.

Holling, Heinz/Kanning, Uwe Peter: *Hochbegabung. Forschungsergebnisse und Fördermöglichkeiten*. Göttingen: Hogrefe, 1999.

Holm-Hadulla, Rainer Matthias: *Kreativität: Konzept und Lebensstil*. Göttingen: Vandenhoeck & Ruprecht, 2010.

Hüther, Gerald: *Sich zu bewegen lernen, heißt fürs Leben lernen! Die erfahrungsabhängige Verankerung sensomotorischer Repräsentanzen und Metakompetenzen während der Hirnentwicklung*. In: Hunger, Ina/Zimmer, Renate (Hrsg.): *Bewegung. Bildung. Gesundheit. Entwicklung fördern von Anfang an*. Schorndorf: Hofmann, 2007.

Hüther, Gerald/Krens, Inge: *Das Geheimnis der ersten neun Monate. Unsere frühesten Prägungen*. Weinheim/Basel: Beltz, 2009.

Jaeggi, Eva: *Und wer therapiert die Therapeuten?* München: dtv, 2004.

Jelinek-Bauer, Christine: *Die helle und die dunkle Seite der Macht.* Wien: Edition Va Bene, 2000.

Jost, Klaus: *Forensisch-psychologische Begutachtung von Straftätern. Ausgewählte Problemfelder und Falldarstellungen.* Stuttgart: Kohlhammer, 2008.

Jung, Carl Gustav: *Gesammelte Werke.* Olten: Walter-Verlag, 1973.

Kant, Immanuel: Grundlegung zur Metaphysik der Sitten. Hamburg: Felix Meiner, 1999.

Kast, Verena: *Trauern.* 31. Aufl. Freiburg: Kreuz, 2009.

Kastner-Koller, Ursula/Deimann, Pia (Hrsg.): *Psychologie als Wissenschaft.* Wien: Facultas, 2007.

Kebeck, Günther: *Wahrnehmung. Theorien, Methoden und Forschungsergebnisse der Wahrnehmungspsychologie.* Weinheim: Juventa, 1997.

Kolb, Klaus/Miltner, Frank: *Gedächtnis-Training.* München: GU, 2007.

Korte, Martin: *Wie Kinder heute lernen. Was die Wissenschaft über das kindliche Gehirn weiß. Das Handbuch für den Schulerfolg.* München: DVA, 2010.

Koukkou, Martha/Lehmann, Dietrich: *Traum und Hirnforschung.* In: Boothe, Brigitte (Hrsg.): *Der Traum: 100 Jahre nach Freuds Traumdeutung.* Zürich: vdf Hochschulverlag an der ETH, 2000.

Kretschmer, Ernst: *Körperbau und Charakter. Untersuchungen zum Konstitutionsproblem und zur Lehre von den Temperamenten.* Berlin: Julius Springer, 1940.

Kropf, Andrea: *Philosophie und Parapsychologie. Zur Rezeptionsgeschichte parapsychologischer Phänomene am Beispiel Kants, Schopenhauers und C. G. Jungs.* Hamburg: LIT, 2000.

Lang, Florian/Lang, Philipp: *Basiswissen Physiologie.* Heidelberg: Springer, 2007.

Lelord, François/André, Christophe: *Die Macht der Emotionen und wie sie unseren Alltag bestimmen.* München: Piper, 2007.

Leymann, Heinz: *Mobbing. Psychoterror am Arbeitsplatz und wie man sich dagegen wehren kann.* Reinbek bei Hamburg: Rowohlt, 2002.

Lommel, Pim: *Endloses Bewusstsein. Neue medizinische Fakten zur Nahtoderfahrung.* Mannheim: Patmos, 2009.

Looss, Maike: *Lerntypen? Ein pädagogisches Konstrukt auf dem Prüfstand.* Die Deutsche Schule, Bd. 93, Heft 2/2001, 2, S. 186–198.

Maderthaner, Rainer: *Psychologie.* Wien: Facultas, 2008.

Marmet, Otto: *Ich und du und so weiter. Kleine Einführung in die Sozialpsychologie.* Weinheim und Basel: Beltz, 1999.

Maslow, Abraham: *Psychologie des Seins. Ein Entwurf.* Frankfurt am Main: Fischer Taschenbuchverlag, 1994.

Mayring, Philipp: *Psychologie des Glücks.* Stuttgart: Kohlhammer, 1991.

Melville, Herman: *Billy Budd.* Zürich: Diogenes, 1981.

Mietzel, Gerd: *Wege in die Entwicklungspsychologie. Band 1: Kindheit und Jugend. Band 2: Erwachsenenalter und Lebensende.* Weinheim: Beltz, 1997.

Mietzel, Gerd: *Pädagogische Psychologie des Lernens und Lehrens.* Göttingen: Hogrefe Verlag, 2001.

Milgram, Stanley: *Das Milgram-Experiment: Zur Gehorsamsbereitschaft gegenüber Autorität.* Reinbek bei Hamburg: Rowohlt, 1992.

Myers, David G.: *Psychologie.* Heidelberg: Springer, 2005.

Nagiller, Rudolf/Fliesser, Margarete/Fliesser, Helmut: *Wohlbefinden. Dein Körper in Balance.* St. Pölten: NP Buchverlag, 2004.

Neill, Alexander Sutherland: *Theorie und Praxis der antiautoritären Erziehung. Das Beispiel Summerhill.* Reinbek bei Hamburg: Rowohlt, 2004.

Neubauer, Walter/Rosemann, Bernhard: *Führung, Macht und Vertrauen in Organisationen.* Stuttgart: Kohlhammer, 2006.

Nohl, Herman: *Die pädagogische Bewegung in Deutschland und ihre Theorie.* Frankfurt am Main: Vittorio Klostermann, 2002.

Oerter, Rolf/Montada, Leo (Hrsg.): *Entwicklungspsychologie.* 6. Aufl. Weinheim/Basel: Beltz Psychologie Verlags Union, 2008.

Rabenstein, Reinhold/Reichel, Rene: *Kreativ beraten. Methoden, Modelle, Strategien für Beratung, Coaching und Supervision.* Münster: Ökotopia, 2001.

Reiss, Steven: *Das Reiss-Profile: Die 16 Lebensmotive. Welche Werte und Bedürfnisse unserem Verhalten zugrunde liegen.* Offenbach: Gabal, 2009.

Ringel, Erwin: *Der Selbstmord. Abschluss einer krankhaften psychischen Entwicklung. Eine Untersuchung an 745 geretteten Selbstmördern.* Magdeburg: Klotz, 2008.

Rosenberg, Marshall B.: *Gewaltfreie Kommunikation. Eine Sprache des Lebens.* Paderborn: Junfermann, 2016.

Roth, Gerhard/Ryba, Alica: *Coaching, Beratung und Gehirn. Neurobiologische Grundlagen wirksamer Veränderungskonzepte.* Stuttgart: Klett-Cotta, 2016.

Roth, Gerhard: *Warum sind Lehren und Lernen so schwierig?* In: Herrmann, Ulrich: *Neurodidaktik: Grundlagen und Vorschläge für gehirngerechtes Lehren und Lernen.* Weinheim, Basel: Beltz, 2009.

Rousseau, Jean-Jacques: *Emil oder Über die Erziehung.* Paderborn: Schöningh, 2012.

SBZ-Transparente Psychologie. Hadersdorf: SBZ Schulbedarf für Didaktik und Unterrichtstechnologie, 1993.

Schönpflug, Wolfgang: *Geschichte und Systematik der Psychologie. Ein Lehrbuch für das Grundstudium.* Weinheim/Basel: Beltz, 2004.

Schopenhauer, Arthur: *Sämtliche Werke. Band 4: Schriften zur Naturphilosophie und Ethik.* Mannheim: Brockhaus, 1938.

Schulz-Stübner, Sebastian: *Medizinische Hypnose: Grundlagen und Behandlungstechnik.* Stuttgart: Schattauer, 2006.

Schulz von Thun, Friedemann: *Miteinander reden 1: Störungen und Klärungen. Allgemeine Psychologie der Kommunikation.* Reinbek bei Hamburg: Rowohlt, 2006.

Schulz von Thun, Friedemann: *Miteinander reden 2: Stile, Werte und Persönlichkeitsentwicklung. Differentielle Psychologie der Kommunikation.* Reinbek bei Hamburg: Rowohlt, 2006.

Schulz von Thun, Friedemann: *Miteinander reden 3: Das „Innere Team" und situationsgerechte Kommunikation. Kommunikation, Person, Situation.* Reinbek bei Hamburg: Rowohlt, 2006.

Shakespeare, William: *Dramatische Werke. Band 6.* Berlin: Reimer, 1841.

Shakespeare, William: *William Shakespeare's Dramatische Werke.* München: Deutsche Verlagsanstalt, 1891.

Solso, Robert L.: *Kognitive Psychologie.* Berlin: Springer, 2005.

Sonnenmoser, Marion: *Spaß ist, wenn man etwas kann. Ein Gespräch mit Elsbeth Stern.* S. 30–33. In: Psychologie Heute, Nr. 12/2004

Specht-Tomann, Monika/Tropper, Doris: *Zeit zu trauern. Kinder und Erwachsene verstehen und begleiten.* Düsseldorf: Patmos, 2001.

Spitzer, Manfred: *Lernen. Gehirnforschung und die Schule des Lebens.* München: Elsevier Spektrum, 2007.

Steinebach, Christoph: *Entwicklungspsychologie.* Stuttgart: Klett-Cotta, 2000.

Stocker, Thomas: *Die Kreativität und das Schöpferische. Leitbegriffe zweier pädagogischer Reformperioden.* Frankfurt: Brandes & Apsel, 1988.

Suchomlinski, Wassili: *Vom Werden des jungen Staatsbürgers. Aufzeichnungen eines Erziehers.* Berlin: Volk und Wissen, 1983.

Tammet, Daniel: *Elf ist freundlich und Fünf ist laut. Ein genialer Autist erklärt seine Welt.* Düsseldorf: Patmos, 2015.

Thomasius, Rainer/Schulte-Markwort, Michael/Küstner, Udo/Riedesser, Peter: *Suchtstörungen im Kindes- und Jugendalter: Das Handbuch: Grundlagen und Praxis.* Stuttgart: Schattauer, 2008.

Tücke, Manfred: *Psychologie in der Schule. Psychologie für die Schule. Eine themenzentrierte Einführung in die Pädagogische Psychologie für (zukünftige) Lehrer.* Münster: Lit-Verlag, 2005.

Vester, Frederic: *Denken, Lernen, Vergessen. Was geht in unserem Kopf vor, wie lernt das Gehirn, und wann lässt es uns im Stich?* München: dtv, 2016.

Watson, John B.: *Behaviorismus.* Köln/Berlin: Kiepenheuer & Witsch, 1968.

Watzlawick, Paul: *Anleitung zum Unglücklichsein.* München: Piper, 2009.

Watzlawick, Paul/Beavin, Janet H./Jackson, Don D.: *Menschliche Kommunikation: Formen, Störungen, Paradoxien.* Bern: Huber, 2007.

Wendlandt, Wolfgang: *Sprachstörungen im Kindesalter. Materialien zur Früherkennung und Beratung.* Stuttgart: Thieme, 2010.

Winterhoff, Michael: *Warum unsere Kinder Tyrannen werden. Oder: Die Abschaffung der Kindheit.* München: Mosaik, 2010.

Wittchen, Hans-Ulrich: *Wenn Angst krank macht. Störungen erkennen, verstehen und behandeln.* München: Mosaik, 1999.

Wittschier, Michael: *Abenteuer Philosophie. Ein Schnellkurs für Einsteiger.* München: Piper, 2004.

Wygotski, Lev S.: *Denken und Sprechen.* Weinheim, Basel: Beltz, 2002.

Zimbardo, Philip G./Gerrig, Richard J.: *Psychologie.* München: Pearson Studium, 2004.

Internetlinks / Zeitungsartikel

Alt, Franz: *Der Tod ist eine beglückende Erfahrung. Interview mit Elisabeth Kübler-Ross in Basel am 16. 7. 2001.* www.sonnenseite.com/ (Stand: 22.8.2010).

Arora, Steffen: Schizophrenie: Sich mit anderen wieder wohlfühlen (4.3.2017) derstandard.at/2000053547826/Schizophrenie-Sich-mit-anderen-wieder-wohlfuehlen (Stand: 27.7.2017)

Bundesministerium für Wissenschaft und Forschung, Datenmeldungen der Universitäten auf Basis UniStEV bzw. BidokVUni; Datenprüfung: bm.wf, Abt. I/1, Datenaufbereitung: bm.wf, Abt. I/9; zit. nach http://www.bmwf.gv.at/unidata (Stand: 10.10.2018)

Eigner, Christian: „Primitive Mythen" der Psychoanalyse. (4.5.2006) http://derstandard.at/2434183/Primitive-Mythen-der-Psychoanalyse (Stand: 8.7.2017)

Hager, Angelika/Hofer, Sebastian: Wie tot ist Sigmund Freud? Viele seiner Theorien gelten heute als längst überholt. (19.09.2009) https://www.profil.at/home/wie-sigmund-freud-viele-thoerien-251453 (Stand: 08.07.2017)

Lundgren, Manuela: Virtuelle Belästigung mit realen Folgen. Immer mehr Jugendliche klagen über Mobbing im Internet. (31.10.2010) http://www.deutschlandfunk.de/virtuelle-belaestigung-mit-realen-folgen.724.de.html?dram:article_id=99999 (Stand: 18.4.2018)

NDR Presseportal, www.presseportal.de

http://www.statistik.at/web_de/statistiken/menschen_und_gesellschaft/gesundheit/todesursachen/todesursachen_im_ueberblick/index.html (Stand: 10.10.2018)

http://www.zifg.tu-berlin.de – http://www.pressestelle.tu-berlin.de/menue/tub_medien/newsportal/news_detail/?tx_ttnews%5Btt_news%5D=2118&cHash=d448ee301fcb3cf8bd81230b7447e018 (Stand: 21.07.2017)